ISBN 978-0-331-39358-3
PIBN 11117417

NOUVEAU
RECUEIL GÉNÉRAL

DE

TRAITÉS

ET

AUTRES ACTES RELATIFS AUX RAPPORTS
DE DROIT INTERNATIONAL.

CONTINUATION DU GRAND RECUEIL

DE

G. FR. DE MARTENS

PAR

Jules Hopf.

DEUXIÈME SÉRIE.

TOME X.

GÖTTINGUE,
LIBRAIRIE DE DIETERICH.
1885—86.

Int 187.61.5

Préface du Xème Volume.

En 1876 nous avons ouvert une nouvelle Série de notre Recueil. La multiplicité à laquelle les transactions internationales se
sont élevées de nos jours, nous a permis de publier annuellement
sans interruption un fort volume de 700 à 800 pages. C'est ainsi
que nous venons d'arriver à la fin du dixième Volume. Tous les
documents renfermés dans cette Série ont été rangés dans une
Table générale par ordre chronologique et alphabétique. Il y en
a plus d'un millier, dont la plus grande partie appartient aux quinze
dernières années et représente le droit conventionnel des nations
civilisées de cette période.

Parmi les Traités politiques proprement dits les nombreux
Arrangements qui, par suite de la guerre russo-turque de 1877—78,
ont transformé la situation des États de l'Orient, occupent la première place. Nous avons mis tous nos soins à les réunir aussi
complètement que possible dans notre collection. Les dernières
années ont produit un vif mouvement parmi les États maritimes,
dont la colonisation de l'Afrique Centrale et des Archipels du Pacifique forme le principal objet. Les Actes de la Conférence de
Berlin, d'une haute importance pour les relations futures des États
intéressés, ont déjà pu trouver leur place dans le dixième Volume;
les livraisons suivantes présenteront un plus grand nombre de pièces
relatives au même sujet *).

Les Traités et autres Actes, qui se rapportent au domaine
économique ou administratif, prévalent beaucoup en comparaison
avec les parties précédentes. C'est le grand développement du
commerce moderne qui se reflète dans cette proportion. Les

---

*) Parmi les Annexes aux Protocoles de la Conférence de Berlin se trouvent
les Conventions conclues entre l'Association Internationale du Congo d'une part
et les États-Unis d'Amérique, l'Allemagne, la Grande-Bretagne, l'Italie, l'Autriche-
Hongrie, les Pays-Bas, l'Espagne, la Russie, la Suède et la Norvége, le Portugal,
e Danemark et la Belgique d'autre part (p. 366 du présent Volume); nous con-
statons ici que ces Conventions ont été ratifiées.

progrès de la civilisation créent des rapports toujours nouveaux entre les États, qui s'entendent pour les régler en mettant la Convention à la place du droit des gens commun, si souvent insuffisant dans les questions de détail.

La règle que nous avons adoptée au commencement de la deuxième Série, de rapporter en tête de chaque pièce la source où nous la puisons, a été strictement suivie. Ceux de nos lecteurs qui consultent fréquemment notre · Recueil auront remarqué que, outre de rares exceptions, nous ne présentons que des textes originaux empruntés à des publications officielles ou équivalentes à celles-ci. Il n'est pas toujours facile de se procurer ce matériel, et quelquefois cela cause une perte de temps. Mais une collection comme la nôtre ne peut se borner à la tâche de ne servir que l'intérêt du moment. Sa destination est de réunir des documents d'une authenticité incontestable, et de former, pour ainsi dire, un *Corpus juris gentium* qui amasse pour tous les temps les matières brutes à l'usage des diplomates et des savants du droit des gens, des publicistes et des historiens.

Avant de conclure, nous voudrions encore appeler l'attention sur un point qui, bien qu'il ne soit que d'une signification inférieure, nous a pourtant frappés pendant la lecture des publications récentes. Il s'agit du peu de conformité qui règne toujours dans la manière de citer notre Recueil. Il est vrai que la diversité des titres, dont les redacteurs successifs se sont servis pendant un espace presque séculaire, formait autrefois une difficulté tant pour la recherche que pour la citation. Or, nous avons donné dans la Table générale de 1875 un aperçu complet des différentes parties de l'ouvrage et pour chacune d'elles nous avons adopté un chiffre très simple formé d'après les lettres initiales du titre principal. Par ce moyen chaque document peut maintenant être trouvé dans l'espace de quelques instants. La même abréviation s'applique facilement à la nouvelle Série, de sorte que la dernière pièce du présent Volume, par exemple, devrait être citée comme suit:

Martens, N. R. G. 2ᵉ Série, X. 642.

Qu'il nous soit permis de recommander l'emploi uniforme de cette formule à Messieurs les auteurs qui, dans leurs ouvrages, renvoient à notre Recueil.

Juin 1886.

NOUVEAU
RECUEIL GÉNÉRAL
DE
TRAITÉS
ET
AUTRES ACTES RELATIFS AUX RAPPORTS
DE DROIT INTERNATIONAL.

CONTINUATION DU GRAND RECUEIL

DE

G. FR. DE MARTENS

PAR

Jules Hopf.

DEUXIÈME SÉRIE.

TOME X.
1ère LIVRAISON.

GOTTINGUE,
LIBRAIRIE DE DIETERICH.
1885.

Table des matières.

NOUVEAU
RECUEIL GÉNÉRAL

DE

TRAITÉS

ET

AUTRES ACTES RELATIFS AUX RAPPORTS
DE DROIT INTERNATIONAL.

CONTINUATION DU GRAND RECUEIL

DE

G. FR. DE MARTENS

PAR

Jules Hopf.

DEUXIÈME SÉRIE.

TOME X.

1ère LIVRAISON.

GOTTINGUE,

LIBRAIRIE DE DIETERICH.

1885.

1.

CONFÉDÉRATION ARGENTINE, AUTRICHE-HONGRIE, BELGIQUE, BRÉSIL, ÉTATS-UNIS D'AMÉRIQUE, FRANCE, GRANDE-BRETAGNE, GUATEMALA, ITALIE, LUXEMBOURG, PAYS-BAS, PORTUGAL, RUSSIE, SALVADOR, SUÈDE ET NORVÉGE, SUISSE, TURQUIE, URUGUAY, VENEZUELA.

Procès-verbaux de la Conférence internationale réunie à Paris, du 4 au 20 novembre 1880, et du 6 au 20 mars 1883, pour régler la protection de la propriété industrielle

Publication officielle du Ministère des Affaires Étrangères de la République française, Paris 1880/3.

Session de 1880.

PREMIÈRE SÉANCE.

(Jeudi 4 novembre 1880).

La Conférence internationale pour la protection de la Propriété industrielle, convoquée à Paris, a tenu aujourd'hui, 4 novembre 1880, sa première séance à l'hôtel du Ministère des affaires étrangères, sous la présidence d'honneur de M. le Ministre des affaires étrangères et de M. le Ministre de l'agriculture et du commerce.

Étaient présents:

Pour l'Autriche:	M. Woerz, conseiller de section au Ministère du commerce.
	M. le comte Castell, secrétaire au Ministère du commerce.
Pour la Hongrie:	M. Hérich, conseiller de section au Ministère du commerce.
Pour la Belgique:	M. A. Demeur, membre de la Chambre des représentants de Belgique.
	M. E. Dujeux, chef du bureau des brevets d'invention au Ministère de l'intérieur.
Pour le Brésil:	M. le chevalier de Villeneuve, ministre résident.
Pour les États-Unis:	M. James-O. Putnam, ministre résident des États-Unis à Bruxelles.

A 2

Pour la France :	M. J. Bozérian, sénateur.
	M. Jagerschmidt, ministre plénipotentiaire.
	M. Girard, directeur du commerce intérieur.
Pour la Grande-Bretagne :	M. Reader-Lack, directeur du service des brevets, dessins et marques de fabrique.
Pour l'Italie :	M. Indelli, ancien magistrat, député.
	M. le chevalier Trincheri, chef du bureau des brevets d'invention.
Pour les Pays-Bas :	M. H.-C. Verniers van der Loeff, conseiller d'Etat.
Pour le Portugal :	M. Guilhermino-Augusto de Barros, directeur général des Postes, des Télégraphes et des Phares.
	M. Claudino de Moraes, négociant.
	M. Pedro d'Alcantara Vidoeira, chef de division de la direction générale des Postes, fonctionnaire attaché aux délégués.
Pour la Russie :	M. de Nebolsine, chef de la section industrielle au Département du commerce et des manufactures, conseiller d'État actuel.
Pour la Suède :	M. A. Lagerheim, secrétaire général du Ministère des affaires étrangères.
Pour la Norvège :	M. le professeur O. Broch, ancien ministre, correspondant de l'Institut de France.
Pour la Suisse :	M. Kern, envoyé extraordinaire, ministre plénipotentiaire à Paris.
	M. J. Weibel, ingénieur, vice-président de l'Union suisse du commerce et de l'industrie, président de la section suisse de la Commission permanente pour la protection de la propriété industrielle.
	M. Imer-Schneider, ingénieur, ancien délégué de la Confédération suisse au Congrès industriel de 1878, secrétaire de la section internationale suisse.
Pour l'Uruguay :	M. le colonel Juan-Jose Diaz, chargé d'affaires de l'Uruguay à Paris.
Pour le Vénézuéla :	M. de Rojas, ministre plénipotentiaire à Paris.

M. Barthélemy Saint-Hilaire, Ministre des affaires étrangères, a souhaité la bienvenue aux délégués des Gouvernements qui ont adhéré à la Conférence, et a prononcé le discours suivant :

» Messieurs,

» C'est au nom de la France que j'ai l'honneur de vous souhaiter la bienvenue, comme je l'ai fait pour toutes les réunions qui ont précédé la vôtre, et qui ont bien voulu, ainsi que vous, accepter notre cordiale hospitalité. Nous sommes heureux de la confiance qu'on nous montre, puisqu'elle nous permet de multiplier d'utiles et pacifiques rapports entre les nations; et l'on ne peut douter que la Conférence que vous ouvrez aujourd'hui ne produise des résultats excellents, comme le Congrès postal, qui a clos hier avec un plein succès ses féconds travaux.

»Si la question de la propriété industrielle est moins avancée que celle des postes, elle appelle d'autant plus vivement notre sollicitude. Il est vrai que déjà cette propriété est protégée assez complètement dans l'intérieur des États respectifs; même il en est quelques-uns qui se sont entendus entre eux sur certains points par des conventions internationales; mais ces stipulations trop partielles sont loin d'avoir toute l'étendue qu'on pourrait désirer; et c'est pour commencer une œuvre plus générale et plus avantageuse que vous vous êtes rassemblés, en attendant les États qui, plus tard, sentiront nécessairement le besoin de se joindre à vous.

»Ce fut en 1873, à l'Exposition universelle de Vienne, que l'on émit pour la première fois l'idée de votre Conférence. Cinq ans après, lors de l'Exposition de Paris, cette idée fut reprise avec ardeur; et sur la proposition d'un commissaire italien, M. Romanelli, que nous avons le regret de ne pas voir aujourd'hui parmi nous, il fut institué une Commission permanente chargée de poursuivre la réalisation officielle de ce qui n'avait pu être jusque-là qu'un objet de pure discussion. M. Teisserenc de Bort, Ministre du commerce, accepta pour le Gouvernement français la mission d'une honorable initiative, et il provoqua auprès des autres gouvernements la formation d'une Conférence internationale.

»Grâce aux efforts persévérants de la section française, que la Commission permanente avait déléguée expressément, nous voyons à l'heure qu'il est cette Conférence enfin réunie, et c'est vous qui la composez.

»Messieurs, vos études et vos recherches auront un vaste champ: brevets d'invention, dessins et modèles industriels, marques de fabrique, noms et raisons de commerce, tels seront les sujets principaux de vos entretiens. Il ne peut pas s'agir dès à présent de régler définitivement ces matières délicates. Dans l'état actuel de la question et jusqu'à un nouveau progrès, ce sera certainement beaucoup de pouvoir fixer un petit nombre de principes généraux, sur lesquels tous les peuples doivent tomber d'accord, en ce qui concerne les intérêts de la propriété industrielle, soit à l'intérieur, soit au dehors. Par ce simple début, vous préparerez les larges et fermes bases d'un traité ultérieur, qui, à l'exemple des traités postaux, pourra être appliqué chez toutes les nations civilisées, et leur être à toutes éminemment profitable.

»Même dans ces limites, votre tâche est toujours bien belle. Affermir le grand principe de la propriété, sous une des formes où il se présente à la justice et à la sagesse des législateurs, est une œuvre digne de vos méditations les plus sérieuses et les plus bienfaisantes; car malheureusement il est encore quelques esprits malades qui contestent audacieusement ce principe, fondement essentiel de toute société. Pour votre part, vous réfuterez, par une démonstration pratique, des doctrines fausses, qui peuvent trop aisément devenir criminelles; et vous rendrez un immense service à toutes les nations que vous représentez, en donnant à la propriété, sous la forme qu'elle revêt dans l'industrie, les garanties solides qui lui sont dues depuis longtemps, et dont elle vous gardera une durable reconnaissance.

»Messieurs, nous avons l'assurance que vos Conférences préliminaires obtiendront tout le succès qu'elles méritent, et qu'elles porteront bientôt toutes les conséquences qu'on doit en attendre.

»Au nom de la République française, soyez les bienvenus.«

M. Tirard, Ministre de l'agriculture et du commerce, a exposé ensuite le but de la Conférence, et s'est exprimé en ces termes:

»Messieurs,

»Ma tâche est bien simplifiée par les paroles que vient de prononcer mon éminent collègue des Affaires étrangères.

»Et, d'ailleurs, l'empressement qu'ont mis à répondre à l'invitation de la France les divers États que vous représentez ici, démontre suffisamment l'importance des questions soumises à vos délibérations.

»La recherche des moyens propres à garantir la propriété du travail sous toutes ses formes, sans nuire à la diffusion des progrès scientifiques, industriels et artistiques, est depuis longtemps un objet d'études approfondies de la part des législateurs de tous les pays.

»Aussi la question a-t-elle déjà fait un grand pas. Tout le monde reconnaît aujourd'hui que, bien loin de nuire à l'avancement des sciences et des arts, la protection accordée à la propriété individuelle dans toutes les branches du travail, est le moyen le plus sûr d'ajouter des progrès nouveaux aux progrès déjà réalisés.

»C'est ainsi que depuis cinquante ans la plupart des États, sous des formes diverses, et pour ne parler que des choses qui nous occupent en ce moment, ont fait une législation spéciale sur les brevets d'invention, les dessins et modèles industriels, les marques de fabrique, et les noms et raisons de commerce.

»Des esprits éclairés et généreux, toujours en quête de progrès et d'améliorations, ont voulu aller plus loin. Ce qui suffisait autrefois ne leur paraît plus suffisant aujourd'hui.

»Ils ont pensé qu'il était nécessaire de mettre en harmonie les progrès de la civilisation avec les conquêtes de la science, et qu'il était temps, comme corollaire de la rapidité et de la facilité des échanges, de protéger partout la propriété du travail contre les entreprises audacieuses et criminelles des plagiaires, des contrefacteurs et des usurpateurs de noms et marques de fabrique.

»Ils ont pensé, en un mot, que la protection de la propriété industrielle, commerciale, artistique et littéraire ne devait pas être circonscrite au seul pays où cette propriété a pris naissance, mais qu'il fallait l'étendre par delà les frontières.

»C'est ainsi qu'est apparue la question de la propriété internationale. J'allais dire de la probité internationale.

»Mon honorable collègue vous rappelait tout à l'heure que ce fut en 1873, à l'Exposition universelle de Vienne, que l'on émit la première idée d'une Conférence spécialement consacrée à la propriété commerciale et industrielle.

»Cette idée a fait un rapide chemin. Reprise et développée en 1878, à l'occasion de l'Exposition universelle de Paris, un Congrès international de la Propriété industrielle a été institué sous le patronage du Gouvernement français. Plus de 500 adhérents ont répondu à l'appel du Comité.

»L'Allemagne, l'Espagne, les États-Unis d'Amérique, la Hongrie, l'Italie, le Luxembourg, la Russie, la Suède-Norvége et la Suisse ont envoyé des délégués officiels.

»Les sociétés savantes et industrielles de France et de l'étranger, des chambres de commerce, des conseils de prud'hommes se sont fait représenter.

»Le programme élaboré par le Comité d'organisation contenait toutes les questions concernant les brevets d'invention, les dessins et modèles industriels, le nom commercial et les marques de fabrique.

»Mon honorable prédécesseur, M. Teisserenc de Bort, dans un discours d'ouverture, indiquait en ces termes le but que les organisateurs du Congrès se proposaient d'atteindre:

»La propriété industrielle, disait-il, ne sera vraiment protégée que »quand elle trouvera partout des règles simples, uniformes, précises, for- »mant entre les États une sorte de régime conventionnel, une sorte d'as- »surance mutuelle contre le plagiat et la contrefaçon.«

»Avant d'entrer dans la discussion des questions spéciales aux diverses branches de la propriété industrielle, le Congrès a tenu à proclamer tout d'abord, la légitimité du droit des inventeurs et des auteurs industriels sur leurs œuvres et des fabricants sur leurs marques de fabrique. »Ce droit »est un droit de propriété que la loi civile ne crée pas, qu'elle ne fait »que réglementer.«

»Ce grand principe devait dominer toutes les décisions ultérieures du Congrès.

»Il a reconnu la légitimité des brevets d'invention et a même protesté contre l'exclusion dont certains produits sont l'objet dans la législation de divers pays. Puis, abordant la question si controversée de l'examen préalable, il a voté cette résolution: »que le brevet doit être dé- »livré à tout demandeur à ses risques et périls; mais que cependant il »est utile que le demandeur reçoive un avis préalable et secret, notamment »sur la question de nouveauté, pour qu'il puisse, à son gré, maintenir, »modifier ou retirer sa demande.«

»Le Congrès a également donné une formule pour la définition des dessins et modèles industriels. Puis il a élaboré un véritable projet de loi en ce qui concerne les marques de fabrique et de commerce. Enfin, il a déclaré que le nom commercial »constitue une propriété du droit des »gens qui doit être protégée partout sans distinction de nationalité et sans »obligation de dépôt.«

»Je ne pense pas que nous ayons à reprendre aujourd'hui l'étude de ces questions spéciales qui a été si brillante et si complète dans les deux congrès que je viens de rappeler.

»Notre œuvre est différente. La Commission permanente chargée de poursuivre la réalisation officielle des trauvaux du Congrès nous a demandé, par l'organe de la section française déléguée à cet effet, de proposer aux puissances une réunion internationale dont les travaux sortiraient des études purement spéculatives pour prendre le caractère actif et solennel d'une Conférence diplomatique.

»Est-ce à dire que nous vous proposions de préparer, dans cette première Conférence, un traité international complet sur la propriété industrielle? Évidemment non: nous comprenons trop bien les difficultés que pourrait présenter l'unification immédiate des législations de chacun des États contractants. Quelque désirable que soit cette unification, elle ne peut être, nous le savons, que l'œuvre du temps, et le programme que nous avons adressé à chacun de vos Gouvernements vous a déjà édifiés sur ce point.

»Selon l'expression de l'un des membres de la Conférence, mon honorable ami M. le sénateur Bozérian, »nous écrivons la préface d'un livre »qui va s'ouvrir et qui ne sera fermé peut-être qu'après de longues années.«

»Il y aura lieu tout d'abord de se rendre compte de la situation respective des nations représentées à la Conférence au point de vue de la Propriété industrielle.

»Cette constatation faite, et la nécessité d'une entente étant reconnue utile et profitable aux intérêts de tous, nous rechercherons les moyens de constituer une union qui, sans porter atteinte à la législation particulière des États, aurait pour avantage immédiat non seulement d'assurer aux sujets de ces États tous les droits dont jouissent les nationaux en matière de brevets d'invention, de dessins, de modèles, de marques de fabrique et de nom commercial, mais encore d'établir plusieurs dispositions générales et uniformes dont jouiraient également tous les nationaux des pays contractants.

»Ces moyens sont indiqués dans le programme que nous avons eu l'honneur de vous soumettre et dont vous apprécierez la valeur en toute liberté. Nous n'avons à cet égard, ai-je besoin de le dire, aucun parti pris, et nous accepterons avec reconnaissance toutes les modifications qu'une étude en commun vous aura suggérées.

»Mais je me plais à espérer qu'il sera possible d'atteindre, dès à présent, le but que je viens d'avoir l'honneur d'indiquer. L'application réciproque de l'ensemble des législations en vigueur à tous les nationaux des États contractants aura le grand avantage de faire ressortir les mérites et les inconvénients de chacune de ces législations, de les comparer pratiquement et de faciliter ainsi l'étude d'une législation unique sur la propriété industrielle, véritable bienfait vers lequel doivent tendre tous nos efforts.

»Je dis, véritable bienfait, car en dépit des esprits attardés, craintifs ou intéressés, la tendance visible et irrésistible des peuples est de s'unir de plus en plus par la communauté des intérêts. Or, rien à mon avis n'est plus propre à favoriser ce grand mouvement de prospérité et de pacification que la certitude de rencontrer partout une législation protectrice de la propriété industrielle et intellectuelle.

»L'œuvre est grande; la tâche est difficile; mais elle n'est pas audessus des lumières que vous nous apportez et du dévouement que nous y joindrons. Unis par le travail, nous ne tarderons pas à voir augmenter le nombre de nos adhérents, et nous accomplirons plus aisément peut-être qu'on ne le suppose l'œuvre civilisatrice et féconde que nous commençons aujourd'hui.«

M. Kern, envoyé extraordinaire de la Confédération suisse et doyen du corps diplomatique, a, au nom des délégués étrangers, remercié les Ministres et prononcé l'allocution suivante:

»Messieurs,

»Comme doyen des membres de la Conférence ici réunie, j'ai le devoir de répondre en quelques mots aux paroles que nous venons d'entendre de la part de Leurs Excellences M. le Ministre des affaires étrangères et M. le Ministre de l'agriculture et du commerce.

»Je dois, avant tout, exprimer les sentiments de profonde gratitude qu'ont éveillés en nous tous la sympathique bienveillance dont leurs paroles étaient empreintes et les assurances encourageantes qu'ils nous ont données.

»Je ne dois pas omettre d'adresser aussi non plus sincères remercîments à la Section française du Congrès international de 1878, qui, en se vouant avec dévouement à ces études, a fourni par ses travaux préparatoires des éléments très utiles en vue de nos délibérations futures et qui a provoqué, avec le concours du Gouvernement français, la réunion de votre Conférence.

»Si la tâche d'organiser la protection de la propriété industrielle et commerciale soulève déjà dans chaque Etat particulier les questions les plus difficiles de législation et d'économie politique, cette tâche devient encore beaucoup plus difficile, mais aussi plus importante, lorsqu'il s'agit d'obtenir, par voie de convention internationale, une entente entre un nombre aussi grand de pays déjà régis par des lois fort divergentes.

»Il ne sera possible d'aboutir à un heureux résultat que moyennant le concours d'un esprit de conciliation entre les vues des différents États.

»Il sera particulièrement désirable de s'abstenir de vouloir régler avec trop de détails l'objet de la future Convention, mais de se borner à conclure une entente sur les points les plus importants.

»Il pourra devenir nécessaire de laisser à l'avenir le soin de perfectionner cette œuvre, en développant les principes généraux et fondamentaux.

»Cette manière d'agir est, d'ailleurs conforme aux intentions non douteuses du Gouvernement dont nous avons à discuter le programme.

»Nous sommes tous heureux de nous trouver réunis dans la capitale de ce beau et grand pays, et cela à l'invitation d'un Gouvernement sous les auspices duquel de précédentes conventions internationales ont déjà été conclues sur des objets variés, et ont contribué à augmenter, dans une large mesure, la prospérité des nations.

»N'est-ce pas à Paris qu'a été conclue la Convention relative à l'établissement d'un bureau international des poids et mesures entre un grand nombre de pays; que l'Union universelle des Postes a réussi à assurer, sur la base des traités précédents, aux services postaux des avantages et des facilités qui unissent tous les ans de nouveaux États à cette œuvre sanctionnée déjà par un si grand nombre de nations de l'Europe et d'outre-mer? N'est-ce pas à Paris que de nos jours, hier même, une nouvelle Convention postale est venue ajouter à l'Union universelle des Postes de nouveaux et importants perfectionnements, en réglant le transport des colis postaux? Ce qui, en 1878, paraissait se heurter à des difficultés in-surmontables, est devenu ces jours-ci une réalité et un perfectionnement important dans les relations postales du monde entier.

»Ce sont le Gouvernement français et ses délégués qui, par leur concours éclairé et leur esprit conciliant, ont particulièrement contribué à atteindre ces beaux résultats.

»Ces précédents sont de nature à nous encourager dans l'accomplis-sement de notre difficile travail.

»Qu'il me soit permis d'espérer qu'une protection internationale de la propriété industrielle viendra bientôt contribuer à faciliter, dans l'intérêt réciproque de tous les pays, leurs relations commerciales.

»Les résultats des Conférences précédentes, ainsi que les paroles qui nous ont été adressées, sont une précieuse confirmation de ce qui a été déclaré en 1878 et rappelé officiellement il y a peu de jours à l'occasion de la dernière Conférence postale: »Que le Gouvernement de la République »française ne poursuit pas d'autre politique que celle de la paix, et n'a »d'autre désir que le développement de la prospérité universelle.«

M. le Ministre des affaires étrangères et M. le Ministre de l'agricul-ture et du commerce ont ensuite exprimé leurs regrets de ne pouvoir assis-ter aux séances de la Conférence par suite de la reprise des travaux parlemen-taires; ils ont prié MM. les Délégués de vouloir bien nommer parmi eux leur président, et se sont retirés.

Sur la proposition de M. Kern (Suisse), la présidence est déférée à M. J. Bozérian (France).

Présidence de M. J. Bozérian.

Après avoir remercié les membres de la Conférence de l'honneur qu'ils veulent bien lui faire, M. J. Bozérian propose de compléter le bureau par la nomination de deux secrétaires ayant voix consultative et de deux secré-taires adjoints.

M. Ortolan, consul général, et M. Dumoustier de Frédilly, chef du bu-reau de l'industrie et des brevets d'invention au Ministère de l'agriculture et du commerce, sont désignés pour remplir les fonctions de secrétaires.

M. Chatain, docteur en droit, attaché au Ministère des affaires étran-gères, et M. Gaston Bozérian, sous-chef de Bureau au Ministère de la jus-tice, sont désignés pour remplir les fonctions de secrétaires adjoints.

M. le Président exposé dans quelles conditions la Conférence a été réunie.

Ce qui se passe pour la propriété industrielle est arrivé pour toutes les législations. On commence par faire des lois nationales sans se préoc-cuper de ce qui se passe chez les autres. Puis, quand on a fixé sa juris-prudence, l'horizon s'agrandit nécessairement. On étudie, on compare les législations des pays voisins et l'on arrive à l'étude du droit international. Depuis vingt ans, on se livre à ces études qui ont pour résultat, non pas seulement un intérêt purement spéculatif, mais un rapprochement entre les peuples: c'est une œuvre de paix et de conciliation.

Dans la plupart des pays, on a fait des lois sur la propriété industrielle. On les a comparées: de cette comparaison est né le besoin de s'entendre.

Une première fois, à Vienne, en 1873, cette idée d'une entente internationale s'est affirmée énergiquement. A cette époque, elle n'a pu aboutir. En 1878, elle a été reprise au Congrès de la propriété industrielle. M. Romanelli, un des délégués de l'Italie à ce Congrès, demanda que la France voulût bien accepter le mandat de faire constituer une Union internationale pour la protection de la propriété industrielle. Ce mandat fut accepté et ratifié au nom du Gouvernement français par M. Teisserenc de Bort, alors Ministre du commerce.

Il y avait un intérêt capital à ne pas laisser rompre le faisceau formé; le Congrès, avant de se séparer, institua une Commission permanente internationale, ayant pour mission de poursuivre l'œuvre commencée.

Un des délégués de la Confédération suisse au Congrès, l'honorable M. Bodenheimer, présenta à la Commission permanente un avant-projet de traité pour une Union internationale. Ce traité fut discuté, et la section française fut chargée de le soumettre au Gouvernement. Le Gouvernement accueillit la Section avec bienveillance, mais pensa qu'il était indispensable de tenir compte des législations des divers pays, législations fort divergentes et de fraîche date pour certains d'entre eux. La Section dut en conséquence extraire du projet de traité les articles dont l'adoption ne devait pas entraîner immédiatement de modifications profondes dans les législations. Ce second projet parut encore trop ambitieux, et la Section prépara un troisième programme ne contenant que des questions générales; c'est le projet qui a été soumis aux Gouvernements étrangers par le Gouvernement français.

La Conférence n'a pas à faire immédiatement un traité. Son œuvre est une œuvre pour ainsi dire préparatoire. C'est la préface d'un livre qui va s'ouvrir et qui ne sera peut-être fermé que dans de longues années. C'est d'ailleurs un livre profondément honnête, et dont on n'aura à cacher aucune page.

M. le Président propose ensuite de régler l'ordre de la discussion. Il y a une question, qui domine tous les travaux de la Conférence: c'est celle relative à l'affirmation d'une Union formée par les nations adhérentes, pour la protection de la propriété industrielle. Il pense qu'après que la Conférence aura examiné les diverses questions du programme, sans préjudice de celles que chacun des délégués est libre de présenter, on pourrait préparer un avant-projet de traité qui serait transmis à chaque Gouvernement. Si les articles proposés ne soulevaient aucune objection, cet avant-projet de traité pourrait être transformé en un traité définitif. Si, au contraire, ils donnaient lieu à des difficultés, on aurait sans doute à examiner s'il ne conviendrait pas de provoquer une nouvelle réunion.

M. le Président déclare que la France désire poser les bases d'une Union internationale, et prie les délégués de vouloir bien faire connaître si, en principe, leurs Gouvernements sont dans la même disposition.

MM. Wœrz (Autriche), Hérich (Hongrie), Demeur (Belgique), le chevalier de Villeneuve (Brésil), Indelli (Italie), de Barros (Portugal), Lagerheim (Suède), O. Broch (Norvège), de Rojas (Vénézuéla) répondent affirmativement.

MM. J.-O. Putnam (États-Unis) et Reader-Lack (Grande-Bretagne) font
connaître qu'ils n'ont pas reçu d'instructions à cet égard de leurs Gouvernements.

M. Verniers van der Loeff (Pays-Bas) déclare qu'il n'a pas reçu d'instructions précises, mais que le fait d'avoir adhéré à la Conférence prouve
le désir du Gouvernement néerlandais d'arriver à une entente. Toutefois
il fait observer que les Pays-Bas sont dans une situation particulière,
puisqu'ils ne possèdent pas de loi sur les brevets d'invention. Sur les
marques de fabrique et de commerce, une loi a été promulguée récemment,
et la propriété des noms commerciaux des étrangers, tout aussi bien que
des nationaux, a toujours été respectée par les tribunaux. Sous toutes
réserves, il croit pouvoir répondre affirmativement.

M. de Barros (Portugal), pense qu'il convient de donner un nom à
l'Union qu'on doit former, et il propose de l'appeler »Union internationale
pour la protection de Propriété du travail industriel.«

M. le Président répond que la qualification suppose l'Union, et qu'il
faut attendre, pour examiner la question, que les Gouvernements aient
fait connaître s'ils veulent faire cette Union.

M. de Nebolsine (Russie) déclare n'avoir pas reçu d'instructions précises sur ce sujet, mais sous toute réserve il croit pouvoir dire que le
Gouvernement russe n'est pas contraire, en principe, à l'idée d'une Union.

M. J.-J. Diaz (Uruguay) dit qu'il n'a pas non plus d'instructions précises, mais que sa présence comme délégué de l'Uruguay indique assez
clairement que son Gouvernement partage, en principe, les vues de la
Conférence; qu'en conséquence il répond par un vote affirmatif à la question de principe, se bornant à faire des réserves sur l'approbation du Gouvernement de l'Uruguay dont il n'entend engager aucunement la responsabilité.

M. Kern (Suisse) est d'avis qu'il faut savoir ce qu'il y aura dans
l'Union, en connaître les obligations. Il pense qu'il faudrait procéder comme on a fait dans certaines Conférences, et, en premier lieu, donner communication des instructions que chaque délégué a reçues de son Gouvernement, afin de connaître le terrain sur lequel on travaille.

Il est d'avis qu'il serait alors nécessaire de nommer une ou plusieurs
Commissions chargées d'élaborer un programme. Il déclare, du reste,
que la Suisse est disposée à former une Union, mais sous toutes réserves.

M. de Barros (Portugal) appuie la proposition de M. Kern.

M. le Président rappelle qu'il ne doit pas y avoir de surpise et qu'il
est bien entendu qu'il ne s'agit pas de prendre d'engagement, mais de
préparer simplement un avant-projet de traité à soumettre aux divers
Gouvernements qui feront telles observations que de droit. Il dit qu'il
résulte des déclarations des délégués que la Conférence peut dans ces conditions, travailler à l'œuvre commune.

Il fait connaître que M. Jagerschmidt a préparé un avant-projet de convention, et demande si la Conférence est d'avis de nommer, suivant la proposition de M. Kern, une ou plusieurs Commissions chargées d'examiner cet avant-projet avant de tenir une nouvelle réunion, ou bien de faire imprimer et distribuer ledit avant-projet et de laisser aux membres de la Conférence le temps de l'étudier.

M. Jagerschmidt (France) appuie la proposition de M. Kern; mais il pense qu'une seule Commission doit suffire puisqu'il ne s'agit que d'examiner des questions générales et non de discuter à fond chacune des questions se rattachant aux diverses branches de la propriété industrielle.

M. Kern (Suisse) déclare ne faire aucune objection. Il dit qu'il a reçu de son Gouvernement des instructions spéciales sur les différents articles du programme.

M. Demeur (Belgique) fait observer que la Commission qu'on propose de former est toute nommée: c'est la Conférence elle-même. Plus tard, quand il s'agira de trouver une rédaction, on pourra charger une Commission de ce soin; mais aujourd'hui chaque délégué a examiné les questions du programme et peut présenter, dès à présent, ses observations sur chacune d'elles.

M. Indelli (Italie) partage l'avis de M. Demeur. Il a été envoyé par son Gouvernement pour discuter le programme et demande qu'on donne lecture des questions qu'il contient, pour que la Conférence passe de suite à la discussion générale.

M. le Président rappelle que le programme ne renferme que des indications générales et que chacun est libre d'y introduire des questions nouvelles. L'avant-projet préparé par M. Jagerschmidt n'est, d'ailleurs, que le développement des questions du programme. M. le Président demande seulement le délai nécessaire pour faire imprimer et distribuer cet avant-projet.

M. Verniers van der Loeff (Pays-Bas) est d'avis qu'en procédant ainsi on rendrait le programme inutile. Il ne comprend pas l'utilité d'un ajournement, et pourquoi on ne discuterait pas de suite le programme. Il demande quel sera le mandat de la Commission qu'on propose de nommer.

M. Jagerschmidt (France) dit que les questions dont la Conférence est saisie sont, en quelque sorte, théoriques, et qu'il y aurait tout avantage à les présenter sous la forme plus pratique d'un avant-projet de convention. C'est dans cette pensée qu'il a préparé cet avant-projet qui lui a paru pouvoir servir utilement de base à la discussion; il le dépose sur le bureau.

M. le Président propose à la Conférence de fixer la prochaine réunion au lundi 8 novembre, pour donner le temps d'imprimer ce document.

M. Demeur (Belgique) et M. Verniers van der Loeff (Pays-Bas) insistent pour qu'on passe immédiatement à la discussion du programme.

Après un échange d'observations entre les divers délégués, la Conférence décide que l'avant-projet de M. Jagerschmidt sera imprimé et distribué; elle fixe le jour de sa prochaine réunion au samedi 6 novembre à 2 heures.

Le Secrétaire, *Dumoustier de Frédilly.* Le Président, *J. Bozérian.*

DEUXIÈME SÉANCE.

(Samedi 6 novembre 1880).

Présidence de M. J. Bozérian.

Étaient présents:

MM. Woerz, le comte Castell, Hérich, A. Demeur, E. Dujeux, le chevalier de Villeneuve, J.-O. Putnam, J. Bozérian, Jagerschmidt, Girard, Reader-Lack, Indelli, le chevalier Trincheri, H.-C. Verniers van der Loeff, G.-A. de Barros, C. de Moraes, P. d'Alcantara Vidoeira, de Nebolsine, A. Lagerheim, O. Broch, Kern, J. Weibel, Imer-Schneider, Amassian, le colonel J.-J. Diaz.

MM. Ortolan, Dumoustier de Frédilly, secrétaires.

Chatain, G. Bozérian, secrétaires adjoints.

La séance est ouverte à 2 heures.

M. le Président souhaite, au nom de la Conférence, la bienvenue à M. Amassian, délégué de la Turquie. Il fait connaître ensuite que M. le Délégué du Luxembourg ne peut assister aux premières séances de la Conférence, mais espère prendre part aux séances suivantes, et que M. de Rojas, délégué du Vénézuéla, s'excuse de ne pouvoir assister à la séance de ce jour pour des raisons de santé. Il remercie M. le chevalier de Villeneuve, délégué du Brésil, d'une note sur la législation brésilienne en matière de propriété industrielle, dont il a bien voulu offrir des exemplaires à chacun des membres de la Conférence.

M. le Président consulte la Conférence sur la marche qu'elle désire suivre pour ses délibérations.

Il fait observer qu'elle se trouve en présence de deux bases de discussion: 1º le programme des questions qui a été communiqué par la France aux divers Gouvernements; et 2º l'avant-projet de convention préparé par M. Jagerschmidt et qui vient d'être imprimé et distribué. Il invite les délégués à faire connaître à laquelle des deux ils donnent la préférence.

M. Lagerheim (Suède) pense que le projet de M. Jagerschmidt est de nature à faciliter la discussion et qu'il serait préférable de le prendre pour base de la discussion générale, puisqu'il contient un développement du programme. La Conférence jugera, sans doute, utile de nommer une Commission qui examinerait quelques points de détails ainsi que les amendements qui pourraient être présentés.

M. de Barros (Portugal) partage cette manière de voir parce que le projet présenté par M. Jagerschmidt contient les principes généraux concernant la propriété industrielle libellés sous une forme pratique. Il ajoute qu'il donne son approbation aux principes généraux indiqués dans le projet, dans tout ce qu'ils ont de plus libéral, tant qu'ils ne portent pas atteinte aux lois de son pays et qu'ils assurent une véritable protection aux produits de l'agriculture. Il rappelle, d'ailleurs, qu'il avait approuvé la proposition de M. Kern, relative à la nomination d'une Commission, mesure adoptée dans toutes les assemblées délibérantes.

La Conférence décide qu'elle discutera l'avant-projet de M. Jager-schmidt dont la teneur suit:

Art. 1er. »L'Autriche-Hongrie, la Belgique, le Brésil, les États-Unis d'Amérique, la France, le Royaume-Uni de Grande-Bretagne et d'Irlande, l'Italie, le Luxembourg, les Pays-Bas, le Portugal, la Russie, les royaumes unis de Suède et Norvège, la Suisse, la Turquie, l'Uruguay et le Vénézuéla sont constitués à l'état d'Union pour la protection de la Propriété industrielle.

Art. 2. »Les sujets et citoyens de chacun des États contractants jouiront réciproquement, dans tous les autres États de l'Union, en matière de brevets d'invention, de dessins ou modèles industriels, de marques de fabrique ou de commerce et de nom commercial, des avantages que les lois respectives accordent actuellement ou accorderont par la suite aux nationaux. Ils auront la même protection que ceux-ci et le même recours légal contre toute atteinte portée à leurs droits, sous la seule condition de l'accomplissement des formalités imposées aux nationaux par la législation intérieure de chaque État.

Art. 3. »Tout dépôt d'une demande de brevet d'invention, d'un dessin ou modèle industriel, d'une marque de fabrique ou de commerce, régulièrement effectué dans l'un ou l'autre des États contractants, constituera pour le déposant un droit de priorité d'enregistrement dans tous les autres États de l'Union pendant un délai de . . . . . à partir de la date du dépôt.

Art. 4. »Le propriétaire d'un brevet d'invention aura la faculté d'introduire, dans le pays où le brevet lui aura été délivré, des objets fabriqués dans l'un ou l'autre des pays contractants, sans que cette introduction puisse être une cause de déchéance du brevet.

Art. 5. »La propriété des dessins ou modèles industriels et des marques de fabrique ou de commerce sera considérée, dans tous les États de l'Union, comme légitimement acquise à ceux qui font usage, conformément à la législation du pays d'origine, desdits dessins ou modèles et marques de fabrique ou de commerce.

Art. 6. »Tout produit portant illicitement soit la marque d'un fabricant ou d'un commerçant établi dans l'un des pays de l'Union, soit une indication de provenance dudit pays, sera prohibé à l'entrée dans tous les autres États contractants, exclu du transit et de l'entrepôt, et pourra être l'objet d'une saisie suivie, s'il y a lieu, d'une action en justice.

Art. 7. »Le dépôt d'une marque quelconque de fabrique ou de commerce sera admis, dans tous les États de l'Union, aux risques et périls du déposant, quelle que soit la nature du produit revêtu de la marque.

Art. 8. »La propriété du nom commercial sera garantie dans tous les États de l'Union sans distinction de nationalité et sans obligation de dépôt, qu'il fasse ou non partie d'une marque de fabrique ou de commerce.

Art. 9. »Les hautes parties contractantes s'engagent à accorder une protection temporaire aux inventions brevetables, aux dessins ou modèles industriels, ainsi qu'aux marques de fabrique ou de commerce, pour les produits qui figureront aux Expositions internationales officiellement reconnues.

»Les objets argués de contrefaçon pourront être saisis dans l'enceinte des Expositions.

Art. 10. »Chacune des hautes parties contractantes s'engage à établir un service spécial de la propriété industrielle, et un dépôt central, pour la communication au public, des brevets d'invention, des dessins ou modèles industriels et des marques de fabrique ou de commerce.

Art. 11. »Un organe international, placé sous la haute autorité de l'Administration supérieure de la Confédération suisse, sera chargé, sous le titre de »Bureau international de la Propriété industrielle«, de réunir, de coordonner et de publier les renseignements de toute nature relatifs aux brevets d'invention, aux dessins ou modèles industriels et aux marques de fabrique ou de commerce.

»Les frais auxquels donnera lieu cette institution seront supportés par toutes les Administrations des États contractants.

»Le Bureau international rédigera en langue . . . . . à l'aide de documents qui seront mis à sa disposition par lesdites Administrations, un journal de la propriété industrielle.

Art. 12. »La présente Convention sera soumise à des revisions périodiques en vue d'y introduire les améliorations de nature à perfectionner le système de l'Union des États contractants.

»A cet effet, des Conférences auront lieu successivement dans la capitale de chacun des États contractants entre les délégués desdits États.

»La prochaine réunion aura lieu en . . . . . à . . . . .

Art. 13. »Les hautes parties contractantes se réservent respectivement le droit de prendre séparément, entre elles, des arrangements particuliers pour la protection de la propriété industrielle, en tant que ces arrangements ne contreviendraient point aux dispositions de la présente Convention.

Art. 14. »Les États qui n'ont point pris part à la présente Convention seront admis à y adhérer sur leur demande.

»Cette adhésion sera notifiée par la voie diplomatique à celui des États contractants au sein duquel la dernière conférence aura été tenue, et par cet État à tous les autres.

»Elle emportera, de plein droit, accession à toutes les clauses et admission à tous les avantages stipulés par la présente Convention.

Art. 15. »La présente Convention sera mise à exécution à partir du . . . . . et demeurera en vigueur pendant un temps indéterminé jusqu'à l'expiration d'une année à partir du jour où la dénonciation en sera faite.

»La dénonciation ne produira son effet qu'à l'égard de l'État qui l'aura faite, la Convention restant exécutoire pour les autres parties contractantes.

»La présente Convention sera ratifiée et les ratifications en seront échangées à Paris le plus tôt que faire se pourra.

»En foi de quoi, etc.«

M. Jagerschmidt (France) propose qu'avant de passer à la discussion des articles, chaque délégation fasse connaître ses vues sur l'ensemble du projet. Il dit qu'il est indispensable d'arriver à une rédaction réunissant une adhésion unanime pour qu'elle puisse être transmise aux Gouvernements avec l'espoir de la voir adopter.

B. de Nébolsine (Russie) lit la déclaration suivante:

»Dans la séance d'ouverture, notre honorable Président vous a exposé la marche des travaux du Congrès international de la Propriété industrielle, tenu à Paris lors de l'exposition universelle de 1878. Il vous a dit, entre autres choses, que le Congrès, avant de se séparer, avait décidé d'instituer une Commission internationale permanente chargée d'assurer, dans les limites du possible, la réalisation des resolutions adoptées par ce Congrès. Les membres de cette Commission étaient répartis en sections nationales, suivant les pays qu'ils représentaient.

»Comme délégué du Congrès, j'ai été chargé, avec M. Kaupé, d'organiser la section russe. Vous connaissez déjà les résultats des travaux de la section française, qui ont abouti à la convocation de notre Conférence. Je voudrais maintenant, en quelques mots seulement, vous mettre au courant de ce que la section russe a fait pour remplir le mandat qui lui a été confié.

»Comme délégué du Gouvernement russe au Congrès, j'ai présenté un rapport au Ministère des finances en demandant l'autorisation de former une section en Russie. Sa Majesté l'Empereur a bien voulu en autoriser l'organisation: la section est obligée de présenter annuellement au Gouvernement des rapports sur ses travaux. En même temps la Société technique, dont j'ai l'honneur d'être membre, a organisé une Commission spéciale qui a pour but de revoir la législation russe sur les brevets d'invention et d'élaborer un nouveau projet de loi. Ce projet aura pour but de se rapprocher autant que possible des vœux émis par le Congrès et de réaliser ainsi le besoin général d'arriver à l'uniformité de la législation sur ce sujet dans les divers pays. Cette Commission, dont je suis membre, et dont le président est Son Exc. M. le Conseiller privé Wischniakoff, directeur du département de l'agriculture au Ministère des domaines, n'a pas encore présenté le projet de loi en question; car ses travaux ont eu jusqu'ici pour but de réunir les matériaux nécessaires pour mener à bonne fin l'œuvre entreprise. Les recherches préparatoires, dont M. Kaupé s'est chargé, sont terminées; et dans la séance de la Commission, qui a eu lieu avant mon départ pour Paris, il a été décidé que ces matériaux seront livrés à la publicité. A mon retour, la Commission, qui attend le résultat de nos délibérations, procédera sans retard à l'élaboration d'un projet de loi. Son Exc. M. de Wischniakoff s'est occupé très sérieusement, depuis plusieurs années, de cette importante question; sa présidence à cette Commission est dès lors une garantie certaine pour le succès de l'œuvre. D'un autre côté, le prince Liéven, Ministre des domaines, est également appelé à autoriser la délivrance des brevets qui concernent les inventions en matière d'agriculture; il s'intéresse non moins que le Ministre des finances aux questions ayant trait à ce sujet. Tout en représentant spécialement ce dernier Ministère, dont c'est la compétence particulière, je suis heureux de pouvoir apporter aussi le concours éclairé du Ministère des domaines pour la solution du problème qui nous occupe.

»Je ne me fais pas d'illusions sur les difficultés à surmonter pour arr...er à atteindre le but de nos efforts.

»Il n'est, en effet, pas aisé d'aboutir à la conclusion d'un traité qui, tout en sauvegardant les intérêts des inventeurs, ainsi que ceux des consommateurs, ne porterait point de préjudice au développement de l'industrie des pays contractants.«

M. Demeur (Belgique) approuve l'idée d'exposer la législation de chaque pays. Mais il ne croit pas désirable que chaque délégation fasse un exposé général; mieux vaudra s'expliquer à l'occasion de chacun des articles du projet. Tous les membres de la Conférence sont animés du désir d'arriver à une union. Le projet contient des dispositions qui existent déjà dans beaucoup de législations, mais il en renferme qui sont en opposition formelle avec celles de certains pays. Dans ce cas, il faut arriver à trouver le principe de raison et de justice. Si on le trouve, on réunira une adhésion générale. Le désir d'une entente est puissant dans chaque pays. Si, dans le fait, cette entente est lente à se réaliser, c'est que la représentation internationale n'est pas encore constituée. Si les pays pouvaient causer entre eux, ils arriveraient vite à s'entendre. On a cette bonne fortune aujourd'hui. Il ne sait pas jusqu'où la Conférence pourra aller, mais elle peut se montrer hardie. Elle ne doit pas s'arrêter à la législation existante, et, si chaque délégué trouve dans les lois de son pays un principe qui ne soit pas en harmonie avec la justice, il ne doit pas hésiter à approuver, dans la limite de ses pouvoirs, le principe de justice qui aura été adopté.

M. de Barros (Portugal) dit qu'il se permettra de faire observer que les délégués ne peuvent se considérer comme des savants ni comme des académiciens, réunis pour discuter des points de doctrine, mais qu'ils sont des hommes pratiques; si la Conférence discute seulement des thèses, elle n'aboutira pas. Il demande, par conséquent, qu'on passe immédiatement à la discussion des articles, car le temps est précieux et l'objet de la discussion des plus importants.

M. Jagerschmidt (France) craint que M. Demeur n'ait pas bien saisi sa pensée. Il a simplement demandé que la Conférence fasse connaître si elle a des observations, des objections à présenter sur l'économie générale de son projet.

M. Indelli (Italie) dit que le projet est divisé en deux parties: la première, relative au droit donné aux citoyens des divers pays contractants de demander des brevets d'invention, ou de déposer des dessins ou modèles et des marques de fabrique ou de commerce; la deuxième, relative au caractère de la propriété et aux rapports des États entre eux. L'article 2 du projet est le fond. Il consacre le droit donné aux nationaux et la faculté d'accorder aux étrangers de jouir de ce droit comme les nationaux. Il embrasse ainsi la grande idée d'une union. M. Indelli demande que la discussion générale s'ouvre sur cet article. Il déclare qu'il en accepte le principe au nom de l'Italie, car l'Union pour la Propriété industrielle n'est pas seulement une question de justice pour elle, c'est aussi une question d'intérêt. Le Code civil italien reconnaît, en effet, ce grand principe que les étrangers jouissent de tous les droits civils, indépendamment de toute réciprocité. L'Italie donne tout par ce principe. Elle a donc intérêt à avoir cette réciprocité. Mais M. Indelli désire connaître quelle sera la portée de l'article, et savoir si les citoyens des pays qui n'adhéreront pas à l'Union pourront continuer à jouir, en Italie, du droit accordé aux étrangers par le Code civil. Si cela n'était pas, il ne saurait accepter l'article 2 sans blesser un des grands principes de la loi de son pays.

M. le Président pense que, pour éclairer la discussion, il serait nécessaire de donner une nouvelle lecture des articles du projet. Il prie M. Jagerschmidt de lire l'article 1er du projet.

Art. 1er. »L'Autriche-Hongrie, la Belgique, le Brésil, les États-Unis d'Amérique, la France, le Royaume-Uni de Grande-Bretagne et d'Irlande, l'Italie, le Luxembourg, les Pays-Bas, le Portugal, la Russie, les royaumes unis de Suède et Norvège, la Suisse, la Turquie, l'Uruguay et le Vénézuéla sont constitués à l'état d'Union pour la protection de la Propriété industrielle.«

M. de Barros (Portugal) demande que l'article soit complété en y insérant après »sont constitués à l'état d'Union« les mots »sous la dénomination de: Union internationale pour la protection de la Propriété du travail industriel de toutes les classes.«

Il croit qu'il est important de donner tout d'abord un nom à ce que l'on va faire, afin que le travail de la Conférence soit connu, et de résumer sa pensée dans un titre. L'Union pour la protection de la Propriété industrielle ne forme pas une société anonyme, elle doit avoir un drapeau sur lequel elle inscrive sa dénomination, afin que l'on sache bien quel est son but. M. de Barros dit qu'en proposant de mettre: »Travail industriel de toutes les classes,« il a pour but de mettre sous la protection de l'Union les produits de l'agriculture.

Les produits de ce genre, tels que les vins notamment, sont l'objet d'une .contrefaçon considérable; il faut mettre fin à cet état de choses. L'agriculture est la mère de toutes les industries; elle doit être protégée. Il ne cessera d'insister à cet égard. En résumé, il faut protéger le travail dans toutes ses branches et poursuivre partout la contrefaçon.

M. Verniers van der Loeff (Pays-Bas) pense qu'il serait plus rationnel de s'entendre sur la nature même du traité avant de lui donner un nom. Il demande que l'on passe de suite à la discussion de l'article 2, et que celle de l'article 1er soit réservée.

M. de Barros (Portugal) croit devoir insister pour que l'Union protège aussi les produits agricoles.

M. de Nebolsine (Russie) fait observer que les mots »propriété industrielle« comprennent tout.

M. Hérich (Hongrie) dit que les mots »propriété industrielle« ont un sens déterminé, et que, si l'on ajoute le mot »agricole,« ce sens sera complètement changé. En effet, la propriété industrielle n'existe pas, c'est une propriété imaginaire, théorique; cette dénomination est un terme technique qu'on peut étendre à tout, et une définition que tout le monde accepte. Dans ce sens, la propriété agricole n'existe pas. Il est, d'ailleurs, d'avis de commencer la discussion par l'article 2.

M. de Barros (Portugal) déclare que, du moment où, sous les mots

»propriété industrielle«, on comprend l'industrie agricole, c'est-à-dire protection pour les produits de l'agriculture, il n'insiste pas.

La Conférence décide qu'il sera passé à la discussion de l'article 2.

Art. 2. »Les sujets et citoyens de chacun des États contractants jouiront réciproquement, dans tous les autres États de l'Union, en matière de brevets d'invention, de dessins ou modèles industriels, de marques de fabrique ou de commerce et de nom commercial, des avantages que les lois respectives accordent actuellement ou accorderont par la suite aux nationaux. Ils auront la même protection que ceux-ci et le même recours légal contre toute atteinte portée à leurs droits, sous la seule condition pe l'accomplissement des formalités imposées aux nationaux par la législation intérieure de chaque État.»

M. Jagerschmidt (France) demande à présenter, avant la discussion, quelques mots d'explication sur la pensée qui a inspiré cet article. Il dit que, s'il doit y avoir union, cette union ne peut s'établir, pour le moment du moins qu'à la condition de respecter, autant que possible, les législations intérieures de chaque État. Il partage les vues exprimées par M. Demeur au commencement de la séance, mais il pense qu'il faut aller lentement pour réussir, et se contenter de demander, pour les étrangers, l'application du traitement national. Dans ces conditions, des États qui, comme les Pays-Bas et la Suisse, ne protègent pas les brevets d'invention, accepteront l'article 2, puisque les étrangers, ne pouvant réclamer que la protection accordée aux nationaux, ne sauraient dès lors obtenir une protection dont ces derniers ne jouiraient pas.

M. Kern (Suisse) rappelle qu'il y a des États qui ne protègent pas toutes les branches de la propriété industrielle. Il y a deux choses dans l'article 2 qui faciliteront une entente: d'abord un mot important, »réciproquement«, et ensuite le principe qu'on ne pourra demander qu'un État accorde aux étrangers plus qu'à ses nationaux. Il se prononce pour la rédaction telle qu'elle est présentée. Il demande, à cette occasion, la permission de faire connaître les instructions qui lui ont été données par son Gouvernement. Il dit »être chargé par ses instructions de déclarer que, malgré le fait que la Constitution fédérale ne renferme pas de dispositions donnant aux autorités fédérales la compétence de légiférer dans le domaine des inventions industrielles, celui-ci, tout en faisant ses réserves sur ce point, n'en croit pas moins devoir répondre affirmativement aux ouvertures que le Gouvernement français a bien voulu lui faire, et cela d'autant plus que d'autres matières faisant l'objet du programme du Congrès sont déjà réglées par la législation fédérale ou sont sur le point de l'être. »La Délégation suisse est, du reste, dans le cas d'ajouter à cette déclaration, déjà communiquée au Gouvernement français dans la réponse du Conseil fédéral du 14 février de l'année courante à la lettre de l'ambassade française du 30 décembre 1879, ce qui suit:

»Il n'est pas douteux qu'il ne se soit produit en Suisse, ces dernières années, dans l'opinion publique, un mouvement important au sujet des brevets d'invention. Le Conseil national, nanti, par l'initiative de l'un de ses membres, d'une proposition relative à cette question, a voté, »à l'unanimité«, la prise en considération de cette proposition, en invitant le Gouvernement fédéral à examiner s'il ne serait pas dans l'intérêt de la protection industrielle d'introduire en Suisse le système des brevets d'invention dans le domaine de l'industrie et du commerce, l'invitant, en même temps, au cas où cette question recevrait une réponse affirmative, à présenter un projet de loi sur la matière. Le projet de loi est déjà élaboré par le département du Conseil fédéral au ressort duquel appartiennent les questions de cette nature. Ce projet de loi est imprimé et accompagné d'un exposé de motifs, dans lequel le Département se prononce d'une manière très positive pour l'utilité et la nécessité d'une protection de cette partie de la propriété industrielle. Des sociétés d'industrie, se faisant l'organe des intérêts de l'industrie et du commerce suisses, se sont prononcées itérativement et d'une manière catégorique dans le même sens.«

M. Verniers van der Loeff (Pays-Bas) remercie M. Jagerschmidt du commentaire qu'il a bien voulu donner sur l'article 2. Ce commentaire facilitera l'accession des Gouvernements qui sont dans une situation exceptionnelle, comme la Suisse et les Pays-Bas pour ce qui concerne les brevets d'invention, et les États-Unis pour ce qui regarde les marques de fabrique et de commerce.

M. Indelli (Italie) admet la rédaction; cependant, il croit devoir insister sur ses observations. Si la Conférence avait à faire un traité spécial, ce traité ne porterait aucune atteinte à la législation des pays. Mais dans une Union, on apporte des modifications aux principes généraux. Il doit donc faire des réserves pour son pays, en ce sens que l'Italie ne sera pas obligée de refuser la jouissance, mentionnée à l'article 2, aux étrangers appartenant à des pays non concordataires, et il demande à la Conférence de vouloir bien accepter un amendement dans ce sens.

M. Jagerschmidt (France) répond que telle n'est pas la portée de l'article 2; de ce que le bénéfice du traitement national sera accordé par cet article aux sujets des États de l'Union, il ne s'ensuit pas qu'il doive être refusé à ceux des Etats qui n'en feront point partie.

M. Lagerheim (Suède) fait observer que la Suède est dans une situation particulière, attendu que sa législation oblige les étrangers à constituer un représentant domicilié dans le pays pour obtenir un brevet. Toutefois, cette difficulté sera écartée si une nouvelle loi sur les brevets d'invention, élaborée par une Commission spéciale et qui se trouve actuellement soumise à l'examen des autorités compétentes, est définitivement adoptée.

M. le colonel Diaz (Uruguay) fait observer que les idées émises par l'honorable Délégué de l'Italie lui avaient inspiré quelques doutes sur la portée de l'article 2; car si réellement l'esprit de cet article pouvait faire obstacle à l'obtention de brevets d'invention, dans les pays de l'Union, par les citoyens des nations qui n'en font point partie, il ne pourrait voter cette disposition sans porter atteinte aux principes de très large libéralisme consacrés par la loi uruguayenne de 1853, qui confère au Gouvernement la faculté d'accorder des brevets de privilège exclusif en cas d'invention, de perfectionnement d'invention et d'importation d'invention, sans établir de différence entre le national ou l'étranger, quant au droit de solliciter et d'obtenir ces brevets, conformément aux dispositions de la loi intérieure que la Conférence, à diverses reprises, a déclaré vouloir respecter. Il est vrai qu'un projet de loi, récemment soumis aux Chambres, ajoute et stipule que les bénéfices de la loi ne seront applicables qu'aux découvertes et inventions faites dans le pays même; mais, en cette circonstance encore, elle égalise, pour l'obtention des brevets, les droits des nationaux et des étrangers. Si donc, dit-il, l'adoption de l'article 2 devait restreindre ce droit, ainsi que l'honorable Délégué de l'Italie paraît le craindre, il le repousserait nécessairement; mais la lecture attentive et réfléchie de l'article en discussion et les explications claires et précises que vient de fournir l'honorable M. Jagerschmidt, auteur du projet et Délégué de la France, ne laissent plus subsister d'indécision sur l'interprétation que comporte l'article 2. M. Diaz le votera, en conséquence, tel quel, mais sans engager toutefois, en quoi que ce puisse être, son Gouvernement dont il réserve la liberté pleine et entière d'approbation ou non-acceptation de cet article comme de toutes les autres décisions de la Conférence, ce qu'il a eu l'honneur de manifester plusieurs fois déjà.

M. de Barros (Portugal) est du même avis. Il adopte l'idée de l'article, mais pas la rédaction, et propose l'amendement suivant: »Tous les États contractants jouiront réciproquement des avantages que les lois respectives accordent ou accorderont à leurs nationaux, tant que ceux-ci accompliront les formalités établies par les législations de chaque État.« Il demande qu'il soit nommé une Commission pour examiner les amendements proposés.

M. Amassian (Turquie) dit qu'il y a deux objets: le fond et les moyens d'exécution. Quant aux bases de l'Union, tout le monde est d'accord. On peut protéger les étrangers sans porter atteinte à la législation de chaque pays. Mais, si un inventeur ayant pris un brevet en Autriche, brevet dont la durée serait, par exemple, de quinze ans, prend ce même brevet en Italie, et en admettant que la durée du brevet italien soit de dix ans, l'Italie devra-t-elle accorder à cet inventeur un brevet de quinze ans?

M. Jagerschmidt (France) répond que l'Autrichien aura dix ans en Italie et l'Italien quinze ans en Autriche.

M. Amassian (Turquie) reconnaît que, dans ce cas, il n'y aura aucune atteinte portée à la législation intérieure de chaque pays.

M. le comte Castell (Autriche) adhère au principe général de l'article 2. Mais il croit devoir faire une remarque sur ces mots »à la seule condition de l'accomplissement des formalités imposées aux nationaux par la législation intérieure de chaque État«. Il rappelle que l'Autriche a conclu avec la France une Convention aux termes de laquelle le dépôt des marques françaises doit avoir lieu aux Chambres de commerce de Vienne et de Buda-Pesth, tandis que les nationaux doivent déposer leurs marques à la Chambre de commerce de leur domicile. Le traité devra, dès lors, contenir une réserve à ce sujet, sans cela il y aurait lieu de changer la Convention du 20 février 1879. Il dit également qu'en Autriche le nom commercial est protégé par une loi spéciale et demande que le nom commercial ne soit pas compris dans la Convention, si ce n'est pour les enveloppes et emballage des produits.

M. de Nebolsine (Russie) déclare qu'en Russie les étrangers sont traités comme les nationaux et qu'il n'a aucune objection à faire.

M. Indelli (Italie) dit qu'en présentant les observations qu'il a faites il n'avait que l'intention de faire naître des déclarations dans le but d'éclairer le débat, et qu'il admet la rédaction de l'article 2.

M. le professeur Broch (Norvège) dit que la législation norvégienne est incomplète et qu'on en prépare une nouvelle. Actuellement le Gouvernement peut admettre ou refuser un brevet sans donner aucune raison. Il adhère à la rédaction de l'article 2.

M. Jagerschmidt (France) ne voit pas pourquoi l'Autriche demande qu'on élimine de la Convention le nom commercial; il demande si la législation autrichienne s'oppose à ce que la loi sur le nom commercial soit appliquée aux étrangers.

Sur la réponse négative de M. le comte Castell, M. Jagerschmidt fait observer que, dès lors, rien n'empêche l'Autriche d'accepter l'article 2, et l'amendement est retiré.

M. E. Dujeux (Belgique) donne son approbation à l'article 2. En matière de brevets d'invention, il est admis, en Belgique, que les étrangers jouissent de la même protection que les nationaux; jamais on n'a refusé d'accorder un brevet à l'auteur d'une découverte en se fondant sur sa qualité d'étranger. En matière de marques de fabrique et de commerce, de dessins et de modèles industriels, la protection des droits en faveur des étrangers est subordonnée à la condition de réciprocité. L'adoption de la proposition tiendrait lieu de traité et satisferait à la condition de réciprocité.

M. Demeur (Belgique) relève l'opinion précédemment exprimée que l'adoption du projet n'entraînera pas de changements dans la législation des divers pays. C'est là une erreur. On va se heurter à un certain nombre de dispositions législatives et prendre l'engagement de les modifier. Ainsi l'adoption de l'article 2 implique l'abrogation des dispositions d'après lesquelles l'étranger n'est pas traité comme le régnicole. En Suède, l'étranger, pour obtenir un brevet, doit constituer un régnicole comme représentant. Il faudra faire disparaître cette disposition. Il est nécessaire que la portée de la disposition soit bien fixée. L'article 2 dispose que »les étrangers auront la même protection que les nationaux et le même recours légal contre toute atteinte portée à leurs droits«. Il s'ensuit que l'étranger ne devra pas, pour obtenir la protection de son droit, remplir les formalités qui lui sont aujourd'hui imposées pour cela. Mais il faut s'entendre. Ainsi, actuellement, dans un certain nombre de pays, quand un étranger veut poursuivre, il doit fournir la caution judicatum solvi. Avec l'article 2, il répondra que cette caution ne lui était demandée qu'à titre d'étranger, et qu'il n'a plus à la payer puisqu'il n'est assujetti qu'aux formalités imposées aux nationaux. M. Demeur ne demande pas mieux que de voir consacrer cette interprétation. Mais est-ce bien là la portée de l'article?

M. le Président répond que M. Demeur fait une confusion entre les conditions imposées pour acquérir un droit avec les formalités de procédure. L'assimilation ne va pas jusque-là.

M. Imer-Schneider (Suisse) déclare partager l'opinion de M. Demeur en tant qu'il s'agit de la condition imposée aux étrangers d'avoir un représentant dans le pays, condition exigée par plusieurs lois, et demande qu'on renvoie la question à une Commission.

M. Indelli (Italie) insiste sur ce point qu'il faut distinguer les formalités pour acquérir le droit et la procédure imposée aux nationaux et aux étrangers; la pensée de l'article est que, pour acquérir le droit, l'étranger sera assujetti aux mêmes formalités que le national. Il dit à ce sujet que l'Italie ne reconnaît plus la caution judicatum solvi. Il n'est donc pas question, dans l'article, de procédure. Il déclare inutile la formation d'une Commission. On peut s'entendre pour trouver une rédaction.

M. Demeur (Belgique) dit que les explications qui viennent d'être données montrent que les termes adoptés par l'auteur du projet ont dépassé sa pensée. Ces termes ont été empruntés à des traités internationaux. Il est d'avis qu'on devra les modifier. Il demande à citer un nouvel exemple démontrant que le texte proposé est sujet à contestation. D'après la loi française et la loi belge, le régnicole peut assigner l'étranger devant les tribunaux du pays, quel que soit le lieu du domicile de l'étranger. L'étranger aura-t-il ce même droit?

M. Jagerschmidt (France) répond que la confusion vient de l'interprétation erronée donnée au mot »formalités«. Il s'agit uniquement des formalités du dépôt et non des formalités judiciaires. Cela a toujours été entendu ainsi.

M. le Président fait observer que, la pensée de l'article 2 étant bien comprise, il y aurait lieu pour ceux des délégués qui auraient des amendements à proposer, de les présenter.

M. Woerz (Autriche) dit qu'en présence des termes de l'article qui dispose que les étrangers auront la même protection que les nationaux, on doit supposer que les Gouvernements des pays qui n'ont pas de législation en matière de propriété industrielle, devront en faire une. Il pense qu'il serait désirable que les délégués fissent des démarches dans ce sens auprès de leurs Gouvernements.

M. Weibel (Suisse) fait observer que, si on admet que le mot »réciproquement« doit être pris dans le sens strict, la faveur stipulée par la Convention n'existerait pas pour les Suisses qui ne pourraient en jouir que le jour où la Confédération aura une législation. Cette interprétation amoindrirait le droit des étrangers. Il pense qu'il faut l'interpréter dans le sens large, et que l'étranger jouira dans chaque pays des droits concédés aux nationaux.

M. le Président répond que c'est bien ainsi qu'on l'a entendu.

M. Hérich (Hongrie) demande qu'on supprime le mot »réciproquement« qui peut donner lieu à de fausses interprétations. Il dépose d'autre part l'amendement suivant: »L'invention, le dessin ou modèle appartenant au domaine public dans le pays d'origine ne peuvent être l'objet d'une jouissance exclusive dans un autre État.«

M. le Président fait observer que la question soulevée par cet amendement sera résolue d'après la législation de chaque pays. En France, pour qu'un brevet d'invention ou un dessin soient valables, il faut qu'ils soient nouveaux, c'est-à-dire qu'ils n'aient reçu, antérieurement au dépôt, aucune publicité, non seulement en France, mais partout. Dans d'autres législations, la publicité est restreinte au territoire du pays.

M. Verniers van der Loeff (Pays-Bas) trouve, après avoir entendu la discussion, la rédaction de l'article 2 très claire: égalité quant aux avantages légaux, quant à la faculté d'obtenir le droit exclusif résultant du brevet, du dessin, de la marque; situation égale pour l'étranger et pour le national, sans condition de réciprocité. Il pense que le seul mot qui pourrait faire naître un doute, est le mot »réciproquement«. Il propose de le supprimer.

M. le Président considère que le mot n'est pas indispensable.

M. Jagerschmidt (France) demande à répondre à un point du discours de M. Demeur: celui relatif à la nécessité de modifier certaines législations. Il reconnaît que l'adoption de l'article 2 entraînera une modification de la loi suédoise. Mais il pense que la Suède peut néanmoins entrer dans l'Union, sauf à changer sa législation sur ce point de peu d'importance.

M. Lagerheim (Suède) rappelle que ce changement est déjà à l'étude en Suède. Le projet de loi élaboré par la Commission suédoise porte expressément que tout demandeur de brevet domicilié à l'étranger et tout détenteur de brevet prenant domicile hors du pays, seront tenus d'avoir un représentant en Suède. Il n'a donc aucune objection à faire.

M. de Barros (Portugal) dit que M. Demeur a bien posé la question, qu'on est d'accord au fond et que c'est une affaire de rédaction. Il insiste pour qu'il soit nommé une Commission pour libeller cette rédaction.

M. Kern (Suisse) appuie la proposition de M. de Barros. Il est impossible à la Conférence de s'occuper d'une rédaction. En nommant une Commission, on gagnera du temps. Il demande qu'on mette aux voix la proposition de M. de Barros.

M. Verniers van der Loeff (Pays-Bas) ne comprend pas à quoi servira une Commission. On a un projet élaboré, pourquoi ne pas l'examiner en Conférence?

La Conférence décide, par 9 voix contre 7, qu'il sera nommé une Commission.

Sur la proposition de M. Kern, la Commission est composée de 7 membres.

Les Délégués désignés pour en faire partie sont ceux de l'Autriche, de la Belgique, de la France, de la Grande-Bretagne, de l'Italie, du Portugal et de la Suisse.

L'article 2 et les amendements présentés sont renvoyés à la Commission et la Conférence s'ajourne au lundi 8 novembre à 2 heures.

La séance est levée à 5 heures et demie.

Le Président, *L. Bozérian.*

Le Secrétaire, *A. Dumoustier de Frédilly.*

TROISIÈME SÉANCE
(Lundi 8 novembre 1880).
Présidence de M. J. Bozérian.

Étaient présents:

MM. Wœrz, le comte Castell, Hérich, A. Demeur, E. Dufeux, le chevalier de Villeneuve, J.-O. Putnam, J. Bozérian, Jagerschmidt, Girard, Reader-Lack, Indelli, le chevalier Trincheri, H.-G. Verniers van der Loeff, G.-A. de Barros, C. de Moraes, de Nebolsine, A. Lagersheim, O. Broch, Kern, J. Weibel, Imer-Schneider, Amassian, le colonel J.-J. Diaz, de Rojas.

MM. Ortolan, Dumoustier de Frédilly, secrétaires.

Chatain, G. Bozérian, secrétaires adjoints.

La séance est ouverte à 2 heures 20 minutes.

M. le Président donne la parole à M. Jagerschmidt pour rendre compte des travaux de la Commission qui s'est réunie dans la matinée, sous sa présidence.

M. Jagerschmidt fait connaître le résultat de l'examen auquel la Commission a soumis les divers amendements présentés à l'article 2.

M. de Barros, délégué du Portugal, a demandé qu'on supprimât l'un ou l'autre des mots »sujets« et »citoyens« qui figurent en tête de cet article. La Commission, considérant qu'il convenait de tenir compte des Constitutions des diverses nations, a cru devoir maintenir la rédaction du projet, M. de Barros, dans un esprit de conciliation, n'a pas insisté, en demandant toutefois que sa proposition soit insérée au procès-verbal.

M. Hérich, délégué de la Hongrie, et M. Verniers van der Loeff, délégué des Pays-Bas, ont demandé la suppression du mot »réciproquement«, qui leur paraissait pouvoir donner lieu à un malentendu, en ce qu'il pouvait faire supposer à tort que les dispositions de l'article 2 reposaient sur l'application non pas seulement du traitement national, mais aussi du principe de la réciprocité. Sans partager ces appréhensions, la Commission, considérant que ce mot n'est pas essentiel, a cru devoir donner satisfaction à cette demande, en le supprimant.

Un autre amendement a été présenté par M. de Barros; il est ainsi conçu :

»Tous les États contractants jouiront réciproquement des avantages que les lois respectives accordent ou accorderont à leurs nationaux, tant que ceux-ci accompliront les formalités établies par les législations de chaque Etat.«

La pensée de M. de Barros était de faire disparaître le second alinéa de l'article 2, qui lui paraissait inutile, comme faisant double emploi avec le premier paragraphe. La Commission n'a point partagé cet avis; elle a reconnu que le second alinéa complétait très utilement le premier dont il formait le commentaire, et qu'il y avait lieu de le maintenir; elle propose seulement, pour plus de précision, de le faire précéder des mots: »En conséquence«.

M. Demeur, délégué de la Belgique, ayant exprimé la crainte que le mot »formalités« fût appliqué à tort aux formalités de procédure, la Commission a pensé qu'il convenait, pour rendre le sens absolument clair, de compléter l'article par ces mots: »en matière de propriété industrielle,« étant bien entendu que les mots »propriété industrielle« sont une expression conventionnelle, et qu'elle ne préjuge en rien la question de savoir si les brevets d'invention, dessins, modèles et marques constituent une propriété, question qui pourra être discutée à l'article 5.

En résumé, la rédaction définitive adoptée par la Commission est la suivante:

»Les sujets et citoyens de chacun des États contractants jouiront, dans tous les autres États de l'Union, en ce qui concerne les brevets d'invention, les dessins ou modèles industriels, les marques de fabrique ou de commerce et le nom commercial, des avantages que les lois respectives accordent actuellement ou accorderont par la suite aux nationaux. En conséquence, ils auront la même protection que ceux-ci et le même recours légal contre toute atteinte portée à leurs droits, sous la seule condition de l'accomplissement des formalités imposées aux nationaux par la législation intérieure de chaque État en matière de propriété industrielle.«

M. Jagerschmidt ajoute qu'une autre question a été soulevée dans le sein de la Commission au sujet des mots »brevets d'invention«. On a fait observer qu'il y avait également des brevets de perfectionnement et des brevets d'importation. Il a été répondu que les mots »brevets d'invention« sont une expression générale comprenant tous les brevets. La Commission a décidé qu'on s'en tiendrait à cette rédaction dans le texte de la Convention, sauf à constater, dans un Protocole de clôture, que les brevets d'importation et de perfectionnement sont également compris dans la dénomination générique de brevets d'invention.

M. le Président demande si la Conférence a des observations à présenter au sujet de la rédaction proposée par la Commission.

M. de Rojas (Vénézuéla) dit que le mot »réciproquement« avait une signification importante, et il propose, afin de bien préciser le sens de l'article 2, d'y insérer la phrase suivante: »Quoique les avantages ne soient pas accordés par la législation intérieure de chaque État.« Il fait observer qu'il ne faut pas perdre de vue qu'en France et au Vénézuéla, par exemple, on n'accorde pas de brevet pour des produits pharmaceutiques qui sont brevetables dans d'autres pays.

M. Kern (Suisse) approuve complètement les propositions de la Commission; cependant, le mot »formalités« ayant un sens restrictif, il désirerait, pour faire disparaître tout malentendu possible, qu'on ajoutât à la dernière phrase: »Ils auront la même protection que ceux-ci et le même recours légal contre toute atteinte portée à leurs droits, sous la seule condition de l'accomplissement des formalités«, les mots »et des conditions«, en remplaçant en même temps les mots »sous la seule condition« par ceux »sous la seule réserve.«

M. Demeur (Belgique) ne saisit pas bien l'observation de M. Kern et demande à M. le Délégué de la Suisse de vouloir bien citer un exemple à l'appui de sa proposition.

M. Kern (Suisse) dit qu'en Allemagne la législation impose au breveté l'obligation d'exploiter son invention d'une manière évidente dans tous les pays, afin de ne pas exclure l'un d'eux du bénéfice de cette invention, et qu'elle contient, dans ce but, les dispositions connues sous le nom de »système des licences obligatoires«.

M. Indelli (Italie) aurait des objections à faire à l'amendement proposé par M. Kern. Si l'étranger est assimilé au national, il doit remplir les mêmes formalités. En Italie, on impose aussi l'obligation d'exploiter dans le pays. Toutefois, il considère que la question relative à l'exploitation devra être discutée à l'occasion de l'article 4, et demande à M. Kern de vouloir bien réserver son amendement dont il accepte, du reste, le principe.

M. Kern (Suisse) voit avec plaisir que M. le Délégué de l'Italie est d'accord avec lui. Mais, bien qu'en effet la question rentre dans l'article 4, il lui paraît nécessaire d'en parler au sujet de l'article 2, qui est l'article fondamental de la Convention future. Il dit que lorsqu'un propriétaire de dessin croit qu'un train de chemin de fer contient des contrefaçons de ses dessins, il peut faire saisir deux ou trois wagons et arrêter ainsi tout un transit; il cause par là des préjudices considérables. La Suisse n'accordera jamais un semblable privilège. Si donc les lois d'un pays interdisent absolument d'effectuer une saisie sur des marchandises en transit, il est bien entendu que, par le mot »conditions,« le breveté ou ses ayants droit ne sont pas autorisés d'empêcher le transit d'une manière quelconque. Le mot »conditions«, dont il demande l'insertion, veut dire qu'il ne s'agit pas seulement de formalités, mais de conditions plus graves. Il insiste pour l'adoption de son amendement, parce qu'il explique que le breveté aura à suffire à l'exploitation du brevet dans le pays qui le lui a donné et devra se soumettre à des licences obligatoires si celles-ci sont autorisées par la législation du pays qui a accordé le brevet.

M. Lagerheim (Suède) appuie la proposition de M. Kern. L'article doit être aussi clair que possible. Il faut examiner la situation de chaque État, car il n'est pas douteux que les législations intérieures devront être réformées. En Suède, on serait très heureux de se voir protéger dans les pays de l'Union, mais on pourrait craindre la concurrence étrangère s'il n'était pas clairement établi que les étrangers sont soumis aux mêmes obligations que les nationaux, dès qu'ils sont assimilés à eux quant aux avantages garantis par la loi. Il est donc utile d'adopter une rédaction qui ne laisse pas de doutes.

M. Jagerschmidt (France) croit que l'amendement de M. Kern n'est pas essentiel, car il ne dit rien de plus que ne dit l'article 2, qui consacre l'application du traitement national à l'étranger; mais ce qui abonde ne vicie pas et il ne voit pas d'inconvénient à l'adopter.

M. le Président propose de diviser le vote et de se prononcer sur chacun des deux alinéas séparément.

Premier Alinéa. »Les sujets et citoyens de chacun des États contractants jouiront, dans tous les autres États de l'Union, en ce qui concerne les brevets d'invention, les dessins ou modèles industriels, les marques de fabrique ou de commerce et le nom commercial, des avantages que les lois respectives accordent actuellement ou accorderont par la suite aux nationaux.«

La Conférence l'adopte à l'unanimité.

Deuxième Alinéa. »En conséquence, ils auront la même protection que ceux-ci et le même recours légal contre toute atteinte portée à leurs droits, sous la seule réserve de l'accomplissement des formalités et conditions imposées aux nationaux par la législation intérieure de chaque État en matière de propriété industrielle.«

La Conférence l'adopte à l'unanimité.

La Conférence passe à la discussion de l'article 3.

Art. 3. »Tout dépôt d'une demande de brevet d'invention, d'un dessin ou modèle industriel, d'une marque de fabrique ou de commerce, régulièrement effectué dans l'un ou l'autre des États contractants, constituera pour le déposant un droit de priorité d'enregistrement dans tous les autres États de l'Union pendant un délai de . . . . . à partir de la date du dépôt.«

M. Jagerschmidt (France) justifie cette disposition en expliquant que, lorsqu'un industriel a pris un brevet d'invention dans un pays ou déposé un dessin ou une marque, il résulte de ce fait une publicité dont une autre personne peut indûment profiter, pour se hâter d'acquérir dans un autre pays la propriété de ce brevet, de ce dessin ou de cette marque. Le but de l'article est de prévenir cette manœuvre en donnant au premier déposant un droit de priorité d'enregistrement dans tous les États de l'Union pendant un délai déterminé.

M. de Nebolsine (Russie) dit qu'il peut arriver que la même invention ait été faite en même temps par deux personnes appartenant à des pays différents. Si l'on donne un droit de priorité d'enregistrement à l'une, l'autre se trouvera privée de son droit. D'après la loi sur les brevets d'invention en Russie, quand deux personnes demandent, en même temps, des brevets pour la même invention, on n'accorde le brevet ni à l'une ni à l'autre, à moins que le tribunal ne constate que l'une des deux parties n'ait profité de l'invention de l'autre. Au lieu de donner un droit de priorité d'enregistrement au premier déposant, il faudrait dire, selon lui, que le dépôt dans un État n'empêchera pas d'obtenir un brevet ou un dessin dans un autre État.

M. Weibel (Suisse) considère que la disposition insérée dans l'article 3 constitue un des plus grands bienfaits qui seront donnés par la Convention si elle se fait. Il demande qu'au point de vue de l'ordre de la discussion, on examine successivement les délais à accorder pour chacune des trois formes de la propriété industrielle. Il pense qu'ils ne doivent pas être les mêmes. Le délai accordé pour les brevets d'invention doit être plus long que celui donné pour les dessins et modèles industriels, et celui accordé pour le marques doit être court.

Les dessins et modèles ont en général une valeur fugitive; si l'on accorde des délais trop longs, il régnera dans l'industrie une incertitude sur la question de savoir si le dessin sera réservé, ou si, au contraire, il tombera dans le domaine public et pourra ainsi être exploité par tous.

M. Verniers van der Loeff (Pays-Bas) trouve l'article incomplet et propose d'y ajouter: »sauf les droits qui seraient déjà acquis légitimement par des tiers.« Il suppose qu'un Hollandais se serve de longues années d'une marque de fabrique, mais pour des produits qu'il n'exporte pas. Ce négociant n'aura donc déposé sa marque que dans son pays. Un fabricant étranger s'avise d'adopter, de bonne ou de mauvaise foi, cette même marque, et il la dépose dans son pays. On ne saurait admettre que ce dépôt, bien qu'effectué régulièrement, puisse lui donner, en Hollande, un droit de priorité d'enregistrement. Il convient donc de compléter l'article.

M. Lagerheim (Suède) demande si, dans l'opinion de l'auteur du projet, l'article s'appliquera aux dépôts effectués avant l'entrée en vigueur de la Convention; sinon il y aurait lieu d'ajouter une disposition transitoire à ce sujet.

M. le Président répond que la Convention ne saurait avoir d'effet rétroactif. Mais il pense qu'on pourrait insérer, dans le Protocole de clôture, les déclarations nécessaires. Il propose donc de réserver la question.

Cette proposition est adoptée.

M. de Rojas (Vénézuéla) demande qu'on ajoute à l'article ces mots: »sans engager la responsabilité du Gouvernement«.

M. Jagerschmidt (France) ne comprend pas comment la responsabilité du Gouvernement pourrait se trouver engagée en quoi que ce soit, l'article se bornant à donner à un particulier la faculté d'user d'un droit.

M. le Président dit qu'il accepte, en ce qui le concerne, l'amendement présenté par M. Verniers van der Loeff. Il fait, d'ailleurs, observer que la protection accordée par l'article 3 n'est qu'une protection provisoire, que les déposants agiront à leurs risques et périls, et que, s'il y a contestation sur le droit du déposant, les tribunaux auront à apprécier ce droit.

M. Woerz (Autriche) dit que la loi autrichienne exige que l'invention soit nouvelle et qu'elle n'ait pas reçu, dès lors, de publicité. Il rappelle que l'Autriche a conclu un traité de commerce avec l'Allemagne, aux termes duquel la publication de la description d'une invention brevetée en Allemagne, exigée par la loi allemande, ne doit pas porter atteinte à la nouveauté de l'invention en Autriche, si l'inventeur demande son brevet à l'Administration autrichienne pendant un délai de trois mois après la publication faite en Allemagne. A l'égard des États contractants il serait donc nécessaire d'examiner si certaines législations exigent la publication du brevet, et d'adopter, dans ce cas, une disposition qui protégerait le droit de l'inventeur d'une manière analogue à celle qui résulte du traité austro-allemand. Il dépose, dans ce but, l'amendement suivant:

»En cas que la loi d'un des États contractants exigerait la publication du brevet, le caractère de nouveauté de l'invention ne pourrait pas être altéré par cette publication, à condition que la demande de brevet suivrait pendant un délai de trois mois à partir de la date de cette publication«.

M. le Président désire donner quelques explications sur la portée de l'article afin d'éclairer la discussion. En France, quand une invention a reçu, n'importe où et de quelque manière que ce soit, une publicité quelconque, elle ne peut plus être brevetée valablement. Il s'agit, dans un intérêt d'honnêteté, de faire disparaître cette disposition. La richesse n'est pas, en général, l'apanage des inventeurs, et c'est à peine si souvent ils peuvent prendre un brevet dans leur propre pays.   Si l'on multiplie les frais qui le grèvent en l'obligeant de déposer des demandes de brevet dans les autres pays, il lui sera impossible de garantir ses droits.   D'un autre côté, un étranger verra souvent ses droits perdus en France parce qu'il aura pris, antérieurement au dépôt qu'il y aura effectué, son brevet dans son propre pays et que, dès lors, son invention ne sera plus nouvelle aux termes de la loi française.   Au Congrès de 1878, on a cherché un moyen pratique de remédier à cette situation.   On a d'abord imaginé d'autoriser le déposant à faire une déclaration chez tous les consuls.   Mais on a répondu avec raison qu'il n'y a pas de consuls partout et que, d'un autre côté, ce mode de procéder entraînerait des frais assez considérables.   Alors on a proposé de décider que la déclaration dans un des pays contractants vaudrait déclaration dans tous les autres.   Le déposant n'aurait pas un brevet pour cela, mais il pourra l'obtenir dans un certain délai sans encourir une déchéance pour absence de nouveauté.   L'article 3 ne compromet donc aucun intérêt.

M. Indelli (Italie) croit que l'article en discussion est d'une grande importance pratique.   Il ne fait qu'établir l'enregistrement du brevet d'invention, du dessin ou modèle industriel, de la marque de fabrique, sans toucher à aucun principe.   Les tribunaux apprécieront si le déposant a ou non un droit.   Le délai accordé n'est qu'un délai de conservation.   M. Indelli considère que toute la Convention est dans l'article 3.

M. Demeur (Belgique) approuve l'article en principe, mais il pense que la rédaction ne répond pas suffisamment à la pensée des auteurs. Le but est de sauvegarder le droit du déposant pendant un certain délai. L'article dit: »Il aura un droit de priorité d'enregistrement«, c'est-à-dire que, pendant un délai à déterminer, nul autre que lui ne pourra faire un dépôt utile.   Le dépôt a lieu en France.   Il peut arriver qu'à l'étranger un tiers emploie, mette en pratique le même objet, mais sans en opérer le dépôt.   Il y aura là une cause de déchéance pour le déposant français, puisque l'objet pour lequel il avait effectué le dépôt serait tombé dans le domaine public à l'étranger.   Il ne s'agit plus d'une question de priorité d'enregistrement; mais il y a lieu de savoir si la déchéance pour défaut de nouveauté pourra être opposée.   En résumé, le dépôt doit avoir pour effet: 1° d'empêcher un dépôt utile fait par un tiers; 2° d'empêcher que le domaine public soit saisi.   M. Demeur est d'avis que c'est là la portée de l'article et qu'il importe d'exprimer explicitement cette double idée.

M. le Président pense que les scrupules de M. Demeur sont exagérés. M. le Délégué de la Belgique met en présence, d'un côté, le déposant et, de l'autre, l'exploitant.   L'inventeur qui dépose en France une demande de brevet, n'exploite pas toujours immédiatement puisqu'il a un délai de deux ans pour cela.   Le dépôt qu'il effectuera dans les pays concordataires vaudra déclaration d'un droit, sauf à être régularisé dans un certain délai. Un tiers ne pourra donc se prévaloir de l'exploitation qu'il aurait faite, car la déclaration de l'inventeur aura pour effet de ne pas laisser tomber l'invention dans le domaine public.

M. Demeur (Belgique) répond que, la loi française accordant deux ans à l'inventeur pour exploiter son brevet, toute exploitation, en France, par un tiers, pendant les deux ans, constituerait un fait de contrefaçon. Mais, pendant le délai dont parle l'article 3, l'exploitation à l'étranger sera licite, puisque les tiers ne sauront pas si le déposant prendra oui ou non un brevet dans leur pays. Il faut donc que l'article dise que, pendant un certain délai, l'inventeur sera protégé contre toute exception venant du fait d'exploitation par un tiers et de tous autres faits analogues. Il dit qu'il présentera un amendement dans ce sens.

.   M. Reader-Lack (Grande-Bretagne) demande qu'au lieu de dire: »constituera pour le déposant un droit«, on mette: »que le déposant pourra réclamer la priorité, etc.»

M. Lagerheim (Suède) fait observer qu'en Suède la priorité, en matière de brevets d'invention, est acquise à celui qui, le premier, aura présenté au Collège de commerce tous les documents exigés pour la délivrance du brevet. L'article nécessitera donc des modifications dans la législation de son pays.

M. le Président répond qu'il en sera de même pour la France.

M. J.-O. Putnam (États-Unis) déclare qu'il y a une difficulté par rapport aux dispositions spéciales de la Constitution des États-Unis. Le Gouvernement fédéral s'est exclusivement réservé le controle des brevets nationaux et étrangers. Les divers États de l'Union exercent une juridiction sur toutes les questions qui ne sont pas du ressort du Gouvernement fédéral. Le droit de légiférer sur ce qui concerne les marques de fabrique ou de commerce est, dans une certaine mesure, réservé à chacun des États de l'Union américaine. Il propose donc d'ajouter après le mot »d'enregistrement«, la phrase: »dans les limites constitutionnelles.«

La Conférence renvoie l'article 3 à la Commission pour l'examen des amendements et aborde la question relative aux différents délais à accorder.

M. Weibel (Suisse) propose de discuter en premier lieu le délai pour les brevets d'invention. Ce délai doit être long à cause de l'examen préalable qui existe dans certains pays. Il propose de le fixer à une année.

Quant aux dessins et modèles industriels, il pense que six mois suffiront, et que, pour les marques de fabrique ou de commerce, le délai ne devrait pas dépasser trois mois, en raison de la facilité des communications qui existe aujourd'hui. Il fait observer que le droit de priorité d'enregistrement aurait un effet suspensif pour l'industrie qui ne saura pas si elle peut exploiter. Il est indispensable de tenir compte des intérêts si considérables du commerce et de l'industrie. Cependant M. Weibel admet une différence pour les divers continents, en raison de l'éloignement.

M. Verniers van der Loeff (Pays-Bas) adhère à la proposition de M. Weibel, mais trouve le délai pour les marques un peu long. Un délai de trois mois lui paraît plus que suffisant.

M. le professeur Broch (Norvège) dit que les délais proposés sont trop longs, même pour les brevets d'invention; il pense que six mois suffiraient et que les délais pour les dessins ou modèles et pour les marques de fabrique ne devraient pas dépasser trois mois.

M. de Moraes (Portugal) est du même avis et demande qu'on ajoute aux brevets, dessins et marques, les produits agricoles.

M. le Président fait observer que la question relative aux produits agricoles rentre dans l'article 2 et qu'elle pourra être reprise à la seconde lecture.

M. le chevalier de Villeneuve (Brésil) insiste pour que les délais ne soient pas trop longs.

M. Indelli (Italie) fait observer que le délai d'un an est trop long. On ne le propose que parce que la législation de certains pays renferme l'examen préalable. Or il n'est question que d'un simple enregistrement qui est le même pour tous les pays. Il trouve qu'un délai de six mois pour les brevets d'invention serait déjà long, mais il l'admet cependant; il propose quatre mois pour les dessins, et modèles et pour les marques de fabrique.

M. Weibel (Suisse) répond que le but de l'article est de protéger le breveté. Un inventeur appartenant à des pays où existe l'examen préalable sera désireux, avant d'effectuer le dépôt de son invention dans d'autres pays, de savoir si son brevet lui sera délivré. Or l'examen est long; il dure près d'une année aux États-Unis. M. Weibel considère donc le délai de six mois comme insuffisant pour les brevets d'invention. Mais il admet volontiers un délai plus court pour les autres branches de la propriété industrielle, bien que, pour les marques particulièrement, un délai plus long ne puisse causer de préjudice à personne.

M. Lagerheim (Suède) est d'avis, au contraire, qu'il est très important de fixer des délais aussi courts que possible. Les brevets importants ne sont pas, en général, exploités par les inventeurs eux-mêmes, mais par des compagnies. Or une invention de la plus haute portée ne pourra souvent trouver les capitaux nécessaires avant l'expiration des délais. Au point de vue pratique, il rappelle qu'il y a partout des bureaux spéciaux qui se chargent de prendre les brevets; un délai de six mois suffira presque toujours. D'un autre côté, l'examen préalable des grandes inventions n'est pas long. D'ailleurs, l'article 11 prévoit l'organisation d'un bureau central international, et dès lors les services de chaque pays pourraient informer rapidement ce bureau de chaque dépôt effectué. M. Lagerheim dépose à ce sujet l'amendement suivant:

»Les hautes parties contractantes s'engagent à donner communication, à la fin de chaque trimestre, au bureau international mentionné à l'article 11, de la date du dépôt de chaque demande d'enregistrement faite pendant le trimestre écoulé.«

Il ajoute qu'il y aura lieu également de modifier à cet égard l'article 11.

M. le colonel Diaz (Uruguay) trouve également les délais proposés trop longs. Quatre mois lui paraissent suffisants pour les brevets d'invention, surtout si l'on veut accorder des délais exceptionnels, lorsqu'il s'agira des brevets à prendre dans les pays où leur obtention est soumise à l'examen préalable ou, comme il a été dit, dans des pays d'outre-mer. En ce cas, il croit que le délai pour le dépôt des dessins et des modèles industriels devrait être réduit à trois mois, et à deux mois pour les marques de fabrique ou de commerce; cependant il se rallie, dans une pensée de conciliation, à la proposition de M. le Délégué de la Norvège, et il accepte le délai de six mois pour les brevets d'invention et de trois mois pour les dessins et modèles industriels, ainsi que pour les marques de fabrique ou de commerce. Ces délais pourront obtenir l'agrément de l'assemblée si l'on songe que la Conférence en protégeant la propriété industrielle, c'est-à-dire les intérêts de l'inventeur, ne doit · pas négliger les intérêts du consommateur, de l'humanité; enfin, dès qu'une nouvelle découverte ou une invention utile paraît, l'humanité tout entière en doit profiter. La fixation de trop longs délais pourrait porter atteinte à ces intérêts, tout au moins aussi respectables que ceux de l'inventeur; en conséquence, M. Diaz appuie l'opinion de M. le Délégué de la Norvège, dont la proposition a été, d'ailleurs, approuvée par d'autres honorables délégués; il pense que M. le Président pourrait la mettre aux voix.

M. le Président accepte un délai d'un an, bien que ce délai présente certains inconvénients; mais il ne voit pas qu'il soit nécessaire d'établir une différence entre les divers pays contractants. Il ne faut pas oublier, en effet, que le but poursuivi par la Conférence est d'arriver à une unification.

En ce qui concerne l'intérêt de l'industrie, les préoccupations de plusieurs délégués lui paraissent exagérées. La durée normale de la mise en exploitation d'une invention est d'une année, et il paraît équitable de n'imposer à l'inventeur des dépenses pour la prise de brevet à l'étranger que lorsqu'il sera en mesure de savoir si son invention peut être exploitée utilement. En résumé, il considère que le délai d'un an présente peu d'inconvénients et beaucoup d'avantages.

Quant au dessin, la question est simple. Le dessin est ce qu'il est. On ne le perfectionne pas, on en fait un autre. Il n'y a donc pas à craindre qu'un perfectionnement vienne se greffer sur le dessin primitif et arrêter peut-être son exploitation. En ce qui concerne la marque, il n'y a aucune préoccupation à avoir. Le dépôt de la marque n'entraîne, pour ainsi dire, aucuns frais. Il est donc d'avis de fixer les délais pour les brevets à un an, et à trois mois pour les dessins ou modèles industriels ainsi que pour les marques de fabrique ou de commerce.

M. le professeur Broch (Norvège) rappelle que l'examen préalable existe en Norvège; il pense que, si l'on fixe le délai pour les brevets à six mois, on exercera une pression morale sur les examinateurs qui rendront leurs décisions plus rapidement. Il ajoute que, malgré l'opinion généralement admise, il arrive souvent que la même invention soit faite en même temps par plusieurs personnes, parce que, quand une invention surgit, c'est généralement que son temps est arrivé. Pour les brevets, il faut admettre que ce qui nécessite le plus de temps, c'est la traduction des descriptions, mais il y a partout des bureaux qui se chargent de ce soin et qui exécutent rapidement ce travail. Il considère donc qu'il y a lieu de fixer les délais à six mois pour les brevets d'invention, et à trois mois pour les dessins et les marques de fabrique.

M. Amassian (Turquie) pense, au contraire, qu'il convient de fixer les délais à une année pour les brevets d'invention, afin de permettre à l'in-

· venteur de faire les études que nécessite souvent la mise en exploitation d'un brevet.

M. Kern (Suisse) fait observer que la Conférence est d'accord sur le fond de la question, mais que des termes différents sont proposés. Il est d'avis de renvoyer l'article à la Commission.

M. Jagerschmidt (France) répond que la question est élucidée et que, dès lors, il y a lieu simplement de mettre aux voix les délais proposés.

M. Demeur (Belgique) considère qu'un délai de six mois pour les brevets est insuffisant en raison même de la législation de certains pays, telle que celle de l'Angleterre qui donne un droit d'opposition de six mois; mais il trouve cependant un délai d'un an un peu long, et il demande qu'il soit fixé à huit mois.

Les différents termes proposés sont mis aux voix.

La Conférence adopte les délais suivants:

Pour les brevets d'invention, six mois;

Pour les dessins et modèles industriels, trois mois;

Pour les marques de fabrique et de commerce, trois mois.

En ce qui concerne les délais supplémentaires à accorder pour les pays d'outre-mer, M. de Rojas (Vénézuéla) propose de les fixer aux deux tiers des délais accordés; d'autres délégués demandent que le délai soit uniformément fixé à un mois.

La Conférence décide que le délai supplémentaire sera fixé à un mois pour tous les pays d'outre-mer.

La Conférence passe à la discussion de l'article 4.

Art. 4. »Le propriétaire d'un brevet d'invention aura la faculté d'introduire, dans le pays où le brevet lui aura été délivré, des objets fabriqués dans l'un ou l'autre des pays contractants, sans que cette introduction puisse être une cause de déchéance du brevet.«

M. le Président fait observer que l'article 3 constituait une première dérogation à la législation française et que l'article 4 en établit une seconde. La législation de 1844 dispose, en effet, que le fait d'introduire en France un objet breveté est une cause de déchéance. De telle sorte que l'étranger qui s'est fait breveter en France n'a pas le droit d'y faire entrer les objets qu'il fabrique dans son pays en vertu d'un brevet analogue.

M. Lagerheim (Suède) tient à constater qu'en Suède il n'y a pas de déchéance pour cause d'introduction, mais que la loi oblige le breveté d'exploiter son invention dans le pays.

M. le Président dit qu'il faut s'entendre sur la signification du mot exploiter. En français, il ne veut pas dire »fabriquer«, mais »vendre.«

M. Dujeux (Belgique) fait observer qu'il n'y a qu'en France que la législation s'oppose absolument à l'introduction par le breveté d'objets fabriqués à l'étranger. En Belgique, bien qu'une disposition semblable n'existe pas, les principes admis en matière d'exploitation s'opposent néanmoins à ce que le breveté introduise dans le royaume des objets fabriqués à l'étranger. Pour exploiter, dans le sens de la loi belge, il faut fabriquer en Belgique l'objet breveté; on a voulu, par là, faire bénéficier l'industrie nationale de la main-d'œuvre. Par conséquent, le breveté qui se bornerait à introduire des objets fabriqués à l'étranger pour les mettre en vente en Belgique n'exploiterait pas son invention dans le sens légal, et s'exposerait, par ce fait, à être déchu de ses droits. Il ne faut pas cependant appliquer ce principe d'une manière trop absolue: par exemple, si un breveté n'introduit qu'une faible quantité d'objets, et qu'il fabrique en Belgique dans une mesure relativement considérable, il n'aura contribué que d'une manière bien restreinte à enlever un bénéfice à l'industrie nationale, et il serait inique de prononcer la déchéance de son brevet.

M. Dujeux se demande si c'est là l'extrême limite jusqu'à laquelle on puisse aller, c'est-à-dire si on ne doit admettre l'introduction que pour un nombre limité d'objets? Il ne le pense pas. Il estime que le but à atteindre par la Conférence étant d'arriver à une législation internationale, il y a lieu, en matière d'introduction, de considérer les frontières comme n'existant plus, et les États concordataires comme formant un seul organisme juridique. Il résulterait de là qu'un objet fabriqué dans l'un des pays contractants serait réputé fabriqué dans les autres.

En conséquence, M. Dujeux dépose l'amendement suivant:

»Le titulaire d'un brevet, qui exploite son invention dans l'un des États de l'Union, ne pourra être déclaré déchu de ses droits dans les autres pour défaut d'exploitation«.

M. Indelli (Italie) ne trouve pas la proposition de M. Dujeux pratique. La déchéance pour cause d'introduction n'existe pas non plus dans la loi italienne, mais le breveté doit fabriquer dans le pays. Il demande s'il est possible d'admettre que le breveté qui aura introduit lui-même les objets de son invention soit déchu de ses droits. Il se rallie donc à l'article 4, mais il est d'avis de ne pas se préoccuper de la manière dont le breveté devra exploiter son brevet, et de respecter, sur ce point comme pour le reste, les législations intérieures.

M. le Président dit qu'il n'hésite pas à déclarer qu'il considère cette disposition de la loi française comme barbare et, de plus, comme absolument inutile. Elle a été insérée dans la loi pour protéger l'industrie nationale; mais elle ne répond pas à ce but, et elle est de nature à porter de sérieux préjudices au commerce, sans aucun intérêt pour l'industrie.

M. Wœrz (Autriche) fait observer que la loi autrichienne exige également que l'inventeur fabrique dans le pays, et que l'adoption de la proposition de M. Dujeux entraînerait nécessairement une modification de la législation.

M. Hérich (Hongrie) présente la même observation en ce qui concerne la Hongrie, et il ajoute qu'il doute que la proposition puisse y être accueillie de sitôt, par crainte que l'introduction de produits étrangers ne portât préjudice à l'industrie nationale.

M. le colonel Diaz (Uruguay) fait remarquer que la loi uruguayenne n'interdit pas expressément l'importation d'articles brevetés, mais qu'elle exige néanmoins, dans un délai que doit fixer le Gouvernement, l'établissement dans le pays de toute industrie ayant été l'objet d'un brevet d'invention dans l'Uruguay.

M. Weibel (Suisse) aurait encore des objections graves à présenter. Il demande que la discussion soit remise au lendemain.

Cette proposition est adoptée.

La séance est levée à 5 heures et demie.

<table>
<tr><td style="text-align:center">Le Secrétaire,
A. Dumoustier de Frédilly.</td><td style="text-align:center">Le Président,
J. Bozérian.</td></tr>
</table>

QUATRIÈME SÉANCE
(Mardi 9 novembre 1880).

Présidence de M. J. Bozérian.

Étaient présents:

MM. Wœrz, le comte Castell, Hérich, A. Demeur, E. Dujeux, le chevalier de Villeneuve, J.-O. Putnam, J. Bozérian, Jagerschmidt, Girard, Reader-Lack, Indelli, le chevalier Trincheri, H.-C. Verniers van der Loeff, G.-H. de Barros, C. de Moraes, de Nebolsine, A. Lagerheim, O. Broch, Kern, J. Weibel, Imer-Schneider, Amassian, le colonel J.-J. Diaz, de Rojas.

MM. Ortolan, Dumoustier de Frédilly, secrétaires.

Chatain, G. Bozérian, secrétaires adjoints.

La séance est ouverte à 2 heures un quart.

M. le Président donne la parole à M. Jagerschmidt pour rendre compte des travaux de la Commission qui s'est réunie dans la matinée.

M. Jagerschmidt (France) expose que, M. le Délégué du Portugal ayant à plusieurs reprises demandé que les produits de l'agriculture fussent également admis à bénéficier des dispositions relatives à la protection de la propriété industrielle, la Commission a cru devoir examiner la question afin de la trancher définitivement. Après avoir entendu les explications de M. de Barros, elle a considéré qu'il était difficile d'introduire dans la Convention les mots »produits agricoles«, et que l'expression »propriété industrielle« s'appliquait à tout, même aux marques dont sont marqués les bestiaux. M. Demeur a fait connaître que la question avait été soulevée en Belgique, lors de l'adoption de la nouvelle loi sur les marques de fabrique, et qu'après discussion il avait été décidé qu'on s'en tiendrait au mot »industriel«, sauf à en étendre, par voie de circulaire, l'application à l'agriculture. La Commission a pensé qu'il convenait de procéder d'une manière analogue, et propose d'insérer dans le Protocole de clôture des éclaircissements de nature à donner aux mots »propriété industrielle» leur véritable et complète portée.

La Conférence adopte cette proposition.

Au sujet de l'amendement proposé par M. Verniers van der Loeff, délégué des Pays-Bas, lequel est ainsi conçu:

»Ajouter à l'article 3, in fine: Sauf les droits qui y seraient déjà acquis légitimement par des tiers«,

M. Jagerschmidt dit qu'ayant cru devoir compléter la rédaction de l'article 3, dans le sens des résolutions adoptées par la Conférence dans la séance précédente, il y avait introduit cet amendement et l'article 8 se trouvait ainsi conçu:

»Tout dépôt d'une demande de brevet d'invention, d'un dessin ou modèle industriel, d'une marque de fabrique ou de commerce, régulièrement effectué dans l'un ou l'autre des États contractants, constituera, pour le déposant, sous réserve des droits acquis par des tiers, un droit de priorité d'enregistrement dans ces États, à charge par le déposant de remplir les formalités imposées dans l'un ou l'autre de ces États pendant un délai déterminé à partir de la date du dépôt dans le pays d'origine.

»Ce délai sera de six mois pour les brevets d'invention, et de trois mois pour les dessins ou modèles industriels et les marques de fabrique ou de commerce.

»Il sera prolongé d'un mois pour les pays d'outre-mer.«

Mais on a pensé dans la Commission que la réserve indiquée aurait peut-être pour résultat de rendre le dépôt de la marque attributif de propriété alors qu'il est simplement déclaratif, et M. le Délégué de la Belgique a proposé une autre rédaction qui lui paraissait devoir faire tomber les amendements présentés par MM. les Délégués des Pays-Bas, de l'Autriche et de la Russie. M. Verniers van der Loeff n'a pas accepté cette rédaction; mais M. le Délégué de l'Autriche a déclaré que, si elle était adoptée, il retirerait son amendement.

M. le Président donne lecture de la rédaction proposée par M. Demeur:

»L'auteur d'une invention, d'un dessin ou modèle industriel, d'une marque de fabrique, ou de commerce, qui aura, dans l'un des États contractants, régulièrement déposé la demande de brevet, le dessin, le modèle ou la marque, jouira, pour effectuer le dépôt dans les autres États, d'un droit de priorité, pendant les délais qui seront déterminés ci-après.

»En conséquence, le dépôt que ledit auteur aura ultérieurement opéré dans l'un des autres États de l'Union, avant l'expiration de ces délais, ne pourra être invalidé par des faits accomplis dans l'intervalle, soit notamment, par un autre dépôt, par la publication de l'invention ou son exploitation par un tiers, par la mise en vente d'exemplaires du dessin ou du modèle, par l'emploi de la marque.

»Les délais de priorité mentionnés ci-dessus seront de six mois pour les brevets d'invention et de trois mois pour les dessins ou modèles industriels, ainsi que pour les marques de fabrique ou de commerce. Ils seront augmentés d'un mois pour les pays d'outre-mer.«

M. Demeur (Belgique) déclare que l'amendement qu'il propose n'a pas pour but de modifier l'article 3 dans son essence, mais seulement d'en rendre la rédaction plus précise, en déterminant nettement le but à atteindre. La première différence consiste en ce qu'il y est fait mention du dépôt effectué par l'auteur. C'est l'auteur seul qui doit jouir d'un droit de priorité dans tous les États. Par le mot »auteur«, il entend parler de tous les ayants droit, les héritiers, cessionnaires, etc. Il pense que, dans le Protocole de clôture, il y aura lieu de définir le sens de ce mot. En second lieu, l'amendement constate que les faits survenus dans l'intervalle entre le dépôt primitif et les dépôts ultérieurs, et qui pourraient être invoqués comme étant de nature à invalider les droits du déposant, n'auront pas désormais ce résultat. Il a cité, comme exemple, le dépôt fait par un tiers dans un autre pays, après le dépôt primitif; la publication de l'invention; son exploitation par un tiers; la mise en vente d'exemplaires du dessin ou du modèle industriel; enfin l'emploi de la marque. M. le Délégué de la Suède a fait des objections; il a dit que ce n'est pas l'auteur seul qui a lé droit de demander un brevet d'invention. C'est alors que M. Demeur a reconnu qu'il y avait lieu de déterminer le sens du mot »auteur«.

M. Lagerheim (Suède) dit qu'il pense, en effet, que la législation allemande rendrait difficile l'adoption de la rédaction proposée par M. Demeur, et que, si l'on pouvait s'abstenir d'employer le mot »auteur«, on éviterait des difficultés. Le projet de loi sur les brevets qui est actuellement à l'étude, en Suède, fait également désirer une autre rédaction.

M. le Président propose de dire: »celui qui aura régulièrement effectué le dépôt.«

M. Demeur (Belgique) demande si, dans cette phrase: »celui qui aura régulièrement effectué le dépôt,« le mot »régulièrement« porte sur le fond et sur la forme. En ce qui concerne la forme, cela ne paraît pas douteux; il va de soi que le droit de priorité dans les autres États ne peut naître que si le dépôt primitif a été effectué dans la forme légale; mais on peut soutenir qu'il porte aussi sur le fond. Par cette formule entend-on que celui qui aura fait le dépôt doit avoir eu le droit de le faire? La question se posera, car on peut effectueur un dépôt régulièrement sans en avoir le droit.

M. Lagerheim (Suède) répond que l'article 2 du projet de Convention tranche la question.

M. Demeur (Belgique) dit que l'article 2 ne fait qu'assimiler l'étranger au national.

M. le Président croit qu'il est, en effet, indispensable d'être fixé sur la valeur du mot »régulièrement«; il demande à M. le Délégué de la Suède de faire connaître son opinion.

M. Lagerheim (Suède) pense qu'il serait dangereux de faire porter le mot sur la question de fond. Il s'agit de la priorité du dépôt, mais non pas du droit définitif de propriété qui est réglé par la législation de chaque État et qui est du ressort des tribunaux. Afin d'éviter toute difficulté au point de vue des législations des différents pays, il propose donc d'adopter la rédaction de M. Demeur, en enlevant le mot »auteur« pour le remplacer par la phrase proposée par M. le Président.

M. le Président rappelle que, quand un dépôt est fait, il l'est aux risques et périls du déposant; que ce n'est qu'un titre provisoire. Ce sont les tribunaux qui apprécieront le droit du déposant, et, s'ils reconnaissaient que ce droit n'existait pas, le dépôt serait inefficace.

M. Verniers van der Loeff (Pays-Bas) fait remarquer qu'on est en présence de trois rédactions: 1º celle du projet de la Délégation française; 2º celle de M. Demeur; 3º celle de M. Lagerheim. Il demande qu'on vote séparement sur chacune d'elles et déclare, quant à lui, adopter la rédaction française, qui réserve les droits des tiers.

M. Jagerschmidt (France) rappelle que plusieurs amendements ont été présentés par MM. les Délégués de l'Autriche, des Pays-Bas et de la Russie. Il serait bon de savoir, avant de procéder au vote comme le propose M. Verniers van der Loeff, si l'adoption de l'une ou de l'autre des rédactions en présence n'aurait pas une influence directe sur le sort de ces amendements. Il serait donc utile que leurs auteurs fissent connaître leur sentiment à cet égard.

M. Wœrz (Autriche) déclare retirer son amendement devant la rédaction proposée par M. Demeur.

M. de Nebolsine (Russie) croit, avant tout, devoir développer les motifs qui l'ont décidé à demander une modification à l'article 3.

»Les progrès qui s'accomplissent aujourd'hui, dit-il, tant dans les sciences que dans les diverses branches de l'industrie, donnent lieu spontanément à de constantes découvertes nouvelles et à des inventions incessantes. C'est pourquoi il peut facilement arriver qu'une même découverte se produise, non seulement dans deux pays différents à la fois, par des recherches indépendantes, mais encore dans un même pays par diverses personnes. Il lui a semblé, en conséquence, qu'il serait injuste non seulement de refuser un brevet d'invention à celui qui présenterait son invention quelque peu plus tard qu'un autre, mais encore de le rendre tributaire de celui-ci. Le fait seul de la priorité de l'enregistrement de la part du premier, ne saurait, à son avis, justifier le privilège qu'il emporterait sur le second. D'après la loi actuellement en vigueur en Russie sur les brevets d'invention, dans le cas d'une demande simultanée de la part de différentes personnes concernant un même objet et se produisant durant le cours de la procédure sur le brevet à délivrer, on ne délivre aucun brevet; excepté lorsque l'un des solliciteurs fera preuve devant les tribunaux que les autres lui auraient dérobé son invention. (Loi sur les brevets d'invention, § 89. Codes, édition de 1879.)

»C'est pour cette raison, continue M. de Nebolsine, que j'ai cru devoir présenter des observations sur l'article 3 de l'avant-projet.

»D'un autre côté, selon la législation de divers États, la délivrance d'un brevet d'invention et la publicité qui s'ensuit peuvent faire obstacle à l'obtention d'un brevet d'invention sur le même objet dans tel autre État.

»J'ai donc proposé de modifier la rédaction de cet article, en disant que tout dépôt d'une demande de brevet dans l'un ou l'autre des États contractants ne saura porter préjudice à l'enregistrement dans tous les autres États, etc.

»Mais, comme des explications données hier à la séance et dans la Commission, il résulte que la priorité accordée aux premiers déposants n'entrave pas le droit d'autres inventeurs, et que ce n'est qu'une question de jurisprudence, d'autant plus que, suivant la législation d'autres pays, le brevet d'invention pourrait être délivré en même temps à plusieurs inventeurs, je ne crois pas nécessaire d'insister sur l'amendement que j'ai proposé.«

Après un échange d'observations entre les divers délégués sur la rédaction de l'article, la Conférence adopte l'amendement de M. Demeur, avec la modification proposée par M. Lagerheim, en y introduisant la réserve des droits des tiers demandée par M. Verniers van der Loeff. L'article se trouve, dès lors, ainsi libellé:

»Celui qui aura régulièrement fait le dépôt d'une demande de brevet d'invention, d'un dessin ou modèle industriel, d'une marque de fabrique ou de commerce, dans l'un des États contractants, jouira, pour effectuer le dépôt dans les autres États, sous réserve des droits des tiers, d'un droit de priorité pendant les délais qui sont déterminés ci-après.

»En conséquence, le dépôt ultérieurement opéré dans l'un des autres États de l'Union, avant l'expiration de ces délais, ne pourra être invalidé par des faits accomplis dans l'intervalle, soit, notamment, par un autre dépôt, par la publication de l'invention ou son exploitation par un tiers, par la mise en vente d'exemplaires du dessin ou du modèle, par l'emploi de la marque.

»Les délais de priorité mentionnés ci-dessus seront de six mois pour les brevets d'invention, et de trois mois pour les dessins ou modèles industriels, ainsi que pour les marques de fabrique ou de commerce. Ils seront augmentés d'un mois pour les pays d'outre-mer.«

M. Jagerschmidt (France) appelle l'attention de la Conférence sur une question soulevée par M. le Délégué des États-Unis. M. J.-O. Putnam a fait remarquer que le pouvoir fédéral n'avait pas le droit de légiférer en matière de marques de fabrique ou de commerce et que cette situation particulière ne permettrait pas à son Gouvernement d'adhérer sans réserve à toutes les clauses de la Convention. Il a demandé s'il ne serait pas possible d'insérer dans le Protocole de clôture une disposition particulière qui lui permit de ne s'engager que dans les limites de la Constitution américaine. La question est très importante et M. Jagerschmidt propose, d'accord avec M. J.-O. Putnam, d'en réserver la discussion pour le Protocole de clôture.

La Conférence passe à la discussion de l'article suivant.

Art. 4. »Le propriétaire d'un brevet d'invention aura la faculté d'introduire, dans le pays où le brevet lui aura été délivré, des objets fabriqués dans l'un ou l'autre des pays contractants, sans que cette introduction puisse être une cause de déchéance du brevet.«

M. Wœrz (Autriche) propose sur cet article l'amendement suivant:

Ajouter: . . . . . »pourvu qu'il exerce ladite invention conformément aux lois du pays où il introduit les objets brevetés.«

M. Weibel (Suisse) reconnaît que l'article 4 est empreint d'un grand libéralisme, ainsi que le commentaire qu'en a fait M. le Président à la séance précédente. La Suisse pourrait y adhérer, attendu qu'elle n'a pas encore de législation en matière de brevets d'invention, et que le projet de loi actuellement à l'étude ne prévoit pas de déchéance pour cause d'introduction par le breveté d'un objet fabriqué à l'étranger suivant la description de son brevet. Si donc l'article 4, tel qu'il est proposé, a seulement pour but de supprimer la déchéance absolue qu'entraîne, dans quelques pays, l'introduction par le breveté d'objets fabriqués à l'étranger, il ne peut soulever d'objection de la part de la Suisse. Mais, si l'article doit être compris dans le sens que tout breveté pourra mettre son brevet en exploitation dans un des États de l'Union, et pourra se borner à importer dans les autres pays où il est également breveté, sans y être tenu de fabriquer, la Suisse ne pourrait l'accepter, tant que son régime douanier et celui des pays qui l'environnent resteront ce qu'ils sont. En effet, la Suisse ne protège pas son industrie par son tarif douanier, celui-ci a un caractère purement fiscal, tandis que les tarifs des États voisins tendent à protéger celles de leurs industries qui redoutent la concurrence étrangère. On a fait observer que la question des douanes était étrangère au débat; il faut cependant bien en tenir compte pour apprécier les effets qu'aurait l'application de l'article 4 s'il était pris dans l'acception la plus large que formule l'amendement de M. le Délégué de la Belgique; la Suisse ouvrirait ses frontières aux objets brevetés fabriqués à l'étranger, tandis que ses voisins, malgré le sens libéral de l'article 4 et en vertu de leurs tarifs douaniers, continueraient à se protéger contre l'introduction des objets brevetés que la Suisse pourrait avoir intérêt à produire sur son territoire. La situation ne serait donc pas égale. D'autre part, la législation d'un grand nombre d'États impose aux brevetés la nécessité d'exploiter leur invention dans le pays. Or, il est indispensable de respecter les législations intérieures. L'amendement de M. Woerz répond à ces objections. M. Weibel pense donc qu'il y a lieu de rejeter l'article 4, ou, tout au moins, de ne l'adopter qu'avec l'amendement proposé par M. le Délégué de l'Autriche.

M. Wœrz (Autriche) fait observer que le premier alinéa de l'article amendé par lui dispose qu'il n'est pas interdit d'introduire des objets brevetés fabriqués à l'étranger, et que le second exige que l'invention soit exploitée dans le pays. L'article lui semble donc ainsi complet. Il rappelle que la loi autrichienne ne défend pas l'introduction.

M. le Président demande si cette obligation de fabriquer interdit l'importation des objets, et il ne voit pas comment on peut concilier les deux dispositions. Car, si la fabrication doit être exclusive, on ne peut avoir la faculté d'introduire. Il ajoute qu'il peut se faire que la fabrication soit impossible, par exemple, par suite de grèves. Cependant, en France, le breveté qui introduirait, même dans cette situation, serait déchu de ses droits. Néanmoins, on comprend qu'en cas de force majeure la loi suspende l'obligation de fabriquer dans le pays.

M. Demeur (Belgique) fait remarquer que les objections qu'a soulevées l'article 4 proviennent de la rédaction de cet article, qui diffère de celle du projet adressé aux divers Gouvernements, et qui était ainsi conçue: »L'introduction par le breveté, dans le pays où le brevet a été délivré, d'objets fabriqués dans l'un ou l'autre des États de l'Union, n'entraînera pas la déchéance.« Il préférait cette formule qui ne donnait pas lieu aux objections faites par M. le Délégué de la Suisse. Il ajoute qu'il n'y a que la loi française qui contienne l'interdiction absolue pour le breveté d'introduire des objets fabriqués à l'étranger, similaires à ceux pour lesquels il est breveté en France. Les autres législations se bornent à exiger que le breveté exploite son invention dans le pays. Ainsi, d'après la loi belge, le breveté doit exploiter dans le pays, et exploiter veut dire, d'après la jurisprudence administrative, fabriquer. M. Demeur pense que, si l'on peut comprendre cette disposition au point de vue particulier de chaque État, on ne peut que la trouver mauvaise lorsque l'on songe à la formation d'une Union. Quant à lui, il croit que les États qui l'adoptent se trompent et ne font, en somme, que nuire à l'intérêt de tous. Nonobstant la constitution d'une Union, il faudra que le breveté exploite son invention dans les quinze ou vingt États qui en feront partie, pour conserver ses droits. C'est inadmissible; car enfin, si le breveté est autorisé à n'avoir qu'un seul siège de fabrication, il est évident qu'il pourra livrer ses produits à bien meilleur marché. C'est là le but de l'amendement suivant, déposé par M. Dujeux:

»Le titulaire d'un brevet qui exploite son invention dans l'un des États de l'Union ne pourra être déclaré déchu de ses droits dans les autres pour défaut d'exploitation.«

M. Reader-Lack (Grande-Bretagne) donne son approbation à l'amendement de M. Dujeux, cet amendement ne faisant que consacrer l'état de choses déjà existant en Angleterre.

M. Wœrz (Autriche) reconnaît le bien fondé des observations de M. Demeur au point de vue général; mais il ne peut que maintenir son amendement dans l'intérêt de son pays.

M. Weibel (Suisse) comprend les avantages qui résulteraient de l'adoption de l'amendement de M. Dujeux. Mais l'état de l'Europe lui semble ne pas pouvoir de longtemps en permettre l'application. Il faut tenir compte des intérêts de chacun des États. Si, par leur situation particulière, la Belgique et la Grande-Bretagne peuvent admettre le principe défendu par M. Demeur, il n'en est pas de même de la Suisse. Si l'amendement de M. Dujeux était adopté, le breveté exploiterait son invention dans le pays où cela lui serait le plus avantageux, et, à cause du système douanier actuel, il viendrait certainement en France, parce qu'il aurait toute facilité pour introduire ses produits en Suisse qui ne perçoit que de faibles droits d'entrée; il écraserait ainsi l'industrie du pays. Il est indispensable qu'on réserve le droit pour chaque État d'imposer l'obligation de fabriquer dans le pays.

M. Indelli (Italie) est d'avis que l'Union sera sans effet si l'on repousse l'article 4. L'expérience a démontré qu'il faut tenir compte de l'intérêt des industriels et des commerçants. Si le breveté a intérêt à fabriquer dans certains pays, il le fera. L'obligation pour le breveté d'exploiter son invention dans le pays, lorsqu'elle dépasse certaines limites, ne peut plus se justifier; c'est une disposition qui a fait son temps. La société tout entière a intérêt à profiter d'une invention, et elle ne peut en profiter que si l'on permet au breveté de l'exploiter là où cela lui est le plus profitable. Mais M. Indelli comprend que certains États ne puissent accepter cette situation. En résumé, il pense qu'il ne faut pas donner à l'article une portée à laquelle les auteurs n'ont pas songé. M. Indelli dit qu'il est nécessaire que le breveté soit tenu de se conformer à la législation intérieure de chaque État, mais qu'il faut également que l'introduction d'objets fabriqués n'entraîne pas la déchéance du brevet qui le protège. Il se rallierait donc à l'amendement présenté par M. le Délégué de l'Autriche, et conforme au programme primitif, qui est, il le répète, de respecter les législations intérieures. En Italie, le breveté doit exploiter son invention.

M. Hérich (Hongrie) croit que c'est un axiome incontestable qu'un État ne délivre un brevet d'invention que pour que l'invention soit exploitée dans son pays, et qu'il n'a pas le pouvoir de donner un privilège pour un autre pays. Il craint que, si l'amendement proposé par M. Wœrz n'était pas adopté, le Gouvernement de la Hongrie ne puisse donner son adhésion à l'article 4. Il propose, d'accord avec MM. les Délégués de l'Autriche, la rédaction suivante:

»Il est entendu que le propriétaire dudit brevet, pour jouir du droit exclusif d'exploitation, doit mettre en œuvre l'invention dans les pays dans lesquels les lois exigent l'exploitation effective.«

M. Verniers van der Loeff (Pays-Bas) fait observer qu'il y a deux ordres d'idées différents. L'article ne s'occupe que de lever une interdiction et déclare seulement que l'introduction n'entraînera pas la déchéance. L'obligation d'exploiter est tout autre chose; il faut éviter de faire une confusion et bien établir qu'à cet égard les législations des divers États resteront en vigueur.

M. Kern (Suisse) considère que l'article en discussion présente une importance considérable pour la Suisse. En effet, on ne peut nier que les personnes qui voudraient exploiter une grande invention seraient mal placées en Suisse, où la matière première manque à peu près complètement. Il rappelle que des inquiétudes se sont manifestées dans son pays, et qu'il faut prendre des résolutions de nature à les faire disparaître; il ne faut pas oublier que la Suisse est entourée de pays ayant tout un système douanier, alors qu'elle n'a que des droits d'entrée très modérés. Le meilleur moyen, selon lui, est de dire que les législations intérieures seront respectées au point de vue de l'exploitation, et d'adopter la proposition de M. le Délégué de l'Autriche. Il dit que jamais, en Suisse, on n'accordera un privilège sans avoir la garantie que ce privilège profitera au pays. Il appuie donc l'amendement présenté par les MM. Délégués de l'Autriche et de la Hongrie, et déclare que, si cet amendement n'était pas adopté, la Suisse ne pourrait donner son adhésion à l'article 4.

M. Amassian (Turquie) reconnaît également l'importance de l'article 4; mais il est d'avis que l'amendement de M. le Délégué de l'Autriche en détruit l'effet. On a invoqué l'intérêt de tous les pays, et cet amendement n'a en vue que l'intérêt particulier de chacun d'eux. Il est certain que, si l'inventeur peut fabriquer là où il trouvera le plus avantageux de le faire, il donnera ses produits à meilleur marché, ce qui sera profitable même au pays où il n'aura pas exploité, pays qui, par ce fait, perdra peu pour gagner beaucoup. M. Amassian pense qu'il faut songer aux intérêts des consommateurs, et déclare se rallier à la proposition de M. Dujeux.

M. de Nebolsine (Russie) déclare qu'il n'a pas d'objection à faire à l'adoption de l'article 4. La loi sur les brevets d'invention qui est en vigueur en Russie ne renferme pas de restrictions, quant aux lieux de production ou de fabrication des objets brevetés dans ce pays. L'article 97 du Code des lois sur l'industrie manufacturière (tome XI, édition 1879) n'impose qu'une seule obligation à ceux qui voudraient se faire délivrer un brevet en Russie, laquelle consiste en ce que celui qui a obtenu un brevet est tenu de mettre en pratique son invention dans le délai du quart de la durée du brevet; après quoi, il est tenu de présenter au département compétent, dans le courant des six mois suivants, un certificat local constatant que le privilège accordé a été mis par lui à exécution, c'est-à-dire que l'invention brevetée ou perfectionnée a été réellement appliquée. M. de Neboisine ajoute qu'il lui semble parfaitement injuste d'obliger le propriétaire d'un brevet à mettre en oeuvre son invention dans tous les pays où il aura obtenu un brevet, sans lui laisser le choix de s'installer dans tel endroit qui lui conviendrait le mieux. Quant aux objections présentées par M. le Délégué de la Suisse, il croit qu'elles rentrent dans le domaine de la protection de l'industrie nationale en général, laquelle ne devrait restreindre en rien les droits des inventeurs.

M. le Président rappelle qu'il ne faut pas perdre de vue le but qu'on poursuit de faire une Union. Il y a des propositions que certains pays ne pourraient accepter. Pourquoi ceux qui professent des théories généreuses et libérales ne voteraient-ils pas le minimum auquel tout le monde adhère, en laissant à l'avenir le soin de le développer? Il faut chercher moins ce que l'on veut que ce que l'on peut obtenir. Dans cet ordre d'idées, il propose de reprendre l'article 6 du projet primitif, et d'y ajouter un paragraphe destiné à donner satisfaction aux désirs exprimés par MM. les Délégués de l'Autriche, de la Hongrie et d'autres pays. Il pense qu'il serait convenable de diviser le vote, et il met aux voix la rédaction de l'article 6 du programme primitif.

Cette rédaction est adoptée.

Après un échange d'explications entre les divers délégués, la Conférence adopte un deuxième paragraphe ainsi conçu:

»Toutefois le breveté restera soumis à l'obligation d'exploiter son brevet conformément aux lois du pays où il introduit des objets brevetés«.

L'article 4 sera par suite ainsi conçu:

»L'introduction par le breveté, dans le pays où le brevet a été délivré, d'objets fabriqués dans l'un ou l'autre des États de l'Union, n'entraînera pas la déchéance.

»Toutefois le breveté restera soumis à l'obligation d'exploiter son brevet conformément aux lois du pays où il introduit les objets brevetés.«

La Conférence passe à la discussion de l'article 5.

Art. 5. »La propriété des dessins ou modèles industriels et des marques de fabrique ou de commerce sera considérée, dans tous les États de l'Union, comme légitimement acquise à ceux qui font usage, conformément à la législation du pays d'origine, desdits dessins ou modèles et marques de fabrique ou de commerce.«

M. le Président fait observer que cette rédaction, bien qu'elle ait été empruntée à des traités antérieurs sur la matière, ne semble pas très claire; il donne la parole à M. Jagerschmidt pour fournir des explications.

M. Jagerschmidt (France) expose que les formalités auxquelles sont soumis les dépôts de dessins ou modèles industriels et de marques de fabrique ou de commerce ne sont pas les mêmes dans chaque État; les législations des divers pays ne reconnaissent pas toutes comme marques les mêmes signes, emblèmes, etc. Dans certains pays une marque admise, par exemple, en France, est refusée. Quelques Gouvernements, tels que la Belgique, l'Italie, la Russie, la France, se sont préoccupés de cette situation et ont conclu entre eux des arrangements aux termes desquels les marques d'un pays sont admises telles quelles dans l'autre, pourvu que le déposant fournisse la preuve qu'elles ont été régulièrement déposées dans le premier pays. L'article 5 de la Convention a pour but de consacrer ce principe.

M. le comte Castell (Autriche) rappelle qu'en Autriche une marque consistant dans des chiffres ne peut pas être admise, tandis qu'elle l'est en France. Il pense donc que son Gouvernement ne saurait admettre l'article 5.

M. de Nebolsine (Russie) expose que la Russie a échangé des déclarations avec la Grande-Bretagne, l'Allemagne, les États-Unis et la France concernant la protection des marques de fabrique ou de commerce.

L'article 19 du traité de commerce et de navigation conclú entre la Russie et la France, à Saint-Pétersbourg, le 20 mars (1er avril) 1874, dit notamment:

»Toute reproduction, dans l'un des deux États, des marques de fabrique ou de commerce, apposées dans l'autre sur certaines marchandises, pour constater leur origine et leur qualité, de même que toute mise en vente ou en circulation de produits revêtus de marques de fabrique ou de commerce, russes ou françaises, contrefaites en tous pays étrangers, seront sévèrement interdites sur le territoire des deux États et passibles des peines édictées par les lois du pays.

»Les opérations illicites, mentionnées au présent article, pourront donner lieu, devant les tribunaux et selon les lois du pays où elles auront été constatées, à une action en dommages et intérêts valablement exercée par la partie lésée envers ceux qui s'en seront rendus coupables.

»Les nationaux de l'un des deux États qui voudront s'assurer dans l'autre la propriété de leurs marques de fabrique ou de commerce, seront tenus de les déposer exclusivement, savoir: les marques d'origine française, à Saint-Pétersbourg, au Département du commerce et des manufactures; et les marques d'origine russe, à Paris, au greffe du Tribunal de commerce de la Seine.

»En cas de doute ou de contestation, il est entendu que les marques de fabrique ou de commerce auxquelles s'applique le présent article sont celles qui, dans chacun des deux États, sont légitimement acquises, conformément à la législation de leur pays, aux industriels et négociants qui en usent.«

M. de Nebolsine ajoute qu'à la suite d'une correspondance qui a eu lieu entre le Gouvernement impérial et celui de la République française, sur l'interprétation à donner à l'article 19 susmentionné dudit traité, relativement aux conditions exigées dans chacun des deux pays pour le dépôt des marques de fabrique, il a été admis par les deux Gouvernements que, désormais, la demande des déposants devra être acceptée de part et d'autre sans examen ni restriction aucune, si elle est accompagnée d'un certificat constatant que le dépôt légal a été effectué dans le pays d'origine.

Il s'ensuit que la rédaction de l'article 5, en ce qui concerne les marques de fabrique ou de commerce, se trouve déjà en parfait accord avec le traité conclu entre la Russie et la France.

M. le Délégué de la Russie ne saurait, par conséquent, trouver aucun obstacle à l'adoption de cet article, consacré déjà par un traité.

M. le Président dit que les législations diffèrent sur ce qu'on doit considérer comme pouvant constituer une marque de fabrique. En France, on accepte les chiffres, les lettres, en un mot tous les signes pouvant servir à distinguer un produit. Il n'en est pas ainsi en Autriche, et M. le comte Castell déclare que son Gouvernement ne peut pas accepter l'article parce que son adoption entraînerait un changement dans la législation autrichienne. M. le Président fait remarquer, à cet égard, qu'on a reconnu déjà que bien des législations devront être modifiées, la législation française la première. La disposition de l'article 5 n'est d'ailleurs pas nouvelle, car elle a déjà été sanctionnée par plusieurs traités signés par la Belgique, l'Italie, la Russie, la France, et cela parce qu'elle présente un intérêt général.

M. le chevalier de Villeneuve (Brésil) dit que la loi brésilienne de 1875, elle aussi, dans son article 15, n'admet pas comme marques celles qui se composent exclusivement de chiffres ou de lettres. Il pense, néanmoins, que son Gouvernement pourrait adhérer à l'article 5.

M. Imer-Schneider (Suisse) constate que la nouvelle loi fédérale relative à la protection des marques de fabrique ne permettrait pas à la Délégation suisse d'adopter la teneur de l'article 5 tel qu'il est proposé. Il croit cependant pouvoir accepter cette rédaction en son nom et au nom de ses collègues, en tant qu'il s'agit des marques de fabrique. La définition restrictive des marques, telle qu'elle se trouve dans la loi fédérale, a eu principalement pour but d'engager les industriels suisses, qui seraient dans le cas d'adopter de nouvelles marques, à adopter comme telles des signes distinctifs qui soient admis à l'enregistrement dans tous les pays. Il fait remarquer que, du reste, les pays possédant une définition restrictive des marques de fabrique, ont intérêt à s'assurer, par l'article 5, la réciprocité, en faisant des concessions qui sont d'une haute portée morale quand il s'agit des marques de fabrique. Des concessions ont été faites déjà dans ce sens, en Suisse, vis à-vis des anciennes marques suisses qui ne sont pas conformes à la définition de la loi fédérale.

M. Indelli (Italie) rappelle que l'Arrangement conclu entre la France et l'Italie est intervenu après de nombreux procès. Le Gouvernement italien a reconnu que sa loi n'était pas le dernier mot dans cette matière très difficile et que les Français étaient mieux protégés que les Italiens; les lois des différents pays ne peuvent qu'être améliorées par des arrangements conclus entre les États. Il faut engager, en conséquence, toutes les puissances à adhérer à la Convention discutée en ce moment. En ce qui concerne les brevets d'invention, M. Indelli admet que les divers États peuvent avoir des principes différents; mais il n'est pas de même pour les marques de fabrique.

M. Verniers van der Loeff (Pays-Bas) déclare qu'il trouve l'article 5 peu clair et que, tel qu'il est rédigé, il rendrait l'adhésion de son Gouvernement impossible. S'il a bien compris, une personne qui aurait régulièrement déposé sa marque en France et qui voudrait en opérer le dépôt en Hollande, devrait en obtenir l'enregistrement sans examen. Cela lui semble inacceptable. En effet, d'après la loi hollandaise, celui qui veut faire enregistrer une marque de fabrique, doit en effectuer le dépôt au tribunal de son arrondissement. Mais, par ce seul fait, il n'a pas acquis le droit exclusif de se servir de cette marque; le 1er du mois suivant, le Journal officiel fait publication de son dépôt, et, pendant un délai de six mois, tout intéressé a le droit de faire apposition à l'inscription définitive, par cette seule raison que la marque ne serait pas suffisamment distincte d'une autre marque déjà acquise. M. le Délégué des Pays-Bas déclare que le Gouvernement hollandais ne peut rien admettre qui puisse porter aucune atteinte à ce droit d'opposition des tiers. C'est une des bases du système de sa loi.

M. le Président reconnaît que le texte n'est pas, en effet, suffisamment clair, mais il pense que sur le fond tout le monde est d'accord. Il fait observer que le déposant français sera soumis à la législation intérieure du pays, et que sa marque pourra être refusée en Hollande de même que sa demande de brevet pourra être rejetée en Allemagne où la loi admet l'examen préalable. Mais l'article ne vise que ce qui constitue une marque de fabrique. Il peut se faire que, dans d'autres pays, la loi ne l'admette pas, et que la marque française soit refusée. C'est cet état de choses que déjà plusieurs traités ont fait disparaître pour la France, la Belgique, l'Italie, la Russie, et que l'on voudrait voir supprimer partout. Il ajoute que ce qui vient d'être dit pour les marques s'applique aux dessins et modèles industriels.

M. le comte Castell (Autriche) demande si une marque contenant des emblèmes constituant un crime de lèse-majesté devrait être acceptée; en Autriche, elle ne le serait pas. Il pense qu'il faut faire une exception pour les dessins et les marques de fabrique qui offenseraient la morale et l'ordre public, et fait remarquer qu'à cet égard tel fait poursuivi dans un pays ne l'est pas toujours dans un autre.

M. le Président reconnaît la justesse de cette observation, et il est d'avis qu'elle pourrait faire l'objet d'une disposition spéciale; il pense que la Conférence devrait adhérer au principe de l'article, sous réserve d'une rédaction à trouver.

M. le chevalier de Villeneuve (Brésil) se range à cet avis.

M. Hérich (Hongrie) donne également son adhésion.

M. Demeur (Belgique) dit que l'article 5 est, en effet, emprunté à des traités et notamment à celui conclu entre la France et la Belgique. Mais ces traités ne concernent que le dépôt des marques de fabrique, tandis que l'article s'applique aussi aux dessins et modèles industriels. La rédaction de l'article 5 lui paraît devoir soulever de graves questions.

Aussi préfère-t-il la rédaction du projet primitif; l'article 7 de ce projet disait: »Les dessins ou modèles déposés dans l'un des États de l'Union....« Dans l'article 5 le mot »déposé« ne figure pas.

M. Jagerschmidt (France) fait observer que c'est avec intention que le mot »déposé« n'a pas été inséré dans l'article 5. Il avait cherché une rédaction s'appliquant aux marques de fabrique ainsi qu'aux dessins et modèles industriels des pays dont la législation n'exige pas le dépôt.

M. Demeur (Belgique) pense, cependant, que le mot »déposé« avait une grande importance et précisait la portée de l'article. En effet, qu'entend-on par dessins ou modèles industriels? D'après le projet de loi soumis par M. le Président au Sénat de France, les objets d'art appliqués à l'industrie seraient protégés sans avoir fait l'objet d'un dépôt. Une statue reproduite industriellement sera-t-elle protégée dans les autres pays, à titre de modèle, en l'absence de tout dépôt? M. Demeur demande des explications à ce sujet. Il ajoute que le mot »propriété« ne doit pas être maintenu parce que, sur la question de savoir si le droit des auteurs de dessins, etc., est un droit de propriété, dans le sens juridique de ce mot, les avis sont partagés.

M. Indelli (Italie) rappelle que la Conférence a adopté l'article 2 du projet dans lequel il est dit que le droit donné à l'étranger de jouir des mêmes avantages que le national est assujetti à la condition de remplir les formalités et les conditions imposées par la législation intérieure de chaque Etat, et que, d'un autre côté, l'article 8, également adopté, dispose que les dessins ou modèles industriels et les marques de fabrique ou de commerce seront déposés. L'article 5 ne porte aucune atteinte aux principes de ces deux articles; il stipule seulement que le caractère de la marque déposée devra être apprécié d'après la législation du pays d'origine. Il est donc inutile de parler du dépôt dans l'article 5. M. Indelli est également d'avis de supprimer le mot »propriété« qui prête à des discussions théoriques, et il propose de dire que »le droit à la jouissance sera considéré comme légitimement acquis ....«

M. le Président répond qu'il ne tient pas au mot »propriété«, que le droit accordé sera ce qu'il sera et que la qualification importe peu.

La Conférence, étant d'accord sur le principe, décide que l'article sera renvoyé à la Commission.

M. Verniers van der Loeff (Pays-Bas) demande qu'il soit ajouté un second alinéa rédigé dans le sens des explications fournies par M. le Président.

La séance est levée à 5 heures et demie.

<table>
<tr><td>Le Secrétaire,</td><td>Le Président,</td></tr>
<tr><td>*A. Dumoustier de Frédilly.*</td><td>*J. Bozérian.*</td></tr>
</table>

CINQUIÈME SÉANCE.

(Mercredi 10 novembre 1880.)

Présidence de M. J. Bozérian.

Étaient présents:

MM. J. Le Long, Woerz, le comte Castell, Hérich, A. Demeur, E. Dujeux, le chevalier de Villeneuve, J.-O. Putnam, J. Bozérian, Jagerschmidt, Girard, Reader-Lack, Indelli, le chevalier Trincheri, H.-C. Verniers van der Loeff, G.-H. de Barros, C. de Moraes, de Nebolsine, A. Lagerheim, O. Broch, Kern, J. Weibel, Imer-Schneider, Amassian, le colonel J.-J. Diaz, de Rojas.

MM. Ortolan, Dumoustier de Frédilly, secrétaires.

Chatain, G. Bozérian, secrétaires adjoints.

La séance est ouverte à 2 heures.

M. le Président annonce que la Confédération Argentine a adhéré à la Conférence et s'est fait représenter par M. John Le Long, ancien consul général, à qui il souhaite la bienvenue au nom de tous ses collègues.

M. le Président, ayant pris part aux travaux de la Commission qui s'est réunie dans la matinée, rend compte du résultat de la séance.

Il rappelle les motifs pour lesquels, à la séance de la veille, la Conférence a renvoyé à la Commission l'article 5 du projet de M. Jagerschmidt, ainsi conçu:

Art. 5. »La propriété des dessins ou modèles industriels et des marques de fabrique ou de commerce sera considérée, dans tous les États de l'Union, comme légitimement acquise à ceux qui font usage, conformément à la législation du pays d'origine, desdits dessins ou modèles et marques de fabrique ou de commerce.«

Le mot »propriété« avait semblé pouvoir donner lieu à une équivoque, parce qu'il pourrait être interprété en ce sens que le déposant était investi d'un droit inattaquable, et que le dépôt serait attributif de propriété. La Conférence avait été d'avis qu'il convenait de ne pas discuter la question de propriété.

D'autre part, la rédaction avait paru peu compréhensible, bien qu'elle eût été empruntée à des conventions spéciales précédemment conclues entre plusieurs États.

Enfin lors de la discussion de l'article 5, M. le comte Castell, délégué de l'Autriche, avait déclaré qu'il serait difficile à son Gouvernement d'accepter cet article, en raison de la législation autrichienne; mais, sur l'observation qui lui avait été faite que la Convention, si elle était adoptée, devrait forcément déroger, dans une certaine mesure, aux lois des États contractants, il avait consenti à accepter le principe de l'article, en réservant l'approbation de son Gouvernement. M. le comte Castell avait eu une autre préoccupation; il avait fait remarquer qu'un industriel qui ne serait pas admis à effectuer en Autriche le dépôt d'une certaine marque, n'aurait qu'à déposer cette marque d'abord en France, et aurait la faculté, grâce à l'article 5, de la faire enregistrer ensuite en Autriche. M. le Délégué de l'Autriche avait fait observer, en outre, qu'il y a des signes, absolument inoffensifs dans certains pays, qui sont séditieux pour certains autres, par suite de considérations politiques.

La Commission a été d'avis qu'il convenait de tenir compte de ces diverses objections et, après discussion, elle a adopté à l'unanimité la rédaction suivante:

Art. 5. »Le caractère des dessins ou modèles industriels et des marques de fabrique ou de commerce devra être apprécié dans tous les États de l'Union d'après la loi du pays d'origine.

»Sera considéré comme pays d'origine le pays où le déposant a son domicile ou son principal établissement.

»Le dépôt pourra être refusé, si l'objet pour lequel il est demandé est contraire à la morale ou à l'ordre public.«

M. Verniers van der Loeff (Pays-Bas) déclare qu'en présence des explications de M. le Président, qui donnent à l'article 5 un sens tout autre que la rédaction primitive avait paru comporter, il retire son amendement.

L'article 5, tel qu'il est proposé par la Commission, est mis aux voix et adopté.

La Conférence passe à la discussion de l'article 6.

»Art. 6. Tout produit portant illicitement soit la marque d'un fabricant ou d'un commerçant établi dans l'un des pays de l'Union, soit une indication de provenance dudit pays, sera prohibé à l'entrée dans tous les autres États contractants, exclu du transit et de l'entrepôt, et pourra être l'objet d'une saisie suivie, s'il y a lieu, d'une action en justice.«

M. Verniers van der Loeff (Pays-Bas) fait observer que cet article se rapporte à deux idées bien distinctes. Il est question, en premier lieu, de certaines obligations à imposer à la Douane, qui aurait la tâche assez lourde de prohiber les produits mentionnés dans l'article, tandis que, à la fin, il est fait mention de l'intervention des particuliers. Il pense qu'il serait utile de dégager ces deux idées. En ce qui concerne le premier point, il fait remarquer que, d'après l'article 11 de la législation brésilienne, sur laquelle M. le chevalier de Villeneuve a communiqué un travail très utile à la Conférence, la Douane n'agit que sur la requête de la partie intéressée. M. Verniers van der Loeff est d'avis d'insérer une disposition semblable dans l'article 6, à moins qu'on ne préfère écarter toute idée de prohibition douanière. Il ne lui semble pas admissible que la Douane puisse agir propriomotu. Et, en outre, la Douane ne devrait intervenir qu'autant qu'il aurait été décidé, par les tribunaux, après des débats contradictoires, qu'en réalité il y a contrefaçon. M. le Délégué des Pays-Bas propose de modifier l'article dans ce sens. Enfin, il ajoute que les mots »suivie, s'il y a lieu, d'une action en justice«, n'ont pas de signification, attendu que »saisie« ne veut pas dire »confiscation«. Du reste, quant à ce qui concerne la question bien délicate du transit et de l'entrepôt, il se réserve d'y revenir plus tard. Il ne pourrait accepter ce que l'article 6 propose à cet égard.

M. de Nebolsine (Russie) rappelle le traité conclu entre la Russie et la Grande-Bretagne en 1871. Il en lit l'article 1er qui dispose que la mise en vente ou en circulation des produits revêtus de marques de fabrique russes ou anglaises, contrefaites en tout pays, sera considérée comme une opération frauduleuse interdite sur le territoire des deux États, et sera poursuivie selon les lois de chacun des pays contractants. Il ajoute que le traité en question porte même l'indication des articles qui établissent les peines selon les lois de chacun de ces pays. Il pense donc qu'il serait suffisant de se contenter de la poursuite de la mise en vente ou en circulation des produits, sans faire mention de leur importation dont la répression offre des difficultés pratiques. Il serait, en effet, presque impossible d'imposer aux douaniers l'obligation, tout en contrôlant les marchandises, d'en vérifier les marques et de juger de leur légalité.

M. Indelli (Italie) considère l'article comme dangereux ou inutile. Il fait observer que, lorsqu'un tribunal aura prononcé un jugement déclarant qu'il y a contrefaçon, toutes les autorités seront tenues de prêter leur concours pour l'exécution du jugement. Si le sens de l'article a une portée plus étendue, il est d'avis de ne pas donner ainsi une semblable juridiction aux agents des douanes par une Convention internationale. En Italie, les douaniers sont tenus d'exécuter les décisions rendues par les tribunaux, mais on ne saurait faire de ces agents des juges d'une espèce particulière.

M. le chevalier de Villeneuve (Brésil) ne pense pas qu'il soit utile de modifier l'article 6, car il lui paraît évident que ce ne sera jamais qu'à la requête de la partie intéressée que la Douane agira, ainsi que l'établit l'article 11 de la loi brésilienne de 1875.

M. le Président fait observer que l'adoption de l'article 6 constituerait un avantage considérable pour les États de l'Union. Les dispositions de la législation française, sur ce point, sont contenues dans l'article 19 de la loi du 23 juin 1857 sur les marques de fabrique, lequel est ainsi conçu:

»Tous produits étrangers portant soit la marque, soit le nom d'un fabricant résidant en France, soit l'indication du nom ou du lieu d'une fabrique française, sont prohibés à l'entrée et exclus du transit et de l'entrepôt, et peuvent être saisis, en quelque lieu que ce soit, soit à la diligence de l'Administration des douanes, soit à la requête du ministère public ou de la partie lésée.

»Dans le cas où la saisie est faite à la diligence de l'Administration des douanes, le procès-verbal de saisie est immédiatement adressé au ministère public.

»Le délai dans lequel l'action prévue par l'article 18 devra être intentée, sous peine de nullité de la saisie, soit par la partie lésée, soit par le ministère public, est porté à deux mois.

»Les dispositions de l'article 14 sont applicables aux produits saisis en vertu du présent article.«

M. le Président dit que cette disposition, purement française, ne protège pas les marques étrangères, et que le but de l'article est de faire jouir les États de l'Union des avantages qu'elle accorde aux Français. On peut dire qu'en France la Douane ne constate jamais d'office une contrefaçon. Les choses se passent ainsi: tout négociant importateur doit faire une déclaration en douane pour les produits taxés à la valeur; quand la

Douane considère que la déclaration est mesongère, elle saisit les produits afin de les faire expertiser. Que peut-il arriver? Voici un fait récent. Il s'aggissait de draps fabriqués, disait-on, en Allemagne, et destinés à être envoyés en Amérique. En ouvrant les ballots, on a trouvé sur les trames cette indication: »Drap de France,« avec une marque d'une fabrique française. La Douane a prévenu le fabricant français, qui a intenté une action en contrefaçon et gagné son procès. Jamais la Douane n'est intervenue directement. Mais l'article 19 de la loi de 1857 a cet immense avantage d'être, en quelque sorte, une épée de Damoclès suspendue sur la tête des contrefacteurs, et d'arrêter certainement beaucoup de contrefaçons. M. le Président répète, en terminant, que le but de l'article 6 est d'étendre ces avantages aux pays contractants.

M. de Moraes (Portugal) trouve l'article très utile; il aura pour effet de protéger l'industrie et particulièrement l'industrie agricole dont les produits ont une importance si considérable au point de vue de l'hygiène. Or, ces produits sont falsifiés sur une grande échelle. Quand la partie intéressée présentera une requête, la Douane saisira. De plus, elle pourra rendre des services importants en prévenant ceux dont les produits seront contrefaits; en un mot, elle aidera celui qui aura la volonté de défendre ses intérêts.

M. Weibel (Suisse) fait observer que l'article 6 est un des articles du projet qui s'écarte le plus du projet soumis par le Gouvernement français aux autres puissances. L'article 11 de ce projet était ainsi conçu:

»Tous les produits étrangers portant illicitement la marque d'un fabricant ou d'un commerçant établi dans le pays d'importation ou d'une indication de provenance dudit pays sont prohibés à l'entrée, exclus du transit et de l'entrepôt et susceptibles d'être saisis en quelque lieu que ce soit.«

Cette disposition, bien que plus limitée que celle de l'article 6, avait déjà paru trop impérative au Gouvernement fédéral, qui aurait préféré qu'on laissât aux États contractants l'initiative en pareille matière. La Suisse est essentiellement un pays de transit; elle a fait des sacrifices énormes pour améliorer ses voies de communication; il n'est pas possible qu'on l'oblige à faire des saisies qui auraient pour résultat d'entraver ce transit. Il est d'avis de laisser les États appliquer leur législation intérieure. Mais il reconnaît qu'ainsi restreint, l'article aurait peu de valeur; cependant la Suisse ne pourrait même pas l'appliquer dans ces conditions, et elle rejettera certainement toute disposition qui pourrait amoindrir son transit et qui aurait pour résultat de la forcer à intervenir dans des contestations entre particuliers.

M. Lagerheim (Suède) partage sur certains points l'avis de M. le Délégué de la Suisse, mais il trouve qu'il veut restreindre beaucoup trop l'article. Il pense qu'on pourrait dire »pourra être prohibé,« au lieu de »sera prohibé.« On poserait le principe général et on laisserait à chaque législation intérieure le soin de déterminer les cas dans lesquels la saisie pourrait avoir lieu. On donnerait ainsi satisfaction à M. le Délégué du Portugal.

M. de Barros (Portugal) accepte, dans un esprit de conciliation, que l'on introduise un paragraphe pour laisser à chaque État la faculté d'appliquer sa législation particulère. Mais il est d'avis de maintenir l'expression »sera prohibé«, afin de mettre une entrave sérieuse à la contrefaçon. Aucune loi, en effet, ne saurait admettre qu'on ne poursuive pas un fait de contrefaçon quand ce fait est connu. Il faut donc établir une règle générale, uniforme; sans quoi, une contrefaçon pourra être poursuivie dans un État et pas dans l'autre. M. de Barros propose de maintenir l'article en y ajoutant seulement les mots: »selon les lois particulières de chaque État.«

M. Amassian (Turquie) dit que l'article 6 impose aux Gouvernements l'obligation d'exercer des poursuites, soit directement, soit à la demande de la partie intéressée. Il n'admet pas que son Gouvernement puisse s'engager à saisir directement les marchandises en transit portant des marques contrefaites. Une obligation semblable serait absolument inapplicable en Turquie, d'abord à raison de sa situation géographique, et ensuite à cause des capitulations. M. Amassian déclare se rallier à la proposition de M. le Délégué de la Suède.

M. Weibel (Suisse) demande à préciser la portée de l'article; il semble donner à un propriétaire de marques de fabrique ou de commerce le droit de faire une saisie dans chaque État, indépendamment d'un dépôt préalable de sa marque dans cet Etat. Si ce droit est acquis, on va trop loin, car on rend inutile le dépôt. Si, au contraire, il faut que la marque ait été déposée, l'article n'a pas de portée, car le dépôt donne déjà le droit de saisir.

M. Indelli (Italie) pense également que le propriétaire d'une marque a le droit de saisir, quand il a déposé sa marque; il demande quelle est la portée de l'article. Si l'article veut dire que chaque État s'engage à prendre les mesures nécessaires pour permettre à la partie lésée de se protéger, il l'acceptera parce que cet engagement respecte absolument la législation intérieure de chaque État. Mais si, au contraire, l'article contient, en quelque sorte, une loi générale pour tous les pays, il le rejettera, car il porterait atteinte au droit pénal et même à la constitution de l'Italie.

M. Amassian (Turquie) est d'avis que la marque doit être déposée, parce qu'elle ne peut être illicite que si elle a été déclarée telle, ce qui suppose nécessairement le dépôt. Il propose d'ajouter: »dans les États contractants où le droit de protection est acquis conformément à l'article 3, et à la requête de la partie intéressée.«

M. Hérich (Hongrie) pense que la rédaction de l'article 6 ne peut être acceptée. Elle ne mentionne que la marque du fabricant ou du commerçant. Or, il y a d'autres marques, celles des agriculteurs: il convient donc de compléter l'article. Il fait observer, d'un autre côté, que l'indication de fausse provenance est une question qui doit être jugée par la loi pénale et qu'elle ne rentre pas dans le domaine de la propriété industrielle. Il propose de supprimer cette partie de l'article, mais de maintenir les mots »sera prohibé.«

M. de Barros (Portugal) demande, au contraire, qu'on maintienne la partie de l'article dont M. le Délégué de la Hongrie propose la suppression, et qui a une importance capitale, attendu que l'indication d'une fausse provenance est l'élément le plus grand de la contrefaçon.

M. Jagerschmidt (France) dit que l'article 6 n'est que la reproduction d'un vœu émis par le Congrès de la Propriété industrielle tenu à Paris en 1878; mais il reconnaît que la rédaction définitive est encore à trouver; il n'a proposé celle qui figure au projet de Convention que pour servir de base à la discussion. Il partage, du reste, la manière de voir de M. de Barros en ce qui concerne l'indication de fausse provenance, que M. Hérich est d'avis de ne laisser réprimer que par la législation de chaque État. Que se passe-t-il, en effet? Il y a des contrefacteurs qui vendent à l'étranger du vin qualifié de Champagne, par exemple, et qui mettent sur les bouteilles, pour mieux tromper l'acheteur: »M. Martin, négociant à Reims.« Or, il n'y a pas à Reims de marchand de vin de Champagne du nom de Martin. De telle sorte que la fraude demeurerait impunie, si l'on ne pouvait pas faire saisir les bouteilles comme portant une fausse indication de provenance. Il y a donc là un intérêt considérable. D'autre part, M. Jagerschmidt se demande ce qui se passera si, au lieu de mettre »sera«, on dit »pourra être prohibé«. Avec cette dernière rédaction, il considère que l'article n'aurait aucune portée et qu'il serait préférable de le supprimer.

M. Weibel (Suisse) fait observer que l'article renferme deux questions relatives, la première aux marques de fabrique, la seconde à l'indication de provenance. En ce qui concerne les marques de fabrique, il avait demandé si la protection devait être accordée indépendamment de tout dépôt; les auteurs de l'article n'ont pas répondu à cet égard. D'un autre côté, on demande à chaque État de compléter sa législation dans le cas où elle ne contiendrait pas l'interdiction mentionnée dans l'article 6. Il considère comme secondaire la question de savoir si les États peuvent admettre que les dispositions proposées soient introduites dans leurs lois, du moment où le propriétaire de la marque doit en effectuer le dépôt; attendu que, pour protéger ses droits, il pourra toujours s'en rapporter à la législation du pays. Il pense, d'ailleurs, que les lois fournissent d'autres moyens de protection.

Quant à l'indication de fausse provenance, M. Weibel reconnaît que la question est extrêmement importante au point de vue des relations commerciales, mais il fait remarquer que malheureusement l'habitude de ce genre de fraude est tellement invétérée que la répression en sera bien difficile, et qu'en réalité on n'aura pas de moyens efficaces de l'empêcher. Toutefois, il ne refuse pas d'examiner quels pourraient être ces moyens.

M. Lagerheim (Suède) dit que, dans sa pensée, l'article 6 comporte pour les États une obligation trop grande, et que sa portée réelle n'est pas suffisamment indiquée. On pourrait, tout en réservant la législation intérieure, s'engager à prohiber. Il considère la question relative à l'indication de provenance comme très délicate. Il rappelle qu'il y a eu, à cet égard, entre l'Angleterre et la Suède, une contestation assez grave, au sujet de l'introduction de fers portant la marque »Lancashire«.

Ceci n'était cependant point une fausse indication de provenance, mais uniquement la dénomination d'une méthode spéciale de fabrication. La contestation fut résolue en ce sens que l'Angleterre admit l'entrée des fers en question, à la condition qu'il fût ajouté »Sweden« après le mot »Lancashire«.

M. de Barros (Portugal) dit que le propriétaire d'une marque contrefaite ne pourra exercer une poursuite que s'il a déposé sa marque, car si le dépôt n'a pas été effectué, les tribunaux ne seront pas à même de savoir s'il y a contrefaçon. Il pense qu'il faut établir une peine, et que l'article 6 renferme cette idée. Il reconnaît qu'il y aura des difficultés dans la mise à exécution de l'article, mais qu'il en sera ainsi pour toutes les autres dispositions insérées dans la Convention. Il est, d'ailleurs, d'avis que la question concernant l'indication fausse de provenance est du ressort des tribunaux.

M. de Nebolsine (Russie) considère qu'il est difficile d'indiquer la peine, et dit que ce genre de contrefaçon donnerait lieu, en Russie, à une poursuite judiciaire.

M. Demeur (Belgique) fait remarquer que, quelle que soit l'opinion que l'on ait sur l'article, il faut qu'on mette »une indication mensongère.«

M. le Président dit qu'il résulte de la discussion que tous les membres de la Conférence sont d'accord pour réprouver l'introduction d'un produit ayant un caractère frauduleux. Il croit devoir appeler particulièrement leur attention sur la seconde partie de l'article. Les difficultés proviennent des diverses législations et des intérêts différents des États. Il s'est demandé s'il ne serait pas possible d'arriver à un texte pouvant être adopté par tous, et il propose de rédiger ainsi l'article:

»Tout produit portant illicitement soit la marque d'un fabricant ou d'un commerçant établi dans l'un des pays contractants, soit une indication mensongère de provenance dudit pays, est prohibé à l'entrée dans tous les pays contractants, exclu du transit et de l'entrepôt, et pourra être l'objet d'une saisie suivie, s'il y a lieu, d'une action en justice.«

Cette rédaction affirme la volonté d'arrêter la fraude, mais réserve l'application de la législation de chaque pays.

M. Demeur (Belgique) constate que le but poursuivi est éminemment honnête et approuvé par tout le monde; mais il demande quelle est la véritable portée de l'article. Par cela même qu'une marque de fabrique a été valablement déposée, la loi concède au déposant un droit exclusif d'usage; elle en interdit l'emploi par tout autre fabricant; tout produit revêtu d'une marque contrefaite constitue un corps de délit. Il en résulte nécessairement que la loi prohibe ce produit à l'entrée, l'exclut du transit, en autorise la saisie. A n'envisager que le principe, l'article n'ajoute rien à ce qui existe partout où le droit de marque est reconnu; mais l'article semble vouloir donner partout au propriétaire de la marque des moyens exceptionnels de sauvegarder son droit. D'après la législation française, le propriétaire d'une marque peut, sans débat préalable, être admis à pénétrer dans le domicile du contrefacteur supposé, et à faire une saisie. En Belgique, on ne lui a pas donné ce droit. La contrefaçon de la marque n'ayant de valeur que si elle est lancée dans le public, il est toujours facile d'en faire la preuve, sans même qu'une saisie soit nécessaire; cependant le ministère public peut l'ordonner, puisqu'il y a délit.

M. le professeur Broch (Norvège) fait remarquer que l'article proposé prohibe les produits portant une indication mensongère de provenance à l'entrée seulement des autres États, et que, si le fait a lieu dans le pays même, cette disposition n'est pas applicable. D'autre part, on sait que l'on fabrique partout du vin de Champagne. Si les mots »vin de Champagne« désignent seulement un genre de vin et non la provenance de la Champagne, ils ne constitueraient pas une indication mensongère du lieu de provenance. Il en est de même de l'eau de Cologne. M. Broch désire que la contrefaçon, au moyen d'une indication mensongère du lieu de provenance, soit défendue; mais il croit qu'on rencontrera beaucoup de difficultés, car la contrefaçon peut affecter des formes sans nombre.

M. de Rojas (Vénézuéla) partage jusqu'à un certain point l'avis exprimé par M. le Délégué de la Belgique, en ce qui concerne l'utilité de l'article. Mais, en tous cas, il demande que l'on supprime les mots »transit« et »entrepôt«; attendu que le Gouvernement du Vénézuéla ne pourrait donner son adhésion à l'article tel qu'il est proposé.

M. Weibel (Suisse) insiste sur les difficultés soulevées par l'article 6. Il demande quelle sera la situation des États de l'Union vis-à-vis des États non concordataires. Si les produits contrefaits transitent, venant d'un pays non concordataire à destination d'un autre pays également non concordataire, que fera-t-on? quelles seront les obligations imposées? Il ne peut y en avoir. Alors on favorisera la contrefaçon des États non contractants. Ce serait très dangereux, et on empêcherait l'accession de ces États dans l'Union; car ils pourraient exercer une industrie très lucrative, quoique peu honnête.

M. le Président déclare que, si cette interprétation donnée à l'article 6 était exacte, cet article serait absolument injustifiable; il n'est pas douteux pour lui que les mesures proposées doivent être appliquées à tous les produits d'où qu'ils viennent. Jamais les lois fiscales ne s'opposent à l'application des lois pénales. Cependant M. le Président conçoit que les pays qui ont intérêt à maintenir la liberté complète du transit hésitent à adopter l'article.

M. le comte Castell (Autriche) craint que, si l'on impose aux Gouvernements l'obligation de saisir, et si l'on touche ainsi à la législation intérieure des États, son Gouvernement ne donne pas son adhésion. Il propose de dire que le produit »pourra être prohibé«, afin de donner satisfaction à tout le monde. Il fait, d'ailleurs, remarquer que la saisie pourra avoir lieu à la requête, soit du ministère public, soit de la partie intéressée.

M. le Président dit que l'article n'a de portée que s'il impose une obligation dans une mesure quelconque, et que, s'il ne contient pas cette obligation, il est inutile, et il vaut mieux le supprimer.

M. Jagerschmidt (France) pense qu'il serait très désirable de faire un pas, si faible qu'il soit, dans le sens du progrès, et que, si la Conférence n'est pas d'accord sur l'article rédigé tel qu'il est, elle pourrait, tout au moins, en adopter une partie. Quant à lui, il est tout disposé à supprimer la mention du transit et de l'entrepôt, et à dire que les produits contrefaits seront prohibés seulement à l'importation.

M. le Président ajoute que la loi veut empêcher moins l'introduction d'un produit contrefait que la vente de ce produit, et qu'on peut se demander si la consignation en entrepôt de marchandises pouvant être arguées de contrefaçon constitue un délit. L'intérêt de l'article est donc dans l'indication mensongère de provenance, et dans le mot »illicitement«.

Ainsi que l'a fait observer M. le professeur Broch, on fait de l'eau de Cologne partout. Cependant on ne poursuit pas, parce que »eau de Cologne« est une désignation générale qui est dans le domaine public. Il en est de même de »cuir de Russie«, de »velours d'Utrecht«. Ce sont, en fait, des indications mensongères de lieu de provenance, mais elles ne sont pas »illicites«. En résumé, M. le Président demande qu'on vote le principe de l'article; quant au mode de procéder, il sera ce qu'il sera.

M. Demeur (Belgique) trouve la disposition très morale, mais bien difficile à mettre en pratique. Il faut, en effet, reconnaître qu'un nombre considérable de produits portent une indication mensongère de lieu de provenance. Il considère qu'il est dangereux de vouloir entrer en lutte avec des habitudes, des usages, certainement mauvais et blâmables, mais absolument invétérés, et qu'en agissant ainsi, on compromettrait le succès de la Convention, car il n'y a aucun Gouvernement qui puisse s'engager sérieusement à exécuter les dispositions de l'article 6.

M. Kern (Suisse) partage l'avis de M. Demeur. Il ne serait pas prudent, en effet, d'imposer à tous les Gouvernements un engagement formel et réciproque d'intervenir dans des questions spéciales qui concernent, en réalité, les parties intéressées. Il faut se garder de permettre à un particulier de faire intervenir les Gouvernements, qui se trouveraient en présence de difficultés sans nombre. On a posé le principe que l'étranger serait protégé comme le national. Il ne faut pas aller plus loin et ne pas traiter les questions de transit et d'entrepôt. M. Kern préférerait supprimer l'article, et il demande, au moins, qu'il soit renvoyé à la Commission.

M. le chevalier de Villeneuve (Brésil) déclare que, lorsqu'il avait donné son assentiment à l'article 6, il pensait que cet article n'était relatif qu'aux droits des particuliers, et que, du moment où son adoption aurait pour effet de donner certains pouvoirs aux douanes, il ne peut que s'y opposer, car il serait en contradiction avec la loi brésilienne. Cependant il voudrait qu'on fît quelque chose en ce qui concerne l'indication illicite et mensongère du lieu de provenance.

La Conférence décide que l'article sera renvoyé à la Commission et passe à la discussion de l'article 7.

Art. 7. »Le dépot d'une marque quelconque de fabrique ou de commerce sera admis, dans tous les États de l'Union, aux risques et périls du déposant, quelle que soit la nature du produit revêtu de la marque.«

Sur la demande de M. Demeur, M. Jagerschmidt fait connaître le sens de cet article. Il explique que, dans certains pays, quand un fabricant ou un commerçant se présente pour déposer une marque de produits pharmaceutiques, par exemple on refuse d'enregistrer cette marque parce que le produit n'aura pas été approuvé par le Conseil d'hygiène et qu'il ne peut pas être mis en vente. Or la marque est absolument indépendante du produit, et il est intéressant que son propriétaire puisse la faire enregistrer afin de garantir ses droits pour le jour où le produit, interdit aujourd'hui, sera ultérieurement admis.

Après cette explication, la Conférence décide, vu l'heure avancée, que la discussion sera remise au lendemain.

La séance est levée à 5 heures 45 minutes.

<table>
<tr><td>Le Secrétaire,</td><td>Le Président,</td></tr>
<tr><td>*A. Dumoustier de Frédilly.*</td><td>*J. Bozérian.*</td></tr>
</table>

SIXIÈME SÉANCE

(Jeudi 11 nombre 1880.)

Présidence de M. J. Bozérian.

Étaient présents :

MM. J. Le Long, Wœrz, le comte Castell, Hérich, A. Demeur, E. Dujeux, le chevalier de Villeneuve, J.-O. Putnam, J. Bozérian, Jagerschmidt, Girard, Reader-Lack, Crisanto Medina, Indelli, le chevalier Trincheri, H.-C. Verniers van der Loeff, G.-A. de Barros, C. de Moraes, de Nebolsine, A. Lagerheim, O. Broch, Torrès Caïcedo, Kern, J. Weibel, Imer-Schneider, Amassian, le colonel J.-J. Diaz, de Rojas.

MM. Ortolan, Dumoustier de Frédilly, secrétaires.
Chatain, G. Bozérian, secrétaires adjoints.

La séance est ouverte à 2 heures un quart.

M. le Président annonce que deux Gouvernements, le Guatémala et le Salvador, ont adhéré à la Conférence, et il souhaite, au nom de ses collègues, la bienvenue à MM. Crisanto Medina et Torres Caïcedo, délégués de ces deux Gouvernements.

M. le Président rend compte ensuite des travaux de la Commission qui s'est réunie dans la matinée pour examiner l'article 6 du projet. Il rappelle les conditions dans lesquelles ce renvoi a été décidé. La Commission a pensé que, pour lever les scrupules qui s'étaient manifestés dans le sein de la Conférence sur la portée de l'article, il convenait d'abord de laisser de côté les produits portant une indication mensongère de lieu de provenance pour en faire l'objet d'un article spécial qui prendrait place après l'article 8, relatif au nom commercial, et de ne mentionner dans l'article 6 que les marques de fabrique ou de commerce. Voici quelle serait la nouvelle rédaction de l'article 6, telle que la Commission la propose:

»Tout produit portant illicitement une marque de fabrique ou de commerce pourra être saisi, en douane ou en entrepôt, à l'entrée dans ceux des États de l'Union dans lesquels la marque a droit à la protection légale, à la requête soit du ministère public, soit de la partie intéressée, conformément à la législation intérieure de chaque État.«

M. le comte Castell (Autriche) constate que l'article ainsi libellé tient compte des législations intérieures de chaque État, mais qu'il n'y est plus question du transit. S'il était adopté, une marque contrefaite ne pourrait plus être saisie en transit. Cependant il considère que cette saisie doit pouvoir être autorisée.

M. le Président fait observer que les mots »à l'entrée« ont un sens général et peuvent être appliqués au transit; on saisira une marque contrefaite, sans se préoccuper de la destination de la marchandise sur laquelle elle sera apposée.

M. Demeur (Belgique) demande que le sens de l'article soit bien précisé. La Commission à écarté, avec raison, tous les amendements destinés à constater que chaque législation pouvait autoriser la saisie. Ils étaient, en effet, inutiles. Le projet, dans la pensée de la Commission, implique l'obligation d'autoriser la saisie. Le doute pourrait cependant peut-être venir de la rédaction même de l'article, à cause des mots »conformément à la législation de chaque État«. On pourrait, en effet, les interpréter dans ce sens que la marque sera saisie si la législation du pays l'autorise, tandis qu'ils ne s'appliquent qu'aux formes de la saisie. Il pense qu'il conviendrait donc de mettre »dans les formes autorisées par la législation intérieure de chaque État«.

M. Jagerschmidt (France) fait remarquer que cette pensée se trouve exprimée, dans l'article, par les mots »à la requête soit du ministère public, soit de la partie intéressée«, ce qui prévoit le cas où, dans certains pays, il n'existe pas de ministère public.

M. Demeur (Belgique) répond qu'à sa connaissance il n'y a aucune législation qui permette à la partie intéressée d'opérer une saisie directement, sans l'autorisation d'un représentant quelconque du pouvoir judiciaire. Il insiste donc pour qu'il soit bien précisé que »conformément« ne s'applique qu'aux formes de la saisie.

M. le Président pense que, pour donner satisfaction à M. Demeur, on pourrait couper l'article en deux, en arrêtant la première phrase aux mots »protection légale,« et ajouter: »Cette saisie aura lieu . . . . conformément à la législation intérieure de chaque État.«

M. Demeur (Belgique) accepte cette rédaction.

M. Kern (Suisse) dit que, s'il a bien saisi les paroles de M. le Président, les mots »à l'entrée« signifient, dans la pensée de la Commission, que la marchandise pourra être saisie, qu'elle entre, soit pour rester dans le pays, soit pour y transiter. Il déclare que, s'il en était ainsi, il ne pourrait voter l'article, car il ne saurait sanctionner le principe qu'on puisse agir de même dans les deux cas. Il rappelle que la question du transit a précédemment déjà soulevé, en France et en Suisse, à propos de l'interprétation de la Convention littéraire, des difficultés sérieuses. On était allé jusqu'à prétendre que la seule reproduction d'un morceau de musique dans une boîte à musique suffisait pour qu'il y eût contrefaçon, et que l'auteur de ce morceau eût le droit de faire saisir la boîte et tous les colis contenant de semblables boîtes. Chacun connaît l'importance de l'industrie de fabrication des boîtes à musique en Suisse. Qu'est-il arrivé? C'est qu'au lieu de passer par la France, les colis ont été expédiés par Gênes, Hambourg; la France a souffert dans son commerce par cette interprétation excessive. Le Gouvernement français a reconnu l'inconvénient de cette manière de procéder, et a renoncé à sa prétention. M. Kern pense donc qu'il faut absolument éviter de donner au mot »entrée« la signification indiquée par la Commission. Il n'y a que deux ou trois États qui permettent de saisir une marchandise en transit. Il pourrait admettre que sous le mot »entrée« on comprenne l'entrepôt, mais il ne saurait aller plus loin. Jamais il n'acceptera qu'en Suisse, où l'on fait des sacrifices énormes, où l'on perce des montagnes telles que le Saint-Gothard, afin de gagner quelques heures pour le transport des marchandises, une seule plainte d'un intéressé puisse arrêter tout un transit.

M. Amassian (Turquie) appuie vivement les observations de M. Kern. Il ajoute que protéger les marchandises en transit est inutile, puisqu'elles le seront à leur arrivée dans le pays destinataire, et qu'il sera bien difficile, tant au propriétaire de la marque contrefaite qu'aux Gouvernements, d'être prévenus à temps pour faire une saisie au passage.

M. Indelli (Italie) considère que les observations présentées par M. le Délégué de la Suisse sont très graves. M. Kern a raison, et il en serait de même si l'on discutait à fond la question du transit. Il fait remarquer qu'il y a un principe accepté par le droit public et qu'on ne peut passer sous silence, c'est celui de l'exterritorialité. D'après ce principe, les marchandises sont considérées comme étant hors du pays qu'elles traversent. Les services de transport par les chemins de fer appliquent cette maxime que tout négociant a le droit de consigner ses ballots de marchandises au départ; et, afin que lesdits ballots ne puissent être ouverts qu'au lieu de leur destination, on plombe les wagons dans lesquels ils sont placés. Il prie donc M. Kern, avec lequel il est d'accord, de ne pas insister sur le sens du mot »entrée«, qui pourra être précisé dans le Protocole de clôture.

M. le comte Castell (Autriche) désirerait savoir si l'article impose une obligation à la police intérieure des États contractants. Selon lui, si la législation du pays le permet, elle pourra agir. Il fait observer que M. le Délégué de la Suisse a dit que l'État dans lequel le transit a lieu n'a pas à intervenir. Il pense qu'il peut se faire que l'intéressé se trouve dans ce pays de transit et qu'il ait, dès lors, intérêt à faire la saisie. M. le comte Castell est d'avis qu'en douane les marchandises ne pourront presque jamais être saisies, attendu que les employés ne peuvent connaître toutes les marques de fabrique ou de commerce, et n'avertiront pas l'intéressé.

M. Jagerschmidt (France) déclare qu'en ce qui le concerne personnellement, il n'avait pas compris, lors de la discussion dans la Commission, que le mot »entrée« dût s'appliquer au transit. Les observations qui viennent d'être échangées, et particulièrement les objections soulevées par M. le Délégué de la Suisse, le confirment dans la pensée qu'il y a lieu d'écarter absolument la question du transit et de n'en point faire mention dans la Convention; non pas qu'il n'ait de nombreux arguments à opposer aux théories de M. Kern en matière de transit, mais uniquement parce que la Conférence se trouve en face d'une résistance formelle de la Suisse, et qu'il est nécessaire de tenir compte de cette résistance pour obtenir son adhésion. M. Jagerschmidt propose donc, pour dissiper tous les doutes, de remplacer le mot »entrée« par le mot »importation«. Il fait observer qu'il y a trois sortes d'opérations: 1º l'importation; 2º l'exportation; 3º le transit. Le mot »importation« a donc un sens bien défini et tout spécial. L'intéressé n'en pourra pas moins saisir en transit une marque contrefaite; le fait de contrefaçon est un délit, et on a toujours le droit de poursuivre un délit.

M. Demeur (Belgique) est d'avis de maintenir la rédaction proposée par la Commission; la Suisse peut, selon lui, très bien l'admettre le sens en étant bien entendu. Les dangers redoutés par M. Kern n'existent pas, car le projet ne dit pas que le premier venu pourra opérer une saisie. D'après l'article 6, en effet, la saisie peut avoir lieu, soit à la requête du ministère public, soit à la requête de la partie intéressée, selon la loi intérieure de chaque État. En Angleterre, il n'y a pas de ministère public; en Belgique, la saisie ne peut être faite que par le ministère public; en France, la partie intéressée et le ministère public peuvent agir séparément, mais avec les garanties imposées par la loi. La Suisse pourra donc dire, elle aussi, dans quelles conditions elle autorisera la saisie, soit en imposant à la partie intéressée l'obligation de fournir caution, de n'agir que de concert avec telle autorité, soit en disant que le ministère public seul agira. Dans ces conditions, M. Demeur pense que l'accord doit se faire.

M. Verniers van der Loeff (Pays-Bas) remercie M. Jagerschmidt des efforts qu'il a faits pour arriver à une entente. Il considère qu'il faut que les adhésions soient unanimes. Or, il ne peut cacher à la Conférence que son Gouvernement soulèverait de très graves obstacles contre tout ce qui pourrait entraver le libre transit des marchandises, qui touche aux intérêts les plus grands de la Hollande. Pour éviter tout malentendu à cet égard, il désire que la question soit posée carrément, que la Conférence se déclare sur la question de savoir si la majorité veut ou ne veut pas de la saisie en transit.

M. Kern (Suisse) constate avec plaisir que M. Jagerschmidt avait interprété l'article 6, dans sa première partie, dans le même sens que lui. Il ne pensait pas que l'article, tel qu'il avait été rédigé par la Commission, pût prêter à une interprétation contraire. Mais la déclaration faite par M. le Président au commencement de la séance avait fait naître un doute sérieux par suite du sens qu'il a donné au mot »entrée«. Il ne pourrait pas même admettre l'article avec la portée indiquée par M. Jagerschmidt, concernant la saisie d'une fausse marque sur des marchandises en transit. On doit protéger la propriété industrielle; mais M. Kern pense que ce serait lui accorder une protection exagérée que d'autoriser une saisie pour des marchandises en transit. Il fait observer que le propriétaire de la marque contrefaite peut poursuivre soit dans le pays de provenance, soit dans le pays de destination. Mais il déclare qu'il faut absolument respecter la liberté du transit.

M. le Président reconnaît qu'il s'était mépris sur le sentiment de la Commission.

M. Kern (Suisse) remercie M. le Président de cette déclaration. Il ajoute qu'il a déjà fait observer qu'il était très difficile d'admettre qu'un étranger puisse entamer dans un pays un procès à l'occasion d'une marchandise qui ne serait pas destinée à ce pays. Il est convaincu que les États, dans lesquels la législation accorde un tel droit, seront obligés de renoncer à l'appliquer, parce que les négociants choisiraient une autre voie pour faire transiter leurs marchandises. M. Kern dit que le projet de loi suisse sur les brevets d'invention ne donne pas aux possesseurs de brevets le droit de saisir en transit, bien que l'auteur d'une invention morale et utile à tous devrait avoir plus de droits que le propriétaire d'une simple marque de fabrique. En résumé, il ne faut admettre que les dispositions d'intérêt général sur lesquelles tout le monde est d'accord et éviter d'insérer dans le projet de convention celles qui, par leurs conséquences, provoqueraient une très forte résistance pour leur adoption. Il ajoute que ce qu'il craint, ce n'est pas l'intervention du ministère public qui, en Suisse, n'interviendra jamais au préjudice de la liberté du transit, mais celle de la partie intéressée, qui aurait le droit d'entamer un procès et de se faire autoriser par le juge à saisir. M. Kern appuie donc la proposition de M. Jagerschmidt de substituer au mot »entrée« le mot »importation«, proposition à laquelle M. le Président a donné aussi son adhésion.

M. Verniers van der Loeff (Pays-Bas) insiste pour que la question de principe soit tranchée.

La Conférence, consultée par M. le Président, décide qu'il ne sera pas question du transit dans la Convention.

M. de Barros (Portugal) demande qu'il soit constaté qu'il était d'avis de maintenir l'article 6 tel qu'il avait été libellé en principe, et que c'est par esprit de conciliation qu'il s'est rallié à la proposition qui vient d'être votée.

Sur la proposition de M. Verniers van der Loeff (Pays-Bas) et de M. de Rojas (Vénézuéla), la Conférence décide que les mots »en douane ou en entrepôt« seront supprimés.

Elle décide ensuite que le mot »importation« sera substitué au mot »entrée«.

M. Verniers van der Loeff (Pays-Bas) constate que le mot »importation« a ici sa signification restrictive d'importation »en consommation«.

La Conférence vote successivement les deux alinéas de l'article 6 qui se trouve libellé comme suit:

»Tout produit portant illicitement une marque de fabrique ou de commerce pourra être saisi à l'importation dans ceux des Etats de l'Union dans lesquels cette marque a droit à la protection légale. Cette saisie aura lieu à la requête soit du ministère public, soit de la partie intéressée, conformément à la législation intérieure de chaque État.«

M. le Président dit qu'il est bien entendu que les questions relatives à l'indication mensongère du lieu de provenance feront l'objet d'un article nouveau qui sera inséré à la suite de l'article 8.

Il donne lecture de l'article 7 qui est ainsi conçu:

Art. 7. »Dans tous les États de l'Union, le dépôt d'une marque quelconque de fabrique ou de commerce sera admis, aux risques et périls du déposant, quelle que soit la nature du produit sur lequel la marque doit être apposée.«

L'article est mis aux voix et adopté.

La Conférence passe à la discussion de l'article 8 du projet.

Art. 8. »La propriété du nom · commercial sera garantie dans tous les États de l'Union sans distinction de nationalité et sans obligation de dépôt, qu'il fasse ou non partie d'une marque de fabrique ou de commerce.«

M. le Président dit que cet article a paru nécessaire en présence de la jurisprudence qui tend à prévaloir en France. Le nom sous lequel on fait le commerce peut être seul ou accompagné d'emblèmes, et, dans ce dernier cas, il constitue une marque de fabrique. Or, il y a deux choses bien distinctes, le nom et l'emblème. La Cour de cassation a néanmoins décidé que, si la marque de fabrique tombait dans le domaine public, le nom y tombait également. C'est cette jurisprudence qu'il conviendrait de faire disparaître, en stipulant que le nom ne tombe, en aucun cas, dans le domaine public.

M. Hérich (Hongrie) demande pourquoi on a inséré les mots »sans distinction de nationalité«, dont il ne saisit pas bien l'importance ni le sens.

M. le Président dit que cela signifie que le principe affirmé par l'article est un principe général qui est, dès lors, applicable aux citoyens des États non contractants.

M. Verniers van der Loeff (Pays-Bas) pense qu'il conviendrait de maintenir les mots en question; la clarté de l'article ne peut qu'y gagner. Du reste, il s'associe entièrement aux paroles de M. le Président. Il rappelle que la Cour de cassation, en 1848, et la Cour de Bordeaux, en 1853, ont jugé que »les fabricants et commerçants étrangers n'ont d'action pour l'usurpation de leurs noms, en France, que si la réciprocité est établie par des traités«. M. Verniers van der Loeff ajoute qu'il importe qu'une telle jurisprudence ne puisse plus être maintenue.

M. le Président déclare qu'il est tout disposé, quant à lui, à supprimer l'expression »sans distinction de nationalité«, qui n'ajoute rien.

M. Demeur (Belgique) en demande le maintien; il pense qu'un nom commercial, bien que n'étant pas celui d'un citoyen de l'un des États contractants, doit être protégé.

M. Indelli (Italie) partage l'avis de M. Demeur, en faisant observer qu'en Italie la condition de réciprocité n'existe pas, la législation italienne accordant à un étranger quelconque la protection de sa propriété industrielle. Il dit que le nom commercial est un des éléments principaux de la richesse, et qu'il doit être protégé partout.

M. le colonel Diaz (Uruguay) déclare que c'est également le principe de son pays et que la Conférence doit faire une œuvre profitable à tout le monde.

M. Jagerschmidt (France) fait observer que l'Italie et l'Uruguay auront toujours, en tout état de cause, le droit d'appliquer leurs législations intérieures aux étrangers. Mais il pense que ce serait aller trop loin que de déclarer que la Convention sera applicable même aux citoyens des nations non adhérentes. Une semblable déclaration aurait pour effet d'écarter toute accession nouvelle, puisque les États ne faisant pas partie de l'Union n'auraient aucun intérêt à y entrer.

M. Amassian (Turquie) fait remarquer que l'article 8, portant que:

»Celui qui aura régulièrement fait le dépôt d'une demande de brevet d'invention, d'un dessin ou modèle industriel, d'une marque de fabrique ou de commerce, dans l'un des États contractants, jouira, pour effectuer le dépôt dans les autres États, sous réserve des droits des tiers, d'un droit de priorité pendant les délais qui sont déterminés ci-après«,

semble protéger le déposant sans distinction de nationalité; tandis que le but de la Conférence est de s'occuper uniquement de la protection réciproque des droits des sujets et citoyens des États contractants. Le sens de l'article tel qu'il est rédigé ne répond pas à ce but. Il propose donc d'en modifier la rédaction pour indiquer clairement qu'il ne s'agit que des déposants soit de demandes de brevets d'invention, soit de marques, etc., qui ressortissent à l'un des États de l'Union.

M. Girard (France) croit qu'il est nécessaire, au point de vue des travaux de la Conférence, de relever l'opinion émise par un délégué, que les mesures adoptées par les États contractants devront non seulement s'appliquer à ces États, mais, que le bénéfice libéral de ces mesures devra s'étendre à tous les États, même non contractants. Il expose que cette question semble avoir été jugée en sens contraire, dès le début de la Conférence, et il craint que, si elle n'est pas complètement élucidée et s'il reste le moindre doute dans l'esprit de MM. les Délégués, tous les travaux de la Conférence deviennnent sans objet. M. Girard est d'avis que les dispositions de la Convention à intervenir ne peuvent profiter qu'aux États de l'Union, de même qu'elles ne peuvent engager qu'eux seuls. S'il en était autrement, si les prérogatives réciproquement assurées aux États de l'Union devaient être étendues aux États non contractants, non seulement ces États n'auraient aucun avantage à adhérer ultérieurement à la Convention, mais ils auraient, au contraire, tout intérêt à refuser leur adhésion afin de jouir des bénéfices libéraux des mesures adoptées, sans offrir la réciprocité et sans faire, de leur côté, aucun sacrifice. Il faut donc qu'il soit bien entendu que les mesures adoptées par les États contractants ne seront applicables qu'à ces États et à ceux qui entreront ultérieurement dans l'Union, et qui s'engageront par conséquent à exécuter ces mesures par voie de réciprocité.

M. Lagerheim (Suède) partage cette opinion et dit que chaque délégué a été envoyé par son Gouvernement à la Conférence pour traiter des intérêts de son pays et non pour traiter des intérêts des autres pays.

M. Weibel (Suisse) est du même avis. L'article 8 ne doit être applicable qu'aux ressortissants des États de l'Union. Il doit en être de même pour l'article 8; mais, comme cet article n'est pas actuellement en discussion, M. Weibel pense qu'il convient de renvoyer à la seconde lecture pour en préciser la portée.

M. le chevalier de Villeneuve (Brésil) fait observer qu'un nom commercial peut appartenir à deux négociants dont l'un ressortirait à une des nations concordataires, tandis que l'autre serait citoyen d'un État non adhérent. Il demande qu'il soit bien entendu que ce nom sera protégé dans tous les États de l'Union.

M. le Président répond que cela n'est pas douteux.

M. le colonel Diaz (Uruguay) demande la signification de ces mots: »sans obligation de dépôt«.

M. le Président dit qu'il peut y avoir des législations qui imposent le dépôt du nom de la même manière que celui des marques de fabrique, et que le but de l'article est de faire protéger le nom comme étant une propriété de droit commun.

Pour éviter toute équivoque, M. Jagerschmidt (France) propose de rédiger ainsi qu'il suit l'article 8:

»Le nom commercial des ressortissants de chacun des États de l'Union sera protégé dans tous les autres États sans obligation de dépôt, qu'il fasse ou non partie d'une marque de fabrique ou de commerce.«

Cette rédaction est adoptée.

La Conférence passe à la discussion de l'article nouveau proposé par la Commission relativement à l'indication de fausse provenance:

»Les dispositions de l'article 6 sont applicables à tout produit portant, comme fausse indication de provenance, le nom d'une localité déterminée, lorsque cette indication est jointe à un nom commercial fictif.

»Est réputé partie intéressée tout fabricant ou commerçant engagé dans la fabrication ou le commerce de ce produit, et domicilié dans la localité faussement indiquée comme provenance.«

M. Lagerheim (Suède) croit qu'on pourrait compléter les stipulations de l'alinéa 1er. On désire, dans un intérêt de moralité et d'honnêteté, insérer dans la Convention des dispositions empêchant l'introduction de produits portant l'indication d'une provenance fausse. Il reconnaît la difficulté de définir ce qu'on entend par »fausse provenance«. Il est d'avis que gants de Suède n'est pas une indication mensongère de provenance; mais il pense que, si l'on ajoute à »gants de Suède« un nom de localité, on devra pouvoir poursuivre, si cette mention est fausse. Il y a d'autres articles connus sous une dénomination indiquant le mode de fabrication, tels que l'acier Bessemer. Tout le monde peut faire de l'acier Bessemer; mais, si l'on mettait faussement sur des articles de coutellerie: »acier Bessemer Esbilstuna« par exemple, M. Lagerheim pense qu'il y aurait lieu à poursuites. Il dépose donc l'amendement suivant qui a pour but d'étendre la portée de l'article:

Ajouter, après les mots »lorsque cette indication est jointe«, ces mots : »soit à un nom commercial fictif, soit à la dénomination d'une classe spéciale de produits ou d'une méthode particulière de fabrication.«

M. Indelli (Italie) fait observer que l'indication d'un système de fabrication qui peut être l'objet d'un brevet est tout autre chose que le nom commercial. En Italie, le procédé de l'acier Bessemer est dans le domaine public comme mode de fabrication. Ce que l'on veut interdire dans l'article en discussion, c'est l'indication fausse du lieu de provenance. Il propose de renvoyer l'article à la Commission.

M. Lagerheim (Suède) est tout disposé à voter l'article ; mais il insiste pour qu'on puisse également arrêter l'introduction d'un produit portant une dénomination d'une classe spéciale de produits ou d'une méthode particulière de fabrication. Il demande ce que l'on doit entendre par ces mots : »localité, nom commercial fictif«.

M. Jagerschmidt (France) expose que, dans la Commission, on a passé en revue tous les cas possibles de fraude et qu'on s'est heurté à de grandes difficultés pour trouver une formule qui les comprît tous. On s'est donc borné à viser le cas le plus simple et le plus fréquent, celui où la fausse indication de provenance serait accompagnée d'un nom commercial supposé, comme »Bernard, fabricant d'horlogerie, à Genève«. Il est clair que, s'il n'existe pas à Genève de fabricant du nom de Bernard, la fraude est palpable ; elle nuit à tout le commerce d'horlogerie de Genève, et cependant elle ne peut être poursuivie ni réprimée, dans l'état actuel des législations des divers pays. Il y a donc un intérêt considérable à sanctionner la nouvelle disposition proposée ; l'idée en est d'ailleurs simple et pratique.

M. Demeur (Belgique) demande que l'on mette »à tout produit portant faussement comme indication de provenance«. Il ajoute que le but poursuivi est légitime, mais très difficile à obtenir, car les contrefacteurs sont habiles et trouveront encore le moyen d'éluder la loi. On a dit que, pour mieux tromper le public, un contrefacteur prendrait pour étiquette »vin de Champagne: Martin, à Reims,« le nom de Martin étant fictif ; mais rien n'empêchera que le contrefacteur n'emploie un nom véritable porté par un habitant de Reims avec lequel il s'entendra, et le public sera tout aussi bien trompé. Il ne suffit donc pas de proscrire le nom commercial fictif. M. Demeur propose d'ajouter, au mot »fictif«, »ou mensonger«.

La Conférence renvoie l'article à la Commission.

La séance est levée à 5 heures et demie.

Le Secrétaire,
Dumoustier de Frédilly.

Le Président,
J. Bozérian.

SEPTIÈME SÉANCE
(Vendredi 12 novembre 1880).

Présidence de M. J. Bozérian.

Étaient présents:

MM. Wœrz, le comte Castell, Hérich, A. Demeur, E. Dujeux, le chevalier de Villeneuve, J.-O. Putnam, J. Bozérian, Jagerschmidt, Girard, Reader-Lack, Crisanto Medina, Indelli, le chevalier Trincheri, H.-G. Verniers van der Loeff, G.-A. de Barros, C. de Moraes, de Nebolsine, A. Lagerheim, O. Broch, Torrès Caïcedo, Kern, J. Weibel, Imer-Schneider, Amassian, le colonel J.-J. Diaz, de Rojas.

MM. Ortolan, Dumoustier de Frédilly, secrétaires.

Chatain, G. Bozérian, secrétaires adjoints.

La séance est ouverte à 2 heures un quart.

M. John Le Long, délégué de la Confédération Argentine, s'excuse de ne pouvoir assister à la séance pour raison de santé.

M. Jagerschmidt (France) rappelle que M. Lagerheim a déposé, à la séance précédente, au sujet du nouvel article proposé par la Commission, un amendement ainsi conçu:

Ajouter, après les mots »lorsque cette indication est jointe«, ces mots: »soit à un nom commercial fictif, soit à la dénomination d'une classe spéciale de produits ou d'une méthode particulière de fabrication.«

Après avoir entendu M. le Délégué de la Suède, la Commission a reconnu qu'au point de vue moral l'amendement présentait un grand intérêt, et qu'il y avait lieu d'en approuver le principe. Mais elle a pensé que l'addition proposée pourrait soulever des difficultés et qu'il était prématuré de développer l'article dans le sens indiqué par M. Lagerheim. Elle a fait appel à la prudence et à l'esprit de conciliation de M. le Délégué de la Suède, en lui proposant de mentionner au procès-verbal le désir qu'aurait eu la Conférence d'adopter son amendement et son espoir d'en voir les dispositions accueillies par la prochaine Conférence. M. Lagerheim a bien voulu accepter cette solution, et la Commission a décidé qu'elle demanderait à la Conférence de le prier de reproduire, pour être également insérées au procès-verbal, les explications qu'il a données dans la séance d'hier.

M. Lagerheim (Suède) dit qu'il ne peut que confirmer les paroles de M. Jagerschmidt. Il a déclaré précédemment qu'il importait, à son avis, de faire cesser la circulation des produits contrefaits et portant une fausse indication de provenance jointe à la dénomination d'une classe spéciale de produits ou d'une méthode particulière de fabrication, faits qui ne tombent pas sous le coup de l'article 8. Son amendement ayant soulevé des critiques et des objections, il a cru devoir le retirer, se tenant pour satisfait, du moment que sa proposition est consignée au procès-verbal.

M. le Président rappelle que M. Demeur a demandé qu'on ajoutât au mot »fictif« le mot »mensonger«, en prévision du cas où le nom pris comme nom commercial serait réel, mais frauduleusement prêté par une personne domiciliée dans la localité désignée; l'article serait ainsi libellé et porterait le n° 9:

»Les dispositions de l'article 6 sont applicables à tout produit portant faussement, comme indication de provenance, le nom d'une localité déterminée, lorsque cette indication est jointe à un nom commercial fictif ou mensonger.

»Est réputé partie intéressée tout fabricant ou commerçant engagé dans la fabrication ou le commerce de ce produit, et domicilié dans la localité faussement indiquée comme provenance.«

Cet article est adopté.

La Conférence passe à la discussion de l'article 9 du projet, qui deviendrait l'article 10 de la Convention.

Art. 9 (10). »Les hautes parties contractantes s'engagent à accorder une protection temporaire aux inventions brevetables, aux dessins ou modèles industriels, ainsi qu'aux marques de fabrique ou de commerce, pour les produits qui figureront aux Expositions internationales officielles ou officiellement reconnues.«

»Les objets argués de contrefaçon pourront être saisis dans l'enceinte des Expositions.«

M. le Président fait connaître que M. Indelli, délégué de l'Italie a déposé un contre-projet ainsi conçu:

»Les auteurs des inventions brevetables, des dessins ou modèles industriels, ainsi que des marques de fabrique et de commerce, pour les produits qui figureront aux Expositions internationales officielles ou officiellement reconnues, auront, après une notification faite au bureau industriel, un délai de deux mois après la clôture de l'Exposition, pour faire le dépôt des demandes de brevets, des dessins ou modèles et des marques, conformément à l'article 3.«

Il invite M. le Délégué de l'Italie à développer les motifs de cet amendement.

M. Indelli (Italie) dit que l'article 9 du projet n'a d'autre portée qu'un engagement, de la part des États contractants, de protéger les produits exposés. Tous les États n'ont pas de législation à cet égard. Ceux qui n'en ont pas s'engagent à faire une loi. M. le Délégué de l'Italie déclare qu'il accepte volontiers le principe de ne pas porter atteinte aux législations intérieures, bien qu'on ait déjà voté des articles qui nécessiteront des changements dans les lois de chaque pays; mais il pense que cette protection spéciale devrait être la même dans tous les États. Il reconnaît que, dans ce cas, on heurterait les législations de chaque pays; mais ces législations ne sauraient être en opposition directe avec une disposition semblable. Toutefois, M. Indelli déclare que son amendement n'est autre chose qu'une aspiration, et que, si la Conférence craint de rencontrer des difficultés, il n'insistera pas. Mais il fait observer qu'il faut bien réfléchir, parce que les Expositions, qui sont un fait international, ont besoin d'une protection, et d'une protection égale, afin qu'il n'y ait plus de pays privilégiés.

M. Lagerheim (Suède) dit qu'il avait des observations à présenter au sujet de l'amendement de M. Indelli, mais qu'il serait actuellement superflu de les exposer, puisque M. Indelli retire son amendement. Toutefois, il fera remarquer que, d'après la rédaction proposée par M. le Délégué de l'Italie, on tomberait dans le domaine général, et que les dispositions qu'elle renferme seraient applicables aux États non adhérents. Il ajoute que, si la Conférence croit devoir fixer les délais de la protection accordée aux objets exposés, il y aura lieu, comme l'a proposé M. Weibel au sein de la Commission, de stipuler que ces délais courront un certain temps avant et après l'Exposition, afin de permettre aux exposants de s'installer et de s'en aller.

M. Jagerschmidt (France) est d'avis qu'il convient de profiter de l'offre faite par M. Indelli de retirer son amendement. L'article 9 du projet pose seulement un principe général, en laissant à chaque État le soin de prendre les mesures nécessaires. M. Indelli propose d'accorder un délai de deux mois après la clôture de l'Exposition, mais n'en a pas indiqué pour le temps qui précédera l'ouverture de l'Exposition. Cependant le produit pénètre dans l'enceinte de l'Exposition, avant l'ouverture, pour son installation. C'est surtout pendant le montage d'une machine qu'on peut la contrefaire. Il fait observer qu'il sera bien difficile d'arriver à une législation uniforme.

M. Indelli (Italie) déclare qu'il ne voit aucune difficulté à donner une protection à l'inventeur avant l'ouverture de l'Exposition. Quant au point de départ, c'est une question de forme. La difficulté, c'est d'apporter une modification aux législations intérieures des États. Cependant on l'a déjà fait, et pour des raisons moins importantes que celles qui seraient invoquées dans l'espèce; ainsi qu'il l'a dit, d'ailleurs, il retire volontiers son amendement, parce que sa proposition est de nature à être examinée dans la prochaine Conférence.

M. de Barros (Portugal) est d'avis d'adopter la rédaction proposée par M. le Délégué de l'Italie, parce qu'elle est claire, et que, le principe de la protection n'étant pas contesté, l'article détermine la manière dont on protégera.

M. Demeur (Belgique) dit qu'il accepte le principe de l'article. En Belgique, à l'occasion de l'Exposition qui a eu lieu cette année, on a examiné s'il y avait un intérêt sérieux à accorder une protection temporaire, et on a reconnu que cet intérêt n'existait pas. Toutefois, il pense que le Gouvernement belge se rallierait à la proposition.

M. Weibel (Suisse) est d'avis d'adopter le paragraphe 1er de l'article 9 du projet, mais en y insérant une disposition pour protéger l'inventeur pendant la période d'installation, qui est la plus importante.

M. Jagerschmidt (France) dit qu'il ne faut pas entrer dans ces détails, et qu'il est plus prudent de s'en tenir à une rédaction générale. Actuellement il n'y a pas de législation ayant trait aux Expositions. On demande seulement aux Gouvernements de s'engager à donner une protection aux inventions admises à ces Expositions; mais ils feront comme ils l'entendront, et protégeront certainement la période d'installation.

M. le Président fait observer qu'une Exposition est une chose accidentelle, temporaire, qui n'a lieu que tous les huit ou dix ans. Jusqu'en 1868, en France, on avait reconnu la nécessité de protéger les inventions admises aux Expositions; mais on avait pensé qu'il fallait procéder au moyen de lois spéciales et non par une loi générale. En 1868, une loi générale est intervenue. Il n'hésite pas à déclarer que cette loi est à refaire, et qu'en cette matière il est sage de ne pas trop prévoir.

M. Kern (Suisse) dit que l'esprit général de ses instructions est d'éviter autant que possible les détails, afin d'écarter les difficultés. Or, s'il y a un cas dans lequel il ne faille pas entrer dans les détails, c'est quand il s'agit d'exposition. Il peut se présenter, en effet, des causes qui obligent à prendre de plus grandes précautions qu'auparavant. D'un autre côté, les pays où se font les Expositions sont les premiers intéressés à prendre des mesures protectrices sérieuses. Il pense donc qu'il faut se borner à voter le principe, en laissant aux Gouvernements le soin de régler le mode d'application.

La Conférence adopte le premier paragraphe de l'article 9 du projet et passe à la discussion du deuxième paragraphe ainsi conçu:

»Les objets argués de contrefaçon pourront être saisis dans l'enceinte des Expositions.«

M. Kern (Suisse) est d'avis de supprimer ce paragraphe, en faisant observer qu'il n'a trait qu'à une mesure d'exécution; il dit qu'il faut laisser aux Gouvernements leur initiative en pareille matière, et que, chargés de veiller à l'exécution de la loi, ils feront le nécessaire.

M. le chevalier de Villeneuve (Brésil) croit que M. Kern a fait ressortir très clairement la portée de l'article en discussion. Il est inutile, en effet, d'entrer dans les détails, et le paragraphe 2 de l'article pourrait être supprimé avec avantage.

La Conférence décide que le paragraphe sera supprimé.

La Conférence adopte ensuite, sans discussion, l'article 10 du projet (11 de la Convention), lequel est ainsi conçu:

Art. 10 (11). »Chacune des hautes parties contractantes s'engage à établir un service spécial de la Propriété industrielle et un dépôt central pour la communication au public des brevets d'invention, des dessins ou modèles industriels et des marques de fabrique ou de commerce.«

Il est passé à la discussion de l'article 11 du projet (12 de la Convention):

Art. 11 (12). »Un organe international, placé sous la haute autorité de l'Administration supérieure de la Confédération suisse, sera chargé, sous le titre de Bureau international de la Propriété industrielle, de réunir, de coordonner et de publier les renseignements de toute nature relatifs aux brevets d'invention, aux dessins ou modèles industriels et aux marques de fabrique ou de commerce.

Les frais auxquels donnera lieu cette institution seront supportés par toutes les Administrations des États contractants.«

M. Jagerschmidt (France) dit que cet article est l'un des plus importants de la Convention; s'il est adopté, la protection de la propriété industrielle sera fondée. Il y aura un lieu commun entre les divers services. Il croit, d'ailleurs, qu'en principe il soulèvera peu de difficultés. Il ajoute qu'on propose de placer à Berne l'Office international, parce qu'il existe déjà dans cette ville deux Offices internationaux: l'un pour les Postes e l'autre pour les Télégraphes, qui fonctionnent admirablement. Les résultats obtenus sont de telle nature qu'on ne pourrait que se féliciter si la Suisse acceptait la mission qui lui est offerte.

M. Jagerschmidt fait remarquer que l'article ne parle que de la création de l'Office et des frais qu'il nécessitera, parce qu'il a pensé qu'il fallait réserver pour le Protocole de clôture les détails relatifs à la répartition des frais, au fonctionnement du Bureau, etc.

M. Kern (Suisse) dit qu'il accepte avec reconnaissance la proposition qui est faite de placer l'Office central à Berne et demande la permission de lire la déclaration suivante:

»Il n'a pas échappé au Conseil fédéral qu'un organe de l'Union, dans le sens du projet qui nous est soumis, est indispensable soit pour donner à l'Union une exécution normale et efficace, soit pour assurer le développement ultérieur de ses bases fondamentales.

»La Délégation suisse était autorisée déjà par les intructions qu'elle avait reçues, sur la base du programme du Gouvernement français, à se prononcer affirmativement sur l'utilité d'un pareil organe central de notre Union, quel que dût être l'endroit désigné par les États contractants comme siège de cet organe.

»Je n'hésite donc pas à donner plein assentiment, au nom de la Suisse à ce projet, abstraction faite du choix du siège futur de ce Bureau international.

»Je me suis fait cependant un devoir d'informer immédiatement mon Gouvernement de la proposition contenue dans l'article 11, qui désigne, comme siège de ce Bureau, la ville fédérale de Berne.

»Je suis heureux de pouvoir communiquer à notre Conférence que le Conseil fédéral m'a chargé de déclarer quil apprécie hautement l'honneur de cette offre, et qu'il est tout disposé à accepter la désignation de la ville de Berne, comme siège d'un bureau international, pour le but indiqué, ainsi qu'il l'a déjà fait dans le temps, lorsque les États contractants de l'Union internationale des Télégraphes et ceux de l'Union universelle des Postes ont confié la direction et la haute surveillance de leur service à des Bureaux internationaux, spécialement organisés pour ces deux importantes branches de l'Administration.

»Le Gouvernement suisse se fera un devoir de faire tout ce qui dépendra de lui pour la réussite de l'organisation de ce Bureau et pour la surveillance de son service.

»Il espère, avec pleine confiance, pour le cas où la Conférence choisirait la ville de Berne comme siège du Bureau international, s'attirer, de la part des États contractants, la même satisfaction qu'ont bien voulu lui témoigner déjà si fréquemment les États signataires de l'Union télégraphique et de l'Union postale universelle.

»En donnant connaissance à la Conférence des instructions reçues à ce sujet de la part du Conseil fédéral, je suis heureux de pouvoir ajouter que mon Gouvernement nous a, en même temps, chargés de déclarer qu'il sera très sensible à cet honneur, et qu'il fera son possible pour que le but de l'Union, en tant qu'il dépendra de lui, soit atteint, en appliquant et en développant les principes de notre Convention pour la protection de la propriété industrielle.

»Je ne puis pas terminer cette déclaration sans exprimer mes sincères remerciements à la Délégation et au Gouvernement de la République française, de ce que la France a bien voulu prendre l'initiative de la proposition contenue dans l'article 11.«

M. Kern demande à ajouter quelques mots à cette déclaration. Il dit qu'il partage la manière de voir de M. Jagerschmidt sur le mode de procéder. Quand on a constitué l'Union universelle des Postes et l'Union internationale des Télégraphes, on a trouvé utile de placer le Bureau international de chacune d'elles dans la capitale d'un petit pays, neutre, au centre de l'Europe. Pour faire le règlement de l'Office international de la Propriété industrielle, qui doit être approuvé par les Gouvernements, on n'a qu'à copier un certain nombre d'articles des règlements déjà existants des Unions des Postes et des Télégraphes. Quant à la question des frais, elle est facile à trancher. En examinant ces règlements, on verra que les États contractants payent non seulement d'après leur population, mais aussi d'après leur richesse et l'importance de leur commerce. Il est bien certain que la part attribuée proportionnellement à chacun ne peut être fixée que très approximativement; mais cette part ne peut être que très minime, par rapport aux grands avantages que présente un semblable organe central, indispensable pour donner à l'Union la vie et l'efficacité nécessaire. La question financière ne peut soulever aucune difficulté.

M. de Barros (Portugal) dit qu'il est le seul membre de la Conférence qui ait fait partie des deux Congrès pour l'Union des Postes et pour l'Union des Télégraphes. Il est heureux de rendre témoignage des grands services rendus par les Bureaux internationaux de Berne. Il donne donc son adhésion à la proposition.

M. le colonel Diaz (Uruguay) fait observer que le Bureau international est la conséquence naturelle de la Convention. On connaît le soin et le dévouement apportés par le Gouvernement suisse dans l'organisation des bureaux qui fonctionnent déjà à Berne; il votera donc la proposition, en acceptant, pour la répartition des frais, la base indiquée.

M. de Rojas (Vénézuéla) dit qu'il accepte également l'article, mais en demandant une modification au deuxième paragraphe, pour indiquer que les frais seront calculés proportionnellement à la population de chaque État.

M. Wœrz (Autriche) fait observer que le projet adressé aux divers Gouvernements ne contenait que le principe de l'organisation d'un Bureau international, et ne parlait pas de la question de frais. Il doit, à ce sujet, faire une réserve, n'ayant pas d'instructions de son Gouvernement.

M. Dujeux (Belgique) est d'avis que la création d'une feuille périodique internationale n'est ni facile ni économique; d'abord elle donnera lieu à une grosse dépense; ensuite elle fera double emploi avec les publications des États de l'Union. Le prix en sera trop élevé pour que l'on suppose qu'elle trouve des acheteurs. M. Dujeux demande s'il ne serait pas plus pratique et plus raisonnable de prescrire un échange régulier de quelques exemplaires des recueils publiés dans chaque État et le dépôt

de ces exemplaires au dépôt central des brevets et des marques de fabrique?
Le public pourrait consulter ces recueils, et l'on atteindrait sans frais et
sans difficulté le résultat désiré.

M. Verniers van der Loeff (Pays-Bas) demande ce qu'il faut entendre
par les mots »réunir, coordonner et publier«. Si c'est une revue générale,
renfermant tous les brevets, toutes les marques de fabrique, qu'on veut
faire, ce sera une œuvre énorme qui coûtera très cher et entraînera les
Gouvernements dans des dépenses fort grandes. Il rappelle au souvenir
de la Conférence que les frais d'impression seulement s'élèvent, en Angleterre, à plus de 275,000 francs. Du reste, l'utilité pratique d'une telle
publication, qui ne pourrait être tenue au jour le jour, lui paraît très
problématique.

M. Jagerschmidt (France) répond que telle n'est pas la portée de l'article. Cette disposition figure dans les Conventions conclues pour les Postes
et pour les Télégraphes. Cela veut dire que le Bureau international reçoit
tous les documents, et les répartit entre les Administrations des États contractants. Mais, quant à la nature de ces documents, il ne saurait apprécier, dès à présent, ce qu'ils pourront être, et ne peut que s'en rapporter
à l'opinion des hommes compétents donc se compose la Conférence. Il
pense, d'ailleurs, qu'on ne pourra déterminer les attributions du Bureau
que lorsqu'on abordera la discussion du règlement.

M Indelli (Italie) dit qu'il a des doutes sur la portée de l'article, et
qu'on ne saurait comparer le Bureau de l'Union pour la protection de la
propriété industrielle avec les Bureaux de l'Union des Postes et de l'Union
des Télégraphes; les Postes et les Télégraphes sont des services publics
ayant un but spécial: les moyens rapides de communication. D'un autre
côté, le service de chacun des États contractants pourra faire des publications, et l'on n'aura qu'à les réunir et à les échanger. Il pense que l'établissement du Bureau est une des améliorations qui devront être réalisées
dans l'avenir. Quand l'Union sera constituée, on examinera comment on
peut organiser le Bureau, et s'il est nécessaire. Il serait donc d'avis de
réserver la question pour la prochaine Conférence internationale.

M. le chevalier de Villeneuve (Brésil) est d'avis qu'il soit créé un
Bureau international, tout en souhaitant que cette création n'entraîne pas
de trop grandes dépenses pour les Gouvernements. Ce Bureau lui semble
un organe nécessaire de l'Union dont on essaye de poser les bases en ce
moment; c'est le Bureau qui incarnera, pour ainsi dire, l'idée de l'Union;
c'est le Bureau qui sera le lien vivant entre tous les États contractants.

M. Hérich (Hongrie) déclare qu'il se considère comme autorisé à accepter la proposition, sauf ratification par son Gouvernement. Toutefois,
il considère également que l'organisation du Bureau international est peut-
être prématurée, et qu'on pourrait s'en tenir à publier, par les soins de la
Suisse, une feuille internationale en français, qui serait faite au moyen des
diverses publications nationales; mais il craint qu'on ne hasarde le succès
de l'œuvre en constituant un Bureau international dont l'organisation est
inconnue et coûtera très cher. Il est indispensable que ce Bureau soit bien

organisé, et, pour cela, il faut qu'on ait pu se rendre compte de ce qu'il peut et doit faire. Il dépose en conséquence l'amendement suivant:

Art. 11. »Une feuille officielle périodique sera publiée par le service de la Propriété industrielle dans chacun des États de l'Union, et les Administrations en feront régulièrement échange.

»Une feuille internationale sera rédigée en langue française par l'Administration de la Confédération suisse à l'aide de documents qui seront mis à disposition par lesdites Administrations.«

M. le colonel Diaz (Uruguay) dit que, dès la mise en discussion de cet article, il a fait remarquer que, si un résultat devait sortir des travaux de la Commission, l'établissement d'un Bureau international en devenait la conséquence naturelle et forcée; il ne croit pas, en effet, qu'une association puisse exister et se maintenir sans le lien d'un centre commun: or, pour une association internationale, ce centre commun ne saurait être que le Bureau ou Office international, et sa création doit être consacrée, ne fût-ce qu'en principe, par le projet de convention de la Conférence; ce projet lui-même doit être considéré comme un point de ralliement non seulement pour les États actuellement participants, mais pour ceux qui le seraient plus tard sur leur demande formelle. M. Diaz pense que l'article 11 du projet, sauf de très légères nuances, semble de nature à devenir l'objet d'un vote unanime; mais, et bien qu'au fond tout le monde paraisse d'accord sur la convenance et la nécessité d'un Bureau international, M. Indelli étant d'avis de renvoyer cet article à la future Conférence, et M. Hérich, tout en reconnaissant l'opportunité de l'article et en adhérant même implicitement à l'établissement d'un Office international, n'en acceptant point la dénomination, M. le Délégué de l'Uruguay considère qu'il résulte de cette divergence d'opinions l'utilité de remanier et de refondre l'article, et se déclare disposé à s'associer à un vote dans ce sens. Quant au côté financier, il lui paraît que les frais de ce Bureau devant rester inférieurs aux dépenses de celui de l'Union postale, le sacrifice qu'il imposerait individuellement à chaque État est trop minime pour faire, en définitive, hésiter personne. Il souscrit donc à cette disposition, restant entendu que la proportionnalité dans les dépenses sera admise en raison de l'importance de chaque État coopérateur, comme le principe en a été posé et appliqué déjà pour des créations analogues.

M. le Président considère que la constitution d'un Bureau international est indispensable. On a donné aux propriétaires de brevets d'invention, de dessins ou de modèles industriels, de marques de fabrique, des délais pour faire constater leurs droits, afin de les mettre à même de se renseigner. Il faut donc leur donner ces moyens de se renseigner, sans que cela leur coûte trop cher; mais il ajoute que la création d'un Office international a un intérêt plus élevé: c'est l'affirmation de l'Union; cet Office sera le pivot autour duquel viendront rayonner toutes les Administrations.

M. Amassian (Turquie) est d'avis d'adopter la création immédiate d'un Office international, et cela par les mêmes raisons qu'ont données MM. les Délégués de la Hongrie et de l'Italie pour son ajournement. Cet Office sera chargé de recueillir des renseignements sur les résultats de l'application de la Convention et mettra ainsi en lumière ce qui est bon, et surtout ce qui est ou sera à réformer. L'article 12 du projet dit que la Convention sera revisée; mais elle ne pourra l'être utilement que grâce aux travaux du Bureau international. Quant à la difficulté de recueillir et de publier tous les documents, et à la dépense que cela entraînera, on ne peut se prononcer aujourd'hui, et l'on ne pourra le faire que d'après les renseignements que donnera à cet égard le Bureau international.

M. le professeur Broch (Norvège) est également d'avis d'adopter l'article 11; car, sans la constitution d'un Bureau international, l'Union ne pourra ni vivre ni se développer. Chaque État exécutera la Convention, mais perdra de vue le but de cette Union, qui est l'unification, laquelle ne peut se faire que peu à peu. M. le Délégué de la Norvège dit que le Bureau international aura pour mission de poursuivre cette unification en servant de lien à tous les États contractants. Quant à la publication des divers documents, il pense que celle des dessins et des marques pourrait devenir très coûteuse, et qu'il n'y aurait pas lieu de la faire; mais il considère comme d'une très grande utilité de publier, dans une langue à peu près connue partout, la liste des brevets d'invention délivrés dans chaque État, avec la date, la durée, le lieu de dépôt des brevets, qui seraient classés dans un ordre méthodique. M. le professeur Broch pense qu'un Office international peut seul donner ces renseignements; il est donc d'avis de le créer immédiatement, sauf à ne lui donner que des attributions modestes au commencement, et à laisser à l'avenir le soin de les développer.

M. Demeur (Belgique) appuie la création d'un Office international. Il est, en effet, essentiel d'avoir un lien commun. Cet Office devra réunir et coordonner toutes les publications des États, tous les renseignements utiles, et les transmettre à chacun. M. le Délégué de la Norvège a insisté sur l'utilité de connaître tous les brevets d'invention délivrés; mais M. Demeur ne pense pas que, pour cela, il soit nécessaire de publier une feuille internationale. L'article 10 décide que chaque État installera un service spécial pour la propriété industrielle. Ce service aura nécessairement une publication. On n'aura donc qu'à échanger ces publications.

M. Lagerheim (Suède) approuve la création, à Berne, d'un Office international chargé de réunir et de coordonner tous les renseignements possibles et de les communiquer à tous les États. Il dit que, du moment qu'on est d'accord sur la nécessité de cette création, on pourrait réserver pour le Protocole de clôture la question relative au journal et à la langue dans laquelle il devra être rédigé, mais étant entendu que le journal ne comprendrait qu'une simple publication méthodique.

M. de Barros (Portugal) appuie également la proposition. Il dit que sans un Office international, l'Union ne serait qu'un corps sans tête, et, sans le Journal ce serait un corps dépourvu de force vitale.

M. Kern (Suisse) dit qu'il a assisté aux Conférences qui ont eu lieu pour l'Union des Poids et mesures, l'Union postale, l'Union des Télégraphes, et qu'il n'a vu aucun membre de ces assemblées qui ne fût convaincu que, sans la création d'un Office international, l'œuvre manquerait de vie et d'unité dans l'action. On se trompe quand on dit que l'Union pour la protection de la propriété industrielle et les Unions des Postes et des Télégraphes ne sont pas dans les mêmes conditions. Le but poursuivi par tous est l'unification; or, c'est la diversité des législations qui rend indispensable la création d'un Office international. On a souvent besoin de renseignements sur les législations étrangères; on ne sait où les trouver. C'est cet Office qui les donnera. De plus, l'œuvre que la Conférence aura faite sera bien incomplète, et il aura bien des matières à étudier. C'est le Bureau international qui préparera ces études. M. Kern pense, en résumé, qu'on pourrait se borner à voter le premier alinéa de l'article, et laisser à un règlement spécial, que la Commission élaborerait, le soin d'assurer le fonctionnement de l'Office international dont on aurait posé le principe.

M. le Président dit qu'il est en présence de deux propositions; la première consisterait à renvoyer à la prochaine Conférence internationale la question relative à la création d'un Office international, ce qui serait un rejet provisoire de l'article 11. Il propose à la Conférence de se prononcer d'abord à cet égard.

Les Délégués de l'Autriche, de la Hongrie, des États-Unis, de la Grande-Bretagne, de l'Italie et des Pays-Bas se prononcent pour l'adoption.

Les Délégués de la Belgique, du Brésil, de la France, du Guatémala, du Portugal, de la Russie, du Salvador, de la Suède, de la Norvège, de la Suisse, de la Turquie, de l'Uruguay et du Vénézuéla se prononcent pour le rejet.

La proposition est rejetée par 18 voix contre 6.

M. le Président dit que la seconde proposition consiste à voter le premier alinéa de l'article, qui pose le principe de la création d'un Office international, et de renvoyer le règlement à la Commission. Il met aux voix cette proposition.

Les Délégués de la Belgique, du Brésil, de la France, du Guatémala, du Portugal, de la Russie, du Salvador, de la Suède, de la Norvège, de la Suisse, de la Turquie, de l'Uruguay et du Vénézuéla votent pour la proposition.

Les Délégués de l'Autriche, de la Hongrie, des États-Unis, de la Grande-Bretagne, de l'Italie et des Pays-Bas votent contre.

La proposition est adoptée par 18 voix contre 6.

La séance est levée à 5 heures 40 minutes.

Le Secrétaire,   Le Président,
A. Dumoustier de Frédilly.   *J. Bozérian.*

HUITIÈME SÉANCE
(Samedi 13 novembre 1880).

Présidence de M. J. Bozérian.

Étaient présents:

MM. Wœrz, le comte Castell, Hérich, A. Demeur, E. Dujeux, le chevalier de Villeneuve, J.-O. Putnam, J. Bozérian, Jagerschmidt, Reader-Lack, Crisanto Medina, Indelli, le chevalier Trincheri, G.-A. de Barros, C. de Moraes, de Nebolsine, A. Lagerheim, O. Broch, Torrès Caïcedo, Kern, J. Weibel, Imer-Schneider, Amassian, le colonel J.-J. Diaz, de Rojas.

MM. Ortolan, Dumoustier de Frédilly, secrétaires.

Chatain, G. Bozérian, secrétaires adjoints.

La séance est ouverte à 3 heures et demie.

M. John Le Long, délégué de la Confédération Argentine, M. Girard, délégué de la France, et M. Verniers van der Loeff, délégué des Pays-Bas, s'excusent, les deux premiers pour raison de santé, et le dernier pour cause d'absence, de ne pouvoir assister à la séance.

M. Jagerschmidt (France) rappelle que l'objection qui avait été faite par plusieurs délégués à l'article 11 du projet de Convention, relatif à la création d'un Bureau international, était basée sur les dépenses considérables que nécessiterait le fonctionnement de ce Bureau, si on lui donnait des attributions étendues. La Commission, réunie dans la matinée, a examiné la question et est arrivée à une entente. Elle a pensé qu'il convenait d'arrêter tout d'abord le chiffre maximum de la dépense, et que de ce chiffre découleraient naturellement les attributions qui pourraient alors être données à l'Office international. La Commission a examiné les règlements des Offices internationaux des Unions des Postes et des Télégraphes. Elle a constaté que le maximum de la dépense était, pour l'Union des Postes, de 75,000 francs et pour les Télégraphes, de 50,000 francs. Elle a été amenée à reconnaître que la dépense pour l'Office international de la Propriété industrielle ne devrait pas dépasser 30,000 ou 35,000 francs, ou, pour mieux dire, une moyenne de 2,000 francs par État, étant bien entendu que la somme totale qui résulterait de cette moyenne, suivant le nombre des États contractants, serait répartie proportionnellement à la population et à l'importance industrielle ou commerciale de chacun d'eux. La Commission s'est ensuite occupée des attributions de l'Office international, et elle a pensé qu'il convenait de ne pas chercher à les déterminer avec trop de précision, mais de confier au Gouvernement de la Confédération suisse le soin de leur donner une plus ou moins grande extension, selon les ressources qui auront été mises à sa disposition. La Commission a enfin examiné la question relative à la publication d'une feuille internationale. Elle a considéré qu'on pouvait adopter la proposition de M. le professeur Broch, de ne publier qu'un catalogue méthodique des brevets, en indiquant leur date, leur durée, le lieu où ils auront été déposés, sauf aux personnes qui désireront avoir des renseignements plus complets à s'adresser aux services spéciaux des États contractants. Toutefois, on laisserait au Gouvernement fédéral suisse le soin de décider si, dans ces conditions, la publication serait possible, financièrement parlant. La Commission a pensé qu'on pourrait mentionner, dans le Protocole de clôture, que l'Office international centraliserait les documents législatifs, statistiques et autres pour les distribuer aux États de l'Union. Elle a préparé, en résumé, une nouvelle rédaction de l'article 11, qui serait ainsi conçu:

»Un Office international sera organisé sous le titre de Bureau international de la Propriété industrielle.

»Ce Bureau, dont les frais seront supportés par toutes les Administrations des Etats contractants, sera placé sous la haute autorité de l'Administration supérieure de la Confédération suisse, et fonctionnera sous sa surveillance. Les attributions en seront déterminées d'un commun accord entre les États de l'Union.«

M. Hérich (Hongrie) rappelle qu'il a déposé, à la séance précédente, un amendement qui lui a paru nécessaire, et qui contenait l'obligation, pour chacun des États contractants, de publier une feuille de la propriété industrielle. Il demande qu'une disposition dans ce sens soit au moins insérée dans le Protocole de clôture.

M. Jagerschmidt (France) fait observer que cet amendement se rapporte à l'article 10. Il déclare toutefois qu'il s'y ralliera volontiers; mais il ne pense pas qu'on puisse insérer une obligation de ce genre dans une Convention, et qu'il suffirait que le procès-verbal mentionnât l'observation de M. Hérich.

M. Lagerheim (Suède) partage complètemennt la manière de voir de M. Jagerschmidt. Il dit qu'en Suède les brevets d'invention sont publiés au Journal officiel. Une feuille spéciale n'aurait peut-être pas l'aliment nécessaire dans tous les États. Il pense donc qu'il faut laisser chaque État libre d'adopter le mode de publication qui lui conviendra le mieux.

M. chevalier de Villeneuve (Brésil) se range à cet avis, son pays se trouvant, à ce point de vue, dans la même situation que la Suède.

M. Jagerschmidt (France) ajoute que, du reste, on peut considérer le principe que M. le Délégué de la Hongrie désire voir adopter, comme admis, puisqu'il est entendu qu'il y aura échange de documents entre les Etats contractants.

M. Hérich (Hongrie) dit que, dans ces conditions, il n'insiste pas.

M. Woerz (Autriche) déclare que, suivant les instructions qu'il a reçues, il considère comme étant d'utilité publique la création d'un Office international en vue de publier une feuille internationale, publication qui était prévue dans le programme officiel de la Conférence. Il doit également réserver d'une manière absolue la décision de son Gouvernement en ce qui concerne l'organisation, les attributions et les dépenses de l'Office international.

La Conférence adopte l'article 11 tel qu'il a été rédigé par la Commission, et passe à la discussion de l'article 12:

Art. 12 (13). »La présente Convention sera soumise à des révisions périodiques en vue d'y introduire les améliorations de nature à perfectionner le système de l'Union des Etats contractants.

A cet effet, des Conférences auront lieu successivement dans la capitale de chacun des Etats contractants entre les délégués des dits Etats.

La prochaine réunion aura lieu en . . . . . à . . . . . «

M. Jagerschmidt (France) expose que la Commission a examiné également les articles 12 et suivants. Les deux premiers paragraphes de l'article 12 n'ont soulevé aucune objection; mais on s'est demandé s'il n'y aurait pas avantage à fixer, dès à présent, l'époque de la prochaine réunion ainsi que la capitale dans laquelle elle se tiendrait. La Commission propose, comme date, 1883, qui a paru assez rapprochée à cause des délais que nécessiteront la signature et la ratification de la Convention, et de choisir la ville de Vienne comme lieu de réunion. Elle s'est déterminée pour cette capitale parce que c'est à Vienne qu'en 1878 a eu lieu la première initiative pour la constitution d'une Union internationale pour la protection de la propriété industrielle.

M. Kern (Suisse) appuie la proposition de la Commission, afin de donner un témoignage de sympathie à la capitale de l'Autriche pour l'initiative qu'elle a prise en 1878. D'un autre côté, il pense qu'il convient de choisir une ville qui ne soit pas trop éloignée.

M. Wœrz (Autriche) remercie M. Kern de sa proposition, et dit qu'il ne doute pas que son Gouvernement, après avoir adopté le présent projet de Convention, ne soit heureux de recevoir la prochaine Conférence.

M. de Barros (Portugal) propose de laisser à chaque Conférence le soin d'indiquer le lieu où se réunira celle qui lui succédera.

M. Indelli (Italie) accepte volontiers Vienne pour lieu de réunion de la prochaine Conférence, et se rallie à la proposition de M. de Barros.

M. Jagerschmidt (France) dit qu'il est bien entendu que chaque Conférence indiquera la ville où la prochaine Conférence devra se réunir, et que c'est pour cela qu'on propose de décider que la seconde Conférence se réunira à Vienne.

Après un échange d'explications sur le sens du mot »périodique«, la Conférence adopte l'article 12 et passe à la discussion de l'article 13.

Art. 13 (14). »Les hautes parties contractantes se réservent respectivement le droit de prendre séparément, entre elles, des arrangements particuliers pour la protection de la propriété industrielle, en tant que ces arrangements ne contreviendraient point aux dispositions de la présente Convention.«

M. le comte Castell (Autriche) rappelle que l'article 2 de la Convention dispose que les étrangers jouiront du même droit que les nationaux, à la seule condition de se conformer aux formalités prescrites par la législation intérieure de chaque Etat. Il semble que cette stipulation ne soit pas compatible avec l'article 13, attendu qu'il nécessiterait la modification de la Convention signée entre la France et l'Autriche, dont il a déjà signalé les dispositions relatives au dépôt des marques de fabrique, ainsi qu'un changement dans la loi brésilienne qui dit que les marques étrangères seront déposées au tribunal ou au Conservatoire de commerce de Rio, tandis que celles des nationaux doivent être déposées au tribunal ou au Conservatoire de commerce de leur domicile. Il pense qu'il serait convenable, pour éviter tout malentendu, d'insérer, dans le Protocole de clôture, une déclaration disant que l'article 13 ne porte pas atteinte aux dispositions légales relatives au dépôt des marques de fabrique étrangères.

M. Indelli (Italie) dit que la pensée de l'article 13 est de déclarer libre tout ce qui n'est pas dans la Convention. Il est évident que les États auront le droit de maintenir ou de modifier les arrangements qu'ils ont signés avec d'autres Etats et de changer également leur propre législation, mais à la condition de ne pas contrevenir aux dispositions contenues dans la Convention.

M. le chevalier de Villeneuve (Brésil) dit que, s'il a bien compris, M. le comte Castell semblerait croire que la loi du Brésil sur les marques de fabrique contient un article en opposition avec l'article 2 de la Convention, car l'étranger ne serait pas traité comme le national. Mais il n'y a là qu'une différence apparente le national et l'étranger étant, en réalité, soumis à la même loi au Brésil.

M. le Président dit que, si l'on insérait dans le Protocole de clôture une déclaration pour réserver à chaque Etat le droit de fixer le lieu de dépôt des marques étrangères, il faudrait insérer des déclarations de ce genre pour tous les cas. Ainsi on a distrait de l'article 6 ce qui concernait la saisie des marques de fabrique opposées sur des marchandises en transit; mais il a été bien entendu que, si un Etat voulait autoriser cette saisie, il serait libre de le faire et que la disposition de la loi française qui l'autorise restera en vigueur. Le choix du lieu de dépôt pour les marques de fabrique est une question de convenance particulière pour les Etats, et ils auront pleine liberté à cet égard.

M. Indelli (Italie) propose de mettre, pour bien préciser: »Il est bien entendu que les hautes parties contractantes, etc.»

M. Jagerschmidt (France) fait observer que cette disposition a été empruntée aux Conventions relatives à l'Union postale et à l'Union télégraphique. C'est un article de style qui a pour but d'indiquer que les Etats qui forment une Union demeurent libres de faire entre eux des arrangements particuliers.

La Conférence adopte l'article 13 avec l'addition demandée par M. Indelli.

Après une discussion sur quelques points de détail, la Conférence adopte les articles 14, 15 et 16 du projet (art. 15, 16 et 17 de la Convention), en y introduisant les modifications nécessitées par le choix de la ville de Berne comme siège de l'Office international.

»Art. 14 (15). Les États qui n'ont point pris part à la présente Convention seront admis à y adhérer sur leur demande.

Cette adhésion sera notifiée par la voie diplomatique au Gouvernement de la Confédération suisse, et par cet Etat à tous les autres.

Elle comportera, de plein droit, accession à toutes les clauses et admission à tous les avantages stipulés par la présente Convention.

Art. 15 (16). La présente Convention sera mise à exécution à partir du . . . . . et demeurera en vigueur pendant un temps indéterminé jusqu'à l'expiration d'une année, à partir du jour où la dénonciation en sera faite.

Cette dénonciation sera adressée au Gouvernement chargé de recevoir les adhésions. Elle ne produira son effet qu'à l'égard de l'Etat qui l'aura faite, la Convention restant exécutoire pour les autres parties contractantes.

Art. 16 (17). La présente Convention sera ratifiée, et les ratifications en seront échangées a Paris, dans le délai d'un an au plus tard.

En foi de quoi, etc. . . . . . «

La séance est·levée à 5 heures et demie.

Le Secrétaire,
A. Dumoustier de Frédilly.

Le Président,
J. Bozérian.

NEUVIÈME SÉANCE

(Mercredi 17 novembre 1880).

Présidence de M. J. Bozérian.

Étaient présents:

MM. J. Le Long, Wœrz, Hérich, A. Demeur, E. Dujeux, le chevalier de Villeneuve, J.-O. Putnam, J. Bozérian, Jagerschmidt, Reader-Lack, Crisanto Medina, Indelli, le chevalier Trincheri, G.-H. de Barros, C. de Moraes, de Nebolsine, Torrès Caïcedo, A. Lagerheim, O. Broch, Kern, J. Weibel, Imer-Schneider, Amassian, le colonel J.-J. Diaz, de Rojas.

MM. Ortolan, Dumoustier de Frédilly, secrétaires.

Chatain, G. Bozérian, secrétaires adjoints.

La séance est ouverte à·2 heures un quart.

M. le Président propose à la Conférence de procéder à l'examen, en deuxième lecture, du projet de Convention, et donne la parole à M. Jagerschmidt.

M. Jagerschmidt (France) annonce à la Conférence qu'il a cru devoir préparer un nouveau texte du projet de Convention tel qu'il est sorti de ses premières délibérations, en y ajoutant un préambule, en y apportant quelques modifications de pure forme, et en le faisant suivre d'un projet de Protocole de clôture. Il donne lecture du préambule, qui est ainsi conçu;

»S. M. l'Empereur d'Autriche, roi de Hongrie et de Bohême. S. M. le Roi des Belges, etc., également animés du désir d'assurer, d'un commun accord, une complète et efficace protection à l'industrie et au commerce des nationaux de leurs États respectifs, et de contribuer à la garantie des droits des inventeurs et de la loyauté des transactions commerciales, ont résolu de conclure une Convention à cet effet, et ont nommé pour leurs plénipotentiaires, savoir:

S. M. l'Empereur d'Autriche, roi de Hongrie et de Bohême, M . . . . .

S. M. le Roi des Belges, M . . . . .

. . . .

Lesquels, après s'être communiqué leurs pleins pouvoirs, trouvés en bonne et due forme, sont convenus des articles suivants.«

Ce préambule est adopté. Il est d'ailleurs, convenu, sur la proposition de M. le Délégué de la Hongrie, qu'il contiendra l'énumération de tous les États représentés à la Conférence.

M. Jagerschmidt (France) donne lecture de l'article 1er.

Art. 1er. »L'Autriche-Hongrie, la Belgique, etc., sont constitués à l'état d'Union pour la protection de la propriété industrielle.«

Cet article est adopté.

M. de Barros (Portugal) rappelle sa proposition d'ajouter après les mots: »Union pour la protection de la propriété industrielle,« ceux de: »sous le nom d'Union pour la protection de la propriété industrielle et du travail agricole.« Sans insister sur cette proposition, il demande qu'elle soit énoncée au procès-verbal.

Il est passé à l'article 2.

Art. 2. »Les sujets et citoyens de chacun des États contractants jouiront, dans tous les autres États de l'Union, en ce qui concerne les brevets d'invention, les dessins ou modèles industriels, les marques de fabrique ou de commerce et le nom commercial, des avantages que les lois respectives accordent actuellement ou accorderont, par la suite, aux nationaux. En conséquence, ils auront la même protection que ceux-ci et le même recours légal contre toute atteinte portée à leurs droits, sous la seule réserve de l'accomplissement des formalités et des conditions imposées aux nationaux par la législation intérieure de chaque Etat en matière de propriété industrielle.«

M. Demeur (Belgique) dit qu'en assimilant tout ressortissant de l'Union au regnicole, on est d'accord que l'assimilation ne doit porter que sur les conditions relatives à l'acquisition et à la conservation des droits, sans qu'il soit rien changé aux formes de la procédure concernant les étrangers. Il avait émis l'avis que l'on pourrait assimiler d'une manière absolue tout ressortissant de l'Union au regnicole. La majorité de la Conférence a pensé que, quant à présent, on ne peut aller jusque-là. Mais alors il faudrait énoncer clairement cette pensée. Maintiendra-t-on la caution »judicatum solvi«, l'incompétence des tribunaux pour juger les contestations entre étrangers, etc.? On a, en première lecture, ajouté les mots »en matière de propriété industrielle«, pour indiquer qu'on n'entendait pas porter atteinte aux règles de procédure; mais il serait préférable de le spécifier expressément. On pourrait le faire soit au procès-verbal, soit dans le Protocole de clôture.

M. Lagerheim (Suède) est de l'avis de M. Demeur; mais il pense qu'il serait désirable de faire une autre modification: il faudrait supprimer le mot »seule«, et dire simplement »sous réserve«.

M. Indelli (Italie) fait observer, à cette occassion, qu'en Italie il n'y a pas, en ce qui concerne la juridiction, de différence entre les nationaux et les étrangers; il désirerait que la Convention pût aller jusque-là; mais il se rallie à l'opinion de la majorité, en demandant que ses observations soient consignées au procès-verbal.

La Conférence décide la suppression des mots »la seule« et »en matière de propriété industrielle«, et adopte, sur la proposition de M. Demeur, la disposition suivante, destinée à être insérée au Protocole de clôture:

F 2

»Il est convenu que la disposition finale de l'article 2 de la Convention ne porte aucune atteinte à la législation de chacun des États contractants, en ce qui concerne la procédure suivie devant les tribunaux et la compétence de ces tribunaux.«

M. de Barros (Portugal) fait remarquer que, bien qu'il ait demandé la substitution des mots »ressortissants« à ceux de »sujets et citoyens», il accepte néamoins la rédaction de l'article 2.

M. le colonel Diaz (Uruguay) est d'avis que l'expression »sujet et citoyens« est claire.

M. Hérich (Hongrie) insiste pour qu'on remplace les mots »sujets et citoyens«, au commencement de l'article 2, par l'expression générale de »ressortissants«.

M. Kern (Suisse) préférerait également le mot »ressortissants«, qui fait partie du droit public suisse.

M. Lagerheim (Suède) fait observer que ce mot, s'il veut dire autre chose que »sujet« ou »citoyen», ne saurait être traduit en langue suédoise. Il pense, d'ailleurs, qu'il n'y a pas lieu de revenir sur une discussion qui a déjà longuement occupé la Conférence

M. le chevalier de Villeneuve (Brésil) fait observer également qu'il n'y a pas de mot, en langue portugaise, pour rendre textuellement le mot »ressortissants«. Il est donc préférable de conserver l'expression »sujets et citoyens«.

Les termes »sujets et citoyens« sont adoptés.

M. Amassian (Turquie) fait observer que le Gouvernement ottoman pourra se trouver, au sujet de la protection légale à accorder, en présence de certaines difficultés résultat de ce que les capitulations décident qu'en cas de contestation entre deux étrangers, c'est le consul du défendeur qui est le juge compétent; il demande, en conséquence, qu'on insère les mots »conformément aux capitulations«.

M. Indelli (Italie) dit que cette réserve se trouve implicitement comprise dans celle de M. Demeur, qui s'applique, d'une manière générale, aux législations de tous les pays.

M. Jagerschmidt (France) pense que l'on pourrait donner satisfaction à la Turquie, en faisant mention des capitulations au Protocole de clôture; mais il est d'avis que l'article 2 de la Convention doit rester tel qu'il est.

Il donne ensuite lecture d une lettre de M. J.-O. Putnam relative aux réserves formelles que le Gouvernement des Etats-Unis croit devoir faire en ce qui touche les marques de fabrique.

Cette lettre est ainsi conçue;

»Monsieur le Président,

»Ce n'est que ce matin que j'ai reçu les instructions de mon Gouvernement, et je ne les ai examinées en détail qu'après la réunion de la Commission aujourd'hui. Je trouve que je suis chargé d'annoncer à cette Conférence que le Gouvernement des Etats-Unis ne peut consentir à soumettre à la Convention la question des marques de fabrique et de commerce et de leur protection fédérale sous les traités en vigueur, que sous la seule réserve que les conclusions de la Conférence soient considérées comme absolument subordonnées à toutes les provisions législatives que les Etats-Unis pourraient adopter dans la suite.

»A cet effet, je propose l'amendement suivant:

»Dans l'article 2 du Protocole, après »constitutionnels«, ajouter: »et les conditions qui doivent être imposées par la législation.«

M. Jagerschmidt propose de passer immédiatement à la discussion du projet de Protocole de clôture pour qu'on puisse en examiner les termes en même temps que les articles de la Convention auxquels il se rapporte.

Le préambule de ce Protocole de clôture est adopté; il est ainsi conçu:

»Au moment de procéder à la signature de la Convention conclue, à la date de ce jour, entre l'Autriche-Hongrie, la Belgique, etc., pour la protection de la propriété industrielle, les plénipotentiaires soussignés sont convenus de ce qui suit:»

M. Jagerschmidt (France) donne lecture du paragraphe 1er :

»1. Les mots propriété industrielle doivent être entendus dans leur acception la plus large, en ce sens qu'ils s'appliquent non seulement aux produits de l'industrie proprement dite, mais également aux produits de l'agriculture (vins, grains, fruits, bestiaux, etc.) et aux produits minéraux livrés au commerce (eaux minérales, etc.).«

Il fait remarquer que les termes explicatifs des mots »propriété industrielle« ont été empruntés à une circulaire du Gouvernement belge aux gouverneurs des provinces pour l'application de la loi sur les marques de fabrique en Belgique.

Le paragraphe 1er est adopté.

Est également adopté le paragraphe suivant:

»Sous le nom de brevets d'invention sont comprises les diverses espèces de brevets industriels admises par les législations des États contractants, telles que brevets d'importation, brevets de perfectionnement, etc. etc.«

M. Jagerschmidt (France) donne lecture du paragraphe auquel se réfère la lettre ci-dessus mentionnée de M. le Délégué des Etats-Unis, et qui est ainsi conçu:

»Le plénipotentiaire des Etats-Unis d'Amérique ayant déclaré qu'aux termes de la Constitution fédérale, le droit de légiférer, en ce qui concerne les marques de fabrique ou de commerce, est, dans une certaine mesure, réservé à chacun des États de l'Union américaine, il est convenu que les dispositions de la Convention ne seront applicables que dans les limites des pouvoirs constitutionnels des hautes parties contractantes.«

M. Kern (Suisse) fait observer qu'en Suisse on prépare un projet de loi sur les brevets d'invention et dessins, qui doit être soumis aux Chambres. Il s'est présenté, ajoute-t-il, une question analogue à celle qui concerne les Etats-Unis, où les marques de fabrique et de commerce n'ont pas été considérées jusqu'à présent comme étant du ressort de la législation fédérale; toutefois, en Suisse, la réserve concerne les brevets d'invention. En Suisse, c'est une question de savoir si les Chambres peuvent, au point de vue du texte de la Constitution, voter une loi sur les brevets d'invention, ou s'il faut procéder par voie de revision partielle de la Constitution pour donner aux Chambres le pouvoir de légiférer sur la matière. La

Suisse a donc à faire une déclaration semblable à celle des Etats-Unis concernant la réserve des limites constitutionnelles.

Sur la proposition de M. Jagerschmidt (France), l'examen des trois propositions faites par MM. les Délégués des Etats-Unis, de la Suisse et de la Turquie est renvoyé à la Commission.

La Conférence passe ensuite à la discussion de l'article 3 du projet de Convention, qui est ainsi conçu:

Art. 3. »Tout ressortissant de l'un des Etats contractants qui aura régulièrement fait le dépôt d'une demande de brevet d'invention, d'un dessin ou modèle industriel, d'une marque de fabrique ou de commerce, dans l'un de ces Etats, jouira, pour effectuer le dépôt dans les autres Etats, et sous réserve des droits des tiers, d'un droit de priorité pendant les délais déterminés ci-après.

En conséquence, le dépôt ultérieurement opéré dans un des autres États de l'Union, avant l'expiration de ces délais, ne pourra être invalidé par des faits accomplis dans l'intervalle, soit, notamment, par un autre dépôt, par la publication de l'invention ou son exploitation par un tiers, par la mise en vente d'exemplaires du dessin ou du modèle, par l'emploi de la marque.   .

Les délais de priorité mentionnés ci-dessus seront de six mois pour les brevets d'invention, et de trois mois pour les dessins ou modèles industriels, ainsi que pour les marques de fabrique ou de commerce. Ils seront augmentés d'un mois pour les pays d'outre-mer.«

M. Jagerschmidt (France) fait remarquer qu'il a cru devoir remplacer, dans cet article, les mots »celui qui«, qui figuraient dans le texte primitif, par ceux de »tout ressortissant de l'un des États contractants«. Le but de cette modification est de spécifier que le droit de priorité n'appartient pas à ceux qui ne font pas partie d'un des Etats de l'Union. Cette question avait été soulevée au sein de la Conférence, qui avait paru se prononcer dans ce sens.

M. Demeur (Belgique) pense que si cette modification est adoptée, le bénéfice de l'article 3 n'est reconnu qu'aux sujets et citoyens de chacun des États de l'Union, et qu'il devrait en être de même pour toutes les autres dispositions de la Convention. Cependant, dit-il, il n'en est pas ainsi pour l'article 4, pour le deuxième alinéa de l'article 5, non plus que pour le deuxième alinéa de l'article 9, tels qu'ils ont été adoptés en première lecture.

Il déclare ne pouvoir se ranger à l'opinion de M. Jagerschmidt, et il invoque des raisons de justice et d'intérêt.

En premier lieu, l'Union ne doit pas faire moins que ce que fait isolément chacun des Etats, où, notamment, des brevets d'invention sont accordés même aux étrangers. La justice exige que l'Union traite les inventeurs étrangers qui viennent prendre des brevets chez elle comme les regnicoles; le droit des inventeurs est antérieur à la loi; celle-ci ne fait que le réglementer; c'est l'idee dominante du Congrès de 1878. En second lieu, l'intérêt même de l'Union doit faire admettre ce principe, afin d'encourager les étrangers à y prendre des brevets.

Quant aux marques, il y une nuance. Dans toutes les législations, la protection n'est reconnue aux étrangers qu'autant qu'ils ont un établissement dans le pays. Eh bien! malgré ce principe, l'Union n'accorderait rien à l'étranger établi sur son territoire et dont elle ne verrait que la nationalité! M. Demeur voudrait que l'on considérât seulement si, d'après la législation du pays où se fait le dépôt, l'étranger a le droit de prendre un brevet, de déposer une marque, un dessin ou un modèle. Dans ce cas, et lorsque l'étranger ferait son dépôt dans l'un des Etats de l'Union, le droit de priorité lui serait accordé, alors même que l'Etat auquel il appartient ne serait pas entré dans l'Union.

Si l'on ne veut pas aller jusque-là quant à présent, M. Demeur demande que ses observations soient consignées au procès-verbal, car il a confiance dans l'avenir, et, si la Conférence actuelle refusait de reconnaître tout droit aux étrangers, il ne doute pas que la prochaine Conférence ne se montre plus libérale que celle-ci.

M. Jagerschmidt (France) fait observer que la pensée qu'il a cherché à exprimer plus clairement dans son nouveau projet lui paraît avoir toujours été celle de la Conférence. En effet, une Convention ne stipule jamais que pour les Etats contractants. Les mots »celui qui« n'avaient donc pas d'autre sens, et, en y substituant le mot »ressortissant«, il n'a fait que prévenir les doutes qui pourraient s'élever contrairement aux intentions de la Conférence.

Les articles 4, 5 et 9 doivent être entendus de la même manière; ils ne concernent que les ressortissants. Quant aux étrangers, on n'a ni à leur accorder ni à leur refuser le bénéfice de la Convention; on ne s'en occupe pas: chaque Etat reste libre de leur appliquer sa législation particulière, sans être obligé envers eux en quoi que ce soit par la Convention. Quant au Congrès de 1878, il a exprimé un vœu qui se réalisera plus tard; c'est à désirer. Mais en ce moment on ne saurait aller plus loin.

M. Lagerheim (Suède) appuie ces observations. Il déclare que la Conférence s'étant réunie dans le but de faire une œuvre pratique, réalisable immédiatement ou dans un avenir prochain, doit se garder de dépasser les limites qui lui sont tracées tout naturellement. Les Délégués ont à s'occuper des intérêts de leurs pays et point de ceux des pays non réprésentés à la Conférence. Chaque État reste libre d'adhérer à l'Union. M. Demeur a invoqué des raisons de justice et d'intérêt. Mais comment peut-on soutenir que la justice exige l'assimilation entière et sans condition des ressortissants des pays qui n'admettraient point la réciprocité? Il est vrai qu'actuellement les inventeurs étrangers sont presque partout assimilés aux regnicoles, mais en sera-t-il de même si le principe de priorité formulé par la Conférence est adopté? M. Lagerheim ne le pense pas. La priorité ne sera certainement pas admise dans les diverses législations qu'à condition de réciprocité. Pour les marques, c'est déjà le cas.

Au point de vue de l'intérêt de l'Union, M. Lagerheim trouve qu'il est évident que l'idée de M. Demeur va à l'encontre du but qu'on veut atteindre par l'établissement de l'Union. Pourquoi l'Allemagne entreraitelle dans l'Union, si tout sujet allemand allait jouir, »eo ipso«, des bénéfices qu'assure l'Union?

M. Demeur a signalé une lacune dans le projet de Convention, en ce qui concerne les ressortissants des pays qui ne feraient pas partie de l'Union, mais domiciliés sur le territoire de l'un des Etats de l'Union. Cette lacune doit être comblée. M. Lagerheim formulera un amendement à cet effet dans le courant de la séance.

M. Torres Caïcedo (Salvador) pense que M. Jagerschmidt a raison diplomatiquement; mais il se range néanmoins à l'avis de M. Demeur. La Conférence devrait poser les principes d'une »Union ouverte«; il convient de proclamer les principes les plus larges. Il ne s'agit pas ici de signer une Convention, mais d'arrêter un projet à soumettre à chaque Gouvernement. M. le Délégué du Salvador désirerait savoir si tels sont les principes de l'Union, la législation de son pays accordant le traitement national aux étrangers.

M. le Président rappelle que les principes de la Convention ne font nullement obstacle à l'application des dipositions plus larges des législations intérieures.

M. Indelli (Italie) accepte les idées émises par M. le Président et par M. Jagerschmidt: il faut distinguer entre la Convention et les législations intérieures. C'est en respectant les lois particulières de chaque État en faveur des étrangers qu'on pourra satisfaire aux aspirations dont M. le Délégué du Salvador s'est fait l'interprète.

M. Kern (Suisse) pense qu'on ne gagnera pas d'adhérents, si l'on accorde les avantages de l'Union à ceux qui n'en font pas partie. Comme preuve, il cite un mémoire de la section allemande de la Commission permanente du Congrès pour la protection de la propriété industrielle, qui, au nom des intérêts industriels et commerciaux de l'Allemagne, insiste auprès du Gouvernement allemand pour qu'il ne reste pas étranger à l'Union, et fait observer que l'industrie allemande souffrirait si l'Allemagne ne devait pas adhérer à l'Union projetée. Mais M. Kern ajoute qu'une chose le frappe, c'est que les étrangers établis dans l'un des États de l'Union peuvent être exclus d'après l'article 3. Il aurait préféré la rédaction suivante:

»Tout ressortissant de l'un des États de l'Union, de même que tout étranger établi dans l'un des pays contractants, etc.«

De cette manière, on protégerait les étrangers établis dans un pays, aussi bien que les nationaux; mais il fait remarquer que c'est toute autre chose que d'assurer aux États qui n'adhéreront pas à l'Union les mêmes avantages qu'aux États contractants.

M. Lagerheim (Suède) propose un amendement ainsi formulé:

»Sont assimilés aux sujets ou citoyens des Etats contractants les sujets des Etats ne faisant pas partie de l'Union qui sont domiciliés ou ont des établissements industriels ou commerciaux sur le territoire de l'un des Etats de l'Union.«

M. Demeur (Belgique) et M. Kern (Suisse) se rallient à cet amendement.

M. Torres Caïcedo (Salvador) n'insiste pas, quant à présent, sur sa proposition; il se borne à émettre un vœu pour l'avenir.

M. le Président constate qu'il n'y a plus que deux opinions en présence: l'une fermant l'Union à tous les étrangers, l'autre ne l'ouvrant qu'aux étrangers possédant un établissement sur le territoire de l'un des Etats de l'Union. Il propose de voter la question de principe et de renvoyer la rédaction à la Commission.

Le principe d'après lequel l'Union sera ouverte aux étrangers domiciliés dans l'un des Etats contractants est adopté à l'unanimité, moins le Vénézuéla, et le renvoi à la Commission est prononcé.

M. Jagerschmidt (France) lit l'article 4:

Art. 4. »L'introduction par le breveté, dans le pays où le brevet a été délivré, d'objets fabriqués dans l'un ou l'autre des Etats de l'Union, n'entraînera pas la déchéance.

Toutefois, le breveté restera soumis à l'obligation d'exploiter son brevet conformément aux lois du pays où il introduit les objets brevetés«.

Cet article est adopté.

La Conférence passe à l'article 5:

Art. 5. »Le caractère des dessins ou modèles industriels et des marques de fabrique ou de commerce devra être apprécié dans tous les Etats de l'Union d'après la loi du pays d'origine.

Sera considéré comme pays d'origine le pays où le déposant a son domicile ou son principal établissement.

Le dépôt pourra être refusé, si l'objet pour lequel il est demandé est contraire à la morale ou à l'ordre public.«

M Kern (Suisse) fait connaître les observations qu'il a reçues du Département fédéral du commerce. Il ne peut admettre les mots »dessins ou modèles industriels«, et il propose de restreindre l'article aux marques de fabrique. En effet, pour les marques, il s'agit d'une simple constatation du fabricant concernant le dépôt. Pour les dessins et modèles, au contraire, il y a un privilège dont la violation constitue un délit. Dès lors, d'après les principes du droit pénal, on doit appliquer au délinquant les lois du pays où le délit de contrefaçon a été commis, tandis que, d'après le projet, il faudrait appliquer les lois du pays d'origine. Ceci ne saurait être accepté; il serait préférable de supprimer l'article 5.

M. Hérich (Hongrie) appuie la proposition de M. le Délégué de la Suisse. Le brevet et le dessin constituent une propriété industrielle, tandis que la marque et le nom relèvent d'une question de bonne foi. La marque est un emblème pour ceux qui ne savent pas lire: c'est une surérogation du nom qui doit être protégé partout.

M. Woerz (Autriche) renouvelle l'observation faite par M. le comte Castell, dans une séance antérieure, en ce qui concerne la réserve pour la législation autrichienne à l'égard de l'enregistrement des marques non admises par la loi en vigueur.

M. Weibel (Suisse) pense que la rédaction de l'article 5 paraît aller plus loin que la pensée de la Conférence. Le point de vue qui avait prévalu en première lecture était que cet article devait uniquement avoir trait à l'acceptation du dépôt et non point aux contestations qui pourraient surgir postérieurement à ce dépôt. On a voulu dire qu'une marque qui, au point de vue des signes qui la composent, remplit les conditions fixées par la législation d'origine, devra, dans tout autre Etat de l'Union, être admise au dépôt et à la protection, sans qu'il y ait lieu, dans ce nouvel Etat, d'apprécier si la marque est ou non conforme à sa propre législation. C'est dans ce sens seulement que l'appréciation doit avoir lieu conformément à la loi du pays d'origine.

M. Weibel ajoute que le second alinéa de l'article en discussion présente une lacune qu'il importe de combler: le pays d'origine est celui où le déposant a son principal établissement; mais il peut se faire qu'un ressortissant d'un Etat de l'Union ait son domicile et son principal établissement dans un pays étranger à l'Union. Sera-t-il, dans ce cas, exclu des avantages stipulés par l'article 5? Supposons, par exemple, un Français établi au Japon, faisant le commerce de graines de vers à soie. Il n'a aucun établissement en France, mais il y expédie ses cartons et les protège par l'apposition d'une marque déposée en France, satisfaisant aux prescriptions de la loi française. Si ce négociant étend son commerce dans d'autres Etats de l'Union, il importe qu'il puisse y faire protéger sa marque, lors même que celle-ci ne satisferait pas, quant à son caractère extérieur, aux exigences des lois de ces Etats. D'après la rédaction actuelle du second alinéa de l'article 5, il ne pourrait pas jouir de cet avantage, puisqu'il a son domicile et son principal établissement dans un Etat en dehors de l'Union. Il importe de prévoir ce cas, afin que chaque Etat assure à ses nationaux établis en dehors de l'Union les avantages attachés à celle-ci.

En conséquence, M. Weibel propose un amendement ainsi conçu:

»Sera considéré comme pays d'origine le pays où le déposant a son principal établissement ou dont il est originaire.«

M. Indelli (Italie) n'admet pas que l'article 5 soit uniquement relatif au dépôt de la marque: il vise aussi l'appréciation en cas de contestation sur la propriété. Ainsi, en Italie, le caractère de la marque est apprécié d'après la loi du pays d'origine, et elle est protégée d'après la loi italienne. Si l'on admettait l'interprétation de M. Weibel, les dépôts seraient souvent inutiles. D'ailleurs, une déclaration signée entre la France et l'Italie décide qu'il faut, pour connaître les caractères de la marque, se rapporter à la loi du pays d'origine.

M. Demeur (Belgique) rappelle que le paragraphe 2 de l'article ne figurait pas dans le projet primitif et qu'il a été introduit pour donner satisfaction à une objection de M. le Délégué de l'Autriche, afin que le déposant ne puisse éluder la législation du pays où il est établi. Il propose, en outre, de supprimer le mot »domicile«, qui se rapporte à l'exercice des droits civils et politiques, et de conserver seulement ceux de »principal établissement«. Il demande qu'il soit introduit un changement semblable à l'alinéa 2 de l'article 9.

M. le Président insiste sur l'importance de la question du caractère de la marque. C'est la loi d'origine qui doit le déterminer. Quant aux pénalités, elles seront appliquées selon la loi du pays d'importation.

M. Kern (Suisse) déclare que, dans ces conditions, il n'a plus d'objections, mais qu'il doit insister sur la suppression du mot »caractère« et des mots »dessins et modèles de fabrique«, car il ne s'agit que du dépôt régulier d'une marque de fabrique effectué dans le pays d'origine.

M. Indelli (Italie) désirerait que M. Kern proposât une rédaction.

M. Demeur (Belgique) cite, à l'appui de l'opinion de M. le Président, un arrêt de la Cour de Leipzig, reproduit dans le »Compte rendu du Congrès international de la propriété industrielle de 1878«, p. 330.

MM. les Délégués de l'Autriche, de la Russie et du Brésil font des réserves relativement à l'appréciation du caractère des marques de fabrique d'après la loi du pays d'origine, eu égard à la législation de leurs pays.

L'examen de la question est renvoyé à la Commission.

La séance est levée à 6 heures.

Le Secrétaire,
E. Ortolan.

Le Président,
J. Bozérian.

DIXIÈME SÉANCE.
(Jeudi 18 Novembre 1880).

Présidence de M. J. Bozérian.

Étaient présents:

MM. J. Le Long, Wœrz, Hérich, A. Demeur, E. Dujeux, le chevalier de Villeneuve, J.-O. Putnam, J. Bozérian, Jagerschmidt, Girard, Reader-Lack, Crisanto Medina, Indelli, le chevalier Trincheri, H.-C. Verniers van der Loeff, G.-A. de Barros, C. de Moraes, P. d'Alcantara Vidoeira, de Nébolsine, Torrès Caïcedo, A. Lagerheim, O. Broch, Kern, J. Weibel, Imer-Schneider, le colonel J.-J. Diaz, de Rojas.

MM. E. Ortolan, A. Dumoustier de Frédilly, secrétaires.

Chatain, G. Bozérian, secrétaires adjoints.

La séance est ouverte à 2 heures.

M. le Président donne la parole à M. Jagerschmidt pour rendre compte des travaux de la Commission.

M. Jagerschmidt (France) rappelle les difficultés qu'a soulevées dans la Conférence la question de savoir si les dispositions de la Convention, et particulièrement de l'article 3, seront uniquement applicables aux ressortissants des États contractants, ou étendues aux sujets des États qui ne feront pas partie de l'Union. Après un nouvel examen de cette question, la Commission a admis, sur la proposition de M. le Délégué de la Suède, que la Convention sera applicable, non pas à tous les étrangers sans distinction, mais à ceux qui seraient domiciliés ou établis dans l'un des Etats de l'Union. Elle propose donc à la Conférence d'adopter l'amendement suivant de M. Lagerheim, qui formerait un article nouveau, prenant place après l'article 2.

Art. 2 bis. »Sont assimilés aux sujets ou citoyens des États contractants les sujets des États ne faisant pas partie de l'Union qui sont domiciliés ou ont des établissements industriels ou commerciaux sur le territoire de l'un des États de l'Union.«

M. Hérich (Hongrie) demande la suppression du mot »sujets«, en conservant celui de »citoyens».

Après l'échange de diverses observations, M. Hérich n'insistant pas sur sa proposition, l'article 2 bis, qui devient l'article 3, est adopté.

Les mots »celui qui«, par lesquels commençait l'article 3, ne pouvant plus donner lieu à équivoque, par suite de l'adoption de l'article 2 bis, l'article 3, qui devient l'article 4, est rétabli ainsi qu'il suit dans son texte primitif:

»Celui qui aura régulièrement fait le dépôt d'une demande de brevet d'invention, d'un dessin ou modèle industriel, d'une marque de fabrique ou de commerce, dans l'un des États contractants, jouira, pour effectuer le dépôt dans les autres États, sous réserve des droits des tiers, d'un droit de priorité pendant les délais qui sont déterminés ci-après.

En conséquence, le dépôt ultérieurement opéré dans l'un des autres Etats de l'Union, avant l'expiration de ces délais, ne pourra être invalidé par des faits accomplis dans l'intervalle, soit notamment par un autre·dépôt, par la publication de l'invention ou son exploitation par un tiers, par la mise en vente d'exemplaires du dessin ou du modèle, par l'emploi de la marque.

Les délais de priorité mentionnés ci-dessus seront de six mois pour les brevets d'invention, et de trois mois pour les dessins ou modèles industriels, ainsi que pour les marques de fabrique ou de commerce. Ils seront augmentés d'un mois pour les pays d'outre-mer«.

M. Jagerschmidt (France), abordant l'article 5, fait connaître que la Commission s'est prononcée tout d'abord, sur la demande formelle de M. le Délégué de la Suisse, pour la suppression des mots »dessins et modèles«. L'expression »le caractère des marques« ayant également soulevé des objections de la part de M. Kern, la Commission a définitivement adopté une nouvelle rédaction présentée par M. le chevalier de Villeneuve, délégué du Brésil, et qui lui a paru à la fois plus claire et plus complète que l'ancien article. Cette rédaction est la suivante:

»Toute marque de fabrique ou de commerce valablement déposée dans le pays d'origine sera admise telle quelle au dépôt dans tous les autres Etats de l'Union.

Sera considéré comme pays d'origine le pays où le déposant a son principal établissement.

Si ce principal établissement n'est point situé dans un des pays de l'Union, sera considéré comme pays d'origine celui auquel appartient le déposant.

Le dépôt pourra être refusé, si l'objet pour lequel il est demandé est considéré comme contraire à la morale ou à l'ordre public«.

M. Jagerschmidt fait remarquer que la rédaction du paragraphe 1er est celle qui avait été adoptée par le Congrès de 1878. On a également supprimé le mot »domicile«, sur l'observation faite par M. Demeur dans la précédente séance. L'espèce citée par M. Weibel, celle où, par exemple, un Français établi au Japon déposerait sa marque en France, est visée par le paragraphe 3 de l'amendement. Enfin, au dernier paragraphe, les mots »est contraire à la morale« sont remplacés par ceux de »est considéré comme contraire«.

M. Lagerheim (Suède) demande ce que signifie le mot »valablement« inséré à l'article 5. Il pense qu'il faudrait dire »régulièrement«.

M. le chevalier de Villeneuve (Brésil) explique qu'il est nécessaire que le dépôt soit valable. Or, il peut être régulier sans être valable; ce dernier terme signifie plus que la réalité du dépôt, et il croit qu'il serait nécessaire d'indiquer cette idée.

M. le Président fait observer que l'expression »valablement« pourrait avoir des inconvénients. Le dépôt est simplement déclaratif; dès lors, il peut être régulier sans être valable. Il vaudrait mieux adopter le mot »régulièrement«.

M. Indelli (Italie) dit qu'on peut conserver l'expression »valablement«, puisqu'on explique, à l'article 7, que le dépôt est fait aux risques du déposant.

M. Verniers van der Loeff (Pays-Bas) insiste pour conserver l'expression »valable«. Dans son pays, le dépôt régulier ne devient valable qu'après le délai de six mois.

M. le Président dit qu'avant tout il faudrait s'entendre. Le mot »valable« veut-il dire que la propriété est définitivement acquise au déposant?

M. Verniers van der Loeff (Pays-Bas) répond affirmativement.

M. Indelli (Italie) veut que le dépôt soit non seulement régulier, mais encore valable, pour constituer le droit à la protection de la marque à l'étranger.

M. Lagerheim (Suède) pense, au contraire, qu'on a voulu éviter cette question, et réserver aux tribunaux de chaque pays le droit de décider de la validité, le dépôt devant toujours être admis, pourvu qu'il soit régulier.

M. Demeur (Belgique) explique qu'on a seulement voulu dire qu'on apprécierait la marque d'après les lois du pays d'origine, et non pas d'après celles du pays d'importation.

M. le Président propose de voter l'ensemble de l'article 5, sauf à réserver le mot »valablement«, qu'on examinera ensuite,

M. Indelli, (Italie) insiste pour qu'on décide d'abord la question de savoir s'il faut que le dépôt »régulier« soit de plus »valable«.

M. le Président propose de donner satisfaction à M. le Délégué de l'Italie par la rédaction suivante: »Toute marque de fabrique ou de commerce régulièrement déposée dans le pays d'origine sera admise et protégée telle quelle, etc.«

M. le chevalier de Villeneuve (Brésil) déclare accepter cette modification (le remplacement du mot »valablement« par le mot »régulièrement«) avec l'addition »et protégée« telle quelle, etc.

M. Lagerheim (Suède) croit qu'on doit demander seulement la preuve de l'enregistrement dans le pays d'origine. L'addition proposée ne lui paraît pas nécessaire; il vaudrait mieux rétablir purement et simplement le mot »régulièrement.«

M. de Barros (Portugal) pense que les deux mots ont le même sens, et qu'on pourrait même les supprimer en disant simplement »déposée«. Il demande la mise au voix de l'article 5, dans l'une de ces trois formes.

M. Amassian (Turquie) préférerait qu'on gardât l'expression »régulièrement«, déjà employée à l'article 3 ; sinon on est porté à attacher un sens différent au mot »valablement«, et c'est là ce qui cause de l'incertitude.

M. Jagerschmidt (France) cherche à éclairer la discussion en reproduisant les exemples cités devant la Commission. La question a été soulevée pour la première fois entre la France et la Russie. La législation russe ne protégeant que les marques écrites en caractères russes, aucune marque française ne pouvait être admise au dépôt dans ce pays. Après un échange de correspondances entre les deux Gouvernements, il a été décidé que les marques françaises régulièrement déposées en France seraient admises telles quelles et protégées en Russie, bien que libellées en caractères français.

Ainsi, ce qu'on a voulu dire à l'article 5, c'est que la marque sera admise à l'enregistrement dans le pays d'importation, si elle est régulière dans le pays d'origine; mais il n'en résulte pas, pour les tribunaux, l'obligation de connaître et d'apprécier eux-mêmes les lois du pays d'origine, au point de vue de la »valabilité«; ils auront seulement à constater que le dépôt a été fait »régulièrement«: dès lors, on pourrait voter l'article, avec les mots »régulièrement déposée«, ou même en disant simplement »déposée«.

M. Demeur (Belgique) dit que, sauf dans les pays d'examen préalable, le dépôt, à lui seul, ne prouve pas le droit du déposant, même dans le pays d'origine. Il pourra donc y avoir, dans les pays où la marque sera importée, une contestation judiciaire sur la validité de la marque, et cette contestation devra être jugée d'après la législation du pays d'origine. Il préférerait revenir à la rédaction primitive du premier alinéa de l'article 5 adoptée en première lecture, sauf la suppression des mots »dessins et modèles«.

M. le Président résume les trois propositions en présence :

1º Celle de M. Demeur, qui est l'ancienne rédaction de l'article 5;

2º La rédaction proposée par M. le chevalier de Villeneuve, délégué du Brésil, et adoptée par la Commission;

3º La modification acceptée par M. Indelli, c'est-à-dire les mots »régulièrement déposée«, avec addition des mots »admise et protégée«.

Il demande si l'addition des mots »et protégée« peut être acceptée par la Délégation suisse.

M. Weibel (Suisse) croit qu'on dépasserait ainsi la pensée de la Conférence.

M. Jagerschmidt (France) fait observer qu'à ce point de la discussion il faudrait savoir d'abord s'il y a des Délégués qui seraient dans l'impossibilité absolue d'accepter la rédaction primitive du premier alinéa de l'article 5.

M. Kern (Suisse) serait obligé de demander de nouvelles instructions à son Gouvernement relativement au mot »caractère«. La Délégation accepterait, d'ailleurs, les mots »régulièrement déposée«, ainsi que l'addition »admise et protégée«.

M. Demeur (Belgique) constate qu'actuellement ce n'est plus sur le fond, mais seulement sur la rédaction, que porte la discussion.

La rédaction de la Commission sur le premier paragraphe de l'ar-

ticle 5, avec le mot »régulièrement« et l'addition »et protégée«, est mise
aux voix et adoptée à la majorité.

M. Lagerheim (Suède) déclare s'être abstenu. Il pense que les deux
rédactions proposées manquent de clarté.

M. le Président constate que les Délégués qui ont voté pour l'amendement l'entendent dans le même sens que la Suède, et il propose que
cette entente soit constatée au procès-verbal.

M. Lagerheim (Suède) se rallie dès lors à la majorité.

M. Demeur (Belgique) demande que, dans l'une des prochaines Conférences, on détermine les signes qui pourront être employés comme marques de fabrique dans tous les États de l'Union. On arriverait, sans peine,
à se mettre d'accord, en cette matière, sur des règles universellement applicables. Il désire que ce vœu soit mentionné dans le procès-verbal.

M. Hérich (Hongrie) désire savoir si les étrangers qui possèdent un
établissement dans l'Union bénéficient de l'article 5 concernant les marques de fabrique.

M. Jagerschmidt (France) fait observer que les dispositions générales
de l'article 2 bis, devenu 3, s'appliquent à ce cas comme à tous les autres.

L'ensemble de l'article 5 est adopté.

Art. 6. »Tout produit portant illicitement une marque de fabrique
ou de commerce pourra être saisi à l'importation dans ceux des États de
l'Union dans lesquels cette marque a droit à la protection légale. Cette
saisie aura lieu à la requête soit du ministère public, soit de la partie
intéressée, conformément à la législation intérieure de chaque État.«

M. Jagerschmidt (France) fait connaître que la commission propose
d'ajouter, après les mots »marque de fabrique ou de commerce«, ceux de
»ou un nom commercial«. Dès lors, cet article devrait être reporté après
l'article 8, qui traite du nom commercial.

L'article 6 est adopté dans ces conditions.

La Commission propose également d'adopter l'article 7 avec une nouvelle rédaction présentée par M. Demeur, et ainsi conçue:

»La nature du produit sur lequel la marque de fabrique ou de commerce doit être apposée ne peut, dans aucun cas, faire obstacle au dépôt
de la marque.«

L'article 7 est adopté sous cette forme.

Art. 8. »Le nom commercial des ressortissants de chacun des États
de l'Union sera protégé dans tous les autres États sans obligation de
dépôt, qu'il fasse ou non partie d'une marque de fabrique ou de commerce.«

M. Jagerschmidt (France) propose la suppression des mots »ressortissants«, qui sont devenus inutiles par suite de l'adoption de l'article 2 bis.
La rédaction serait la suivante: »Le nom commercial sera protégé dans tous
les États de l'Union sans obligation de dépôt, qu'il fasse ou non partie, etc.«

M. Verniers van der Loeff (Pays-Bas) propose: »réciproquement protégé«, puisqu'il va sans dire que tous les États protégeront le nom commercial, mais que ce dont il s'agit, c'est de bien établir que le nom commercial de l'étranger sera protégé dans tous les autres États. La rédaction
adoptée à la première lecture est claire et positive à cet égard.

M. Jagerschmidt (France) fait observer que cette adjonction n'est pas nécessaire, puisqu'elle ne ferait que reproduire le sens général de l'article 2. Ce que veut dire l'article 8, c'est que le nom doit être protégé, »qu'il fasse ou non partie d'une marque«.

M. Verniers van der Leeff (Pays-Bas) demande que ces explications soient insérées au procès-verbal de la séance, et retire sa proposition.

L'article 8, tel qu'il est proposé par M. Jagerschmidt, est adopté.

Art. 9. »Les dispositions de l'article 6 seront applicables à tout produit portant faussement, comme indication de provenance, le nom d'une localité déterminée, lorsque cette indication sera jointe à un nom commercial fictif ou emprunté dans une intention frauduleuse.

Est réputé partie intéressée tout fabricant ou commerçant engagé dans la fabrication ou le commerce de ce produit, et domicilié dans la localité faussement indiquée comme provenance.«

La Commission propose de remplacer le mot »domicilié« par le mot »établi«.

M. Hérich (Hongrie) demande la suppression de la restriction: »domicilié dans la localité faussement indiquée comme provenance.« Il voudrait que l'action fût ouverte à tous les intéressés.

M. Weibel (Suisse) croit que cela serait aller beaucoup trop loin. Il rappelle que ce sont les restrictions qu'il a subies qui ont permis d'admettre l'article 9. C'est un article de transaction, il vaut mieux ne point y toucher.

M. de Barros (Portugal) déclare qu'il accepterait volontiers la proposition de M. le Délégué de la Hongrie, mais qu'il croit devoir se rallier à l'opinion de M. le Délégué de la Suisse. Celui-ci, de même que l'honorable Délégué de l'Italie, a déclaré, dans la Commission, qu'il acceptait, par égard pour la Délégation portugaise, l'article 9, qui, malgré les difficultés qu'il peut soulever dans la pratique, est un hommage rendu aux principes de bonne foi et de moralité.

La Délégation portugaise, en effet, a déclaré à plusieurs reprises, au sein de la Commission, qu'elle ne se trouverait pas en mesure de continuer à participer aux travaux de la Conférence, et que peut-être son Gouvernement ne pourrait accepter la Convention, si elle ne consacrait point ce principe de moralité, dont l'objet est de prohiber les contrefaçons des produits agricoles, qui forment la principale richesse de son pays. La Délégation portugaise insiste d'autant plus que l'Union, étant organisée pour protéger la propriété industrielle, ne peut refuser sa protection à la première des industries. M. de Barros remercie les honorables Délégués de la Suisse et de l'Italie, qui, comme on l'a dit plus haut, ont déclaré qu'en acceptant l'article 9, ils reconnaissaient la nécessité de concilier les exigences du commerce actuel avec les aspirations de la Délégation portugaise, et il croit que ce principe, proclamé par la Conférence, sera l'un des plus féconds parmi tous ceux qui ont été votés.

L'article 9 est adopté avec la substitution du mot »établi« à celui de »domicilié«.

La Conférence adopte sans discussion les articles 10, 11, 12, 13, 14, 15, 16, 17 et 18 dont le texte suit:

Art. 10. »Les hautes parties contractantes s'engagent à accorder une protection temporaire aux inventions brevetables, aux dessins ou modèles industriels, ainsi qu'aux marques de fabrique ou de commerce, pour les produits qui figureront aux Expositions internationales officielles ou officiellement reconnues.

Art. 11. »Chacune des hautes parties contractantes s'engage à établir un service spécial de la Propriété industrielle et un dépôt central pour la communication au public des brevets d'invention, des dessins ou modèles industriels et des marques de fabrique ou de commerce.

Art. 12. »Un Office international sera organisé sous le titre de Bureau international de l'Union pour la protection de la propriété industrielle.

»Ce bureau, dont les frais seront supportés par les Administrations de tous les États contractants, sera placé sous la haute autorité de l'Administration supérieure de la Confédération suisse, et fonctionnera sous sa surveillance. Les attributions en seront déterminées d'un commun accord entre les États de l'Union.

Art. 13. »La présente Convention sera soumise à des revisions périodiques, en vue d'y introduire les améliorations de nature à perfectionner le système de l'Union.

»A cet effet, des Conférences auront lieu successivement dans l'un des États contractants entre les Délégués desdits États.

»La prochaine réunion aura lieu, en 1883, à Vienne.

Art. 14. »Il est entendu que les hautes parties contractantes se réservent respectivement le droit de prendre séparément entre elles des arrangements particuliers pour la protection de la propriété industrielle, en tant que ces arrangements ne contreviendraient point aux dispositions de la présente Convention.

Art. 15. »Les États qui n'ont point pris part à la présente Convention seront admis à y adhérer sur leur demande.

»Cette adhésion sera notifiée par la voie diplomatique au Gouvernement de la Confédération suisse, et par celui-ci à tous les autres.

»Elle emportera, de plein droit, accession à toutes les clauses et admission à tous les avantages stipulés par la présente Convention.

Art. 16. »L'exécution des engagements réciproques contenus dans la présente Convention est subordonnée, en tant que de besoin, à l'accomplissement des formalités et règles établies par les lois constitutionnelles de celles des hautes parties contractantes qui sont tenues d'en provoquer l'application, ce qu'elles s'obligent à faire dans le plus bref délai possible.

Art. 17. »La présente Convention sera mise à exécution à partir du . . . . . et demeurera en vigueur pendant un temps indéterminé jusqu'à l'expiration d'une année à partir du jour où la dénonciation en sera faite.

»Cette dénonciation sera adressée au Gouvernement chargé de recevoir les adhésions. Elle ne produira son effet qu'à l'égard de l'État qui l'aura faite, la Convention restant exécutoire pour les autres parties contractantes.

Art. 18. »La présente Convention sera ratifiée, et les ratifications en seront échangées à Paris, dans le délai d'un an au plus tard.

»En foi de quoi, etc.«

La Conférence passe à l'examen du Protocole de clôture.

M. Jagerschmidt (France) donne lecture du préambule:

»Au moment de procéder à la signature de la Convention conclue, à la date de ce jour, entre l'Autriche-Hongrie, la Belgique, etc., pour la protection de la propriété industrielle, les plénipotentiaires soussignés sont convenus de ce qui suit:«

M. Verniers van der Loeff (Pays-Bas) déclare, pour éviter tout malentendu, qu'il n'a aucun pouvoir pour signer une Convention. Il fait observer qu'aux termes mêmes de l'invitation du Gouvernement français pour la présente Conférence, »les Délégués n'ont d'autre mission que d'étudier et de discuter les questions qui leur sont soumises, et de chercher à s'entendre, s'il est possible, sur un ensemble de dispositions de nature à prendre place dans une Convention internationale qui serait ultérieurement, s'il y a lieu, revêtue de la signature des représentants diplomatiques de tous les Gouvernements adhérents.«

En conséquence, M. le Délégué des Pays-Bas ne refuse nullement de signer un procès-verbal ou un acte quelconque ayant pour but de constater les résultats des travaux de la Conférence, mais il désire qu'il soit bien entendu que, par ce fait, son Gouvernement n'acceptera aucun engagement.

M. le chevalier de Villeneuve (Brésil) fait remarquer qu'il ne s'agit pas de signer une Convention, mais un document constatant l'accord des Délégués sur un projet à soumettre à leurs Gouvernements. Il serait donc utile qu'un acte quelconque constatât les résultats des travaux de la Conférence et que cet acte fût signé, sinon par tous les Délégués, au moins par le Président et les Secrétaires de la Conférence.

M. Jagerschmidt (France) croit devoir, pour répondre à l'observation de M. Verniers van der Loeff, donner, dès à présent, connaissance à la Conférence d'un projet de procès-verbal de clôture qu'il a préparé et qui aurait pour objet de constater les résultats de ses travaux; ce procès-verbal, que signeraient tous les Délégués, serait ainsi conçu:

»Procès-Verbal de Clôture.

»La Conférence internationale pour la protection de la propriété industrielle, qui s'est réunie à Paris le 4 novembre 1880, ayant terminé ses travaux, soumet à l'approbation des Gouvernements des États qui s'y sont fait représenter le projet de Convention, avec Protocole de clôture, dont la teneur suit:

»Projet de Convention.

. . . .
. . . .

»Protocole de Clôture.

. . . .
. . . .

»La Conférence émet, en outre, le vœu que ce projet de Convention soit également communiqué aux Gouvernements des États qui ne se sont point fait représenter, afin de provoquer leurs adhésions.

»En foi de quoi, les soussignés, délégués par leurs Gouvernements respectifs à la Conférence internationale pour la protection de la propriété industrielle, ont dressé le présent procès-verbal de clôture et y ont apposé leurs signatures.

Fait à Paris, le ... novembre 1880.«

Sur la proposition de M. le colonel Diaz (Uruguay), appuyée par M. Verniers van der Loeff (Pays-Bas), les mots »à l'approbation des« sont remplacés par le mot »aux«.

M. Kern (Suisse) appuie la proposition de M. Jagerschmidt, qui sauvegarde les droits des Gouvernements.

Il émet le vœu que le Gouvernement français, qui a pris l'initiative de l'Union, continue d'insister près des Gouvernements étrangers pour obtenir de nouvelles adhésions. On n'a pas encore celle de l'Allemagne, mais il y a lieu d'espérer que ce pays ne restera pas étranger à l'Union.

M. Kern fait à ce sujet la déclaration suivante:

»La Délégation suisse croit pouvoir d'autant plus compter sur une adhésion prochaine à l'Union de la part de l'Allemagne que cet Empire, ainsi d'ailleurs que d'autres États, s'est abstenu de participer à la Conférence uniquement parce qu'il craignait de voir sa législation intérieure modifiée par l'effet de la Convention internationale projetée.«

M. Kern rappelle ce qui est dit sur ce point dans la réponse du Ministère des Affaires étrangères de l'Empire allemand aux notes de M. de Freycinet, Ministre des Affaires étrangères de France, en date des 16 décembre 1879 et 21 avril 1880. Le prince de Hohenlohe s'exprimait ainsi dans sa dépêche du 12 juillet 1880: »La Commission chargée d'examiner la proposition du Gouvernement français, tout en reconnaissant l'importance de cette question pour l'Allemagne, ne peut admettre la nécessité pour le Gouvernement allemand de participer à une Conférence dont le résultat serait sans doute de modifier profondément la législation, de création toute récente, qui régit cette matière dans l'étendue de l'Empire. En conséquence, la Chancellerie impériale croit devoir décliner l'invitation que Votre Excellence m'avait prié de lui faire parvenir, etc.« Le Gouvernement de l'Empire, en examinant le projet de Convention élaboré par la Conférence, se convaincra que ses craintes n'ont plus d'objet. Il verra que la Conférence a réservé la législation intérieure de chacun des pays contractants, dans la mesure où cela était possible, sans compromettre le but principal de l'Union.

La Commission de la section pour la protection de la propriété industrielle constituée dans l'Empire allemand a adressé au chancelier de l'empire, prince de Bismark, un mémoire (pro memoria) sur l'opportunité d'une accession de l'Allemagne. Ce document contient entre autres le passage suivant: »Il y a des points importants et nombreux sur lesquels un accord international peut parfaitement être obtenu, et avec une grande utilité, sans toucher aux principes différents des lois particulières.« Ce mémoire fait ensuite la recommandation suivante: »Mais, avant tout, il faudrait éviter que, par la formation d'une Union internationale pour la protection de la propriété industrielle, analogue à celle des Postes, et dont l'Allemagne ne ferait pas partie, la situation actuelle de nos inventeurs ne devint moins bonne envers l'étranger. Si une semblable Union adoptait le principe que seulement les ressortissants des États contractants seraient assimilés à ceux de chaque pays au point de vue de la protection de la propriété industrielle, la position des négociants allemands dans d'autres pays deviendrait moins favorable, et leurs intérêts seraient menacés.«

On doit d'autant plus relever ces considérations que les inconvénients signalés plus haut seraient inévitables par suite du principe, adopté par la Conférence, d'après lequel les stipulations de la Convention future profiteraient exclusivement aux ressortissants des États »contractants«.

M. Kern ajoute que la Délégation suisse a vu avec plaisir que les États limitrophes de la Confédération, la France, l'Autriche et l'Italie, ont manifesté leur intention d'adhérer à l'Union. Elle regretterait vivement qu'un pays voisin, avec une industrie et un commerce aussi développés qu'en Allemagne, restât étranger à l'Association internationale. Mais, en présence des vues de la Commission allemande, plus haut exposées, et du souvenir de l'initiative si énergique et persévérante prise par l'Allemagne pour arriver à la conclusion et au développement de l'Union postale universelle, M. Kern espère avec toute confiance que ce grand pays, après un examen approfondi de l'œuvre de la Conférence, ne restera pas étranger à l'Union pour la protection de la propriété industrielle. Ce vœu, M. le Délégué de la Suisse en est convaincu, est aussi celui des autres États de l'Union.

Enfin M. Kern déclare que la Délégation suisse s'abstient de faire aucune proposition sur le contenu de la future circulaire par laquelle le Gouvernement français invitera les autres États à adhérer à la Convention, car elle est certaine d'avance que M. le Ministre des Affaires étrangères ne manquera pas d'attirer l'attention des États qui n'étaient pas représentés dans la Conférence, sur les avantages de la participation, comme, d'un autre côté, sur les inconvénients de la non-participation à une entente embrassant un si grand nombre de nations d'Europe et d'Amérique.

Sur la proposition de M. le Délégué de la Suède, les mots »par les soins du Gouvernement de la République française« sont ajoutés à l'avant-dernier paragraphe après les mots »que ce projet de Convention soit . . .«

La Conférence adopte le procès-verbal de clôture ainsi amendé.

La Conférence reprend la discussion du Protocole de clôture et adopte successivement les paragraphes suivants:

»1. Les mots propriété industrielle doivent être entendus dans leur acception la plus large, en ce sens qu'ils s'appliquent non seulement aux produits de l'industrie proprement dite, mais également aux produits de l'agriculture (vins, grains, fruits, bestiaux, etc.) et aux produits minéraux livrés au commerce (eaux minérales, etc.).

»2. Sous le nom de brevets d'invention sont comprises les diverses espèces de brevets industriels admises par les législations des États contractants, telles que brevets d'importation, brevets de perfectionnement, etc.

»8. Il est entendu que la disposition finale de l'article 2 de la Convention ne porte aucune atteinte à la législation de chacun des États contractants en ce qui concerne la procédure suivie devant les tribunaux et la compétence de ces tribunaux.«

Passant ensuite à l'examen du paragraphe relatif aux réserves constitutionnelles des États-Unis, en matière de marques de fabrique, M. Jagerschmidt lit la formule présentée par M. le Délégué des États-Unis.

M. J.-O. Putnam (États-Unis) désirerait faire admettre, en outre, une réserve concernant la législation future de son pays; mais la Conférence paraissant d'avis que l'amendement n'est pas admissible, M. le Délégué des États-Unis demande que sa lettre au Président soit insérée au procès-verbal de la précédente séance.

La Conférence adopte cette proposition et vote la formule suivante:

»4. Le Plénipotentiaire des Etats-Unis d'Amérique ayant déclaré qu'aux termes de la Constitution fédérale, le droit de légiférer en ce qui concerne les marques de fabrique ou de commerce est, dans une certaine mesure, réservé à chacun des États de l'Union américaine, il est convenu que les dispositions de la Convention ne seront applicables que dans les limites des pouvoirs constitutionnels des hautes parties contractantes.«

M. Jagerschmidt (France) donne lecture d'une déclaration analogue de la Délégation suisse, dont M. Kern a demandé l'insertion au procès-verbal et qui est ainsi conçue:

»A l'occasion de la discussion de l'article 4 du Protocole de clôture, M. Kern déclare, au nom de la Délégation suisse, se référer à la réserve déjà insérée dans le procès-verbal de la deuxième séance, en ce qui concerne la position de la Confédération suisse. Il demande à insérer la déclaration suivante dans le procès-verbal de la séance d'aujourd'hui, pour compléter celle du 6 novembre.

»Le 19 décembre 1879, il a été adopté sur la protection des marques de fabrique et de commerce une loi fédérale qui est entrée en vigueur le printemps dernier.

»En outre, des avant-projets de lois détaillés, avec exposés des motifs, ont été élaborés par le Département fédéral du commerce en vue de la protection des dessins et modèles industriels, ainsi que des brevets d'invention. Ils ont déjà été publiés.

»A propos des brevets d'invention en particulier, deux opinions se sont fait jour en Suisse. D'après l'une le pouvoir fédéral pourrait dès maintenant légiférer sur la matière des brevets, en vertu de l'article 64 de la Constitution fédérale, aux termes duquel est du ressort de la Confédération la législation sur toutes les matières du droit se rapportant au commerce et aux transactions mobilières, y compris le droit commercial et le droit de change.

»D'après une deuxième opinion, les Chambres ne pourraient adopter la loi projetée avant que la Constitution fédérale n'ait été partiellement revisée.

»Dans cette dernière hypothèse la loi emportant modification de la

Constitution devrait réunir l'approbation de la majorité du peuple suisse et la majorité des cantons.

»Il n'appartient pas à la Délégation de Suisse de se prononcer en faveur de l'une ou de l'autre opinion. Mais elle doit déclarer que, dans les deux cas, la réserve du Délégué des États-Unis au sujet des limites des pouvoirs constitutionnels trouvera aussi son application pour la Suisse.«

Le paragraphe 5, dont le texte suit, a pour objet de donner satisfaction à un vœu émis par M. le Délégué de la Hongrie:

»5. L'organisation du service spécial de la Propriété industrielle mentionné à l'article 12 comprendra, autant que possible, la publication dans chaque État d'une feuille officielle périodique.«

M. Kern (Suisse) pense, eu égard au peu de matière que devrait renfermer, en Suisse, une publication de cette nature, qu'une insertion dans la feuille fédérale du Gouvernement suisse, laquelle est périodique, pourrait remplir le même but, et les mots autant que possible ne lui paraissent nullement exclure ce mode de publication.

L'article 5 est adopté.

»6. Les frais communs du Bureau international institué par l'article 13 ne pourront, en aucun cas, dépasser par année une somme totale représentant une moyenne de 2,000 francs par chaque État contractant.

»Pour déterminer la part contributive de chacun des États dans cette somme totale des frais, les États contractants et ceux qui adhéreraient ultérieurement à l'Union seront divisés en six classes, contribuant chacune dans la proportion d'un certain nombre d'unités, savoir:

1re classe, 25 unités.	4e classe, 10 unités.
2e classe, 20	5e classe, 5
3e classe, 15	6e classe, 3

»Ces coefficients seront multipliés par le nombre des États de chaque classe, et la somme des produits ainsi obtenues fournira le nombre d'unités par lequel la dépense totale doit être divisée. Le quotient donnera le montant de l'unité de dépense.

»Les États contractants sont classés ainsi qu'il suit, en vue de la répartition des frais:

1re classe.	4e classe. . . . .
2e classe.	5e classe. . . . .
3e classe.	6e classe. . . . .

»L'Administration suisse surveillera les dépenses du Bureau international, fera les avances nécessaires et établira le compte annuel, qui sera communiqué à toutes les autres Administrations.

»Le Bureau international centralisera les renseignements de toute nature relatifs à la protection de la propriété industrielle et les réunira en une statistique générale qui sera distribuée à toutes les Administrations. Il procédera aux études d'utilité commune intéressant l'Union, et rédigera, à l'aide des documents qui seront mis à sa disposition par les diverses Administrations, une feuille périodique, en langue française, sur les questions concernant l'objet de l'Union.

»Les numéros de cette feuille, de même que tous les documents publiés par le Bureau international, seront répartis entre les Administrations des États de l'Union, dans la proportion du nombre des unités contributives ci-dessus mentionnées. Les exemplaires et documents supplémentaires qui seraient réclamés soit par lesdites Administrations, soit par des sociétés ou des particuliers, seront payés à part, d'après leur prix de revient.

»Le Bureau international devra se tenir en tout temps à la disposition des membres de l'Union, pour leur fournir, sur les questions relatives au service international de la propriété industrielle, les renseignements spéciaux dont ils pourraient avoir besoin.

»L'Administration du pays où doit siéger la prochaine Conférence préparera, avec le concours du Bureau international, les travaux de cette Conférence.

»Le directeur du Bureau international assistera aux séances des Conférences et prendra part aux discussions sans voix délibérative. Il fera sur sa gestion un rapport annuel, qui sera communiqué à tous les membres de l'Union.

»La langue officielle du Bureau international sera la langue française«.

M. Jagerschmidt (France) fait remarquer que la plupart des dispositions de cet article ont été empruntées aux règlements de l'Union des Postes et de l'Union des Télégraphes.

M. Amassian (Turquie) dépose un tableau explicatif de l'article 6, en ce qui concerne la part contributive de chacun des États de l'Union dans la somme des frais. Il est décidé que ce tableau sera annexé au présent procès-verbal.

La Conférence décide, sur la proposition de M. Indelli, que chaque État fixera lui-même ultérieurement la classe contributive dans laquelle il désirera être rangé.

Sur la proposition de M. le Délégué de la Suisse, les mots »d'après leur prix de revient« sont supprimés à la fin de l'alinéa 7, et il est entendu que les livraisons faites par le Bureau international aux Administrations de l'Union le seront seules au prix de revient.

La Conférence adopte le dernier paragraphe ainsi conçu:

»7. Le présent Protocole, qui sera ratifié en même temps que la Convention, en sera considéré comme partie intégrante, et aura même force, valeur et durée«.

La séance est levée à 6 heures et demie, et la Conférence s'ajourne au samedi 20 novembre, à 3 heures, pour la signature du procès-verbal de clôture.

Le Secrétaire,	Le Président,
E. Ortolan.	*J. Boëdrian.*

Annexe au procès-verbal de la dixième séance.

TABLEAU DRESSÉ PAR M. AMASSIAN, DÉLÉGUÉ DE LA TURQUIE,

en prenant pour base:

1° une dépense totale de 40,000 francs;
2° vingt-quatre états adhérents, répartis en nombre égal dans chaque classe.

ORDRE DES CLASSES.	UNITÉ de contribution de chaque état.		NOMBRE d'états de chaque classe.		NOMBRE d'unités de chaque classe.		VALEUR de l'unité de contribution de chaque état.		MONTANT DES DÉPENSES	
									des états de chaque classe.	de chaque état de chaque classe.
									francs.	francs.
1re...........	25	×	4	=	100	×	128.21	=	12,820	3,205
2e...........	20	×	4	=	80	×	128.21	=	10,257	2,564
3e...........	15	×	4	=	60	×	128.21	=	7,698	1,928
4e...........	10	×	4	=	40	×	128.21	=	5,128	1,282
5e...........	5	×	4	=	20	×	128.21	=	2,564	641
6e...........	3	×	4	=	12	×	128.21	=	1,588	385
	78		24		312				40,000	

Nota. La moyenne maximum attribuée à chaque État est de 2,000 francs. D'après la répartition ci-dessus, cette moyenne est de 1,666 fr. 66 cent.

ONZIÈME ET DERNIÈRE SÉANCE

(Samedi 20 novembre 1880).

Présidence de M. J. Bozérian.

Étaient présents:

MM. J. Le Long, Wœrz, Hérich, A. Demeur, E. Dujeux, le chevalier de Villeneuve, J.-O. Putnam, J. Bozérian, Jagerschmidt, Girard, Reader-Lack, Crisanto Medina, Indelli, le chevalier Trincheri, H.-C. Verniers van der Loeff, G.-A. de Barros, C. de Moraes, de Nebolsine, A. Lagerheim, O. Broch, Kern, J. Weibel, Imer-Schneider, Amassian, le colonel J.-J. Diaz, de Rojas.

MM. Ortolan, Dumoustier de Frédilly, secrétaires.

Chatain, G. Bozérian, secrétaires adjoints.

La séance est ouverte à 3 heures, en présence de M. Barthélemy Saint-Hilaire, Ministre des Affaires étrangères, et de M. Tirard, Ministre de l'Agriculture et du commerce.

M. Barthélemy Saint-Hilaire, Ministre des Affaires étrangères, prononce l'allocution suivante:

»Messieurs,

»Il y a quelques semaines, à votre arrivée parmi nous, je vous souhaitais la bienvenue au nom du Gouvernement de la République. Aujourd'hui, je vous adresse quelques paroles de cordial adieu, et je suis heureux d'ajouter que je vous adresse aussi mes sincères félicitations. Avant que vous ne fussiez réunis, la tâche que vous vous proposiez paraissait excessivement difficile: quelques-uns même annonçaient qu'elle était impraticable. Grâce aux sentiments dont étaient animés tous les représentants des Puissances ici présents, le travail s'est accompli avec une rapidité et une facilité dont vous-mêmes vous avez peut-être été surpris et qui ont conjuré toutes les prévisions de mauvais augure. Vous avez admirablement réglé les points les plus essentiels d'intérêt commun; et vous avez pu, dès à présent, consacrer un certain nombre de principes incontestables que tout le monde admet, parce que tout le monde doit en profiter. Garantir la propriété industrielle par des conventions internationales, c'est rendre service à tous ceux qui, de près ou de loin, exercent une industrie quelconque; car, à cette heure, et par suite des progrès incessants et irrésistibles de la civilisation, les découvertes utiles ne peuvent plus rester le monopole d'un seul pays; elles deviennent presque sur-le-champ le patrimoine universel de tous les peuples qui sont capables de les exploiter et de s'en servir. Il y a donc nécessité que les peuples s'entendent pour que cette propriété soit efficacement défendue contre les dangers de diverses sortes qu'elle peut courir.

»Mais, vous le savez mieux que moi, Messieurs, votre oeuvre ne pouvait pas être complète du premier coup. Vous aurez à l'étendre par des réunions nouvelles et, par des discussions qui appelleront plus d'une fois encore le concours de vos efforts et de vos lumières. A la propriété industrielle, vous pourrez joindre plus tard la propriété littéraire, la propriété artistique: et une longue carrière reste ouverte devant vous à la fois pour faire le Code international de ce principe sacré de la propriété, et pour unifier toutes les législations des peuples dignes de comprendre et de pratiquer ces réunions pacifiques et fécondes.

»En attendant cet avenir qui sollicite votre dévouement et votre zèle, vous avez fait faire, cette année, un grand pas à cette belle question, et vous la mènerez certainement à bonne fin plus rapidement qu'on ne pense. La principale difficulté était de commencer; et les résultats que vous avez déjà obtenus, sous l'habile direction de ceux de vos collègues que vous avez mis à votre tête, répondent du succès qui vous est assuré, quand vous croirez devoir reprendre le cours de vos travaux, à l'appel du Bureau international que vous laissez après vous.

»Pour moi, au nom de la France, je vous remercie d'avoir accepté l'hospitalité qu'elle vous offrait; et je vous félicite en son nom d'avoir si heureusement employé le temps que vous avez bien voulu nous donner.

»Messieurs, au revoir, dans des circonstances aussi favorables que celles où nous nous séparons en ce moment«.

M. Tirard, Ministre de l'Agriculture et du commerce, prend ensuite la parole. Il adresse à MM. les Délégués ses plus vifs remerciements et ses plus sincères félicitations: il éprouve un sentiment de juste fierté en songeant à la première étape qu'ils viennent de parcourir pour arriver à la réalisation de l'oeuvre si difficile qui était l'objet de leurs travaux. Le Ministre termine en disant qu'il est heureux d'avoir pu contribuer aux résultats obtenus.

M. le Président, au nom des membres de la Conférence, répond en ces termes à MM. les Ministres des Affaires étrangères et de l'Agriculture et du commerce:

»Messieurs les Ministres,

»Comme Président de cette Conférence, et au nom des membres qui la composent, permettez-moi de vous remercier des sentiments que vous venez d'exprimer.

»Ces sentiments sont partagés par tous mes collègues sans exception; ce que vous pensez, ils le pensent; ce que vous avez dit, ils sont prêts à le redire.

»Vous assistez, Messieurs les Ministres, à l'enfantement d'une grande oeuvre, dont vous voyez ici les dévoués collaborateurs; cette oeuvre a maintenant pour elle l'assurance du présent, demain elle aura la certitude de l'avenir.

»Cet avenir, c'est, vous le savez, la réunion sur un même terrain, celui de la sécurité de la propriété industrielle, celui de l'honnêteté des transactions commerciales, c'est, dis-je, sur un même terrain, la réunion de toutes les nations civilisées, c'est leur alliance intime, c'est leur fédération indissoluble.

»A cette première Conférence, nous avons regretté l'absence de quelques nations; nous sommes convaincus que, mieux informées, elles viendront, aux prochaines Conférences, prendre les places qu'elles ont laissées inoccupées à celle-ci.

»Encore une fois, Messieurs les Ministres, au nom de tous mes collègues, je vous adresse nos remerciements et l'expression de notre gratitude.«

M. Kern (Suisse) résume ainsi qu'il suit l'ensemble des travaux de la Conférence et les conséquences futures de l'Union internationale projetée:

»Messieurs,

»J'avais projeté de ne prendre la parole, en qualité de doyen des membres de la Conférence, qu'après la signature du projet de Convention de notre Union; mais, ayant entendu les paroles qui viennent de nous être adressées par Leurs Excellences M. le Ministre des Affaires étrangères et M. le Ministre du Commerce, je préfère les faire suivre immédiatement par l'expression des sentiments de gratitude dont nous sommes pénétrés au moment de la clôture de nos délibérations.

»Je dois avant tout adresser nos plus vifs remerciements à MM. les Ministres de ce qu'ils ont bien voulu se rendre encore une fois au milieu de nous avant notre séparation pour nous témoigner la satisfaction du Gouvernement de la République française relativement à l'heureux résultat de nos travaux. Leurs dernières paroles nous sont une nouvelle preuve de leur sollicitude et de leur sympathie pour les intérêts que nous avons en vue en soumettant à nos Gouvernements un projet d'Union internationale pour la protection de la propriété industrielle.

»Nos délibérations dans la Conférence et dans la Commission ont pleinement constaté que le Gouvernement de la République française était dans la bonne voie, lorsque, dans sa circulaire de convocation et dans les discours d'ouverture et de bienvenue prononcés en son nom, il nous a recommandé de borner notre tâche à certains points principaux, aux principes qui fourniront la base à une Union susceptible d'être perfectionnée, d'éviter de vouloir régler les détails et de ménager autant que possible les législations divergentes des États appelés à former la future Union.

»Ce n'est qu'en nous conformant à ce conseil, à cette direction pratique, qu'il était possible d'amener l'entente indispensable.

»Il ne nous échappe nullement que notre œuvre n'est que la première étape pour préparer une entente future sur une unification plus étendue des principales dispositions se rattachant à la protection de la propriété industrielle. Il a fallu que les délégations s'inspirassent mutuellement d'un esprit de conciliation sincère pour atteindre les résultats que nous recommandons à l'indulgence bienveillante de nos Gouvernements. En examinant soigneusement les difficultés qui s'opposaient à un règlement plus détaillé, ils ne méconnaîtront pas que c'est déjà un résultat heureux que d'avoir pu nous unir sur les dispositions contenues dans la Convention proposée. Il appartient à l'avenir et à des Conférences ultérieures d'y apporter les progrès et le perfectionnement exigés par l'expérience et les besoins du temps sur la base de ce premier essai.

»L'établissement d'un organe central, d'un Bureau international approuvé par l'unanimité des délégations des États représentés dans cette première Conférence, est de nature à nous inspirer confiance dans le développement ultérieur de notre Union.

»Nous ne manquerons pas de donner à nos Gouvernements un témoignage profondément reconnaissant de l'accueil si bienveillant et de l'hospitalité si cordiale que nous avons rencontrés auprès du Gouvernement de la République française et de ceux qui la représentent.«

MM. les Ministres des Affaires étrangères et de l'Agriculture et du commerce ayant pris congé des membres de la Conférence, M. le Président annonce qu'il va être procédé à la signature du procès-verbal de clôture.

M. Jagerschmidt (France) donne lecture du procès-verbal de clôture contenant le texte du projet de Convention et du Protocole de clôture. Ce dernier document est signé par tous les membres des délégations des pays désignés ci-après:

République Argentine;	Pays-Bas;
Autriche;	Portugal;
Hongrie;	Russie;
Belgique;	Salvador;
Brésil;	Suède;
États-Unis;	Norvège;
France;	Suisse;
Grande-Bretagne;	Turquie;
Guatémala;	Uruguay;
Italie;	Vénézuéla.

M. le Président adresse aux membres de la Conférence l'allocution suivante:

»Messieurs,

»C'est avec un vif sentiment d'émotion, j'allais dire de chagrin, que je vois arriver le moment de la séparation.

»Depuis le jour de notre première réunion, nous avons appris à nous estimer, et l'estime a fait place à l'amitié.

»Après quinze jours de connaissance, nous sommes presque des amis de vingt ans.

»Ce qui diminue le regret de cette séparation, c'est pour·nous tous que, comme le disait tout à l'heure M. le Ministre des Affaires étrangères, nous ne nous disons pas adieu, mais au revoir: c'est pour nous, Français, que nous avons l'espoir que vous importerez dans vos pays un souvenir de notre France bien-aimée.«

M. Kern (Suisse) au nom de tous les Délégués, remercie la Délégation française:

»Messieurs,

»Je suis certain d'être l'interprète fidèle de tous les membres de la Conférence en exprimant à notre excellent Président notre plus vive gratitude pour la manière si distinguée, si active, si impartiale, et en même temps si conciliante avec laquelle il a dirigé nos travaux, quelquefois difficiles.

»Vous savez que M. le Président a poursuivi depuis nombre d'années, avec beaucoup de dévouement, l'étude des questions importantes et souvent difficiles de la protection de la propriété industrielle, et qu'il a fait, au nom de la section française, les démarches qui ont provoqué la convocation de notre Conférence par le Gouvernement de la République française. M. Bozérian a donc acquis des titres qui motivent pleinement l'expression des sentiments de gratitude de notre Conférence tout entière.

»Mais, Messieurs, n'oublions pas que M. Jagerschmidt, en qualité de membre et de rapporteur permanent de la Commission, a apporté un concours précieux et infatigable à l'activité de M. le Président, et que lui aussi a contribué à la solution heureuse et prompte de notre tâche. Je crois donc exprimer l'avis de toute la Conférence en joignant au nom de notre Président celui de M. Jagerschmidt et ceux de toute la Délégation française dans l'expression de nos sentiments de profonde reconnaissance.

»Je ne dois pas omettre d'exprimer aussi à MM. les Secrétaires notre pleine satisfaction et notre reconnaissance pour la manière distinguée dont ils ont bien voulu se charger de la rédaction des procès-verbaux, et cela d'autant plus que ce travail a demandé une activité extraordinaire, par suite de la circonstance que nos délibérations se sont suivies journellement sans interruption pour accélérer la solution de notre tâche.

»Veuillez me permettre, Messieurs, d'ajouter quelques mots spécialement en qualité de représentant officiel de la Confédération suisse. J'ai été heureux de pouvoir déclarer, déjà dans la sixième séance, que mon Gouvernement s'est empressé, dès que sa Délégation lui a donné connaissance du contenu de l'article 11 de l'avant-projet, de nous charger d'annoncer qu'il acceptera avec empressement la proposition d'établir le Bureau international de la Propriété industrielle dans la ville fédérale de la Suisse et qu'il est très sensible à cet honneur. L'unanimité avec laquelle cette décision a été prise par la Conférence est un encouragement de plus à faire tout ce qui pourra dépendre du Gouvernement fédéral, pour apporter à l'Union une exécution loyale des stipulations de la Convention. Espérons que la sanction de notre Union de la part des États contractants ne se fera pas attendre trop longtemps, et que notre oeuvre deviendra sans retard un nouveau lien entre les États contractants, et en même temps un nouveau gage de paix et de prospérité pour les nations de l'ancien et du nouveau monde.

»Si, comme je le pense, il n'y a pas d'objection de la part des membres de la Conférence, je prierai notre Secrétariat d'insérer nos remerciements comme l'expression unanime des sentiments de toute la Conférence.«

M. le Président déclare que la Conférence internationale pour la protection de la propriété industrielle est close.

La séance est terminée à 5 heures.

Le Secrétaire,	Le Président,
E. Ortolan.	*J. Bozérian.*

Session de 1883.

PREMIÈRE SÉANCE.

(Mardi 6 mars 1883.)

Présidence de M. Challemel-Lacour,
Ministre des Affaires étrangères,

et de M. Hérisson,
Ministre du commerce.

La Conférence internationale pour la protection de la propriété industrielle, convoquée à Paris par le Gouvernement de la République française, a tenu sa première séance, le mardi 6 mars 1883, en l'hôtel du Ministère des Affaires étrangères.

Étaient présents:

Pour la Confédération Argentine:
M. Balcarce, Envoyé Extraordinaire et Ministre Plénipotentiaire de la Confédération Argentine à Paris;

Pour la Belgique:
MM. A. Demeur, Membre de la Chambre des Représentants de Belgique;
E. Dujeux, Chef du bureau des brevets d'invention au Ministère de l'Intérieur de Belgique;

Pour le Brésil:
M. le Comte de Villeneuve, Envoyé Extraordinaire et Ministre Plénipotentiaire du Brésil à Bruxelles;

Pour l'Espagne:
M. Félix Marquez Directeur des Arts et Métiers à Madrid;

Pour les États-Unis:
M. Morton, Envoyé Extraordinaire et Ministre Plénipotentiaire des États-Unis à Paris;

Pour la France:
MM. Hérisson, Ministre du Commerce;
Ch. Jagerschmidt, Ministre Plénipotentiaire;
Girard, Directeur du Commerce intérieur au Ministère du Commerce;
Lyon-Caen, Professeur à la Faculté de droit de Paris;

Pour la Grande-Bretagne:
M. H. Reader-Lack, Directeur du service des brevets, dessins et marques de fabrique à Londres;

Pour le Guatemala:
M. Crisanto-Medina, Envoyé Extraordinaire et Ministre Plénipotentiaire du Guatemala à Paris;

Pour l'Italie:

    M. Ressman, Conseiller de l'Ambassade d'Italie à Paris;

Pour le Luxembourg:

    M. Bastin, Consul général du Luxembourg à Paris;

Pour les Pays-Bas:

    M. H.-C. Verniers van der Loeff, Conseiller d'État à la Haye;

Pour le Portugal:

    MM. Mendes Leal, Envoyé Extraordinaire et Ministre Plénipoten-
tiaire du Portugal à Paris;

        P. d'Azevedo, Premier Secrétaire de la Légation du Portugal
à Paris;

Pour la Roumanie:

    M. Phérékyde, Envoyé Extraordinaire et Ministre Plénipotentiaire
de Roumanie à Paris;

Pour la Russie:

    M. le Comte Mouraview, Premier Secrétaire de l'Ambassade de
Russie à Paris;

Pour le Salvador:

    M. Torrès-Caïcedo, Envoyé Extraordinaire et Ministre Plénipoten-
tiaire du Salvador à Paris;

Pour la Serbie:

    M. Sima M. Marinovitch, Chargé d'Affaires de Serbie à Paris;

Pour la Suède et la Norvège:

    M. le Professeur O. Broch, ancien Ministre, correspondant de l'In-
stitut de France;

Pour la Suisse:

    MM. Lardy, Envoyé Extraordinaire et Ministre Plénipotentiaire de
Suisse à Paris;

        Jules Weibel, Ingénieur, Président de la section suisse de la
Commission permanente pour la protection de la propriété
industrielle;

Pour l'Uruguay:

    M. le Colonel Juan José Diaz, Chargé d'Affaires de l'Uruguay à Paris.

M. Challemel-Lacour, Ministre des Affaires étrangères, déclare la séance ouverte et prononce le discours suivant:

    «Messieurs,

»Je me félicite de l'honneur qui m'est échu de vous souhaiter la
bienvenue au nom du Gouvernement de la République et d'inaugurer les
travaux de cette Conférence. J'ai le plaisir d'y voir réunis, à côté de
plusieurs membres du corps diplomatique, quelques-uns des spécialistes
éminents qui ont, il y a trois ans, posé ici même les premières bases d'une
législation internationale pour la protection de la propriété industrielle.

»Malgré les difficultés d'une telle œuvre, la Conférence de 1880 l'a-
vait sinon achevée, ou moins très heureusement préparée. De ses délibé-

rations est sorti un projet de convention qui, s'il était adopté, aurait pour effet d'assurer dans tous les États contractants, et sans distinction de nationalité, une garantie efficace à la propriété industrielle, sous ses formes diverses, brevets d'invention, dessins et modèles, noms commerciaux et marques de fabrique.

»Ce projet, communiqué aux autres États par le Gouvernement de la République, a été, de la part de tous, l'objet d'un examen attentif et bienveillant; il a déjà obtenu l'approbation de plusieurs d'entre eux, et l'ensemble des informations qui nous sont parvenues nous permet d'espérer la formation d'une Union internationale qui donnerait dès à présent aux intérêts industriels, dans un rayon très étendu, les satisfactions qu'ils réclament. Il vous appartiendra, Messieurs, de rechercher sous quelle forme cette Union pourra s'organiser dans les conditions les plus favorables et réunir le plus grand nombre d'adhésions: le temps et l'expérience acquise compléteront votre oeuvre.

»Vous aurez ainsi, dans ce siècle qui est par excellence le siècle de l'industrie et des inventions scientifiques, puissamment contribué à encourager l'industrie, en mettant ses créations à l'abri des imitations de mauvaise foi, et à stimuler le génie des inventeurs, en leur garantissant la jouissance des fruits de leurs découvertes. Vous aurez étendu et fortifié, de la manière la plus heureuse, cette ligue de la civilisation et de la moralité, cette ligue internationale qui affirme le principe de la protection due à la propriété privée, sous toutes ses formes.

»Permettez-moi donc de vous transmettre les vœux du Gouvernement de la République pour le succès de vos travaux et le témoignage de sa gratitude pour l'empressement avec lequel les divers États que vous représentez ont bien voulu répondre à son invitation.

»Il me reste, Messieurs, à exprimer un regret. Vous vous rappelez avec quelle distinction et quelle haute compétence mon honorable collègue du Sénat, M. Bozérian, avait dirigé les travaux de la Conférence internationale de 1880. Jusqu'au dernier moment, nous avions espéré que le concours de ses lumières vous serait encore assuré dans les délibérations qui s'ouvrent aujourd'hui. L'état de sa santé ne l'a pas permis. Je suis certain de répondre à vos sentiments en adressant à M. Bozérian l'expression de nos regrets et les vœux que nous formons pour son prompt rétablissement.«

M. Broch, Délégué de la Suède et de la Norvège, répond en ces termes, au nom de MM. les Délégués étrangers:

»Messieurs,

»Les Membres de cette Conférence me permettront, comme à leur doyen d'âge, d'exprimer, en leur nom et au mien, à M. le Ministre des Affaires étrangères nos sentiments de profonde gratitude pour les paroles si sympathiques qu'il vient de prononcer.

»Cette Conférence, continuation de celle qui s'est tenue ici dans l'automne de 1880, est une de ces nombreuses réunions et négociations dues à l'initiative de la France et qui ont pour but de multiplier les rapports pacifiques entre les nations, de donner la sécurité aux transactions internationales, d'affermir le grand principe de la propriété sous les différentes formes qu'elle peut revêtir, de développer et de préciser mieux les principes du droit international, d'imprimer par cela même une impulsion plus vive aux transactions de toute sorte entre les différents peuples du monde civilisé et de les rapprocher dans cette concurrence pacifique, si féconde pour le développement de la puissance productive et de la richesse collective de la société humaine. Nous remercions sincèrement le Gouvernement de la République française de cette convocation.

»La tâche qui nous incombe est certainement difficile, par la nature même des nombreuses questions d'écomonie politique et de législation qui se rattachent à l'objet de cette Conférence. Nous espérons toutefois triompher de ces difficultés, grâce à l'esprit de conciliation qui, j'en suis sûr, inspirera nos discussions et nos résolutions, grâce encore à l'assistance des Membres éminents qui représentent ici la France. Nous regrettons beaucoup de ne pas revoir cette fois, parmi eux, notre éminent Président de la dernière Conférence, M. Bozérian, malheureusement retenu loin de nous par une grave maladie. Nous nous associons entièrement aux paroles par lesquelles M. le Ministre des Affaires étrangères a bien voulu se rendre l'interprète de ce regret unanime, et nous prions M. Bozérian fils, présent parmi nous, de vouloir bien transmettre à son père, avec l'expression de toutes nos sympathies, nos vœux pour le rétablissement de sa santé.«

M. le Ministre des Affaires étrangères remercie M. Broch des sentiments qu'il a bien voulu exprimer, et répond qu'il ne manquera pas d'en transmettre le témoignage au Gouvernement de la République.

M. le Ministre des Affaires étrangères ajoute qu'à son grand regret, il se trouve, par suite des exigences parlementaires, dans l'impossibilité d'assister aux séances de la Conférence.

Il prie MM. les Délégués de vouloir bien faire choix d'un président et se retire.

Sur la proposition de M. Broch, la présidence est déférée à M. le Ministre du Commerce.

En prenant place au fauteuil, M. le Ministre du Commerce prononce les paroles suivantes:

»Messieurs,

»Je vous remercie de l'honneur que vous voulez bien me faire, en m'appelant à diriger les délibérations de cette Conférence où se trouvent réunis tant d'hommes éminents par leur science et par leur expérience. Permettez-moi de compter sur votre bienveillance et sur vos lumières pour me faciliter l'accomplissement de ma tâche. J'ai lieu plus que personne de m'associer aux sentiments que vous fait éprouver l'absence de mon confrère et ami M. Bozérian, et de regretter que son état de santé l'empêche de présider à vos travaux. Je ne puis malheureusement vous apporter le concours d'une compétence comparable à la sienne. Je m'efforcerai, du moins, d'y suppléer par cet esprit de courtoisie et de conciliation qui est, pour ainsi dire, de droit dans des réunions telles que celles-ci.

»J'espère que, grâce à notre mutuel désir d'entente, nous arriverons promptement à une solution favorable, dont les éléments ont été, comme le rappelait si bien tout à l'heure M. le Délégué de la Suède et de la

Norvège, préparés par la Conférence internationale de 1880. Je ne pourrai, dans tous les cas, Messieurs, que me féliciter de travailler, de concert avec vous, à l'étude des questions que nous nous proposons d'aborder et qui présentent, pour le commerce et l'industrie de tous les pays, un intérêt si considérable.«

M. le Président donne ensuite lecture de la lettre suivante adressée par M. Bozérian au Président de la Conférence:

»Paris, le 5 mars 1883.

»Monsieur le Président,

»Dans une lettre du 2 courant, mon honorable ancien confrère, M. le Ministre du Commerce, a bien voulu me faire part du regret qu'il éprouvait que le déplorable état de ma santé ne me permit pas de prendre part aux travaux de la Conférence internationale pour la protection de la propriété industrielle, Conférence dont son prédécesseur avait reculé l'ouverture, dans l'espérance qu'une guérison rendrait ma présence possible. Je vous prie de vouloir bien le remercier de ses excellents sentiments. Malheureusement, ces espérances se trouvent complètement déçues. Je devrai, d'une façon absolue, m'abstenir de donner à la Conférence de 1883 le concours que j'avais donné à celle de 1880 et abandonner ainsi une œuvre dont j'ai ébauché l'esquisse personnellement, il y a bientôt vingt ans. Enfin, grâce à vous, Monsieur le Président, et à vos honorés collègues, vous allez toucher au but, j'en ai l'intime conviction; c'est ce qui diminue l'amertume des regrets que j'éprouve de ne pouvoir remplir mes fonctions de Délégué du Gouvernement français. D'ailleurs si je ne suis pas de corps avec vous, j'y serai certainement et de cœur et d'esprit.

»Veuillez agréer, et faire agréer aux Membres de la Conférence l'assurance de mes sentiments les plus dévoués.

»Signé: *J. Bozérian.*«

M. le Président ajoute qu'il est sûr d'être l'interprète de la Conférence entière, en exprimant les vifs sentiments de gratitude et d'excellente confraternité que lui inspire cette lettre. Si la pensée de M. Bozérian suit la Conférence dans ses délibérations, la Conférence, de son côté, aura toujours présent, dans ses nouvelles délibérations, le souvenir des travaux par lesquels les siens ont été préparés, en 1880, sous la direction de M. Bozérian.

M. le Président fait ensuite connaître que M. le Ministre de Serbie, étant retenu à Londres par les travaux de la Conférence danubienne, se trouve, à regret, dans l'impossibilité d'assister à la séance d'aujourd'hui et peut-être aux séances suivantes. M. Marinovitch a exprimé, en conséquence, le désir que M. Sima Marinovitch, Chargé d'Affaires de Serbie à Paris, fût admis à le suppléer au sein de cette réunion, comme Délégué du Gouvernement serbe.

M. le Président propose enfin à la Conférence de compléter son bureau par la nomination de deux secrétaires ayant voix consultative et de deux secrétaires-adjoints.

M. René Lavollée, Consul général de France, et M. Albert Grodet,

Chef du bureau de la propriété industrielle au Ministère du Commerce, sont désignés pour remplir les fonctions de Secrétaires.

M. Chatain, docteur en droit, faisant fonctions de Sous-Chef de bureau au Ministère des Affaires étrangères, et M. Gaston Bozérian, Sous-Chef de bureau au Ministère de la Justice, sont désignés pour remplir les fonctions de Secrétaires-adjoints.

M. le Président prie M. Jagerschmidt, auteur de l'avant-projet qui a servi de base aux travaux de la Conférence de 1880, de vouloir bien exposer les conditions dans lesquelles s'ouvrent les délibérations actuelles.

M. Jagerschmidt rappelle que, comme viennent de l'indiquer M. le Président et M. le Délégué de la Suède et de la Norvège, la Conférence de 1883 est la suite et la conséquence de celle de 1880.

Des discussions de cette dernière réunion était sorti un projet de convention, avec protocole de clôture, dont l'objet essentiel était de constituer les Puissances signataires à l'état d'Union pour la protection de la propriété industrielle. Dans sa séance finale, la Conférence avait déclaré soumettre ce projet aux Gouvernements qui s'y trouvaient représentés. Elle avait, en outre, émis le vœu qu'il fût, par les soins du Gouvernement de la République française, également communiqué aux autres États, afin de provoquer leur adhésion.

Le Gouvernement français a rempli le mandat qui lui était confié. Il a recueilli les observations que l'examen du projet de convention élaboré en 1880 avait suggérées aux divers Gouvernements, et le moment venu, il a convoqué la Conférence actuelle, non seulement à l'effet de consacrer les adhésions déjà acquises, mais encore pour rechercher en commun les moyens de faciliter une entente plus complète, sans compromettre le but de l'Union projetée.

Il a été répondu à ce nouvel appel avec un empressement que M. le Ministre des Affaires étrangères s'est plu à constater. Vingt États avaient pris part à la Conférence de 1880; vingt États également sont représentés à celle-ci. On peut sans doute constater encore dans cette réunion des vides qui ne sont que trop sensibles: celui que laisse, jusqu'à présent, l'abstention persistante de l'Allemagne, celui que crée l'absence inattendue de l'Autriche-Hongrie, absence d'autant plus regrettable que c'est à Vienne même, en 1873, qu'ont été posées les premières bases d'une entente internationale pour la protection de la propriété industrielle; le Gouvernement austro-hongrois a fait connaître qu'il jugeait les dispositions du projet de convention soumis à son approbation incompatibles avec celles de sa législation intérieure, d'après laquelle il ne peut être accordé de protection à la propriété industrielle étrangère que sous condition de réciprocité. Des adhésions nouvelles sont venues, en revanche, compléter et fortifier le groupe des États représentés à la Conférence de 1880: l'Espagne, le Luxembourg, la Roumanie, la Serbie ont envoyé leurs délégués.

Dans cette situation, il importerait, tout d'abord, de connaître le résultat de l'examen dont le projet de convention a été l'objet de la part des divers Gouvernements, et de mettre ainsi la Conférence en mesure de savoir quels sont ceux qui l'acceptent purement et simplement et ceux, s'il en est, qui auraient encore quelques observations à présenter.

Ce mode de procéder semple indispensable pour que la Conférence puisse ultérieurement arrêter la marche de ses travaux.

La proposition de M. Jagerschmidt obtenant l'assentiment unanime, M. le Président déclare que le Gouvernement de la République française adhère au projet de convention élaboré en 1880 et qu'il est prêt à le signer.

Il donne ensuite, par ordre alphabétique, la parole à chacun de MM. les Délégués, pour exposer les intentions de leurs Gouvernements respectifs.

· M. Balcarce (Confédération Argentine) fait connaître que son Gouvernement lui a annoncé le prochain envoi d'instructions spéciales, qui ne lui sont pas encore parvenues.

M. Dujeux (Belgique) rappelle que le Gouvernement belge a, dès le mois de mai 1881, déclaré adhérer au projet de convention rédigé l'année précédente, et que M. le Ministre de Belgique à Paris est muni des pleins pouvoirs nécessaires pour le signer.

M. le Comte de Villeneuve (Brésil) rappelle également que son Gouvernement a, dès le mois de mars 1881, notifié son adhésion au projet de convention. Il ajoute qu'il a reçu pleins pouvoir de signer ce projet.

M. Marquez (Espagne) exprime le regret de ne pouvoir donner au projet de convention son ahésion immédiate. Il pense, toutefois, que sa présence même, comme délégué technique, au sein de la Conférence, témoigne suffisamment du désir du Gouvernement espagnol d'adhérer à cet acte, moyennant quelques modifications qu'il se réserve d'indiquer. Il ajoute qu'en sa qualité de délégué technique, il ne peut s'engager que sauf approbation ultérieure de son Gouvernement.

M. Morton (États-Unis) donne lecture de la déclaration suivante:

»Monsieur le Président,

»Comme mon Gouvernement s'est trouvé dans l'impossibilité de donner aux questions qui vont faire l'objet des délibérations de la Conférence toute l'attention qu'elles méritent, j'aurai le regret de ne pas signer le projet de convention qu'elle doit préparer et de ne pouvoir prendre part à ses travaux. Mon Gouvernement, toutefois, apprécie hautement l'importance du but que la Conférence a en vue et voudrait se réserver le droit d'accéder, s'il le juge convenable, à la Convention qu'elle se propose de faire.

»Je serais heureux, M. le Président, de lui donner l'assurance que cette facilité sera accordée aux États-Unis.«

M. le Président répond que la faculté d'accession est expressément reconnue à tout État non signataire par l'une des clauses (art. 16) du projet d'arrangement en discussion.

M. Reader-Lack (Grande-Bretagne) fait connaître que le Gouvernement britannique approuve le projet de convention. Toutefois, il n'est pas certain qu'il puisse y adhérer avant que le Parlement se soit prononcé sur la question.

M. Jagerschmidt fait observer que la réserve de l'approbation ultérieure du Parlement est de droit. Elle est, de plus, textuellement insérée dans le projet de convention (art. 17). Mais un arrangement diplomatique ne saurait-il être signé par le Gouvernement britannique, comme par tout autre Gouvernement, sans l'autorisation préalable des Chambres? C'est un point que M. Reader-Lack pourrait éclaircir.

M. Crisanto-Medina (Guatemala) déclare que son Gouvernement adhère au projet de convention et l'a muni de pleins pouvoirs pour procéder à la signature.

M. Ressman (Italie) annonce que le Cabinet de Rome approuve sans réserves le projet de convention qui lui a été soumis. Il ne supposait pas, d'ailleurs, que ce projet dût être remis en discussion, et c'est pour ce seul motif qu'il s'est abstenu de désigner un délégué technique.

M. Bastin (Luxembourg) présente la déclaration suivante:

»En raison de notre législation intérieure sur la propriété industrielle, empruntée en grande partie et pour le principe au moins à celle de l'Empire allemand, avec lequel le Grand-Duché de Luxembourg a, dans une certaine mesure, communauté d'intérêts, ce sera seulement après qu'il connaîtra le résultat des travaux et décisions de la Conférence que mon Gouvernement pourra se prononcer sur la question de savoir s'il y aura lieu, pour le Grand-Duché, d'adhérer à la Convention internationale.«

M. Verniers van der Loeff (Pays-Bas), se référant aux déclarations antérieures du Gouvernement néerlandais, fait connaître que dans le cas où le projet de convention en discussion obtiendrait l'approbation d'un certain nombre d'États, le Cabinet de la Haye serait également disposé à y adhérer, sous cette réserve, toutefois, que l'article 11 fût modifié de manière à ne devenir obligatoire pour les Pays-Bas qu'autant qu'il y serait promulgué une loi sur les brevets d'invention.

M. Jagerschmidt fait remarquer que, d'après cette déclaration, l'adhésion des Pays-Bas ne serait qu'une adhésion conditionnelle. Il y aura lieu d'examiner si et comment il pourra être tenu compte de cette réserve.

M. Mendès-Leal (Portugal) se déclare, en principe, autorisé à adhérer. Toutefois, il attend des instructions complémentaires du Gouvernement portugais, qui vient de lui annoncer l'envoi d'un délégué spécial.

M. Phérékyde (Roumanie) déclare qu'il a les pleins pouvoirs nécessaires pour signer le projet de convention, même avec les modifications qui pourraient résulter des délibérations de la Conférence, mais sous réserve, dans tous le cas, de l'approbation des Chambres roumaines.

M. le comte Mouraview (Russie) fait connaître qu'il n'a pas de pleins pouvoirs pour procéder à la signature du projet de convention et que, tout en prenant part aux travaux de la Conférence, il n'entend engager, à aucun degré, les décisions du Gouvernement russe.

M. Torrès-Caïcedo (Salvador) annonce qu'il est autorisé à signer le projet de convention et que ce projet à même reçu, par avance, l'approbation du Parlement Salvadorien, pour le cas où il serait adopté sans changement.

M. Marinovitch (Serbie) fait connaître que le Gouvernement Serbe adhère sans réserve au projet élaboré en 1880, et que M. le Ministre de Serbie est muni des pouvoirs nécessaires pour la signature de ladite Convention, sauf approbation par le Corps législatif de son pays.

M. Broch (Suède et Norvège) déclare qu'il n'a pas reçu les pouvoirs nécessaires pour signer une Convention. Mais il désire donner quelques renseignements sur l'état, en Suède et en Norvège, des questions soulevées par la proposition émanée de la Conférence de 1880.

Une commission a été nommée, en 1881, par les trois Gouvernements scandinaves de la Suède, de la Norvège et du Danemark, pour élaborer des projets de loi concordants quant au fond quoique particuliers à chacun des trois pays, sur la question des marques de fabrique. Cette commission a, il y a peu de temps, déposé son rapport. Elle a pris pour point de départ le projet de la Conférence de 1880, et, quant aux quelques petites modifications qu'elle a proposées, elle ne paraît pas y tenir d'une manière absolue.

Pour ce qui concerne les brevets d'invention, il y a eu, de même, des commissions spéciales nommés séparément en Suède et en Norvège. Ces commissions ont élaboré tout récemment des propositions de loi qui, de même, ne diffèrent pas, en principe, de la proposition de 1880.

Les rapports de ces commissions n'ont été remis que dernièrement aux deux Gouvernements de la Suède et de la Norvège, qui n'ont pu encore se prononcer sur ces rapports.

Toutefois, M. Broch croit pouvoir dire que les deux Gouvernements sont sympathiques au projet de convention élaboré en 1880.

M. Lardy (Suisse) rappelle que, dès le mois de mars 1881, le Gouvernement fédéral a déclaré adhérer au projet de convention; les dispositions de la Suisse ne se sont pas modifiées depuis lors, et le Conseil fédéral a muni, en conséquence, ses délégués à la Conférence des pleins pouvoirs nécessaires pour signer l'arrangement projeté, sous réserve de l'approbation des Chambres fédérales.

M. le Colonel Diaz (Uruguay) fait connaître qu'il n'a pas de pleins pouvoirs et qu'il est simplement autorisé à prendre part aux délibérations de la Conférence.

M. Jagerschmidt (France), résumant les déclarations qui viennent d'être formulées par MM. les Délégués, constate qu'elles témoignent d'un progrès considérable dans la voie d'une entente. Sur les vingt Etats représentés à la Conférence, il en est neuf, la France, la Belgique, le Brésil, le Guatemala, l'Italie, la Roumanie, le Salvador, la Serbie et la Suisse, qui acceptent, dès à présent, sans restriction, le projet de convention soumis à la Conférence. L'Espagne semble aussi disposée à y adhérer, sauf quelques modifications qu'elle se réserve d'indiquer. L'Angleterre paraît également pouvoir être mise au nombre des Etats adhérents, puisque, d'après la déclaration de M. le Délégué britannique, il semble que son acceptation ne serait subordonnée qu'à la solution d'une question de procédure parlementaire.

Avant la réunion de la Conférence, le Portugal avait anoncé déjà son acceptation. Quant aux Pays-Bas, il ne sera peut-être pas très difficile de tenir compte des réserves dont ils entourent leur adhésion. Enfin, M. Broch veut bien faire espérer l'accession de la Suède et de la Norvège.

Cet ensemble de communications permet d'augurer très favorablement du résultat des travaux de la Conférence.

Pour arriver à une entente complète et définitive il ne reste plus qu'à préciser les désiderata de quelques États et à rechercher sous quelle forme il sera possible de leur donner satisfaction.

M. Jagerschmidt pense qu'il conviendrait de confier, comme en 1880, ce travail préparatoire à une commission qui pourrait n'être composée que d'un petit nombre de délégués.

M. Lardy (Suisse) appuie la pensée d'une réunion officieuse, dans laquelle MM. les Délégués pourraient exposer leurs vues respectives.

M. Ressman (Italie) s'associe à la proposition de M. Jagerschmidt. Il juge indispensable pour la Conférence d'avoir, avant sa prochaine réunion générale, quelques indications précises sur la nature et la portée des modifications que plusieurs de MM. les Délégués, notamment M. le Délégué de l'Espagne, ont annoncé l'intention de réclamer.

M. Marquez (Espagne) se déclare en mesure de faire connaître immédiatement les amendements qu'il se propose de soumettre à la Conférence. Le Gouvernement espagnol, qui n'était pas représenté à la réunion de 1880, a été saisi par le Gouvernement de la République française du projet actuellement en discussion. Il a reconnu, tout d'abord, que ce projet contenait, dans son article 6, des dispositions inconciliables avec celles de la législation espagnole. Il n'aurait donc pu y adhérer, si le droit d'amendement n'avait été d'avance explicitement reconnu à tous les États convoqués. Mais cette faculté lui étant réservée, il n'a plus hésité à apporter son concours à l'œuvre poursuivie par la Conférence de 1880, œuvre de moralité et de probité, assurée, comme telle, de toutes ses sympathies.

Les objections du Cabinet de Madrid portent sur deux paragraphes de l'article 6, le premier et le dernier.

D'après le paragraphe 1er, »toute marque de fabrique ou de commerce »régulièrement déposée dans le pays d'origine sera admise au dépôt et »protégée telle quelle dans tous les autres pays de l'Union.« Prise dans son sens littéral, cette disposition serait inacceptable pour l'Espagne, comme peut-être pour d'autres États. Mais, dans la dixième séance de la Conférence de 1880, où cet article a été voté, il a été expliqué par plusieurs délégués que, dans leur pensée, l'article signifiait uniquement que le caractère de la marque serait déterminé d'après les lois du pays d'origine, et non d'après celles du pays d'importation. Cette interprétation, si elle est admise et transformée en un texte formel inséré dans l'article, donnerait satisfaction à l'Espagne.

Quant au paragraphe final de l'article 6, il porte que le »dépôt pourra »être refusé, si l'objet pour lequel il est demandé est considéré comme con-»traire à la morale ou à l'ordre public.« Or, la législation espagnole interdit de reproduire, comme marque de fabrique, les armoiries royales ou les insignes des ordres espagnols. Il semble que le paragraphe final de l'article 6 devrait être complété dans ce sens.

M. Jagerschmidt (France) répond que, sur ce dernier point, il est possible de tenir compte de l'observation de M. Marquez, sans modifier le texte de l'article 6. On peut, en effet, admettre que la reproduction comme marque de fabrique du sceau royal ou des insignes des ordres de chevalerie soit considérée comme contraire à l'ordre public. Il suffirait de consigner cette interprétation au procès-verbal de la séance pour faire cesser, à cet égard, toute incertitude sur la portée du paragraphe final de l'article 6.

M. Marquez (Espagne) se réserve d'examiner si cette déclaration pourrait suffire; mais il insiste sur l'autre observation qu'il a présentée, au sujet du sens du paragraphe 1ᵉʳ de l'article 6.

M. Demeur (Belgique) exprime l'opinion que, sur ce dernier point, les explications consignées dans les procès-verbaux de la Conférence de 1880 et rappelées par M. le Délégué de l'Espagne lui-même, semblent de nature à lui donner toute satisfaction, sans qu'il soit besoin de modifier la rédaction de l'article 6 (§ 1ᵉʳ).

Sans doute, si l'on avait voulu dire qu'une marque régulièrement déposée dans un des pays de l'Union doit, par cela seul, être admise au dépôt et protégée dans les autres, alors même qu'elle n'y serait pas nouvelle et ne s'y distinguerait pas d'une marque déjà prise, l'Espagne aurait raison de protester; tous les Etats protesteraient. Mais le paragraphe 1ᵉʳ de l'article 6 n'a pas cette portée. Il signifie seulement qu'une marque, régulièrement déposée dans un des pays de l'Union, sera admise au dépôt et jouira de la protection légale dans les pays où elle sera importée, alors même que le signe qui la constitue ne serait pas admis comme marque de fabrique ou de commerce par la législation de ces pays.

C'est la législation du pays d'origine qui, seule, devra être consultée pour déterminer quels signes peuvent être employés comme marques, sauf, bien entendu, la restriction consacrée par le dernier paragraphe de l'article 6, relativement aux objets dont l'emploi comme marque serait contraire à l'ordre public.

On ne s'est nullement occupé ici de la question de nouveauté de la marque. Cette question pourra se poser dans le pays d'importation comme dans le pays d'origine. Cela a été reconnu expressément par la Conférence de 1880, à l'occasion d'observations de M. le Délégué des Pays-Bas sur l'article 4, qui accorde un droit temporaire de priorité dans tous les pays de l'Union, à raison du dépôt effectué dans un seul; et c'est pour cela que l'on a intercalé dans l'article 4 les mots: »sous réserve des droits des tiers«.

En résumé, M. Demeur estime qu'il n'y a pas lieu de modifier le sens de l'article 6, mais de le préciser. L'Espagne aura ainsi pleine satisfaction, et l'on devra lui savoir gré d'avoir contribué à améliorer l'œuvre commune de la Conférence.

M. Marquez (Espagne) reconnaît que, d'après cette explication, il est d'accord avec M. Demeur sur le sens du paragraphe 1ᵉʳ de l'article 6; mais il se demande pourquoi cet accord ne serait pas constaté par l'adoption d'une rédaction explicite, telle que l'avait proposée M. Demeur lui-même dans la Conférence de 1880. Il ajoute qu'ayant simplement voulu exposer les desiderata du Gouvernement espagnol pour répondre à une question de M. le Délégué de l'Italie, il croit inutile de prolonger la discussion, quant à présent. Il se réserve de la reprendre devant la Commission.

M. Jagerschmidt (France) fait ressortir que l'accord est complet sur le sens de l'article 6. L'essentil est que la même interprétation soit admise de part et d'autre. Il serait sans doute facile et, au premier abord, il peut paraître plus logique de la consacrer par une modification du texte de l'article 6; mais il convient de ne pas perdre de vue un fait qui domine le débat actuel. Les pouvoirs donnés à plusieurs de MM. les Délégués les autorisent exclusivement à signer le projet de convention qui a été communiqué aux divers Gouvernements et qui est soumis en ce moment à la Conférence. Si ce projet venait a être modifié dans son texte, il devrait être examiné de nouveau par les différents États, et la conclusion, si désirable, des travaux de cette réunion pourrait en être retardée.

D'un autre côté, la Conférence attache trop de prix à l'adhésion de l'Espagne pour qu'elle ne recherche pas tous les moyens de lui donner satisfaction. Or, il semble, surtout après les explications fournies par M. Demeur, qu'il serait possible d'y réussir, tout en laissant intact le texte du projet de convention : il suffirait, à cet effet, de préparer en commission et d'insérer dans le protocole de clôture un paragraphe constatant l'interprétation admise, d'un commun accord, par MM. Demeur et Marquez, comme par la Conférence tout entière.

M. Marquez (Espagne) se déclare disposé à examiner, dans un sincère esprit de conciliation, et avec un vif désir d'entente, toutes les combinaisons qui seront proposées en séance de commission. Il remarque seulement qu'il semble très difficile de faire admettre une modification du texte élaboré en 1880, bien que la faculté de présenter des amendements ait été d'avance reconnue aux États invités à la Conférence actuelle.

M. le Président propose la constitution d'une Commission pour l'examen préalable des diverses propositions qui sont présentées ou viendraient à être présentées à la Conférence.

· Il est entendu, sur la proposition de M. Mendes-Leal (Portugal), que tout amendement devra être rédigé par écrit et soumis par son auteur à la Commission, qui fera son rapport à la Conférence.

Il est ensuite convenu que la Commission sera composée, comme en 1880, de MM. les Délégués de la France, de la Belgique, de la Grande-Bretagne, de l'Italie, du Portugal et de la Suisse. MM. les Délégués, auteurs de propositions, seront admis, de droit, à faire partie de la Commission.

M. Mendes-Leal (Portugal) décline personnellement l'honneur de faire partie de la Commission, tout en réservant éventuellement le droit d'y siéger au délégué technique que son Gouvernement viendrait à désigner.

A la suite de diverses observations échangées entre MM. Demeur, Ressman, Van der Loeff, Jagerschmidt et Mendes-Leal, la Conférence décide que la Commission se réunira le lendemain mercredi 7 mars, à deux heures.

D'après la marche de ses travaux, la date de la prochaine séance de la Conférence sera fixée ultérieurement.

La séance est levée à quatre heures.

Les Secrétaires,   Le Ministre du Commerce,
René Lavollée.   Président de la Conférence,
Albert Grodet.   *Hérisson.*

DEUXIÈME SÉANCE.

(Lundi 12 mars 1883.)

Présidence de M. Hérisson,
Ministre du Commerce.

La séance est ouverte à dix heures un quart.

Étaient présents:

MM. les Délégués qui assistaient à la précédente réunion, à l'exception de M. Mendes-Leal (Portugal), qui s'est fait excuser pour motif de santé.

Le procès-verbal de la précédente séance est adopté.

M. Jagerschmidt (France) rappelle quelles sont les questions dont a été saisie la Commission instituée par la Conférence. Dans la séance du 6 mars, les Délégués de deux États ont présenté des objections: M. le Délégué d'Espagne sur l'article 6 du projet de convention, et M. le Délégué des Pays-Bas à propos de l'article 11.

La Commission a examiné ces objections. Elle s'est inspirée du désir qu'a manifesté la Conférence d'en tenir compte, en évitant, autant que possible, que le texte de la Convention elle-même fût modifié et que les Délégués de certains État prêts à adhérer fussent obligés de demander de nouvelles instructions à leur Gouvernement. Trois séances ont été consacrées à l'étude des questions soulevées, et la Commission se félicite d'avoir réussi à trouver des solutions qui donnent satisfaction aux Délégués des deux États intéressés, en même temps qu'elles lui ont paru de nature à recevoir l'approbation de la Conférence.

Les observations de M. Marquez, délégué de l'Espagne, continue M. Jagerschmidt, portaient sur le premier et sur le quatrième paragraphe de l'article 6. Le paragraphe 1er est ainsi conçu: »Toute marque de fabrique ou de commerce régulièrement déposée dans le pays d'origine sera admise au dépôt et protégée telle quelle dans tous les autres pays de l'Union.« Dans sa réunion du 6 mars, la Conférence tout entière s'était trouvée d'accord sur le sens de cette disposition. Le procès-verbal le constate et l'un des honorables délégués de Belgique, M. Demeur, l'a très nettement fait ressortir. M. le Délégué de l'Espagne a lui-même reconnu, de son côté, le bien-fondé des explications fournies par M. Demeur, et, dans un esprit de conciliation auquel il convient de rendre hommage, il a renoncé à réclamer la modification du texte de l'article 6, modification qui aurait pu entraîner des retards dans la signature de la convention ; mais, par contre, il a très vivement insisté, faisant de cette question une condition sine qua non de l'adhésion de son Gouvernement, pour qu'il fût inséré dans le protocole de clôture un paragraphe expliquant le sens de la première phrase de l'article 6.

M. Jagerschmidt dit que, dans cette situation, la Commission a dû rechercher une rédaction qui satisfît M. le Délégué de l'Espagne. Il n'a pas été facile de la formuler. Les procès-verbaux de la Conférence de 1880 montrent combien l'élaboration de l'article 6 a été longue et délicate ; les mêmes difficultés se sont reproduites au sein de la Commission. Quoi qu'il en soit, après une discussion approfondie, une dernière rédaction, proposée par M. le Délégué de l'Espagne, a été adoptée à l'unanimité ; elle est libellée comme suit :

»Le paragraphe 1er de l'article 6 doit être entendu en ce sens qu'au-
»cune marque de fabrique ou de commerce ne pourra être exclue de la
»protection dans l'un des États de l'Union par le fait seul qu'elle ne
»satisferait pas, au point de vue des signes qui la composent, aux condi-
»tions de la législation de cet État, pourvu qu'elle satisfasse, sur ce point,
»à la législation du pays d'origine et qu'elle ait été, dans ce dernier pays,
»l'objet d'un dépôt régulier. Sauf cette exception, qui ne concerne que la
»forme de la marque, et sous réserve des dispositions des autres articles
»de la convention, la législation intérieure de chacun des États recevra
»son application.«

M. Jagerschmidt fait remarquer qu'il est inutile de commenter cette rédaction ; elle précise, sans le modifier, le premier paragraphe de l'article 6.

Il poursuit en rappelant que M. le Représentant de l'Espagne avait également formulé une objection à propos du paragraphe final du même article qui est conçu comme suit : »Le dépôt pourra être refusé, si l'objet pour lequel il est demandé est considéré comme contraire à la morale ou à l'ordre public.«

La législation espagnole interdit de reproduire, comme marque de fabrique, les armoiries royales ou les insignes des ordres du pays ; il a, en conséquence, semblé à M. le Délégué de l'Espagne que le dernier paragraphe de l'article 6 devait être complété en ce sens. Il lui a été objecté, dans la Commission, que la rédaction du paragraphe répondait d'une façon incontestable aux préoccupations de son Gouvernement, et que l'emploi de semblables marques pouvait être interdit par ce motif qu'elles seraient contraires à l'ordre public, chaque législation nationale déterminant seule ce qui doit être considéré comme »contraire à la morale où à l'ordre public«.

M. le Délégué de l'Espagne ayant cependant cru devoir demander avec insistance que cette interprétation fût expressément consignée dans le protocole de clôture, la Commission a admis que la disposition ci-après, proposée par M. le Délégué des Pays-Bas, pourrait être introduite dans cet acte :

»Pour éviter toute fausse interprétation, il est entendu que l'usage des armoiries publiques et des décorations peut être considéré comme contraire à l'ordre public, dans le sens du paragraphe final de l'article 6.«

La Commission est d'avis que cette disposition précise, elle aussi, sans y apporter de changement, le sens de l'article 6. Si, dans une certaine mesure, elle peut être considérée comme superflue, du moins elle n'est pas nuisible; la Commission n'hésite donc pas à la soumettre à l'approbation de la Conférence.

Aucun Membre ne demandant la parole, M. le Président constate que les deux paragraphes sont adoptés à l'unanimité et déclare qu'ils seront insérés dans le protocole à une place qui sera ultérieurement fixée.

M. Jagerschmidt (France), reprenant la parole au nom de la Commission, donne lecture de l'article 11 de la Convention ainsi conçu:

»Les Hautes Parties contractantes s'engagent à accorder une protection temporaire aux inventions brevetables, aux dessins ou modèles industriels ainsi qu'aux marques de fabrique ou de commerce, pour les produits qui figureront aux expositions internationales officielles ou officiellement reconnues.«

Il rappelle que, dans la séance du 6 mars, M. le Délégué des Pays-Bas avait demandé que ledit article 11 fût modifié de manière à ne devenir obligatoire pour les Pays-Bas qu'autant qu'il y serait promulgué une loi sur les brevets d'invention. On comprend, en effet, ajoute M. Jagerschmidt, qu'un pays qui ne possède pas de loi générale en matière de brevets d'invention ne puisse en faire une pour protéger temporairement les inventions brevetables figurant aux expositions. D'autre part, il est peu probable qu'une autre exposition internationale succède, dans un délai rapproché, à celle qui va s'ouvrir à Amsterdam; dès lors le Gouvernement néerlandais aurait pu peut-être accepter l'article 11, certain qu'il n'aurait pas occasion de l'appliquer. Mais, par un sentiment de délicatesse et de loyauté éminemment respectable, il a refusé de prendre un engagement que, le cas échéant, il ne pourrait tenir; il a promis, au reste, de se conformer à l'article 11, lorsqu'une loi sur les brevets d'invention aura été promulguée dans les Pays-Bas. La Commission n'a donc pas hésité à donner satisfaction à M. le Délégué néerlandais, qui, renonçant à faire modifier le texte de l'article 11, a bien voulu se borner à réclamer l'insertion au procès-verbal d'une déclaration dont la teneur suit:

»M. Van der Loeff (Pays-Bas) déclare que, les brevets d'invention n'étant pas encore protégés aux Pays-Bas, son Gouvernement ne saurait être en mesure de se conformer à l'engagement contenu dans l'article 11 au sujet de la protection temporaire à accorder aux inventions brevetables pour les produits qui figureront aux expositions internationales, avant que la matière n'ait été ultérieurement réglée, à titre général, par une loi.«

»M. Van der Loeff ajoute que, les expositions internationales étant peu fréquentes aux Pays-Bas, la réserve que son Gouvernement se voit dans la nécessité de faire lui paraît pouvoir être acceptée sans inconvénient. Il demande donc à la Conférence acte de sa déclaration.«

M. Jagerschmidt ajoute que, la Confédération Suisse se trouvant dans la même situation que les Pays-Bas, MM. les Délégués suisses ont reçu l'ordre de s'associer à la réserve formulée par M. Verniers van der Loeff.

Après avoir consulté la Conférence, M. le Président donne, au nom de celle-ci, acte à MM. les Délégués des Pays-Bas et de la Suisse de leur déclaration.

M. Ressman (Italie), tout en acceptant, comme ses collègues, la déclaration des Pays-Bas et de la Suisse, exprime le vœu que ces deux Gouvernements se mettent aussitôt que possible en mesure de pouvoir se conformer aux dispositions de l'article 11.

M. Jagerschmidt (France) fait connaître que, l'examen des questions renvoyées à la Commission se trouvant ainsi terminé, elle a passé en revue toutes les dispositions du projet de convention de 1880, à l'effet de voir si quelque modification de détail ne devait pas y être apportée. Son attention s'est portée d'abord sur l'article 14, ainsi libellé:

»La présente Convention sera soumise à des revisions périodiques en vue d'y introduire les améliorations de nature à perfectionner le système de l'Union.

»A cet effet, des conférences auront lieu successivement dans l'un des États contractants entre les Délégués desdits États.

»La prochaine réunion aura lieu en 1883, à Vienne.«

Ce dernier paragraphe, dit M. Jagerschmidt, doit être l'objet d'une modification. En ce qui concerne l'époque de la prochaine Conférence, la Commission a été unanime à penser qu'elle devait être aussi rapprochée que possible, car l'organisation du bureau international ne sera pas, au début, sans difficultés et il y aura peut-être lieu d'y apporter quelques modifications.

La Commission propose dès lors de décider que la Conférence se réunira en 1885. Reste à déterminer la ville où elle sera convoquée. La Conférence de 1880 avait proposé Vienne, parce que c'est en Autriche qu'a été conçue, en 1873, l'idée d'une Union internationale pour la protection de la propriété industrielle. Mais l'Autriche-Hongrie n'étant point Puissance signataire de la Convention, une autre ville que Vienne doit être désignée. Le choix du siège de la prochaine Conférence a été agité dans des conversations particulières entre les Délégués présents, et la ville de Rome a réuni tous les suffrages. M. le Délégué d'Italie a d'ailleurs bien voulu donner l'assurance que le Gouvernement italien serait heureux d'offrir, en 1885, l'hospitalité à la Conférence.

M. le Président met successivement aux voix les questions de savoir: 1º si la prochaine Conférence aura lieu en 1885; 2º si elle se tiendra à Rome.

La Conférence se prononce, à l'unanimité, pour l'affirmative sur les deux questions.

M. Ressman (Italie) remercie la Commission d'avoir bien voulu proposer la ville de Rome. Il remercie aussi la Conférence d'avoir accueilli cette proposition. Le Gouvernement italien réserve le meilleur accueil aux Délégués de la prochaine Conférence, et l'Italie entière se félicitera de voir continuée dans sa capitale l'œuvre de justice internationale inaugurée à Paris, sous les auspices du Gouvernement de la République française.

M. Jagerschmidt (France) appelle ensuite l'attention de la Conférence sur l'article 18, dont le paragraphe 1ᵉʳ est rédigé ainsi:

»La présente Convention sera mise à exécution à partir du . . . . . et demeurera en vigueur pendant un temps indéterminé jusqu'à l'expiration d'une année à partir du jour où la dénonciation en sera faite.«

La Commission a recherché de quelle manière il convenait de remplir le vide laissé dans ce paragraphe et elle a proposé de stipuler que la Convention serait exécutoire »dans le délai d'un mois après l'échange des ratifications«.

M. le Président déclare, après avoir pris l'avis de la Conférence, que le premier paragraphe de l'article 18 sera libellé dans ces termes.

M. Jagerschmidt (France) passe au protocole de clôture. Il fait observer que le quatrième paragraphe du protocole consiste dans une déclaration du plénipotentiaire des États-Unis d'Amérique. Or, cette déclaration avait sa raison d'être en 1880, lorsque l'on comptait sur l'adhésion des États-Unis; mais comme cette Puissance ne se trouve pas en mesure de participer dès à présent à la signature de la Convention, M. Jagerschmidt pense que M. Morton voudra bien reconnaître qu'il y a lieu de faire disparaître la déclaration du protocole.

M. Morton (États-Unis) répond que son Gouvernement n'a nullement refusé d'adhérer à la Convention; tout au contraire, et personnellement il espère que le cabinet de Washington l'autorisera ultérieurement à signer. La proposition formulée par le M. Délégué de France est donc embarrassante pour lui et il semble qu'il n'appartient qu'à la Conférence d'aviser en la circonstance.

M. Jagerschmidt craint qu'il n'y ait un malentendu. La question est uniquement de savoir si l'honorable M. Morton est actuellement autorisé à signer, et si, par suite, les États-Unis seront Partie contractante. Dans ce cas, le paragraphe 4 du Protocole devrait être maintenu. Mais, dans l'hypothèse contraire, et si certaine que puisse être la Conférence de l'accession ultérieure du Gouvernement américain à un acte diplomatique qui, comme l'a dit M. Marquez, constitue une œuvre de moralité et d'honnêteté, la réserve qu'il croit devoir mettre à son adhésion future ne saurait être insérée d'avance dans la Convention.

M. Lardy (Suisse) croit cependant qu'il y a quelque chose de fondé dans l'observation de M. le Délégué des États-Unis. En effet, l'article 16 dit:

»Les États qui n'ont point pris part à la présente Convention seront admis à y adhérer sur leur demande.

»Cette adhésion sera notifiée par la voie diplomatique au Gouvernement de la Confédération suisse, et par celui-ci à tous les autres.«

Or, ajoute M. Lardy, si, dans un certain délai, les États-Unis accèdent, ce ne sera évidemment que sous la réserve précédemment formulée par eux et acceptée par tous les États représentés en 1880. On est ainsi amené à se demander s'il n'y a pas à trouver un moyen terme, qui, par exemple, consisterait à constater que la Suisse pourra être autorisée à recevoir l'accession des États-Unis, avec la réserve insérée au quatrième paragraphe du protocole de 1880.

M. Morton (États-Unis) déclare qu'il approuve le mode de procéder indiqué par M. Lardy.

M. Jagerschmidt (France) reconnaît la justesse de l'observation de **M.** Lardy. Il y a intérêt à ce que la question soit dès à présent réglée, afin que l'accession des États-Unis ne nécessite pas un échange préalable de correspondances entre les divers États signataires. La Conférence peut déclarer acceptable la réserve éventuelle du Gouvernement américain; mais une déclaration de cette nature ne saurait figurer au Protocole de clôture, acte diplomatique que signeront seuls les États contractants et qui ne doit contenir que des stipulations concernant ces États; elle ne peut trouver place qu'au procès-verbal de la présente séance.

M. le Président consulte la Conférence sur la question de savoir si la mention suivante à laquelle adhère **M.** Morton, doit être insérée au procès-verbal:

»La Conférence est d'avis que le Gouvernement fédéral suisse est autorisé à accepter l'accession des États-Unis d'Amérique sous la réserve formulée au quatrième paragraphe du projet de protocole de clôture de 1880.«

L'insertion de cette mention au procès-verbal est votée à l'unanimité.

M. le Président fait connaître que, par suite de la décision que vient de prendre la Conférence, le quatrième paragraphe du Protocole sera remplacé par le nouveau paragraphe explicatif de l'article 6 de la convention, adopté sur la demande de **M.** Marquez, délégué de l'Espagne.

M. Jagerschmidt (France) informe la Conférence que la Commission a eu aussi à délibérer sur la première phrase du paragraphe 6 du protocole, qui porte que: »Les frais communs du Bureau international institué par l'article 13 ne pourront, en aucun cas, dépasser, par année, une somme totale représentant une moyenne de 2,000 francs par chaque État contractant.«

La Commission n'a point fait difficulté de reconnaître que cette rédaction laissait à désirer.

En 1880, on comptait sur l'adhésion de vingt-quatre États, et c'est sur ce chiffre que **M.** le Délégué de la Turquie s'était basé pour dresser son tableau de répartition; le budget avait été ainsi porté à 40,000 francs. Dans la pensée de la Conférence de 1880, cette somme de 40,000 francs était une sorte de maximum; de là, cette disposition du paragraphe 6 stipulant que la charge moyenne de chaque État ne dépasserait pas 2,000 francs. Il a échappé alors, que, si le nombre des États adhérents ne s'élevait qu'à douze ou treize, le budget serait réduit à 24 ou 26,000 francs, somme extrêmement faible. Il eût été préférable de s'inspirer, pour la rédaction du paragraphe 6, de la teneur de l'article 28 du Règlement de l'Union postale de 1878. Suivant cet article 28, »les frais communs du Bureau international ne doivent pas dépasser, par année, la somme de 100,000 francs . . . . .« Il y aurait eu tout avantage à adopter une rédaction semblable et à fixer un maximum qui eût été réparti entre les États adhérents, quel qu'en fût le nombre.

Avec la rédaction du paragraphe 6, le budget du Bureau international sera nécessairement très restreint.

Au sein de la Commission, **MM.** les Délégués de la Suisse ont émis l'avis qu'on pourrait indirectement augmenter le nombre des adhérents en faisant, comme dans le Règlement de l'Union postale, figurer les colonies séparément. Mais on a objecté avec raison que la législation en vigueur ne permettait pas de prendre une mesure semblable à l'égard des colonies de la Grande-Bretagne et des Pays-Bas, et que, par contre, en ce qui concerne la France, les colonies étaient de droit confondues avec la métropole au point de vue de la protection de la propriété industrielle. La Commission a, en conséquence, reconnu qu'il était impossible de modifier le paragraphe 6, sans apporter, de ce chef, des retards à la signature de la Convention.

Le Gouvernement fédéral a été prié d'examiner s'il ne lui serait pas possible de se contenter provisoirement de la faible somme que donnera l'application du paragraphe 6, et la Commission a appuyé auprès de MM. les Délégués suisses sur cette considération que le paragraphe 6 pourra être revisé par la prochaine Conférence. Celle-ci devant se réunir dès 1885, le Bureau international ne demeurera que fort peu de temps dans une situation difficile. En l'état, conclut M. Jagerschmidt, la Commission propose d'insérer au procès-verbal la déclaration qui suit:

»La Conférence, à l'unanimité, et sur la proposition de la Commission,

»1º Reconnaît qu'à la veille de procéder à la signature de la Convention, il n'est pas possible de remettre en question les bases déterminées par le Protocole de clôture pour la fixation du montant des dépenses nécessitées par la création du Bureau international et pour leur répartition entre tous les États contractants;

»2º Émet le vœu que, dans la prochaine Conférence, le paragraphe 1ᵉʳ de l'article 6 du Protocole soit revisé et que des propositions soient faites par l'Administration fédérale suisse, avec le concours du Bureau international, pour en modifier les termes;

»8º Exprime au Conseil fédéral suisse ses regrets de ne pouvoir mettre actuellement à sa disposition la somme suffisante pour assurer une organisation convenable du Bureau international, et d'avoir à lui demander de vouloir bien consentir à se charger de la gestion de ce bureau, en lui donnant provisoirement l'organisation restreinte que comporte le budget prévu par le Protocole de clôture.«

La Conférence, consultée par M. le Président, décide que la déclaration sera insérée au procès-verbal.

M. Lardy fait connaître que les Délégués suisses ont communiqué à leur Gouvernement les propositions de la Commission. Ils sont autorisés à dire que le Conseil fédéral, dans son vif désir de satisfaire au vœu de la Conférence, fera tout ce qui dépendra de lui pour que le Bureau international réponde au but à atteindre sans dépasser les ressources disponibles. Le Conseil fédéral remercie la Conférence de la haute marque de confiance qui lui est ainsi donnée et espère que les efforts du Bureau international, joints à ceux de tous les Gouvernements signataires, permettront prochainement d'assurer à l'institution les développements qu'elle comporte.

M. Jagerschmidt (France) fait remarquer qu'il reste à classer les États adhérents pour la répartition des frais communs du Bureau international. Il rappelle que, d'après l'usage, chaque État indique la classe dans laquelle il désire être inscrit et il demande aux Membres de la Conférence s'ils voient des inconvénients à ce que, dans le cas actuel, la classification de l'Union postale soit prise comme base.

Aucune objection n'ayant été présentée à ce sujet, sont sucessivement rangés : dans la première classe, la France et l'Italie; dans la deuxième, l'Espagne; dans la troisième, la Belgique, le Brésil et la Roumanie; dans la cinquième, la Serbie; dans la sixième, le Guatemala et le Salvador.

M. Lardy (Suisse) déclare qu'il demandera par dépêche télégraphique à son Gouvernement de l'autoriser à accepter le placement de la Suisse dans la troisième classe, ce pays figurant à la quatrième dans l'Union postale.

M. d'Azevedo (Portugal) annonce que MM. les Délégués portugais ont reçu les instructions qu'ils attendaient de leur Gouvernement et qu'ils sont prêts à signer la Convention.

M. d'Azevedo fait connaître, en outre, de la part de M. Mendes Leal, que le Portugal croit devoir, comme la Suisse, réclamer son inscription à à la troisième classe, et non à la quatrième, dont il fait partie d'après le traité constitutif de l'Union postale.

M. le Président demande à M. le Délégué des Pays - Bas s'il est en mesure de signer la Convention.

M. Verniers van der Loeff (Pays-Bas) répond qu'il n'a pas encore reçu les pouvoirs nécessaires; toutefois, il espère que le Cabinet de la Haye s'empressera d'accéder à la Convention.

M. Marquez (Espagne) expose que son Gouvernement n'a pas encore envoyé de pleins pouvoirs. Ils sont attendus d'un jour à l'autre et seront réclamés de nouveau télégraphiquement, après la séance.

M. Reader-Lack (Grande-Bretagne) fait connaître que son Gouvernement l'a informé qu'il ne peut actuellement signer la Convention. Son adhésion est subordonnée à l'adoption du bill, concernant la propriété industrielle, dont il va saisir le Parlement. Le Gouvernement anglais fera tous ses efforts pour obtenir que le bill soit voté au cours de la session actuelle.

M. Jagerschmidt (France) demande si le Gouvernement anglais approuve les principales dispositions de la Convention qui va être signée.

M. Reader - Lack (Grande-Bretagne) répond affirmativement.

M. Jagerschmidt (France) informe la Conférence qu'il n'y a plus, pour les délégués des États adhérents, qu'à signer la Convention. Cette formalité sera remplie dans une séance ultérieure par les plénipotentiaires des divers États. M. le Ministre des affaires étrangères les convoquera aussitôt que les instruments à signer seront prêts.

M. Hérisson, ministre du commerce, Président de la Conférence, prononce l'allocution suivante:

»Messieurs,

»Voici notre tâche commune terminée, et il ne me reste plus qu'à remercier la Conférence de la promptitude avec laquelle elle a tranché, dans un esprit à la fois libéral et confraternel, les questions qu'elle avait encore à résoudre. Je ne me plaindrai de cette promptitude qu'à un seul point de vue, c'est que la fin de nos travaux marque aussi le terme des relations cordiales que votre président a eu l'honneur d'entretenir avec vous; mais, parlant au nom de la France, qu'il me soit permis de vous dire: au revoir, à Rome, en 1885.«

M. Broch, au nom des Délégués étrangers, prend la parole en ces termes:

»Monsieur le Ministre,

»Je suis certain d'être l'interprète fidèle des sentiments de mes collègues en vous exprimant nos vifs remerciements pour l'honneur que vous nous avez fait en présidant à ces délibérations qui enfin ont abouti à la conclusion d'une Convention internationale dont, nous en sommes sûrs, l'industrie et le commerce profiteront.

»Certes, cette Convention n'est pas une panacée pour les crises industrielles et commerciales; car il n'en existe pas d'autre que le travail assidu, bien dirigé, et l'économie intelligente. Mais c'est un acte de justice conçu dans la pensée de protéger l'industrie et le commerce contre une concurrence déloyale et stérile et qui laisse le champ libre à la concurrence légitime et fertile.

»Si tous les Délégués n'ont pas encore reçu les pouvoirs nécessaires pour signer cette Convention, et je suis moi-même un de ceux là, cela tient seulement à des formalités constitutionnelles qui sont encore à remplir dans leur pays. Mais je suis convaincu que, dans peu de temps, peut-être avant que le Bureau international institué par cette Convention ait commencé à fonctionner, le nombre des États adhérents aura augmenté suffisamment pour que le fonctionnement du Bureau ne soit pas entravé par des dificultés financières.

»Nous remercions aussi nos collègues français de l'accueil amical qu'ils nous ont fait, de l'assistance que leurs lumières nous ont prêtée. Nous remercions particulièrement M. Jagerschmidt, qui a présidé la Commission et qui, avec son habileté bien connue, a su vaincre toutes les petites difficultés de rédaction.

»Je demande encore à offrir nos remerciements sincères à MM. les Secrétaires pour la manière distinguée dont ils se sont acquittés de la rédaction des procès-verbaux.«

M. le Président déclare que la Conférence internationale pour la protection de la propriété industrielle est close.

La séance est levée à midi moins un quart.

Les Secrétaires,	Le Ministre du Commerce,
René Lavollée.	Président de la Conférence,
Albert Grodet.	*Ch. Hérisson.*

SÉANCE DE SIGNATURE.

(Mardi 20 mars 1883.)

Présidence de M. Challemel-Lacour,

Ministre des Affaires étrangères.

Étaient présents:

Pour la Belgique:

M. le Baron Beyens, Envoyé extraordinaire et Ministre Plénipotentiaire de S. M. le Roi des Belges à Paris;

Pour le Brésil:

M. le Comte de Villeneuve, Envoyé extraordinaire et Ministre Plénipotentiaire de S. M. l'Empereur du Brésil à Bruxelles;

Pour l'Espagne:

S. E. M. le Duc de Fernan-Nuñez, Ambassadeur extraordinaire et Plénipotentiaire de S. M. le Roi d'Espagne à Paris;

Pour la France:

M. Challemel-Lacour, Sénateur, Ministre des Affaires étrangères;

M. Hérisson, Député, Ministre du Commerce;

M. Jagerschmidt, Ministre Plénipotentiaire;

Pour le Guatemala:

M. Crisanto-Medina, Envoyé extraordinaire et Ministre Plénipotentiaire de la République du Guatemala à Paris;

Pour l'Italie:

M. Ressman, Conseiller de l'Ambassade d'Italie à Paris;

Pour les Pays-Bas:

M. le Baron de Zuylen de Nyevelt, Envoyé extraordinaire et Ministre Plénipotentiaire de S. M. le Roi des Pays-Bas à Paris;

Pour le Portugal:

M. José da Silva Mendes Leal, Envoyé extraordinaire et Ministre Plénipotentiaire de S. M. le Roi de Portugal à Paris;

M. d'Azevedo, premier Secrétaire de la Légation de Portugal à Paris;

Pour le Salvador:

M. Torres Caïcedo, Envoyé extraordinaire et Ministre Plénipotentiaire de la République du Salvador à Paris;

Pour la Serbie:

M. Sima Marinovitch, Chargé d'affaires ad intérim de Serbie à Paris;

Pour la Suisse:

M. Lardy, Envoyé extraordinaire et Ministre Plénipotentiaire de la Confédération suisse à Paris;

M. Weibel, Ingénieur, Président de la Section suisse de la Commission permanente pour la protection de la propriété industrielle.

MM. les Plénipotentiaires des onze États contractants se sont réunis, le mardi 20 mars, à deux heures, en l'hôtel du Ministère des Affaires étrangères, afin de procéder à la signature de la Convention pour la protection de la propriété industrielle.

Après s'être communiqué leurs pleins pouvoirs, MM. les Plénipotentiaires collationnent les instruments de la Convention et du Protocole de clôture, qui ont été préparés en nombre égal à celui des États contractants; et, tous ces actes étant trouvés en bonne et due forme, MM. les Plénipotentiaires y apposent leur signature et le cachet de leurs armes.

Eu égard au grand nombre des Parties contractantes, et suivant un mode de procéder déjà adopté lors de la ratification des Traités relatifs au rachat des droits du Sund et des péages de l'Escaut, de la Convention télégraphique de Paris et de la Convention du mètre, il est convenu, sur la proposition de M. Challemel-Lacour, que l'échange des ratifications de la Convention pour la protection de la propriété industrielle se fera par l'entremise du Gouvernement de la République française.

MM. les Plénipotentiaires décident, en outre, que l'acte qui vient d'être signé sera porté officiellement à la connaissance de tous les États non signataires, qui seront invités à user de la faculté d'accession qui leur est réservée, par l'article 16 de la Convention.

Sur la proposition de M. Lardy, il est entendu que cette communication sera faite par les soins de M. le Ministre des Affaires étrangères de France. C'est également au Gouvernement de la République française que devront être notifiées les accessions qui viendraient à se produire avant la date fixée pour l'entrée en vigueur de la Convention: à partir de cette date, toute adhésion devra, conformément à l'article 16 de cet acte diplomatique, être adressée au Gouvernement de la Confédération suisse.

Le présent procès-verbal, dressé séance tenante, étant lu et approuvé, la Conférence se sépare à trois heures..

Beyens. Villeneuve. Duc de Fernan-Nuñes P. Challemel-Lacour.
Ch. Hérisson. Ch. Jagerschmidt. Crisanto-Medina. Ressman.
Baron de Zuylen de Nyevelt. Jose da Silva Mendes Leal. F. d'Azevedo.
J. M. Caïcedo. Sima S. Marinovitch. Lardy. J. Weibel.

Les Secrétaires:
René Lavollée.
Albert Grodet.

2.

BELGIQUE, BRÉSIL, ESPAGNE, FRANCE, GUATEMALA, ITALIE, PAYS-BAS, PORTUGAL, SALVADOR, SERBIE, SUISSE.

Convention pour la protection de la propriété industrielle, suivie d'un Protocole de clôture; signée à Paris, le 20 mars 1883 *).

Journal officiel du 8 juillet 1884.

Le Président de la République française, Sa Majesté le roi des Belges, Sa Majesté l'empereur du Brésil, Sa Majesté le roi d'Espagne, le Président de la République de Guatemala, Sa Majesté le roi d'Italie, Sa Majesté le roi des Pays-Bas, Sa Majesté le roi de Portugal et des Algarves, le Président de la République de Salvador, Sa Majesté le roi de Serbie et le conseil fédéral de la Confédération suisse,

Egalement animés du désir d'assurer, d'un commun accord, une complète et efficace protection à l'industrie et au commerce des nationaux de leurs Etats respectifs et de contribuer à la garantie des droits des inventeurs et de la loyauté des transactions commerciales, ont résolu de conclure une convention à cet effet et ont nommé pour leurs plénipotentiaires, savoir:

Le Président de la République française, M. Paul Challemel Lacour, sénateur, ministre des affaires étrangères ;

M. Hérisson, député, ministre du commerce ;

M. Charles Jagerschmidt, ministre plénipotentiaire de 1ʳᵉ classe, officier de l'ordre national de la Légion d'honneur, etc. ;

Sa Majesté le roi des Belges, M. le baron Beyens, grand officier de son ordre royal de Léopold, grand officier de la Légion d'honneur, etc., son envoyé extraordinaire et ministre plénipotentiaire à Paris ;

Sa Majesté l'empereur du Brésil, M. Jules Constant comte de Villeneuve, membre du conseil de Sa Majesté, son envoyé extraordinaire et ministre plénipotentiaire près Sa Majesté le roi des Belges, commandeur de l'ordre du Christ, officier de son ordre de la Rose, chevalier de la Légion d'honneur, etc. ;

Sa Majesté le roi d'Espagne, S. Exc. M. le duc de Fernan-Nuñez, de Montellano et del Arco, comte de Cervellon, marquis de Almonacir, grand d'Espagne de 1ʳᵉ classe, chevalier de l'ordre insigne de la Toison d'Or, grand'croix de l'ordre de Charles III, chevalier de Calatrava, grand'croix de la Légion d'honneur, etc., sénateur du royaume, son ambassadeur extraordinaire et plénipotentiaire à Paris ;

---

*) Les ratifications ont été échangées à Paris, le 6 juin 1884. La Grande-Bretagne, la Tunisie et l'Equateur ont adhéré à cette Convention et les actes d'adhésion ont été également déposés le 6 juin 1884.

Le Président de la République de Guatemala, M. Crisanto Medina, officier de la Légion d'honneur, etc., son envoyé extraordinaire et ministre plénipotentiaire à Paris;

Sa Majesté le roi d'Italie, M. Constantin Ressman, commandeur de ses ordres des Saints Maurice et Lazare et de la couronne d'Italie, commandeur de Légion d'honneur, etc., conseiller de l'ambassade d'Italie à Paris;

Sa Majesté le roi des Pays-Bas, M. le baron de Zuylen de Nyevelt, commandeur de son ordre du Lion néerlandais, grand' croix de son ordre grand-ducal de la Couronne de chêne et du Lion d'or de Nassau, grand officier de la Légion d'honneur, etc., son envoyé extraordinaire et ministre plénipotentiaire à Paris;

Sa Majesté le roi de Portugal et des Algarves, M. Jose da Silva Mendes Leal, conseiller d'Etat, pair du royaume, ministre et secrétaire d'Etat honoraire, grand'croix de l'ordre de Saint-Jacques, chevalier de l'ordre de la Tour et l'Epée de Portugal, grand-officier de la Légion d'honneur, etc., son envoyé extraordinaire et ministre plénipotentiaire à Paris;

Et M. Fernand de Azevedo, officier de la Légion d'honneur, etc., premier secrétaire de la légation de Portugal à Paris;

Le Président de la république de Salvador, M. Torres-Caïcedo, membre correspondant de l'Institut de France, grand officier de la Légion d'honneur, etc., son envoyé extraordinaire et ministre plénipotentiaire à Paris;

Sa Majesté le roi de Serbie, M. Sima M. Marinovitch, chargé d'affaires par intérim de Serbie, chevalier de l'ordre royal de Takovo, etc., etc.;

Et le conseil fédéral de la Confédération suisse, M. Charles-Edouard Lardy, son envoyé extraordinaire et ministre plénipotentiaire à Paris;

Et M. J. Weibel, ingénieur à Genève, président de la section suisse de la commission permanente pour la protection de la propriété industrielle;

Lesquels, après s'être communiqué leurs pleins pouvoirs respectifs, trouvés en bonne et due forme, sont convenus des articles suivants:

Art. 1er. — Les gouvernements de la Belgique, du Brésil, de l'Espagne, de la France, du Guatemala, de l'Italie, des Pays-Bas, du Portugal, du Salvador, de la Serbie et de la Suisse sont constitués à l'état d'Union pour la protection de la propriété industrielle.

Art. 2. — Les sujets ou citoyens de chacun des Etats contractants jouiront, dans tous les autres Etats de l'Union, en ce qui concerne les brevets d'invention, les dessins ou modèles industriels, les marques de fabrique ou de commerce et le nom comercial, des avantages que les lois respectives accordent actuellement ou accorderont par la suite aux nationaux.

En conséquence, ils auront la même protection que ceux-ci et le même recours légal contre toute atteinte portée à leurs droits, sous réserve de l'accomplissement des formalités et des conditions imposées aux nationaux par la législation intérieure de chaque Etat.

Art. 3. — Sont assimilés aux sujets ou citoyens des Etats contractants les sujets ou citoyens des Etats ne faisant pas partie de l'union qui sont domiciliés ou ont des établissements industriels ou commerciaux sur le territoire de l'un des Etats de l'Union.

Art. 4. — Celui qui aura régulièrement fait le dépôt d'une demande de brevet d'invention, d'un dessin ou modèle industriel, d'une marque de fabrique ou de commerce, dans l'un des Etats contractants, jouira, pour effectuer le dépôt dans les autres Etats, et sous réserve des droits des tiers, d'un droit de priorité pendant les délais déterminés ci-après.

En conséquence, le dépôt ultérieurement opéré dans l'un des autres Etats de l'Union avant l'expiration de ces délais ne pourra être invalidé par des faits accomplis dans l'intervalle, soit, notamment, par un autre dépôt, par la publication de l'invention ou son exploitation par un tiers, par la mise en vente d'exemplaires du dessin ou du modèle, par l'emploi de la marque.

Les délais de priorité mentionnés ci-dessus seront de six mois pour les brevets d'invention et de trois mois pour les dessins ou modèles industriels, ainsi que pour les marques de fabrique ou de commerce. Ils seront augmentés d'un mois pour les pays d'outre-mer.

Art. 5. — L'introduction, par le breveté, dans le pays où le brevet a été délivré, d'objets fabriqués dans l'un ou l'autre des Etats de l'Union, n'entraînera pas la déchéance.

Toutefois, le breveté restera soumis à l'obligation d'exploiter son brevet conformément aux lois du pays où il introduit les objets brevetés.

Art. 6. — Toute marque de fabrique ou de commerce régulièrement déposée dans le pays d'origine sera admise au dépôt et protégée telle quelle dans tous les autres pays de l'union.

Sera considéré comme pays d'origine le pays où le déposant a son principal établissement.

Si ce principal établissement n'est point situé dans un des pays de l'union, sera considéré comme pays d'origine celui auquel appartient le déposant.

Le dépôt pourra être refusé si l'objet pour lequel il est demandé est considéré comme contraire à la morale ou à l'ordre public.

Art. 7. — La nature du produit sur lequel la marque de fabrique ou de commerce doit être apposée ne peut, dans aucun cas, faire obstacle au dépôt de la marque.

Art. 8. — Le nom commercial sera protégé dans tous les pays de l'union sans obligation de dépôt, qu'il fasse ou non partie d'une marque de fabrique ou de commerce.

Art. 9. — Tout produit portant illicitement une marque de fabrique ou de commerce, ou un nom commercial, pourra être saisi à l'importation dans ceux des Etats de l'union dans lesquels cette marque ou ce nom commercial ont droit à la protection légale.

La saisie aura lieu à la requête soit du ministère public, soit de la partie intéressée, conformément à la législation intérieure de chaque Etat.

Art. 10. — Les dispositions de l'article précédent seront applicables à tout produit portant faussement, comme indication de provenance, le nom d'une localité déterminée, lorsque cette indication sera jointe à un nom commercial fictif ou emprunté dans une intention frauduleuse.

Est réputé partie intéressée tout fabricant ou commerçant engagé dans la fabrication ou le commerce de ce produit, et établi dans la localité faussement indiquée comme provenance.

Art. 11. — Les hautes parties contractantes s'engagent à accorder une protection temporaire aux inventions brevetables, aux dessins ou modèles industriels, ainsi qu'aux marques de fabrique ou de commerce, pour les produits qui figureront aux expositions internationales officielles ou officiellement reconnues.

Art. 12. — Chacune des hautes parties contractantes s'engage à établir un service spécial de la propriété industrielle et un dépôt central pour la communication au public des brevets d'invention, des dessins ou modèles industriels et des marques de fabrique ou de commerce.

Art. 13. — Un office international sera organisé sous le titre de »bureau international de l'union pour la protection de la propriété industrielle«.

Ce bureau, dont les frais seront supportés par les administrations de tous les Etats contractants, sera placé sous la haute autorité de l'administration supérieure de la Confédération suisse et fonctionnera sous sa surveillance. Les attributions en seront déterminées d'un commun accord entre les Etats de l'union.

Art. 14. — La présente convention sera soumise à des revisions périodiques, en vue d'y introduire les améliorations de nature à perfectionner le système de l'union.

A cet effet, des conférences auront lieu successivement, dans l'un des Etats contractants, entre les délégués des dits Etats.

La prochaine réunion aura lieu, en 1885, à Rome.

Art. 15. — Il est entendu que les hautes parties contractantes se réservent respectivement le droit de prendre séparément entre elles des arrangements particuliers pour la protection de la propriété industrielle, en tant que ces arrangements ne conviendraient point aux dispositions de la présente convention.

Art. 16. — Les Etats qui n'ont point pris part à la présente convention seront admis à y adhérer sur leur demande.

Cette adhésion sera notifiée par la voie diplomatique au gouvernement de la Confédération suisse, et par celui-ci à tous les autres.

Elle emportera, de plein droit, accession à toutes les clauses et admission à tous les avantages stipulés par la présente convention.

Art. 17. — L'exécution des engagements réciproques contenus dans la présente convention est subordonnée, en tant que de besoin, à l'accomplissement des formalités et règles établies par les lois constitutionnelles de celles des hautes parties contractantes qui sont tenues d'en provoquer l'application, ce qu'elles s'obligent à faire dans le plus bref délai possible.

Art. 18. — La présente convention sera mise à exécution dans le délai d'un mois à partir de l'échange des ratifications et demeurera en vigueur, pendant un temps déterminé, jusqu'à l'expiration d'une année à partir du jour où la dénonciation en sera faite.

Cette dénonciation sera adressée au gouvernement chargé de recevoir les adhésions. Elle ne produira son effet qu'à l'égard de l'Etat qui l'aura faite, la convention restant exécutoire pour les autres parties contractantes.

Art. 19. — La présente convention sera ratifiée, et les ratifications en seront échangées à Paris, dans le délai d'un an au plus tard.

En foi de quoi, les plénipotentiaires respectifs l'ont signée et y ont apposé leurs cachets.

Fait à Paris, le 20 mars 1883.

P. Challemel-Lacour.   *Ch. Hérisson.*   *Ch. Jagerschmidt.*   *Beyens.*
Villeneuve.   *Duc de Fernan-Nuñes*   *Crisanto Medina.*   *Ressman.*
Baron de Zuylen de Nyevelt.   *Jose da Silva Mendes Leal.*   *F. d'Acevedo.*
J. M. Torres-Calcedo.   *Sima M. Marinovitch.*   *Lardy.*   *J. Weibel.*

Protocole de clôture.

Au moment de procéder à la signature de la Convention conclue, à la date de ce jour, entre les gouvernements de la France, de la Belgique, du Brésil, de l'Espagne, du Guatemala, de l'Italie, des Pays-Bas, du Portugal, du Salvador, de la Serbie et de la Suisse, pour la protection de la propriété industrielle, les plénipotentiaires soussignés sont convenus de ce qui suit:

1. — Les mots »propriété industrielle« doivent être entendus dans leur acception la plus large, en ce sens qu'ils s'appliquent non seulement aux produits de l'industrie proprement dite, mais également aux produits de l'agriculture (vins, grains, fruits, bestiaux, etc.) et aux produits minéraux livrés au commerce (eaux minérales, etc.).

2. — Sous le nom de »brevets d'invention« sont comprises les diverses espèces de brevets industriels admises par les législations des Etats contractants, telles que brevets d'importation, brevets de perfectionnement, etc.

3. — Il est entendu que la disposition finale de l'article 2 de la convention ne porte aucune atteinte à la législation de chacun des Etats contractants, en ce qui concerne la procédure suivie devant les tribunaux et la compétence de ces tribunaux.

4. — Le paragraphe 1er de l'article 6 doit être entendu en ce sens qu'aucune marque de fabrique ou de commerce ne pourra être exclue de la protection dans l'un des Etats de l'union par le fait seul qu'elle ne satisferait pas au point de vue des signes qui la composent, aux conditions de la législation de cet Etat, pourvu qu'elle satisfasse, sur ce point, à la législation du pays d'origine et qu'elle ait été, dans ce dernier pays, l'objet d'un dépôt régulier.

Sauf cette exception, qui ne concerne que la forme de la marque, et sous réserve des dispositions des autres articles de la convention, la législation intérieure de chacun des Etats recevra son application.

Pour éviter toute fausse interprétation, il est entendu que l'usage des armoiries publiques et des décorations peut être considéré comme contraire à l'ordre public dans le sens du paragraphe final de l'article 6.

5. — L'organisation du service de la propriété industrielle mentionné

à l'article 12 comprendra, autant que possible, la publication, dans chaque Etat, d'une feuille officielle périodique.

6. — Les frais communs du bureau international institué par l'article 13 ne pourront, en aucun cas, dépasser, par année une somme totale représentant une moyenne de 2,000 fr. par chacun Etat contractant.

Pour déterminer la part contributive de chacun des Etats dans cette somme totale des frais, les Etats contractants et ceux qui adhéreraient ultérieurement à l'union seront divisés en six classes, contribuant chacune dans la proportion d'un certain nombre d'unités, savoir:

1re classe . . . . 25 unités.
2e classe . . . . 20 —
3e classe . . . . 15 —
4e classe . . . . 10 —
5e classe . . . . 5 —
6e classe . . . . 3 —

Ces cœfficients seront multipliés par le nombre des Etats de chaque classe, et la somme des produits ainsi obtenus fournira le nombre d'unités par lequel la dépense totale doit être divisée. Le quotient donnera le montant de l'unité de dépense.

Les Etats contractants sont classés ainsi qu'il suit, en vue de la répartition des frais:

1re classe . . . . . . Франce, Italie.
2e classe . . . . . . Espagne.
3e classe . . . . . { Belgique, Brésil.
                      Portugal, Suisse.
4e classe . . . . . . Pays-Bas.
5e classe . . . . . . Serbie.
6e classe . . . . . . Guatemala, Salvador.

L'administration suisse surveillera les dépenses du bureau international, fera les avances nécessaires et établira le compte annuel, qui sera communiqué à toutes les administrations.

Le bureau international centralisera les renseignements de toute nature relatifs à la protection de la propriété industrielle, et les réunira en une statistique générale qui sera distribuée à toutes les administrations. Il procédera aux études d'utilité commune intéressant l'union et rédigera, à l'aide de documents qui seront mis à sa disposition par les diverses administrations, une feuille périodique, en langue française, sur les questions concernant l'objet de l'union.

Les numéros de cette feuille, de même que tous les documents publiés par le bureau international, seront répartis entre les administrations des Etats de l'union, dans la proportion du nombre des unités contributives ci-dessus mentionnées. Les exemplaires et documents supplémentaires qui seraient réclamés, soit par lesdites administrations, soit par des sociétés ou des particuliers, seront payés à part.

Le bureau international devra se tenir en tout temps à la disposition des membres de l'union, pour leur fournir, sur les questions relatives au service international de la propriété industrielle, les renseignements spéciaux dont ils pourraient avoir besoin.

L'administration du pays ou doit siéger la prochaine conférence préparera, avec le concours du bureau international, les travaux de cette conférence.

Le directeur du bureau international assistera aux séances des conférences et prendra part aux discussions sans voix délibérative. Il fera sur sa gestion un rapport annuel qui sera communiqué à tous les membres de l'union.

La langue officielle du bureau international sera la langue française.

7. — Le présent protocole de clôture, qui sera ratifié en même temps que la convention conclue à la date de ce jour, sera considéré comme faisant partie intégrante de cette convention et aura mêmes force, valeur et durée.

En foi de quoi, les plénipotentiaires soussignés ont dressé le présent protocole.

(Suivent les signatures.)

3.

PAYS - BAS.

Acte d'adhésion à la Convention phylloxérique internationale du 3 novembre 1881*); en date du 5 octobre 1883.

Lagemans, Recueil des Traités conclus par les Pays-Bas, IX. 50.

Le soussigné, Gérant a. i. du Consulat Général des Pays-Bas en Suisse, se référant à sa conversation du 5ᵐᵉ octobre avec Monsieur le Président du Haut Conseil Fédéral Suisse et aux explications qu'il a été à même de fournir en cette occasion à Son Excellence Monsieur Ruchonnet, a l'honneur, en vertu des instructions qu'il a reçues à cet effet, de porter à la connaissance du Haut Conseil fédéral Suisse que le Gouvernement du Roi, Son Auguste Souverain, usant de la faculté que l'article 13 de la Convention phylloxérique internationale de Berne du 17 septembre 1878—3 novembre 1881 lui accorde, adhère par la présente à ladite Convention.

Le soussigné prend par conséquent la liberté de prier le Haut Conseil Fédéral Suisse de vouloir bien lui donner acte de la présente communication.

Berne, le 5 octobre 1883.

B. L. Verwey,
Consul général a. i.

---

*) V. N. R. G. 2ᵉ Série, VIII. 435.

4.

BELGIQUE, PAYS-BAS.

Convention concernant le concours de la caisse d'épargne postale des Pays-Bas et de la caisse générale d'épargne et de retraite de Belgique dans l'intérêt des habitants des deux pays; signée à la Haye, le 16 septembre 1883.

Moniteur belge du 30 sept. 1883.

Le Gouvernement de Sa Majesté le Roi des Belges et le Gouvernement de Sa Majesté le Roi des Pays-Bas désirant assurer des facilités nouvelles aux déposants à la Caisse Générale d'Epargne et de Retraite de Belgique et à la Caisse d'Epargne postale des Pays-Bas,

Sont convenus de ce qui suit:

Art. 1er. Les fonds versés à titre d'épargne, soit à la Caisse Générale d'Epargne et de Retraite de Belgique, soit à la Caisse d'Epargne postale des Pays-Bas, pourront, sur la demande des intéressés, être transférés, sans frais, réciproquement de l'une des caisses dans l'autre, par l'entremise des administrations des postes des deux pays contractants.

Les demandes de transferts internationaux seront reçues en Belgique et dans les Pays-Bas, dans tous les établissements de poste ou agences chargés, dans ces pays, du service de la Caisse d'Epargne.

Les fonds transférés seront soumis aux lois, décrets, arrêtés et règlements régissant le service de l'administration dans la caisse de laquelle ces fonds auront été transférés.

Art. 2. Les personnes affiliées à la Caisse Générale d'Epargne et de Retraite de Belgique ou à la Caisse d'Epargne postale des Pays-Bas pourront obtenir, sans frais, par l'entremise des administrations postales des deux pays, le remboursement dans l'un de ces pays des sommes déposées à la Caisse d'Epargne de l'autre pays.

Les demandes de remboursements internationaux devront êtres adressées par l'intéressé à l'administration centrale détentrice de ces fonds dans l'autre pays. Ces demandes rédigées par l'intéressé au moyen de formules spéciales mises à la disposition du public, seront déposées par lui entre les mains du chef de l'établissement de poste de sa résidence, qui les fera parvenir en franchise de port, à l'administration centrale détentrice des fonds.

Les remboursements auxquels donneront lieu ces demandes seront effectués seulement dans les établissements de poste chargés du service de la Caisse d'Epargne.

Art. 3. Chaque administration se réserve le droit de rejeter les demandes de transferts ou de remboursements internationaux qui ne rempliraient pas les conditions exigées par ses règlements intérieurs.

Art. 4. Les sommes transférées d'une Caisse dans l'autre porteront intérêt à charge de l'administration, primitivement détentrice des fonds, jusqu'à la fin du mois pendant lequel la demande de transfert s'est produite, et à charge de l'administration qui accepte le transfert, à partir du premier jour du mois suivant.

Art. 5. Les administrations de Belgique et des Pays-Bas régleront de commun accord le mode de transmission des fonds à transférer ou à rembourser en vertu des articles 1 et 2 précédents, ainsi que les taux de conversion des monnaies applicables à ces opérations, et elles arrêteront toutes autres mesures d'ordre et de détail nécessaires pour assurer l'exécution de la présente convention.

Art. 6. Chaque partie contractante se réserve la faculté, dans le cas de force majeure ou de circonstances graves, de suspendre le service des transferts et des remboursements internationaux.

Avis devra en être donné à l'administration correspondante, par la voie diplomatique.

L'avis fixera la date à partir de laquelle le service international cessera de fonctionner.

Art. 7. La présente Convention aura force et valeur à partir du jour dont les offices postaux des deux pays conviendront, dès que la promulgation en aura été faite d'après les lois particulières à chacun des deux Etats et elle demeurera obligatoire jusqu'à ce que l'une des deux parties contractantes ait annoncé à l'autre, six mois au moins à l'avance, son intention d'en faire cesser les effets.

Pendant ces six derniers mois, la Convention continuera d'avoir son exécution pleine et entière.

En foi de quoi, les soussignés, Envoyé Extraordinaire et Ministre Plénipotentiaire de Sa Majesté le Roi des Belges à La Haye et Ministre des Affaires Etrangères de Sa Majesté le Roi des Pays-Bas, dûment autorisés, ont signé la présente Convention et y ont apposé le sceau de leurs armes.

Fait à La Haye, en double original, le 16 septembre mil huit cent quatre-vingt trois.

Baron A. d'Anethan.   *de Willebois.*

5.

BELGIQUE, PAYS-BAS.

Règlement d'ordre et de détail pour l'exécution de la Convention du 16 septembre 1883 concernant le transfert et le remboursement des dépôts effectués aux caisses d'épargne respectives*); signé à la Haye le 25 septembre et à Bruxelles le 20 octobre 1883.

Lagemans, Recueil des Traités conclus par les Pays-Bas, IX. 47.

Les soussignés, vu l'article 5 de la convention du 16 septembre 1883, relative au service international de la caisse d'épargne, ont, au nom de leurs administrations respectives, arrêté d'un commun accord les dispositions suivantes, pour assurer l'exécution de la dite convention.

Art. 1. Le titulaire d'un livret de la Caisse d'Epargne postale des Pays-Bas ou de la Caisse Générale d'Epargne et de Retraite de Belgique qui, en vue d'un changement de résidence, désire obtenir le transfert de ses fonds de l'une de ces caisses sur l'autre, doit se rendre dans les Pays-Bas à un établissement de poste chargé du service de la caisse d'épargne et en Belgique à un bureau de perception des postes, à la caisse générale d'épargne, ou à une des agences de cette caisse.

Après avoir justifié de son identité, il souscrit, en double expédition, une demande de transfert énonçant ses noms et prénoms, le lieu et la date de sa naissance, sa profession, son domicile actuel et son nouveau domicile avec son adresse (s'il est possible).

Il dépose, ensuite, son livret contre un récépissé qui lui sert de titre transitoire.

Il est fait usage pour la demande et pour le récépissé, mentionnés au paragraphe précédent, de formules conformes aux modèles A^1, A^2, B^1 et B^2, annexés au présent règlement.

Art. 2. L'agent des postes qui reçoit une demande de transfert total en envoie les deux expéditions, par le plus prochain courrier, avec le livret, à l'administration centrale de la caisse d'épargne de son pays.

Cette administration, après avoir vérifié le livret et y avoir inscrit les intérêts dûs jusqu'à la fin du mois courant, formule un avis de transfert conforme aux modèles C^1 et C^2 ci-annexés, énonçant le nom, les prénoms, la profession, la date et le lieu de naissance de l'intéressé, le montant de la somme à transférer, avec les intérêts, et le lieu de la nouvelle résidence de l'intéressé ou le bureau de poste où il désire continuer ses opérations.

La dite administration conserve dans ses archives le livret appuyé de l'une des expéditions de la demande de transfert. Elle adresse sous pli

---

*) V. ci-dessus, No. 4.

recommandé d'office, à l'administration correspondante, l'autre expédition de la demande, ainsi que l'avis de transfert et un mandat de poste spécial délivré au profit de cette dernière administration, pour la somme à transférer, somme qui est convertie dans la monnaie du pays de destination, d'après un taux se rapprochant autant que possible du cours du change du jour.

L'administration correspondante accuse immédiatement réception de l'envoi, au moyen d'une formule conforme aux modèles D^1 et D^2, ci-après, et elle est, dès ce moment, rendue responsable, envers qui de droit, du montant de la somme à transférer.

Art. 3. Aussitôt après réception des pièces mentionnées à l'article précédent, l'administration de la caisse d'épargne du pays de la nouvelle résidence de l'intéressé fait émettre à son nom, un livret nouveau, pour le montant, en monnaie nationale, du transfert autorisé avec les intérêts dûs.

Un avis est envoyé à domicile à l'intéressé, pour le prévenir de l'émission du nouveau livret, lequel lui est ensuite remis, au plus tard dix jours après la date de la demande, en échange du récépissé qui lui a été délivré lors du dépôt de son ancien livret et sur la production, au besoin, d'autres pièces destinées à établir son identité.

Art. 4. Dans le cas où l'intéressé demanderait le transfert d'une partie seulement des fonds versés par lui, il serait procédé ainsi qu'il est dit aux articles 1, 2 et 3 précédents, sauf qu'il ne serait pas suit de décompte d'intérêts et que le livret original portant mention de la somme transférée, devrait être annexé au mandat et à l'avis modèle C, pour être restitué ensuite à l'intéressé, en même temps que le livret nouveau.

Art. 5. Les livrets soumis à des conditions particulières de remboursement, peuvent également faire l'objet d'un transfert de l'une des deux caisses sur l'autre, à moins que le donateur n'ait fait à cet égard des réserves expresses.

Il y a lieu, le cas échéant, de mentionner les conditions dans l'avis de transfert afin qu'elles soient reproduites sur le nouveau livret à délivrer.

Art. 6. En cas de transfert total les intérêts de la somme transférée sont calculés dans le livret nouveau, jusqu'à la fin du mois où le transfert a été demandé.

Toutefois, si un remboursement total ou partiel était réclamé avant la fin du même mois, il y aurait lieu à une reduction proportionnelle d'intérêts, à partir du 1er ou du 16me du mois avant le jour du remboursement, selon le cas.

Art. 7. Le titulaire d'un livret qui, après avoir changé de résidence, demande le transfert sur la caisse du pays de sa résidence actuelle, des fonds versés à la caisse d'épargne de l'autre pays, est soumis aux règles et formalités prescrites par l'article premier.

L'administration qui reçoit la demande de transfert l'envoie avec le livret, sous pli recommandé d'office, à l'administration qui a émis le livret et celle-ci procède ensuite de la même façon que si la demande s'était produite dans un de ses bureaux.

Art. 8. Pour obtenir dans les Pays-Bas le remboursement partiel ou total de sommes déposées à la Caisse Générale d'Epargne et de Retraite de Belgique, et pour obtenir en Belgique le remboursement partiel ou total de sommes versées à la Caisse d'Epargne postale des Pays-Bas, les intéressés doivent se rendre dans un établissement de poste chargé du service de la caisse d'épargne, y déposer leur livret contre récépissé (modèles B¹ et B²) et souscrire une demande formulée d'après les modèles E¹ et E² ci-annexés.

Le livret et la demande sont envoyés directement et sous pli recommandé d'office, à l'administration de la caisse d'épargne qui a émis le livret et cette administration, après avoir vérifié le compte du déposant, délivre au profit de l'administration de la caisse d'épargne du pays où le remboursement est demandé, un mandat poste spécial, énonçant dans la monnaie des deux pays, la somme à payer à l'intéressé, la conversion étant opérée d'après la manière indiquée dans l'article 2.

Le mandat accompagné du livret et des renseignements propres à faire constater l'identité du demandeur, est envoyé sous pli recommandé d'office à l'administration correspondante, qui prend les mesures nécessaires pour faire effectuer le payement contre acquit de l'intéressé et après restitution du récépissé de dépôt.

Art. 9. Tout remboursement doit être inscrit au livret par le comptable chargé de l'effectuer. La somme est indiquée en florins et cents sur les livrets émis dans les Pays-Bas et en francs et centimes sur les livrets émis en Belgique.

Le livret est ensuite rendu à l'intéressé à moins qu'il ne s'agisse d'un remboursement intégral.

Dans ce cas le livret soldé est envoyé à l'administration correspondante.

Art. 10. Chaque administration se réserve la faculté de prescrire telles mesures qu'elle jugera utiles dans l'intérêt de sa reponsabilité, pour la constatation de l'identité des titulaires de livrets et d'appliquer au service international de la caisse d'épargne les règles de son service intérieur en tant que ces règles ne soient pas en opposition avec les dispositions de la convention du 16 septembre 1883 et du présent règlement.

Art. 11. A l'expiration du mois chaque administration dresse un relevé des mandats émis à son profit, et se rapportant à des transferts et remboursements réalisés.

Ces relevés accompagnés des mandats sont communiqués de part et d'autre, à l'administration correspondante.

Après vérification et acceptation, les dits relevés sont réciproquement renvoyés par les deux administrations et soldés au moyen de traites sur Amsterdam ou sur Bruxelles.

Dans le cas où la somme due par l'une administration à l'autre ne dépasserait pas 50 florins ou 100 francs le payement pourra être différé jusqu'au mois suivant.

Art. 12. La convention du 16 septembre 1883 sera mise à exécution le 1 novembre 1883, ainsi que le présent règlement, lequel aura la même durée que cette convention, à moins qu'il ne soit renouvelé ou modifié de commun accord entre les deux parties contractantes.

Fait à la Haye, le 25 septembre 1883 et à Bruxelles le 20 octobre 1883.

J. Vinchent.   *Hofstede.*
Leon Cans.

6.

BELGIQUE, PAYS-BAS.

Déclaration concernant l'admission réciproque des médecins vétérinaires établis dans les communes limitrophes; signée à la Haye, le 5 mars 1884.

Lagemans, Recueil des Traités conclus par les Pays-Bas, IX. 65.

Le Gouvernement de Sa Majesté le Roi des Pays-Bas et le Gouvernement de Sa Majesté le Roi des Belges, ayant jugé utile d'autoriser les médecins vétérinaires établis dans les communes limitrophes des deux Pays à exercer leur art dans les communes limitrophes de l'autre Pays,

les soussignés, Ministres des Affaires Étrangères et de l'Intérieur de Sa Majesté le Roi des Pays-Bas d'une part, et

le soussigné, Envoyé Extraordinaire et Ministre Plénipotentiaire de Sa Majesté le Roi des Belges d'autre part,

dûment autorisés, sont, par la présente déclaration, convenus de ce qui suit:

Art. 1. Les médecins vétérinaires Néerlandais, établis dans les communes Néerlandaises limitrophes de la Belgique et les médecins vétérinaires Belges, établis dans les communes Belges limitrophes des Pays-Bas, jouiront en ce qui concerne leur art, des avantages stipulés par la Convention conclue le 7 décembre 1868 entre les Pays-Bas et la Belgique*), sous les conditions énoncées aux articles 2 et 3 de la dite convention.

Art. 2. Sont exclus du bénéfice de l'article précédent dans les Pays-Bas les maréchaux vétérinaires Belges, qui sont autorisés à exercer dans leur pays la médecine vétérinaire en vertu de l'article 48 de la loi du 11 juin 1850, et en Belgique les personnes qui, aux termes des articles 15 et 16 de la loi Néerlandaise du 8 juillet 1874, modifiée par celle du 4 avril 1875, sont autorisés à exercer l'art vétérinaire.

Art. 3. La présente déclaration entrera en vigueur dix jours après sa publication dans les formes prescrites par les lois des Pays respectifs; elle aura la même durée que la convention du 7 décembre 1868, à laquelle elle se rapporte.

---

*) V. *Archives diplomatiques*, 1869, IV. 1422.

En foi de quoi les Plénipotentiaires respectifs l'ont signée et y ont apposé leurs cachets.

Fait en double expédition à la Haye le cinquième jour du mois de mars de l'an de grâce mil huit cent quatre vingt quatre.

Van der Does de Willebois.   *Heemskerk.*   *B^{on}. d'Anethan.*

7.

BELGIQUE, PAYS-BAS.

Déclaration modifiant le Règlement international du 20 mai 1843*) concernant la pêche et le commerce de pêcherie; signée à la Haye, le 3 avril 1884.

Lagemans, Recueil des Traités conclus par les Pays-Bas, IX. 73.

Attendu qu'il a paru nécessaire dans l'intérêt de la pêche dans l'Escant, de modifier l'art. 6 du règlement international du 20 mai 1843, dont les dispositions sont incompatibles avec la convention, conclue à la Haye le 6 mai 1882**), pour régler la police de la pêche dans la mer du Nord, en dehors des eaux territoriales,

le soussigné, Ministre des Affaires Etrangères de Sa Majesté le Roi des Pays-Bas, d'une part, et

le soussigné, Envoyé Extraordinaire et Ministre Plénipotentiaire de Sa Majesté le Roi des Belges, d'autre part,

dûment autorisés à cet effet sont, par la présente déclaration, convenus de ce qui suit:

Art. 1. Le § 1 de l'art. 6 du règlement international du 20 mai 1843 sera remplacé par la disposition suivante:

»Ce permis énoncera les nom, prénoms et domicile du pêcheur et les marques distinctives, que son bateau portera selon ce qui est prescrit par les artt. 6, 7, 8 et. 9 de la convention, conclue à la Haye, le 6 mai 1882 entre les Pays-Bas, la Belgique, l'Allemagne, le Danemark, la France et le Royaume Uni de la Grande Bretagne et d'Irlande, pour regler la police de la pêche dans la mer du Nord, en dehors des eaux territoriales.«

Le § 2 du dit article est supprimé.

Art. 2. La présente déclaration entrera en vigueur le même jour que la convention du 6 mai 1882, rappelée ci-dessus.

---

*) V. N. R. G. V. 294.
**) V. N. R. G. 2º Série, IX. 556.

En foi de quoi les soussignés ont muni la présente déclaration de leurs signatures et y ont apposé leurs cachets.

Fait en double expédition à la Haye, le troisième jour du mois d'avril de l'an de grâce mil huit cent quatre vingt quatre.

Van der Does de Willebois.   *A. B^{on}. d'Anethan.*

8.

PAYS-BAS, ROUMANIE.

Convention de commerce et de navigation signée à Bucharest, le 17 (5) juin 1881 *).

Lagemans, Recueil des Traités conclus par les Pays-Bas, IX. 94.

Sa Majesté le Roi des Pays-Bas et
Sa Majesté le Roi de Roumanie également animés du désir d'améliorer et d'étendre les relations de commerce et de navigation entre Leurs Etats respectifs, on résolu de conclure un traité à cet effet, et ont nommé pour Leurs Plénipotentiaires, savoir:

Sa Majesté le Roi des Pays-Bas, monsieur J. A. Keun, chevalier, etc. etc., chargé d'affaires des Pays-Bas;

Sa Majesté le Roi de Roumanie, monsieur D. Bratiano, Président du conseil des ministres et Ministre des Affaires Etrangères;

lesquels, après s'être communiqué leurs pleins pouvoirs trouvés en bonne et due forme, sont convenus des articles suivants:

Art. 1. Les sujets respectifs des deux Hautes Parties contractantes seront assimilés aux nationaux pour tout ce qui regarde l'exercice du commerce, de l'industrie et le paiement des impôts.

Ils seront assimilés aux sujets de la nation étrangère la plus favorisée en ce qui regarde leur position personnelle sous tous les autres rapports.

Ils auront le droit d'exercer librement leur religion et celui d'acquérir, de posséder et d'aliéner, de quelque manière que ce soit, toute espèce de propriété que les lois du pays ou les traités à conclure permettent ou permettront aux sujets de toute autre nation de posséder.

Les dispositions qui précèdent ne dérogent pas aux distinctions légales entre les personnes d'origine occidentale et orientale dans les possessions Néerlandaises de l'Archipel oriental, distinctions qui seront également applicables aux sujets de la Roumanie dans ces possessions.

Art. 2. Les produits du sol et de l'industrie du Royaume des Pays-

---

*) L'échange des ratifications a eu lieu le 9 sept. 1882.

Bas et de ses Colonies de quelque part qu'ils viennent et toute marchandise sans distinction d'origine venant de ce Royaume ou de ces Colonies et qui seront importés en Roumanie ne seront assujettis, soit pour la consommation, l'entrepôt, la réexportation et le transit à des droits et taxes autres ou plus élevés, soit générales, soit locales, soit municipales, et seront traités sous tous les rapports, comme les produits du sol et de l'industrie de la nation la plus favorisée.

Réciproquement les produits du sol et de l'industrie du Royaume de Roumanie de quelque part qu'ils viennent et toutes les marchandises sans distinction d'origine venant de Roumanie et qui seront importés dans les Pays-Bas ou dans ses Colonies ne seront assujettis, soit pour la consommation, l'entrepôt, le transit ou la réexportation à des droits et taxes autres ou plus élevés, soit générales, soit locales, soit municipales, et seront traités sous tous les rapports, comme les produits du sol ou des manufactures de la nation la plus favorisée.

Ces dispositions ne s'appliquent pas:

1º A la bonification extra-ordinaire de sept pour cent dont jouissent à titre de déchèt sur les taux du droit d'accise les sels marins bruts d'origine Français importé directement de France dans les Pays-Bas par mer ni à la franchise de droits d'entrée accordée aux Etats indigènes de l'Archipel oriental pour l'importation de leurs produits dans les Colonies des Pays-Bas.

2º Aux avantages spéciaux accordés actuellement en Roumanie à l'Empire d'Autriche-Hongrie et à celui de Russie pour la réduction des droits dont l'application est restreinte à certaines frontieres ou aux habitants de certains districts afin de faciliter le commerce de frontière.

Art. 3. Les deux Hautes Parties contractantes se garantissent réciproquement le traitement de la nation étrangère la plus favorisée pour tout ce qui concerne le transit et l'exportation.

Art. 4. Le traitement réservé au pavillon national pour tout ce qui regarde les navires ou leur cargaison, sera réciproquement garanti en tous points et en toute circonstance aux navires des deux Hautes Parties contractantes dans le Royaume des Pays-Bas et ses Colonies, comme dans le Royaume de Roumanie.

La nationalité des bâtiments sera admise de part et d'autre d'après les lois et réglements particuliers de chaque pays, au moyen des titres et patentes délivrés aux capitaines ou patrons par les autorités compétentes.

Ces dispositions ne s'appliquent pas au cabotage en Roumanie et dans les Colonies Néerlandaises réservé au pavillon national.

A ces égards, les Hautes Parties contractantes se garantissent le traitement de la nation étrangère la plus favorisée, sauf les privilèges, accordés quant au cabotage dans les Colonies Néerlandaises aux peuples indigènes de l'Archipel oriental.

Art. 5. Toute réduction de tarif, toute faveur, toute immunité que l'une des Hautes Parties contractantes accordera aux sujets, au commerce, aux produits du sol ou de l'industrie ou du pavillon d'une tierce Puissance, sera immédiatement et sans conditions étendue à l'autre de ces Hautes Parties.

Aucune des Hautes Parties contractantes ne soumettra l'autre à une prohibition ou une charge légale sous un de ces rapports qui ne serait appliquée en même temps à toutes les autres nations.

Art. 6. Les sujets de l'une des Hautes Parties contractantes jouiront dans les États de l'autre de la même protection que les nationaux pour tout ce qui concerne la propriété des marques de commerce et de fabrique, sous la condition de remplir les formalités prescrites à ce sujet par la législation respective des deux pays.

Art. 7. La présente convention restera en vigueur pendant dix années à partir du jour de l'échange des ratifications.

Dans le cas où une des Hautes Parties contractantes n'aurait notifié douze mois avant la fin de la dite période son intention d'en faire cesser les effets, la convention demeurera obligatoire jusqu'à l'expiration d'une année à partir du jour ou l'une ou l'autre des deux Hautes Parties contractantes l'aura dénoncée.

Art. 8. La présente convention sera ratifiée et les ratifications en seront échangées à Bucharest aussitôt que faire se pourra.

En foi de quoi les Plénipotentiaires l'ont signé et y ont apposé leurs cachets.

Fait à Bucharest en double original le 5/17 juin 1881 (mil huit cent quatre vingt un).

J. A. Keun.   *D. Bratiano.*

9.

PAYS - BAS, ROUMANIE.

Convention d'extradition signée à la Haye, le 13 septembre 1881 *)

Lagemans , Recueil des Traités conclus par les Pays - Bas , VIII. 295.

Sa Majesté le roi des Pays-Bas et Sa Majesté le Roi de Roumanie ayant résolu d'un commun accord de conclure une Convention pour l'extradition des malfaiteurs, ont nommé à cet effet, pour Leurs plénipotentiaires, savoir:

Sa Majesté le Roi des Pays-Bas:

le baron Constant Théodore de Lynden de Sandenbourg, grand-croix etc. etc., Son chambellan et Ministre des Affaires Étrangères, et

monsieur Antoine Ewoud Jean Modderman, commandeur etc. etc., Son Ministre de la Justice; et

Sa Majesté le Roi de Roumanie:

monsieur Michel Mitilineo, commandeur etc. etc., Son Ministre Résident près la Cour des Pays - Bas;

---

*) Les ratifications ont été échangées le 18 mai 1883.

lesquels, après être communiqué leurs pleins pouvoirs trouvés en bonne et due forme, sont convenus des articles suivants:

Art. 1. Le Gouvernement des Pays-Bas et le Gouvernement de Roumanie s'engagent à se livrer réciproquement, suivant les règles déterminées par les articles suivants, à l'exception de leurs nationaux, les individus condamnés, accusés ou prévenus à raison des crimes ou délits ci-après énumérés, commis hors du territoire de la partie à laquelle l'extradition est demandée:

1º attentat contre la vie du Souverain ou des membres de Sa famille;

2º meurtre, assassinat, parricide, infanticide, empoisonnement;

8º menaces d'un attentat contre les personnes, punissables de peines criminelles;

4º avortement;

5º blessures ou coups volontaires ayant occasionné une maladie ou incapacité de travail personnel pendant plus de vingt jours, ou commis avec préméditation;

6º viol ou tout autre attentat à la pudeur commis avec violence;

7º attentat aux mœurs, en excitant, favorisant ou facilitant habituellement la débauche ou la corruption de la jeunesse de l'un ou de l'autre sexe au dessous de l'âge de vingt et un ans;

8º bigamie;

9º enlèvement, recel, suppression, substitution ou supposition d'un enfant;

10º enlèvement de mineurs;

11º contrefaçon, falsification, altération ou rognement de monnaie, ou participation volontaire à l'émission de monnaie contrefaite, falsifiée, altérée ou rognée;

12º faux, commis à l'égard des sceaux de l'État, des billets de banque, des effets publics et des poinçons, timbres et marques, de papier monnaie et de timbres poste;

18º faux en écriture publique ou authentique, de commerce ou de banque, ou en écriture privée à l'exception des faux commis dans les passeports, feuilles de route et certificats;

14º faux témoignage, subornation de témoins, faux serment;

15º corruption de fonctionnaires publics, concussion, soustraction ou détournement commis par des percepteurs ou dépositaires publics;

16º incendie volontaire;

17º destruction ou renversement volontaire, par quelque moyen que ce soit, en tout ou en partie, d'édifices, de ponts, digues ou chaussées, ou autres constructions appartenant à autrui;

18º pillage, dégât de denrées ou marchandises, effets, propriétés mobilières, commis en réunion ou bande et à force ouverte;

19º perte, échouement, destruction ou dégât illégal et volontaire de aisseaux ou autres navires (baraterie);

20º émeute et rébellion des passagers à bord d'un vaisseau contre le capitaine et des gens de l'équipage contre leurs supérieurs;

21º le fait volontaire d'avoir mis en péril un convoi sur un chemin de fer;

22º vol;

23º escroquerie;

24º abus de blanc seign;

25º détournement ou dissipation, au préjudice du propriétaire, possesseur ou détenteur, de biens ou valeurs, qui n'ont été remis qu'à titre de dépôt ou pour un travail salarié (abus de confiance);

26º banqueroute frauduleuse.

Sont comprises dans les qualifications précédentes la tentative et la complicité, lorsqu'elles sont punissables d'après la législation du pays auquel l'extradition est demandée.

Art. 2. L'extradition n'aura pas lieu:

1º dans le cas d'un crime ou d'un délit commis dans un pays tiers, lorsque la demande d'extradition sera faite par le Gouvernement de ce pays;

2º lorsque la demande en sera motivée par le même crime ou délit pour lequel l'individu réclamé a été jugé dans le pays requis, et du chef duquel il y a été condamné, absous ou acquitté;

3º si la prescription de l'action ou de la peine est acquise d'après les lois du pays auquel l'extradition est demandée, avant l'arrestation de l'individu réclamé, ou, si l'arrestation n'a pas encore eu lieu, avant qu'il ait été cité devant le tribunal pour être entendu.

Art. 3. L'extradition n'aura pas lieu aussi longtemps que l'individu réclamé est poursuivi pour le même crime ou délit dans le pays auquel l'extradition est demandée.

Art. 4. Si l'individu réclamé est poursuivi ou subit une peine pour une autre infraction, que celle qui a donné lieu à la demande d'extradition, son extradition ne pourra être accordée qu'après la fin de la poursuite dans le pays auquel l'extradition est demandée, et, en cas de condamnation, qu'après qu'il aura subi sa peine ou qu'il aura été. gracié.

Néanmoins, si d'après les lois du pays qui demande l'extradition, la prescription de la poursuite pourrait résulter de ce délai, son extradition sera accordée, à moins de considérations spéciales qui s'y opposent, et sous l'obligation de renvoyer l'extradé aussitôt que la poursuite dans le dit pays sera terminée.

Art. 5. Il est expressément stipulé que l'individu extradé ne pourra être ni poursuivi, ni puni dans le pays auquel l'extradition a été accordée, pour un crime ou un délit quelconque non prévu par la présente convention et antérieur à son extradition, et qu'il ne pourra pas non plus être extradé pour un tel crime ou délit à un Etat tiers sans le consentement de celui qui a accordé l'extradition, à moins qu'il n'ait eu la liberté de quitter de nouveau le pays susdit pendant un mois après avoir été jugé, et, en cas de condamnation, après avoir subi sa peine ou après avoir été gracié.

Art. 6. Les dispositions du présent traité, ne sont point applicables aux personnes qui se sont rendues coupables de quelque crime ou délit politique. La personne, qui a été extradée à raison de l'un des crimes ou délits communs mentionnées à l'article 1, ne peut par conséquent, en aucun cas, être poursuivie et punie dans l'État auquel l'extradition a été

accordée, à raison d'un crime ou délit politique commis par elle avant
l'extradition, ni à raison d'un fait connexe à un semblable crime ou délit politique.

Art. 7. L'extradition sera demandée par la voie diplomatique; elle
ne sera accordée que sur la production de l'original ou d'une expédition
authentique, soit d'un jugement de condamnation, soit d'une ordonnance
de mise en accusation ou de renvoi devant la justice répressive avec mandat d'arrêt, délivré dans les formes prescrites par la législation du pays
qui fait la demande et indiquant le crime ou le délit dont il s'agit, ainsi
que la disposition pénale qui lui est applicable.

Art. 8. Les objets saisis en la possession de l'individu réclamé seront livrés à l'État réclamant, si l'autorité compétente de l'État requis en
a ordonné la remise.

Art. 9. L'étranger, dont l'extradition est demandée pour l'un des
faits mentionnés à l'article 1, pourra être arrêté provisoirement dans chacun
des deux pays, d'après les formes et les règles prescrites par les législations respectives.

Art. 10. En attendant la demande d'extradition par la voie diplomatique, l'étranger, dont l'extradition peut être demandée pour l'un des
faits mentionnés à l'article 1, pourra être arrêté provisoirement d'après
les formes et les règles prescrites par la législation du pays auquel l'extradition est demandée.

L'arrestation provisoire pourra être demandée:

dans les Pays-Bas: par tout juge d'instruction (juge - commissaire) ou
tout officier de justice;

en Roumanie par le juge d'instruction ou tout autre officier de justice.

Art. 11. L'étranger arrêté provisoirement, aux termes de l'article
précédent, sera, à moins que son arrestation ne doive être maintenue pour
un autre motif, mis en liberté, si dans le délai de vingt jours après la
date du mandat d'arrestation provisoire la demande d'extradition par voie
diplomatique, munie des documents requis, n'a pas été faite.

Art. 12. Lorsque, dans la poursuite d'une affaire pénale, un des
Gouvernements jugera nécessaire l'audition de témoins se trouvant dans
l'autre État, une commission rogatoire sera envoyée à cet effet par la voie
diplomatique, et il y sera donné suite, en observant les lois du pays, où
les témoins seront invités à comparaître.

En cas d'urgence toutefois, une commission rogatoire pourra être directement adressée par l'autorité judiciaire dans l'un des États à l'autorité judiciaire dans l'autre État.

Toute commission rogatoire, ayant pour but de demander une audition
de témoins, devra être accompagnée d'une traduction française.

Art. 13. Si dans une cause pénale la comparution personnelle d'un
témoin dans l'autre pays est nécessaire ou désirée, son Gouvernement l'engagera à se rendre à l'invitation qui lui sera faite, et en cas de consentement, il lui sera accordé des frais de voyage et de séjour, d'après les
tarifs et règlements en vigueur dans le pays où l'audition devra avoir lieu,

sauf le cas où le Gouvernement requérant estimera devoir allouer au témoin une plus forte indemnité.

Aucun témoin, quelle que soit sa nationalité, qui, cité dans l'un des deux pays, comparaîtra volontairement devant les juges de l'autre pays, ne pourra y être poursuivi ou détenu pour des faits ou condamnations criminels antérieurs, ni sous prétexte de complicité dans les faits, objets du procès où il figurera comme témoin.

Art. 14. Lorsque dans une cause pénale la confrontation de criminels, détenus dans l'autre État, ou bien la communication de pièces de conviction ou de documents, qui se trouveraient entre les mains des autorités de l'autre pays, sera jugée utile ou nécessaire, la demande en sera faite par la voie diplomatique, et l'on y donnera suite, à moins de considérations spéciales qui s'y opposent, et sous l'obligation de renvoyer les criminels et les pièces.

Art. 15. Le transit, à travers le territoire de l'une des parties contractantes, d'un individu livré par une tierce puissance à l'autre partie et n'appartenant pas au pays de transit, sera accordé sur la simple production, en original ou en expédition authentique, de l'un des actes de procédure mentionnés à l'article 7, pourvu que le fait servant de base à l'extradition soit compris dans la présente convention et ne rentre pas dans les prévisions des articles 2 et 6, et que le transport ait lieu, quant à l'escorte, avec le concours de fonctionnaires du pays qui autorise le transit sur son territoire.

Les frais de transit seront à la charge du pays réclamant.

Art. 16. Les Gouvernements respectifs renoncent de part et d'autre à toute réclamation pour restitution des frais d'entretien, de transport et autres, qui pourraient résulter, dans les limites de leurs territoires respectifs, de l'extradition des prévenus, accusés ou condamnés ainsi que de ceux résultant de l'exécution des commissions rogatoires, du transport et du renvoi des criminels à confronter, et de l'envoie et de la restitution des pièces de conviction ou des documents.

Au cas où le transport par mer serait jugé préférable, l'individu à extrader sera conduit au port que désignera l'agent diplomatique ou consulaire du Gouvernement réclamant, au frais duquel il sera embarqué.

Art. 17. La présente convention ne sera exécutoire qu'à dater du vingtième jour après sa promulgation dans les formes prescrites par les lois des deux pays.

Elle continuera à sortir ses effets pendant six mois après qu'elle aura été dénoncée par l'un des deux Gouvernements.

Elle sera ratifiée et les ratifications en seront échangées aussitôt que faire se pourra.

En foi de quoi les plénipotentiaires respectifs ont signé la présente convention et y ont apposé le cachet de leurs armes.

Fait en double expédition à la Haye, le 13 septembre 1881.

De Lynden de Sandenburg.   *A. E. J. Modderman.*   *M. Mitilineo.*

10.

PAYS-BAS, PORTUGAL.

Convention consulaire signée à Lisbonne, le 1er décembre
1880 *),

Lagemans, Recueil des Traités conclus par les Pays-Bas, VIII. 269.

Sa Majesté le Roi des Pays-Bas et Sa Majesté le Roi de Portugal et
des Algarves,

également animés du désir de déterminer avec précision les droits,
priviléges et immunités réciproques des Agents consulaires respectifs, ainsi
que leurs fonctions et les obligations auxquelles ils seront soumis dans les
deux pays, ont résolu de conclure une Convention Consulaire et ont nommé
pour Leurs plénipotentiaires, savoir:

Sa Majesté le Roi des Pays-Bas:

le sieur Adrien Mazel, chevalier etc., Son Ministre Résident près Sa
Majesté Très-Fidèle etc. etc. etc.,

et Sa Majesté le Roi de Portugal et des Algarves:

le sieur Anselme Joseph Braamcamp, du Conseil de Sa Majesté et
Conseiller d'Etat, Président du Conseil des Ministres et Ministre et Secré-
taire d'Etat au Département des Affaires Etrangères, Député de la nation
Portugaise, Grand' Croix etc. etc. etc.;

lesquels, ayant échangé leurs pleins pouvoirs respectifs, trouvés en
bonne et due forme, sont convenus des articles suivants:

Art. 1. Chacune des deux Hautes Parties contractantes consent à
admettre des Consuls-généraux, Consuls, Vice-Consuls et Agents consulaires
de l'autre dans tous ses ports, villes et places, excepté dans les localités
où il y aurait inconvénient à admettre de tels agents.

Cette réserve, toutefois, ne sera pas appliquée à l'une des Hautes Parties contractantes, sans l'être également à toute autre Puissance.

Art. 2. Les Consuls-généraux, Consuls, Vice-Consuls et Agents consulaires de chacune des deux Hautes Parties contractantes, avant d'être
admis à l'exercice de leurs fonctions et de jouir des immunités qui y sont
attachées, devront produire une commission dans la forme adoptée dans leur
pays, et faire connaître le ressort qui leur est assigné.

Le Gouvernement territorial leur délivrera, sans aucuns frais, l'exéquatur nécessaire à l'exercice de leurs fonctions, et, sur l'exhibition de cette
pièce, ils jouiront des droits, prérogatives et immunités accordés par la
présente convention.

Le Gouvernement qui accorde l'exéquatur, aura la faculté de le retirer
en indiquant les motifs pour lesquels il juge convenable de le faire.

---

*) Les ratifications ont été échangées à Lisbonne, le 12 août 1882.

Tout changement dans le ressort du titulaire sera porté à la connaissance de ce Gouvernement.

Art. 3. Les Consuls-généraux, Consuls, Vice-Consuls, Agents consulaires et élèves-consuls de chacune des deux Hautes Parties contractantes jouiront réciproquement dans les Etats de l'autre de tous les priviléges, exemptions et immunités, dont jouissent ou jouiront dans la suite les agents de même qualité de la nation la plus favorisée.

Ils seront, lorsqu'ils sont citoyens de l'Etat qui les a nommés, exempts du logement militaire, de tout service, tant dans l'armée régulière de terre ou de mer, que dans la garde nationale ou civique, ou milice.

Dans le même cas et lorsqu'en outre ils n'exercent aucun commerce ni aucune industrie, ils seront également exempts de l'impot personnel et de toutes autres impositions publiques, perçues pour le compte de l'Etat, des provinces ou des communes et ayant un caractère direct ou personnel, sans que cette immunité puisse jamais s'étendre aux droits de douane, d'accise ou d'octroi, ou aux contributions indirectes.

Il est bien entendu que les contributions auxquelles l'un de ces agents pourrait être sujet à raison des propriétés foncières qu'il posséderait dans le pays où il exerce ses fonctions, ne sont point comprises dans l'exemption ci-dessus mentionnée.

Art. 4. Lorsque la justice de l'un des deux pays aura à entendre, comme témoin, un Consul-général, Consul, Vice-Consul ou Agent consulaire de l'autre Haute Partie contractante, citoyen de l'Etat qui l'a nommé, et n'exerçant aucun commerce ni aucune industrie, elle l'invitera par écrit à se présenter devant elle, et, en cas d'empêchement, elle pourra lui demander son témoignage par écrit, ou se transporter à sa demeure ou chancellerie pour obtenir sa déposition de vive voix.

Pour appeler un des dits agents en témoignage devant la justice du pays où il réside, la partie intéressée, s'il s'agit d'une affaire civile, ou l'accusé, s'il s'agit d'une affaire pénale, devra en conséquence s'adresser au juge saisi de l'affaire, lequel invitera l'agent dans la forme déterminée au § 1 du présent article, à faire sa déposition.

Les dits agents devront satisfaire à cette invitation, sans toutefois pouvoir y être contraints par les moyens ordinaires.

Art. 5. Les Consuls-généraux, Consuls, Vice-Consuls et Agents consulaires pourront placer au dessus de la porte extérieure de leur chancellerie ou de leur maison d'habitation un tableau aux armes de leur nation avec une inscription portant ces mots: »Consulat Général, Consulat, Vice-Consulat ou Agence Consulaire des Pays-Bas ou de Portugal«. Ils pourront aussi y arborer le drapeau de leur pays.

Art. 6. Les archives consulaires seront inviolables en tout temps, et les autorités locales ne pourront, sous aucun prétexte, visiter ou saisir les papiers qui en font partie. Ces papiers devront toujours être complètement séparés des livres ou papiers relatifs au commerce ou à l'industrie que pourraient exercer les fonctionnaires consulaires respectifs.

Art. 7. En cas d'empêchement, d'absence ou de décès des Consuls-généraux, des Consuls, de Vice-Consuls et Agents consulaires, leurs élèves-

consuls, chanceliers ou secrétaires, après que leur caractère officiel aura été
notifié au Ministre des Affaires Etrangères à La Haye ou à Lisbonne,
seront de plein droit admis à gérer par interim les affaires du Consulat
et jouiront pendant la durée de cette gestion temporaire, pour autant que
leur position comme étrangers non commerçants y donne lieu, conformément à l'article 3, de tous les droits, priviléges et immunités accordés aux
titulaires.

Art. 8.   Les Consuls-généraux et Consuls, dûment autorisés par leurs
Gouvernements, pourront nommer des Vice-Consuls et Agents consulaires
dans les villes, ports et places compris dans leur arrondissement.

Ces agents pourront être choisis indistinctement parmi les Néerlandais,
les Portugais, ou les citoyens d'autres pays.   Ils seront munis d'une commission régulière et, après avoir obtenu l'exéquatur, jouiront des priviléges
stipulés dans cette convention en faveur des Agents du service consulaire,
sauf les distinctions établies à l'article 3.

Art. 9.   Les Consuls-généraux, Consuls, Vice-Consuls et Agents consulaires des deux Hautes Parties contractantes auront le droit de s'a-
dresser aux autorités du pays, de la province ou de la commune, dans toute
l'étendue de leur arrondissement consulaire, pour réclamer contre toute
infraction aux traités ou conventions, existant entre les Pays-Bas et le
Portugal, et pour protéger les droits et les intérêts de leurs nationaux.

Si leurs réclamations n'étaient pas accueillies par ces autorités, ils
pourraient avoir recours, à défaut d'un agent diplomatique de leur pays,
au Gouvernement de l'Etat dans lequel ils résident.

Art. 10.   Les Consuls-généraux, Consuls, Vice-Consuls et Agents consulaires auront le droit de recevoir dans leur chancellerie, dans leur demeure
privée, dans celle des parties ou à bord des bâtiments les déclarations
des capitaines et équipages des navires de leur pays, des passagers qui
se trouvent à bord et de tout autre citoyen de leur nation.

Ils pourront traduire et légaliser toute espèce d'actes et de documents,
émanés des autorités ou fonctionnaires de leur pays, et ces traductions,
dûment légalisées par les Consuls-généraux, Consuls, Vice-Consuls ou Agents
consulaires et munies de leur cachet officiel, auront la même force et
valeur que si elles eussent été faites par les interprètes jurés du pays.

Art. 11.   Les Consuls-généraux, Consuls, Vice-Consuls et Agents consulaires respectifs seront, à la requête du capitaine ou de l'officier qui le
remplace exclusivement chargés de l'ordre intérieur à bord des navires de
commerce de leur nation.

Ils connaîtront seuls de tous les différends qui se seront élevés en
mer ou qui s'élèveront dans les ports entre le capitaine, les officiers et
les hommes de l'équipage, y compris ceux qui concernent le règlement des
salaires et l'exécution des engagements réciproquement consentis.   Les tribunaux ou autres autorités du pays ne pourront à aucun titre s'immiscer
dans ces différends, à moins que ceux-ci ne soient de nature à troubler
la tranquillité et l'ordre public à terre ou dans le port, ou que des personnes étrangères à l'équipage ne s'y trouvent mêlées.

Art. 12.   Les Consuls-généraux, Consuls, Vice-Consuls et Agents consulaires des deux pays pourront respectivement faire arrêter et renvoyer soit à bord, soit dans leurs pays, les officiers, matelots ou autres personnes appartenant à l'équipage d'un bâtiment de guerre ou bâtiment marchand de leur nation, qui en auraient déserté, dans un des ports de l'autre.

A cet effet ils s'adresseront par écrit aux autorités locales compétentes et justifieront par l'exhibition en original ou en copie dûment certifiée des registres du bâtiment, ou du rôle d'équipage, ou par d'autres documents officiels, que les individus qu'ils réclament faisaient partie dudit équipage.

Sur cette demande ainsi justifiée, il leur sera donné toute aide pour la recherche et l'arrestation des dits déserteurs, qui seront même détenus et gardés dans les maisons d'arrêt du pays à la réquisition et aux frais des Consuls-généraux, Consuls, Vice-Consuls et autres Agents consulaires, jusqu'à ce que ces agents aient trouvé une occasion de faire partir les déserteurs.

Si pourtant cette occasion ne se présentait pas dans le délai de trois mois, à compter du jour de l'arrestation, les déserteurs seraient mis en liberté et ne pourraient plus être arrêtés pour la même cause.

Il est entendu que les marins, sujets de l'autre partie, seront exceptés de la présente disposition. Si le déserteur a commis quelque délit, il ne sera mis à la disposition du Consul, qu'après que le tribunal, qui a droit d'en connaître, aura rendu son jugement et que celui-ci aura reçu son exécution.

Art. 13. A moins de stipulations contraires entre les armateurs, chargeurs et assureurs, toutes les avaries essuyées à la mer par les navires des deux pays, soit qu'ils abordent volontairement au port, soit qu'ils se trouvent en relâche forcée, seront réglées par les Consuls-généraux, les Consuls, les Vice-Consuls ou les Agents consulaires des pays respectifs.

Si, cependant, des habitants du pays, ou des sujets ou citoyens d'une tierce nation se trouvaient intéressées dans les dites avaries et que les parties ne pussent s'entendre à l'amiable, le recours aux autorités compétentes du pays serait de droit.

Art. 14. Toutes les opérations relatives au sauvetage des navires Néerlandais naufragés sur les côtes de Portugal seront dirigées par les Consuls-généraux, Consuls, Vice-Consuls et Agents consulaires des Pays-Bas, et réciproquement les Consuls-généraux, Consuls, Vice-Consuls et Agents consulaires du Portugal dirigeront les opérations relatives au sauvetage des navires de leur nation, naufragés ou échoués sur les côtes des Pays-Bas.

Les habitants du pays qui se trouveraient intéressés dans les objets sauvés, peuvent avoir recours aux autorités compétentes du pays pour toutes les questions concernant la revendication, la remise ou la vente des dits objets, le règlement ou le décompte proportionnel du frêt et les dépenses du sauvetage et de la conservation de ces objets.

L'intervention des autorités locales aura seulement lieu dans les deux pays pour maintenir l'ordre, garantir les intérêts des sauveteurs, s'ils sont étrangers aux équipages naufragés, et assurer l'exécution des dispositions à observer pour l'entrée et la sortie des marchandises sauvées. En l'absence et jusqu'à l'arrivée des Consuls-généraux, Consuls, Vice-Consuls, ou

Agents consulaires, les autorités locales devront d'ailleurs prendre toutes les mesures nécessaires pour la protection des individus et la conservation des effets naufragés.

Il est de plus convenu que les marchandises sauvées ne seront tenues à aucun droit de douane, à moins qu'elles ne soient admises à la consommation intérieure.

Art. 15. Les Consuls-généraux, Consuls Vice-Consuls et Agents consulaires auront le droit de recevoir, conformément aux lois et règlements de leur pays, les actes de naissance, de mariage et de décès de leurs nationaux. Les expéditions de ces actes, dûment légalisées par un de ces fonctionnaires et munies de son cachet officiel, feront foi en justice devant les tribunaux des Pays-Bas et du Portugal.

Il est bien entendu que les fonctionnaires précités n'ont pas qualité pour marier valablement une personne appartenant par sa nationalité à l'Etat dans lequel ils résident.

Art. 16. En cas de décès d'un sujet de l'une des Hautes Parties contractantes sur le territoire de l'autre, soit qu'il fut établi dans le pays, soit qu'il y fut simplement de passage, les autorités locales devront immédiatement en donner avis au Consul-général, Consul, Vice-Consul ou Agent consulaire le plus rapproché. Ceux-ci de leur côté devront donner le même avis aux autorités locales lorsqu'ils en seront informés les premiers.

Si les intéressés dans la succession ne sont pas représentés sur les lieux par un héritier connu et en pleine possession de ses droits civils ou de quelqu'autre manière légale, les dits employés consulaires auront, jusqu'à l'accomplissement de cette formalité, le droit de faire pour la conservation et l'administration de la succession, tous les actes que la loi du pays où ils résident permet aux exécuteurs testamentaires ou à ceux qui représentent la succession, et notamment d'apposer et de lever les scellés, de former l'inventaire, d'administrer et de liquider la succession, en un mot, de prendre toutes les mesures nécessaires à la sauvegarde des intérêts des héritiers, sauf le cas où naîtraient des contestations, lesquelles devront être décidées par les tribunaux du pays où la succession est ouverte.

Il est entendu que dans ce cas et dans toutes les questions auxquelles pourront donner lieu l'ouverture, l'administration et la liquidation des successions des nationaux de l'un des deux pays dans l'autre, les Consuls-généraux, Consuls, Vice-Consuls et Agents consulaires respectifs représenteront de plein droit les héritiers de la même nationalité qui soient absents, mineurs ou incapables, ou qui ne puissent pas défendre leurs intérêts par eux-mêmes ou par des représentants spéciaux.

Ils pourront, en conséquence, se présenter soit en personne, soit par des délégués choisis à cet effet, par devant les autorités compétentes du pays pour y prendre les intérêts des dits héritiers absents, mineurs ou incapables.

Art. 17. La présente convention n'est pas applicable aux colonies.

Elle sera ratifiée aussitôt que faire se pourra et ne sera exécutoire qu'à dater du vingtième jour après sa promulgation dans les formes prescrites par les lois des deux pays.

Elle restera en vigueur jusqu'à l'expiration d'une année à partir du jour où l'une ou l'autre des deux Hautes Parties contractantes l'aura dénoncée.

En foi de quoi, les plénipotentiaires respectifs l'ont signée et y ont apposé le cachet de leurs armes.

Fait en double expédition à Lisbonne, le premier du mois de décembre de l'an de grâce mil huit cent quatre vingt.

A. Mazei.   *Anselmo José Braamcamp.*

11.

COLOMBIE, PAYS-BAS.

Convention pour régler les conditions sous lesquelles des consuls de Colombie seront admis dans les principaux ports des colonies néerlandaises; signée à Barranquilla, le 20 juillet 1881 *).

Lagemans, Recueil des Traités conclus par les Pays-Bas, IX. 1.

Sa Majesté le Roi des Pays-Bas, voulant resserrer de liens d'amitié existant entre le Royame des Pays-Bas et la République des Etats-Unis de Colombie, et assurer aux relations de commerce si heureusement établies entre les deux nations, le développement le plus ample possible, a, pour atteindre ce but et pour satisfaire à un désir, exprimé par le Gouvernement de cette République, consenti à admettre des consuls de Colombie dans les principaux port des colonies Néerlandaises, sous la réserve toutefois de faire de cette concession l'objet d'une convention spéciale qui déterminât d'une manière claire et précise les droits, devoirs et immunités de ces consuls dans les dites colonies.

A cet effet Sa Majesté le roi des Pays-Bas a nommé:

Le sieur Christoffel Godfried Frederik Hoyer, Son consul-général en Colombie; et

le Président de la République des Etats-Unis de Colombie:

le sieur dr Eduardo Salazar;

lesquels, après s'être communiqué réciproquement leurs pleins pouvoirs trouvés en bonne et due forme, sont convenus des articles suivants:

Art. 1. Des consuls-généraux, consuls, vice-consuls et agents consulaires Colombiens seront admis dans tous les ports des possessions d'outre mer ou colonies des Pays-Bas, qui sont ouverts aux navires de toutes nations.

Art. 2. Les consuls-généraux, consuls, vice-consuls et agents consulaires Colombiens sont considérés comme des agents commerciaux, protecteurs

---

*) Les ratifications ont été échangées à Barranquilla, le 18 sept. 1883.

du commerce maritime de leurs nationaux, dans les ports de la circonscription de leur arrondissement consulaire.

Ils seront sujets aux lois tant civiles que criminelles du pays où ils résident, sauf les exceptions que la présente convention établit en leur faveur.

Art. 3. Les consuls-généraux, consuls et vice-consuls, avant d'être admis à l'exercice de leurs fonctions et de jouir des immunités qui y sont attachées, doivent produire une commission en due forme au Gouvernement de Sa Majesté le Roi des Pays-Bas.

Après avoir obtenu l'exéquatur, qui sera aussi promptement que posible contresigné par le Gouverneur de la colonie, les dits fonctionnaires consulaires de tout grade auront droit à la protection du Gouvernement et à l'assistance des autorités locales, pour le libre exercice de leurs fonctions.

Le Gouvernement, en accordant l'exéquatur, se réserve la faculté de le retirer ou de le faire retirer par le Gouverneur de la colonie, en indiquant les motifs de cette mesure.

Art. 4. Les consuls-généraux, consuls et vice-consuls sont autorisés à placer au dessus de la porte extérieure de leur maison un tableau aux armes de leur Gouvernement, avec l'inscription: »Consulat ou Vice-Consulat des États Unis de Colombie«.

Il est bien entendu que cette marque extérieure ne pourra jamais être considérée comme donnant droit d'asile, ni comme pouvant soustraire la maison et ceux qui l'habitent aux poursuites de la justice territoriale.

Art. 5. Il est néanmoins entendu que les archives et documents relatifs aux affaires consulaires seront protégés contre toute recherche et qu'aucune autorité ni aucun magistrat ne pourra d'une manière quelconque et sous aucun prétexte les visiter, les saisir ou s'en enquérir.

Art. 6. Les consuls-généraux, consuls, vice-consuls et agents consulaires ne sont investis d'aucun caractère diplomatique.

Toute demande à adresser au Gouvernement Néerlandais devra avoir lieu par l'entremise de l'agent diplomatique, résidant à la Haye.

A défaut de celui-ci et en cas d'urgence, la consul-général, consul ou vice-consul peut faire lui-même la demande au Gouvernement de la colonie, prouvant l'urgence et exposant les motifs pour lesquels la demande ne pourrait être adressée aux autorités subalternes, ou en démontrant que les demandes antérieurement adressées à ces autorités, seraient restées sans effet.

Art. 7. Les consuls-généraux et les consuls ont la faculté de nommer des agents consulaires dans les ports mentionnés à l'article 1.

Les agents consulaires pourront être indistinctement des sujets Néerlandais, des Colombiens ou des nationaux de tout autre pays, résidant ou pouvant aux termes des lois locales être admis à fixer leur résidence dans le port, où l'agent consulaire sera nommé.

Ces agents consulaires, dont la nomination sera soumise à l'approbation du Gouverneur de la colonie, seront munis d'un brevet délivré par le consul, sous les ordres duquel ils exerceront leurs fonctions.

Le Gouverneur de la colonie peut en tous cas retirer aux agents consulaires, en communiquant au consul général ou consul les motifs d'une telle mesure, l'approbation dont il vient d'être parlé.

Art. 8. Les passeports, délivrés ou visés par les fonctionnaires consulaires de tout grade, ne dispensent nullement de se munir de tous les actes requis par les lois locales, pour voyager ou s'établir dans les colonies.

Au Gouverneur de la colonie est réservé le droit de défendre le séjour dans la colonie, ou d'ordonner la sortie de l'individu, auquel serait délivré un passeport.

Art. 9. Lorsqu'un navire Colombien viendra à échouer sur les côtes d'une des colonies Néerlandaises, le consul-général, consul, vice-consul ou agent consulaire, présent sur le lieu même du naufrage ou du sauvetage, prendra en l'absence ou du consentement du capitaine toutes les mesures nécessaires et propres à sauver le navire, la cargaison et tout ce qui y appartient.

En l'absence du consul-général, consul, vice-consul ou agent consulaire, les autorités Neerlandaises du lieu, où le navire aura échoué, prendront les mesures prescrites par les lois de la colonie.

Art. 10. Lorsqu'un sujet Colombien vient à décéder sans laisser d'héritiers connus ou d'exécuteurs testamentaires, les autorités Néerlandaises, chargées selon les lois de la colonie de l'administration de la succession, en donneront avis aux fonctionnaires consulaires, afin de transmettre aux intéressés les informations nécessaires.

Art. 11. Les consuls-généraux, consuls, vice-consuls et agents consulaires de Colombie ont, en cette qualité, pour autant que la législation Colombienne le permet, le droit d'être nommés arbitres dans les différends qui pourront s'élever entre les capitaines et les équipages des navires Colombiens et ce sans l'intervention des autorités locales, à moins que la conduite du capitaine ou des équipages n'ait été de nature à troubler l'ordre et la tranquillité du pays, ou que les consuls-généraux, consuls, vice-consuls et agents consulaires ne requièrent l'assistance des dites autorités pour mettre leurs décisions à exécution ou en maintenir l'autorité.

Il est toutefois entendu que ce jugement ou arbitrage spécial ne privera pas les parties en litige du droit d'en appeler, à leur retour, aux autorités judiciaires de leur propre pays, quand la législation de ce dernier leur reconnaît ce droit.

Art. 12. Les consuls-généraux, consuls, vice-consuls et agents consulaires qui ne sont point sujets des Pays-Bas, qui au moment de leur nomination ne sont point établis comme habitants dans le Royaume des Pays-Bas ou ses colonies, et qui n'exercent aucune fonction, profession ou commerce, outre leurs fonctions consulaires, sont, pour autant qu'en Colombie les mêmes faveurs seraient accordés aux consuls-généraux, consuls et vice-consuls des Pays-Bas, exempts du logement militaire, de l'impôt personnel et de plus de toutes les impositions publiques ou municipales, qui seraient considérées comme étant d'une nature personnelle. Cette exemption ne peut jamais s'étendre au droit de douane ou autres impôts indirects ou réels.

Les consuls-généraux, consuls, vice-consuls ou agents consulaires qui ne sont point indigènes ou sujets reconnus des Pays-Bas, mais qui exerceraient conjointement avec leurs fonctions consulaires une profession ou

un commerce quelconque, sont tenus de supporter et de payer comme les
sujets Néerlandais et autres habitants les charges, impositions et contributions.

Les consuls-généraux, consuls, vice-consuls et agents consulaires sujets
des Pays-Bas, mais auxquels il a été accordé d'exercer des fonctions consulaires, conférées par le Gouvernement Colombien, sont obligés d'acquitter
toutes les impositions ou contributions de quelque nature qu'elles puissent être.

Art. 13.   Les consuls-généraux, consuls, vice-consuls et agents consulaires Colombiens jouiront de tous les autres privilèges, exemptions et immunités dans les colonies Néerlandaises qui pourraient par la suite être accordés
aux agents de même rang de la nation la plus favorisée.

Art. 14.   La présente convention restera en vigueur pendant cinq ans,
à partir de l'échange des ratifications, lequel aura lieu dans le délai de
huit mois ou plutôt, si faire se peut.

Dans le cas où ni l'une ni l'autre des Hautes Parties contractantes
n'aurait notifié douze mois avant l'expiration de la dite période de cinq
années son intention d'en faire cesser les effets, la convention continuera
à rester en vigueur pendant encore une année à partir du jour où l'une
des deux Parties l'aura dénoncée.

En foi de quoi les plénipotentiaires respectifs ont signé la présente
convention et y ont apposé le sceau de leurs armes.

Fait à Barranquilla le 20 juillet 1881.

C. Hoyer.   *Eduardo Salazar.*

12.

HAITI, PAYS-BAS.

Convention pour régler les conditions sous lesquelles des consuls
d'Haïti seront admis dans les principaux ports des colonies
néerlandaises; signée à Port-au-Prince, le 18 mai 1883 *).

Lagemans, Recueil des Traités conclus par les Pays-Bas, IX. 40.

· Sa Majesté le Roi des Pays-Bas, voulant resserrer les liens d'amitié,
existant entre le Royaume des Pays-Bas et la République d'Haïti, et assurer aux relations du commerce, si heureusement établies entre les deux nations, le développement le plus ample possible, a, pour atteindre ce but
et pour satisfaire à un désir, exprimé par le Gouvernement de cette République, consenti à admettre des consuls d'Haïti dans les principaux ports
des Colonies Néerlandaises, sous la réserve toutefois de faire de cette concession l'objet d'une convention spéciale, qui détermine d'une manière claire
et précise les droits, devoirs et immunités de ces consuls dans les dites colonies.

---

*) Les ratifications ont été échangées à Port-au-Prince, le 14 sept. 1888.

A cet effet, Sa Majesté le Roi des Pays-Bas a nommé :

monsieur Hermann Peters, consul-général de Sa Majesté le Roi des Pays-Bas, Son plénipotentiaire ; et

le Président de la République d'Haïti a nommé :

monsieur Thomas Madiou, secrétaire d'Etat, de la Justice et des Cultes de la République d'Haïti ; et

monsieur Alfred Simonise, ancien secrétaire de la Légation d'Haïti à Paris, Ses plénipotentiaires ;

lesquels, après s'être communiqué leurs pleins pouvoirs, trouvés en bonne et due forme, sont convenus des articles suivants :

Art. 1. Des consuls-généraux, consuls, vice-consuls et agents consulaires Haïtiens seront admis dans tous les ports des possessions d'outre mer ou colonies des Pays-Bas qui sont ouverts aux navires de toutes nations.

Art. 2. Les consuls-généraux, consuls, vice-consuls et agents consulaires Haïtiens sont considérés comme des agents commerciaux protecteurs du commerce maritime de leurs nationaux dans les ports de la circonscription de leur arrondissement consulaire.

Ils seront sujets aux lois tant civiles que criminelles du pays où ils résident, sauf les exceptions que la présente convention établit en leur faveur.

Art. 3. Les consuls-généraux, consuls et vice-consuls nommés par le Gouvernement Haïtien, avant d'être admis à l'exercice de leurs fonctions et de jouir des immunités, qui y sont attachés, doivent produire un exéquatur, délivré en due forme par le Gouvernement de Sa Majesté le Roi des Pays-Bas.

Après l'obtention de cet exéquatur, qui sera aussi promptement que possible contresigné par le Gouvernement de la colonie, les dits fonctionnaires consulaires de tout grade auront droit à la protection du Gouvernement et à l'assistance des autorités locales pour le libre exercice de leurs fonctions.

Le Gouvernement Néerlandais, en accordant l'exéquatur, se réserve la faculté de le faire retirer par le Gouverneur de la colonie, en indiquant les motifs de cette mesure.

Art. 4. Les consuls-généraux, consuls et vice-consuls sont autorisés à placer au dessus de la porte extérieure de leur maison un tableau aux armes de leur Gouvernement, avec l'inscription: »Consulat ou Vice-Consulat d'Haïti.«

Il est bien entendu que cette marque ne pourra jamais être considéré comme donnant droit d'asile, ni comme pouvant soustraire la maison et ceux qui l'habitent aux poursuites de la justice territoriale.

Art 5. Il est néanmoins entendu que les archives et documents relatifs aux affaires consulaires seront protégés contre toute recherche et qu'aucune autorité ni aucun magistrat ne pourra d'une manière quelconque et sous aucun prétexte les visiter, les saisir ou s'en enquérir.

Art. 6. Les consuls-généraux, consuls, vice-consuls et agents consulaires ne sont investis d'aucun caractère diplomatique.

Toute demande à adresser au Gouvernement Néerlandais devra avoir lieu par l'entremise de l'agent diplomatique, résidant à la Haye.

A défaut de celui-ci et en cas d'urgence, le consul-général, consul ou vice-consul peut faire lui-même la demande au Gouverneur de la colonie, en exposant les motifs pour lesquels la demande ne pourrait être adressée aux autorités subalternes ou en démontrant que les demandes antérieurement adressées à ces autorités seraient restées sans effet.

Art. 7. Les consuls-généraux et les consuls ont la faculté, sauf l'autorisation préalable de leur Gouvernement, de nommer des agents consulaires dans les ports mentionnés à l'article 1.

Les agents consulaires pourront être indistinctement des sujets Néerlandais, des Haïtiens ou des nationaux de tout autre pays, résidant ou pouvant aux termes des lois locales être admis à fixer leur résidence dans le port ou l'agent consulaire sera nommé. Ces agents consulaires dont la nomination sera soumise à l'approbation du Gouverneur de la colonie, seront munis d'un brevet délivré par le consul sous les ordres duquel ils exerceront leurs fonctions.

Le Gouverneur de la colonie peut en tout cas retirer aux agents consulaires, en communiquant au consul-général ou consul les motifs d'une telle mesure, l'approbation dont il vient d'être parlé.

Art. 8. Les passeports délivrés ou visés par les fonctionnaires consulaires de tout grade ne dispensent nullement de se munir de tous les actes requis par les lois locales, pour voyager ou s'établir dans la colonie.

Au Gouverneur de la colonie est réservé le droit de défendre le séjour dans la colonie ou d'ordonner la sortie de l'individu auquel serait délivré un passeport.

Art. 9. Lorsqu'un navire Haïtien viendra à échouer sur les côtes d'une des colonies Néerlandaises, le consul-général, consul ou vice-consul ou agent consulaire présent sur le lieu même du naufrage ou du sauvetage, prendra, en l'absence ou du consentement du capitaine toutes les mesures nécessaires et propres à sauver le navire, la cargaison et tout ce qui y appartient.

En l'absence du consul-général, consul, vice-consul ou agent consulaire les autorités Néerlandaises du lieu où le navire aura échoué, prendront les mesures prescrites par les lois de la colonie.

Art. 10. Lorsqu'un Haïtien vient à décéder sans laisser d'héritiers connus ou d'exécuteurs testamentaires, les autorités Néerlandaises chargées selon les lois de la colonie d'administration de la succession en donneront avis aux fonctionnaires consulaires, afin de transmettre aux intéressés les informations nécessaires.

Art. 11. Les consuls-généraux, consuls, vice-consuls et agents consulaires d'Haïti ont en cette qualité, autant que la législation Haïtienne le permet, le droit d'être nommés arbitres dans les différends qui pourront s'élever entre les capitaines et les équipages des navires Haïtiens et ce sans l'intervention des autorités locales, à moins que la conduite du capitaine ou des équipages n'ait été de nature à troubler l'ordre et la tranquillité du pays ou que les consuls-généraux, consuls, vice-consuls et agents consulaires ne requièrent l'assistance des dites autorités pour mettre leurs décisions à exécution ou en maintenir l'autorité.

Il est toutefois entendu que ce jugement ou arbitrage spécial ne privera pas les parties en litige du droit d'en appeler à leur retour aux autorités judiciaires de leur propre pays, quand la législation de ce dernier leur reconnaît ce droit.

Art. 12. Les consuls-généraux, consuls, vice-consuls et agents consulaires qui ne sont point sujets des Pays-Bas, qui, au moment de leur nomination ne sont point établis comme habitants dans le royaume des Pays-Bas ou ses colonies et qui n'exercent aucune fonction, profession ou commerce outre leurs fonctions consulaires, sont exempts du logement militaire, de l'impôt personnel et de plus de toutes les impositions publiques et municipales qui seraient considérées comme étant d'une nature personnelle autant qu'en Haïti ces mêmes faveurs seraient accordées aux consuls-généraux, consuls et vice-consuls des Pays-Bas de la même catégorie.

Cette exemption ne peut jamais s'étendre aux droits de douane ou autres impôts indirects ou réels.

Les consuls-généraux, consuls, vice-consuls on agents consulaires qui ne sont point indigènes ou sujets reconnus des Pays-Bas, mais qui exerceraient conjointement avec leurs fonctions consulaires une profession ou un commerce quelconque, sont tenus de supporter et de payer, comme les sujets Néerlandais et autres habitants, les charges, impositions et contributions.

Les consuls-généraux, consuls, vice-consuls et agents consulaires, sujets des Pays-Bas, mais auxquels il a été accordé d'exercer des fonctions conférées par le Gouvernement Haïtien, sont obligées d'acquitter toutes les impositions ou contributions de quelque nature qu'elles puissent être.

Art. 13. Les consuls-généraux, consuls, vice-consuls et agents consulaires Haïtiens jouiront de tous les autres privilèges, exemptions et immunités dans les colonies Néerlandaises, qui pourraient par la suite être accordés au agents de même rang de la nation la plus favorisée.

Art. 14. La présente convention restera en vigueur pendant cinq ans, à partir de l'échange des ratifications, lequel aura lieu dans le délai de quatre mois ou plutôt si faire se peut.

Dans le cas où ni l'une ni l'autre des Hautes Parties contractantes n'aurait notifié douze mois avant l'expiration de la dite période de cinq années sont intention d'en faire cesser les effets, la convention continuera à rester en vigueur pendant encore une année à partir du jour où l'une des deux Parties l'aura dénoncé.

En foi de quoi les plénipotentiaires respectifs ont signé le présente convention, fait en double, et y ont apposé le sceau de leurs armes.

Fait à Port-au-Prince, le dix huit du moi de Mai mil huit cent quatre vingt trois.

Hermann Peters.   *Madiou.*   *Alfred Simonise.*

13.

GRANDE-BRETAGNE, TRANSVAAL.

Convention pour régler les relations politiques du Transvaal, signée à Pretoria, le 3 août 1881; suivie de la ratification du »Volksraad« en date du 25 octobre 1881 *).

Parl. Paper [3098] 1882. •

1. Convention.

Her Majesty's Commissioners for the settlement of the Transvaal Territory, duly appointed as such by a Commission passed under the Royal Sign Manual and Signet, bearing date the 5th of April 1881, do hereby undertake and guarantee, on behalf of Her Majesty, that from and after the 8th day of August 1881 complete self-government, subject to the suzerainty of Her Majesty, her Heirs and Successors, will be accorded to the inhabitants of the Transvaal Territory, upon the following terms and conditions, and subject to the following reservations and limitations: —

Art. 1. The said Territory, to be herein-after called the Transvaal State, will embrace the land lying between the following boundaries, to wit:

Beginning from the point where the north-eastern boundary line of Griqualand West meets the Vaal River, up the course of the Vaal River to the point of junction with it of the Klip River; thence up the course of the Klip River to the point of junction with it of the stream called Gansvlei; thence up the Gansvlei stream to its source in the Drakensberg; thence to a beacon in the boundary of Natal, situated immediately opposite and close to the source of the Gansvlei stream; thence in a north-easterly direction along the ridge of the Drakensberg, dividing the waters flowing into the Gansvlei stream from the waters flowing into the sources of the Buffalo, to a beacon on a point where this mountain ceases to be a continuous chain; thence to a beacon on a plain to the north-east of the last described beacon; thence to the nearest source of a small stream called »Division Stream«; thence down this division stream, which forms the southern boundary of the farm Sandfontein, the property of Messrs. Meek, to its junction with the Coldstream; thence down the Coldstream to its junction with the Buffalo or Umzinyati River; thence down the course of the Buffalo River to the junction with it of the Blood River; thence up the course of the Blood River to the junction with it of Lyn Spruit or Dudusi; thence up the Dudusi to its source; thence 80 yards to Bea. I., situated on a spur of the N'Qaba-Ka-hawana Mountains; thence

---

*) Les termes de cette Convention ayant été défectueusement rapportés dans le N. R. G. 2ᵉ Série, VIII. 210, nous en reproduisons ici le texte complet. L'original de la ratification du »Volksraad«, que nous donnons en traduction anglaise, est conçu en hollandais.

80 yards to the N'Sonto River; thence down the N'Sonto River to its junction with the White Umvulozi River; thence up the Withe Umvulozi River to a white rock where it rises; thence 800 yards to Kambula Hill (Bea. II.); thence to the source of the Pemvana River, where the road from Kambula Camp to Burgers' Lager crosses; thence down the Pemvana River to its junction with the Bivana River; thence down the Bivana River to its junction with the Pongolo River; thence down the Pongolo River to where it passes through the Libombo Range; thence along the summits of the Libombo Range to the northern point of the N'Yawos Hill in that range (Bea. XVI.); thence to the northern peak of the Ink- wakweni Hills (Bea. XV.); thence to Sefunda, a rocky knoll detached ,from and to the north-east end of the White Koppies, and to the south of the Musana River (Bea. XIV.); thence to a point on the slope near the crest of Mantanjeni, which is the name given to the south-eastern portion of the Mahamba Hills (Bea. XIII.); thence to the N'gwangwana, a double- pointed hill (one point is bare, the other wooded, the beacon being on the former), on the left bank of the Assegaai River and upstream of the Dadusa Spruit (Bea. XII.); thence to the southern point of Bendita, a rocky knoll in a plein between the Little Hlozane and Assegaai Rivers (Bea. XI.); thence to the highest point of Suluka Hill, round the eastern slopes of which flows the Little Hlozane, also called Ludaka or Mudspruit (Bea. X.); thence to the beacon known as »Viljoen's«, or N'Duko Hill; thence to a point north-east of Derby House, known as Magwazidili's Beacon; thence to the Igaba, a small knoll on the Ungwempisi River, also called »Joubert's Beacon«, and known to the natives as »Piet's Bea- con« (Bea. IX.); thence to the highest point of the N'Dhlovudwalili or Houtbosch, a hill on the northern bank of the Umqwempisi River (Bea. VIII.); thence to a beacon on the only flat-topped rock, about 10 feet high and about 30 yards in circumference at its base, situated on the south side of the Lamsamane range of hills, and overlooking the valley of the great Usuto River; this rock being 45 yards north of the road from Camden and Lake Banagher to the forests on the Usuto River (some- times called Sandhlanas Beacon) (Bea. VII.); thence to the Gulungwana or Ibubulundi, four smooth bare hills, the highest in that neighbourhood, situated to the south of the Umtuli River (Bea. VI.); thence to a flat- topped rock, 8 feet high, on the crest of the Busuku, a low rocky range south-west of the Impulazi River (Bea. V.); thence to a low bare hill on the north-east of, and overlooking the Impulazi River, to the south of it being a tributary of the Impulazi, with a considerable waterfall, and the road from the river passing 200 yards to the north-west of the beacon (Bea. IV.); thence to the highest point of the Mapumula range, the wa- tershed of the Little Usuto River on the north, and the Umpulazi River on the south, the hill, the top of which is a bare rock, falling abruptly towards the Little Usuto (Bea. III.); thence to the western point of a double-pointed rocky hill, precipitous on all sides, called Makwana, its top being a bare rock (Bea. II.); thence to the top of a rugged hill of con- siderable height falling abruptly to the Komati River, this hill being the

northern extremity of the Isilotwani range, and separated from the highest
peak of the range Inkomokazi (a sharp cone) by a deep neck (Bea. I.)
(On a ridge in the straight line between Beacons I. and II. is an intermediate beacon). From Beacon I. the boundary runs to a hill across the
Komati River, and thence along the crest of the range of hills known as
the Makongwa, which runs north-east and south-west, to Kamhlubana
Peak; thence in a straight line to Mananga, a point in the Libombo range,
and thence to the nearest point in the Portuguese frontier on the Libombo
range; thence along the summits of the Libombo range to the middle of
the poort where the Komati River passes through it, called the lowest
Komati Poort; thence in a north by easterly direction to Pokioens Kop,
situated on the north side of the Olifant's River, where it passes through
the ridges; thence about north-north-west to the nearest point of Serra
di Chicundo; and thence to the junction of the Pafuri River with the
Limpopo or Crocodile River; thence up the course of the Limpopo River
to the point where the Marique River falls into it. Thence up the course
of the Marique River to »Derde Poort«, where it passes through a low
range of hills, called Sikwane, a beacon (No. 10) being erected· on the
spur of said range near to, and westward of, the banks of the river;
thence, in a straight line, through this beacon to a beacon (No. 9), erected on the top of the same range, about 1,700 yards distant from beacon
No. 10; thence, in a straight line, to a beacon (No. 8) erected on the
highest point of an isolated hill, called Dikgagong, or »Wildebeest Kop«,
situated south-eastward of, and about $3\frac{1}{2}$ miles distant from a high hill,
called Moripe; thence, in a straight line, to a beacon (No. 7) erected on
the summit of an isolated hill or »koppie« forming the eastern extremity
of the range of hills called Moshweu, situated to the northward of, and
about two miles distant from, a large isolated hill called Chukudu-Chochwa;
thence, in a straight line, to a beacon (No. 6) erected on the summit of
a hill, forming part of the same range, Moshweu; thence, in a straight
line, to a beacon (No. 5) erected on the summit of a pointed hill in the
same range; thence, in a straight line, to a beacon (No. 4) erected on
the summit of the western extremity of the same range; thence, in a
straight line, to a beacon (No. 3) erected on the summit of the northern
extremity of a low, bushy hill, or »Koppie«, near to and eastward of the
Notwane River; thence, in a straight line, to the junction of the stream
called Metsi-Mashwane with the Notwane River (No. 2); thence, up the
course of the Notwane River to Sengoma, being the Poort where the river
passes through the Dwarsberg range; thence, as described in the Award
given by Lieutenant-Governor Keate, dated October 17, 1871, by Pitlanganyane (narrow place), Deboaganka or Schaapkuil, Sibatoul (bare place),
and Maclase, to Ramatlabama, a pool on a spruit north of the Molopo
River. From Ramatlabama the boundary shall run to the summit of an
isolated hill, called Leganka; thence in a straight line, passing north-east
of a Native Station, near »Buurman's Drift«, on the Molopo River, to
that point on the road from Mosiega to the old drift, where a road turns
out through the Native Station to the new drift below; thence to »Buur-

man's Old Drift«; thence in a straight line, to a marked and isolated clump of trees near to and north-west of the dwelling-house of C. Austin, a tenant on the farm .»Vleifontein«, No. 117; thence, in a straight line, to the north - western corner beacon of the farm »Mooimeisjesfontein«, No. 80; thence, along the western line of the said farm »Mooimeisjesfontein«, and in prolongation thereof, as far as the road leading from »Ludik's Drift«, on the Molopo River, past the homestead of »Mooimeisjesfontein«, towards the Salt Pans near Harts River; thence, along the said road, to a point thereon, eight miles north of the dwelling of Gouws, at the Salt Pan; thence, in a straight line, to a point one mile due west of the more northerly Pan, measured from its western edge; thence in a straight line, to the most westerly beacon of the farm Rietpan, No. 150; thence along the line of the said farm to the drift on the Harts River, near the ruined house, known as »Liedenberg's«; thence down the Harts River to the drift about two-and-a-half miles below Mamusa and opposite the dwelling-house of Theodor Doms: thence, in a straight line, to the summit of an isolated hill, known as »Koppie Enkel«, situated between the Vaal and Harts Rivers, and about 36 miles from Mamusa, and about 18 miles north of the village of Christiana; thence, in a straight line, to that point on the north-east boundary of Griqualand West as beaconed by Mr. Surveyor Ford, where two farms, registered as Nos. 72 and 75, do meet, about midway between the Vaal and Harts Rivers, measured, along the said boundary of Griqualand West; thence to the first point where the north-east boundary of Griqualand West meets the Vaal River.

Art. 2. Her Majesty reserves to herself, her Heirs and Successors, (a) the right from time to time to appoint a British Resident in and for the said State, with such duties and functions as are hereinafter defined; (b) the right to move troops through the said State in time of war, or in case of the apprehension of immediate war between the Suzerain Power and any foreign State, or Native tribe in South Africa; and (c) the control of the external relations of the said State, including the conclusion of treaties, and the conduct of diplomatic intercourse with foreign powers, such intercourse to be carried on through Her Majesty's diplomatic and consular officers abroad.

Art. 3. Until altered by the Volksraad or other competent authority, all laws, whether passed before or after the annexation of the Transvaal territory to Her Majesty's dominions, shall, except in so far as they are inconsistent with, or repugnant to, the provisions of this Convention, be and remain in force in the said State, in so far as they shall be applicable thereto: Provided that no future enactment specially affecting the interests of natives shall have any force or effect in the said State without the consent of Her Majesty, her Heirs and Successors, first had and obtained and signified to the Government of the said State through the British Resident: Provided further, that in no case will the repeal or amendment of any laws which have been enacted since the annexation have a retrospective effect so as to invalidate any acts done or liabilities incurred by virtue of such laws.

Art. 4. On the 8th day of August, 1881, the Government of the said State, together with all rights and obligations thereto appertaining, and all State property taken over at the time of annexation, save and except munitions of war, will be handed over to Messrs.

Stephanus Johannes Paulus Kruger,

Martinus Wessel Pretorius, and

Petrus Jacobus Joubert, or the

survivor or survivors of them, who will forthwith cause a Volksraad to be elected and convened; and the Volksraad thus elected and convened will decide as to the further administration of the Government of the said State.

Art. 5. All sentences passed upon persons who may be convicted of offences, contrary to the rules of civilised warfare, committed during the recent hostilities, will be duly carried out, and no alteration or mitigation of such sentences will be made or allowed by the Government of the Transvaal State without Her Majesty's consent, conveyed through the British Resident. In case there shall be any prisoners in any of the gaols of the Transvaal State, whose respective sentences of imprisonment have been remitted in part by Her Majesty's Administrator, or other officer administering the Government, such remission will be recognised and acted upon by the future Government of the said State.

Art. 6. Her Majesty's Government will make due compensation for all losses or damage sustained by reason of such acts as are in the 8th Article hereinafter specified, which may have been committed by Her Majesty's forces during the recent hostilities, except for such losses or damage as may already have been compensated for, and the Government of the Transvaal State will make due compensation for all losses or damage sustained by reason of such acts as are in the 8th Article hereinafter specified, which may have been committed by the people who were in arms against Her Majesty during the recent hostilities, excepts for such losses or damage as may already have been compensated for.

Art. 7. The decision of all claims for compensation, as in the last preceding article mentioned, will be referred to a Sub-Commission, consisting of the Honourable George Hudson, the Honourable Jacobus Petrus de Wet, and the Honourable John Gilbert Kotzé.

In case one or more of such Sub-Commissioners shall be unable or unwilling to act, the remaining Sub-Commissioner or Sub-Commissioners will, after consultation with the Government of the Transvaal State, submit for the approval of Her Majesty's High Commissioner, the names of one or more persons to be appointed by him, to fill the place or places thus vacated.

The decision of the said Sub-Commissioners, or of a majority of them, will be final.

The said Sub-Commissioners will enter upon and perform their duties with all convenient speed. They will, before taking evidence, or ordering evidence to be taken, in respect of any claim, decide whether such claim can be entertained at all under the rules laid down in the next succeeding article.

In regard to claims which can be so entertained, the Sub-Commissioners will, in the first instance, afford every facility for an amicable arrangement as to the amount payable in respect of any claim, and only in cases in which there is no reasonable ground for believing that an immediate amicable arrangement can be arrived at, will they take evidence, or order evidence to be taken.

For the purpose of taking evidence and reporting thereon, the Sub-Commissioners may appoint deputies, who will without delay submit records of the evidence and their reports to the Sub-Commissioners.

The Sub-Commissioners will arrange their sittings, and the sittings of their deputies, in such a manner as to afford the greatest convenience to the parties concerned and their witnesses. In no case will costs be allowed to either side, other than the actual and reasonable expenses of witnesses whose evidence is certified by the Sub-Commissioners to have been necessary. Interest will not run on the amount of any claim except as is hereinafter provided for.

The said Sub-Commissioners will forthwith, after deciding upon any claim, announce their decision to the Government against which the award is made, and to the claimant.

The amount of remuneration payable to the Sub-Commissioners and their deputies will be determined by the High Commissioner after all the claims have been decided upon. The British Government and the Government of the Transvaal State will pay proportionate shares of the said remuneration, and of the expenses of the Sub-Commissioners and their deputies, according to the amounts awarded against them respectively.

Art. 8. For the purpose of distinguishing claims to be accepted from those to be rejected the Sub-Commissioners will be guided by the following rules, viz.: Compensation will be allowed for losses or damage sustained by reason of the following acts committed during the recent hostilities, viz.: — (a) commandeering, seizure, confiscation, or destruction of property, or damage done to property; (b) violence done or threats used by persons in arms.

In regard to acts under (a), compensation will be allowed for direct losses only.

In regard to acts falling under (b), compensation will be allowed for actual losses of property, or actual injury to the same, proved to have been caused by its enforced abandonment.

No claims for indirect losses, except such as are in this article specially provided for, will be entertained.

No claims which have been handed in to the Secretary of the Royal Commission after the 1st day of July 1881, will be entertained, unless the Sub-Commissioners shall be satisfied that the delay was reasonable.

When claims for loss of property are considered, the Sub-Commissioners will require distinct proof of the existence of the property, and that it neither has reverted, nor will revert to the claimant.

Art. 9. The Government of the Transvaal State will pay and satisfy the amount of every claim awarded against it within one month after the Sub-Commissioners shall have notified their decision to the said Government, and in default of such payment the said Government will pay interest at the rate of six per cent. per annum from the date of such default; but Her Majesty's Government may, at any time before such payment, pay the amount, with interest, if any, to the claimant in satisfaction of his claim, and may add the sum thus paid to any debt which may be due by the Transvaal State to Her Majesty's Government, as hereinafter provided for.

Art. 10. The Transvaal State will be liable for the balance of the debts for which the South African Republic was liable at the date of annexation, to wit: the sum of 48,000 *l.* in respect of the Cape Commercial Bank Loan, and 85,667 *l.* in respect of the Railway Loan, together with the amount due on the 8th August 1881, on account of the Orphan Chamber debt which now stands at 27,226 *l.* 15 *s.*, which debts will be a first charge upon the revenues of the State. The Transvaal State will moreover be liable for the lawful expenditure lawfully incurred for the necessary expenses of the Province since annexation, to wit: the sum of 265,000 *l.*, which debt, together with such debts as may be incurred by virtue of the 9th Article, will be a second charge upon the revenues of the State.

Art. 11. The debts due as aforesaid by the Transvaal State to Her Majesty's Government will bear interest at the rate of three and a half per cent., and any portion of such debt as may remain unpaid on the 8th August, 1882, shall be repayable by a payment for interest and Sinking Fund of six pounds and nine pence per 100 *l.* per annum, which will extinguish the debt in twenty-five years. The said payment of six pounds and nine pence per 100 *l.*, shall be payable half-yearly, in British currency, on the 8th February and 8th August in each year: Provided always that the Transvaal State shall pay, in reduction of the said debt, the sum of 100,000 *l.* before the 8th August, 1882, and shall be at liberty at the close of any half-year to pay off the whole or any portion of the outstanding debt.

Art. 12. All persons holding property in the said State on the 8th day of August, 1881, will continue to enjoy the rights of property which they have enjoyed since the Annexation. No person who has remained loyal to Her Majesty during the recent hostilities shall suffer any molestation by reason of his loyalty; or be liable to any criminal prosecution or civil action for any part taken in connexion with such hostilities; and all such persons will have full liberty to reside in the country, with enjoyment of all civil rights, and protection for their persons and property.

Art. 13. Natives will be allowed to acquire land, but the grant or transfer of such land will in every case be made to and registered in the name of the Native Location Commission hereinafter mentioned, in trust for such natives.

Art. 14. Natives will be allowed to move as freely within the country as may be consistent with the requirements of.public order, and to leave it for the purpose of seeking employment elsewhere, or for other lawful purposes, subject always to the Pass Laws of the said State, as amended by the Legislature of the Province, or as may hereafter be enacted, under the provisions of the 8rd Article of this Convention.

Art. 15. The provisions of the 4th Article of the Sand River Convention are hereby re-affirmed, and no slavery or apprenticeship partaking of slavery will be tolerated by the Government of the said State.

Art. 16. There will continue to be complete freedom of religion and protection from molestation for all denominations, provided the same be not inconsistent with morality and good order; and no disability shall attach to any person in regard to rights of property by reason of the religious opinions which he holds.

Art. 17. The British Resident will receive from the Government of the Transvaal State such assistance and support as can by law be given to him for the due discharge of his functions. He will also receive every assistance for the proper care and preservation of the graves of such of Her Majesty's Forces as have died in the Transvaal; and if need be, for the expropriation of land for the purpose.

Art. 18. The following will be the duties and functions of the British Resident: —

(1.) He will perform duties and functions analogous to those discharged by a Chargé d'Affaires and Consul General.

(2.) In regard to Natives within the Transvaal State he will, (a) report to the High Commissioner, as representative of the Suzerain, as to the working and observance of the provisions of this Convention; (b) report to the Transvaal authorities any cases of ill-treatment of Natives, or attemps to incite Natives to rebellion, that may come to his knowledge; (c) use his influence with the Natives in favour of law and order; and (d) generally perform such other duties as are by this Convention entrusted to him, and take such steps for the protection of the persons and property of Natives as are consistent with the laws of the land.

(8.) In regard to Natives not residing in the Transvaal, (a) he will report to the High Commissioner and the Transvaal Government any encroachments reported to him as having been made by Transvaal residents upon the land of such Natives, and in case of disagreement between the Transvaal Government and the British Resident, as to whether an encroachment had been made, the decision of the Suzerain, will be final. (b) The British Resident will be the medium of communication with Native Chiefs outside the Transvaal, and, subject to the approval of the High Commissioner, representing the Suzerain, he will control the conclusion of treaties with them, and (c) he will arbitrate upon every dispute between Transvaal residents and Natives outside the Transvaal (as to acts committed be-

yond the boundaries of the Transvaal) which may be referred
to him by the parties interested.

(4.) In regard to communications with Foreign Powers, the Transvaal
Government will correspond with Her Majesty's Government
through the British Resident and the High Commissioner.

Art. 19. The Government of the Transvaal State will strictly adhere to the boundaries defined in the first article of this convention, and
will do its utmost to prevent any of its inhabitants from making any encroachment upon lands beyond the said State. The Royal Commission will
forthwith appoint a person who will beacon off the boundary line between
Ramatlabama and the point where such line first touches the Griqualand
West boundary, midway between the Vaal and Hart Rivers. The person
so appointed will be instructed to make an arrangement between the owners of the farms »Grootfontain« and »Valleifontein« on the one hand and
the Barolong authorities on the other by which a fair share of the water
supply of the said farms shall be allowed to flow undisturbed to the said
Barolongs.

Art. 20. All grants or titles issued at any time by the Transvaal
Government in respect of land outside the boundary of the Transvaal
State, as defined in Article 1, shall be considered invalid and of no effect,
except in so far as any such grant or title relates to land that falls within the boundary of the Transvaal State; and all persons holding any
such grant so considered invalid and no effect will receive from the Government of the Transvaal State such compensation, either in land or in
money, as the Volksraad shall determine. In all cases in which any Native Chiefs or other authorities outside the said boundaries have received
any adequate consideration from the Government of the former South
African Republic for land excluded from the Transvaal by the first article
of this convention, or where permanent improvements have been made on
the land, the British Resident will, subject to the approval of the High
Commissioner, use his influence to recover from the native authorities fair
compensation for the loss of the land thus excluded, or of the permanent
improvements thereon.

Art. 21. Forthwith, after the taking effect of this convention, a Native Location Commission will be constituted, consisting of the President
(or in his absence the Vice-President) of the State, or someone deputed
by him, the Resident, or someone deputed by him, and a third person to
be agreed upon by the President (or the Vice President, as the case may
be) and the Resident; and such Commission will be a standing body for
the performance of the duties hereinafter mentioned.

Art. 22. The Native Location Commission will reserve to the native
tribes of the state such locations as they may be fairly and equitably entitled to, due regard being had to the actual occupation of such tribes.
The Native Location Commission will clearly define the boundaries of such
locations, and for that purpose will, in every instance, first of all ascer-
tain the wishes of the parties interested in such land. In case land already granted in individual titles shall be required for the purpose of

any location, the owners will receive such compensation, either in other land or in money, as the Volksraad shall determine. After the boundaries of any location have been fixed, no fresh grant of land within such location will be made, nor will the boundaries be altered without the consent of the Location Commission. No fresh grants of land will be made in the districts of Waterberg, Zoutpansberg, and Lydenburg, until the locations in the said districts respectively shall have been defined by the said Commission.

Art. 23. If not released before the taking effect of this Convention, Sikukuni, and those of his followers who have been imprisoned with him, will be forthwith released, and the boundaries of his location will be defined by the Native Location Commission in the manner indicated in the last preceding Article.

Art. 24. The independence of the Swazies, within the boundary line of Swaziland, as indicated in the first article of this Convention, will be fully recognised.

Art. 25. No other or higher duties will be imposed on the importation into the Transvaal State of any article, the produce or manufacture of the dominions and possessions of Her Majesty, from whatever place arriving, than are or may be payable on the like article, the produce or manufacture of any other country, nor will any prohibition be maintained or imposed on the importation of any article, the produce or manufacture of the dominions and possessions of Her Majesty, which shall not equally extend to the importation of the like articles, being the produce or manufacture of any other country.

Art. 26. All persons other than natives conforming themselves to the laws of the Transvaal State (a) will have full liberty, with their families, to enter, travel, or reside in any part of the Transvaal State; (b) they will be entitled to hire or possess houses, manufactories, warehouses, shops, and premises; (c) they may carry on their commerce either in person or by any agents whom they may think fit to employ; (d) they will not be subject, in respect of their persons or property, or in respect of their commerce or industry, to any taxes, whether general or local, other than those which are or may be imposed upon Transvaal citizens.

Art. 27. All inhabitants of the Transvaal shall have free access to the Courts of Justice for the prosecution and defence of their rights.

Art. 28. All persons, other than natives, who established their domicile in the Transvaal between the 12th day of April, 1877, and the date when this Convention comes into effect, and who shall within twelve months after such last-mentioned date have their names registered by the British Resident, shall be exempt from all compulsory military service whatever. The Resident shall notify such registration to the Government of the Transvaal State.

Art. 29. Provision shall hereafter be made by a separate instrument for the mutual extradition of criminals, and also for the surrender of deserters from Her Majesty's Forces.

Art. 30. All debts contracted since the Annexation will be payable in the same currency in which they may have been contracted.

All uncancelled postage and other revenue stamps issued by the Government since the Annexation will remain valid, and will be accepted at their present value by the future Government of the State. All licenses duly issued since the Annexation will remain in force during the period for which they may have been issued.

Art. 31. No grants of land which may have been made, and no transfers or mortgages which may have been passed since the date of Annexation, will be invalidated by reason merely of their having been made or passed after such date.

All transfers to the British Secretary for Native Affairs in trust for Natives will remain in force, the Native Location Commission taking the place of such Secretary for Native Affairs.

Art. 32. This Convention will be ratified by a newly-elected Volksraad within the period of three months after its execution, and in default of such ratification this Convention shall be null and void.

Art. 33. Forthwith after the ratification of this Convention, as in the last preceding article mentioned, all British troops in Transvaal Territory will leave the same, and the mutual delivery of munitions of war will be carried out.

Signed at Pretoria this 3rd day of August, 1881.

Hercules Robinson, President and High Commissioner.
Evelyn Wood, Major General, Officer Administering the Government.
J. H. de Villiers.

We, the undersigned, Stephanus Johannes Paulus Kruger, Martinus Wessel Pretorius, and Petrus Jacobus Joubert, as representatives of the Transvaal Burghers, do hereby agree to all the above conditions, reservations, and limitations, under which self-Government has been restored to the inhabitants of the Transvaal Territory, subject to the suzerainty of Her Majesty, her Heirs and Successors, and we agree to accept the Government of the said Teritory, with all rights and obligations thereto appertaining, on the 8th day of August, 1881, and we promise and undertake that this Convention shall be ratified by a newly-elected Volksraad of the Transvaal State within three months from this date.

Signed at Pretoria, this 3rd day of August, 1881.

S. J. P. Kruger.
M. W. Pretorius.
P. J. Joubert.

2. Acte de ratification.

The Volksraad, in its sitting of 25th October, proceeds to close all further discussions about the Convention signed on the 3rd August 1881, between the Membres of the Royal Commission as representatives of Her Majesty the Queen of England and the Membres of the Triumvirate as representing the people of the South African Republic.

Rightly, indeed, might his Honour the Vice-President declare as follows, at the opening of the Volksraad: —

»We cannot flatter ourselves with the hope that the Convention will satisfy you in its various provisions, it has not satisfied ourselves. But we venture to give you this assurance, that we signed it under the conviction that, under the circumstances, sincere love for our fatherland, and solicitude for the welfare of South Africa, demanded from us not to withhold our signatures from this Convention.

»We publish in our 'Staats Courant', as verbally as possible, everything that has been uttered or that has happened between the Members of the Royal Commission and the Honourable Triumvirate and Members of the Transvaal Commission, from which you will see that we left nothing undone on our side to obtain those modifications in the Convention which appeared desirable to us.

»We are, however, convinced that many if not all the remarks advanced by us will appear, later on, to have been well founded, and that the British Government itself will have to propose modifications and changes in the Convention.«

The Volksraad is not satisfied with this Convention, and considers that the Members of the Triumvirate performed a fervent act of love for the fatherland when they, upon their own responsibility, signed such an unsatisfactory State document.

The Volksraad finds itself compelled to ratify it by the same motives which led the Triumvirate to sign.

These motives they dare to proclaim to the whole world without any reservation, and they may be expressed in two words, the fear of renewed bloodshed between people who are bound to mutually forbear with and respect each other, and the fear of new disunion between the two chief representatives of the white race in South Africa, which would at the same time undermine the welfare of every State and Colony of South Africa.

The Volksraad will again, and still again, give the examples of endurance and patience which the Pioneers of the Emigrant Boers have, since 1834, always persistently exercised, and notwithstanding what also occurred in Natal and at Boomplaats, showing that they preferred a peace-loving settlement to bloodshed.

Thirty years ago did the great blessing of such a peace-loving attitude appear; the representatives of the English Government and the representatives of the Emigrant Boers having, in 1852, signed the Convention at Sand river *), which then made an end of the troubles and became the foundation of our freedom and independence.

In April 1877, when the unhappy Annexation tore this Convention in pieces, they pursued the same course.

They did not make use of their right to resist by arms, and only took up arms in 1880, after all other measures were exhausted. Also, then, the war was carried on by us in a defensive manner.

By the Peace Negotiations, the right of the people to full independent self-government was acknowledged; while to the Suzerain was only conceded the supervision of foreign relations.

As to the debts, nothing was said. Compensation for losses during the war were (to be) confined to losses which occurred in cases not justified by the necessities of the war.

In the Convention nearly all this is disregarded; and the representatives of the people were forced to accept conditions which impose a heavy burden upon the people.

The Volksraad has, in its consultations, again pressed the chief points against which the members of the Transvaal Commission had opposed themselves.

It is incontrovertible that the people, by its representatives, did, at the Peace Negotiations, give its consent to something quite different. The people had the right to expect that it would not receive less than was there agreed upon with its representatives. Accordingly, the Volksraad imposed upon the Government the duty of bringing the difficulties it felt to the notice of the English Government.

The Volksraad desired the following modifications: —

(a.) In place of *conduct* of foreign relations, *supervision* thereof.

(b.) No interference with the legislation of the country.

(c.) The Resident representative of the Suzerain, nothing more.

(d.) The alienation of land on the East and the West to be compensated for by England; which country takes these lands to itself in order subsequently to determine about them.

(e.) Only to pay those debts which can be well and lawfully proved to exist, and for lawful and necessary expenditure of the country.

(f.) The compensation for damages during the war to be confined to losses not justified by the necessities of war.

Thereupon came · an answer from the English Government which, in the main, proves that the Volksraad is in the right. It reads as follows:—

›The Convention having been signed by the Leaders who agreed to the peace conditions, and they having undertaken that the Convention shall be ratified, Her Majesty's Government can entertain no proposals, for modifications of the Convention until it is ratified, and the practical working thereof properly tested. ‹

The English Government acknowledges indirectly by this answer that

---

*) V. *British and foreign State papers*, Vol. LIV. p. 112.

the difficulties raised by the Volksraad are neither fictitious nor unfounded; inasmuch as it desires from us the concession that we, the Volksraad, shall submit it to a practical test.

When the Volksraad again signified with the answer, because that, in any case, it was inapplicable to the financial portion of the difficulties raised, inasmuch as this could not be a matter of practical test, the last answer of the English Government was that it was unwilling to grant further concessions. The answer was as follows: —

>The Volksraad Resolution of the 15th instant having been transmitted to Earl Kimberley, I have received instructions to direct you to repeat to the Triumvirate, that Her Majesty's Government cannot take into consideration any proposals for modifications of the Convention until after the same has been ratified and the necessity of further concessions proved by experience.<

This answer is clear and leaves no room for doubt.

Therefore is it that the Volksraad resolves as it hereby does resolve, not to go into further discussion upon the Convention, and maintaining all the objections to the Convention as made before the Royal Commission or stated in the Volksraad, and for the purpose of showing to everybody that the love of peace and unity inspires it at present, and provisionally submitting the articles of the Convention to a practical test, hereby complying with the request of the English Government contained in the telegram of the 13th October 1881, proceeds to ratify the Convention of the 3rd of August 1881 (signed as above set forth).

For the carrying out of which the membres of the Volksraad all sign this resolution, one by one, and impose upon the Chairman and the Secretary to give notice of this ratification.

And, finally, the Volksraad requests the Government to give notice of this ratification and of this Volksraad's Resolution to all illustrious (beroemde) governments.

(Suivent les signatures.)   .

14.

GRANDE-BRETAGNE, TRANSVAAL.

Convention pour modifier la Convention du 3 août 1881*) réglant les relations politiques du Transvaal; signée à Londres, le 27 février 1884**).

Parl. Paper [3914] 1884.

Texte anglais.

Whereas the Government of the Transvaal State, through its Delegates, consisting of Stephanus Johannes Paulus Kruger, President of the said State, Stephanus Jacobus Du Toit, Superintendent of Education, and Nicholas Jacobus Smit, a member of the Volksraad, have represented that the Convention signed at Pretoria on the 3rd day of August 1881, and ratified by the Volksraad of the said State on the 25th October 1881, contains certain provisions which are inconvenient, and imposes burdens and obligations from which the said State is desirous to be relived, and that the south-western boundaries fixed by the said Convention should be amended, with a view to promote the peace and good order of the said State, and of the countries adjacent thereto; and whereas Her Majesty the Queen of the United Kingdom of Great Britain and Ireland, has been pleased to take the said representations into consideration: Now, therefore, Her Majesty has been pleased to direct, and it is hereby declared, that the following articles of a new Convention, signed on behalf of Her Majesty by Her Majesty's High Commissioner in South Africa, the Right Honourable Sir Hercules George Robert Robinson, Knight Grand Cross of the Most Distinguished Order of Saint Michael and Saint George, Governor of the Colony of the Cape of Good Hope, and on behalf of the Transvaal State (which shall herein-after be called the South African Republic) by the above-named Delegates, Stephanus Johannes Paulus Kruger, Stephanus Jacobus Du Toit, and Nicholas Jacobus Smit, shall, when ratified by the Volksraad of the South African Republic, be substituted for the articles embodied in the Convention of 3rd August 1881; which latter, pending such ratification, shall continue in full force and effect.

Art. I. The Territory of the South African Republic will embrace the land lying between the following boundaries, to wit:

Beginning from the point where the north-eastern boundary line of Griqualand West meets the Vaal River, up the course of the Vaal River to the point of junction with it of the Klip River; thence up the course of the Klip River to the point of junction with it of the stream called

---

*) V. plus-haut, No. 13.
**) En anglais et en hollandais. La Convention a été ratifiée le 15 août 1884.

Gansvlei; thence up the Gansvlei stream to its source in the Drakensberg; thence to a beacon in the boundary of Natal, situated immediately opposite and close to the source of the Gansvlei stream; thence in a north-easterly direction along the ridge of the Drakensberg, dividing the waters flowing into the Gansvlei stream from the waters flowing into the sources of the Buffalo, to a beacon on a point where this mountain ceases to be a continous chain; thence to a beacon on a plain to the north-east of the last described beacon; thence to the nearest source of a small stream called »Division Stream;« thence down this division stream, which forms the southern boundary of the farm Sandfontein, the property of Messrs. Meek, to its junction with the Coldstream; thence down the Coldstream to its junction with the Buffalo or Umzinyati River; thence down the course of the Buffalo River to the junction with it of the Blood River; thence up the course of the Blood River to the junction with it of Lyn Spruit or Dudusi; thence up the Dudusi to its source; thence 80 yards to Bea. I., situated on a spur of the N'Qaba-Ka-hawana Mountains; thence 80 yards to the N'Sonto River; thence down the N'Sonto River to its junction with the Withe Umvulozi River; thence up the White Umvulozi River to a white rock where it rises; thence 800 yards to Kambula Hill (Bea. II.); thence to the source of the Pemvana River, where the road from Kambula Camp to Burgers' Lager crosses; thence down the Pemvana River to its junction with the Bivana River; thence down the Bivana River to its junction with the Pongolo River; thence down the Pongolo River to where it passes through the Libombo Range; thence along the summits of the Libombo Range to the northern point of the N'Yawos Hill in that range (Bea. XVI.); thence to the northern peak of the Inkwakweni Hills (Bea. XV.); thence to Sefunda, a rocky knoll detached from and to the north-east end of the White Koppies, and to the south of the Musana River (Bea. XIV.); thence to a point on the slope near the crest of Matanjeni, which is the name given to the south-eastern portion of the Mahamba Hills (Bea. XIII.); thence to the N'gwangwana, a double-pointed hill (one point is bare, the other wooded, the beacon being on the former), on the left bank of the Assegai River and upstream of the Dadusa Spruit (Bea. XII.); thence to the southern point of Bendita, a rocky knoll in a plain between the Little Hlozane and Assegaai Rivers (Bea. XI.); thence to the highest point of Suluka Hill, round the eastern slopes of which flows the Little Hlozane, also called Ludaka or Mudspruit (Bea. X.); thence to the beacon known as »Viljoen's,« or N'Duko Hill, thence to a point north-east of Derby House, known as Magwazidili's Beacon; thence to the Igaba, a small knoll on the Ungwempisi River, also called »Joubert's Beacon,« and known to the natives as »Piet's Beacon« (Bea. IX.); thence to the highest point of the N'Dhlovudwalili or Houtbosch, a hill on the northern bank of the Umqwempisi River (Bea. VIII.); thence to a beacon on the only flat-topped rock, about 10 feet high and about 30 yards in circumference at its base, situated on the south side of the Lamsamane range of hills, and overlooking the valley of the great Usuto River; this rock being 45 yards north of the road from Camden and Lake Banagher to the forests on the Usuto

River (sometimes called Sandhlanas Beacon) (Bea. VII.); thence to the Gulungwana or Ibubulundi, four smooth bare hills, the highest in that neighbourhood, situated to the south of the Umtuli River (Bea. VI.); thence to a flat-topped rock, 8 feet high, on the crest of the Busuku, a low rocky range south-west of the Impulazi River (Bea. V.); thence to a low bare hill on the north-east of, and overlooking the Impulazi River, to the south of it being a tributary of the Impulazi, with a considerable waterfall, and the road from the river passing 200 yards to the north-west of the beacon (Bea. IV.); thence to the highest point of the Mapumula range, the watershed of the Little Usuto River on the north, and the Umpulazi River on the south, the hill, the top of which is a bare rock, falling abruptly towards the Little Usuto (Bea. III.); thence to the western point of a double-pointed rocky hill, precipitous on all sides, called Makwana, its top being a bare rock (Bea. II.); thence to the top of a rugged hill of considerable height falling abruptly to the Komati River, this hill being the northern extremity of the Isilotwani range, and separated from the highest peak of the range Inkomokazi (a sharp cone) by a deep neck (Bea. I.). (On a ridge in the straight line between Beacons I. and II. is an intermediate beacon.) From Beacon I. the boundary runs to a hill across the Komati River, and thence along the crest of the range of hills known as the Makongwa, which runs north-east and south-west, to Kamhlubana Peak; thence in a straight line to Mananga, a point in the Libombo range, and thence to the nearest point in the Portuguese frontier on the Libombo range; thence along the summits of the Libombo range to the middle of the poort where the Komati River passes through it, called the lowest Komati Poort; thence in a north by easterly direction to Pokioens Kop, situated on the north side of the Olifant's River, where it passes through the ridges; thence about north north-west to the nearest point of Serra di Chicundo; and thence to the junction of the Pafori River with the Limpopo or Crocodile River; thence up the course of the Limpopo River to the point where the Marique River falls into it. Thence up the course of the Marique River to »Derde Poort,« where it passes through a low range of hills, called Sikwane, a beacon (No. 10) being erected on the spur of said range near to, and westward of, the banks of the river; thence, in a straight line, through this beacon to a beacon (No. 9), erected on the top of the same range, about 1,700 yards distant from beacon No. 10; thence, in a straight line, to a beacon (No. 8) erected on the highest point of an isolated hill, called Dikgagong, or »Wildebeest Kop,« situated south-eastward of, and about 3½ miles distant from a high hill, called Moripe; thence, in a straight line, to a beacon (No. 7) erected on the summit of an isolated hill or »koppie« forming the eastern extremity of the range of hills called Moshweu, situated to the northward of, and about two miles distant from, a large isolated hill called Chukudu-Chochwa; thence, in a straight line, to a beacon (No. 6) erected on the summit of a hill forming part of the same range, Moshweu; thence, in a straight line, to a beacon (No. 5) erected on the summit of a pointed hill in the same range; thence, in a straight line, to a beacon (No. 4) erected on the sum-

mit of the western extremity of the same range; thence, in a straight line,
to a beacon (No. 3) erected on the summit of the northern extremity of
a low, bushy hill, or »Koppie,« near to and eastward of the Notwane
River; thence, in a straight line, to the junction of the stream called Metsi-
Mashwane with the Notwane River (No. 2); thence up the course of the
Notwane River to Sengoma, being the Poort where the river passes through
the Dwarsberg range; thence, as described in the Award given by Lieutenant-Governor Keate, dated October 17, 1871, by Pitlanganyane (narrow
place), Deboaganka or Shaapkuil, Sibatoul (bare place), and Maclase, to
Ramatlabama, a pool on a spruit north of the Molopo River. From Ramatlabama the boundary shall run to the summit of an isolated hill, called
Legunka; thence in a straight line, passing north-east of a Native Station,
near »Buurman's Drift,« on the Molopo River, to that point on the road
from Mosiega to the old drift, where a road turns out through the Native
Station to the new drift below; thence to »Buurman's Old Drift;« thence
in a straight line, to a marked and isolated clump of trees near to and
north-west of the dwelling-house of C. Austin, a tenant on the farm »Vleifontein,« No. 117; thence, in a straight line, to the north-western corner
beacon of the farm »Mooimeisjesfontein,« No. 30; thence, along the western
line of the said farm »Mooimeisjesfontein,« and in prolongation thereof,
as far as the road leading from »Ludik's Drift,« on the Molopo River,
past the homestead of »Mooimeisjesfontein,« towards the Salt Pans near
Harts River; thence, along the said road, crossing the direct road from
Polfontein to Schuba, and until the direct road from Polfontein to Lotlakane or Pietfontein is reached; thence, along the southern edge of the
last-named road towards Lotlakane, until the first garden ground of that
station is reached; thence, in a south-westerly direction, skirting Lotlakane,
so as to leave it and all its garden ground in native territory, until the
road from Lotlakane to Kunana is reached; thence along the east side,
and clear of that road towards Kunana, until the garden grounds of that station
are reached; thence, skirting Kunana, so as to include it and all its garden ground, but no more, in the Transvaal, until the road from Kunana
to Mamusa is reached; thence, along the eastern side and clear of the road
towards Mamusa, until a road turns out towards Taungs; thence, along
the eastern side and clear of the road towards Taungs, till the line of the
district known as »Stellaland« is reached, about 11 miles from Taungs;
thence, along the line of the district Stellaland, to the Harts River, about
24 miles below Mamusa; thence, across Harts River, to the junction of
the roads from Monthe and Phokwane; thence, along the western side and
clear of the nearest road towards »Koppie Enkel,« an isolated hill about
36 miles from Mamusa, and about 18 miles north of Cristiana, and to
the summit of the said hill; thence, in a straight line, to that point on
the north-east boundary of Griqualand West as beaconed by Mr. Surveyor
Ford, where two farms, registered as Nos. 72 and 75, do meet, about
midway between the Vaal and Harts Rivers, measured along the said boundary of Griqualand West; thence to the first point where the north-east
boundary of Griqualand West meets the Vaal River.

Art. II. The Governement of the South African Republic will strictly adhere to the first Article of this Convention, and will do its utmost to prevent any of its inhabitants from making any encroachments upon lands beyond the said boundaries. The Government of the South African Republic will appoint Commissioners upon the eastern and western borders whose duty it will be strictly to guard against irregularities and all trespassing over the boundaries. Her Majesty's Government will, if necessary, appoint Commissioners in the native territories outside the eastern and western borders of the South Africain Republic to maintain order and prevent encroachments.

Her Majesty's Government and the Government of the South African Republic will each appoint a person to proceed together to beacon off the amended south-west boundary as described in Article 1 of this Convention; and the President of the Orange Free State shall be requested to appoint a referee tho whom the said persons shall refer any questions on which they may disagree respecting the interpretation of the said Article, and the decision of such referee thereon shall be final. The arrangement already made, under the terms of Article 19 of the Convention of Pretoria of the 3rd August 1881, between the owners of the farms Grootfontein and Valleifontein on the one hand, and the Barolong authorities on the other, by which a fair share of the water supply of the said farms shall be allowed to flow undisturbed to the said Barolongs, shall continue in force.

Art. III. If a British officer is appointed to reside at Pretoria or or elsewhere within the South African Republic to discharge functions analogous to those of a Consular officer he will receive the protection and assistance of the Republic.

Art. IV. The South African Republic will conclude no treaty or engagements with any State or nation other than the Orange Free State, nor with any native tribe to the eastward or westward of the Republic, until the same has been approved by Her Majesty the Queen.

Such approval shall be considered to have been granted if Her Majesty's Government shall not, within six months after receiving a copy of such treaty (wich shall be delivered to them immediately upon its completion), have notified that the conclusion of such treaty is in conflict with the interests of Great Britain or of any of Her Majesty's possessions in South Africa.

Art. V. The South African Republic will be liable for any balance which may still remain due of the debts for which it was liable at the date of Annexation, to wit, the Cape Commercial Bank Loan, the Railway Loan, and the Orphan Chamber Debt, which debts will be a first charge upon the revenues of the Republic. The South African Republic will moreover be liable to Her Majesty's Government for 250,000 *l.*, which will be a second charge upon the revenues of the Republic.

Art. VI. The debt due as aforesaid by the South African Republic to Her Majesty's Government will bear interest at the rate of three and a half per cent. from the date of the ratification of this Convention, and shall be repayable by a payment for interest and Sinking Fund of six pounds and ninepence per 100 *l.* per annum, which will extinguish the debt in twenty-five years. The said payment of six pounds and ninepence per 100 *l.* shall be payable halfyearly, in British currency, at the close of each half year from the date of such ratification : Provided always that the South African Republic shall be at liberty at the close of any half year to pay off the whole or any portion of the outstanding debt.

Interest at rate of three and a half per cent. on the debt as standing under the Convention of Pretoria shall as heretofore be paid to the date of the ratification of this Convention.

Art. VII. All persons who held property in the Transvaal on the 8th day of August 1881, and still hold the same, will continue to enjoy the rights of property which they have enjoyed since the 12th April 1877. No person who has remained loyal to Her Majesty during the late hostilities shall suffer any molestation by reason of his loyalty: or be liable to any criminal prosecution or civil action for any part taken in connexion with such hostilities; and all such persons will have full liberty to reside in the country, with enjoyment of all civil rights, and protection for their persons and property.

Art. VIII. The South African Republic renews the declaration made in the Sand River Convention, and in the Convention of Pretoria, that no slavery or apprenticeship partaking of slavery will be tolerated by the Government of the said Republic.

Art. IX. There will continue to be complete freedom of religion and protection from molestation for all denominations, provided the same be not inconsistent with morality and good order; and no disability shall attach to any person in regard to rights of property by reason of the religious opinions which he holds.

Art. X. The British Officer appointed to reside in the South African Republic will receive every assistance from the Government of the said Republic in making due provision for the proper care and preservation of the graves of such of Her Majesty's Forces as have died in the Transvaal; and if need be, for the appropriation of land for the purpose.

Art. XI. All grants or titles issued at any time by the Transvaal Government in respect of land outside the boundary of the South African Republic, as defined in Article 1, shall be considered invalid and of no effect, except in so far as any such grant or title relates to land that falls within the boundary of the South African Republic; and all persons holding any such grant so considered invalid and of no effect will receive from the Government of the African Republic such compensation, either in land or in money, as the Volksraad shall determine. In all cases in which any Native Chiefs or other authorities outside the said boundaries have received any adequate consideration from the Government of the South African Republic for land excluded from the Transvaal by the first Article of this Convention, where permanent improvements have been made on the land, the High Commissioner will recover from the native authorities fair compensation for the loss of the land thus excluded, or of the permanent improvements thereon.

Art. XII. The independence of the Swazis, within the boundary line of Swaziland, as indicated in the first Article of this Convention, will be fully recognised.

Art. XIII. Except in pursuance of any treaty or engagement made as provided in Article 4 of this Convention, no other or higher duties shall be imposed on the importation into the South African Republic of any article coming from any part of Her Majesty's dominions than are or may be imposed on the like article coming from any other place or country: nor will any prohibition be maintained or imposed on the importation into the South African Republic of any article coming from any part of Her Majesty's dominions which shall not equally extend to the like article coming from any other place or country. And in like manner the same treatment shall be given to any article coming to Great Britain from the South African Republic as to the like article coming from any other place or country.

These provisions do not preclude the consideration of special arrangements as to import duties and commercial relations between the South African Republic and any of Her Majesty's colonies or possessions.

Art. XIV. All persons, other than natives, conforming themselves to the laws of the South African Republic (a) will have full liberty, with their families, to enter, travel, or reside in any part of the South African Republic; (b) they will be entitled to hire or possess houses, manufactories, warehouses, shops, and premises; (c) they may carry on their commerce either in person or by any agents whom they may think fit to employ; (d) they will not be subject, in respect of their persons or property, or in respect of their commerce or industry, to any taxes, whether general or local, other than those which are or may be imposed upon citizens of the said Republic.

Art. XV. All persons, other than natives, who established their domicile in the Transvaal between the 12th day of April 1877, and the 8th August 1881, and who within twelve months after such last-mentioned date have had their names registered by the British Resident, shall be exempt from all compulsory military service whatever.

Art. XVI. Provision shall hereafter be made by a separate instrument for the mutual extradition of criminals, and also for the surrender of deserters from Her Majesty's Forces.

Art. XVII. All debts contracted between the 12th April 1877 and the 8th August 1881 will be payable in the same currency in which they may have been contracted.

Art. XVIII. No grants of land which may have been made, and no transfers or mortages which may have been passed between the 12th April 1877 and the 8th August 1881, will be invalidated by reason merely of their having been made or passed between such dates.

All transfers to the British Secretary for Native Affairs in trust for Natives will remain in force, an officer of the South African Republic taking the place of such Secretary for Native Affairs.

Art. XIX. The Government of the South African Republic will engage faithfully to fulfil the assurances given, in accordance with the laws of the South African Republic, to the natives at the Pretoria Pitso by the Royal Commission in the presence of the Triumvirate and with their entire assent, (1) as to the freedom of the natives to buy or otherwise acquire land under certain conditions, (2) as to the appointment of a commission to mark out native locations, (3) as to the access of the natives to the courts of law, and (4) as to their being allowed to move freely within the country, or to leave it for any legal purpose, under a pass system.

Art. XX. This Convention will be ratified by a Volksraad of the South African Republic within the period of six months after its execution, and in default of such ratification this Convention shall be null and void.

Signed in duplicate in London this 27th day of February 1884.

Hercules Robinson.　　*S. J. P. Kruger.*　　*S. J. du Toit.*　　*N. J. Smit.*

15.

ÉGYPTE, GRANDE-BRETAGNE.

Arrangement signé au Caire, le 3 mars 1884, pour régler les relations commerciales entre les deux pays.

Parl. Paper [4045] 1884.

The Untersigned, Sir Evelyn Baring, K. C. S. I., Minister Plenipotentiary, Her Majesty's Agent and Consul-General for Egypt, and his Excellency Nubar Pasha, President of the Council of Ministers, Minister of Foreign Affairs and Minister of Justice to His Highness the Khedive, acting by order of, and under instructions from, their respective Governments having held a conference this day on the subject of the conclusion of Conventions respecting trade and commerce between the Government of Egypt and foreign Powers, have agreed as follows: —

1. The Government of Her Britanic Majesty agrees that the Egyptian Customhouse Regulations, which, by the Convention made on the 3rd instant between the Egyptian Government of His Majesty the King of the Hellenes *), are made applicable to Hellenic subjects, ships, commerce and navigation.

2. All rights, privileges, or immunities which the Government of Egypt now grants, or may hereafter grants to, or suffer to be enjoyed by, the subjects, ships, commerce, and navigation of other foreign Powers, shall be equally granted to and exercised, and enjoyed by the subjects, ships, commerce and navigation of Great Britain.

---

*) V. N. R. G. 2e Série, IX. 726.

In witness whereof the Undersigned have signed the present Convention and have affixed thereto their seals.

Done at Cairo this 3rd day of March, 1884.

Evelyn Baring.   *N. Nubar.*

16.

ABYSSINIE, ÉGYPTE, GRANDE-BRETAGNE.

Traité d'amitié signé à Adowa, le 3 juin 1884.

Parl. Paper [4103] *1884.*

Her Majesty the Queen of the United Kingdom of Great Britain and Ireland, Empress of India, and His Majesty Johannis, made by the Almighty King of Sion Negoosa Negust of Ethiopia and its Dependencies, and His Highness Mahomed Tewfik, Khedive of Egypt, being desirous of settling the differences which exist between the said Johannis, Negoosa Negust of Ethiopia, and Mahommed Tewfik, Khedive of Egypt, and of establishing an everlasting peace between them, have, agreed to conclude a Treaty for this purpose, which shall be binding on themselves, their heirs, and successors; and Her Majesty the Queen of the United Kingdom of Great Britain and Ireland, Empress of India, having appointed as her Representative Rear-Admiral Sir William Hewett, Commander-in-chief of Her Majesty's ships of war in the East Indies, and His Majesty the Negoosa Negust of Ethiopia, acting on his own behalf, and His Highness the Khedive of Egypt, having appointed as his Representative his Excellency Mason Bey, Governor of Massowah, they have agreed upon and concluded the following Articles: —

Art. I. From the date of the signing of this Treaty there shall be free transit through Massowah, to and from Abyssinia, for all goods, including arms and ammunition, under British protection.

Art. II. On and after the 1st day of September, 1884, corresponding to the 8th day of Maskarram, 1877, the country called Bogos shall be restored to His Majesty the Negoosa Negust; and when the troops of His Highness the Khedive shall have left the garrisons of Kassala, Amedib, and Sanhit, the buildings in the Bogos country which now belong to His Highness the Khedive, together with all the stores and munitions of war which shall then remain in the said buildings, shall be delivered to and become the property of His Majesty the Negoosa Negust.

Art. III. His Majesty the Negoosa Negust engages to facilitate the withdrawal of the troops of His Highness the Khedive from Kassala, Amedib, and Sanhit through Ethiopia to Massowah.

Art. IV. His Highness the Khedive engages to grant all the facilities which His Majesty the Negoosa Negust may require in the matter of appointing Aboonas for Ethiopia.

Art. V. His Majesty the Negoosa Negust and His Highness the Khedive engage to deliver up, the one to the other, any criminal or criminals who may have fled, to escape punishment, from the dominions of the one to the dominions of the other.

Art. VI. His Majesty the Negoosa Negust agrees to refer all differences with His Highness the Khedive which may arise after the signing of this Treaty to Her Britannic Majesty for settlement.

Art. VII. The present Treaty shall be ratified by Her Majesty the Queen of Great Britain and Ireland, Empress of India, and by His Highness the Khedive of Egypt, and the ratification shall be forwarded to Adowa as soon as possible.

In witness whereof Rear-Admiral Sir W. Hewett, on behalf of Her Majesty the Queen of Great Britain and Ireland, Empress of India, and His Majesty the Negoosa Negust on his own behalf, and his Excellency Mason Bey on behalf of His Highness the Khedive of Egypt, have signed and affixed their seals to this Treaty, made at Adowa, the 3rd day of June, 1884, corresponding to the 27th day of Goonnet, 1876.

(King's Seal.)
W. Hewett.
Mason.

17.

ABYSSINIE, GRANDE-BRETAGNE.

Traité concernant la suppression du commerce des esclaves; signé à Adowa, le 3 juin 1884*).

Parl. Paper [4099] 1884.

Her Majesty the Queen of the United Kingdom of Great Britain and Ireland, Empress of India, and His Majesty Johannis, made by the Almighty King of Sion, Negoosa Negust of Ethiopia and its dependencies, being desirous of prohibiting and perpetually abolishing the Slave Trade, they have agreed to conclude a Treaty for this purpose, which shall be binding on themselves, their heirs and successors; and to that end Rear-Admiral Sir William Hewett, Commander-in-chief of Her Majesty's ships of war in the East Indies, acting on the behalf of Her Majesty the Queen of Great Britain and Ireland, Empress of India, and His Majesty Johannis, Negoosa

---

*) Ratifié par S. M. la Reine d'Angleterre le 12 juill. 1884.

Negust of Ethiopia, acting on his own behalf, they have agreed upon and concluded the following Articles: —

Art. I. His Majesty the Negoosa Negust agrees to prohibit and to prevent, to the best of his ability, the buying and selling of slaves within his dominions.

Art II. His Majesty the Negoosa Negust agrees to prohibit and to prevent to the best of his ability, the import or export of slaves to or from his dominions.

Art. III. His Majesty the Negoosa Negust engages to protect, to the utmost of his power, all liberated slaves, and to punish severely any attempt to molest them, or to reduce them again to slavery.

Art. IV. Her Britannic Majesty has made Treaties with many foreign States, by which it is permitted to her officers to seize all ships belonging to such foreign States engaged in the transport or conveyance of slaves upon the sea; and Her Majesty engages to liberate any subjects of His Majesty the Negoosa Negust who may be found detained as slaves in any ship captured by the officers of Her Majesty, and to take steps to send such subjects back to the dominions of His Majesty the Negoosa Negust.

Art. V. The present Treaty shall be ratified, and the ratification shall be forwarded to Adowa us soon as possible.

In witness whereof, Rear-Admiral Sir William Hewett, on the behalf of Her Majesty the Queen of Great Britain and Ireland, Empress of India, and Johannis, Negoosa Negust of Ethiopia, on his own behalf, have signed the same, and (or) have affixed their seals to this Treaty, made at Adowa the 3rd day of June, 1884, corresponding to the 27th day of Goonvet, 1876.

(Seal of The King of Abyssinia.)
W. Hewett.

18.

CHILI, ESPAGNE.

Traité de paix et d'amitié signé à Lima, le 12 juin 1883.

Memoria presentada por el Ministro de relaciones esteriores de Chile al Congreso nacional, Santiago 1883, p. LVII.

La República de Chile, de una parte i de la otra S. M. el Rei de España, deseando vivamente restablecer las relaciones amistosas entre ámbos paises i dando al mas completo olvido los sucesos que las interrumbieron, han determinado celebrar un Tratado de Paz i Amistad que reanude los estrechos lazos que deberán unir siembre a los ciudadanos chilenos i a los súbditos españoles, i al efecto,

Han nombrado i constituido por sus Plenipotenciarios, a saber:

S. E. el Presidente de la República de Chili a don Jovino Novoa, i

S. M. el Rei de España a don Enrique Vallés, comendador de número de la Real Orden de Isabel la Católica, Caballero de la Real i distinguida de Cárlos III, Comendador de la Orden de Alberto de Sajonia, condecorado con la Cruz de segunda clase de la Corona Real de Prusia i con la de tercera clase del Medgidié de Turquía i Caballero del Santo Sepulcro, etc., Encargado de Negocios de España en el Perú,

Quienes, despues de haberse communicado sus Plenos Poderes i de haberlos hallado en buena i debida forma, han convenido en los articulos siguientes:

Art. primero. Habrá completo olvido de lo pasado i una paz sólida e inviolable entre la Répública de Chile i S. M. el Rei de España.

Art. segundo. En virtud de lo establecido en el artículo anterior, quedan derogados los artículos del armisticio firmado por las Altas Partes contratantes en Washington, con fecha 11 de abril de 1871 *), i de ello se dará cuenta al Presidente de los Estados Unidos.

Art. tercero. Hasta tanto que se celebren nuevos tratados, se declara subsistente entre las Altas Partes contratantes, la legalidad que precedió a la interrupcion de sus relaciones.

Art. cuarto. Los Gobiernos de Chile i España nombrarán sus Representantes Diplomáticos del mismo modo que los Ajentes Consulares.

Art. quinto. El presente Tratado será ratificado i las ratificaciones se canjearán en Santiago de Chile, cuanto ántes sea possible, d'entro del plazo de un año contado desde esta fecha.

En fé de lo cual los respectivos Plenipotenciarios lo han firmado por cuadruplicado i sellado con sus sellos particulares.

Hecho en Lima, a doce de junio del año de mil ochocientos ochenta i tres.

Jovino Novoa.
Enrique Vallés

19.

CHILI, PÉROU.

Traité de paix et d'amitié, suivi d'un Protocole additionnel; signé à Lima, le 20 octobre 1883.

Memoria presentada por el Ministro de relaciones esteriores de Chile al Congreso nacional, Santiago 1883, p. CIII.

La República de Chile, de una parte, i de la otra la República del Perú, deseando restablecer las relaciones de amistad entre ámbos paises, han determinado celebrar un Tratado de paz i amistad i al efecto han nombrado i constituido por sus Plenipotenciarios a saber:

---

*) V. N. R. G. 2e Série, III. 475.

S. E. el Presidente de la República de Chile a don Jovino Novoa, i
S. E. el Presidente de la República del Perú a don José Antonio de Lavalle, Ministro de Relaciones Esteriores i a don Mariano Castro Zaldívar.

Quienes, despues de haberse comunicado sus Plenos Poderes, i de haberlos hallado en buena i debida forma, han convenido en los artículos siguientes:

Art. primero. Restablécense las relaciones de paz i amistad entre las Repúblicas de Chile i del Perú.

Art. segundo. La República del Perú cede a la República de Chile, perpétua e incondicionalmente, el territorio de la provincia litoral de Tarapacá, cuyos límites son, por el norte la quebrada i rio de Camarones; por el sur la quebrada i rio del Loa; por el oriente la República de Bolivia i por el poniente el mar Pacífico.

Art. tercero. El territorio de las provincias de Tacna i Arica, que limita por el norte con el rio Sama, desde su nacimiento en las cordilleras limítrofes con Bolivia hasta su desembocadura en el mar, por el sur con la quebrada i rio de Camarones, por el oriente con la República de Bolivia, i por el poniente con el mar Pacífico, continuará poseido por Chile i sujeto a la lejislacion i autoridades chilenas durante el término de diez años contados desde que se ratifique el presente Tratado de paz. Espirado este plazo, un plébiscito decidirá, en votacion popular, si el territorio, de las provincias referidas queda definitivamente del dominio i soberanía de Chile, o si continúa siendo parte del territorio peruano. Aquel de los dos paises a cuyo favor queden anexadas las provincias de Tacna i Arica, pagará al otro diez millones de pesos moneda chilena de plata o soles peruanos de igual lei i peso que aquella.

Un protocolo especial, que se considerará como parte integrante del presente Tratado, establecerá la forma en que el plebiscito deba tener lugar i los términos i plazos en que hayan de pagarse los diez millones por el pais que quede dueño de las provincias de Tacna i Arica.

Art. cuarto. En conformidad a lo dispuesto en el supremo decreto de 9 de febrero de 1882, por el cual el Gobierno de Chile ordenó la venta de on millon de toneladas de guano, el producto líquido de esta sustancia, deducidos los gastos i demas desembolsos a quo se refiere el artículo 13 de dicho decreto, se distribuirá por partes iguales entre el gobierno de Chile i los acreedores del Perú, cuyos títulos de crédito aparecieren sustentados con la garantía del guano.

Terminada la venta del millon de toneladas a que se refiere el inciso anterior, el Gobierno de Chile continuará entregando a los acreedores peruanos el cincuenta por ciento del producto líquido del guano, tal como se establece en el mencionado artículo 13, hasta que se estinga la deuda o se agoten las covaderas en actual esplotacion.

Los productos le las covaderas o yacimientos que se descubran en lo futuro en los territorios cedidos, pertenecerán esclusivamente al Gobierno de Chile.

Art. quinto. Si se descubrieren en los territorios que quedan del dominio del Perú, covaderas o yacimientos de guano, a fin de evitar que los gobiernos de Chile i del Perú se hagan competencia en la venta de esa sustancia se determinarán préviamente por ámbos gobiernos de comun acuerdo, la proporcion i condiciones a que cada uno de ellos deba sujetarse en la enajenacion de dicho abono.

Lo estipulado en el inciso precedente rejirá, asimismo, con las existencias de guano ya descubiertas que pudieran quedar en las islas de Lobos cuando llegue el evento de entregarse esas islas al Gobierno del Perú, en conformidad a lo estipulado en la cláusula novena del presente Tratado.

Art. sesto. Los acreedores peruanos a quienes se concede el beneficio a que se refiere el artículo cuarto, deberán someterse para la calificacion de sus títulos i demas procedimientos, a las reglas fijadas en el supremo decreto de 9 de febrero de 1882.

Art. séptimo. La obligacion que el Gobierno de Chile acepta, segun el artículo cuarto, de entregar el cincuenta por ciento del producto líquido del guano de las covaderas en actual esplotacion, subsistirá, sea que esta esplotacion se hiciere en conformidad al contrato existente sobre vento de un millon de toneladas, sea que ella se verifique en virtud de otro contrato o por cuenta propria del Gobierno de Chile.

Art. octavo. Fuera de las declaraciones consignadas en los artículos precedentes, i de las obligaciones que el Gobierno de Chile tiene espontáneamente aceptadas en el supremo decreto de 28 de marzo de 1882, que reglamentó la propriedad salitrera de Tarapacá, el espresado Gobierno de Chile no reconoce créditos de ninguna clase que afecten a los nuevos territorios que adquiere por el presente Tratado, cualquiera que sea su naturaleza i procedencia.

Art. noveno. Las islas de Lobos continuarán administradas por el Gobierno de Chile hasta que se dé término, en las covaderas existentes, a la esplotacion de un millon de toneladas de guano, en conformidad a lo estipulado en los artículos cuarto i séptimo. Llegado este caso, se devolverán al Perú.

Art. décimo. El Gobierno de Chile declara que cederá al Perú, desde el dia en que el presente Tratado sea ratificado i canjeado constitucionalmente, el cincuenta por ciento que le corresponde en el producto del guano de las islas de Lobos.

Art. décimo primero. Miéntras no se ajuste un tratado especial, las relaciones mercantiles entre ámbos paises subsistirán en el mismo estado en que se encontraban ántes del 5 de abril de 1879.

Art. décimo segundo. Las indemnizaciones que se deban por el Perú a los chilenos que hayan sufrido perjuicios con motivo de la guerra, se juzgarán por un tribunal arbitral o comision mixta internacional nombrada inmediatamente despues de ratificado el presente Tratado, en la forma establecida por convenciones recientes ajustadas entre Chile i los Gobiernos de Inglaterra, Francia e Italia.

Art. décimo tercero. Los Gobiernos Contratantes reconocen i aceptan la validez de todos los actos administrativos i judiciales passados durante la ocupacion del Perú, derivados de la jurisdiccion marcial ejercida por el Gobierno de Chile.

Art. décimo cuarto. El presente Tratado será ratificado i las ratificaciones canjeadas en la ciudad de Lima cuanto ántes sea posible dentro de un término máximo de ciento sesenta dias contados desde esta fecha.

En fé de lo cual, los respectivos Plenipotenciarios lo han firmado por duplicado i sellado con sus sellos particulares.

Hecho en Lima, a veinte de octubre del año de Nuestro Señor, mil ochocientos ochenta i tres. —

Jovino Novoa. *J. A. de Lavalle.* *Mariano Castro Zaldívar.*

Protocolo Complementario.

En la ciudad de Lima, a veinte de octubre de mil ochocientos ochenta i tres, reunidos los señores don Jovino Novoa, Enviado Estraordinario i Ministro Plenipotenciario de la República de Chile i los señores don José Antonio de Lavalle, Ministro de Relaciones Esteriores del Perú i don Mariano Castro Zaldívar, ambos Plenipotenciarios »ad hoc« del Gobierno del Excmo. señor Jeneral don Miguel Iglesias, para el ajuste del Tratado de Paz entre las Repúblicas de Chile i el Perú, obrando en uso de las facultades que les han sido atribuidas por sus respectivos Gobiernos, segun consta de los Poderes i mandato especial que tienen examinados i calificados como bastantes para la celebracion del pacto de paz suscrito en esta fecha, han procedido a ajustar asimismo el siguiente Protocolo complementario del Tratado de Paz entre las Repúblicas de Chile i del Perú, firmado en Lima el dia de hoi:

Art. primero. Miéntras se perfecciona por la ratificacion del Congreso Peruano, el Tratado de Paz suscrito en Lima con esta fecha, la República de Chile queda autorizada para mantener un ejército de ocupacion en aquella parte del territorio del Perú que el Jeneral en Jefe lo estime necesario, siempre que las fuerzas de que haya de componerse aquel ejército, no estorben ni embaracen en manera alguna el libre i pleno ejercicio de la jurisdiccion que corresponde a las autoridades nacionales del Perú.

Art. segundo. Para subvenir en parte a los gastos que impondrá a la Republica de Chile el mantenimiento del ejército de ocupacion, el Gobierno del Perú entregará mensualmente al Jeneral en Jefe de aquellas fuerzas, a contar desde la fecha del presente Protocolo, la suma de trescientos mil pesos en plata efectiva, que se deducirá, en primer término, de las rentas nacionales del Perú.

Art. tercero. Las provisiones i equipos de cualquiera clase que el Gobierno de Chile envíe a su ejército durante la subsistencia de la ocupacion, serán internadas en las aduanas del Perú libres de todo derecho fiscal o municipal i su despacho se verificará sin otro trámite que la presentacion del respectivo manifiesto con el »Visto Bueno« del Jeneral en Jefe.

Art. cuarto. El Cuartel Jeneral del ejército de Chile podrá hacer

uso de todas las líneas telegráficas del Estado, sin retribucion alguna, siempre que los telegramas aparezcan visados en la Secretaría del Jeneral
en Jefe o suscritos por el Ministro Plenipotenciario de Chile.

Art. quinto. El Cuartel Jeneral del ejército de ocupacion podrá asimismo hacer uso de las vias férreas, en las proprias condiciones i términos
en que puede emplearlas el Gobierno del Perú a mérito de los diversos
contratos que tiene celebrados con las personas o sociedades que las esplotan.

Art. sesto. Miéntras el Jeneral en Jefe del ejército de ocupacion lo
estime indispensable, permanecerán al servicio de este ejército los hospitales
de esta ciudad titulados »Dos de Mayo« i »Santa Sofía,« pudiendo colo-
carse dentro del circuito de los espresados establecimientos una guarnicion
militar para los efectos de su custodia i policía.

En fé de lo cual, los antedichos Plenipotenciarios firmaron por duplicado el presente Protocolo, sellándolo con sus sellos respectivos.

Jovino Novoa.   *J. A. de Lavalle.*   *Mariano Castro Zaldívar.*

A GOTTINGUE.

Imprimé chez GUILLAUME FRÉDÉRIC KAESTNER.

NOUVEAU

RECUEIL GÉNÉRAL

DE

TRAITÉS

ET

AUTRES ACTES RELATIFS AUX RAPPORTS
DE DROIT INTERNATIONAL.

CONTINUATION DU GRAND RECUEIL

DE

G. FR. DE MARTENS

PAR

Jules Hopf.

DEUXIÈME SÉRIE.

TOME X.
2ème LIVRAISON.

GOTTINGUE,
LIBRAIRIE DE DIETERICH.
1885.

Table des matières.

Avis. Le présent Volume se composera de **4** livraisons. La dernière livraison contiendra une **Table générale** des matières comprises dans les 10 premiers volumes de la 2ᵈᵐᵉ Série du Nouveau Recueil Général.

NOUVEAU

RECUEIL GÉNÉRAL

DE

TRAITÉS

ET

AUTRES ACTES RELATIFS AUX RAPPORTS

DE DROIT INTERNATIONAL.

CONTINUATION DU GRAND RECUEIL

DE

G. FR. DE MARTENS

PAR

Jules Hopf.

DEUXIÈME SÉRIE.

TOME X.

2ème LIVRAISON.

GOTTINGUE,
LIBRAIRIE DE DIETERICH.
1885.

20.

ALLEMAGNE, AUTRICHE-HONGRIE, BELGIQUE,
DANEMARK, ESPAGNE, ÉTATS-UNIS D'AMÉRIQUE,
FRANCE, GRANDE-BRETAGNE, ITALIE, PAYS-BAS,
PORTUGAL RUSSIE, SUÈDE ET NORVÉGE TURQUIE.

Protocoles de la Conférence de l'Afrique occidentale réunie
à Berlin, du 15 novembre 1884 au 26 février 1885 *).

Edition originale imprimée pour les membres de la Conférence.

Protocole No. 1.

Séance du 15 novembre 1884.

Les Gouvernements de l'Allemagne, de l'Autriche-Hongrie, de la
Belgique, du Danemark, de l'Espagne, des Etats-Unis d'Amérique, de la
France, de la Grande-Bretagne, de l'Italie, des Pays-Bas, du Portugal,
de la Russie, de la Suède et la Norwège, et de la Turquie, ayant décidé
de se concerter sur les questions qui ont été indiquées dans les lettres
d'invitation adressées par le Gouvernement de Sa Majesté l'Empereur d'Allemagne aux différentes Puissances intéressées dans les affaires d'Afrique,
les Plénipotentiaires de ces Gouvernements se sont réunis à Berlin, en
Conférence, le samedi, 15 novembre, à 2 heures.

Etaient présents:

Pour l'Allemagne

Son Altesse Sérénissime le Prince de Bismarck, chancelier de l'Empire
d'Allemagne,

Son Excellence M. le Comte de Hatzfeldt, Secrétaire d'Etat du Département des affaires étrangères,

M. Busch, Sous-Secrétaire d'Etat au Département des affaires étrangères,

M. de Kusserow, Conseiller intime de légation.

Pour l'Autriche-Hongrie

Son Excellence M. le Comte Széchényi, Ambassadeur d'Autriche-Hongrie à Berlin.

---

*) Nous reproduisons les Protocoles avec toutes les Annexes. Les chiffres
des pages citées dans le texte se rapportent à la pagination de l'édition officielle indiquée ci-dessus. La Réd.

Pour la Belgique

    M. le Comte van der Straten-Ponthoz, Ministre de Belgique à Berlin,

    M. le Baron Lambermont, Envoyé extraordinaire et Ministre Pléni-
        potentiaire, Secrétaire Général du Ministère des affaires étrangères
        à Bruxelles.

Pour le Danemark

    M. de Vind, Ministre du Danemark à Berlin.

Pour l'Espagne

    M. le Comte de Benomar, Ministre d'Espagne à Berlin.

Pour les Etats-Unis d'Amérique

    M. John A. Kasson, Ministre des Etats-Unis d'Amérique à Berlin.

Pour la France

    Son Excellence M. le Baron de Courcel, Ambassadeur de France à Berlin.

Pour la Grande-Bretagne

    Son Excellence Sir Edward Malet, Ambassadeur d'Angleterre à Berlin.

Pour l'Italie

    Son Excellence M. le Comte de Launay, Ambassadeur d'Italie à Berlin.

Pour les Pays-Bas

    M. le Jonkheer van der Hoeven, Ministre des Pays-Bas à Berlin.

Pour le Portugal

    M. le Marquis de Penafiel, Ministre du Portugal à Berlin,

    M. le Conseiller de Serpa Pimentel, Pair du Royaume.

Pour la Russie

    M. le Comte Kapnist, Ministre Plénipotentiaire.

Pour la Suède et la Norwège

    M. le Général Baron de Bildt, Ministre de Suède et Norwège à Berlin.

Pour la Turquie

    Son Excellence Saïd Pacha, Ambassadeur de Turquie à Berlin.

    S. A. S. le Prince de Bismarck prononce les paroles suivantes:

    Messieurs,

    Avant d'entrer en matière, je tiens à m'acquitter d'un ordre de
l'Empereur, mon maître, en vous exprimant la satisfaction avec laquelle
Sa Majesté salue votre réunion et en vous priant de faire parvenir les
remerciments de Sa Majesté aux Gouvernements qui ont bien voulu accepter
Son invitation.

    S. A. S. propose ensuite de constituer la Conférence en désignant
le Président et les membres du Secrétariat.

    Le Comte de Launay, représentant de l'Italie, prononce le discours
ci-après:

    En ma qualité de doyen du corps diplomatique près cette Cour,
qu'il me soit permis de prendre la parole pour exprimer mes remerciments
au sujet du message de bienvenue de Sa Majesté l'Empereur et Roi et de
prier le Chancelier de l'Empire de se faire auprès de Son Souverain l'interprète de nos sentiments les plus respectueux et les plus sympathiques
pour Son Auguste personne. Qu'il me soit également permis, au début
de notre réunion dans cette même salle qui rappelle les souvenirs du
Congrès de 1878, de vous prier, Messieurs, de confier à S. A. S. le Prince

de Bismarck la présidence des trauvaux de la Conférence. C'est un usage consacré par les précédents et à la fois un hommage rendu au Souverain auquel nous devons l'hospitalité dont nous jouissons en ce moment. Il y a plus: il y va de notre intérêt à tous. Les éminentes qualités du Prince, son expérience, sa sagesse éprouvée offrent la sérieuse garantie que la meilleure direction sera imprimée à nos travaux.

Je ne doute donc pas de l'assentiment général et empressé à cette proposition.

Le Comte Széchényi constate l'adhésion que rencontre la proposition du Comte de Launay.

S. A. S. le Prince de Bismarck accepte la Présidence, en exprimant ses remercîments aux membres de la réunion; il leur demande la permission de se faire remplacer par un de ses collègues au cas où d'autres affaires, ou l'état de sa santé, l'exigeraient.

Comme Secrétaires de la Conférence, S. A. S. propose M. Raindre, Conseiller de l'Ambassade de France, M. le Comte Guillaume de Bismarck, Conseiller au Ministère d'Etat, et M. le Dr. Schmidt, Vice-Consul, attaché au Département des affaires étrangères d'Allemagne.

Ces suggestions étant accueillies, les membres du Secrétariat sont introduits et présentés à la Conférence.

Le Prince de Bismarck annonce que les pouvoirs des Plénipotentiaires ont été déposés au Secrétariat pour y être examinés en tant que de besoin. Les agents diplomatiques accrédités à Berlin sont, d'ailleurs, considérés comme ayant les pouvoirs nécessaires pour représenter leurs Gouvernements à la Conférence.

S. A. S. reprend comme suit:

En conviant à la Conférence, le Gouvernement Impérial a été guidé par la conviction que tous les Gouvernements invités partagent le désir d'associer les indigènes d'Afrique à la civilisation en ouvrant l'intérieur de ce continent au commerce, en fournissant à ses habitants les moyens de s'instruire, en encourageant les missions et les entreprises de nature à propager les connaissances utiles, et en préparant la suppression de l'esclavage, surtout de la traite des noirs, dont l'abolition graduelle fut déjà proclamée au Congrès de Vienne de 1815, comme un devoir sacré de toutes les Puissances.

L'intérêt que prennent toutes les nations civilisées au développement matériel de l'Afrique assure leur coopération à la tâche de régler les relations commerciales avec cette partie du monde.

Le régime observé depuis nombre d'années dans les rapports des Puissances occidentales avec les pays de l'Asie orientale ayant donné jusqu'ici les meilleurs résultats en restreignant les rivalités commerciales à une concurrence légitime, le Gouvernement de Sa Majesté l'Empereur d'Allemagne a cru pouvoir recommander aux Puissances d'appliquer à l'Afrique, dans des formes appropriées à ce continent, le même régime, fondé sur l'égalité des droits et sur la solidarité des intérêts de toutes les nations commerçantes.

Le Gouvernement Impérial a pressenti les Puissances sur le mode le plus convenable de réaliser cette idée. Ayant rencontré un parfait accord de vues auprès du Gouvernement Français, il a été autorisé par Sa Majesté l'Empereur à inviter les Puissances disposées à se joindre à cet accord à se réunir en conférence pour délibérer des résolutions à prendre sur la base du programme proposé dans les lettres d'invitation.

L'idée fondamentale de ce programme est de faciliter à toutes les nations commerçantes l'accès de l'intérieur de l'Afrique.

A cet effet, il serait à désirer que les marchandises destinées à l'intérieur fussent admises en franchise de transit sur tout le littoral de l'Afrique.

Toutefois, cette portée de la question étant en dehors du programme de la Conférence, le Gouvernement Impérial se borne ici à exprimer le vœu que la réunion de la Conférence puisse offrir l'occasion d'entamer des négociations entre les Etats intéressés au règlement de ce point de droit international, pour donner satisfaction aux besoins du commerce par rapport au transit en Afrique.

Le programme de la Conférence ne porte que sur la liberté du commerce dans le bassin du Congo et ses embouchures. En conséquence, le Gouvernement de Sa Majesté l'Empereur aura l'honneur de soumettre aux délibérations de la Conférence un projet de déclaration traitant de la liberté du commerce dans cette partie de l'Afrique, lequel projet renferme les propositions suivantes:

Toute Puissance qui exerce ou qui exercera des droits de souveraineté dans cette région y donnerait libre accès à tous les pavillons sans distinction. Elle ne pourrait y concéder de monopoles, ni introduire un traitement différentiel. Seraient prohibées toutes les autres taxes que celles perçues à titre de rétribution pour des dépenses faites dans l'intérêt du commerce.

Toutes les Puissances exerçant des droits ou de l'influence dans les territoires qui forment le bassin du Congo et son embouchure prendraient l'obligation de concourir à la suppression de l'esclavage dans ces pays, de favoriser et d'aider les travaux des missions, les institutions servant à instruire les indigènes et à leur faire comprendre et apprécier les avantages de la civilisation.

Le Congrès de Vienne, en proclamant la liberté de la navigation sur les fleuves qui parcourent le territoire de plusieurs Etats, a voulu empêcher la séquestration des avantages inhérents à un cours d'eau. Ce principe a passé dans le droit public, en Europe et en Amérique. Or, le Gouvernement Allemand se rallierait volontiers à des propositions tendant à régler, en dehors de la Conférence, la question de la liberté de navigation sur tous les fleuves de l'Afrique. Mais le programme de la Conférence étant circonscrit à la liberté de la navigation sur le Congo et le Niger, le projet d'acte provisoire de navigation que le Gouvernement de Sa Majesté l'Empereur aura l'honneur de présenter à la Conférence ne concernera que ces deux fleuves et leurs affluents.

Ce projet a été calqué sur les articles 108 à 116 de l'acte final du Congrès de Vienne de 1815, les articles 15, 16 et 19 du traité de Paris de 1856, l'acte de navigation du Danube de 1857, l'acte public relatif à la navigation des embouchures du Danube de 1865 et sur les traités identiques conclus, en 1853, entre la France, la Grande-Bretagne et les Etats-Unis d'Amérique d'une part, et la Confédération Argentine de l'autre, pour assurer la libre navigation du Parana et de l'Uruguay.

Le principe fondamental de ce projet est d'assurer pleine et entière liberté de navigation à tous les pavillons et la franchise de toutes autres taxes que celles prélevées dans un but de rétribution pour des travaux nécessités par les besoins de la navigation même.

Le développement naturel du commerce en Afrique fait naître le désir bien légitime d'ouvrir à la civilisation les territoires inexplorés et inoccupés à l'heure qu'il est. Pour prévenir des contestations qui pourraient résulter du fait d'une nouvelle occupation, les Gouvernements de France et d'Allemagne ont pensé qu'il serait utile d'arriver à un accord relativement aux formalités à observer pour que des occupations nouvelles sur les côtes de l'Afrique soient considérées comme effectives.

Les membres de la Conférence auront l'occasion de se concerter entre eux sur les questions qui se rattachent à la délimitation des établissements coloniaux de leur pays, ou au traitement de leurs nationaux respectifs; il n'entre cependant pas dans les attributions de l'assemblée de décider de la validité des prises de possession antérieures.

Ce n'est qu'en vue de l'avenir que j'aurai l'honneur de soumettre à la Conférence un projet de déclaration portant que, désormais, la validité d'une nouvelle prise de possession sera subordonnée à l'observation de certaines formes, telles que la notification simultanée, afin de mettre les autres Puissances à même de reconnaître cet acte ou de formuler leurs objections.

Pour qu'une occupation soit considérée comme effective, il est, de plus, à désirer que l'acquéreur manifeste, dans un délai raisonnable, par des institutions positives, la volonté et le pouvoir d'y exercer ses droits et de remplir les devoirs qui en résultent.

La Conférence se composant de représentants d'Etats souverains, chacun de ses membres restera juge des communications qu'il croira devoir faire à ses collègues au nom de son Gouvernement, mais des propositions faites en dehors des limites tracés à nos délibérations par le programme de l'invitation n'entraîneront pas pour l'assemblée l'obligation de les discuter.

Messieurs, l'intérêt que toutes les nations représentées dans cette Conférence prennent au développement de la civilisation en Afrique, intérêt incessamment témoigné par des entreprises hardies d'exploration, par le mouvement commercial et par les sacrifices et les efforts faits par chaque nation dans un de ces buts, nous offre une garantie du succès des travaux que nous entreprenons pour régler et pour développer les relations commerciales que nos nationaux entretiennent avec ce continent et pour servir en même temps la cause de la paix et de l'humanité.

Le Prince de Bismarck fait observer incidemment que les projets dont il a fait mention seront distribués le plus tôt possible aux Plénipotentiaires et que ceux-ci seront en mesure de se former une impression personnelle avant la prochaine séance. S. A. S. s'en remet aux travaux des membres de la Conférence pour le développement et le succès de l'oeuvre proposée aux délibérations communes.

Sir Edward Malet lit alors la déclaration suivante:

Messieurs,

Après avoir entendu les paroles que S. A. le Président vient de nous adresser, il m'est bien agréable de voir que les vues du Gouvernement que j'ai l'honneur de représenter me semblent s'accorder en général avec celles du Gouvernement de l'Empereur. Je suis autorisé à donner mon chaleureux appui aux points qui concordent aussi complétement avec la politique toujours suivie par mon pays, que la liberté du commerce dans le bassin du Congo, et la libre navigation des fleuves africains.

Je dois cependant ne pas perdre de vue que, dans l'opinion du Gouvernement de Sa Majesté Britannique, les intérêts commerciaux ne doivent pas être envisagés comme sujet exclusif des délibérations de la Conférence.

Si l'exploitation des marchés du Congo est désirable, le bien-être des indigènes ne doit pas être négligé.

Ceux-ci perdront plus qu'ils ne gagneront, si la liberté du commerce, dépourvue de contrôle raisonnable, venait à dégénérer en licence. J'ose espérer que cette considération aura son poids, et que des mesures de précaution seront prises, en ce qui concerne le commerce légitime, pour que son introduction assure, autant que possible, les avantages de la civilisation aux indigènes et l'extinction des maux, pareils à la traite dans l'intérieur, par lesquels leur progrès est à présent retardé.

Je dois me rappeler que les indigènes ne sont pas représentés dans notre sein et que, cependant, les décisions de la Conférence auront pour eux une gravité extrême.

Le principe qui emportera la sympathie et l'appui du Gouvernement de Sa Majesté Britannique sera le progrès du commerce légitime avec garantie pour l'égalité de traitement envers toute nation et le bien-être des indigènes.

La première base de discussion de la Conférence est la liberté du commerce dans le bassin et les embouchures du Congo.

Le bassin traversé par le Congo, en venant de ses sources, comprend une grande partie de l'Afrique centrale. Dans les régions supérieures il est encore inaccessible au commerce. — Par conséquent, tandis que le principe de la liberté du commerce, dans le bassin entier, acquerra, probablement, l'assentiment général, les délibérations pratiques de la Conférence seront nécessairement restreintes à cette partie de son étendue où l'entreprise européenne pénètre déjà, et qui est en train de se soumettre directement ou indirectement à l'influence de l'Europe. Le bassin du fleuve inférieur est comparativement étroit, mais près de Stanley Pool il s'étend au Nord et au Sud et comprend un vaste district, le commerce duquel a plusieurs débouchés à la mer par eau et par terre. Or, si le commerce dans ce bassin doit être libre pour tous, il est manifeste qu'il doit avoir communication libre avec la côte, non seulement par le fleuve du Congo, mais également par toutes les autres issues. Il serait donc à désirer, en tâchant d'assurer la liberté du commerce dans le bassin même, de la sauvegarder en même temps pour la ligne de la côte.

Sans une stipulation de ce genre, la liberté accordée serait illusoire en ce qui regarde une grande partie du bassin.

Le Gouvernement de Sa Majesté accepterait avec plaisir que le principe de liberté de commerce fût étendu sur toute la ligne de la côte entre les limites de la colonie du Gabon et celle de la province d'Angola.

Je vous prie, ensuite, de me permettre quelques paroles sur l'interprétation à donner au terme »liberté du commerce«.

Je crois avoir raison, en pensant que le Gouvernement Impérial le comprend comme une garantie aux commerçants de tous pays, qu'aucun droit d'entrée et aucun droit de transit ne sera levé et que leurs marchandises subiront seulement des impôts modérés, destinés uniquement à pourvoir aux nécessités administratives.

Cette interprétation répond à l'idée générale du Gouvernement de Sa Majesté.

Mais je pense que la Conférence, après un mûr examen de la question, reconnaîtra la nécessité de pourvoir, d'une manière plus détaillée, à l'égalité absolue du traitement des sujets de toutes les Puissances, en ce qui concerne les droits et les impôts directs et indirects, la résidence, la liberté de faire le commerce et de voyager, l'emploi de routes et de chemins de fer, le cabotage, et la liberté de religion.

En rapport avec la discussion de cette base, surgira la question: quelles sont les Puissances qui doivent garantir la liberté stipulée.

Il est à espérer que nous arriverons à un accord général auquel il sera désirable d'inviter l'adhésion des Puissances non représentées à la Conférence; que cet accord consistera dans un engagement de la part des Puissances occupant ou protégeant, à présent ou dans l'avenir, directement ou indirectement, des territoires quelconques dans le bassin du Congo et sur la côte susmentionnée, d'étendre aux sujets de toutes nations la liberté du commerce, selon l'interprétation convenue, à titre égal à celui octroyé à leurs propres sujets.

En d'autres termes, chaque Puissance s'engagera à laisser toutes les nations participer aux avantages qu'elle aurait acquis elle-même pour son commerce et ses sujets. Un engagement de cette nature aura l'assentiment empressé du Gouvernement de la Reine.

La seconde base de discussion est l'application au Congo et au Niger des principes adoptés par le Congrès de Vienne en vue de consacrer la liberté de la navigation sur plusieurs fleuves internationaux.

Le Gouvernement de Sa Majesté verrait avec plaisir l'extension de ces principes non seulement au Congo et au Niger, mais également à d'autres fleuves de l'Afrique, et je suis autorisé à discuter une pareille extension de l'application de ces principes.

La question pratique, selon la pensée du Gouvernement de Sa Majesté, sera moins l'acceptation des principes que le mode de les appliquer. Les fleuves d'Europe soumis au régime ayant son origine dans les articles du Congrès de Vienne parcourent des territoires appartenant à des Etats bien définis; leurs positions et leurs particularités étaient connues ou faciles à déterminer. Pour les fleuves d'Afrique, les difficultés seront sans doute plus grandes mais pas insurmontables.

Le Gouvernement de Sa Majesté s'est déjà convaincu que la navigation du Congo pourrait être réglée par une commission internationale, dont il a même conseillé la création à plusieurs reprises. Je suis autorisé à donner son consentement à une pareille commission, sauf examen et approbation de sa constitution.

La situation du Niger est entièrement différente. L'établissement d'une commission sur ce fleuve est regardé par nous comme étant impraticable. Le fleuve même sur une grande partie de son parcours est insuffisamment exploré, mais on sait qu'il est divisé géographiquement en trois sections, dont la supérieure n'a aucune communication avec l'inférieure, laquelle, en s'approchant de la mer, se disperse dans un réseau d'embouchures.

Le commerce de l'intérieur se trouve, pour la plupart, entre les mains des tribus de la côte qui se font intermédiaires et qui, ayant un vif égard pour leurs intérêts, sont difficiles à ménager et à contrôler. Depuis la découverte des embouchures, en 1880, par les frères Lander, expédiés par le Gouvernement Anglais, l'exploration du fleuve a été l'oeuvre du même Gouvernement qui en a fourni les moyens à diverses reprises. En conséquence, le commerce a dû son développement presqu'exclusivement à l'entreprise Britannique. Il est, à présent, entièrement entre les mains Britanniques, et les tribus les plus importantes, après avoir regardé les agents de ce pays, pendant de longues années, comme leurs protecteurs et leurs conseillers, ont maintenant, par suite de leurs demandes urgentes et répétées, été placées officiellement sous le protectorat de la Grande Bretagne. Cette situation entraîne, d'une manière impérative, une différence dans l'application des principes du Congrès de Vienne. La ligne de la côte et le cours inférieur du fleuve sont suffisamment sous contrôle pour que le Gouvernement de S. M. Britannique puisse en régulariser la navigation tout en se tenant lié au principe de la libre navigation par une déclaration formelle.

Si la Conférence se décide à étendre les principes du Congrès de Vienne à d'autres fleuves, je me permettrai de suggérer que le mode de l'application, comme dans le cas du Niger, soit pris en considération séparément, après une étude des conditions individuelles de chacun de ces fleuves, dans l'ordre où ils viendront à être discutés.

La troisième base est la définition des formalités à observer pour que des occupations nouvelles sur les côtes d'Afrique soient considérées comme effectives.

Les données qui existaient sur la tournure que prendrait cette question n'étaient pas assez précises pour que le Gouvernement de Sa Majesté ait pu me donner des instructions nettes sur ce point; mais s'il s'agit, en général, de donner des assurances dans l'avenir que les principes posés unanimement par les juris-consultes et les juges de tous pays seront appliqués dans la pratique, je n'aurai aucune hésitation à accepter la discussion sur cette base.

Le Président fait observer que la déclaration de Sir Edward Malet sera reproduite dans le protocole et que l'étude pourra en être faite utilement en l'examinant dans chacune de ses parties, au fur et à mesure que chacune des questions diverses auxquelles elle se rapporte sera mise à l'ordre du jour de la Conférence. Une discussion générale serait prématurée.

Le Comte de Launay rappelle qu'au Congrès de Berlin, il avait été réglé que toute proposition nouvelle, au lieu d'être immédiatement mise en délibération, devrait être déposée et reproduite au protocole d'une séance pour venir en discussion seulement lors d'une des séances suivantes.

Le Président appuie cette suggestion sous la réserve qu'elle ne concerne que les propositions nouvelles et non les amendements. Il constate qu'elle ne soulève aucune opposition et pourra, dès lors, servir de règle au cours des discussions.

Le Prince de Bismarck déclare que l'ordre du jour est épuisé. Sur son initiative, la Conférence s'ajourne au mardi 18 novembre, à 1 heure.

La séance est levée à 8 heures $^1/_2$.

Széchényi. Cte. Aug. van der Straten Ponthos. Bn. Lambermont.
E. Vind. Comte de Benomar. John A. Kasson. Alph. de Courcel.
Edward B. Malet. Launay. F. P. van der Hoeven. Marquis de Penafiel.
A. de Serpa Pimentel. Cte. P. Kapnist. Gillis Bildt. Saïd.
v. Bismarck. P. Hatzfeldt. Busch. v. Kusserow.

Certifié conforme à l'original:
Raindre. Comte W. Bismarck. Schmidt.

Annexe du Protocole No 1.

PROJET DE DÉCLARATION
relative à la liberté du commerce dans le bassin du Congo et ses embouchures.

Les Représentants des Gouvernements de l'Allemagne, de l'Autriche-Hongrie, de la Belgique, du Danemark, de l'Espagne, des Etats-Unis d'Amérique, de la France, de la Grande-Bretagne, de l'Italie, des Pays-Bas, du Portugal, de la Russie, de la Suède et la Norwège et de la Turquie, s'étant réunis en conférence à la suite de l'invitation du Gouvernement Impérial Allemand, sont tombés d'accord sur la Déclaration suivante:

Déclaration.

Dans tous les territoires constituant le bassin du Congo et de ses affluents, c'est-à-dire ....
(délimitation)
le commerce de toutes les nations jouira d'une complète liberté.

Tous les pavillons, sans distinction de nationalité, auront libre accès à tout le littoral des territoires décrits ci-dessus, ainsi qu'à toutes les eaux du Congo et de ses affluents, et à tous les ports, situés sur les bords de ces eaux.

Les marchandises de toute provenance importées dans ces territoires, sous quelque pavillon que ce soit, par la voie maritime ou fluviale ou par celle de terre, n'auront à acquitter d'autres taxes que celles qui pourraient être perçues comme compensation de dépenses utiles pour le commerce et qui, à ce titre, devront etre également supportées par les nationaux et par les étrangers de toute nationalité.

De quelque nature que soient ces taxes, les marchandises importées dans ces territoires resteront affranchies de droits d'entrée et de transit.

Toute Puissance qui exerce ou exercera des droits de souveraineté dans les territoires susvisés ne pourra y concéder ni monopole ni privilége d'aucune espèce en matière commerciale. Les étrangers y jouiront indistinctement du même traitement et des mêmes droits que les nationaux.

Toutes les Puissances exerçant des droits de souveraineté ou une influence dans lesdits territoires, prendront l'obligation de concourir à la suppression de l'esclavage et surtout de la traite de noirs, de favoriser et d'aider les travaux des missions et toutes les institutions servant à instruire les indigènes et à leur faire comprendre et apprécier les avantages de la civilisation.

Sauf arrangement ultérieur entre les Gouvernements signataires de cette déclaration et telles Puissances qui exerceront des droits de souveraineté dans les territoires dont il s'agit, la commission internationale de la navigation du Congo, instituée en vertu de l'acte signé à Berlin le ...., au nom des mêmes Gouvernements, sera chargée de surveiller l'application des principes proclamés et adoptés par cette déclaration.

Protocole No. 2.

Séance du 19 novembre 1884.

Etaient présents,

Pour l'Allemagne
le Comte de Hatzfeldt, — M. Busch, — M. de Kusserow.

Pour l'Autriche-Hongrie
le Comte Széchényi.

Pour la Belgique
le Comte van der Straten-Ponthoz, — le Baron Lambermont.

Pour le Danemark
M. de Vind.

Pour l'Espagne
le Comte de Benomar.

Pour les Etats-Unis d'Amérique
M. John A. Kasson, — M. Henry S. Sanford.

Pour la France
le Baron de Courcel.

Pour la Grande-Bretagne
Sir Edward Malet.

Pour l'Italie
le Comte de Launay.
Pour les Pays-Bas
le Jonkheer van der Hoeven.
Pour le Portugal
le Marquis de Penafiel, — M. de Serpa Pimentel.
Pour la Suède et la Norwège
le Général Baron de Bildt.
Pour la Turquie
Saïd Pascha.

Le Comte de Hatzfeldt annonce que le Prince de Bismarck est empêché par une indisposition de se rendre à la Conférence. Comme il a été convenu lors de la première séance, le Chancelier de l'Empire demande à la haute assemblée la permission de déléguer la Présidence au Comte de Hatzfeldt.

Le Comte de Hatzfeldt, Président, propose que, suivant la procédure adoptée lors du Congrès de Berlin, la communication préalable du protocole imprimé aux Plénipotentiaires tienne lieu de la lecture traditionnelle au début de la séance. Dans le cas où aucune modification n'aurait été faite par les membres de l'Assemblée, le texte serait considéré comme approuvé; la signature en aurait lieu au début de la séance et l'original serait ensuite déposé aux archives.

La Conférence donne son assentiment à cette procédure.

Le protocole de la première séance est ensuite adopté.

Le Président annonce que le Représentant de la Russie s'est excusé de ne pouvoir assister à la réunion, vu l'état de sa santé.

Il fait connaître que M. Sanford, Plénipotentiaire des États-Unis d'Amérique, a été reçu dans la Conférence à la suite d'une communication du Ministre des Etats-Unis à Berlin définissant le caractère de sa mission.

Le Comte de Hatzfeldt demande si personne ne désire prendre la parole avant de passer à l'ordre du jour.

Le Marquis de Penafiel fait alors la déclaration suivante:

Messieurs,

Le Gouvernement du Portugal a accueilli avec un grand empressement, et une véritable satisfaction, l'invitation qui lui a été adressée, au nom du Gouvernement de l'Empire d'Allemagne et de celui de la République Française, pour prendre part à cette Conférence.

Une telle satisfaction était bien légitime, en voyant réalisé le voeu qu'il avait émis dans sa dépêche circulaire du 13 mai aux Légations de Sa Majesté Très Fidèle à Berlin, Paris, Bruxelles, La Haye, Madrid, Rome et Vienne.

Là se trouvait, pour la première fois peut-être, exprimé le besoin de réunir les Puissances intéressées dans les questions pendantes sur la côte occidentale d'Afrique.

Le Gouvernement Portugais, dans sa réponse à l'invitation qui nous réunit ici, a constaté les sentiments qui l'animent, en disant que le Gouvernement de Sa Majesté Très Fidèle avait déjà manifesté, chaque fois que l'occasion lui en a été offerte, l'intention sincère d'admettre le principe

de la liberté de commerce et de navigation dans le bassin et les embouchures du Congo, lorsqu'il aurait établi une administration régulière dans
les territoires compris sur la côte occidentale d'Afrique, entre le 5⁰ 12' et
le 8⁰ de latitude Sud, territoires depuis des siècles déjà incorporés à titre
incontestable aux domaines de la couronne de Portugal.

Le Portugal a non seulement à intervenir dans le règlement des droits
qui seront acquis à toutes les Puissances dans le Congo, mais il a encore
à délibérer sur les devoirs qui lui incombent comme Puissance riveraine.

Le Gouvernement Portugais est donc heureux de pouvoir affirmer de
nouveau, devant les Puissances ici représentées, ce qu'il a déjà déclaré
dans maintes occasions: son adhésion complète aux principes de liberté de
commerce et de navigation appliqués au bassin et aux embouchures du
Congo, à l'exécution desquels il s'engagera solennement devant vous. De
pareils principes, le Portugal les a déjà appliqués lors de l'occupation de
Cacongo et Massabi au Nord du 5⁰ 12' de latitude Sud, qui a été dernièrement réalisée par le Gouverneur Général d'Angola au nom du Gouvernement Portugais. Plusieurs actes, aussi bien anciens que récents, dé-
montrent qu'il n'a pas cessé de les défendre et de les maintenir sur les
deux rives du Congo.

C'est encore avec une vive satisfaction que le Portugal prendra part
à la discussion des deux autres points qui constituent la base de nos délibérations, et qui renferment des principes d'un si haut intérêt.

Le Gouvernement de Sa Majesté Très Fidèle partage complètement
la profonde pensée, si noblement exprimée par notre Président S. A. S.
le Prince Chancelier, à la séance d'inauguration, que les relations commerciales qui vont se développer sur le continent africain serviront la cause
de la paix et de l'humanité; il espère enfin voir les voeux émis par S. E.
le Plénipotentiaire de la Grande-Bretagne pour que les indigènes profitent
autant que possible des avantages de la civilisation se réaliser d'une manière
complète, au moyen de l'extinction de la traite et de l'esclavage, les plus
grands obstacles qui puissent être opposés aux progrès de cette civilisation
sur les côtes de l'Afrique.

Vous savez, Messieurs, que le Portugal a introduit les germes de la
civilisation en Afrique; vous connaissez aussi les sacrifices qu'il s'est imposés pour arriver à l'entière suppression de la traite dans ces territoires.

Le Comte de Launay désire présenter quelques observations générales
avant d'aborder l'examen du premier des trois points énoncés dans la circulaire d'invitation à la Conférence, et s'exprime dans les termes suivants:

L'Italie n'a pas de possessions territoriales sur la côte occidentale
d'Afrique. Son attention vigilante se dirige plutôt dans d'autres directions
ainsi qu'il résulte de déclarations récemment faites aux Chambres et qui
ont reçu la plus grande publicité. Jusqu'ici, nos rapports commerciaux et
maritimes dans les parages de l'Ouest et du Centre de l'Afrique ne sont
qu'au début; mais déjà nos commerçants tournent les yeux de ce côté,
encouragés comme ils le sont par des rapports venus de hardis explorateurs
italiens, et par les suffrages qu'un tel mouvement rencontrerait dans l'opinion publique.

L'Italie, tout en réservant l'avenir pour le cas où, sans heurter ni offenser des intérêts légitimes, elle croirait devoir examiner s'il lui conviendrait, à l'instar d'autres Etats civilisés, de fonder à son tour quelque colonie ou d'exercer un protectorat sur certains territoires inexplorés, inexploités ou abandonnés à l'incurie de tribus barbares ou nomades; — l'Italie, dis-je, n'a pas moins un intérêt évident à ce qu'il s'établisse dans les régions africaines, soit pour le commerce et la navigation soit pour des occupations ultérieures éventuelles, des règles qui doivent tenir à coeur à tous les pays qui participent déjà, ou qui participeront un jour, au mouvement économique et civilisateur lequel, notamment dans le bassin du Congo, se développe d'une manière merveilleuse et avec de grands avantages.

J'ai lu avec la plus grande attention les considérations exposées dans la première séance par notre illustre Président, et qui portent l'empreinte de sa haute intelligence. Elles répondent, en substance, à l'esprit de mes instructions. Les déclarations de mon honorable collègue Britannique me semblent également inspirer une juste confiance que les questions essentielles renfermées dans notre programme pourront être résolues dans un sens équitable et conforme au droit public moderne. Je me rallie, entre autres, aux généreux sentiments émis par S. A. S. et par S. E., en faveur des populations indigènes, pour la suppression de l'esclavage et sourtout de la traite des noirs. Dans cet ordre d'idées aussi, il existe un lien de solidarité entre tous les Etats civilisés.

Le Président demande aux Plénipotentiaires s'ils sont déjà en mesure de présenter des observations sur le projet dû à l'initiative du Gouvernement Allemand et qui leur a été distribué entre la première et la seconde séance. Il ajoute qu'il se réserve de soumettre à la Haute Assemblée une proposition sur le mode de procédure relativement au projet de déclaration présenté par le Gouvernement Impérial.

Le Comte de Launay dit qu'il lui paraît opportun de reprendre à cette occasion l'exposé des vues générales de son Gouvernement et il s'explique sur le premier des trois points signalés dans la circulaire précitée et sur le Projet de Déclaration y relatif présenté par le Gouvernement de S. M. l'Empereur d'Allemagne:

Ce projet coïncide en substance avec les vues du Gouvernement Royal. Les dispositions y énoncées expriment clairement ce que l'on entend par liberté de commerce: libre accès pour tous les pavillons, libre transit, interdiction de tout monopole et de droits différentiels. Mais en excluant toute prohibition absolue, il y aurait lieu d'examiner dans quelles limites il conviendrait d'établir des taxes que, même dans les pays les plus civilisés, il est d'usage de percevoir, sans que l'on croie pour autant déroger au principe de la liberté commerciale. Dans cet examen, on ne saurait ne pas tenir compte de diverses considérations qui induiraient à rendre désirable la franchise absolue pour l'exportation comme pour le transit, la consommation et la fabrication locale, pour le commerce sous la forme d'échanges en nature de marchandises et produits, de même qu'à suggérer une grande modération dans les droits d'importation. Bien des motifs viennent à l'appui de cette modération de droits, entre autres: le fait que, jusqu'ici, dans une grande partie de ces régions inhospitalières et placées en dehors des conditions de civilisation, les trafiquants n'ont subi aucune charge quelconque; les risques auxquels le commerce sera exposé pour longtemps encore, même après l'adoption d'un nouveau régime; l'absence d'une constante et efficace protection gouvernementale envisagée, à juste titre, comme une compensation des taxes perçues.

La restriction qu'il n'y aurait de droit compensateur que pour couvrir les frais supportés dans l'intérêt du commerce pourrait, à elle seule, offrir des inconvénients et fournir le prétexte de droits excessifs, si une semblable restriction n'était pas mitigée par la fixation d'une limite de maximum qu'on ne devrait pas dépasser, celle, par exemple, du 2 ou même du 4 °/₀ ad valorem. Il importerait en même temps de définir quelle valeur devrait être adoptée comme base de la taxe douanière: la valeur au lieu d'origine ou celle au lieu de débarquement.

Il serait également à désirer d'obtenir un éclaircissement sur ce point: y aurait-il dans la région du Congo une franchise absolue de tout droit d'exportation?

A la liberté du commerce en général se rattachent des questions spéciales, comme celles du trafic des armes et des boissons spiritueuses. Si l'assemblée s'occupe de ces questions, le Plénipotentiaire du Roi se prononcera d'une manière conforme aux principes de progrès et de civilisation qui forment la règle constante du Gouvernement de Sa Majesté.

Dans l'exposé de notre Président et à l'alinéa 6 du projet de déclaration, il est dit que toutes les Puissances exerçant des droits de souveraineté ou une influence dans les territoires qui forment le bassin du Congo prendraient l'obligation de concourir à la suppression de l'esclavage et surtout de la traite des noirs. Je suis autorisé à me montrer favorable à toute mesure qui assurerait le mieux la cessation de ce trafic infâme. Nous sommes disposés à appuyer tout ce qui pourrait contribuer à une répression sérieuse et à affirmer en même temps la solidarité des Etats civilisés contre cet attentat de lèse-humanité, que nous voudrions voir compris, comme la piraterie, parmi les crimes contre le droit des gens. Le code d'Italie pour la marine marchande contient maints articles infligeant des punitions très sévères, et notre régime conventionnel à ce sujet établit le droit de visite, entre autres sur la côte occidentale d'Afrique, depuis le Cap Vert jusqu'à la distance du 10° au Sud de l'Equateur.

A l'alinéa 6 dont je viens de citer la première partie, il est parlé, en outre, dans la même phrase de l'engagement de favoriser et d'aider les travaux des missions et toutes les institutions servant à instruire les indigènes et à leur faire comprendre et apprécier les avantages de la civilisation.

S. A. S. le Prince de Bismarck laissait entrevoir le désir que certains points de droit international, à l'égard de la franchise de transit sur tout le littoral et de la liberté de navigation sur tous les fleuves de l'Afrique, pussent être réglés par des négociations ultérieures à entamer entre les Puissances intéressées.

En me rattachant à cette idée de généraliser un jour de sages dispositions soumises à notre examen, il me semblerait utile de recommander qu'il fût tenu compte d'une proposition que j'aurai l'honneur de déposer au Bureau de la Présidence et qui me paraît conçue en des termes rendant acceptable une prise en considération.

Le Comte de Launay donne lecture de cette proposition ainsi conçue: »Dans le but de faciliter, de développer et d'assurer l'oeuvre de la civilisation et des découvertes, les Plénipotentiaires réunis en conférence à Berlin recommandent à leurs Gouvernements respectifs, — en attendant des pourparlers ultérieurs —, d'aider, autant que faire se pourra, dans chaque pays et dans chaque localité du continent africain, à la protection des missionnaires chrétiens, sans distinction de culte, des savants et des explorateurs, pour leurs personnes, comme pour les escortes, avoir et collections.«

Le Comte de Launay ajoute: En attendant, une adjonction pourrait être faite à l'alinéa 6, à savoir que la protection serait étendue aux missionnaires de tout culte chrétien, aux explorateurs, aux savants, pour leurs personnes comme pour les escortes, avoir et collections. Une pareille disposition serait également indiquée relativement aux pays situés vers le Niger et ses affluents.

Je crois qu'une mention de ce genre produirait le meilleur effet parmi les savants, les explorateurs, les nombreuses sociétés géographiques, si bien représentés par les délégués spéciaux et autres personnes des plus compétentes réunies à Berlin à l'occasion de la Conférence.

M. Kasson lit ensuite, en langue anglaise, la déclaration dont la traduction suit:

Bien que je sois autorisé à déclarer que le Gouvernement des Etats-Unis partage, d'une manière générale, les idées exposées dans le discours d'ouverture prononcé par S. A. S. le Président de la Conférence Internationale, il ne sera pas cependant inutile de faire connaître brièvement les vues de mon Gouvernement au sujet des questions pendantes en Afrique.

Jusqu'à l'année 1874, d'immenses territoires au coeur de l'Afrique, y compris une grande partie de ses régions intérieures salubres, étaient complétement· inconnus aussi bien des géographes que des hommes politiques d'Europe et d'Amérique. Un citoyen Américain, connu par son courage, sa persévérance, son intelligence, sa remarquable intrépidité et son aptitude pour les voyages d'exploration, résolut, avec l'aide d'amis Américains et Anglais, de gagner, s'il était possible, à la lumière de la civilisation cette région inconnue.

Avec le drapeau pacifique de son pays au-dessus des ses tentes et à la tête de ses caravanes, il disparut aux yeux du monde civilisé et, après trente-neuf longs mois de dangereuse exploration et de voyage, il se montra de nouveau, apportant le résultat de ses découvertes qui furent communiquées au monde.

Il faut faire observer que, depuis le temps où il quitta la côte orientale d'Afrique, près de Zanzibar, durant son voyage vers le Haut-Nil et dans toute cette région jusqu'au Congo, tout le long de ce grand fleuve et pendant qu'il en descendit lentement le cours, jusqu'au jour où il aperçut un vapeur mouillé sur le Bas-Congo, nulle part il n'a rencontré d'autorité civilisée, ou de pouvoir représentant des hommes de race blanche excepté celui qu'il exerçait sur ces caravanes. Nulle part, il n'a trouvé de puissances ou de forteresses, asiles de la civilisation, ni aucune souveraineté établie, si ce n'est celle des tribus indigènes.

Ses découvertes ont éveillé l'attention de toutes les nations. Il était évident que bientôt ces régions seraient exposées à la dangereuse rivalité de nations diverses ayant leurs intérêts en conflit. Il y avait également danger de voir une seule puissance s'approprier ce pays, et le libre accès de ces territoires fermé ainsi à la libre concurrence d'une grande partie du monde civilisé.

Le plus sérieux désir du Gouvernement des Etats-Unis a été que ces découvertes pussent être utilisées pour civiliser les races indigènes, pour obtenir l'abolition de la traite des esclaves, et que des mesures fussent bientôt prises pour empêcher des conflits entre les nations, comme pour éviter les rivalités que ferait naître entre elles l'acquisition de priviléges spéciaux dans cette vaste région, si soudainement ouverte aux entreprises commerciales.

Un arrangement mettant ce pays, par une neutralisation, à l'abri des attaques à main armée, avec priviléges égaux pour tous, serait, aux yeux de mon Gouvernement, de nature à assurer la satisfaction générale.

Une association internationale, composée d'Européens et d'Américains, s'est formée, sous le haut patronage d'un Européen philanthrope, pour réaliser un pareil dessein. Ils ont obtenu des concessions et le droit d'exercer leur juridiction dans le bassin du Congo, de la part des souverains indigènes, les seules autorités existant dans ces régions et disposant de la souveraineté sur les territoires et les peuples. Ils ont immédiatement entrepris d'établir un Gouvernement de fait pour maintenir l'ordre, pour garantir les droits des personnes et pour faire prévaloir les principes d'égalité et de liberté à l'égard des émigrants, du commerce et de tous les intérêts étrangers.

Pour obtenir ces précieux avantages, il a bien pu être nécessaire de recourir à la force afin de maintenir l'ordre et la justice. L'organisation de l'association a été dictée par des principes de civilisation et d'humanité. Il faut reconnaître la légalité de ses actes, sinon considérer ses membres comme de simples pirates. Dans ce dernier cas, il n'y aurait dans toute cette région ni lois ni justice.

Le Président des Etats-Unis, dûment informé de l'organisation de cette société et connaissant ses droits pacifiquement acquis, les moyens dont elle dispose pour protéger les personnes et la propriété, et ses desseins équitables à l'égard des nations étrangères, a reconnu le gouvernement actuellement établi par elle et le pavillon qu'elle a adopté. Ses droits reposaient sur le consentement même des indigènes, dans un pays actuellement occupé par elle et dont les routes commerciales et les voies de communication étaient placées sous son contrôle et sous l'autorité de son administration. Il a pensé qu'en reconnaissant le seul pavillon représentant une domination dans ces parages, il a agi dans l'intérêt commun des nations civilisées. Il considère l'existence de ce gouvernement ocal ou de celui qui lui succéderait établi sur les mêmes bases et reposant sur les mêmes principes, comme une garantie contre des dangers de violences internationales, comme destinée à amener la suppression du trafic odieux des esclaves, et comme un moyen de faire comprendre aux noirs que la civilisation et le gouvernement des hommes de race blanche signifient pour eux paix et liberté, en même temps que développement du commerce libre pour tout le monde.

Il désire en conséquence voir donner la plus grande expansion à la délimitation des territoires qui devront être soumis aux bénéfices de cette règle, en réservant toutefois les justes droits territoriaux des autres Gouvernements.

Aussi loin qu'on pourra étendre les limites de cette puissance neutre et pacifique, il prévoit la consolidation des garanties du maintien de la paix, les progrès de la civilisation africaine et un développement du commerce profitable à la famille entière des nations.

Mr. Kasson ajoute qu'il adhère à la partie de l'exposé du Comte de Launay tendant à contrôler l'introduction des liqueurs dans les régions barbares dont s'occupe la Conférence.

Le Président croit qu'il serait nécessaire de régler préalablement un point de procédure concernant les travaux de la Haute Assemblée.

Le projet présenté par le Gouvernement Allemand parle des »territoires constituant le bassin du Congo et de ses affluents«. Or, personne ne sait encore exactement ce qui doit être compris dans cette expression générale. Il y aurait donc lieu, pour donner une base utile aux travaux de la Conférence, de fixer d'abord ses vues sur ce point. Dans ce but, une commission pourrait être nommée par la Haute Assemblée, et elle se composerait, en outre des Plénipotentiaires Allemands, de tous les Plénipotentiaires accrédités par les Etats les plus directement intéressés qui ont été compris dans la première invitation envoyée pour la Conférence; c'est-à-dire des Représentants de l'Allemagne, de la Belgique, de l'Espagne, des Etats-Unis d'Amérique, de la France, de la Grande-Bretagne, des Pays-Bas et du Portugal.

Cette Commission présenterait à la Conférence un rapport sur la question sus-visée, et elle aurait le droit de s'éclairer en faisant appel aux Délégués des Gouvernements représentés dans la Conférence.

Le Comte de Hatzfeldt constate l'adhésion de la Conférence à cette proposition.

Le Baron de Courcel met à la disposition de la commission les services des délégués-adjoints, désignés par le Gouvernement Français à l'occasion de la Conférence.

Les autres Membres de la Haute Assemblée offrent, de même, le concours de leurs délégués-adjoints.

Le Président en prend acte.

Sir Edward Malet demande si la Commission aura la faculté d'appeler d'autres personnes que les délégués, et, sans en faire l'objet d'une proposition formelle, il indique que, dans sa pensée, la Commission aurait avantage à puiser à toutes les sources d'information.

Le Président fait observer que les Plénipotentiaires seuls, et non les délégués, auront voix délibérative dans la commission; mais que, d'une façon générale, cette dernière serait libre de chercher, partout où elle espérera les trouver, des indications propres à l'éclairer. Elle convoquera donc, en outre des délégués, toutes les autres personnes qu'elle croira utile d'entendre.

Quant à la date de la prochaine réunion de la Conférence, elle pourra être fixée seulement lorsque la commission sera en mesure d'exposer le résultat de ses travaux.

Le Comte de Launay fait observer que la Commission devant comprendre exclusivement les Plénipotentiaires des Puissances les plus directement intéressées et primitivement invitées à la Conférence, un des délégués adjoints appartenant aux autres Puissances pourrait tout au moins assister aux séances de la Commission.

Le Président répond en renouvelant les explications qu'il a déjà données, et d'après lesquelles la commission, intéressée à se renseigner le plus complètement possible, ne manquera pas de faire largement appel au concours des délégués.

L'ordre du jour étant épuisé, le Président lève la séance à 2 heures ¼.

(Suivent les signatures.)

Protocole No. 3.

Séance du 27 novembre 1884.

Etaient présents:

Pour l'Allemagne
le Comte de Hatzfeld, — M. Busch, — M. de Kusserow.

Pour l'Autriche-Hongrie
le Comte Széchényi.

Pour la Belgique
le Comte van der Straten-Ponthoz, le Baron Lambermont.

Pour le Danemark
M. de Vind.

Pour l'Espagne
le Comte de Benomar.

Pour le Etats-Unis d'Amérique.
M. John A. Kasson, — M. Henry S. Sanford.

Pour la France
le Baron de Courcel.

Pour la Grande-Bretagne
Sir Edward Malet.

Pour l'Italie
le Comte de Launay.

Pour les Pays-Bas
le Jonkheer van der Hoeven.

Pour le Portugal
le Marquis de Penafiel, — M. de Serpa Pimentel.
Pour la Russie
M. le Comte Kapnist.
Pour la Suède et la Norwège
le Général Baron de Bildt.
Pour la Turquie
Saïd Pacha.

La séance est ouverte à 2 heures ½, sous la Présidence de M. le Comte de Hatzfeldt.

Le Président rappelle que, dans sa dernière séance, la Conférence a chargé une Commission de lui présenter un rapport destiné à fixer ses vues relativement à la signification précise de l'expression »territoire constituant le bassin du Congo et de ses affluents«, insérée dans le premier paragraphe du projet de déclaration présenté par le Gouvernement Allemand et annexé au Protocole 1. Cette Commission, après avoir entendu les Délégués des diverses Puissances et avoir dûment délibéré, a présenté son rapport qui a été imprimé et distribué aux Plénipotentiaires. (Voir l'Annexe.)

Le Président estime que la lecture de ce document serait, dès lors, superflue, et il s'assure que la Conférence partage cette opinion.

Le Comte de Hatzfeldt indique que la Commission a été conduite à concentrer définitivement le débat sur trois points nettement séparés et il ouvre la discussion sur le premier point ainsi défini:

»Quelle est l'étendue géographique du bassin du Congo?« La Commission s'est mise d'accord sur la formule suivante:

»Le bassin du Congo est délimité par les crêtes des bassins contigus, à savoir, notamment, les bassins du Niari, de l'Ogowé, du Schari et du Nil, au Nord; par le lac Tanganyka, à l'Est; par les crêtes des bassins du Zambèze et de la Logé, au Sud. Il comprend, en conséquence, tous les territoires drainés par le Congo et ses affluents, y compris le lac Tanganyka et ses tributaires orientaux.«

Le Comte de Hatzfeldt dit que si personne ne demande la parole à ce sujet, la formule proposée par la Commission sera considérée comme adoptée par la Conférence.

Le Comte de Launay fait observer que le texte rédigé par la Commission indique d'abord le Lac Tanganyka comme limite orientale du bassin du Congo et que, dans la phrase suivante, il l'y comprend expressément. Il demande si cette rédaction n'est pas de nature à créer quelqu'obscurité.

Des explications sont échangées à cet égard, auxquelles prennent part le Baron de Courcel et le Baron Lambermont; il en résulte qu'il ne reste aucun doute sur ce que le Lac Tanganyka est bien compris, avec ses tributaires, dans la délimitation arrêtée par la Commission. Cet accord étant constaté, le Président déclare la formule adoptée par la Conférence. Il donne ensuite lecture du deuxième point ainsi conçu:

»Quels territoires convient-il d'y adjoindre sur le littoral de l'Océan Atlantique, au Sud et au Nord de l'embouchure du Congo, dans l'intérêt des communications commerciales?«

La Commission a proposé la solution suivante:

>»La zone maritime soumise au régime de la liberté commerciale
»s'étendra sur l'Océan Atlantique depuis la position de Sette-Camma
»jusqu'à l'embouchure de la Logé.«

>»La limite septentrionale suivra le cours de la rivière qui débouche
»à Sette-Camma, et, à partir de la source de celle-ci, se dirigera
»vers l'Est jusqu'à la jonction avec le bassin géographique du
»Congo, en évitant le bassin de l'Ogowé.

>»La limite méridionale suivra le cours de la Logé jusqu'à la
»source de cette rivière, et se dirigera de là vers l'Est, jusqu'à la
»jonction avec le bassin géographique du Congo.«

L'Ambassadeur de France rappelle les explications données par lui au
sein de la Commission et d'après lesquelles le Gouvernement Français n'a
pas entendu étendre dès à présent, en fait, l'application du régime de la
liberté commerciale sur le littoral au Nord de Massabie, tout en admettant,
en principe, l'extension du régime conventionnel aux établissements Français
au Sud de Sette-Camma pour la réaliser lorsque certains arrangements
encore en suspens auront pu être terminés. Le Baron de Courcel doit
attendre jusque là pour faire une concession définitive.

Sir Edward Malet fait remarquer, au sujet de la ligne septentrionale
à fixer, que, dans la Commission, la grande majorité des Plénipotentiaires
a demandé de reporter la limite du domaine de la liberté commerciale
plus au Nord, et il demande, au nom du Gouvernement de S. M. Britannique, l'extension jusqu'à Fernan-Vaz de la liberté commerciale.

Le Baron de Courcel se réfère à ce qu'il a dit précédemment en ce
qui touche la partie du littoral qui s'étend au Nord de Massabie. Quant
à la région située au Nord de Sette-Camma, l'Ambassadeur de France ne
sait si son Gouvernement pourra rien abandonner de son autonomie administrative.

Le Baron de Courcel ne se refuse pas à faire part à son Gouvernement
des voeux dont le Représentant de l'Angleterre a renouvelé l'expression.
Ceux qui pensent, d'ailleurs, que le principe de la liberté commerciale
s'imposera, par le fait de la simple concurrence, aux territoires voisins de
la zone libre, peuvent s'en remettre à l'avenir pour en amener l'extension.

L'Ambassadeur d'Angleterre, après avoir constaté l'impossibilité où
se trouve le Baron de Courcel d'adhérer actuellement à sa proposition
extensive, déclare accepter la ligne de Sette-Camma en se bornant à maintenir, à titre de simple voeu, ses demandes précédentes. Il exprime l'espoir
que S. E. sera à même d'annoncer, avant la fin de la Conférence, que
son Gouvernement, prenant en considération le désir de la majorité des
Plénipotentiaires, accepte Fernan-Vaz comme la limite Nord de la zone
attribuée à la liberté commerciale.

Le Président s'associe au voeu de Sir Edward Malet, au nom de
l'Allemagne, et M. Kasson au nom des Etats-Unis d'Amérique.

Le Baron de Courcel demande que la Haute Assemblée veuille bien
lui donner acte de ses réserves.

Le Président déclare qu'acte est donné de ces réserves au Plénipotentiaire de France, et il constate ensuite l'adoption de la formule proposée par la Commission.

Le Comte de Launay fait observer à ce sujet qu'il voudrait même que l'on parvînt, dans l'intérêt général qui engendre l'esprit de conciliation, à s'entendre sur une extension plus grande de la zone ouverte à la liberté de commerce.

Quant aux 2ième, 3ième et 4ième alinéas, qui sont connexes, le Comte de Launay se réfère aux considérations générales qu'il a énoncées à la deuxième séance, et entre autres sur les taxes à établir uniquement pour couvrir les frais supportés dans l'intérêt du commerce. Afin d'éviter qu'à ce titre, on n'allât peut-être au delà du but en percevant des droits fiscaux excessifs, il suggérait de fixer, pour les droits dits de compensation, une limite qui ne devrait pas être dépassée comme maximum, celle, par exemple, de 2 ou même de 4% ad valorem; il demandait qu'il fût indiqué s'il s'agirait de la valeur au lieu d'origine, ou au lieu de débarquement; enfin, il désirait savoir si, dans la région du Congo, il y aurait une franchise complète de tout droit d'exportation, et si la liberté du cabotage serait admise. Il tiendrait à obtenir quelques éclaircissements sur ces quatre points.

Le Président donne ensuite lecture de la troisième question, posée par la Commission dans ces termes:

»Y a-t-il lieu de placer également sous le régime de la liberté commerciale certains territoires s'étendant à l'Est du bassin du Congo, dans la direction de l'Océan Indien?« La Commission y a répondu en émettant le vœu que »le régime de la liberté commerciale soit étendu à l'Est du bassin du Congo, jusqu'à l'Océan Indien, sous réserve du respect des droits des souverainetés existantes dans cette région.«

Le Baron de Courcel, afin de donner une sanction pratique au vœu que la Commission propose d'émettre en vue de l'extension du régime de la liberté commerciale à la région comprise entre le bassin du Congo et l'Océan Indien, soumet à la Conférence le texte du paragraphe additionnel ci-après, destiné à faire suite à la rédaction proposée par la Commission:

»Les Puissances représentées à la Conférence conviennent d'em»ployer leurs bons offices auprès des Gouvernements établis sur le »littoral Africain de la mer des Indes à l'Est du bassin du Congo, »afin d'assurer au transit de toutes les nations les conditions les »plus favorables.«

L'Ambassadeur de France rappelle les déclarations qu'il a faites dans la Commission, et demande que l'on tienne compte des souverainetés existantes sur la côte orientale de l'Afrique. Ce sera rendre hommage à ces droits, et en même temps donner une suite pratique aux vœux de la Commission, que de demander les bons offices des Gouvernements en vue de solliciter en faveur du principe de la liberté commerciale l'adhésion des Pouvoirs établis à l'Est du bassin du Congo.

Une discussion, à laquelle prennent part M. Kasson, le Comte de Hatzfeldt et M. Busch, s'engage pour savoir si cette proposition sera immédiatement prise en considération. Il est décidé de voter séparément d'abord sur la formule de la Commission, ensuite sur la proposition additionnelle du Baron de Courcel, enfin sur l'ensemble des deux textes.

M. de Serpa dit qu'il adhère aux vues exprimées dans le sens d'une large extension de la liberté commerciale. Le Gouvernement Portugais cherche en ce moment la voie de transit la plus favorable entre la Mer des Indes et le Lac Nyassa; il partage donc tout à fait les vues de l'Ambassadeur de France.

L'ambassadeur d'Angleterre déclare qu'il partage entièrement l'avis de son collègue de France, relativement au respect dû aux souverainetés établies à l'Est du bassin du Congo. Sous cette réserve, il adhère au vœu de la Commission.

Le Baron de Courcel rappelle que les deux Gouvernements de France et d'Angleterre se sont réciproquement engagés, par une Déclaration en date de 1862, à respecter la souveraineté du sultan de Zanzibar, et l'adjonction qu'il propose à la formule de la Commission répond, notamment, à cette préoccupation.

Le Baron Lambermont fait remarquer que l'addition proposée par le Baron de Courcel a une valeur pratique très sérieuse. Les marchandises débarquées à la côte orientale ne sont pas toutes destinées à la consommation du littoral. Une partie, et c'est même la plus importante, est transportée vers l'intérieur par les caravanes et ce serait rendre un véritable service à ce genre d'opérations que de lui assurer le libre transit à travers les Etats du littoral ou de l'intérieur, ce qui est le but de la proposition de M. l'Ambassadeur de France.

Le Président met aux voix la formule de la Commission, relative à la délimitation du territoire placé sous le régime de la liberté commerciale, et il demande si aucun des Plénipotentiaires n'a d'objections à présenter contre son adoption.

Saïd Pacha déclare que son adhésion est acquise en ce qui touche le premier et le deuxième point; mais, que ses instructions se bornant à l'Afrique occidentale seule, il attend les nouvelles instructions de son Gouvernement en ce qui concerne le troisième point. Il demande à établir, en tous cas, une réserve pour le cas où la délimitation projetée comprendrait un ou plusieurs lacs du Nil, ainsi que leurs bassins.

M. Busch fait remarquer que ces lacs sont en dehors de la ligne proposée.

Saïd Pacha dit qu'il lui reste un doute à cet égard à la suite de l'examen de la carte annexée à la proposition Américaine.

Le Président répond, en conséquence, que le vote auquel la Conférence aura à procéder, se fera sous cette réserve que le Plénipotentiaire de la Turquie pourra s'abstenir provisoirement de s'y associer et que le protocole restera ouvert jusqu'à ce que Saïd Pacha ait réuni les informations utiles ou reçu les instructions nécessaires.

M. van der Hoeven désire aussi suspendre son vote définitif et demande que le protocole reste également ouvert pour lui.

Sir Edward Malet fait observer à cette occasion que les Plénipotentiaires ne sont pas définitivement liés par les opinions qu'ils ont émises au sein de la Commission et qu'ils peuvent revenir dans la Conférence sur les votes auxquels ils ont été appelés à prendre part.

Le Président établit que l'on est d'accord sur ce point, que, d'ailleurs, le protocole restera ouvert pour Saïd Pacha et pour M. van der Hoeven.

Il constate que la formule de la Commission est adoptée sous ces réserves. Il soumet ensuite à la Conférence la proposition du Baron de Courcel, avec la même faculté ouverte, pour les Représentants de la Turquie et des Pays-Bas, de s'associer ultérieurement à la décision de la Haute Assemblée.

La proposition de l'Ambassadeur de France étant ensuite adoptée par la Conférence, le vœu de la Commission et le paragraphe additionnel lui sont soumis ensemble et adoptés.

M. Kasson désire constater que la Conférence a décidé d'étendre le bassin du Congo en dehors de ses limites géographiques et que, par conséquent, il y aurait lieu de modifier comme suit le paragraphe premier de la Déclaration préparée par le Gouvernement Allemand:

»Dans tous les territoires constituant le bassin du Congo et de ses affluents, y compris certaines régions situées entre le dit bassin et les deux océans respectivement, et donnant des lignes de communication entre le bassin et l'océan.«

M. Busch fait observer qu'un comité de rédaction sera chargé de coordonner les amendements adoptés par la Conférence et de refondre le projet primitif pour le mettre en harmonie avec ces décisions.

Le Président passe au deuxième alinéa du projet de déclaration présenté par le Gouvernement Allemand et conçu comme suit:

»Tous les pavillons, sans distinction de nationalité, auront libre »accès à tout le littoral des territoires décrits ci-dessus, ainsi qu'à »toutes les eaux du Congo et de ses affluents, et à tous les ports, »situés sur les bords de ces eaux.«

Le Représentant des Pays-Bas rappelle qu'il a déposé la proposition ci-après qui a déjà été distribuée aux Membres de la Conférence:

»Le Gouvernement Royal des Pays-Bas propose d'intercaler à l'alinéa 2 de la déclaration, entre les mots »affluents« et les mots »et à tous les ports«, les mots suivants: »y compris les lacs, ainsi qu'à tous les canaux qui pourraient être creusés à l'avenir dans le but d'en relier les différentes parties navigables.««

Il propose de rayer derrière le mot »ci-dessus« les mots »ainsi que« et d'ajouter à la fin de l'alinéa mentionné les mots »de ces canaux et de ces lacs«.

La teneur de l'alinéa serait par conséquent la suivante:

»Tous les pavillons, sans distinction de nationalité, auront libre accès à tout le littoral des territoires décrits ci-dessus, à toutes les eaux du Congo et de ses affluents, y compris les lacs, ainsi qu'à tous les canaux qui pourraient être creusés à l'avenir dans le but d'en relier les différentes parties navigables, et à tous les ports situés sur les bords de ces lacs.«

Sir Edward Malet est d'avis d'ajouter les mots suivants au 2° paragraphe du projet présenté par le Gouvernement Allemand:

a »Et sur le littoral ils ont aussi le droit de cabotage«.

Le Baron de Courcel fait remarquer qu'en mentionnant spécialement le cabotage à la suite du paragraphe 2, on risquerait de créer des malentendus et de faire présumer une exclusion de la liberté du cabotage là où elle n'aurait pas été nommément déclarée, par exemple sur les rivières et les lacs. Il vaudrait mieux qu'il fût entendu que la liberté du cabotage est comprise dans l'expression générale de la liberté de navigation, et que la Conférence entend voir appliquer la liberté du cabotage partout où elle déclare que la navigation doit être libre.

Sir Edward Malet dit que, dans sa pensée, il s'agissait de bien déterminer que le cabotage doit être libre non seulement sur les fleuves, mais aussi sur la côte.

Le Président pense que l'accord de la Conférence étant évident à cet égard, il n'y a plus là qu'une question de forme que l'on peut renvoyer au comité de rédaction à constituer ultérieurement.

Sir Edw. Malet se range à cette manière de voir.

M. Kasson, au sujet de l'amendement du Plénipotentiaire des Pays-Bas, demande si, en stipulant la libre navigation sur les canaux à créer, M. van der Hoeven admet que, pour arriver à ouvrir ces voies navigables, on puisse concéder l'établissement de taxes permettant de rémunérer les travaux nécessaires.

M. van der Hoeven répond que, selon lui, des taxes de cette nature pourraient être, en effet, perçues, mais seulement en compensation des frais d'établissement des canaux.

M. Kasson croit, que cette réserve aurait besoin d'être inscrite dans la déclaration.

M. Busch considère que cette question de la rétribution des entreprises de canalisation trouvera plus naturellement sa place dans l'acte relatif à la navigation.

M. Kasson reconnaît le bien fondé de cette observation.

Le Baron de Courcel ajoute qu'en aucun cas, les tarifs ne devront être différentiels.

Le Président demande qu'il soit voté sur le paragraphe 2 complété par la proposition du ministre des Pays-Bas, en constatant d'ailleurs que les Membres de la Conférence sont d'accord en ce qui touche les observations présentées sur la question du cabotage; que, de plus, la Haute Assemblée laisse à la Commission de rédaction le soin de modifier le texte de la Déclaration dans la mesure voulue pour qu'il soit tenu compte des observations qui ont obtenu l'agrément de la Conférence. Sous le bénéfice de ces observations, le deuxième paragraphe du projet et la proposition y relative de M. van der Hoeven sont adoptés par la Conférence.

Le Président lit ensuite les paragraphes 3 et 4 du projet, ainsi conçus:

»Les marchandises de toute provenance importées dans ces ter-
»ritoires, sous quelque pavillon que ce soit, par la voie maritime
»ou fluviale ou par celle de terre, n'auront à acquitter d'autres

»taxes que celles qui pourraient être perçues comme compensation
»de dépenses utiles pour le commerce et qui, à ce titre, devront
»être également supportées par les nationaux et par les étrangers
»de toute nationalité.«

»De quelque nature que soient ces taxes, les marchandises im-
»portées dans ces territoires resteront affranchies de droits d'entrée
»et de transit.«

Le Comte de Hatzfeldt donne connaissance d'un amendement présenté
par Sir Edward Malet et tendant à intercaler les mots »directes ou indirectes« entre les mots »d'autres taxes« et les mots »que celles«, dans le
paragraphe ci-dessus.

Le Baron de Courcel demande quelles seront alors les taxes que les
autorités locales pourront percevoir.

Sir Edward Malet admet que ces autorités perçoivent des taxes à
l'exportation, et, en général, les taxes spéciales qui pourront être prélevées
comme rémunération d'un service utile; ce que veut le Gouvernement
Anglais, c'est surtout d'interdire toute taxe différentielle.

Le Baron Lambermont croit que la question doit être renvoyée à la
Commission de rédaction qui appliquera sur ce point l'idée générale au
sujet de laquelle tous les Membres de la Conférence sont d'accord.

M. de Kusserow fait remarquer que l'interdiction des taxes différentielles est déjà inscrite au projet de la Conférence.

Le Comte de Launay rappelle qu'il a déjà présenté des observations
pour établir que les seules taxes admissibles seraient des taxes corrélatives
à un service rendu et que, pour limiter ces droits, il a proposé de fixer
un maximum de 2 ou 4% ad valorem qu'ils ne devraient pas dépasser.

Il demande que le comité de rédaction tienne compte de ses recom-
mandations.

Le Baron Lambermont estime que les demandes du Comte de Launay
dépassent la compétence de la Conférence; celle-ci ne saurait fixer d'avance
la rétribution de services à rendre ou de travaux à exécuter. Il faudra,
pour créer des voies praticables dans ces pays nouveaux, faire appel au
concours des capitaux européens, et, par suite, leur assurer une rémunération et même des bénéfices. On ne doit donc pas lier les pouvoirs publics qui auront à recourir à l'esprit d'entreprise. La tentation d'imposer
des taxes abusives trouverait, au besoin, son correctif dans la libre concurrence qui rendrait impraticables les voies commerciales sur lesquelles pe-
seraient des charges trop lourdes. D'ailleurs, déterminer si c'est la valeur
au point d'origine ou au point de débarquement qui doit servir de base
à la taxe, c'est admettre a priori l'existence de droits d'entrée et anticiper
sur la discussion du paragraphe suivant.

Quant au droit d'exportation, le projet est muet. On veut proclamer
la libre entrée et la libre circulation des marchandises. Les autres questions, et notamment celle qui concerne les droits de sortie, se résoudront en
leur temps, d'elles mêmes et suivant les nécessités de l'avenir. La perception de droits de sortie est d'ailleurs beaucoup moins vexatoire que
celle de droits d'entrée. Il faut admettre que l'on laisse ouvertes aux

autorités locales certaines sources de revenus et la possibilité de pourvoir à leurs besoins.

Le Comte de Launay, en présence de ces observations, déclare qu'il s'en remet à la décision de la Commission; s'il paraît impossible de préciser un maximum pour les taxes, on pourrait tout au moins remplacer, dans le paragraphe 2, les mots: »perçues comme compensation« par ceux-ci, »perçues comme équitable compensation«.

Le Baron de Courcel demande que l'on ajoute au paragraphe 4 les mots: »qui ne seraient pas perçues comme équitable compensation«.

Le Président indique que ce sera la tâche du comité de rédaction de tenir compte de toutes ces observations.

Le Baron Lambermont: Il faut que le comité de rédaction connaisse bien clairement les vues qui animent la Conférence. Celle-ci veut admettre exclusivement la perception de taxes destinées à compenser une prestation de services; les taxes douanières ne répondent pas à cette conception.

Le Baron de Courcel croit qu'il ne rentre pas dans le programme de la Conférence de tracer un programme fiscal et économique complet aux territoires dont elle s'occupe. Elle affirme nettement sa volonté d'exclure toutes taxes différentielles; mais elle ne peut se faire juge du mode de perception des futurs impôts et du détail de l'administration. Il ne faut pas renouveler l'expérience coloniale faite au seizième siècle, alors que l'on a conduit des colonies à la ruine en prétendant fixer, d'Europe et en se plaçant au seul point de vue de la métropole, leur mode d'existence financière et administrative. La Haute Assemblée doit se borner à interdire tous droits différentiels et tout traitement de faveur, et à exiger que des droits ne soient jamais perçus dans un but fiscal, c'est-à-dire dans un but d'enrichissement; mais elle n'a ni le droit juridique, ni le droit moral de légiférer au-delà.

M. de Kusserow fait ressortir que le Gouvernement Allemand, en proposant sa déclaration, désirait écarter tout traitement différentiel quant aux taxes qui devront nécessairement être perçues à titre de compensation des dépenses utiles pour le commerce, et, en même temps, exclure tous les droits d'entrée et de transit. Une proposition qui tendrait à introduire des droits d'entrée modifierait matériellement la proposition du Gouvernement Allemand et ne saurait plus ressortir à la décision d'un simple comité de rédaction. Il en serait de même, si, à la demande de M. le Plénipotentiaire d'Italie, les droits de sortie, qui ne sont pas mentionnés dans la déclaration proposée par l'Allemagne, devaient être limités à un maximum.

Sous le bénéfice de ces observations, le Président propose de renvoyer l'alinéa 5 à la Commission qui pourra s'éclairer, au besoin, en entendant de nouveau certains Délégués. Cette proposition est adoptée.

Sir Edward Malet fait observer que, vu la tâche qui est confiée à la Commission, il conviendrait que chaque Puissance y fût représentée.

M. le Baron de Courcel: Dans ce but, on pourrait établir que tous les Membres de la Conférence auront la faculté de siéger à la Commission s'ils le veulent, ou de s'y faire représenter.

Le Président constate l'agrément de la Conférence à cette proposition, et la constitution de la Commission se trouve ainsi fixée.

Il donne ensuite lecture de l'alinéa 5 du projet, ainsi conçu:

»Toute Puissance qui exerce ou exercera des droits de souveraineté dans les territoires susvisés ne pourra y concéder ni monopole ni privilége d'aucune espèce en matière commerciale. Les étrangers y jouiront indistinctement du même traitement et des mêmes droits que les nationaux.«

M. Sanford donne lecture du paragraphe additionnel suivant qu'il propose d'ajouter à ce paragraphe:

»La navigation du Congo étant actuellement difficile ou impossible par suite d'obstacles naturels dans la partie de son cours comprise entre Vivi et le Stanley Pool, les Hautes Puissances contractantes reconnaissent à l'Etat ou Pouvoir riverain qui, au moment de la conclusion du présent traité, possédera la plus grande étendue de fleuve entre ces deux points, le droit exclusif de construire et d'exploiter, ou de faire construire et exploiter par une compagnie concessionnaire, une route ou un chemin de fer dans la région des cataractes du Bas-Congo.

Si la susdite voie passait par le territoire de plusieurs riverains, son prolongement en aval de Vivi jusqu'au point où cesse la grande navigation est reconnu à l'Etat, Pouvoir ou Compagnie qui aura construit la section principale, y compris le droit d'exploitation et l'application de ses tarifs.

Les Etats ou Pouvoirs riverains donneront toutes facilités pour l'exécution de ce travail, et, afin d'en mieux assurer la réalisation, l'Etat ou Pouvoir riverain qui construit la voie ou la Compagnie concessionnaire, ne subira, en matière d'exploitation et de tarifs, d'autre restriction que celle résultant de l'assimilation des étrangers aux nationaux sous tous les rapports.«

Sur une observation de M. de Serpa, tendant à laisser aux Membres de la Conférence le temps d'examiner cet amendement avant sa discussion, conformément à la procédure concertée lors d'une précédente séance, le Président annonce que le projet de M. Sanford sera imprimé et distribué, pour être discuté dans une prochaine réunion.

A l'occasion de la proposition de M. Sanford, M. Kasson désire faire remarquer que son Gouvernement ne s'engage pas dans les détails de ce projet, mais le présente seulement dans le but de saisir la Conférence en vue de l'amélioration des communications.

Le Président demande si les Membres de la Conférence ont quelqu'observation à présenter au sujet du paragraphe 6, ainsi libellé:

»Toutes les Puissances exerçant des droits de souveraineté ou une influence dans lesdits territoires, prendront l'obligation de concourir à la suppression de l'esclavage et surtout de la traite des noirs, de favoriser et d'aider les travaux des missions et toutes les institutions servant à instruire les indigènes et à leur faire comprendre et apprécier les avantages de la civilisation.«

Le Comte de Launay parle alors de nouveau de sa proposition présentée à la séance du 19 novembre et dont il rappelle les termes. Il s'agirait de la recommander aux Gouvernements respectifs, et, en attendant, de faire à l'alinéa 6 l'adjonction indiquée. La teneur de cet alinéa resterait donc la même, sauf l'adjonction suivante:

> »La même protection serait étendue aux missionnaires chrétiens de tout culte, aux savants, aux explorateurs, pour leurs personnes, comme pour les escortes, avoir et collections.«

C'est aux savants, aux explorateurs, dit le Comte de Launay, que nous sommes redevables des merveilleuses découvertes faites dans ces dernières années en Afrique. Les missionnaires prêtent, de leur côté, un précieux concours pour gagner ces pays à la civilisation inséparable de la religion. Il est de notre devoir de les encourager, de les protéger tous, dans leurs recherches et expéditions présentes ou ultérieures, et dans une œuvre où leurs efforts se combinent et se complètent. Bien des pays ont fourni un glorieux contingent. Leurs noms sont présents à notre mémoire. Pour ce qui concerne l'Italie, Son Excellence cite entre autres ceux des Massaia, Cecchi, Antinori, Bianchi, Chiarini, Antonelli, Gessi, Casati, Matteucci, Comtoni, Piaggia, Sapeto, Borghese, Massari, Giulietti, Salimbeni, Colaci, Dabbene, Pippo, Naretti, Saccooni etc. etc.

M. Busch croit que, sans comprendre cette question dans la déclaration, on pourrait en faire l'objet d'un vœu spécial.

Sir Edward Malet fait connaître qu'il a aussi présenté un amendement tendant à inscrire à l'alinéa 6, entre les mots »travaux des missions« et les mots »et toutes les institutions«, les mots suivants: »l'exercice de toutes les religions sans distinction de culte«.

Saïd Pacha donne son adhésion à cette rédaction.

Le Président dit que l'amendement de Sir Edward Malet pourra être utilement renvoyé au comité de rédaction. Quant à la proposition du Comte de Launay, on répondrait aux intentions de l'Ambassadeur d'Italie si les Plénipotentiaires transmettaient son vœu à leurs Gouvernements respectifs, en le recommandant à l'attention de ces Gouvernements au nom de la Conférence.

M. de Serpa rappelle que l'Ambassadeur d'Italie, s'appuyant sur des considérations morales, a demandé l'interdiction de l'importation des boissons spiritueuses et de la poudre dans les territoires dont elle s'occupe. Pour des motifs de même nature, M. de Serpa propose d'interdire aussi l'importation des cangues, fouets, et de tous les instruments de supplice dont se servent les propriétaires d'esclaves.

Le Comte de Hatzfeldt fait observer que l'Ambassadeur d'Italie n'a pas réclamé l'adoption d'une décision formelle par la Conférence et n'a formulé aucun amendement positif.

Le Comte de Launay reconnaît l'exactitude de cette remarque, tout en rendant pleine justice au sentiment humanitaire qui a inspiré le langage d'un de ses collègues du Portugal.« M. de Serpa déclare qu'il n'entend pas donner à sa demande un caractère différent de celui que le Comte de Launay attribue à ses propres suggestions.

A la suite des explications échangées à ce sujet, le Comte de Launay et M. de Serpa tombent d'accord avec le Président pour admettre qu'une inscription de leurs vœux au protocole suffira pour remplir leurs intentions.

Sur le même paragraphe 6, le Baron Lambermont fait remarquer que le principe de la séparation de l'Eglise et de l'Etat appliqué par certains Gouvernements leur permet bien de se dire prêts à protéger, mais non prêts à aider les entreprises religieuses qui sont du seul ressort de l'Eglise.

Le Comte de Hatzfeldt répond que l'observation sera mentionnée au protocole et que le comité de rédaction en tiendra compte.

L'alinéa 6 est ensuite adopté avec l'amendement proposé par l'Ambassadeur d'Angleterre.

M. Kasson, revenant sur ce qu'il a dit au sujet de la nécessité d'un remaniement de la rédaction du paragraphe premier, et au sujet du vœu exprimé par la Commission dans le sens de l'extension de la liberté commerciale à l'Est du bassin du Congo, M. de Kusserow est amené à expliquer que la Commission a dû se borner à émettre un simple vœu relativement à l'extension de la liberté commerciale sur la côte orientale d'Afrique, tandis que la Conférence pourrait émettre une décision si tous ses Membres avaient à ce sujet les instructions nécessaires. L'Ambassadeur de France, pour répondre à une demande d'éclaircissement de M. Kasson et à la suite d'une observation de M. de Kusserow, explique d'ailleurs que, dans sa pensée, le mot littoral, employé dans son paragraphe additionnel au vœu de la Commission, comprend les territoires situés entre la crête orientale du bassin du Congo et la Mer des Indes.

M. Kasson exprime, de nouveau, le désir qu'une décision positive soit prise par la Conférence conformément aux vues de la majorité de la Commission, qui se montrait favorable à l'adoption de la délimitation tracée par le Plénipotentiaire de l'Amérique pour le domaine de la liberté commerciale.

Le Président répond qu'on ne saurait aller au delà d'un simple vœu aussi longtemps que certains Plénipotentiaires n'auront pas les instructions nécessaires.

Le Baron de Courcel fait remarquer que la Conférence ayant, dès à présent, étendu le principe de la liberté commerciale à des territoires non compris dans le bassin géographique du Congo, il y a lieu, en effet, de modifier le paragraphe premier de la déclaration, et qu'à ce point de vue, il partage l'avis de M. Kasson. Mais le soin de remanier cette rédaction incombe naturellement au comité de rédaction.

Le Ministre des Etats-Unis tombe d'accord avec le Baron de Courcel à cet égard.

L'alinéa 6 de la déclaration est ensuite adopté par la Conférence.

Le Président soumet à la discussion l'alinéa 7, qui suit:

>»Sauf arrangement ultérieur entre les Gouvernements signataires de cette déclaration et telles Puissances qui exerceront des droits de souveraineté dans les territoires dont il s'agit, la commission internationale de la navigation du Congo, instituée en vertu de l'acte sigé à Berlin le ...., au nom

des mêmes Gouvernements, sera chargée de surveiller l'application des principes proclamés et adoptés par cette déclaration.«

M. de Serpa estime que la surveillance attribuée par ce paragraphe à la Commission internationale de navigation du Congo entraverait la liberté d'action et l'initiative légitime des Gouvernements territoriaux et créerait de perpétuelles occasions de conflit. Les autorités locales auront la responsabilité de leurs actes et devront conserver leur pleine liberté d'administration. La leur retirer, ce serait compromettre le développement des colonies.

Le Baron de Courcel dit que ce paragraphe soulève en effet certaines difficultés, que, d'ailleurs, la constitution de la Commission qui y est mentionnée ne saurait être connue que lorsque se discutera la question de la navigation. Dans ces conditions, il serait logique de renvoyer l'examen d'une des attributions de cette même Commission jusqu'au moment où sa constitution aura été décidée et réglée.

M. de Kusserow, interprétant les intentions du Gouvernement Allemand à l'égard du paragraphe 7, fait observer que les mots »sauf arrangement ultérieur« n'avaient d'autre portée que de signifier »jusqu'à«. Le Gouvernement Allemand n'a nullement l'intention d'empiéter sur les droits souverains des Gouvernements reconnus. Mais, en attendant, il lui semble nécessaire de ne pas laisser sans contrôle la liberté du commerce dans le bassin du Congo, telle qu'elle sortirait des décisions de la Conférence. La Commission Internationale de la navigation du Congo lui paraît un organe compétent pour être provisoirement chargé de ce contrôle. Du reste, les plénipotentiaires d'Allemagne se rangent à l'opinion de l'Ambassadeur de France, tendant à ajourner la discussion de cet alinéa jusqu'à la création de la Commission Internationale, dont il s'agit.

Le Président constate que la Conférence est d'accord sur ce point.

Il propose ensuite de s'en rapporter à la Commission pour désigner le comité de rédaction.

La Conférence exprime son adhésion à cet egard.

Le Comte de Hatzfeldt fait observer que pour fixer la date de la prochaine séance il conviendra de tenir compte des travaux ultérieurs de la Commission.

L'ordre du jour étant épuisé, la séance est levée à 5 heures.

(Suivent les signatures.)

Annexe au Protocole No. 3.

RAPPORT

de la Commission instituée par la Conférence pour fixer la délimitation du bassin du Congo et de ses affluents.

Messieurs,

Quelles sont les limites du Congo et de ses affluents?

Cette question figure en tête du projet de déclaration annexé au protocole de votre première séance.

Pour la résoudre, la Conférence a nommé une Commission composée des Représentants de l'Allemagne, de la Belgique, de l'Espagne, des Etats-Unis d'Amérique, de la France, de la Grande-Bretagne, des Pays-Bas et du Portugal, et elle l'a autorisée à entendre les Délégués officiels des Gouvernements ainsi que toutes les personnes qui, d'après son jugement, pourraient lui apporter d'utiles lumières.

La Commission, dès le début de ses travaux, a décidé de poser aux Délégués la question suivante:

Qu'est-ce que le bassin du Congo non seulement au point de vue géographique, mais encore au point de vue spécial qui intéresse la Commission, c'est à dire au point de vue de l'application de la liberté du commerce au centre de l'Afrique?

Cette distinction entre le bassin géographique et ce qu'on pourrait appeler le bassin économique ou commercial du Congo a conduit la Commission à concentrer définitivement le débat sur trois points nettement séparés:

1º Quelle est l'étendue du bassin géographique du Congo?

2º Quels territoires convient-il d'y adjoindre sur le littoral de l'Océan Atlantique, au Sud et au Nord de l'embouchure du Congo, dans l'intérêt des communications commerciales?

3º Y a-t-il lieu de placer également sous le régime de la liberté commerciale certains territoires s'étendant à l'Est du bassin du Congo dans la direction de l'Océan Indien?

I.

Quelle est l'étendue du bassin géographique du Congo?

D'après les idées qui ont été développées par MM. les Délégués de la Belgique, des Etats-Unis et de la Grande-Bretagne, le bassin du Congo serait délimité au Nord par les lignes de faîte qui le séparent des bassins de l'Ogowé, du Bénué, du Schari et du Nil; à l'Est, par le lac Tanganyka et ses tributaires, et, au Midi, par les lignes de partage des eaux du Zambèze et de la Logé.

On s'est demandé si le Tanganyka fait réellement partie du bassin du Congo, ce qui revient à savoir, si le Lukuga est ou n'est pas le déversoir des eaux du lac dans le Lualaba.

M. le Délégué Portugais a émis certains doutes à cet égard. Sans les admettre comme fondés, M. le Délégué Belge a proposé de prendre pour limite la rive occidentale du lac Tanganyka. M. le Délégué Américain, allant plus loin, enveloppe dans le bassin du Congo non seulement le lac, mais encore le bassin de son principal tributaire, le Malagarasi. M. le Délégué Britannique étend sa définition vers l'Est jusqu'aux sources des affluents du Congo et son avis a reçu l'approbation de M. l'Ambassadeur d'Angleterre. Il ne restait donc à cet égard aucun dissentiment sérieux, et l'unité de vues était quasi complète quant à l'étendue réelle du bassin du Congo.

Il est vrai que M. le Délégué Portugais, frappé de la difficulté que présente en ce moment une définition rigoureusement exacte du bassin du Congo, a proposé de restreindre la liberté du commerce à la partie du

bassin du fleuve comprise entre la mer et le Stanley Pool; mais M. de
Serpa Pimentel a depuis accepté également la définition ci-dessus indiquée
du bassin géographique.

II.

Quels territoires convient-il d'adjoindre au bassin naturel du Congo,
sur le littoral de l'Océan Atlantique, au Nord et au Sud de l'embouchure
du Congo, dans l'intérêt des communications commerciales?

La Commission se rappellera que, dans la séance d'inauguration, Son
Altesse Sérénissime le Prince Président de la Conférence avait exprimé le
vœu que tout le littoral de l'Afrique pût être ouvert au transit des
marchandises.

Dans le même ordre d'idées, M. l'Ambassadeur d'Angleterre, prenant
la parole après notre illustre Président, proposa d'appliquer le principe de
la liberté commerciale à toute la ligne de la côte comprise entre les limites de la colonie du Gabon et celles de la province d'Angola.

La Commission a cherché, à son tour, à déterminer l'étendue de la
côte occidentale qu'il conviendrait de placer sous la protection des garanties
conventionnelles.

Il est aisé de se rendre compte des considérations qui ont fait désirer
cette extension du bassin du Congo à la côte. Le cours inférieur du fleuve
est en grande partie innavigable. Les routes commerciales qui pour la
plupart convergent vers le Stanley Pool, se dirigent de là vers la côte
par les deux rives du fleuve et se déplacent fréquemment sous l'influence
d'hostilités entre les tribus de l'intérieur ou pour d'autres causes acciden-
telles. C'est ainsi que les caravanes aboutissent parfois à des points du
littoral qui étaient loin de leurs destinations premières. M. le Délégué
Néerlandais et, après lui, l'un des Délégués Britanniques sont entrés à ce
sujet dans des explications d'un intérêt pratique. M. de Bloeme a complété
dans une séance subséquente ses premières indications. Il a décrit l'organisation du commerce dans les régions qui s'étendent de Sette-Camma à
Ambriz et en retraçant la manière dont s'y accomplissent les transactions,
il a fait ressortir la nécessité de maintenir ou de placer ces contrées sous
le régime d'une large liberté commerciale. M. Woermann, Délégué Allemand, a poursuivi et achevé cette démonstration. Il a passé en revue les
marchés échelonnés de l'embouchure du Niger à celle du Congo et s'est
appuyé sur des considérations et des faits, auxquels sa compétence bien
connue donne une autorité particulière, pour arriver à la même conclusion
que son Collègue Néerlandais, en portant toutefois jusqu'au Nord de
l'Ogowé la limite du territoire qu'il serait désirable de doter des bienfaits
de la liberté commerciale.

Plusieurs solutions ont été proposées:

M. Stanley, dont les vues ont été officiellement reproduites par M. le
Ministre des Etats-Unis, propose de donner toute liberté d'accès à la côte
entre 1° 25′ correspondant aux branches méridionales du delta de l'Ogowé
et 7° 55′ de latitude Sud (embouchure de la Logé).

M. Anderson indique comme limite supérieure l'embouchure du Fernan-Vaz, délimitation qui se rapproche de celle de M. Stanley.

M. de Bloeme ne remonte pas au-dessus de Mayumbé.

M. Cordeiro indique 4° de latitude Sud: M. de Serpa Pimentel a exprimé l'avis, que la limite pourrait s'arrêter aux possessions Françaises.

M. l'Ambassadeur de France compte être très-prochainement en mesure de faire connaître les vues de son Gouvernement au sujet de l'application du principe de la liberté commerciale à la zone maritime située au Nord du Congo.

Quant à la limite de la zone méridionale MM. les Délégués ont été généralement d'accord pour la fixer à Ambriz, c'est-à-dire par 7° 55′ de latitude Sud, à l'embouchure de la rivière de la Logé.

Etant donnés les points de la côte qui limiteraient la zone maritime, de quelle manière la rattacherait-on au bassin du Congo?

M. Stanley, dont les vues sont soutenues en cette matière par MM. Kasson et Anderson, propose de tracer un parallèle à 1° 25′ de latitude Sud jusqu'à la rencontre des sources de l'Alima qui correspondent à 13° 30′ de longitude Est de Greenwich. Au Sud, un parallèle mené d'Ambriz dans les mêmes conditions suivrait à peu près le cours de la Logé (rive droite), et serait prolongé jusqu'au point où il atteint le bassin du Quango.

Les autres Délégués n'ont pas déterminé de limites à l'intérieur, sauf M. le Délégué Portugais qui arrête au méridien du Stanley Pool la délimitation du bassin du Congo à placer sous le régime de la liberté commerciale. Ce système cesse de subsister en présence des déclarations ultérieures de M. de Serpa Pimentel.

L'un des Délégués Français, M. le Docteur Ballay a fait observer que la voie fluviale, complétée dans la région des cataractes par une route régulière ou un chemin de fer, absorbera forcément le trafic futur. Cette circonstance, d'après lui, enlève une grande partie de son intérêt à l'idée d'adjoindre du côté de l'Atlantique des territoires au bassin naturel du Congo. Cette observation s'applique notamment au cours de l'Ogowé dont l'incorporation au bassin du Congo serait, au point de vue commercial, sans utilité à ses yeux.

Le Délégué Américain ayant constaté que ce jugement ne s'accordait point avec des appréciations antérieures de MM. de Brazza et Ballay, ce dernier a répondu que son opinion s'était modifiée depuis que des observations plus exactes avaient fait rapprocher le Stanley Pool de la mer.

A la question posée incidemment par M. le Ministre des Pays-Bas, si des canaux pourraient être utilement construits dans l'Afrique centrale, M. Stanley a répondu qu'un travail de ce genre, impraticable à son avis pour la jonction des lacs Nyassa et Tanganyka, pourrait être exécuté sans grande difficulté s'il s'agissait de relier le lac Léopold II au lac Matumba.

III.

Y a-t-il lieu de placer également sous le régime de la liberté commerciale certains territoires s'étendant à l'Est du bassin du Congo dans la direction de l'Océan Indien?

Cette question n'a fait l'objet que d'une seule proposition.

M. le Délégué Américain a développé un vaste plan qui tend à adjoindre au bassin géographique du Congo du côté de l'Océan Indien toute la région des grands lacs, une partie du bassin supérieur du Nil et du bassin inférieur du Zambèze. La limite orientale de ce bassin conventionnel comprend tout le littoral de l'Océan Indien entre 5° de latitude Nord et 18° environ de latitude Sud, à l'équidistance vers l'intérieur d'un degré géographique. Arrivé à la rive gauche du Zambèze, la ligne de démarcation reprendrait à cinq milles en amont du confluent du Schiré et suivrait ensuite la ligne de faîte du versant occidental du lac Nyassa, d'où elle rejoindrait la ligne de partage des eaux du Zambèze et du Congo.

Le projet de M. Stanley a reçu l'adhésion de M. le Ministre des Etats-Unis, qui a déposé une proposition dont le texte est joint au présent rapport. M. Kasson a constaté, à cette occasion, que le commerce des Etats-Unis avec le bassin du Congo se fait par Zanzibar non moins que par la côte occidentale.

Cette proposition n'a pas donné lieu à un débat proprement dit. M. l'Ambassadeur d'Angleterre a déclaré qu'il était momentanément sans instructions à cet égard. Les deux Plénipotentiaires Allemands MM. Busch et de Kusserow, se sont ralliés à la proposition de M. le Ministre des Etats-Unis et ont exprimé l'avis que le bassin du Congo ne serait véritablement ouvert au commerce universel que s'il était rendu accessible par son issue orientale aussi bien que par l'occidentale. M. l'Ambassadeur de France, tout en se déclarant autorisé à admettre une extension du bassin géographique du Congo, n'a pas cru pouvoir se prononcer encore sur la proposition de M. Kasson. M. de Serpa Pimentel, en se rangeant à la même manière de voir, ajoute des réserves expresses au sujet de la souveraineté de son pays sur le territoire qu'il possède à la côte orientale d'Afrique.

Quelques membres de la Commission, sans en faire l'objet d'une proposition formelle, ont demandé si l'on ne pourrait présenter sous la forme d'un vœu l'idée de rattacher par des communications libres le bassin du Congo à l'Océan Indien.

Il a été entendu que MM. les Plénipotentiaires réclameraient par la voie télégraphique les instructions de leurs Gouvernements au sujet de l'extension qui serait donnée conventionnellement au bassin du Congo tant à l'Ouest qu'à l'Est.

IV.

Tel était l'état des questions lorsque la Commission s'est réunie le 24 novembre.

Après un court échange d'observations, la Commission a adopté à l'unanimité, pour résoudre la première question, la formule suivante:

»Le bassin du Congo est délimité par les crêtes des bassins »contigus, à savoir notamment les bassins du Niari, de l'Ogowé, »du Schari et du Nil, au Nord; par le lac Tanganyka, à l'Est; »par les crêtes des bassins du Zambèze et de la Logé, au Sud.

»Il comprend, en conséquence, tous les territoires drainés par le »Congo et ses affluents, y compris le lac Tanganyka et ses tribu- »taires orientaux«.

La discussion s'est ensuite ouverte sur la seconde question.

M. l'Ambassadeur de France a déclaré que son Gouvernement souscrit volontiers à l'incorporation de ses établissements du Stanley Pool et de l'Alima au domaine de la liberté commerciale, mais qu'il n'a pas entendu étendre l'application de ce régime aux bouches de l'Ogowé et à la colonie du Gabon. Son Excellence accepte immédiatement la limite à la côte de 5° 12′; elle admet en principe l'extension du régime conventionnel aux établissements Français au Sud de Sette-Camma, se réservant de la réaliser aussitôt que certains arrangements territoriaux encore en suspens auront pu être conclus.

M. Sanford fait observer à ce sujet qu'une partie des territoires compris dans la zone visée par M. l'Ambassadeur de France appartient déjà, en vertu de dispositions conventionnelles, au régime de la liberté commerciale.

M. le Plénipotentiaire Portugais propose de substituer à la limite de 5° 12′ indiquée par l'Ambassadeur de France la rivière Massabé, qui est un peu plus au Nord.

Cette modification est admise sans objection. En conséquence, la proposition de M. le Baron de Courcel porte sur l'extension du régime commercial du Congo à la partie de la côte située entre la rivière Logé et celle de Massabé, avec extension éventuelle au Nord jusqu'à Sette-Camma.

M. le Dr. Busch constate qu'au point de vue de l'intérêt commercial, la limite devrait être reportée le plus loin possible au Nord. Il rappelle que M. Stanley proposait de la fixer à 1° 25′ et il se prononce pour cette solution. Frappé du reste des faits rapportés par M. le Délégué Woermann, il voudrait que la limite allât jusqu'à l'Ogowé et même au-delà.

MM. les Plénipotentiaires de Belgique, d'Espagne, des Etats-Unis, de la Grande Bretagne, des Pays-Bas et du Portugal se prononcent pour la zone la plus étendue possible.

Sur l'observation faite par l'un des Représentants de l'Allemagne que cette limite devrait être définie, M. l'Ambassadeur de la Grande-Bretagne reproduit sa proposition antérieure de la fixer à l'embouchure du Fernan-Vaz (1° 25′).

Les Plénipotentiaires de l'Allemagne appuient cette proposition et expriment en outre le vœu que la liberté commerciale s'étende ultérieurement au bassin de l'Ogowé.

M. l'Ambassadeur de France propose finalement de fixer la limite septentrionale à Sette-Camma, en maintenant la réserve que Son Excellence a déjà énoncée.

M. l'Ambassadeur d'Angleterre et M. le Ministre des Etats-Unis se rallient à cette délimitation, mais en exprimant la confiance que la ligne de démarcation sera reculée plus tard vers le Nord.

Quant à la limite méridionale, tous les Plénipotentiaires se sont trouvés d'accord pour la placer à la rive droite de la rivière la Logé, qui correspond à la latitude de 7° 55′.

Passant au vote, la Commission, après avoir donné acte à M. l'Ambassadeur de France de sa réserve provisoire, décide à l'unanimité que la seconde question sera résolue de la manière suivante.

»La zone maritime soumise au régime de la liberté commerciale
»s'étendra sur l'Océan Atlantique depuis la position de Sette-Camma
»jusqu'à l'embouchure de la Logé.«

»La limite septentrionale suivra le cours de la rivière qui dé-
»bouche à Sette-Camma, et à partir de la source de celle-ci se
»dirigera vers l'Est jusqu'à la jonction avec le bassin géographique
»du Congo, en évitant le bassin de l'Ogowé,

»La limite méridionale suivra le cours de la Logé jusqu'à la
»source de cette rivière et se dirigera de là vers l'Est jusqu'à la
»jonction avec le bassin géographique du Congo.«

La Commission aborde la discussion du troisième et dernier point.

Les Plénipotentiaires de l'Allemagne acceptent comme base des délibérations le projet déposé par M. Kasson.

Les Plénipotentiaires Belges l'adoptent en principe, en réservant leur décision finale.

Ce projet est également admis par le Plénipotentiaire d'Espagne. S. E. réserve les droits des Puissances qui ont des possessions sur le littoral.

M. le Plénipotentiaire des Etats-Unis déclare qu'en formulant son projet, il n'a point entendu méconnaître les droits du Portugal ou du Sultan de Zanzibar et que c'est pour ce motif que les lignes de démarcation se tiennent partout à une certaine distance de la côte. Il propose toutefois d'exprimer le désir que les libres communications du bassin du Congo soient prolongées jusqu'à la côte, en réservant les droits existants.

M. l'Ambassadeur de France, en vertu des instructions qu'il a reçues de son Gouvernement, se déclare favorable à l'extension du principe de la liberté commerciale du côté de l'Est. Mais on ne saurait oublier qu'on se trouve, dans la région dont il s'agit, en face de certains Pouvoirs établis. On doit tenir compte, notamment, des droits du Portugal et de ceux du Sultan de Zanzibar, qui n'est pas représenté à la Conférence *).

M. le Dr. Busch constate que tous les Plénipotentiaires entendent respecter les droits du Sultan de Zanzibar.

M. l'Ambassadeur d'Angleterre et M. le Ministre des Pays-Bas, faute d'instructions, ne désirent pas se prononcer sur la proposition de M. Kasson.

Le projet d'établir des communications libres entre le bassin du Congo et l'Océan Indien ne soulèverait pas d'objections de la part des Représentants du Portugal, s'il était entendu que ces communications atteindront l'Océan Indien au Nord du Cap Delgado.

A la suite des considérations qui précèdent, la Commission a émis le vœu que

»le régime de la liberté commerciale soit étendu à l'Est du bassin

---

*) Le rédaction de ce paragraphe a été modifiée comme précède en vertu d'une correction apportée, d'accord entre le Baron de Courcel et le Baron Lambermont, au document primitivement distribué à MM. les Plénipotentiaires.

»du Congo jusqu'à l'Océan Indien, sous réserve du respect des
»droits des souverainetés existantes dans cette région.«

Arrivée au terme de la mission qui lui a été assignée par la Conférence, la Commission se fait un devoir de reconnaître, que les explications de MM. les Délégués spéciaux ont notablement allégé sa tâche. Leurs dépositions, parmi lesquelles l'une surtout se distingue par son étendue et son importance, ont été écoutées avec le plus vif intérêt et ont guidé notre marche sur un terrain difficile et compliqué.

<table>
<tr><td>Le Président</td><td>Le Rapporteur</td></tr>
<tr><td>*Alph. de Courcel.*</td><td>*Baron Lambermont.*</td></tr>
</table>

Annexe.

PROPOSITION DE M. KASSON.

M. le Plénipotentiaire des Etats-Unis d'Amérique, propose d'intercaler dans le Projet de Déclaration relative à la liberté du commerce dans le bassin du Congo et de ses embouchures, après les mots »Dans tous les territoires constituant le bassin du Congo et de ses affluents« les mots:

>y compris certaines régions situées entre le dit bassin et les deux océans respectivement, et donnant des lignes de communication entre le bassin et l'océan«.

Dans le cas où cet amendement trouverait l'approbation de la Commission, M. Kasson proposerait pour ces régions la délimitation suivante:

A partir de l'Océan Atlantique le parallèle 1° 25′ de latitude Sud jusqu'à sa rencontre avec la longitude 13° 30′ Est de Greenwich; de ce point une ligne droite se dirigeant au Nord jusqu'au parallèle 5° de latitude Nord; de ce point, le 5° de latitude Nord se dirigeant Est jusqu'au point distant d'un degré géographique de l'Océan Indien, de ce point une ligne parallèle à la côte dans sa direction Sud-Ouest équidistante de la mer d'un degré géographique, jusqu'à la rive droite du Zambèse; de ce point le long du Zambèse une ligne s'arrêtant à cinq milles en amont du confluent du Shiré avec le Zambèse et de ce point une ligne suivant au Nord la ligne de faîte séparant les eaux coulant dans le lac Nyassa des autres tributaires du Zambèse, jusqu'à sa rencontre avec la ligne de faîte séparant le bassin du Congo du bassin du Zambèse; puis cette ligne suivant la ligne de faîte prolongée jusqu'au tributaire principal du Kwango ou Kwa; de ce point vers le Nord, suivant la rive gauche du Kwango ou Kwa jusqu'à la rencontre du parallèle 7° 50′ de latitude Sud; de ce point suivant le parallèle 7° 50′ de latitude Sud jusqu'au fleuve Logé et suivant la rive gauche de ce fleuve jusqu'à l'Océan Atlantique.

Protocole No. 4.

Séance du 1er décembre 1884.

Etaient présents:

Pour l'Allemagne
le Comte de Hatzfeld, — M. Busch.

Pour l'Autriche-Hongrie
le Comte Széchényi.

Pour la Belgique
le Comte van der Straten-Ponthoz, — le Baron Lambermont.

Pour le Danemark
M. de Vind.

Pour l'Espagne
le Comte de Benomar.

Pour les Etats-Unis d'Amérique
M. John A. Kasson, — M. Henry S. Sanford.

Pour la France
le Baron de Courcel.

Pour la Grande Bretagne
Sir Edward Malet.

Pour l'Italie
le Comte de Launay.

Pour les Pays-Bas
le Jonkheer van der Hoeven.

Pour le Portugal
le Marquis de Penafiel, — M. de Serpa Pimentel.

Pour la Russie
le Comte Kapnist.

Pour la Suède et la Norwège
le Général Baron de Bildt.

Pour la Turquie
Saïd Pacha.

La séance est ouverte à 2 heures ½, sous la Présidence du Comte de Hatzfeldt.

Le Président rappelle que la Conférence a chargé une Commission de préparer la rédaction définitive du Projet de Déclaration relatif à la liberté commerciale. La Commission a adopté, depuis lors, à l'unanimité, un texte qui a été imprimé et distribué aux Plénipotentiaires. (Annexe No. 1.) Les Membres de la Conférence en ont donc une connaissance parfaite. Le Président exprime la pensée que, pour activer la marche des travaux, il peut se dispenser d'en donner lecture.

La Conférence ayant adhéré à cette opinion, le Comte de Hatzfeldt demande si quelqu'un des Plénipotentiaires désire prendre la parole pour la discussion générale du Projet de la Commission.

Le Comte de Launay, avant que l'Assemblée n'entame les délibérations marquées à son ordre du jour, demande à faire quelques observations relatives au Protocole No. 3. Il tient à rappeler, pour prévenir tout commentaire erroné au sujet des explications échangées à la séance du 27 novembre, qu'il n'a jamais parlé d'une interdiction du trafic des armes et boissons spiritueuses. Il croyait seulement, et il le disait dans la troisième séance, qu'il importerait de chercher à remédier aux abus possibles par des mesures réglementaires ultérieures.

Son Excellence souhaite qu'il soit fait mention de ce qui précède dans le prochain protocole.

Le Président lui en donne acte. Le protocole est adopté sous le bénéfice de ces observations.

La discussion s'engage alors sur l'article I du projet de la Commission.

M. de Serpa rend hommage à la fidélité avec laquelle le Baron Lambermont a tenu compte, lors de la rédaction de ce document, des vues échangées dans la Commission et qui y ont prévalu. Il aurait, toutefois, une observation à présenter relativement au paragraphe final de l'article I. Il expose que, lorsque M. Kasson a proposé d'étendre le domaine de la liberté commerciale à l'Est du bassin du Congo, les Plénipotentiaires Portugais ont établi leurs réserves relativement aux territoires actuellement possédés par le Portugal sur la côte orientale d'Afrique, et notamment en ce qui concerne la colonie de Mozambique. M. de Serpa croit que, dans sa forme actuelle, le dernier paragraphe de l'article I pourrait prêter à quelque malentendu contraire à ces réserves, et que, pour en éviter la possibilité, il serait bon de supprimer dans ce paragraphe les mots suivants »Les Puissances représentées à la Conférence ne stipulent que pour elles-mêmes«, cette expression étant de nature à laisser supposer que chaque Puissance s'engagerait à établir la liberté commerciale dans toute l'étendue de ses possessions actuelles, ce qui serait inexact pour le Portugal, notamment en ce qui touche Mozambique.

M. Busch dit que l'engagement des Puissances ne porte que sur les territoires qu'elles viendraient à occuper à l'avenir. Telle est bien la signification de la formule adoptée par le Baron Lambermont.

M. de Serpa ayant de nouveau manifesté quelques appréhensions relativement à la possibilité d'un malentendu, le Baron de Courcel appuie les observations de M. Busch, d'après lesquelles les engagements pris par les Membres de la Conférence s'appliqueront exclusivement aux occupations futures. Si, d'ailleurs, la Conférence croyait ses intentions à cet égard suffisamment constatées par l'insertion au protocole des remarques précédentes, le Représentant de la France se rangerait volontiers à cette opinion.

Le Baron Lambermont déclare qu'il est entièrement d'accord, quant au fond, avec M. de Serpa.

M. Busch dit que la reproduction, au protocole, des explications ainsi échangées serait suffisante pour ne laisser subsister aucun doute relativement aux intentions de la Conférence, et cette observation ayant rencontré l'adhésion des Membres de la Haute Assemblée, M. de Serpa se déclare satisfait.

Le Baron Lambermont, pour plus d'exactitude dans la forme, propose de remplacer, dans le dernier paragraphe de l'article I, le mot »stipulent« par le mot »s'engagent«. Cette modification est approuvée par la Conférence.

Le Comte de Hatzfeldt fait observer que l'on a anticipé sur la discussion et il demande si, parmi les membres de l'Assemblée, il en est qui voudraient prendre la parole pour une discussion générale de l'article I.

Le Baron Lambermont expose alors que la Commission, à l'examen de laquelle a été renvoyé le projet de Déclaration relatif à la liberté commerciale, a tenu plusieurs séances. Les procès-verbaux, très sommaires, de ces délibérations n'ont aucun caractère officiel et n'ont pas été écrits en vue de la publicité. La Commission a donc pensé faire chose utile en chargeant l'un de ses Membres — si la Conférence veut bien agréer cette proposition — de donner, sur les articles du projet, des explications qui, jusqu'à un certain point, pourraient tenir lieu d'exposé des motifs et de rapport. Ces explications, transcrites dans les protocoles, formeraient comme le commentaire succinct, mais officiel, des dispositions adoptées. La Commission a confié cette tâche au Baron Lambermont qui se tient à la disposition de la Haute Assemblée soit pour fournir verbalement, sur les articles du projet, à mesure qu'ils se présenteront dans la discussion, les éclaircissements désirables, soit pour remettre à la Conférence un exposé d'ensemble, propre à suppléer à ces explications, et qui serait annexé au protocole.

Le Président croit que l'on pourrait adopter purement et simplement les articles, quand l'adhésion de l'Assemblée serait donnée sans demande de commentaires, et, au contraire, recourir à l'obligeance du Baron Lambermont lorsque des commentaires seraient réclamés. Dans tous les cas, le Plénipotentiaire Belge voudrait bien remettre au Secrétariat l'ensemble de l'exposé qu'il a préparé, et ce document serait annexé au protocole pour répondre à l'objet que la Commission a eu en vue. (Annexe No. 2.)

La Haute Assemblée approuve la procédure suggérée par son Président. La parole est ensuite donnée à Sir Edward Malet.

L'Ambassadeur d'Angleterre fait observer que des notions géographiques précises manquent relativement à la proposition de Sette-Camma, désignée comme marquant la limite septentrionale de la zone de la liberté commerciale, du côté de l'Atlantique. Est-ce la rivière de Sette qui est acceptée comme frontière de cette zone par le Représentant de la France?

Le Baron de Courcel dit qu'en effet, il lui a été impossible de fournir à la Commission des indications complètes relativement à la position de Sette-Camma. Il a fait demander au Ministre de la Marine, à Paris, des informations à ce sujet; mais, en attendant qu'il les ait reçues, il ne peut qu'adhérer à la teneur du projet rédigé par le Baron Lambermont et présenté au nom de la Commission. S'il y a une rivière débouchant à Sette-Camma qui puisse servir de frontière, elle marquera la limite; s'il n'y en a pas, on prendra pour frontière le parallèle de la position même de Sette-Camma.

Sir Edward Malet dit que, dans ces conditions, et sous la réserve d'une rectification ultérieure si elle devient possible, il adhère, de son côté à la rédaction proposée.

M. Kasson rappelle l'amendement qu'il a présenté et qui figure en note au bas du projet distribué au nom de la Commission.

Le Comte de Hatzfeldt demande si quelqu'un a des objections à faire valoir contre l'adoption de cet amendement.

Sir Edward Malet prie M. Kasson de donner quelques éclaircissements sur l'objet de son amendement.

M. Kasson répond que le texte du paragraphe final de l'article I ne vise expressément que la liberté de transit, tandis que son amendement marque comme but aux efforts des Puissances la proclamation de la liberté commerciale pleine et entière.

Le Président constate ensuite l'adoption de l'amendement dont il s'agit. Il demande si aucun des Membres de la Conférence n'a d'observations à présenter relativement à l'article II.

Saïd Pacha revient sur l'article I et dit qu'il n'a pas encore reçu d'instructions relativement à la délimitation à l'Est du bassin du Congo.

Le Comte de Hatzfeldt lui répond que, comme il a été convenu, son vote a été réservé et que le protocole restera ouvert pour lui en attendant qu'il ait reçu ses instructions. L'article II, mis alors aux voix, est adopté sans observations, ainsi que l'article III. Le Président met ensuite en discussion l'article IV.

A ce sujet, le Comte de Launay se réfère aux considérations qu'il a développées devant la Commission. Il ne lui semble pas qu'il convienne, au point de vue de l'intérêt général, d'ouvrir la perspective qu'une des conditions essentielles de la liberté de commerce en Afrique puisse être, un jour, quelque éloigné qu'il soit, mise en doute. Il s'agirait, au contraire, d'en favoriser la continuité, et même l'extension dans toutes les parties de ce Continent, aussi bien dans les Etats déjà constitués que dans les territoires qui sont en voie de formation. L'Assemblée jugera donc, si c'est le cas de substituer aux derniers mots du second alinéa: »sera ou non maintenue«, ceux-ci: »sera ou non soumise à des modifications qui n'altèrent pas essentiellement la clause du premier alinéa«.

Le Baron de Courcel répond au Comte de Launay que le fait même de la présence des Plénipotentiaires dans cette Assemblée est un gage des dispositions libérales de leurs Gouvernements. La Commission a entendu et apprécié les motifs qui ont dû la détourner de fixer pour une durée indéfinie le régime économique des contrées dont s'occupe la Conférence. Le Baron de Courcel pense que la Haute Assemblée, confiante dans les vues des Puissances, adoptera purement et simplement le texte proposé par la Commission.

Le Baron Lambermont dit qu'il a appuyé tout d'abord, dans la Commission, les propositions tendant à instituer définitivement le régime le plus libéral. Depuis lors, M. Woermann, l'homme le plus compétent en pareille matière, a expliqué comment, dans ces pays, dont l'organisation est encore rudimentaire, le commerce se fait exclusivement par voie de troc, et les marchandises européennes servent en quelque sorte de monnaie; le Délégué de l'Allemagne a montré, comment, par suite, l'interdiction de tout droit d'entrée répond exactement aux nécessités actuelles du commerce. Mais M. Woermann a ajouté que ces conditions se transformeraient dans un avenir plus ou moins lointain, lorsque le commerce sera arrivé à s'opérer, dans l'Afrique équatoriale comme ailleurs, au moyen de paiements en argent ou de traites. Lorsque cette transformation aura eu lieu, les commerçants eux-mêmes préféreront peut-être que l'exportation ne soit pas seule à supporter toutes les charges fiscales, et il deviendra opportun de modifier le régime économique qu'il s'agit aujourd'hui d'établir. La Commission a été convaincue par ces arguments et a fixé un terme de 20 années au bout duquel la révision des stipulations actuelles pourrait avoir lieu. Le Baron Lambermont estime donc que la formule du projet soumis à la Conférence tient compte, dans une juste mesure, des nécessités du présent et de l'avenir. Il n'aurait toutefois aucune objection contre l'adoption de l'amendement du Comte de Launay.

Le Président demande au Comte de Launay s'il ne considérerait pas ses intentions comme suffisamment remplies par l'insertion, au protocole, de sa proposition et des explications qu'il a présentées à l'appui.

Le Comte de Launay ayant répondu affirmativement le Président constate que l'article IV est adopté par l'Assemblée. Il met ensuite l'article V en délibération.

Sir E. Malet rappelle que, dans la Commission, des explications ont été échangées relativement au sens précis des mots »ni monopole, ni privilége« inscrits dans cet article, et qu'il a été convenu que ces explications seraient reproduites au protocole de la Conférence.

Le Baron Lambermont donne à ce propos lecture du passage de son exposé relatif à cet incident (voir l'Annexe II page 7).

M. Sanford rappelle qu'il a déposé une proposition concernant l'éventualité de la construction d'un chemin de fer reliant le Stanley-Pool à l'Océan *).

Le Président fait remarquer que l'on pourrait adopter dès à présent l'article V dans sa forme actuelle, qui est acceptée par tous les Membres de la Conférence, sauf à examiner ultérieurement la proposition de M. Sanford. Il constate l'adoption de l'article V sous cette réserve et met en délibération l'article VI.

Le Comte de Launay fait connaître que les mots »les missionnaires« ont été inscrits dans le paragraphe 2 de l'article VI à la suite de la demande qu'il en a faite à la Commission. Il avait d'abord désiré que l'on écrivît: »Les missionnaires chrétiens«, mais après avoir pris part à la dernière séance de la Commission, il a dû se convaincre que, pour assurer l'unanimité des voix à sa proposition, il fallait s'abstenir d'une désignation plus précise à l'égard des missionnaires. Une pareille désignation n'était pas d'ailleurs strictement requise, du moment où il était constaté que, dans les contrées Africaines dont s'occupe la Conférence, il n'existe, à peu d'exceptions près, que des missionnaires de confession chrétienne. S. E. tiendrait à ce que ses observations à cet égard fussent consignées au protocole. Le Comte de Launay serait d'ailleurs heureux qu'au 2e alinéa de l'article VI, les missionnaires reçussent la désignation qui leur appartient.

Le Comte Széchényi appuie la proposition du Comte de Launay qui

---

*) Voir Protocole No. 3 page 14.

lui paraît ne déroger en rien aux principes de la liberté et de l'égalité des cultes. Le principe de l'égalité de protection assuré à tous les cultes est formellement exprimé dans les paragraphes 1 et 3 de l'article VI. Le 2° paragraphe s'occupe de la protection à donner non plus aux institutions, mais aux personnes. Or, dans l'énumération faite de ces personnes, il est logique de tenir compte de ce fait qu'il existe seulement des missionnaires chrétiens.

Le Baron de Courcel adhère également à la motion du Comte de Launay. Comme l'a fait ressortir de Plénipotentiaire de l'Autriche, les paragraphes 1 et 3 de l'article VI consacrent très nettement le principe de la liberté et de l'égalité en matière religieuse. Il restait à affirmer la protection due aux personnes et tel est l'objet du paragraphe 2, dont l'énumération doit tout naturellement comprendre les missionnaires chrétiens. L'Ambassadeur de France a retenu avec une profonde satisfaction ce que M. Stanley a dit à la Commission, au sujet de l'oeuvre civilisatrice poursuivie avec succès, en Afrique, par les missions catholiques françaises, par celles, entre autres, que dirigent le Cardinal Lavigerie et le Père Augouard. Le Baron de Courcel rend un hommage reconnaissant aux oeuvres de ces pionniers de notre civilisation et se dit heureux de leur en adresser l'expression du sein même de la Conférence Africaine. La tâche entreprise par ces hommes de dévouement leur mérite une protection particulière.

Saïd Pacha croit qu'il serait bon d'inscrire, dans le dernier paragraphe de l'article VI, à la suite des mots »églises, temples et chapelles« les mots »édifices religieux destinés à l'exercice de tous les cultes«.

Le Président dit que la pensée dont s'inspire Saïd Pacha répond à celle de tous les Membres de la Conférence et a précisément dirigé les rédacteurs du Projet.

Le Comte de Launay voit avec plaisir que les objections soulevées dans la Commission contre l'adjonction du qualificatif de »chrétiens« ne se reproduisent plus dans la Conférence elle-même, et il demande que ce mot soit inscrit dans la déclaration. A la suite d'une interrogation de M. Kasson, il répète ses explications à cet égard.

Le Président fait observer qu'il y a, en ce moment, deux propositions soumises à la Haute Assemblée:

1° celle du Comte de Launay,

2° celle de Saïd Pacha.

Il consulte d'abord la Conférence relativement à celle du Représentant de l'Italie et constate qu'elle ne semble plus rencontrer aucune opposition de la part des Plénipotentiaires. Il met ensuite aux voix la proposition du Représentant de la Turquie.

Le Baron Lambermont dit que, pour répondre aux intentions de Saïd Pacha comme à celles de la Conférence, il suffirait de supprimer l'énumération »églises, temples et chapelles« et d'y substituer l'expression générale »édifices religieux«.

Le Président demande à Saïd Pacha s'il se considérerait comme satisfait par ce changement de rédaction.

Une conversation s'engage à ce sujet entre Saïd Pacha, le Comte de Launay et Sir Edward Malet et, à cette occasion, le Représentant de la Turquie exprime, de nouveau, ses scrupules relativement à la motion du Plénipotentiaire Italien, au sujet de laquelle la discussion avait paru close.

L'Ambassadeur d'Angleterre fait alors observer que l'Empire Britannique comprend un grand nombre de sujets musulmans, dont le Gouvernement de Sa Majesté la Reine entend faire respecter les intérêts et même les susceptibilités.

Dans ces conditions, le fait que l'Ambassadeur d'Angleterre adhère à la proposition du Comte de Launay est de nature à rassurer complétement le Représentant du Sultan.

Saïd Pacha répond qu'il doit être bien entendu que s'il se produisait des missions religieuses musulmanes, elles bénéficieraient d'une protection égale à celle dont jouiraient les missions chrétiennes.

Le Baron de Courcel fait ressortir que la France compte, comme l'Angleterre, un grand nombre de sujets musulmans. A ce titre, il partage les sentiments qui doivent animer Saïd Pacha, mais il ne les considère en aucune manière comme affectés par la proposition du Comte de Launay.

Mr. Kasson demande si, pour éviter tout malentendu, il ne conviendrait pas de substituer la formule »missionnaires chrétiens de toutes les confessions« à celle de »missionnaires chrétiens«.

Le Président lui fait observer que le mot »chrétien« embrasse toutes les confessions chrétiennes.

M. Kasson se déclare satisfait si mention est faite au protocole que tel est, en effet, l'avis de la Conférence.

Le Comte de Benomar appuie la motion du Comte de Launay dans les termes suivants: »J'adhère à la proposition de S. E. M. l'Ambassadeur d'Italie, en ce sens qu'il doit être entendu que, dans toutes les circonstances, les Gouvernements existants ou qui existeraient à l'avenir dans tous les territoires où la Conférence aura établi la liberté commerciale, accorderont aux missionnaires catholiques la protection spéciale et la liberté dont parle l'article VI«.

A la suite d'une remarque faite par le Baron Lambermont, d'après laquelle, dans le dernier paragraphe de l'article VI l'adjectif »religieuses« constitue un pléonasme, la Conférence décide que ce mot sera rayé.

Le Président déclare ensuite, après avoir consulté la Haute Assemblée, que l'article VI est adopté tel quel, et moyennant que le protocole rapportera les explications échangées à ce sujet et contiendra notamment la mention qui a été réclamée par M. Kasson.

Le Président revient alors, comme il avait été entendu, à la proposition de M. Sanford. Il expose que cette motion a été simplement insérée dans un des protocoles précédents, au lieu de faire l'objet d'une impression et d'une distribution spéciale. Il interroge la Conférence pour savoir si, dans ces conditions, il lui convient, néanmoins, de discuter séance tenante le projet du Plénipotentiaire des Etats-Unis.

M. Kasson dit qu'il prépare en ce moment une proposition tendant à assurer aux territoires compris dans la Déclaration la sécurité nécessaire

contre les dangers résultant de conflits internationaux. Il annonce le prochain dépôt de cette proposition, et formule le vœu qu'elle trouvera place
dans la Déclaration, ou ailleurs, s'il réuissit à trouver une rédaction que
la Conférence veuille bien adopter.

M. Sanford rouvre à ce moment la discussion au sujet de la rédaction
de l'article VI, en ce qui concerne la suppression de la traite.

Le Président indique que le texte de l'article VI ayant été voté, le
débat devrait être considéré comme clos.

M. Sanford n'en tient pas moins à déclarer qu'il désirerait voir intercaler dans l'article VI, après les mots »la traite des noirs« les mots
suivants: »le commerce d'esclaves sur terre et sur les fleuves«. Le Plénipotentiaire des Etats-Unis dit que le sens habituellement attribué, au terme
de »traite« se rapporte seulement au trafic des esclaves par mer.

Le Président fait observer que la question de l'esclavage reviendra à
d'autres occasions devant la Conférence.

Sir E. Malet dit qu'en effet, il a l'intention d'entretenir ultérieurement
la Haute Assemblée de cette question, à laquelle son Gouvernement attache
le plus haut intérêt.

Le Président entretient de nouveau la Conférence de la proposition
de M. Sanford relative à l'éventualité de la construction d'un chemin de
fer. La Haute Assemblée paraissant disposée à examiner immédiatement
ce projet, la parole est donnée à M. Sanford qui s'exprime comme suit:

Des explications fournies par M. Stanley à la Commission technique
de la Conférence, il résulte qu'il est de toute nécessité de construire un
chemin de fer pour relier le Stanley-Pool à l'Océan, afin de remédier au
système onéreux et insuffisant des transports par caravanes de porteurs.
Le transport des marchandises de l'embouchure du Congo au Stanley-Pool
revient actuellement à environ 2000 francs la tonne.

Il y a trois voies pour mettre le vaste bassin du Haut-Congo en
communication avec l'Atlantique savoir:

1° le long des cataractes du Bas-Congo;

2° par l'Alima et l'Ogôoué; — dans des conditions de liberté com-
    merciale cette voie ferait une concurrence sérieuse à la précédente;

3° par le bassin du Niadi-Kwilu, route déjà indiquée pour un chemin
    de fer par une autorité compétente comme étant la meilleure et
    la plus directe. —

Il est probable que la construction de voies ferrées, suivant l'un ou
l'autre de ces intinéraires, devra emprunter les territoires de plusieurs Etats.

Il est indispensable d'assurer à l'Etat ou Pouvoir riverain le plus
important, ou à la compagnie concessionnaire le droit de construire et
d'exploiter la voie entière depuis son point de départ jusqu'à son terminus.

Faute de cette garantie, les capitaux craindront de se risquer dans
une entreprise aussi importante et aussi aléatoire. La possibilité d'établir
une voie ferrée dans trois directions différentes pouvant éventuellement se
faire concurrence, exclut l'idée d'un monopole, et ces considérations me
paraissent justifier la proposition que j'ai émise à la dernière séance de
la Conférence, et en faveur de laquelle on peut invoquer le précédent créé

par l'article LVII du traité de Berlin du 13 juillet 1878 qui charge l'Autriche-Hongrie de l'exécution de certains travaux pour faciliter la navigation du Danube.*)

Afin de permettre aux membres de la Conférence d'examiner mûrement ma proposition, avant de la discuter, je pense qu'il serait utile, et je demande, qu'elle soit préalablement imprimée et distribuée.

M. Busch fait ressortir que la proposition de M. Sanford se rattache indirectement à la question de la navigation, et il propose de joindre l'examen des deux questions.

Le Président ajoute que le projet a besoin d'être examiné de plus près et que la Commission à laquelle a été renvoyé l'étude du projet concernant la navigation pourra être saisie également de la motion de M. Sanford. La Haute Assemblée donne son approbation à cette procédure.

Le Plénipotentiaire d'Italie rappelle qu'il a présenté à la Conférence le texte d'un vœu qui a été reproduit à la page 8 du protocole No. 2 et qui a pour objet d'assurer la protection des missionnaires, savants et explorateurs, non plus seulement dans les régions visées au paragraphe VI de la Déclaration, mais encore dans toute l'étendue du continent Africain. Le Comte de Launay donne lecture de cette proposition. Il ne demande pas que sa motion soit comprise dans la déclaration, mais seulement qu'il soit donné à l'insertion au protocole la signification que ses collègues s'associent à son vœu. L'Ambassadeur d'Italie pense que les Plénipotentiaires ayant eu suffisamment connaissance de la proposition, par suite de sa reproduction au deuxième protocole, la délibération pourrait avoir lieu immédiatement. Le Prince de Bismarck, en ouvrant les travaux de l'assemblée, a exprimé la pensée que la réunion des Plénipotentiaires pourrait provoquer et faciliter certaines négociations qui n'étaient pas strictement comprises dans le programme de la Conférence. L'adoption de la motion présentée par le Comte de Launay répondrait aux prévisions ainsi exprimées.

Le Baron de Courcel estime que les explications échangées relativement à l'article VI de la Déclaration ne laissent aucun doute quant aux sentiments des Plénipotentiaires. Il pense donc que la Conférence se prêtera à accueillir les suggestions du Comte de Launay, en tant que leur portée ne dépassera pas celle d'un simple vœu.

Le Président croit que la motion de l'Ambassadeur d'Italie serait acceptable dans les conditions indiquées par le Plénipotentiaire de France, et il ajoute que s'il n'est pas formulé d'objections à cet égard, l'inscription du vœu au protocole sera considérée comme ayant la signification indiquée par l'Ambassadeur d'Italie.

---

*) Article LVII du traité de Berlin du 13 juillet 1878:

»L'exécution des travaux destinés à faire disparaître les obstacles que les Portes de fer et les cataractes opposent à la navigation est confiée à l'Autriche-Hongrie. — Les Etats riverains de cette partie du fleuve accorderont toutes les facilités qui pourraient être requises dans l'intérêt des travaux. Les dispositions de l'article VI du traité de Londres, du 13 mars 1871 relatives au droit de percevoir une taxe provisoire pour couvrir les frais de ces travaux sont maintenus en faveur de l'Autriche-Hongrie.«

Diverses observations étant présentées par l'Ambassadeur de Turquie au sujet de la proposition de son collègue d'Italie, le Comte de Hatzfeldt demande à Saïd Pacha s'il aurait des objections à ce que la motion du Comte de Launay fût adoptée par la Conférence sous cette réserve que le vote du Représentant de la Turquie serait suspendu et que le protocole resterait ouvert pour lui.

Saïd Pacha fait remarquer que le programme de la Conférence était restreint au bassin du Congo et que, dès lors, le vœu du Comte de Launay s'appliquerait à des territoires qui n'étaient pas compris dans ce programme. Saïd Pacha n'a pas d'instructions qui lui permettent de prendre part à une discussion ainsi étendue; il doit donc s'opposer à une proposition qui dépasse les limites de son mandat.

Le Comte de Launay croit que, du moment où l'on a adopté l'article VI de la Déclaration, les mêmes motifs militent en faveur de son vœu.

Saïd Pacha insiste sur ses objections visant l'incompétence de l'Assemblée. Il lui paraît, d'ailleurs, que la protection qu'il s'agit d'assurer aux missionnaires et voyageurs s'exerce déjà et qu'un vœu de la Conférence serait complétement superflu.

Le Président fait remarquer que les vues exposées par le Comte de Launay, ne tendent qu'à l'adoption d'un simple vœu. Saïd Pacha aurait naturellement la faculté de réserver son vote jusqu'au moment où il aurait reçu des instructions. En tout cas, les Plénipotentiaires qui adhéreraient à la demande du Comte de Launay pourraient se considérer comme s'associant non pas à un vœu de la Conférence, mais à un vœu exprimé individuellement par les Plénipotentiaires.

M. Busch se demande si le scrupule de Saïd Pacha ne viendrait pas de ce que la formule générale adoptée par le Comte de Launay comprendrait certaines parties de l'Afrique relevant de l'administration Ottomane. Or, le but que poursuit l'Ambassadeur d'Italie est d'assurer aux voyageurs une protection dans les parties non civilisées du continent Africain, là où les périls sont les plus grands. Il serait donc loisible de modifier la rédaction du Comte de Launay de manière à viser seulement les parties non civilisées de l'Afrique.

Saïd Pacha estime qu'en ce cas, il conviendrait d'exclure formellement les territoires placés sous la souveraineté du Sultan.

Le Comte de Launay déclare que, s'il était donné suite à la suggestion d'après laquelle la Conférence exprimerait dès à présent son avis, tout en laissant le protocole ouvert pour recevoir ultérieurement l'adhésion de Saïd Pacha, il s'en remettrait en toute confiance à la haute sagesse du Gouvernement Ottoman pour inspirer les instructions que la Sublime Porte adresserait à son Représentant.

Le Baron de Courcel estime la confiance du Comte de Launay très justifiée, et il saisit cette occasion pour rendre hommage à la libéralité avec laquelle la Porte accorde non seulement sa protection, mais même son appui, aux missions catholiques qui, en Turquie, relèvent de la juridiction Française.

Le Président fait observer qu'il ne peut s'agir d'un vote de la Conférence, le Représentant de la Turquie ne se croyant pas autorisé à discuter la proposition de l'Ambassadeur d'Italie. La discussion peut donc être considérée comme close, sous le bénéfice de l'échange d'idées qui a eu lieu, et sauf à être reprise, dans le cas où Saïd Pacha recevrait des instructions entraînant son adhésion.

Saïd Pacha dit qu'il n'attend point d'instruction à ce sujet de son Gouvernement.

Le Comte de Hatzfeldt fait ensuite remarquer que le texte de la Déclaration, tel qu'il a été proposé par la Commission, a été adopté dans son ensemble avec quelques légères modifications. La Conférence est donc en mesure de passer à la seconde des questions soumises à son examen, celle relative à la liberté de la navigation. Un projet d'Acte concernant la matière a été préparé par le Gouvernement Allemand, imprimé et distribué. Vu le caractère technique de ce projet, le Président propose de le renvoyer à une Commission qui serait chargée de l'étudier en détail, de le remanier au besoin, et de présenter à la Conférence un rapport propre à guider ses décisions. Mais, au préalable, le Comte de Hatzfeld désire savoir si la Haute Assemblée désire procéder à une discussion générale préliminaire et si l'un des Plénipotentiaires demande la parole à cet effet.

Sird Edward Malet rappelle alors qu'il a exposé, au cours de la première séance, les motifs pour lesquels, selon son Gouvernement, le régime du Niger et celui du Congo devraient être considérés à des points de vue différents. Dans le même ordre d'idées, l'Ambassadeur d'Angleterre demande aujourd'hui que l'on discute séparément les questions intéressant respectivement chacun des deux fleuves.

Le Baron de Courcel croit qu'en principe, la Conférence désirerait voir appliqué un régime uniforme aux deux cours d'eau. Si certains scrupules se rattachant à des considérations de souveraineté viennent à se produire relativement au Niger, les mêmes considérations ne pourraient elles pas être invoquées relativement au Congo? Il convient donc d'admettre que le régime conventionnel établi par la Conférence pour le Congo ne sera adopté d'une manière définitive qu'au jour où sera fixé le régime relatif au Niger. Jusque là, les règles formulées au sujet du Congo seraient seulement accueillies sous une condition suspensive, et avec la pensée de rapprocher autant que possible les deux réglementations. Sous cette réserve, le Baron de Courcel adhère à la demande de Sir Edward Malet touchant l'étude séparée du régime des deux fleuves.

L'Ambassadeur d'Angleterre accepte les réserves posées par le Représentant de la France.

Le Président dit que si personne ne demande plus la parole pour la discussion générale, il restera à déterminer le mandat et la composition de la Commission. Le Comte de Hatzfeldt propose de former une Commission restreinte, c'est à dire ne comprenant, en principe, que les Représentants des Puissances les plus intéressées, comprises dans la première série des invitations envoyées pour la Conférence. Toutefois, la faculté serait réservée aux Plénipotentiaires des autres Puissances d'assister aux séances de la Commission et de s'associer à ses travaux.

Le Représentant de la Russie demande s'il est bien entendu que les Plénipotentiaires désignés par les Puissances comprises dans la deuxième série des invitations, lorsqu'ils jugeront à propos d'user de la faculté d'assister aux séances de la Commission, y assisteront au même titre que les autres membres et auront, comme eux, voix délibérative.

Le Président répond qu'il n'y a pas de doute à cet égard.

Le Baron de Courcel ajoute qu'il doit être établi que la Commission pourra réclamer le concours des Délégués des Puissances et, plus généralement, entendre toutes les personnes qu'elle jugera utile de consulter.

Ces divers points établis, le Président indique que la Commission aura pour mandat d'étudier d'abord le régime du Congo et ensuite celui du Niger. Ses décisions concernant le premier de ces fleuves ne seront d'ailleurs prises que sous condition suspensive, en attendant que soient connues les résolutions afférentes au Niger.

M. Busch rappelle que l'étude de l'alinéa final du premier projet de Déclaration relatif à la liberté commerciale a été renvoyée à l'époque où serait traitée la question de la navigation. On pourrait confier l'examen de cet alinéa à la Commission qui vient d'être désignée.

La Haute Assemblée accueille cette proposition.

Le Président expose que l'on trouve, dans les journaux, des comptes-rendus erronés concernant les séances de la Conférence. Bien que les Membres de la Haute Assemblée n'aient pris aucun engagement formel et mentionné au protocole, en vue d'observer le secret relativement à leurs travaux, il avait été tout d'abord convenu qu'ils éviteraient d'en rien divulger. Mais, à raison des inconvénients que présente la mise en circulation des renseignements inexacts recueillis par la presse, le Président interroge la Conférence pour savoir s'il ne vaudrait pas mieux publier les protocoles.

Le Baron de Courcel demande si, dans ce cas, la Chancellerie Impériale Allemande se chargerait du soin de faire procéder à la publication.

Le Comte de Hatzfeldt ayant répondu affirmativement, la Haute Assemblée décide que ses protocoles seront publiés.

Le Président fait connaître que la Ligue Internationale de la paix à Genève a envoyé à la Conférence une pétition dont le texte a été déposé au Secrétariat pour que les Plénipotentiaires puissent en prendre connaissance.

Le Président indique ensuite que la date de la prochaine séance sera fixée lorsque l'état des travaux de la Commission permettra de réunir utilement la Conférence.

La séance est levée à 4 heures.

(Suivent les signatures.)

Annexe I au Protocole No. 4.

DÉCLARATION
relative à la liberté du commerce dans le bassin du Congo,
ses embouchures et pays circonvoisins.

Les Représentants des Gouvernements de l'Allemagne, de l'Autriche-Hongrie, de la Belgique, du Danemark, de l'Espagne, des Etats-Unis d'Amérique, de la France, de la Grande-Bretagne, de l'Italie, des Pays-Bas, du Portugal, de la Russie, de la Suède et la Norwège et de la Turquie, s'étant réunis en Conférence à la suite de l'invitation du Gouvernement Impérial Allemand, sont tombés d'accord sur la Déclaration suivante:

Déclaration.

I. Le commerce de toutes les nations jouira d'une complète liberté:

1⁰. Dans tous les territoires constituant le bassin du Congo et de ses affluents. Ce bassin est délimité par les crêtes des bassins du Niari, de l'Ogowé, du Schari et du Nil, au Nord; par le lac Tanganyka, à l'Est; par les crêtes des bassins du Zambèze et de la Logé, au sud. Il comprend, en conséquence, tous les territoires drainés par le Congo et ses affluents, y compris le lac Tanganyka et ses tributaires orientaux.

2⁰. Dans la zone maritime s'étendant sur l'Océan Atlantique depuis la position de Sette-Camma jusqu'à l'embouchure de la Logé.

La limite septentrionale suivra le cours de la rivière qui débouche à Sette-Camma, et à partir de la source de celle-ci, se dirigera vers l'Est jusqu'à la jonction avec le bassin géographique du Congo, en évitant le bassin de l'Ogowé.

La limite méridionale suivra le cours de la Logé jusqu'à la source de cette rivière et se dirigera de là vers l'Est jusqu'à la jonction avec le bassin géographique du Congo.

3⁰. Dans la zone se prolongeant à l'Est du bassin du Congo, tel qu'il est délimité ci-dessus, jusqu'à l'Océan Indien, depuis le cinquième degré de latitude Nord jusqu'à l'embouchure du Zambèze au Sud; de ce point la ligne de démarcation suivra le Zambèze jusqu'à cinq milles en amont du confluent du Shiré et continuera par la ligne de faîte séparant les eaux qui coulent vers le lac Nyassa des eaux tributaires du Zambèze, pour rejoindre enfin la ligne de partage des eaux du Zambèze et du Congo.

Il est expressément entendu qu'en étendant à cette zone orientale le principe de la liberté commerciale, les Puissances représentées à la Conférence ne stipulent que pour elles-mêmes et que ce principe ne s'appliquera aux territoires appartenant actuellement à quelque Etat indépendant et souverain qu'autant que celui-ci y donnera son consentement. Les Puissances conviennent d'employer leurs bons offices auprès des Gouvernements établis sur le littoral africain de la mer des Indes afin*) d'assurer en tout cas au transit de toutes les nations les conditions les plus favorables.

---

*) M. Kasson propose de dire: afin d'obtenir le dit consentement et en tout cas d'assurer au transit de toutes les nations les conditions les plus favorables.

II. Tous les pavillons, sans distinction de nationalité, auront libre accès à tout le littoral des territoires énumérés ci-dessus, aux rivières qui s'y déversent dans la mer, à toutes les eaux du Congo et de ses affluents, y compris les lacs, à tous les ports situés sur les bords de ces eaux, ainsi qu'à tous les canaux qui pourraient être creusés à l'avenir dans le but de relier entre eux les cours d'eau ou les lacs compris dans toute l'étendue des territoires décrits à l'article 1ᵉʳ. Ils pourront entreprendre toute espèce de transports et exercer le cabotage maritime et fluvial ainsi que la batellerie sur le même pied que les nationaux.

III. Les marchandises de toute provenance importées dans ces territoires, sous quelque pavillon que ce soit, par la voie maritime ou fluviale ou par celle de terre, n'auront à acquitter d'autres taxes que celles qui pourraient être perçues comme une équitable compensation de dépenses utiles pour le commerce et qui, à ce titre, devront être également supportées par les nationaux et par les étrangers de toute nationalité.

Tout traitement différentiel est interdit à l'égard des navires comme des marchandises.

IV. Les marchandises importées dans ces territoires resteront affranchies de droits d'entrée et de transit.

Les Puissances se réservent de décider, au terme d'une période de vingt années, si la franchise d'entrée sera ou non maintenue.

V. Toute Puissance qui exerce ou exercera des droits de souveraineté dans les territoires susvisés ne pourra y concéder ni monopole ni privilége d'aucune espèce en matière commerciale.

Les étrangers y jouiront indistinctement pour la protection de leurs personnes et de leurs biens, l'acquisition et la transmission de leurs propriétés mobilières et immobilières et pour l'exercice des professions, du même traitement et des mêmes droits que les nationaux.

VI. Toutes les Puissances exerçant des droits de souveraineté ou une influence dans lesdits territoires s'engagent à veiller à la conservation des populations indigènes et à l'amélioration de leurs conditions morales et matérielles d'existence et à concourir à la suppression de l'esclavage et surtout de la traite des noirs; elles protégeront et favoriseront, sans distinction de nationalités ni de cultes, toutes les institutions et entreprises religieuses, scientifiques ou charitables créées et organisées à ces fins ou tendant à instruire les indigènes et à leur faire comprendre et apprécier les avantages de la civilisation.

Les missionnaires, les savants, les explorateurs, leurs escortes, avoir et collections seront également l'objet d'une protection speciale.

La liberté de conscience et la tolérance religieuse sont expressément garanties aux indigènes comme aux nationaux et aux étrangers. Le libre et public exercice de tous les cultes, le droit d'ériger des églises, temples et chapelles et d'organiser des missions religieuses appartenant à tous les cultes ne seront soumis à aucune restriction ni entrave.

Annexe II au Protocole No. 4.

RAPPORT

fait au nom de la Commission chargée d'examiner le projet
de Déclaration concernant la liberté du commerce dans le
bassin du Congo et de ses affluents.

Messieurs,

La première question du programme de la Conférence vous appelle à
régler l'établissement de la liberté commerciale dans le bassin du Congo et
de ses affluents.

Avant de formuler les dispositions organiques de ce régime, vous avez
pensé qu'il convenait de déterminer le terrain sur lequel il recevrait son
application et vous avez confié à une Commission spéciale le soin de procéder, aussi exactement que les circonstances le comportent, à la délimitation
des territoires qui formeraient le bassin géographique et commercial du Congo.

La Commission vous a rendu compte de ses travaux et vous avez bien
voulu approuver les conclusions de son rapport.

La délimitation ainsi arrêtée, du moins dans ses traits principaux, la
Conférence a soumis à une première discussion le projet préparé par le
Gouvernement Impérial Allemand pour organiser le principe de la liberté
commerciale. Dans cette revue en quelque sorte générale, des observations
diverses et des propositions nouvelles se sont fait jour. Vous avez alors
décidé que le projet, avec les amendements, serait renvoyé à la même commission et celle-ci, après s'être éclairée des renseignements que lui ont fournis les hommes spéciaux, a discuté et adopté les stipulations du projet
qu'elle présente à votre sanction et qui ne diffère du projet primitif qu'en
ce qu'il tient compte des propositions ou des observations qui ont jailli
des débats.

Art. I.   L'article I règle la délimitation des territoires auxquels s'appliquera la Déclaration.

Le §. 1er, qui concerne le bassin géographique du Congo, n'a pas subi
de modifications.

Le §. 2 fixe les limites de la zone maritime rattachée au bassin proprement dit du Congo. Il est resté au sujet de la position de Sette-Camma
un doute qui ne tardera pas à être éclairci.

En ce qui concerne les cours d'eau qui limitent la zone maritime au
Nord et au Sud, il a été entendu que l'une des rives sera placée sous le
régime de la liberté commerciale, tandis que sur l'autre l'autorité territoriale conservera toute son indépendance administrative. Ces voies elles-
mêmes resteront ouvertes à la libre navigation. Il a paru inadmissible,
en effet, que le même bâtiment fût soumis à des régimes différents, selon
qu'il passerait à droite ou à gauche de la ligne mitoyenne.

Le vœu qui terminait la formule de délimitation déjà approuvée par
la Conférence sera remplacé, si telle est votre décision, par une disposition
présentée par M. le Ministre des Etats-Unis. Le texte de celle-ci en fait
ressortir l'économie et la portée. En se combinant avec la proposition,

déjà adoptée aussi, de M. l'Ambassadeur de France, elle formerait le 3° de l'article I du nouveau projet.

Art. II. Le principe de la libre navigation fait essentiellement partie de la liberté commerciale. L'article II, en le consacrant, trace en même temps le cadre territorial dans lequel il produira ses effets.

L'article II trouvera son complément dans l'acte de navigation. La même remarque s'étend, au surplus, à la plupart des stipulations de la Déclaration dont nous nous occupons. Entre la première et la deuxième des questions qu'embrasse le programme de la Conférence il y a des liens étroits et nécessaires. Le régime douanier d'une contrée traversée dans toute sa longueur par un fleuve qui, sans parler de ses affluents, compte ou comptera de nombreux lieux de débarquement ou d'embarquement ne peut faire abstraction des dispositions qui régleront la navigation de cette grande artère commerciale. Vue dans son ensemble, l'œuvre économique de la Conférence ressortira réellement des solutions, coordonnées entre elles, qui prendront place dans la Déclaration et dans l'Acte de navigation.

Art. III. Pour seconder et activer le développement du commerce et de la navigation dans l'Afrique équatoriale, il sera utile d'exécuter des travaux de plus d'une sorte, des quais, des entrepôts, des magasins, des routes. Des taxes équitablement fixées aideraient à couvrir les frais de leur construction et ne seraient que la juste rémunération de services rendus au commerce. C'est ce que stipule l'article III, qui se complète par l'interdiction d'établir des droits différentiels soit sur les navires, soit sur les marchandises.

Le taux des taxes de compensation n'est pas fixé d'une manière absolue. Le concours des capitaux étrangers doit être rangé, avec la liberté commerciale, parmi les auxiliaires les plus utiles de l'esprit d'entreprise, soit qu'il s'agisse de l'exécution de travaux d'intérêt public, soit que l'on ait en vue de développer la culture des produits naturels du sol Africain. Or, les capitaux ne vont, en général, que là où les risques sont suffisamment couverts par les chances de bénéfice. La Commission a donc pensé qu'il y aurait plus d'inconvénients que d'avantages à lier trop étroitement et par des restrictions arrêtées à l'avance la liberté d'action des pouvoirs publics ou des concessionnaires. Si des abus venaient à se produire, si les taxes menaçaient d'atteindre un taux excessif, le correctif se trouverait dans l'intérêt même des autorités ou des entrepreneurs, attendu que le commerce, comme l'expérience l'a plus d'une fois démontré, se détournerait d'établissements dont l'accès ou l'usage lui aurait été rendu trop onéreux.

Art. IV. Cet article a été étudié et discuté avec un soin particulier par la Commission.

Des droits d'entrée pourront-ils être établis?

Deux opinions, inspirées par une égale sollicitude pour les intérêts qu'il s'agit de sauvegarder, ont été exposées et défendues.

D'après l'une, la Conférence devrait se borner à interdire tout droit différentiel et tout traitement de faveur.

En fixant à perpétuité le régime économique de contrées destinées à se modifier profondément dans le sens d'un progrès successif, on établirait des dispositions immuables qui seraient plus tard une gêne considérable ou une cause de ruine pour ces régions. Le propre de l'œuvre de la Conférence est de proclamer des principes permanents, dans l'application desquels il ne pourrait être tenu compte des transformations que réserve l'avenir. Il est sage cependant de prévoir ces transformations et de laisser d'avance une latitude suffisante pour qu'elles se produisent sans entrave. C'est ce qu'on pourrait obtenir en réglant les questions dont il s'agit, non pas dans une déclaration de principe, mais dans des conventions particulières, conclues entre les Puissances intéressées, ayant un terme limité, et qui n'engageraient pas pour un temps indéfini l'existence économique de ces pays.

Dans cet ordre d'idées, il serait permis aux Pouvoirs territoriaux d'établir des droits d'entrée, sous la condition, toutefois, que ces droits ne pourraient avoir un caractère fiscal, c'est-à-dire ne pourraient être édictés dans un but d'enrichissement.

La Conférence n'a ni le droit juridique, ni le droit moral de légiférer au delà.

Dans l'autre système, on a combattu tout d'abord et l'objection juridique et l'objection morale. Les Puissances sont libres de contracter pour elles-mêmes des engagements. Les Pouvoirs territoriaux ou sont représentés dans la Conférence ou pourront adhérer librement à ses résolutions. Quant aux Princes indigènes, la plupart ont déjà aliéné leurs droits de souveraineté et avec les autres il sera juste et possible d'arriver à d'équitables arrangements. Quant à la responsabilité morale, c'est en refusant aux nombreuses populations indigènes le régime économique le plus propre à développer chez elles le commerce et la civilisation qu'elle serait surtout encourue.

Les Puissances sont en présence de trois intérêts:

Celui des nations commerciales et industrielles, qu'une nécessité commune pousse à la recherche de débouchés nouveaux.

Celui des Etats ou des Pouvoirs appelés à exercer sur les régions du Congo une autorité qui aura des charges correspondant à ses droits.

Celui, enfin, que des voix généreuses ont déjà recommandé à votre sollicitude, l'intérêt des populations indigènes.

Le régime qui sortira des délibérations de la Conférence devra être combiné de telle manière que, tout en faisant aux autres intérêts la part qui peut leur revenir, il tende surtout à stimuler chez des peuples encore mineurs le goût du travail, à leur faciliter l'acquisition de l'outillage qui leur est nécessaire et des objets de première nécessité qui leur manquent, à hâter enfin leur marche vers un meilleur état social.

Ce n'est pas en grevant l'importation de charges douanières qu'on donnera satisfaction à ces divers intérêts.

Les droits d'entrée sont nécessairement protecteurs ou fiscaux. Il n'y en a point d'autres.

Même en se plaçant sur le terrain fiscal, on serait en peine de les défendre. L'exercice douanier exige des locaux, des installations, un personnel qui absorberaient le plus clair des revenus. D'un autre côté, la perception de droits d'entrée a pour cortège obligé les vérifications, les déballages, les retards. On arriverait aussi à enrayer le mouvement commercial précisément destiné à produire les recettes.

Dans des contrées immenses, où les communications sont rares ou imparfaites, où le trafic se fait d'après des modes primitifs ou particuliers, où enfin les rouages administratifs font encore en grande partie défaut, la raison, d'accord avec l'expérience, conseille de laisser au commerce une grande liberté d'allures.

Il est permis d'espérer qu'à la faveur d'un large système de libertés et de garanties un important courant d'affaires tardera peu à se produire dans toutes les régions du Congo. C'est là le but qu'il faut avant tout viser. En se réalisant, ce fait capital développerait, en même temps que le trafic, les ressources de toute nature de l'Afrique Equatoriale; il compenserait, même au point de vue final, le sacrifice des droits d'entrée, tandis que par une autre et heureuse conséquence il tournerait au profit des populations indigènes.

Sans doute, dans le cas qui se présente et qui est peut-être sans précédent dans l'histoire commerciale du monde, il sera prudent de ne pas enchaîner à tout jamais l'avenir. Lorsque le mouvement sera imprimé et que de sérieux progrès auront été accomplis, des perspectives, des nécessités nouvelles viendront probablement à se révéler et le moment pourra arriver où une sage prévoyance demandera la revision d'un régime qui avait été surtout adapté à une période de création et de transformation.

Le débat arrivé à ce point, un Délégué dont la compétence ne saurait être récusée par personne fit remarquer que, le commerce se faisant par voie d'échange dans ces pays nouveaux, le droit de sortie devait être préféré au droit d'entrée, par la raison que la perception du premier est moins onéreuse et moins vexatoire que celle du second. Quand les régions de l'Afrique centrale seront transformées et qu'elles payeront autrement que par le troc les marchandises qu'elles recevront, il ne sera ni juste ni utile de faire peser les taxes douanières sur la seule exportation. Il ajouta que de telles prévisions ne se réaliseraient pas avant un terme de dix à vingt ans.

C'est à la suite de cette déposition qu'est intervenu, au sein de la Commission, un accord interdisant les droits d'entrée, mais laissant aux Puissances le soin de décider si, au bout de vingt ans, ils seront ou non maintenus.

Il est à peine besoin d'ajouter que le cas échéant où, à l'expiration de ce terme, la faculté d'établir des droits d'entrée serait reconnue aux Etats possédant des territoires au Congo, ceux-ci resteraient toujours libres d'user ou de ne pas user de cette faculté.

La révision ne pourra, en aucune hypothèse, s'étendre à la franchise du transit.

Art. V. »Toute Puissance qui exerce ou qui exercera des droits de souveraineté dans les territoires susvisés, ne pourra y concéder ni monopole ni privilége d'aucune espèce en matière commerciale.«

Quelle est la portée de cette disposition? Des demandes d'eclaircissements se sont produites à ce sujet.

Il ne subsiste aucun doute sur le sens strict et littéral qu'il convient d'assigner aux termes »en matière commerciale«. Il s'agit exclusivement du trafic, de la faculté illimitée pour chacun de vendre et d'acheter, d'importer et d'exporter des produits et des objets manufacturés. Aucune situation privilégiée ne peut être créée sous ce rapport; la carrière reste ouverte sans restriction à la libre concurrence sur le terrain du commerce, mais les obligations des Gouvernements locaux ne vont pas au delà.

L'étymologie et l'usage assignent à l'expression de monopole une signification plus étendue qu'à celle de privilége. Le monopole emporte l'idée d'un droit exclusif; le privilége ne va pas nécessairement jusque là. Les termes »d'aucune espèce« s'appliquent évidemment au monopole comme au privilége, mais sous la restriction générale de leur application au domaine commercial.

Le paragraphe 2 du même article a trait aux droits des étrangers. Pour développer le commerce, il ne suffit pas d'ouvrir les ports ou d'abaisser les barrières douanières. Il n'y a pas de commerce sans commerçants. Si l'on veut attirer les commerçants vers des contrées lointaines et encore imparfaitement connues, il faut entourer de garanties ce qui les intéresse essentiellement, leurs personnes, leurs biens, l'acquisition des propriétés, les héritages, l'exercice des professions. Tel est le but de la stipulation qui termine l'article V. Elle ne protége pas seulement les commerçants, elle vise tous les étrangers et les pionniers de la civilisation comme ceux du négoce. Elle a rencontré l'assentiment unanime de la Commission.

Art. VI. L'article VI règle des matières diverses, mais appartenant toutes à l'ordre des intérêts moraux. D'après son texte, comme d'après les observations auxquelles il a donné lieu au sein de la Commission, il y faut distinguer trois éléments.

Le premier concerne la protection ainsi que le développement matériel et moral des populations indigènes. A l'égard de ces populations, qui, pour la plupart, ne doivent pas sans doute être considérées comme se trouvant en dehors de la communauté du droit des gens, mais qui dans l'état présent des choses ne sont guère aptes à défendre elles-mêmes leurs intérêts, la Conférence a dû assumer le rôle d'un tuteur officieux. La nécessité d'assurer la conservation des indigènes, le devoir de les aider à atteindre un état politique et social plus élevé, l'obligation de les instruire et de les initier aux avantages de la civilisation, sont unanimement reconnus.

C'est l'avenir même de l'Afrique qui est ici en cause: aucun dissentiment ne s'est manifesté et n'a pu se manifester à cet égard dans la Commission.

Deux fléaux pèsent sur la condition actuelle des peuples Africains et paralysent leur développement: l'esclavage et la traite. Chacun sait — et le témoignage de M. Stanley n'a fait que confirmer sous ce rapport une notion acquise — combien l'esclavage a de profondes racines dans la constitution des sociétés Africaines. Certes cette institution malfaisante doit disparaître; c'est la condition même de tout progrès économique et politique; mais des ménagements, des transitions seront indispensables. C'est assez de marquer le but; les Gouvernements locaux chercheront les moyens et les adapteront aux circonstances de temps et de milieux.

La traite a un autre caractère: c'est la négation même de toute loi, de tout ordre social. La chasse à l'homme est un crime de lèsehumanité. Il doit être réprimé partout où il sera possible de l'atteindre, sur terre comme sur mer. Sous ce rapport, la Commission a entendu prescrire une obligation rigoureuse. Les événements dont le Soudan Egyptien est en ce moment le théâtre, les scènes dont M. Stanley a été naguère le témoin sur les rives du Haut-Congo, les expéditions abominables qui, d'après le Dr. Nachtigal, s'organisent fréquemment dans le Soudan Central et qui pénètrent déjà dans le bassin du Congo, commandent une intervention que les Pouvoirs locaux seront tenus d'envisager comme un devoir pressant et comme une mission sacrée.

Mais la sphère d'action de ces Pouvoirs sera pendant quelque temps encore limitée. C'est pour ce motif que la Commission leur demande d'encourager et de seconder les initiatives généreuses et civilisatrices. La religion, la philanthropie, la science pourront envoyer des apôtres qui recevront toute protection et toutes garanties. La Déclaration, telle qu'elle est formulée, ne fait aucune exception de cultes ni de nationalités; elle ouvre le champ à tous les dévouements et les couvre indistinctement de son patronage.

M. l'Ambassadeur d'Italie a exprimé le vœu que les travaux des missionnaires d'une part, ceux des explorateurs et des savants de l'autre, fussent l'objet d'une protection spéciale. La commission s'est ralliée à ce désir, en constatant que toutes les missions seront traitées sur un pied d'égalité.

Cette observation nous conduit au troisième point prévu dans l'article VI. Son dernier paragraphe concerne la liberté de conscience religieuse. Il garantit en termes exprès la liberté de conscience et la tolérance religieuse pour les indigènes, les nationaux et les étrangers. Aucune restriction, autre entrave ne sera apportée au libre et public exercice des cultes, au droit d'ériger des édifices religieux ou d'organiser des missions appartenant à tous les cultes.

En résumé:

Les bienfaits de la liberté commerciale s'étendront sur une surface territoriale nettement délimitée et qui dépasse peut-être nos prévisions premières. Ce résultat aura d'autant plus de prix à vos yeux qu'il a été obtenu sans sacrifier aucun intérêt, aucun droit.

Le principe de la libre navigation s'appliquera à toutes les voies navigables, à toutes les eaux comprises dans le périmètre conventionnel. Il protégera toutes les espèces de transports.

Les marchandises ne seront soumises à d'autres taxes que celles qui représenteront des prestations de services. Cette stipulation, qui n'a rien d'incompatible avec la liberté de commerce, facilitera l'exécution des travaux d'intérêt public.

Les droits d'entrée sont interdits. Au terme, fixé à vingt ans, d'une période de création et de transformation, il appartiendra aux Puissances, éclairées par l'expérience, de décider s'il y aura lieu de conserver la franchise absolue de l'entrée, ou si un autre régime correspondrait mieux à la situation nouvelle.

Le transit sera exempt de droits et d'entraves dans toutes les directions.

Les étrangers indistinctement sont assurés de jouir, pour leurs personnes et leurs biens, du même traitement que les nationaux.

Enfin, dans un autre domaine, les conditions morales et matérielles de l'existence des populations indigènes, la supression de l'esclavage et surtout de la traite, les institutions scientifiques ou charitables, les missions, les savants, les explorateurs, la liberté de conscience et la tolérance religieuse font l'objet de garanties qui répondent au but le plus élevé de vos travaux.

Le Président   Le Rapporteur
Alph. de Courcel.   *Baron Lambermont.*

Protocole No. 5.

Séance du 18 décembre 1884.

Etaient présents:

Pour l'Allemagne
M. Busch. — M. de Kusserow.

Pour l'Autriche-Hongrie
le Comte Széchényi.

Pour la Belgique
le Comte van der Straten-Ponthoz, — le Baron Lambermont.

Pour le Danemark
M. de Vind.

Pour l'Espagne
le Comte de Benomar.

Pour les Etats-Unis d'Amérique
M. John A. Kasson, — M. Henry S. Sanford.

Pour la France
le Baron de Courcel.

Pour la Grande-Bretagne
Sir Edward Malet.

Pour l'Italie
le Comte de Launay.

Pour les Pays-Bas
le Jonkheer van der Hoeven.

Pour le Portugal
le Marquis de Penafiel, — M. de Serpa Pimentel.

Pour la Russie
le Compte Kapnist.

Pour la Suède et la Norwège
le Général Baron de Bildt.

Pour la Turquie
Saïd Pacha.

La séance est ouverte à 2 heures ½.

M. Busch fait connaître que le Comte de Hatzfeldt se trouve indisposé. Le Prince de Bismarck se voit donc obligé d'user de l'autorisation qui lui a été accordée par la Conférence et demande à la Haute Assemblée la permission de déléguer la présidence à M. Busch.

Le Président énumère les travaux placés à l'ordre du jour et comprenant:

1° les modifications et additions qu'il y a lieu d'introduire, en conformité des travaux de la Conférence et de la Commission, dans l'Acte relatif à la liberté commerciale,

2° l'examen des deux Actes afférents à la navigation du Congo et du Niger, tels qu'ils ont été élaborés par la Commission,

3° l'étude de quelques propositions particulières qui ont été distribuées aux Plénipotentiaires.

En ce qui touche l'Acte concernant la liberté commerciale, le Président se réfère à la discussion consignée à la page 5 du 4° Protocole, à la suite de laquelle il a été décidé, qu'avant d'arrêter le texte définitif de l'Article I, il conviendrait d'attendre des indications nouvelles relativement à la situation géographique de Sette-Camma.

Le Baron de Courcel dit à ce sujet qu'il est dès à présent autorisé par son Gouvernement à accepter, comme limite de la zone franche, le parallèle de Sette-Camma. Il se rencontre toutefois avec le Président pour penser qu'il vaudrait mieux ne prendre de décision que lorsque des éclaircissements complémentaires, relatifs à la position de Sette-Camma, seront parvenus à Berlin.

La question est, en conséquence, ajournée de nouveau.

Le Président rappelle que l'étude du paragraphe final du premier projet de Déclaration soumis à la Conférence par le Gouvernement Allemand (No. 1 des documents imprimés) a été renvoyée à une époque ultérieure, et que le moment est venu d'y procéder. M. Busch donne lecture d'une rédaction nouvelle proposée pour ce paragraphe, et dont les Plénipotentiaires ont eu connaissance. Elle est ainsi conçue:

»Dans toutes les parties du territoire visé par la présente Déclaration où aucune Puissance n'exercerait des droits de souveraineté, la Commission Internationale de la navigation du Congo, instituée en vertu de l'Acte signé à Berlin le . . . . . . sera chargée de surveiller l'application des principes proclamés et consacrés par cette Déclaration.

Pour tous les cas où des difficultés relatives à l'application des principes établis par le présent Acte viendraient à surgir, les Gouvernements intéressés pourront convenir de faire appel aux bons offices de la Commission Internationale en lui déférant l'examen des faits qui auront donné lieu à ces difficultés.«

Le Baron de Courcel expose que l'on a trouvé à l'origine quelques obscurités dans le sens de ce paragraphe. Depuis lors, il a été nettement établi que l'autorité attribuée à la Commission Internationale en vue de surveiller l'application des principes de la liberté commerciale n'aurait à s'exercer que dans les territoires où n'existerait aucune autorité souveraine régulièrement établie.

Le Plénipotentiaire de la France fait remarquer d'autre part que la nouvelle rédaction contient un alinéa qui n'existait pas dans le texte primitif et qui a pour objet de prévoir l'éventualité d'arbitrages, purement volontaires et facultatifs, en vue desquels les Gouvernements feraient appel aux bons offices de la Commission Internationale. Le Baron de Courcel adhère à cette disposition qu'il estime pouvoir être féconde.

Sir Edward Malet partage sur ce point l'opinion de l'Ambassadeur de France.

Le Baron Lambermont fait observer que le 1ᵉʳ alinéa du texte en discussion affirme, au profit de la Commission Internationale, un droit de surveillance relativement à l'application de certains principes dans les régions où il n'existe pas d'autorité constituée. Il demande à qui incombe cette application que la Commission Internationale devra surveiller.

M. Busch répond qu'il s'agit de l'application du régime de la liberté commerciale par les chefs indigènes.

M. de Kusserow croirait utile d'insérer dans le premier alinéa les mots: »ou de protectorat« entre le mot: »souveraineté« et les mots: »la Commission Internationale«.

La Conférence adhère à cette modification. L'ensemble du paragraphe final est ensuite adopté.

Le Président donne lecture d'une proposition présentée par l'Allemagne, en vue d'insérer dans la Déclaration relative à la liberté du commerce dans le bassin du Congo, la disposition suivante:

>La Convention de l'Union postale universelle révisée à Paris le 1ᵉʳ juin 1878 sera appliquée au bassin conventionnel du Congo.

Les Puissances qui y exercent ou exerceront des droits de souveraineté ou de protectorat, s'engagent à prendre, dans le plus bref délai possible, les mesures nécessaires pour l'exécution de la disposition qui précède.«

Le Comte de Launay dit qu'il appartenait à l'Empire d'Allemagne, après avoir déjà pris l'initiative du Congrès international des Postes tenu à Berne en 1874 et qui a abouti au Traité du 9 octobre de la même année, révisé à Paris en 1878, d'en proposer l'application au bassin conventionnel du Congo. Le Plénipotentiaire d'Italie est autorisé à se prononcer en faveur de cette proposition.

D'après une observation fort juste, »comme le service télégraphique, le service postal ne doit pas connaître de frontières«. Il favorise d'ailleurs non seulement les intérêts de la circulation, mais il constitue un élément de concorde et de rapprochement entre les peuples.

Le Marquis de Penafiel adhère d'autant plus volontiers à la motion Allemande que, dans toutes ses colonies et même à Banana, le Portugal a déjà organisé son service postal de manière à répondre aux exigences de la Convention de Berne.

M. Sanford croirait utile d'entendre le Ministre des Postes d'Allemagne qui donnerait à la Commission de la Conférence les renseignements nécessaires relativement aux moyens pratiques, grâce auxquels, en l'absence de

voies de communication, les dispositions de la Convention postale pourraient
etre étendues aux régions Africaines de la zone franche.

Le Comte de Launay estime que les renseignements dont il s'agit
sont plutôt de nature à être communiqués de Gouvernement à Gouvernement, par la voie diplomatique.

A l'appui de cette observation, M. Busch se demande également si
la Conférence serait compétente pour recevoir et apprécier des éclaircissements de cette nature. Il croit, comme le Comte de Launay, que la
meilleure procédure à suivre serait de laisser à la Chancellerie Allemande
le soin de transmettre aux différents Cabinets les explications que M. Stephan
serait en mesure de formuler.

Le Baron de Courcel considère comme trop catégorique l'expression
»dans le plus bref délai possible« qui se trouve employée dans le 2ᵉ paragraphe de la Proposition. L'application du régime de la Convention postale
dans ces régions éloignées entraînera des difficultés pratiques que les Gouvernements ne surmonteront qu'avec le temps. Aussi l'Ambassadeur de
France voudrait-il faire substituer l'expression »aussitôt que les circonstances le permettront« à celle de: »dans le plus bref délai possible«.

M. Kasson croit que l'on pourrait difficilement fixer dès à présent un
tarif postal applicable aux territoires compris dans la zone de la liberté
commerciale, alors surtout que l'on devra sans doute recourir, pour le
transport des correspondances, à des moyens exceptionnels, et notamment
emprunter le concours de courriers indigènes. Il serait prématuré de
décréter dès à présent le système de la Convention de Berne, y compris
ses tarifs.

M. Busch fait ressortir que l'amendement suggéré par le Baron de
Courcel répond précisément aux scrupules manifestés par le Plénipotentiaire
Américain.

M. Sanford demande si, provisoirement, on ne pourrait pas limiter
aux territoires situés sur le Bas-Congo les effets de la décision à intervenir.

M. Busch indique de nouveau que la rédaction proposée par le Baron
de Courcel prévoit une extension progressive et non immédiate des dispositions de la Convention de Berne.

M. Kasson trouverait utile de modifier également le 1ᵉʳ paragraphe
de la proposition pour lui donner un caractère moins impératif.

Le Baron de Courcel fait ressortir que, si l'amendement introduit à
sa requête dans le 2ᵉ alinéa a pour objet de tenir compte des difficultés
signalées par le Représentant des Etats-Unis d'Amérique, il n'en convient
pas moins d'établir nettement, dans le 1ᵉʳ paragraphe, un principe sur
lequel la Haute Assemblée est d'accord.

Le Président après s'être assuré de l'assentiment de la Haute Assemblée
déclare que, sous les réserves précédemment exprimées et moyennant la
modification formulée par le Baron de Courcel, la proposition est adoptée.

Il met ensuite en délibération l'Acte de navigation relatif au Congo.
Les Membres de la Haute Assemblée ont eu connaissance du Rapport
présenté par le Baron Lambermont. Ce remarquable travail rend compte
de la façon la plus claire des travaux préparatoires de la Commission.

S'il ne doit pas être considéré comme le commentaire légal des actes de la Conférence, puisque cette dernière seule a le droit d'arrêter des décisions et d'en donner, dans ses protocoles, l'explication authentique, il n'en sera pas moins un guide précieux pour ceux qui auront ultérieurement à étudier ou à appliquer les textes préparés par la Commission. Le Président ajoute que ce Rapport sera joint au protocole de la présente séance.

Le Comte Kapnist, au sujet du Rapport, présente les considérations suivantes:

»Je crois utile de faire une observation quant à l'épithète de »souveraine« donnée dans le Rapport à la Commission Européenne du Danube (page 12, ligne 2). Je connais bien l'article du Traité de Berlin qui parle de l'indépendance de la Commission de l'autorité territoriale. Mais de là à une souveraineté, il y a loin. Je saisis cette occasion pour faire observer que ce n'est là qu'une preuve, à côté de plusieurs autres, de ce que l'ensemble du Rapport est empreint d'une tendance manifeste d'élargir et de généraliser la portée des Actes relatifs au Danube aussi bien que des résolutions de la présente Conférence et à ériger ces Actes et ces résolutions en doctrines du droit public.

»Cette tendance s'étant manifestée dans le Rapport de la Commission d'une manière beaucoup plus accentuée encore que dans la rédaction du préambule, je ne saurais me dispenser de déclarer que le Gouvernement Impérial de Russie ne s'associe pas à cette tendance.

»Ne voulant pas fatiguer l'attention de la Haute Assemblée, je me bornerai à lui signaler le passage suivant du Rapport, qui érige en principe et en faits acquis une opinion pour le moins discutable, à savoir le passage qui affirme que la législation appliquée au Danube aurait »sanctionné définitivement les maximes qui règlent aujourd'hui »la navigation fluviale!« (page 8, ligne 14).

»D'autres expressions, telles que: »l'Article IV introduit dans le »droit international une idée nouvelle qui sera envisagée comme un »progrès« (page 8, ligne 40) ou bien: »la décision que la Confé- »rence est appelée à prendre à cet égard, fera sans doute époque »dans le droit international« (page 27, ligne 1) — montrent claire- »ment la tendance qui a prévalu dans la rédaction du Rapport de »la Commission.

»En vue du principe, que se taire veut souvent dire consentir ou approuver, je n'ai pas cru pouvoir me dispenser de faire ces observations sur le Rapport, quoique ce document ne soit pas appelé à jouer le rôle de commentaire légal pour les actes de la présente Conférence.«

Le Comte Széchenyi adhère aux vues ainsi exprimées qui répondent absolument à sa pensée.

M. Busch déclare qu'il reconnaît également le bien fondé des observations faites par le Comte Kapnist.

Le Baron Lambermont, pour répondre à ces préoccupations, examine le passage du Rapport auquel a fait allusion le Comte Kapnist. L'auteur du Rapport n'a pas lui-même appliqué la qualification de »souveraine« à la Commission Internationale. Il s'est borné à retracer l'opinion de l'un des Délégués Belges qui s'était servi du terme de »souveraine« sans doute parce qu'il lui avait paru résumer en un mot la situation qu'une série concordante de dispositions Européennes avait attribué à la Commission du Bas-Danube. L'épithète visée par le Comte Kapnist n'a pas d'autre portée. La même observation s'applique à tous les cas où le Rapport rend simplement compte des paroles prononcées par des Plénipotentiaires ou des Délégués.

Quant à la tendance du Rapport à présenter les arrangements élaborés par la Conférence comme constituant un progrès au point de vue du droit public moderne, elle répondrait bien, selon le Baron Lambermont, à la pensée générale des Membres de la Commission.

Le Comte Kapnist remercie le Plénipotentiaire Belge de ces explications. Il tenait seulement, en présence des opinions exprimées dans le Rapport, à manifester également les siennes.

Le Président résume la discussion en quelques mots. Il conclut en rappelant que, comme il l'a déjà fait remarquer, le Rapport de la Commission est destiné à servir de guide, mais non de commentaire légal. Le Président lit ensuite le préambule du projet de Déclaration concernant la navigation du Congo.

Le Comte Kapnist, qui s'était réservé, dans la Commission, de présenter quelques observations sur ce point, s'exprime de la manière suivante:

»Dans la nouvelle rédaction du préambule, — je me plais à le reconnaître, — il a été tenu compte de l'une des observations, que j'ai cru devoir présenter en proposant à la Commission un projet de modification de ce préambule.

»Mais, en même temps, les mots suivants ont été introduits dans la nouvelle rédaction: »plus spécialement au Danube«, mots, qui ne figuraient pas dans la rédaction primitive et qui pourraient faire naître un malentendu quant à l'interprétation des Actes antérieurs relatifs à la navigation fluviale, dont il est fait mention dans le préambule.«

»C'est pourquoi je tiens, pour ce qui concerne le Gouvernement que j'ai l'honneur de représenter ici, à dissiper dès à présent ces malentendus éventuels.

»Au point de vue du Gouvernement Impérial de Russie, les principes du Congrès de Vienne, quant à la liberté de navigation fluviale, n'ont pas été appliqués au Danube conformément à l'esprit et à la lettre de plusieurs dispositions essentielles de l'Acte final de ce Congrès. Au contraire, l'on a fait une dérogation aux stipulations de cet Acte pour ce qui concerne le Danube.

»Des circonstances toutes particulières nécessitaient cette exception à la règle.

»Il s'agissait de déblayer les bouches du fleuve dans un moment où elles avaient pour riverains des principautés vassales qui n'avaient pas les moyens de le faire à leurs frais. Dans ce but, une Commission Internationale ou Européenne, fut substituée à la Commis-

sion riveraine visée par l'Acte du Congrès de Vienne. Cette Commission Européenne n'a cessé de garder le caractère temporaire
qu'elle avait à son origine (voir les Articles du traité de Paris,
cités dans le préambule) si bien qu'aujourd'hui encore son existence
même ne peut être prolongée qu'à la condition de l'assentiment
général et, entre autres, de celui des riverains donné de cinq
en cinq ans.

»Pourrait-on d'ailleurs citer un seul exemple de l'application à
des fleuves de l'Europe des Articles XV et XVI du Traité de Paris?
J'en doute, quoiqu'il soit implicitement affirmé dans le préambule
que de tels fleuves existent puisqu'il y est formellement fait mention de l'application des principes du Congrès de Vienne »complétés«
par les Articles précités »à des fleuves de l'Europe et de l'Amérique
et spécialement au Danube.«

»Qu'il me soit donc permis de faire observer à ce propos que,
par rapport au Congrès de Vienne, le régime de Commissions Internationales est, en général, un régime d'exception et nullement
l'application de la règle.

»Ce que nous faisons pour le Congo est, par conséquent, aussi
un régime exceptionnel nécessité par les conditions particulières dans
lesquelles se trouve cette contrée.

»La meilleure preuve en est le fait que le Niger se trouvera
soumis à un régime absolument différent.

»Le Gouvernement que j'ai l'honneur de représenter ici s'associe
volontiers à cette oeuvre pacifique et civilisatrice, mais Il tient à
ce que celle-ci garde le caractère exceptionnel qui lui est propre,
et je suis autorisé à déclarer que, loin de vouloir en généraliser
la portée, Il n'accepte les dispositions et les principes de l'Acte de
Navigation qui nous occupe qu'en limitant expressément Son assentiment aux régions de l'Afrique formant l'objet de la présente Conférence.

»Une autre expression introduite dans la nouvelle rédaction du
préambule a, en outre, attiré mon attention; je veux parler des
mots: »application de plus en plus large« ,des principes du Congrès
de Vienne à plusieurs fleuves de l'Europe.

»En fait de fleuves mixtes auxquels ces principes ont été appliqués, l'on peut citer, en Europe, comme principaux exemples le
Rhin, l'Escaut, l'Elbe et la Meuse, — mais cette application, que
je sache, a été pour ces fleuves pure et simple, peut-être même
avec quelques restrictions, mais certainement pas »de plus en
plus large.«

»C'est principalement pour qu'il soit bien clairement et nettement
établi dans quel esprit et sous quelles réserves le Gouvernement
de Russie adhère au présent Acte, que j'ai cru devoir entrer dans
ces explications, en priant de faire insérer ce que je viens de dire
au Protocole qui servira plus tard de commentaire aux Actes de
la présente Conférence«.

Le Plénipotentiaire de la Russie ajoute qu'il lui paraîtrait difficile d'adhérer à une rédaction du préambule dans laquelle la mention du Danube resterait faite en des termes incorrects et dans laquelle les mots »de plus en plus large« continueraient à figurer.

Le Comte Széchényi désirerait voir amender le préambule en faisant disparaître le passage ainsi conçu: »complétés par les Articles 15 et 16 du Traité de Paris du 30 mars 1856, ayant reçu une application de plus en plus large à des fleuves de l'Europe et de l'Amérique, et spécialement au Danube«; on substituerait à ce texte le texte suivant:

»ayant été appliqués à des fleuves de l'Europe et de l'Amérique, et pour ce qui concerne le Danube, avec les modifications introduites par les Traités de Paris, de 1856, de Berlin, de 1878, et de Londres, de 1871 et 1883«.

Le Comte Kapnist adhérerait à cette rédaction.

M. Busch adhère aussi à cette rédaction qui ferait droit aux justes observations de M. le Plénipotentiaire de Russie.

A la suite d'un échange d'idées auquel prennent part le Baron de Courcel, de Comte de Launay et M. Busch, il est décidé de formuler comme suit, pour plus d'exactitude dans la rédaction, la partie du préambule qu'il s'agit de modifier:

»ayant été appliqués à des fleuves de l'Europe et de l'Amérique, et notamment au Danube, en vertu des Traités de Paris, de 1856, de Berlin, de 1878, et de Londres, de 1871 et 1883.«

M. Kasson rappelle les objections qu'il a fait valoir dans la Commission contre le mot »établi« qui se trouve dans la première phrase du préambule. Il ne voudrait pas que l'on pût conclure de cette expression que le Congrès de Vienne avait le droit d'établir des règles obligatoires pour le monde entier; les principes qu'il a proclamés obligent seulement les Puissances qui ont pris part à ses délibérations.

Le Baron Lambermont pour tenir compte de cette observation, propose de substituer à l'expression: »les principes généraux qui règlent la libre navigation« celle de: »les principes destinés à régler entre les Puissances signataires de cet Acte la libre navigation, etc.« Le préambule est mis aux voix et adopté, moyennant les deux modifications indiquées ci-dessus.

Le Président met en délibération l'Article I.

Le Marquis de Penafiel expose qu'il avait demandé à la Commission d'intercaler dans l'Article I, entre l'avant-dernier et le dernier alinéa, l'alinéa suivant:

»Tout navire marchand doit être mis à même de fournir la preuve de sa nationalité au moyen d'un pavillon reconnu par la Puissance riveraine et par des papiers de bord ou lettres de mer que le capitaine ou patron sera tenu de produire chaque fois qu'il en sera requis par les autorités de cette Puissance«.

La Commission n'a pas adopté cet amendement, la question à laquelle il s'applique lui paraissant devoir rentrer dans le cadre des règlements à arrêter par la Commission Internationale, mais le Marquis de Penafiel tient tout au moins à ce que sa proposition soit mentionnée au Protocole.

L'Article I est ensuite adopté.

L'Article II est mis en discussion par le Président. Au sujet du dernier paragraphe de cet Article, le Plénipotentiaire d'Italie constate avec satisfaction que, conformément à la pensée dont il s'inspirait en proposant une semblable addition à l'Article II, une révision des tarifs y mentionnés implique, à l'expiration de la période déterminée, un allégement éventuel des charges de la navigation. On ne peut que s'en convaincre davantage à la lecture du Rapport du Baron Lambermont qui cite à l'appui, comme le Comte de Launay l'avait fait, le précédent du Danube.

A cette occasion, Son Excellence s'associe bien volontiers au jugement déjà énoncé par ses honorables Collègues, sur le remarquable Rapport élaboré par le Baron Lambermont.

Le Baron Lambermont remercie le Comte de Launay de ces appréciations élogieuses.

L'Article II est adopté et l'Article III mis en discussion.

M. de Serpa demande l'insertion au protocole de la réserve qu'il a faite — et que la Commission a accueillie — à l'égard de la zone orientale, adjointe au bassin du Congo, dans l'étendue de laquelle le régime de cet Acte de navigation ne sera pas appliqué aux territoires appartenant aux colonies du Portugal, sans le consentement de cette Puissance. Cette réserve concorde avec celle qui a été consignée au Protocole No. 8 au sujet de l'application de la liberté de commerce dans les mêmes territoires.

Le Baron Lambermont fait remarquer que les observations formulées par le Plénipotentiaire Portugais devant la Commission ont été mentionnées dans son Rapport.

Le Président donne acte à M. de Serpa de ses réserves et ajoute que la Conférence y a adhéré.

Le Baron de Courcel, au sujet de l'Article III, constate que, d'après les explications échangées dans la Commission, le régime déclaré, par le 2e paragraphe de l'Article III, applicable aux rivières et fleuves compris dans la région de la liberté commerciale bien qu'ayant leur cours en dehors du bassin naturel du Congo, est uniquement le régime normal de la liberté de navigation stipulé en faveur des bâtiments de commerce. L'assimilation de ces rivières et fleuves au Congo même et à ses affluents ne s'étend pas aux clauses du présent Acte qui sont empruntées à un autre ordre d'idées; elle ne s'étend point, par exemple, à la clause qui introduit sur le Congo un régime nouveau et particulier en temps de guerre. Du moins le Gouvernement Français, pour ce qui le concerne, croit devoir maintenir ces rivières et fleuves sous l'empire des règles ordinaires du droit des gens, sauf, bien entendu, la réserve d'accords ultérieurs qui pourraient s'établir dans un ordre d'idées analogue à celui dont s'inspirait une proposition récente du Ministre des Etats-Unis.

Saïd Pacha rappelle les réserves qu'il a dû établir relativement à l'extension des travaux de la Conférence à des territoires non compris dans son programme primitif, réserves mentionnées notamment au Protocole 3, page 7, et au Protocole 4, page 5. Il désire maintenant faire connaître les instructions qu'il a reçues de son Gouvernement à ce sujet. Elles lui prescrivent de s'abstenir de prendre part aux discussions qui ne rentreraient pas dans le cadre du programme dont il s'agit.

Le Président fait ressortir que cette observation s'applique à la clause étendant la liberté commerciale à l'Est du bassin du Congo. Il croit donc qu'il convient de continuer la discussion des Actes de navigation et de recevoir, une fois l'ordre du jour épuisé, les déclarations de Saïd-Pacha.

L'Article III est mis aux voix et adopté.

Au sujet de l'Article IV, M. Sanford annonce que, comme il a été convenu à la Commission, il se réserve de saisir ultérieurement la Conférence d'une proposition amendée, ayant pour objet d'assurer et de protéger l'établissement de voies de communication commerciales entre le Bas et le Haut-Congo et notamment d'un chemin de fer autour des cataractes.

La Haute Assemblée adopte ensuite sans autre discussion les Articles IV, V, VI, VII, VIII, IX et X du Projet.

L'Article XI étant mis en délibération, le Baron Lambermont suggère un amendement destiné à préciser plus complètement encore que ne le fait le texte du Projet l'irresponsabilité des Gouvernements en cas d'emprunt contracté par la Commission Internationale. Il propose de substituer au mots: »comme assumant aucune garantie ni solidarité« les mots suivants: »comme assumant aucune garantie, ni contractant aucun engagement ni solidarité«.

Le Baron de Courcel et M. Busch adhèrent à cette proposition. La Haute Assemblée adopte l'Article XI avec cette modification.

L'Article XII est également adopté.

Le Comte Kapnist prend la parole sur l'Article XIII dans les termes suivants:

»Lorsqu'on a discuté dans la Commission les Articles qui sont devenus aujourd'hui les Articles VI, IX et XIII dans la nouvelle rédaction du Projet, j'ai déclaré que mes instructions ne me permettaient d'adhérer à ces Articles qu'à la condition que tous les autres Plénipotentiaires fussent unanimes en leur faveur, et que, dans ce cas même, je ne pouvais les accepter que sous le bénéfice des réserves que j'aurais à formuler dans la Conférence.

»Je viens donc rappeler ici la réserve générale que j'ai faite en parlant du préambule.

»Cette réserve s'applique plus particulièrement aux Articles susmentionnés, attendu que les dispositions qu'ils contiennent tendraient à introduire, si on les généralisait, des innovations assez notables dans le domaine du droit public.

»Je dois donc répéter, qu'en adhérant aux règles adoptées par la Conférence — pour répondre au vœu éclairé du Gouvernement Impérial d'Allemagne, qui nous a réunis ici en vue d'assurer les relations pacifiques et le libre développement des intérêts commerciaux dans les régions de l'Afrique dont nous nous occupons — le Gouvernement que j'ai l'honneur de représenter ici entend limiter les effets de son assentiment à ces contrées, où les circonstances locales et les intérêts internationaux actuellement engagés justifient ces règles, mais qu'Il réserve expressément sa liberté d'appréciation en tant qu'il s'agirait de les généraliser, ou de les appliquer à d'autres circonstances ou à d'autres contrées.

»Il ne saurait, par conséquent, jamais ressortir de l'adhésion du Gouvernement Impérial de Russie aux Articles en question, un précédent, ou une règle du droit public obligatoire pour Lui, à un degré quelconque, pour d'autres circonstances et d'autres localités.«

»Au surplus, je dois faire une réserve toute spéciale quant au 3° alinéa de l'Article XIII qui a trait aux objets considérés comme articles de contrebande de guerre.«

»Je n'ai pas voulu abuser du droit reconnu à tous les Plénipotentiaires de prendre part, lorsqu'ils le trouveraient nécessaire, aux délibérations de la Commission composée des Représentants des Puissances comprises dans la première série des invitations à la Conférence. C'est pourquoi je me vois obligé de revenir maintenant sur une question qui a été soulevée dans la Commission en mon absence et sans que je puisse exactement me rendre compte, par le Rapport, de la suite qui lui a été donnée.

»Je veux parler de la proposition Anglaise (voir annexe No. 10 au Rapport) dans laquelle la houille se trouverait rangée parmi les articles devant être considérés en vertu du droit des gens comme contrebande de guerre.

»Sans vouloir en aucune façon soulever ici un débat à ce sujet, je dois déclarer, pour me conformer à mes instructions, que le Gouvernement Impérial de Russie n'accepterait en aucun cas une telle interprétation.

»Sur ce point, mes instructions sont péremptoires. Le Gouvernement que j'ai l'honneur de représenter ici refuserait catégoriquement Son assentiment à l'article d'un traité, d'une convention, ou d'un Acte quelconque, qui impliquerait la reconnaissance de la houille ou du charbon comme contrebande de guerre.

»Il n'y adhérerait pas même sous la réserve d'une limitation de la portée d'un tel article aux régions qui nous occupent, ou à n'importe quelle autre localité«.

Le Baron Lambermont fait observer que la Commission s'est précisément abstenue, dans la rédaction de son Projet, de rien spécifier quant à l'interprétation ou la portée à donner aux termes de contrebande de guerre.

Sir E. Malet fait ressortir de son côté que, dans sa proposition, reproduite sous le No. 18 des documents imprimés, il s'est attaché à éviter les objections qui auraient pu être soulevées, si, conformément aux théories admises par le Gouvernement Britannique, il avait compris la houille parmi les articles de contrebande de guerre. Il a donc visé, séparément, d'abord l'interdiction du trafic des munitions de guerre et, ensuite, l'interdiction du commerce de la houille.

Le Comte Kapnist dit qu'il a voulu précisément enregistrer la différence qui existe sur ce point entre les vues de son Gouvernement et celles du Gouvernement Britannique.

La Conférence prononce ensuite l'adoption des Articles XIII et XIV.

Sir Edward Malet revient sur les observations présentées par le Marquis de Penafiel au sujet de l'Article I. Le Plénipotentiaire de la Grande-Bretagne, qui les avait imparfaitement entendues, tiendrait à ce qu'il fût bien constaté que l'amendement du Plénipotentiaire Portugais a été écarté par la Commission.

Le Marquis de Penafiel dit que sa proposition tendait seulement à empêcher la piraterie.

M. de Kusserow rappelle à cette occasion que les Représentants du Gouvernement Allemand n'ont pas adhéré à la motion du Marquis de Penafiel, dans la Commission, parce qu'ils n'ont pas voulu qu'une gêne nouvelle fût créée pour la navigation. D'après la règle consacrée par tous les traités de commerce et de navigation de récente date, les papiers de bord, dont un navire marchand est muni conformément aux lois de son pays, suffisent pour établir sa nationalité.

Le Président soumet à la Haute Assemblée l'ensemble du Projet concernant la liberté de la navigation sur le Congo et constate son adoption.

Le Baron Lambermont fait connaître que, par suite d'une erreur matérielle, le mémoire du Plénipotentiaire Britannique, concernant le Niger (No. 11 a des documents imprimés) n'a pas été joint au Rapport de la Commission. La Conférence pourrait décider qu'il fût suppléé à cette lacune.

Le Baron de Courcel considère que la question est de la compétence personnelle du Baron Lambermont, à qui il appartient d'apprécier quelles pièces doivent être jointes à son Rapport. La Conférence, en intervenant pour décider l'adjonction d'une annexe, paraîtrait émettre une appréciation implicite relativement à son contenu.

Le Baron Lambermont dit qu'il a simplement voulu signaler une lacune dans le document imprimé sous sa direction.

M. Busch lit le préambule de l'Acte concernant le Niger. En vue de rapprocher sa rédaction de celle adoptée au sujet du Congo, la Conférence en modifie le texte comme suit:

»Le Congrès de Vienne ayant établi, par les Articles 108 à 116 de son Acte final, les principes destinés à régler, entre les Puissances signataires de cet Acte, la libre navigation des cours d'eau navigables qui séparent ou traversent plusieurs Etats, et ces principes ayant été appliqués à des fleuves de l'Europe et de l'Amérique, les Puissances dont les Plénipotentiaires se sont réunis en conférence à Berlin ont résolu de les étendre au Niger et à ses affluents.

A cette fin, Elles sont convenues des Articles suivants:«

Les Articles II à VII sont ensuite adoptés sans discussion.

Au sujet de l'Article VIII, paragraphe 2, le Baron Lambermont exprime un doute relativement à l'utilité de la référence à l'Article III inscrite dans ce paragraphe; le régime des affluents se trouve, en effet, déjà réglé dans le paragraphe précédent.

Le Baron de Courcel fait observer qu'il peut exister, sur les affluents du fleuve, des voies de communications latérales, auxquelles se rapporterait la référence.

L'Article VIII est adopté tel qu'il est formulé dans le Projet.

La Conférence adopte également l'Article IX, et l'ensemble du Projet d'Acte.

Le Comte Kapnist dit à cette occasion ce qui suit;

»Je prie la Haute Assemblée de vouloir bien prendre acte de ce que, pour cette fois du moins, elle est en présence, non pas d'une »application large« des principes du Congrès de Vienne, mais bien vis-à-vis d'une restriction de ces principes, attendu que, sur le Niger, il n'y aura non seulement pas de Commission Internationale, mais pas même de Commission de riverains.

»Les Puissances qui domineront sur les bords de ce fleuve mixte, mais heureusement privilégié, veilleront Elles-mêmes et sans aucune intervention étrangère à l'élaboration et à l'application des règlements conformes au principe de la libre navigation garantie pour ce fleuve.«

Sir Edward Malet rappelle les discussions auxquelles à donné lieu le commerce des boissons spiritueuses. La Commission a décidé, en dernier lieu, de proposer à la Conférence l'adoption d'un vœu dont le texte se trouve reproduit à la page 30 de son Rapport. Le Représentant de la Grande-Bretagne demande à la Conférence de sanctionner ce vœu et d'en prescrire l'insertion au protocole.

Le Comte de Launay établit que, le premier, il a soulevé la question humanitaire dont s'occupe actuellement la Conférence et il appuie la proposition de Sir Edward Malet.

Le Comte van der Straten dit qu'il lui reste quelque doute relativement à l'efficacité pratique qu'aura le vœu soumis à la Haute Assemblée, si les Puissances doivent considérer leur responsabilité morale comme dégagée à la suite de cette manifestation. Il s'agit du salut des races indigènes du centre Africain. Le Comte van der Straten demande que l'on étende à tous les territoires de la zone franche la déclaration de principe qui, d'après le texte actuel du vœu, ne s'appliquerait qu'au seul bassin du Niger. Le Plénipotentiaire Belge retrace les discussions qui ont eu lieu à ce sujet au sein de la Commission. Il raconte, avec émotion, comment, ayant vécu au milieu des populations Indiennes, en contact avec les missionnaires qui s'efforçaient de leur imprimer le sceau de la civilisation, il a constaté le désespoir de ces prêtres chrétiens qui voyaient périr la race Indienne succombant aux excès de liqueurs fortes. Le Comte van der Straten a observé, dans les plantations de l'Amérique du Sud, les mêmes ravages, opérés par les alcools sur les races noires, celles précisément qui habitent le centre de l'Afrique. Le Plénipotentiaire Belge dit que les races indigènes de la zone franche seront sobres ou, bientôt, ne seront plus. Il y a d'ailleurs une différence entre les effets produits par l'alcoolisme sur les races Indiennes, d'une part, et sur les races Africaines, de l'autre. Le nègre ne succombe pas physiquement à l'ivrognerie; il succombe moralement. Si les Puissances ne le sauvent pas de ce vice, on fera de lui un monstre qui dévorera l'œuvre de la Conférence. Aussi le Comte van der Straten considère-t-il comme insuffisant le vœu consigné au Rapport du Baron Lambermont. Il voudrait que les Puissances prissent l'engagement moral de continuer leur œuvre, comme Elles l'ont pris autrefois, dans le Traité de Vienne, relativement à la suppression de l'esclavage.

On veut concilier les intérêts légitimes du Commerce avec ceux de l'humanité. Pour atteindre véritablement ce but, il est indispensable de compléter la résolution dont le texte est proposé par la Commission; le Plénipotentiaire Belge propose d'y pourvoir en ajoutant au vœu actuelle-

ment en discussion le paragraphe suivant, également destiné à être inséré
sa Protocole, avec la sanction d'un vote de la Conférence:

>»En émettant le vœu qu'une entente s'établisse entre les Gouver-
nements pour régler le commerce des boissons spiritueuses, la Conférence ne juge pas avoir entièrement rempli sa mission d'humanité.
Elle entend laisser le complément de sa tâche à des négociations
que les Gouvernements représentés à la Conférence engageraient, en
tenant compte des circonstances, pour concilier les intérêts du commerce avec les droits imprescriptibles des populations Africaines et
les principes d'humanité dans toute l'étendue du territoire du Congo«.

Le Comte de Launay rend hommage aux sentiments élevés qui viennent
d'être exprimés par le Comte van der Straten. L'Ambassadeur d'Italie
tient à faire observer, à cette occasion, que, lorsqu'il parlait à deux reprises
sur cette question, il comprenait dans sa pensée les territoires du Congo
comme ceux du Niger, mais qu'il ne se prononçait pas pour l'interdiction
absolue du commerce des spiritueux. Dans cet ordre d'idées, le Comte de
Launay s'associe volontiers à la proposition du Comte van der Straten,
parce qu'elle répond à l'objet qu'il a lui-même en vue: concilier les droits
de l'humanité avec les intérêts légitimes du commerce.

M. Kasson croit indispensable de contrôler le trafic des boissons spiritueuses. Il désire qu'un effort de plus soit fait dans ce but et que la
question soit renvoyée, à cet effet, à l'examen de la Commission.

M. van der Hoeven estime que l'on ne saurait faire plus que de reconnaître aux Etats établis dans l'Afrique centrale la faculté de prendre
des mesures pour réglementer et surveiller le débit des boissons.

M. Busch exprime toute sa sympathie pour la cause philanthropique
éloquemment plaidée par le Comte van der Straten; toutefois, les idées
du Représentant de l'Allemagne sont encore indécises en ce qui touche la
solution pratique qu'il serait possible de fixer. Il croit avec M. van der
Hoeven que le contrôle du débit des boissons est pour le moment le seul
moyen pratique, mais que des mesures de cette nature ne sont pas de la
compétence de la Conférence. Il n'oserait donc pas adhérer à la proposition du Comte van der Straten, mais il est prêt dès à présent à s'associer
au vœu formulé par la Commission.

Le Baron de Courcel estime, comme M. van der Hoeven, que c'est le
contrôle du débit des spiritueux que l'on doit s'attacher à faciliter. Mais
c'est là une des attributions de l'administration et de la police intérieures
qui ressort tout naturellement aux souverainetés locales. Le vœu formulé
par la Commission répond aux vues de Sir Edward Malet comme, en général,
à celles de la Conférence; il donnera aux Gouvernements l'appoint de force
morale nécessaire pour combattre, dans la mesure possible, le fléau contre
lequel il s'agit de se prémunir.

M. de Kusserow rappelle un précédent qu'il a déjà cité devant la Commission: le Gouvernement Siamois a récemment conclu avec diverses Puissances un traité qui lui a permis de remédier aux abus du commerce des
spiritueux. C'est, en effet, dans l'initiative prise par les Gouvernements
locaux que se trouvera le meilleur remède contre la démoralisation des

populations par l'abus des liqueurs fortes. Le vœu sur lequel délibère, en ce moment, la Conférence est une garantie que les Gouvernements locaux trouveront toujours auprès des Puissances représentées dans la Haute Assemblée le concours qu'ils leur demanderaient dans cet ordre d'idées.

Le Comte van der Straten reçonnait les difficultés que soulève la question, mais il a rempli un devoir de conscience en présentant sa motion.

Sur une interrogation de M. Busch, M. Kasson dit qu'il voudrait qu'un dernier effort fût fait dans la Commission pour trouver une formule propre à réunir toutes les adhésions.

Sir Edward Malet croirait également utile une tentative de cette nature.

Le Président consulte la Conférence relativement à l'ordre dans lequel elle désire se prononcer sur les propositions qui lui sont soumises en ce moment.

Le Comte de Launay demanderait la priorité pour le vœu présenté par la Commission. Son adoption marquerait un minimum qui pourrait être complété ultérieurement par l'adoption d'une proposition plus large, s'il s'en trouvait une qui pût réunir l'unanimité des suffrages.

Le Président met aux voix le vœu proposé par la Commission et la Conférence l'adopte.

M. Busch demande ensuite si la Haute Assemblée veut continuer l'étude de la question, en vue de rechercher une solution moins restreinte.

Le Baron de Courcel croit que le vœu déjà voté tient compte, dans une juste mesure, des considérations diverses qu'il y avait lieu de concilier, et qu'il aura pratiquement des conséquences utiles.

Sir Edward Malet demande si les effets du vœu dont il s'agit s'étendront aux territoires compris dans le bassin du Congo.

Le Baron Lambermont répond que la Commission s'est bornée à s'inspirer de la proposition Anglaise qui, elle-même, ne visait que le Niger.

Le Comte de Launay dit que les préoccupations qu'il a été le premier à émettre, s'étendaient à la région du Congo comme à celle du Niger.

Sir Edward Malet pense qu'il convient d'examiner maintenant si les effets du vœu ne devront pas être étendus au bassin du Congo.

M. van der Hoeven fait remarquer que l'adoption du vœu par la Commission a été entraînée par ce qu'elle savait de la présence, sur le Niger, de populations musulmanes qui n'ont jusqu'à présent pris aucune part à la consommation des boissons spiritueuses. Dans le bassin du Congo, au contraire, il s'est créé des habitudes dont il est impossible de ne pas tenir compte; il s'est notamment établi des usages commerciaux d'après lesquels les spiritueux remplacent, en quelque sorte, la monnaie, et sont le principal instrument des échanges.

Le Président résume la question et propose de la renvoyer de nouveau à la Commission, conformément au désir manifesté par un certain nombre de Membres de la Conférence.

Ce renvoi est prononcé.

M. Kasson estime dès à présent que la Déclaration relative à la liberté commerciale, qui a déjà réuni les suffrages des Membres de la Conférence, ne saurait empêcher les Gouvernements riverains de contrôler le trafic des boissons spiritueuses parmi les populations qui sont soumises à leur juridiction.

Sir Edward Malet se réfère à la Déclaration faite par lui lors de la première séance et dans laquelle il est dit que le Gouvernement de Sa Majesté verrait avec plaisir étendre à d'autres fleuves de l'Afrique le régime qui sera arrêté par la Conférence. Cette observation vise particulièrement le Zambèze. Le Cabinet de Londres croirait désirable que l'application des principes qui régleront la navigation du Niger s'étendît également à ce fleuve. Le Plénipotentiaire de la Grande-Bretagne se permet donc de demander à MM. les Plénipotentiaires du Portugal s'il s'engagent à étendre au Zambèze le règlement de navigation que les Puissances ont adopté pour le Niger, dans l'intérêt du commerce et de la civilisation.

Le Marquis de Penafiel saisit avec plaisir l'occasion que lui offre le Plénipotentiaire de l'Angleterre pour déclarer que son Gouvernement a déjà, de sa propre autorité, introduit le régime de la libre navigation sur le Zambèze. Ce fleuve, d'ailleurs, diffère encore plus du Niger que celui-ci du Congo, puisque le Portugal est seul souverain sur tout le cours navigable du Zambèze. Du reste, cette question étant en dehors du programme de la Conférence, le Gouvernement Portugais ne peut accepter de discussion sur ce sujet et doit réserver son plein droit d'appliquer dans cette partie de ses domaines les principes qu'Il jugera les plus convenables selon les circonstances.

M. Busch dit que l'on serait néanmoins heureux, si le Portugal se décidait un jour à faire connaître qu'Il s'offre à appliquer dans la région du Zambèze le régime conventionnel élaboré par la Conférence.

Le Marquis de Penafiel répond que le Gouvernement Portugais, suivant les circonstances, se montrera toujours aussi libéral qu'Il le croira possible, dans ses décisions.

Sir Edward Malet remet au Président une proposition concernant la traite et ainsi conçue:

»Selon les principes du droit des gens tels qu'ils sont reconnus par les Hautes Parties Contractantes, la traite des nègres et le commerce qui fournit des nègres à la traite sont interdits, et c'est du devoir de toutes les nations de les supprimer autant que possible.«

Sir Edward Malet prononce à l'appui de sa motion les paroles suivantes:

»La traite des nègres a été mise au ban de l'Europe civilisée par une Déclaration du Congrès de Vienne du 8 février 1815. La même question fut discutée par les Conférences d'Aix-la-Chapelle en 1818, et, finalement, au Congrès de Vérone, une résolution, en date du 20 novembre 1822, proclamait le commerce des nègres d'Afrique comme coupable et illicite »un fléau qui a trop longtemps désolé l'Afrique, dégradé l'Europe et affligé l'humanité«. Par conséquent, les Puissances s'engagèrent à concourir à tout ce qui pourrait assurer et accélérer l'abolition de ce commerce.

»Le projet de Déclaration ci-dessus est rédigé dans l'intention de faciliter et d'accentuer l'exécution des principes du Congrès de Vérone qui consacrait le devoir des nations civilisées de concourir à la suppression de la traite.

»Nous pensons que les mots »et le commerce qui fournit des

nègres à la traite« sont nécessaires pour développer, d'une manière complète, les principes énoncés et c'est dans l'espoir que cette interprétation sera agréée par les Puissances réunies à la Conférence de Berlin que j'ai l'honneur de soumettre le projet à leur considération«.

Le Président annonce que cette proposition sera discutée dans la prochaine séance.

Le Baron Lambermont expose que, dans un certain nombre de traités, il a été inséré une clause permettant aux Puissances non signataires d'adhérer ultérieurement à ces Actes. Une Puissance contractante était chargée par les autres de recevoir ces adhésions, et de suivre toutes les procédures utiles à cet effet. Le Baron Lambermont désire aussi constater que parmi les Gouvernements représentés dans la Haute Assemblée il en est qui devront soumettre à la sanction parlementaire les accords préparés par la Conférence. Il y aurait lieu d'introduire dans les Actes définitifs un article destiné à réserver cette sanction parlementaire, ou tout au moins de fixer, pour l'échange des ratifications, un délai suffisant pour permettre aux Gouvernements d'obtenir l'adhésion de leurs chambres respectives.

La Conférence décide qu'il sera fait mention de ces observations au Protocole et qu'il en sera tenu compte lorsqu'il sera procédé à la confection des Actes définitifs.

Le Président donne la parole à Saïd Pacha pour la communication que l'Ambassadeur de Turquie a manifesté le désir de faire à la Haute Assemblée.

Saïd Pacha s'exprime en ces termes:

»Le mandat de la Conférence ayant été limité aux territoires de l'Afrique occidentale, mon Gouvernement considère qu'il n'y a pas lieu pour Lui de prendre part aux délibérations qui étendraient le programme primitivement fixé. Je regrette, conséquemment, de devoir m'abstenir de participer à toute extension de la discussion.«

Le Président donne acte de sa déclaration au Représentant de la Turquie.

M. van der Hoeven rappelle que, comme il a été mentionné au Protocole No. 3, page 7, il avait dû réserver son vote relativement à l'application du régime conventionnel aux régions situées en dehors du bassin géographique du Congo. Conformément aux instructions qu'il a reçues depuis lors, le Plénipotentiaire des Pays-Bas est en mesure de joindre son adhésion à celle de ses Collègues.

La séance est levée à 5 heures ¼.

(Suivent les signatures.)

Annexe au Protocole No. 5.

RAPPORT

de la Commission chargée d'examiner les projets d'actes de navigation pour le Congo et le Niger.

Messieurs,

La Conférence a reçu la mission — c'est la deuxième partie de sa tâche — d'appliquer au Congo et au Niger les articles 108 à 116 de l'Acte final du Congrès de Vienne.

Ces articles, dont le texte est ci-joint [Annexe I], déterminent les conditions administratives et financières d'après lesquelles sera réglée à l'avenir la navigation des fleuves et rivières qui séparent ou traversent plusieurs Etats, dans toute l'étendue de leur cours navigable ou conventionnel. Ils avaient leur source dans l'article V du traité de Paris, du 30 mai 1814, ainsi conçu:

»La navigation sur le Rhin, du point où il devient navigable »jusqu'à la mer, et réciproquement, sera libre, de telle sorte qu'elle »ne puisse être interdite à personne et l'on s'occupera au futur »Congrès des principes d'après lesquels on pourra régler les droits »à lever par les Etats riverains de la manière la plus égale et la »plus favorable au commerce de toutes les nations.

»Il sera examiné et décidé de même dans le futur Congrès de »quelle manière, pour faciliter les communications entre les peuples »et les rendre toujours moins étrangers les uns aux autres, la »disposition ci-dessus pourra être également étendue à tous les »autres fleuves qui, dans leur cours navigable, séparent ou traver-»sent différents Etats.«

Les applications historiques des règles édictées au Congrès de Vienne doivent arrêter notre attention.

Le régime conventionnel du Rhin, celui de l'Escaut, celui du Parana et de l'Uruguay et enfin celui du Danube contiennent tous les principes qui constituent aujourd'hui le droit international en matière de cours d'eau navigables communs à plusieurs Etats.

Le régime du Rhin a subi dans le cours de ce siècle de nombreuses vicissitudes. L'Acte de navigation de 1804, quoique laissant subsister bien des restrictions et des entraves, fut néanmoins un progrès. Le règlement élaboré par le Congrès de Vienne pour le Rhin et qui devait servir de type d'interprétation des articles 108 à 116 de l'Acte final, ne réalisa qu'incomplétement l'émancipation de ce grand fleuve. La convention de Mayence du 31 mars 1831, fruit de seize années de discussions et de négociations, laissa subsister plus d'une difficulté. Ce n'est qu'après la transformation politique de l'Allemagne que la situation changea d'aspect. L'Acte du 17 octobre 1868 donne aux principes du Congrès de Vienne une interprétation plus conforme à leur origine. Les péages fluviaux disparaissent, le transit est affranchi; l'unité de direction est indirectement renforcée, les traitements différentiels cessent et les riverains se trouvent mis dans des conditions de stricte égalité. Les étrangers, toutefois, n'obtiennent pas encore de plein droit l'assimilation aux nationaux sous tous les rapports.

Le Congrès de Vienne avait décidé l'application à l'Escaut des principes de son Acte final; mais la création du Royaume des Pays-Bas ne laissa à cette clause qu'un intérêt théorique. La situation changea au lendemain de la révolution Belge. La Conférence de Londres fit alors revivre les dispositions de 1815 en leur prêtant une portée nouvelle. La navigation de l'Escaut fut assujettie, il est vrai, à un péage fluvial; mais les traités du 15 novembre 1831, du 19 avril 1839 et du 5 novembre 1842, avec les règlements qui s'y rattachent, contiennent une série de stipulations et de garanties concernant la police maritime, la conservation des passes, le pilotage, l'éclairage, la pêche.

Onze ans plus tard, les traités conclus par la Confédération Argentine pour le Parana et l'Uruguay font faire un progrès nouveau à la législation fluviale. Non seulement ces Actes stipulent la liberté de navigation pour le pavillon marchand de toutes les nations et l'uniformité du système des taxes, mais ils maintiennent ces garanties pour la marine marchande de toutes les nations même en temps de guerre, sans distinction entre le pavillon belligérant ou neutre. [Annexe 2.]

Il était réservé toutefois à la législation du Danube de sanctionner définitivement les maximes qui règlent aujourd'hui la navigation fluviale.

Le traité de Paris de 1856 [Annexe 3] mit le Danube sous la protection des articles du traité de Vienne et ramena ces derniers à leur sens originel et large. Tout péage fluvial fut interdit à moins qu'il n'eût le caractère d'une contre-prestation; les étrangers furent assimilés de plein droit aux riverains et une autorité internationale prit possession des bouches du fleuve dans le but d'en améliorer les conditions de navigabilité.

La Commission Européenne du Bas-Danube se constitua. Au millieu de compétitions diverses et de circonstances politiques parfois très-graves, elle remplit son mandat à la satisfaction de toutes les Puissances intéressées et mérita de plus en plus la confiance générale. L'institution, provisoire et précaire au début, parut bientôt indispensable; sa juridiction, d'abord limitée au delta, fut successivement étendue jusqu'à Toultcha, puis jusqu'à Braïla. L'Acte du 2 novembre 1865, complété par l'Acte additionnel du 28 mai 1881, a donné à l'action de la Commission Européenne une base stable, reconnue, protégée par toutes les Puissances. Indépendamment des embarcations purement fluviales, 2550 navires traversent aujourd'hui chaque année le port et la passe de Soulina, et le Danube est redevenu l'une des principales voies commerciales du monde.

Ces précédents marquent les phases par lesquelles a passé depuis 1815 la législation internationale des cours d'eau; ils commentent les articles 108 à 116 de l'Acte final du traité de Vienne et en fixent le sens d'une manière qui a pour elle l'autorité des principes et la consécration de l'expérience.

Ce coup d'œil jeté en arrière aura peut-être fatigué votre patience. Nous nous rassurons en pensant que les principes dont nous avons retracé rapidement l'origine et les progrès, vous êtes chargés, à votre tour, d'en faire une application qui sera féconde en heureux résultats.

La Conférenc a reçu »un projet d'Acte de navigation pour le Congo et le Niger« [Annexe 4] et »un projet de Déclaration pour assurer la liberté de navigation sur le Niger« [Annexe 5] le premier préparé par M. M. les Plénipotentiaires Allemands, le second remis par M. l'Ambassadeur d'Angleterre.

Lorsque ces projets sont venus devant vous en première lecture, vous avez jugé à propros de les déférer à l'examen d'une Commission choisie dans le sein de la Conférence, sous la réserve que les propositions ou résolutions qui pourraient être adoptées concernant la navigation du Congo, conserveraient un caractère suspensif jusqu'au moment où seraient connues les décisions applicables au Niger.

A raison de la nature technique et souvent délicate de la matière qu'il s'agissait de traiter, la Commission a cru devoir, de son côté, soumettre les deux projets à une élaboration préalable qu'elle à confiée aux soins d'un souscomité composé de M. de Kusserow, l'un des Plénipotentiaires Allemands, du Baron Lambermont, l'un des Plénipotentiaires Belges, de M. Engelhardt, Délégué Français, de M. Crowe, Délégué Anglais, de M. Cordeiro, Délégué du Portugal, auxquels ont été adjoints M. Banning, Délégué Belge et Sir Travers Twiss, jurisconsulte Anglais.

Le Sous-Comité, après un examen attentif et détaillé, a introduit dans les projets des modifications portant tantôt sur le fond, tantôt sur la forme, et la Commission à son tour et à la suite de délibérations prolongées, a arrêté les deux textes [Annexes 6 et 7] que nous avons l'honneur de soumettre à votre haute approbation et dont nous allons rendre compte séparément, la réserve suspensive restant maintenue.

I.
Acte de Navigation du Congo.

Le préambule ne vise pas seulement les Articles du traité de Vienne de 1815, il rappelle et constate la marche progressive des principes protecteurs de la libre navigation des fleuves, principes qu'il inscrit en quelque sorte au frontispice de l'Acte qui, pour la première fois, va les appliquer à un fleuve Africain. Pour faire droit à des observations présentées par MM. les Plénipotentiaires des Etats-Unis et de Russie, la rédaction du préambule a été combinée de manière à laisser intacte la position de tous les Gouvernements à l'égard des Actes Européens qui déterminent les règles admises en cette matière. Mr. le Comte de Kapnist s'est réservé de revenir sur ce sujet en Conférence.

Art. I. L'Article I, qui est en concordance complète avec l'Article II de la Déclaration relative à la liberté commerciale, garantit le libre accès du Congo à tous les pavillons et pour toutes les espèces de transports. La règle de l'égalité absolue entre les sujets et les navires de toutes les nations est ici comme partout nettement énoncée. L'une de ces conséquences, d'autant plus digne d'attention qu'elle a été plus souvent contestée, est d'exclure toute distinction entre les sujets des Etats riverains et ceux des non-riverains.

Art. II. Cet article traite des charges qui peuvent atteindre la navigation.

Il interdit d'une manière générale toute entrave ou redevance qui ne serait pas prévue dans l'acte de navigation.

Il prohibe toutes les servitudes jadis connues sous le nom de droits d'échelle, d'étape, de dépôt, de rompre charge ou de relâche forcée.

Il exempte de tout droit de transit les navires et les marchandises.

Enfin, ce qui est un des derniers et des plus importants progrès du droit commercial, il défend d'établir aucun péage maritime ni fluvial qui serait basé sur le seul fait de la navigation.

Il n'admet que trois catégories de droits qui tous devront avoir le caractère de rémunération de services rendus à la navigation même:

1° Des taxes de port pour l'usage effectif de certaines installations, telles que des quais, des magasins etc.;

2° Des droits de pilotage sur les sections fluviales où il paraîtrait nécessaire de créer des stations de pilotes brevetés;

3° Des droits destinés à couvrir des dépenses techniques et administratives faites dans l'intérêt général de la navigation, y compris les droits de phare, de fanal et de balisage. Sans se préoccuper de savoir par qui ou au profit de qui ces divers droits seront perçus, l'Article II stipule que les taxes de port devront être calculés sur les dépenses de construction et d'entretien; que le tarif des droits de pilotage sera fixe et proportionné au service rendu; et enfin que les droits, représentant des dépenses faites dans l'intérêt général de la navigation, auront pour base le tonnage des navires tel qu'il résulte des papiers de bord et conformément aux règles adoptées sur le Bas-Danube.

Sur le Danube, les droits de cette dernière catégorie sont perçus en une fois. En devra-t-il être de même au Congo? C'était l'avis du Représentant de la Belgique, mais Mr. l'Ambassadeur de France a pensé que cette clause pourrait donner lieu à des difficultés d'application. Il a été entendu que la commission internationale statuera sur ce point dans ses règlements, en tenant compte des circonstances. M. le Ministre des Etats-Unis a désiré savoir si les taxes de navigation seront exigées des embarcations ou bateaux appartenant à des tribus indigènes, qui ont conservé leur indépendance. Il n'est pas douteux, a fait observer à cet égard Mr. le Baron Lambermont, que les droits des peuples ou des Etats indigènes devront être respectés en cette matière comme en toute autre. Mais, en dehors des limites de leur territoire, les bateliers indigènes sont, comme tous les autres, soumis au régime du pays où ils naviguent; l'heure viendra où ils bénéficieront, comme tout le monde, des améliorations introduites; ils devront alors supporter les mêmes obligations et ils n'auraient de légitime sujet de se plaindre que s'ils ne jouissaient pas du traitement accordé aux autres nations. C'est là le droit strict. En fait, la Commission internationale pourra recevoir des instructions assez larges pour lui permettre de faire face à toutes les difficultés qui pourraient se présenter à ce point de vue, et les pouvoirs territoriaux comprendront, ainsi qu'elle-même, la nécessité d'user de ménagements envers la navigation des peuples Africains; leur prudence préviendra les conflits. Sur le Danube, les bateaux de moins de cent tonnes sont exempts des taxes de navigation; or on sait que les embarcations Africaines jaugent à peine un ou deux tonneaux.

Cet ensemble de garanties est complété par une stipulation qui, d'accord avec un des principes essentiels qui dirigent nos travaux, prescrit que les taxes ou les droits de navigation ne comporteront aucun traitement différentiel.

Les conditions de la navigation dans le Congo sont sans doute destinées à passer par une période de transformations et de perfectionnements. Se rappelant la pensée prévoyante qui déjà l'a guidée quand il s'agissait des droits d'entrée, la Commission, sur la proposition de M. l'Ambassadeur d'Italie, a adopté une clause d'après laquelle les Puissances se réservent d'examiner, à l'expiration d'une periode de cinq ans, si les tarifs ne pourraient pas être utilement revisés. Pareille disposition existe sur le Danube, et depuis 1865 trois révisions successives ont déjà permis d'alléger notablement les charges de la navigation.

Art. III. Le projet comprend dans ses stipulations les affluents du Congo. Tous, connus ou imparfaitement connus, seront soumis au même régime que le fleuve dont ils sont tributaires.

Le principe de la liberté commerciale, vous le savez, n'a pas seulement été appliqué au bassin proprement dit du Congo et à une zone maritime s'étendant depuis la position de Sette - Camma jusqu'à l'embouchure de la Logé. Il a été étendu à une zone se prolongeant à l'Est du bassin du Congo jusqu'à l'Océan Indien, mais sous des réserves formelles quant aux territoires appartenant actuellement à quelque Etat indépendant. D'après le paragraphe 2 de l'Article III, l'application du principe de la libre navigation aura les mêmes limites, mais, à la demande de MM. les Plénipotentiaires du Portugal et de la Turquie, il reste bien entendu que c'est sous les mêmes réserves.

M. l'Ambassadeur de France n'a pas accepté d'une façon définitive, sous le rapport du régime de la navigation, l'assimilation au Congo et à ses affluents, des fleuves et rivières qui débouchent dans l'Océan Atlantique entre Sette-Camma et la Logé. S. E. a annoncé, sur ce sujet, une réserve destinée à figurer au protocole.

Art. IV. Cet article a sa raison d'être dans la nature même de la conformation physique du continent Africain dont presque toute la partie centrale constitue un plateau élevé s'abaissant plus ou moins brusquement vers la mer. Près de soixante lieues de chutes et de rapides séparent le cours moyen du Congo du vaste estuaire qui en forme la section inférieure. Cette circonstance explique que depuis quatre siècles qu'elle est connue, cette puissante artère est restée dans la plus grande partie de son cours à peu près stérile pour le commerce du monde et la civilisation de l'Afrique.

L'article IV introduit dans le droit international une idée nouvelle qui sera certainement envisagée comme un progrès. Il considère comme une dépendance du fleuve le chemin de fer, la route ou le canal qui viendrait à être substitué à la partie obstruée de son cours et il étend sur cette voie supplémentaire la même protection internationale.

Cette assimilation n'a soulevé aucune objection.

Mais suffit-elle? Le but de la Conférence serait-il véritablement atteint si l'Acte de navigation du fleuve ne prévoyait et ne hâtait en même temps la construction d'une route ou d'un chemin de fer qui assurât à bref délai la continuité des communications?

Dans le but de donner un effet pratique aussi prompt que possible aux dispositions de l'Article IV, l'un des Plénipotentiaires des Etats-Unis, M. Sanford, a soumis à la Conférence une proposition qui, dans la forme

qui lui a été donnée en dernier lieu, stipule qu'une route devra être construite dans la région des cataractes, que l'exécution de ce travail sera
confiée au riverain principalement intéressé et qu'il sera établi une servitude
de passage indispensable afin de permettre au chemin de fer projeté d'atteindre son but essentiel.

La discussion de cette proposition a fait ressortir des divergences de
vues. Le Sous-Comité, après avoir entendu les objections de M. le Délégué
Portugais et constaté que plusieurs de ses Membres étaient dépourvus d'instructions à ce sujet, s'était abstenu de se prononcer, laissant ce soin à
la Commission elle-même.

La question, selon MM. les Plénipotentiaires Portugais, n'est pas mûre,
le terrain pas suffisamment connu. D'autres combinaisons pourront se présenter et il faut en tout cas tenir compte des droits des Etats riverains.

M. l'Ambassadeur de France a été d'avis que la question se présentera
avec plus d'opportunité quand la situation territoriale sera mieux définie,
les limites des Etats tracées, les études techniques plus avancées.. Alors
les intéressés pourront se concerter pour arrêter l'exécution d'un plan, en
donnant au besoin les garanties financières nécessaires.

MM. les Plénipotentiaires d'Allemagne se prononcent en faveur de la
proposition de M. Sanford, sauf à trouver une rédaction acceptable pour
tous les intéressés, en partant de ce point de vue que tout le monde considère la jonction la plus prompte possible du Haut- et du Bas-Congo comme
un oeuvre indispensable.

Après que M. l'Ambassadeur d'Angleterre eut manifesté de son côté
son adhésion à la proposition de M. Sanford, l'un des Plénipotentiaires Belges
a fait observer que la jonction des deux sections navigables du Congo est
un intérêt supérieur qui doit dominer la discussion. L'exécution du projet
serait confiée à une Puissance riveraine déterminée; c'est un mandat semblable que, dans des conditions analogues, le Congrès de Berlin a confié,
en 1878, à l'Autriche, considérée comme principale Puissance intéressée,
pour la correction du Danube aux Portes de fer, après que l'expérience
avait constaté qu'une entente entre les riverains n'avait pu s'établir au
bout de sept années. Quant à la servitude de passage prévue, ce serait
une servitude fructueuse, dont tous les Etats riverains profiteront au même
titre, surtout si des tronçons perpendiculaires viennent se greffer plus tard
sur la voie principale.

Dans le cours du débat, M. Sanford avait modifié sa proposition en
ce sens qu'un délai pourrait être imposé pour assurer l'exécution des travaux.

Le débat est resté sans conclusion. La Commission a été d'avis qu'il
pourrait être repris devant la Conférence, sauf à rechercher dans l'intervalle
si une autre formule ne pourrait concilier toutes les opinions.

Art. V. Nous avons fait connaître, dans l'introduction de ce rapport,
que le Congrès de Paris a été amené, en 1856, à charger une Commission
Européenne des mesures à prendre pour améliorer les conditions de navigabilité du Danube et que, par ses services, celle-ci à justifié l'attente des
Gouvernements et du commerce.

Dans ces derniers temps, l'idée de créer une institution analogue sur le Congo a été émise de divers côtés et elle a trouvé une expression pratique dans le projet d'Acte de navigation préparé par le Gouvernement Impérial Allemand.

Votre Commission l'a adoptée sans discussion. Si des débats ont surgi, ils ont surtout porté, comme vous le verrez plus loin, sur le caractère du mandat qui serait conféré à la Commission Internationale ainsi que sur la nature et les limites de ses attributions.

Les Puissances signataires de l'Acte de navigation auront la faculté, mais non l'obligation, de se faire représenter dans la Commission Internationale.

Le paragraphe final de l'Article V, introduit sur la proposition de M. le Plénipotentiaire des Etats-Unis, est destiné à prévenir les abus qui pourraient naître de l'exagération des traitements ou du nombre excessif des agents et employés de la Commission Internationale. Il a de plus été entendu, sur des observations présentées par M. l'Ambassadeur d'Autriche-Hongrie et par M. le Plénipotentiaire de Russie, que les Puissances signataires de l'Acte de navigation, comme aussi celles qui y adhèreront ultérieurement, resteront juges du moment où il leur conviendra de se faire représenter dans la Commission Internationale, et que leurs Délégués, quelle que soit l'époque de leur nomination, seront traités sur le même pied que leurs collègues plus anciens.

Art. VI. Cet article, qui ne figurait pas dans le projet qui a servi de base aux discussions de la Sous-Commission, est dû à l'initiative de M. le Délégué Belge. La formule présentée par celui-ci, dans sa première partie, déclarait la Commission Internationale indépendante de l'autorité territoriale, et, dans la seconde, accordait le bénéfice de l'exterritorialité aux agents nommés par cette Commission. On a fait observer, à l'appui de cette proposition, que le préambule visant le Traité de Paris et spécialement le régime Danubien, il semblait impossible de donner à la Commission Internationale du Congo une situation inférieure à celle qu'une série concordante de dispositions Européennes avait attribuée à la Commission du Bas-Danube.

Cette dernière est souveraine sur les eaux de la section inférieure du fleuve, et c'est le Congrès de Berlin qui a affirmé, en 1878, cette souveraineté en des termes dont la reproduction identique était proposée pour la Commission Internationale du Congo. Il s'agissait non de donner à l'autorité qui va se constituer une attribution nouvelle, mais plutôt de définir son caractère public, de fixer le mode de son existence et de lui assurer les garanties indispensables pour l'accomplissement de son mandat.

M. le Délégué de la France dans la Sous-Commission ne s'était pas rangé à ces vues. Il était d'avis que la Commission Européenne du Danube était une exception, que le type n'en pouvait être généralisé, qu'au surplus la disposition proposée était inutile et faisait double emploi avec l'article VIII où les attributions de la Commission Internationale sont nominativement déterminées. Il ajoutait que le régime appliqué au Danube avait un caractère spécial et que son extension ne se justifiait pas au Congo, où il fallait avant tout faire appel à l'initiative des Etats riverains.

Ces arguments furent contestés par M. le Délégué Belge qui soutenait qu'un régime reconnu excellent pour le Danube, accepté comme un bienfait par toutes les nations, consacré par une série continue de décisions Européennes, devait convenir a fortiori au Congo où il n'existait qu'une civilisation embryonnaire. Il insistait sur cette considération qu'il était inadmissible que, faute d'indépendance, un pouvoir institué par les Puissances maritimes des deux mondes, dans un intérêt supérieur de civilisation, pût être exposé au danger de voir toute son action paralysée par la résistance même d'un seul riverain.

A la suite de cet échange d'observations et moyennant certaines atténuations de son texte, la proposition avait obtenu l'adhésion de plusieurs des Membres de la Sous-Commission. M. Cordeiro, Délégué Portugais, avait de son côté fait des réserves explicites au point de vue de l'indépendance des Etats riverains.

D'après sa formule primitive, l'Article VI investissait la Commission Internationale, ses agents et ses établissements du privilége de l'exterritorialité. Cette prérogative ayant paru trop étendue, on y avait substitué, à la suggestion de Sir Travers Twiss, la garantie personnelle de l'inviolabilité.

Le texte adopté par le Sous-Comité étant revenu devant la Commission, le même débat s'y est rouvert et à peu près dans les mêmes termes. Sur la proposition de M. le Baron de Courcel, la Commission a décidé alors de réserver la première proposition de l'Article VI — celle qui traite de la position de la Commission Internationale à l'égard des autorités territoriales — pour en reprendre l'examen après qu'il aurait été statué sur l'Article VIII, qui énumère les attributions de la même Commission. Cette procédure a été admise, et la seconde partie de l'Article VI qui confère l'inviolabilité aux Membres de la Commission et à leurs agents dans l'exercice de leurs fonctions, en étendant le même privilège à leurs offices, bureaux et archives, a ensuite été adoptée sans débat.

M. le Plénipotentiaire de Russie n'a adhéré à l'Article VI — ainsi qu'aux articles VII, IX et XIII — que sous le bénéfice des réserves qu'il fera en Conférence et qui seront insérées au protocole.

Art. VII. Le premier paragraphe de cet article donne lieu à une seule observation. Les termes »sur les lieux« qui figuraient dans le texte primitif ont été supprimés. Ce n'est pas que l'on ait été d'avis que la Commission pourrait siéger utilement ailleurs que sur les bords mêmes du Congo; mais on a voulu tenir compte de certaines difficultés qui pourront se présenter au début et rendre provisoirement quelque latitude indispensable.

D'après le second paragraphe, les règlements organiques devront être élaborés immédiatement. Plusieurs Membres de la Commission ont demandé qu'on fixât un délai qui ne pourrait excéder un an. Le terme adopté doit s'interpréter en ce sens que l'élaboration des règlements sera l'une des premières tâches dont la Commission aura à s'occuper.

Le troisième paragraphe a soulevé d'assez longs débats. MM. les Plénipotentiaires des Pays-Bas et de la France ont voulu réserver à leur Gouvernement la faculté d'approuver tous les règlements organiques, ainsi que les tarifs. M. le Plénipotentiaire de la Grande-Bretagne, craignant que ce système n'entraînât des retards excessifs, a proposé que la Commission votât dans ce cas aux deux tiers des suffrages, et que l'approbation des Gouvernements fût présumée, s'ils ne réclamaient dans les six mois. Les mêmes vues et les mêmes préoccupations ont déterminé l'un des Plénipotentiaires de l'Allemagne à proposer un délai d'un an, attendu qu'il lui semblait inadmissible qu'un seul Etat pût avoir la faculté indéfinie de paralyser l'action de tous les autres. Ce dernier terme n'a pas été admis. La Commission arrêtera donc les règlements organiques et les tarifs à la simple majorité; les Gouvernements représentés auront le droit de les approuver avant leur mise en vigueur, mais ils s'engagent à faire connaître leur avis dans le plus bref délai possible.

Aux termes du paragraphe 4, les infractions aux règlements seront réprimées par les agents de la Commission Internationale là où elle exerce directement son autorité, et ailleurs par la Puissance riveraine.

Mr. l'Ambassadeur d'Angleterre a pensé que cet article pourrait être utilement complété par une disposition créant un mode d'appel pour les personnes qui se croiraient lésées dans leurs personnes ou leurs droits par un abus de pouvoir ou une injustice de la part d'un agent ou d'un employé de la Commission Internationale. La proposition de S. E. a été admise et forme le dernier paragraphe de l'Article VII.

Art. VIII. Cet article, en tant qu'il définit les principales attributions de la Commission Internationale, est d'une incontestable importance. La discussion dont il a été l'objet n'a pas fait ressortir des différences notables de vues entre les Représentants des Puissances, tant dans la Sous-Commission que dans la Commission elle-même.

Voici en substance l'économie de l'Article VIII:

§. 1. La Commission Internationale désigne les travaux à faire dans l'intérêt de la navigation: elles les exécute là où elle est souveraine, ou s'entend, pour les exécuter, avec les Pouvoirs riverains dans les lieux où il en existe.

§. 2. Le projet voté par la Commission attribue aux riverains la fixation des tarifs de port, de quais, de magasins etc., sans aucune intervention de la Commission Internationale, à condition que ces tarifs soient purement compensateurs, conformément aux prescriptions de l'Article II.

La Commission Internationale arrête de son côté les tarifs du pilotage et ceux des droits de navigation.

§. 3. Ce paragraphe concerne la gestion des recettes.

§. 4. Pour l'établissement quarantenaire dont la création est prévue à l'embouchure du fleuve, le terme de contrôle fait place à celui de surveillance qui implique une intervention moins étendue. C'est à la demande de M. l'Ambassadeur de la Grande-Bretagne que cette substitution a eu lieu.

§. 5. Ce paragraphe règle la nomination des agents relevant de la Commission Internationale et celle des fonctionnaires dépendant des autorités locales.

L'alinéa final reproduit, avec certaines modifications de forme, la première proposition de l'ancien Article VI, d'abord réservée. La Commission Internationale, dans l'exercice de ses attributions telles qu'elles sont définies et limitées par l'Article VIII, ne dépendra pas de l'autorité territoriale.

Art. IX. En permettant à la Commission Internationale de recourir, au besoin et pour l'accomplissement de sa tâche, aux bâtiments de guerre des Puissances signataires de l'Acte de navigation, l'Article IX ne fait que reproduire une disposition déjà en vigueur à l'embouchure du Danube. Il en serait autrement qu'une telle stipulation serait justifiée, dans son application au Congo, par la nécessité de protéger les commerçants, les factoreries ou les navires contre les entreprises des pirates ou dans les conflits avec les indigènes.

L'appel aux navires de guerre ne pourra toutefois avoir le caractère d'une réquisition. Il restera subordonné aux instructions que les commandants tiendraient de leur Gouvernement.

Art. X. Le précédent du Danube, fleuve dans lequel les navires de guerre ne peuvent pénétrer, n'est plus applicable ici. Les bâtiments armés auront un libre accès au Congo et dans les eaux qui y sont assimilées, sauf les dispositions qui régissent la neutralité en temps de guerre. Quant au paiement ou à l'exemption des taxes, la marine de guerre y sera traitée d'après des prescriptions aujourd'hui de droit commun.

Art. XI. Ainsi que nous l'avons dit en commentant l'Article II, des taxes pourront être établies pour couvrir les dépenses techniques et administratives faites dans l'intérêt de la navigation.

Aux termes de l'Article VIII, il appartiendra à la Commission Internationale de désigner les travaux propres à assurer la navigabilité du Congo selon les besoins du commerce général.

Ces travaux seront exécutés par la Commission Internationale sur les sections du fleuve où aucune Puissance n'exercera des droits de souveraineté; sur les sections occupées par une Puissance souveraine, la Commission Internationale s'entendra avec l'autorité territoriale.

A l'aide de quelles ressources financières pourvoira-t-elle aux dépenses des travaux dont la construction pourra lui incomber?

Elle disposera, d'après l'article VIII, des revenus que lui procureront le tarif du pilotage et le tarif général des droits de navigation. Mais ces revenus suffiront-ils à ses besoins? Dans tous les cas, ils suivront, mais ne précéderont pas la dépense qu'occasionnerait l'exécution des travaux dont il s'agit.

L'on a été ainsi conduit à prévoir le cas où la Commission Internationale se trouverait dans l'alternative ou de surseoir à l'exécution de travaux que réclamerait l'intérêt de navigation et du commerce, ou de recourir au crédit sous forme d'emprunts.

La question des emprunts et surtout celle de leur garantie ne pouvaient échapper à notre attention; elles touchent en effet à des considérations d'un caractère particulier et dont les Gouvernements ont à tenir compte.

D'après le système proposé par la Sous-Commission, la Commission Internationale ne devait négocier d'emprunt qu'avec l'autorisation formelle des Gouvernements y représentés.

Cette disposition impliquait nécessairement un accord unanime. M. le Plénipotentiaire Belge avait émis l'opinion qu'il conviendrait d'ajouter que dans le cas où les Gouvernements jugeraient à propos de garantir de tels emprunts, ils ne devraient être tenus que proportionnellement à la part de leur pavillon dans la navigation du fleuve. Cette base de répartition, quoique non insérée dans le projet d'Article, avait paru généralement devoir être admise.

Au cours de l'examen de l'article dans la Commission même, des objections multiples se sont produites. Les Plénipotentiaires des Etats-Unis et des Pays-Bas ont décliné toute garantie financière. M. le Plénipotentiaire Belge, en expliquant les résolutions de la Sous-Commission, a établi qu'il était bien entendu qu'en aucun cas les Gouvernements ne seraient tenus comme débiteurs ou comme garants que moyennant leur consentement individuel. M. l'Ambassadeur d'Angleterre a demandé que la Commission fût autorisée à conclure directement des emprunts, moyennant la majorité des deux tiers des voix et sans obligation pour la minorité. L'un des Plénipotentiaires de l'Allemagne, M. de Kusserow, a déclaré de son côté que chacun devait rester libre, mais qu'il fallait cependant empêcher qu'une Puissance, par son refus, pût paralyser l'action des autres.

L'examen de cet Article a été repris au cours même de la lecture du rapport et a abouti à certaines dispositions nouvelles. Des doutes avaient surgi quant à l'étendue des pouvoirs de la Commission Internationale en matière d'emprunts, ainsi qu'au degré de responsabilité résultant, pour les Gouvernements, du vote qui serait émis à ce sujet par leur Représentant dans la Commission. Si ce vote est affirmatif, crée-t-il pour l'Etat une obligation financière ou au moins morale? S'il est négatif, appartient-il à la majorité de lier les Gouvernements en minorité? L'incertitude procédait de la clause finale du paragraphe 1 de l'Article XI, qui oblige les Membres de la Commission, avant de statuer sur une proposition d'emprunt, de se munir de l'autorisation de leur Gouvernement. L'Etat qui a donné cette autorisation, n'a-t-il pas contracté de fait, même en dehors de toute convention de garantie, une obligation juridique?

Dans la pensée de la Commission, cette question devait être résolue négativement; mais afin de prévenir toute méprise et de fixer nettement l'interprétation du premier paragraphe de l'article XI, M. le Plénipotentiaire d'Espagne a proposé de supprimer les termes »avec l'autorisation des Gouvernements représentés«. MM. les Plénipotentiaires de France, de Belgique, des Etats-Unis et de l'Allemagne se sont ralliés à cette suppression; M. l'Ambassadeur d'Angleterre a fait toutefois observer que les résolutions aussi graves que la conclusion d'un emprunt ne devraient pas pouvoir être prises par les Commissaires Internationaux, sans être munis de pouvoirs spéciaux. Mais on a répondu qu'il serait à la fois conforme d'une part aux intérêts des Gouvernements qui échapperaient ainsi à toute responsabilité, et d'autre part aux exigences de la situation qui pourrait, pour des travaux urgents, réclamer des ressources immédiates, que la Commission Internationale eût une personnalité distincte qui pût contracter pour et par elle-même en n'engageant que son propre avoir.

Ce point de vue ayant prévalu, il a été décidé que l'article subirait trois modifications. Au paragraphe 1, on intercalerait après le terme »négocier« les mots »en son nom propre«; les expressions finales du même paragraphe 1: »avec l'autorisation des Gouvernements y représentés«

seraient remplacées par celles-ci: »exclusivement gagés sur les revenus attribués à ladite Commission«; enfin au paragraphe 2, on substituerait aux
termes: »la garantie« les termes plus précis: »aucune garantie ni solidarité
à l'égard . . . , «

Voici en conséquence le système dont la Commission propose la sanction à la Conférence, système qui se ramène à ces deux alternatives:

1. La Commission Internationale constitue un corps ayant une personnalité juridique propre qui peut comme tel contracter des emprunts en
son nom collectif, en engageant exclusivement ses ressources et son domaine.

Quand la Commission usera de cette faculté, elle sera tenue de statuer
aux deux tiers des voix: mais ses Membres n'engagent que l'avoir de la
Commission et les Gouvernements qu'ils représentent n'assument de ce chef
aucune obligation quelconque.

2. Si un emprunt décrété par la Commission Internationale à la même
majorité des deux tiers des voix, n'est réalisable que sous la garantie d'un
ou plusieurs des Etats signataires, la garantie ne sera acquise que moyennant une convention spéciale individuellement consentie et souscrite par
chacune des Puissances garantes. —

L'on s'est demandé s'il ne conviendrait pas de soumettre à une surtaxe
les navires appartenant à des Puissances qui n'auraient pas cru devoir
accorder leur garantie à des emprunts contractés par la Commission Internationale. Votre Commission s'est prononcée pour la négative. Il lui a
paru que ces représailles d'une espèce particulière s'accorderaient mal avec
l'esprit des actes de la Conférence, qui résiste aux traitements différentiels.
La surtaxe atteindrait d'ailleurs, et contrairement à nos intentions, le pavillon des Etats qui ne seraient pas représentés dans la Commission Internationale, ou qui n'auraient pas encore adhéré à nos résolutions. M. l'Ambassadeur d'Autriche a ajouté que la précaution avait perdu son utilité à
la suite des remaniements qu'a subis l'Article et qui laissent aux Gouvernements la liberté absolue de leurs déterminations à l'égard des emprunts.

Art. XII. Un établissement quarantenaire sera fondé aux embouchures
du Congo, soit par l'initiative des Puissances riveraines, soit par l'intervention
de la Commission Internationale. Ce dernier cas implique une entente entre
les parties.

Le contrôle sanitaire à exercer sur les bâtiments dans le cours de
la navigation fluviale, fera, s'il y a lieu, l'objet d'une décision ultérieure
des Puissances.

Art. XIII. Cet Article a une portée considérable; il a occupé la
Commission pendant plusieurs séances et donné lieu à des discussions approfondies. Son objet est d'étendre, dans la mesure du possible, au temps de
guerre les garanties stipulées pour le temps de paix et d'assurer, même
au cours d'hostilité éventuelles, la liberté du commerce et de la navigation
sur le Congo, ses affluents, ainsi que sur les voies de communication qui
leur sont assimilées.

Trois formules de rédaction se sont trouvées en présence pour traduire
cette pensée.

La première [Annexe 8], préparée par le Gouvernement Impérial Allemand, proclame la neutralité du fleuve et des voies assimilées, impose aux Puissances signataires l'obligation de respecter et de faire respecter cette neutralité, stipule le maintien, malgré l'état de guerre, de toutes les dispositions édictées par l'Acte de navigation sauf pour la contrebande de guerre, neutralise le personnel, les ouvrages et les établissements de la Commission Internationale, sous la garantie du respect et de la protection des belligérants et charge la Commission Internationale elle-même de veiller au maintien de cette neutralité.

La seconde formule [Annexe 9], remise par le Représentant de la Belgique, ne s'écarte de la première qu'en tant qu'elle complète l'énumération des voies assimilées au fleuve, qu'elle réserve les obligations spéciales dérivant pour la Belgique de sa propre neutralité, — qu'elle stipule explicitement le maintien, pendant l'état de guerre, des dispositions de l'Acte de navigation au profit des belligérants aussi bien que des neutres, — et enfin qu'elle prévoit, en cas d'hostilités entre les riverains, l'intervention officieuse, l'offre de médiation de la Commission Internationale.

La troisième formule [Annexe 10], introduite par la Grande-Bretagne, est conçue sur d'autres bases; elle élimine le terme même de neutralité qu'elle remplace par l'engagement de maintenir, en temps de guerre, la liberté de la navigation. Cette proposition a revêtu deux formes; la seconde, plus complète, plus explicite que la première, se résume ainsi: La navigation du Congo, de ses affluents, des voies assimilées, ainsi que de la mer à une lieue marine de distance en avant de l'embouchure du Congo, demeure libre, en temps de guerre, pour le pavillon marchand de toutes les nations, sans distinction par conséquent entre les belligérants et les neutres. Les routes terrestres sont placées sous un régime analogue. Le commerce de la contrebande de guerre est excepté; la fourniture de houille aux bâtiments de guerre belligérants est soumise à certaines restrictions spéciales que les Puissances émettraient le vœu de voir sanctionner par des mesures répressives. Les dispositions de l'Acte de navigation restent en vigueur, sauf pour le transport des munitions de guerre. Le personnel, les ouvrages, et les établissements de la Commission Internationale seront respectés par les belligérants.

Sous des formes diverses, ces trois textes concordent dans leurs dispositions fondamentales et s'inspirent du même esprit. C'est ce qui a fait naître la pensée de les fondre dans une rédaction transactionnelle qui contiendrait tous les éléments sur lesquels l'accord paraissait acquis dès le principe au sein de la Commission. D'après ce nouveau texte [Annexe 11] l'Acte de navigation est maintenu pendant l'état de guerre. La navigation du Congo, de ses affluents, ainsi que de la mer territoriale en face de l'embouchure du fleuve demeure libre pour l'usage commercial. Le même régime s'étend aux voies de communication assimilées. Les articles réputés contrebande de guerre par le droit des gens sont exceptés de ce régime. Le personnel, les ouvrages et les établissements de la Commission Internationale sont neutralisés; les belligérants s'engagent à les respecter et à les protéger.

Deux points seulement de cette formule ont soulevé quelques observations de la part des Représentants de la Grande-Bretagne. L'un a trait à l'obligation de protéger les établissements internationaux qui pourraient, craint-on, être utilisés de la sorte pour des buts de guerre; l'autre concerne l'omission du régime spécial prévu pour le charbon dans la proposition Anglaise.

Mais avant d'aborder la discussion de ces objections, la Commission a examiné une proposition plus étendue présentée par M. le Ministre des États-Unis [Annexe 12].

Aux termes de ce projet, ce ne seraient plus seulement le fleuve, les eaux assimilées, les routes, qui seraient neutralisées en temps de guerre; tous les territoires qui font partie du bassin conventionnel du Congo, tel qu'il est délimité à l'article 1 de la Déclaration sur la liberté commerciale, seraient placés sous le même régime. Tout acte d'hostilité dans ces contrées serait interdit aux belligérants; aucun article qualifié de contrebande de guerre ne pourrait leur être fourni. Enfin, les Puissances signataires acquerraient le droit de faire respecter cette neutralité.

Dans un mémoire, dont il a donné lecture à la Commission [Annexe 13], M. Kasson explique et justifie sa proposition. Il ne prétend pas exclure absolument l'hypothèse d'une guerre entre Puissances riveraines du Congo; mais il voudrait empêcher que des Puissances d'Europe ou d'Amérique, qu'elles aient ou non des possessions dans le bassin du Congo, y transportassent le théâtre de leurs hostilités éventuelles. Les guerres coloniales ont considérablement entravé et longtemps paralysé l'essor des colonies Américaines. La même expérience ne devrait pas se renouveler en Afrique. Il ne faut pas que les efforts qui seront faits, que les établissements qui pourront être créés à grands frais par des neutres dans les Etats du Congo, puissent être menacés ou détruits par des compétitions et des luttes auxquelles ces Etats eux-mêmes seraient étrangers. Afin de prévenir tout malentendu sur sa pensée, M. Kasson l'a traduite en des termes conformes aux explications de son mémoire justificatif [Annexe 14].

A la demande de M. de Kusserow, les jurisconsultes qui assistent à la séance sont invités à faire connaître leur sentiment. M. le Professeur Asser, Délégué des Pays-Bas, appuie la motion de M. Kasson, pour la raison que la liberté des fleuves en temps de guerre ne se comprend pas sans celle des territoires. Il distingue entre la liberté de continuer le commerce et la neutralité, et il rend hommage à la diplomatie aidant aux progrès de la science du droit international.

M. Travers Twiss, Délégué Britannique, pense que la neutralité serait difficile à maintenir en Afrique en cas de guerre entre les Puissances qui y possèderaient des colonies. Mais que s'il s'agit, non d'interdire la guerre, mais d'en circonscrire le théâtre, la proposition devient pratique.

M. Engelhardt, Délégué Français, constate que l'on est d'accord sur le maintien de la liberté de la navigation en temps de guerre. La neutralité appliquée aux cours d'eau seulement ne lui paraît pas pouvoir soulever d'objection.

A la suite de ces explications, la Commission aborde le fond du débat. M. l'Ambassadeur d'Angleterre déclare que son Gouvernement est prêt à souscrire l'engagement proposé par M. le Plénipotentiaire des Etats-Unis et l'accepte dans la plus grande extension qu'on voudra lui donner. M. le Comte de Hatzfeldt s'exprime dans le même sens au nom de l'Allemagne qui est disposée à étendre aussi loin que possible l'immunité que l'on a eu vue. M. le Plénipotentiaire de l'Italie partage ce sentiment. Il hésite à suggérer un arbitrage qui semblerait ne pas devoir réunir l'unanimité des votes; mais peut-être pourrait-on reprendre la clause de médiation insérée au XXIII° protocole du Congrès de Paris en lui prêtant, pour cette question spéciale, une plus grande efficacité. Il met cette opinion sous le patronage de M. le Chevalier Mancini, dont la haute compétence est reconnue aussi dans la science du droit international.

Le Plénipotentiaire de Portugal, M. de Serpa Pimentel, est d'avis que le projet de M. Kasson porte atteinte à la souveraineté des Etats du Congo ou des Puissances qui y ont des colonies. Son application pourrait avoir pour effet de soumettre le territoire d'un même Etat ou d'une même colonie à deux régimes internationaux différents, s'il était traversé par la ligne de délimitation du bassin du Congo. Pour ces motifs, il ne saurait s'y rallier.

M. de Kusserow se prononce dans un autre sens. Il trouve que la proposition Américaine s'inspire de la pensée même qui a présidé à la convocation de la Conférence. Elle est conforme à l'intérêt commun. Il s'agit simplement de prendre l'engagement de limiter le champ des hostilités futures, de renoncer à poursuivre dans le bassin du Congo un conflit qui aurait éclaté ailleurs. Les Etats et colonies du Congo ne seraient pas impliqués dans des guerres ne les concernant pas. Le Plénipotentiaire de l'Allemagne appuiera toute combinaison conçue dans cet esprit.

M. le Baron Lambermont dit que s'il est un Etat qui ait à se montrer sympathique au principe de la neutralité, c'est assurément la Belgique qui lui doit une période déjà longue de paix et de prospérité. Il fait toutefois remarquer que si, d'après la proposition de M. Kasson, il s'agit seulement de s'obliger à ne pas faire la guerre dans le bassin du Congo, la Belgique serait dans son rôle d'Etat perpétuellement neutre en souscrivant un tel engagement.

M. l'Ambassadeur de France élève des objections contre la proposition formulée par M. le Ministre des Etats-Unis. La neutralité, dit-il, ne peut revêtir que deux formes: elle est ou volontaire et libre ou imposée et garantie. Il ne s'agit pas de cette dernière et la première ne se décrète pas. Dès lors, la mesure proposée serait sans valeur pratique. Aucun Gouvernement belligérant, ayant des possessions dans le bassin du Congo, ne pourrait s'y soumettre. On ne peut réclamer d'un Etat belligérant qu'il se prive d'une partie de ses moyens d'action. M. le Baron de Courcel ajoute qu'un tel engagement ne pourrait être tenu. Quand un Etat est en guerre, il la fait avec toutes ses ressources. La proposition transactionnelle concernant les voies navigables et les routes, réalise tout ce qui est praticable dans le projet de Mr. Kasson. Cette proposition est déjà un très grand progrès, puisqu'elle consacre le principe de l'inviolabilité, sur ces eaux et ces routes, de la propriété privée tant belligérante que neutre.

M. l'Ambassadeur d'Italie constate qu'il s'agit moins de neutraliser le bassin du Congo que de prendre un engagement en vertu duquel les Puissances signataires renonceraient à se faire la guerre dans ce bassin. C'est la sécurité et l'expansion du grand marché qui va s'ouvrir sur les bords du Congo, ajoute de son côté M. de Kusserow, qu'il s'agit exclusivement d'assurer.

Au terme de cet échange de vues, M. le Plénipotentiaire des États-Unis soutient son projet. Il déclare qu'il ne vise pas les guerres en Afrique, mais les guerres étrangères qui seraient transférées en Afrique. Il ne s'agit que de soustraire le bassin du Congo à des conflits qui ne le concernent pas et d'empêcher les belligérants de soulever les tribus indigènes, déjà trop portées à la lutte et au pillage. Notre proposition, dit-il, n'est pas seulement humanitaire, elle a un sens très pratique: nous ne ferons pas la guerre dans le Congo, mais pour la sécurité de notre commerce et de nos établissements, nous avons intérêt à ce qu'on ne l'y apporte pas. M. Kasson demande toutefois de pouvoir remanier sa proposition dans le but de tenir compte des dissidences qui se sont manifestées, mais en maintenant l'idée fondamentale.

Tel était le résultat de la discussion à l'issue de la séance du 10 décembre. Avant qu'elle fût reprise M. l'Ambassadeur de France a proposé de disjoindre les deux propositions en présence relativement au régime sous lequel serait placé, en temps de guerre, le bassin conventionnel du Congo. Il a fait remarquer que la proposition primitive formant l'Article XIII du projet, sans distinction de formules, concernait exclusivement les eaux de ce bassin, tandis que celle de M. le Plénipotentiaire des États-Unis stipulait pour les territoires. La disposition relative à l'immunité en temps de guerre de la navigation marchande était, du reste, destinée, à l'exception du paragraphe final, à être appliquée au Niger aussi bien qu'au Congo. Il serait donc utile d'arrêter le texte de cet Article en prenant pour base de discussion la formule dite transactionnelle qui avait paru traduire fidèlement les données communes aux divers systèmes proposés.

M. le Plénipotentiaire des États-Unis ne s'est pas opposé à cette disjonction des deux projets, mais il a fait remarquer que sa proposition, conçue sur un plan plus large, enveloppait l'autre et ferait, si elle était acceptée, double emploi avec la première, sauf pour le cas d'application au Niger.

M. l'Ambassadeur de France ne conteste pas cette appréciation, mais ne trouve aucun inconvénient à résoudre séparément les deux questions. La clause fluviale prendrait place dans les deux actes de navigation; celle qui concerne la neutralité des territoires pourrait former un article supplémentaire de la Déclaration sur la liberté commerciale. Les deux textes seraient corrélatifs.

La Commission adopte cette procédure, avec la réserve demandée par M. le Plénipotentiaire des États-Unis que la rédaction de l'article XIII pourrait être revisée après qu'on aurait statué sur sa proposition.

L'examen de l'article même n'a révélé aucune dissidence essentielle. Les Membres de la Commission se sont trouvés unanimes pour souscrire au progrès considérable qu'il introduit dans le code maritime des nations. La décision que la Conférence est appelée à prendre à cet égard fera sans doute époque dans le droit international.

Le paragraphe 1 de l'article consacre le principe de la liberté en temps de guerre du pavillon marchand de tous les peuples, tant belligérants que neutres, sur le Congo, ses embouchures, ses embranchements et affluents, ainsi que dans la mer territoriale qui lui fait face. C'est une sanction nouvelle et une extension importante du principe de l'inviolabilité de la propriété privée dans les conflits internationaux. Afin d'élargir encore le sens pratique de cette disposition, les termes »de temps de guerre« ont été substitués à ceux plus restreints »d'état de guerre.«

Le second paragraphe couvre de la même garantie les routes, chemins de fer, lacs et canaux mentionnés dans les Articles III et IV.

Le troisième paragraphe excepte de la protection stipulée ci-dessus la contrebande de guerre, en s'en tenant pour la définition de celle-ci aux règles générales du droit des gens.

Le paragraphe 4 enfin neutralise le personnel, les ouvrages, établissements, caisses etc. de la Commission Internationale, conformément au système adopté pour la Commission Européenne du Bas-Danube et définitivement consacré par l'Article VII du traité de Londres du 18 mars 1871. Toutefois M. l'Ambassadeur d'Angleterre a demandé la suppression du terme »protégés« dans la crainte que des belligérants n'abusassent de cette protection pour s'installer dans les établissements de la Commission Internationale et les faire servir à des buts de guerre. MM. les Plénipotentiaires d'Allemagne n'ont pu partager cette crainte; ils pensent que la protection, dont il s'agit, peut être indispensable en cas d'attaques éventuelles de la part des indigènes. Quant aux abus qu'on a paru redouter, toutes les Puissances seront d'accord pour les réprouver comme contraires à la pensée qui a dicté l'article.

Il a été convenu qu'il serait fait mention de ces explications au rapport et le paragraphe final a ensuite été adopté sans changement.

Art. XIV. Lorsqu'il s'est agi d'arrêter définitivement les termes de la Déclaration relative à la liberté du commerce, vous avez été d'avis que tout prévoir et tout régler serait une tâche prématurée; vous avez fait la part de l'avenir et de la prévoyance.

Les mêmes considérations nous ont fait adopter une conclusion analogue en ce qui touche le régime de la navigation. Pour parer à toutes les éventualités, la Commission a placé à la fin de l'Acte de navigation un article par lequel les Puissances se réservent d'y introduire, de commun accord et à telle époque qu'elles jugeront convenir, les modifications ou les améliorations dont l'utilité serait démontrée par l'expérience.

II.
Acte de navigation du Niger.

Le Niger se distingue du Congo par des différences géographiques, commerciales et politiques qui vous sont connues.

Par suite de cette diversité des situations, les régimes proposés pour la navigation des deux fleuves ne sont pas identiques.

Ainsi qu'il est dit dans l'introduction de ce rapport, la Commission a eu à délibérer, en ce qui concerne la navigation du Niger, sur un projet déposé par M. l'Ambassadeur d'Angleterre (v. annexe No. 5) et auquel la

Sous-Commission n'a fait subir que des retouches secondaires. Le projet primitif a ensuite fait place à un projet amendé par le Plénipotentiaire de la Grande-Bretagne [Annexe 15].

Trois éléments sont à considérer dans l'Acte que la Commission propose à votre approbation (v. annexe No. 7): le préambule, la liberté de la navigation, l'exercice de l'autorité administrative et de la police fluviale.

Le texte du préambule reproduit identiquement celui qui a été admis pour le Congo, sauf qu'il ne vise pas les Articles XV et XVI du Traité de Paris, qui se rapportent au régime Danubien. La mention spéciale de ce fleuve a donc également disparu. Cette suppression, au moins quant à la mention de l'Article XVI du traité de Paris, est la conséquence de la résolution prise de ne pas instituer pour le Niger une Commission Internationale.

Les Articles I, II, III et IV reproduisent les règles adoptées pour le Congo par rapport à la liberté de la navigation sur le fleuve et ses affluents, à l'interdiction de tout traitement différentiel ainsi que des taxes et des péages qui ne seraient pas strictement compensateurs, enfin à l'assimilation des routes, chemins de fer et canaux au fleuve lui-même ou à ses affluents, quand ils tiennent lieu de sections impraticables de leur cours. Ces Articles n'ont donné lieu qu'à quelques observations relatives à la concordance des textes entre les deux Actes.

Aucune différence ne subsiste entre les Articles I des deux Actes; mais il a été entendu que l'interdiction au paragraphe 3 de toute concession d'un privilège exclusif, n'enlève pas la faculté de subventionner des entreprises privées dans un but d'utilité publique.

Le paragraphe 1 de l'Article II est conçu sous une forme plus générale parce qu'il n'y a plus lieu d'énumérer les diverses espèces de droits qui pourront être perçus, notamment par la Commission Internationale. Les trois catégories de taxes prévues pour le Congo rentrent sous l'unique rubrique de droits compensateurs, levés pour couvrir les dépenses faites dans l'intérêt du commerce et de la navigation.

De l'Article III il ne subsiste que le premier paragraphe, attendu que l'Acte de navigation du Niger s'applique exclusivement aux eaux comprises dans son bassin géographique.

Le même motif explique la modification apportée au texte de l'article IV. M. le Plénipotentiaire d'Allemagne a toutefois demandé ici que, vu l'état d'incertitude où l'on se trouve encore à l'égard du système complet du Delta du Niger, on intercalât les termes: »embranchements et issues« après »affluents«. Cette proposition a été admise sans contestation.

Les Articles V, VI et VII règlent l'exercice de la police et de l'administration fluviale dans des conditions identiques pour les Puissances qui exercent déjà ou qui viendront ultérieurement à exercer dans le bassin du Niger des pouvoirs souverains ou un protectorat.

La Grande-Bretagne et la France s'engagent séparément à édicter des règlements fluviaux qui consacrent la liberté de navigation et facilitent autant que possible la circulation des navires. Elles promettent en outre de protéger les négociants étrangers au même titre que leurs nationaux.

Toute Puissance signataire du présent Acte assume d'avance les mêmes obligations si elle acquérait plus tard des possessions dans le bassin du Niger.

L'article VIII établit sur le cours du Niger et de ses affluents un régime d'immunité en temps de guerre, au profit du commerce de toutes les nations, identique à celui qui a été adopté pour le Congo. Dans son application spéciale au Niger, cette disposition n'a pas donné lieu à un débat distinct, sauf toutefois que M. l'Ambassadeur d'Angleterre a demandé la suppression de la mention des lacs, désir auquel il a été fait droit. Le paragraphe final concernant la Commission Internationale du Congo n'a pu trouver son application sur le Niger; il a donc été éliminé. Pour le sens et l'interprétation des autres paragraphes de cet Article, il suffira de s'en référer aux explications fournies sur l'Article XIII de l'Acte de navigation du Congo.

L'Article IX est également commun aux deux Actes; il prévoit une révision des clauses qui précèdent, dans la pensée d'y apporter les améliorations que l'expérience aura indiquées.

M. le Plénipotentiaire de la Grande-Bretagne a proposé d'ajouter à l'Acte de navigation du Niger un Article ainsi conçu:

»Le transit des boissons spiritueuses est prohibé sur le cours du Bas-Niger«.

Cette proposition a pris ensuite la forme suivante:

»Les Puissances, en tant que les eaux du Niger, de ses embran-
»chements et issues et de ses affluents, sont ou seront sous leur
»souveraineté ou leur protectorat, pourront adopter à l'égard du
»transit des boissons spiritueuses par lesdites eaux, les dispositions
»qu'elles jugeront nécessaires dans l'intérêt des populations indigènes«.

D'après les renseignements que Son Excellence a bien voulu donner à la Commission, les populations musulmanes de ces régions ne fabriquent ni ne boivent des liqueurs alcooliques. [Annexe 16]. L'introduction des boissons spiritueuses mettrait gravement en péril leur bien-être physique et moral.

La Conférence, comme le constatent les protocoles des séances du 19 novembre et du 1ᵉʳ décembre, avait déjà été saisie de cette question par l'initiative de M. le Comte de Launay.

La Commission ne pouvait manquer de s'associer au sentiment élevé qui a inspiré la proposition de M. l'Ambassadeur d'Angleterre, et, d'une voix unanime, elle propose à la Conférence d'émettre le vœu qu'une entente s'établisse entre les Gouvernements pour régler la question dont il s'agit d'une manière qui concilie les droits de l'humanité avec les intérêts du commerce, en ce que ces derniers peuvent avoir de légitime.

Avant de terminer ce rapport, nous croyons devoir acquitter une dette de reconnaissance. MM. Banning, Engelhardt, Anderson, Crowe, Sir Travers Twiss, Asser et Cordeiro, Délégués de Belgique, de France, de la Grande-Bretagne, des Pays-Bas et du Portugal ont bien voulu prêter au Sous-Comité et à la Commission un concours qui a été justement apprécié. MM. Woermann, Stanley et de Bloeme, Délégués de l'Allemagne, des Etats-Unis et des Pays-Bas, ont de leur côté mis au service de nos délibérations les résultats de leur expérience personnelle. M. le Délégué Belge a de plus contribué à réunir les éléments du présent travail. La Commission est certaine d'être votre organe en leur exprimant notre sincère gratitude.

Messieurs, un vaste marché est ouvert au coeur même de l'Afrique. Toutes les nations y seront traitées dans des conditions de parfaite égalité et le commerce n'y connaîtra ni droits d'entrée ni formalités vexatoires. Les intérêts économiques n'ont pas seuls fixé vos préoccupations; vous avez en même temps servi la cause de l'humanité, de la civilisation, de la science et du sentiment religieux. Telle est dans sa valeur matérielle comme dans son acception la plus noble, la portée de la Déclaration dont les clauses ont déjà obtenu votre assentiment.

L'Acte sur lequel vous allez délibérer n'est pas moins digne de votre sollicitude. La nature a créé de grandes voies fluviales par lesquelles le commerce et, avec lui, il faut l'espérer, le progrès sous toutes ses formes, pénètreront jusqu'au centre du continent Africain. Mais, pour les mettre en état de répondre à cette destination, il importe de les placer sous la protection d'un large système de franchises et de garanties. C'est là l'objet des Actes de navigation qui appliqueront au Congo et au Niger, dans la mesure diverse que comportent les circonstances, les principes qui font de la libre navigation des fleuves une des plus belles conquêtes du droit moderne.

Le Président   Le Rapporteur

Alph. de Courcel.   *Baron Lambermont.*

Annexe No. 1.

TRAITÉ DE VIENNE DE 1815.

Art. 108. Navigation des rivières traversant différents Etats.

Les Puissances, dont les Etats sont séparés ou traversés par une même rivière navigable, s'engagent à régler d'un commun accord tout ce qui a rapport à la navigation de cette rivière. Elles nommeront à cet effet des Commissaires qui se réuniront au plus tard six mois après la fin du Congrès, et qui prendront pour bases de leurs travaux les principes établis dans les articles suivants:

Art. 109. Liberté de la navigation.

La navigation dans tout le cours des rivières indiquées dans l'article précédent, du point où chacune d'elles devient navigable jusqu'à son embouchure, sera entièrement libre, et ne pourra, sous le rapport du commerce, être interdite à personne, bien entendu, que l'on se conformera aux règlements relatifs à la police de cette navigation, lesquels seront conçus d'une manière uniforme pour tous, et aussi favorables que possible au commerce de toutes les nations.

Art. 110. Uniformité de système pour la perception des droits.

Le système qui sera établi, tant pour la perception des droits que pour le maintien de la police, sera, autant que faire se pourra, le même pour tout le cours de la rivière, et s'étendra aussi, à moins que des circonstances particulières ne s'y opposent, sur ceux de ces embranchements et confluents qui dans leur cours navigable séparent ou traversent différents Etats.

Art. 111. Rédaction du tarif.

Les droits sur la navigation seront fixés d'une manière uniforme, invariable, et assez indépendante de la qualité différente des marchandises pour ne pas rendre nécessaire un examen détaillé de la cargaison autrement que pour cause de fraude et de contravention. La quotité de ces droits, qui en aucun cas ne pourront excéder ceux existants actuellement, sera déterminée d'après les circonstances locales, qui ne permettent guère d'établir une règle générale à cet égard. On partira néanmoins, en dressant le tarif, du point de vue d'encourager le commerce, en facilitant la navigation, et l'octroi établi sur le Rhin pourra servir d'une norme approximative.

Le tarif une fois réglé, il ne pourra plus être augmenté que par un arrangement commun des Etats riverains, ni la navigation grevée d'autres droits quelconques, outre ceux fixés dans le règlement.

Art. 112. Bureaux de perception.

Les bureaux de perception, dont on réduira autant que possible le nombre, seront fixés par le règlement, et il ne pourra s'y faire ensuite aucun changement que d'un commun accord, à moins qu'un des Etats riverains ne voulût diminuer le nombre de ceux qui lui appartiennent exclusivement.

Art. 113. Chemins de halage.

Chaque Etat riverain se chargera de l'entretien des chemins de halage qui passent par son territoire, et des travaux nécessaires pour la même étendue dans le lit de la rivière, pour ne faire éprouver aucun obstacle à la navigation.

Le règlement futur fixera la manière dont les Etats riverains devront concourir à ces derniers travaux, dans le cas où les deux rives appartiennent à différents Gouvernements.

Art. 114. Droits d'étape et de relâche.

On n'établira nulle part des droits d'étape, d'échelle ou de relâche forcée. Quant à ceux qui existent déjà, ils ne seront conservés qu'en tant que les Etats riverains, sans avoir égard à l'intérêt local de l'endroit ou du Pays où ils sont établis, les trouveraient nécessaires ou utiles à la navigation et au commerce en général.

Art. 115. Douanes.

Les douanes des Etats riverains n'auront rien de commun avec les droits de navigation. On empêchera par des dispositions réglementaires, que l'exercice des fonctions des douaniers ne mette pas d'entraves à la navigation, mais on surveillera par une police exacte sur la rive, toute tentative des habitants de faire la contrebande à l'aide des bateliers.

Art. 116. Règlement commun à rédiger.

Tout ce qui est indiqué dans les articles précédents, sera déterminé par un règlement commun, qui renfermera également tout ce qui aurait besoin d'être fixé ultérieurement. Le règlement une fois arrêté, ne pourra être changé que du consentement de tous les Etats riverains et ils auront soin de pourvoir à son exécution d'une manière convenable et adaptée aux circonstances et aux localités.

Annexe No. 2.

TRAITÉ

entre la France et la Confédération Argentine pour la libre navigation du Parana et de l'Uruguay, conclu à San José de Flores, le 10 juillet 1853.

(Traités identiques avec la Grande-Bretagne et les Etats-Unis de l'Amérique.)

Art. I. La Confédération Argentine permet, dans l'exercice de ses droits souverains, la libre navigation des rivières Parana et Uruguay, sur toute la partie de leur cours qui lui appartient, aux navires marchands de toutes les nations, en se conformant uniquement aux conditions qu'établit ce Traité et aux règlements décrétés ou qui le seraient à l'avenir par l'autorité nationale de la Confédération.

Art. II. En conséquence, lesdits bâtiments seront admis à séjourner, charger et décharger dans les lieux et ports de la Confédération Argentine ouverts à cet effet.

Art. III. Le Gouvernement de la Confédération Argentine, désirant procurer toute facilité à la navigation intérieure, s'engage à entretenir des marques et des balises indiquant les passes.

Art. IV. Les autorités compétentes de la Confédération établiront un système uniforme pour la perception des droits de douane, de port, de phare, de police et de pilotage, dans tout le cours des eaux qui appartiennent à la Confédération.

Art. V. Les Hautes Puissances contractantes, reconnaissant que l'île de Martin-Garcia peut, d'après sa position, entraver et empêcher la libre navigation des affluents du Rio de la Plata, conviennent d'employer leur influence pour que la possession de cette île ne soit pas retenue ou conservée par aucun Etat du Rio de la Plata, ou de ses affluents, qui n'aurait pas adhéré au principe de leur libre navigation.

Art. VI. S'il arrivait (ce qu'à Dieu ne plaise) que la guerre éclatât entre quelques-uns des Etats, Républiques ou Provinces du Rio de la Plata ou de ses affluents, la navigation des rivières Parana et Uruguay n'en demeurera pas moins libre pour le pavillon marchand de toutes les nations. Il ne sera apporté d'exception à ce principe qu'en ce qui concerne le trafic des munitions de guerre, telles que les armes de toute espèce, la poudre de guerre, le plomb et les boulets.

Art. VII. Sa Majesté l'Empereur du Brésil et les Gouvernements de

Bolivie, du Paraguay et de l'Etat Oriental de l'Uruguay, pourront accéder au présent Traité, pour le cas où ils seraient disposés à en appliquer les principes aux parties des rivières Parana, Paraguay et Uruguay, sur lesquelles ils peuvent respectivement posséder des droits fluviaux.

Art. VIII. Le principal objet pour lequel les rivières Parana et Uruguay sont déclarées libres pour le commerce du monde étant de développer les relations mercantiles des contrées riveraines et de favoriser l'immigration, il est convenu qu'aucune faveur ou immunité quelconque ne sera accordée au pavillon ou au commerce d'une autre nation, sans qu'elle ne soit également étendue au commerce et au pavillon Français.

Art. IX. Le présent Traité sera ratifié par Sa Majesté l'Empereur des Français dans le délai de quinze mois à partir de sa date, et par S. E. M. le Directeur provisoire, dans celui de deux jours, sous la réserve de le présenter à l'approbation du premier Congrès législatif de la Confédération Argentine.

Les ratifications devront être échangées au siège du Gouvernement de la Confédération Argentine dans le délai de dix-huit mois.

En foi de quoi, les Plénipotentiaires respectifs ont signé le présent Traité et l'ont scellé du sceau de leurs armes.

Fait à San José de Flores, le 10 juillet 1853.

Le Chevalier de Saint Georges.   *Salvador M. del Carril.*   *José B. Gorostiaga.*

Annexe No. 3.

TRAITÉ DE PARIS DU 30 MARS 1856.

Art. XV. L'acte du Congrès de Vienne ayant établi les principes destinés à régler la navigation des fleuves qui séparent ou traversent plusieurs Etats, les Puissances contractantes stipulent entre elles, qu'à l'avenir ces principes seront également appliqués au Danube et à ses embouchures. Elles déclarent que cette disposition fait, désormais, partie du droit public de l'Europe, et la prennent sous leur garantie.

La navigation du Danube ne pourra être assujettie à aucune entrave ni redevance qui ne serait pas expressément prévue par les stipulations contenues dans les articles suivants. En conséquence, il ne sera perçu aucun péage basé uniquement sur les marchandises qui se trouvent à bord des navires. Les règlements de police et de quarantaine à établir, pour la sûreté des Etats séparés ou traversés par ce fleuve, seront conçus de manière à favoriser, autant que faire se pourra, la circulation des navires. Sauf ces règlements, il ne sera apporté aucun obstacle, quel qu'il soit, à la libre navigation.

Art. XVI. Dans le but de réaliser les dispositions de l'article précédent, une Commission dans laquelle la France, l'Autriche, la Grande Bretagne, la Prusse, la Russie, la Sardaigne et la Turquie seront, chacune, représentées par un Délégué, sera chargée de désigner et de faire exécuter les travaux nécessaires, depuis Isatcha pour dégager les embouchures du Danube ainsi que les parties de la mer y avoisinantes, des sables et autres obstacles qui les obstruent, afin de mettre cette partie du fleuve et lesdites parties de la mer dans les meilleures conditions possibles de navigabilité.

Pour couvrir les frais de ces travaux ainsi que des établissements ayant pour objet d'assurer et de faciliter la navigation aux bouches du Danube, des droits fixes, d'un taux convenable, arrêtés par la Commission à la majorité des voix, pourront être prélevés, à la condition expresse que, sous ce rapport comme sous tous les autres, les pavillons de toutes les nations seront traités sur le pied d'une parfaite égalité.

Art. XVII. Une Commission sera établie et se composera des Délégués de l'Autriche, de la Bavière, de la Sublime Porte et du Wurtemberg (un pour chacune de ces Puissances) auxquels se réuniront les Commissaires des trois Principautés Danubiennes, dont la nomination aura été approuvée par la Porte. Cette Commission, qui sera permanente,

1° élaborera les règlements de navigation et de police fluviale;

2° fera disparaître les entraves, de quelque nature qu'elles puissent être, qui s'opposent encore à l'application au Danube des dispositions du Traité de Vienne;

3° ordonnera et fera exécuter les travaux nécessaires sur tout le parcours du fleuve; et

4° veillera, après la dissolution de la Commission Européenne, au maintien de la navigabilité des embouchures du Danube et des parties de la mer y avoisinantes.

Art. XVIII. Il est entendu que la Commission Européenne aura rempli sa tâche, et que la Commission riveraine aura terminé les travaux désignés dans l'article précédent, sous les n°s 1 et 2, dans l'espace de deux ans. Les Puissances signataires réunies en Conférence informées de ce fait, prononceront, après en avoir pris acte, la dissolution de la Commission Européenne; et, dès lors, la Commission riveraine permanente jouira des mêmes pouvoirs que ceux dont la Commission Européenne aura été investie jusqu'alors.

Art. XIX. Afin d'assurer l'exécution des règlements qui auront été arrêtés d'un commun accord, d'après les principes ci-dessus énoncés, chacune des Puissances contractantes aura le droit de faire stationner, en tout temps, deux bâtiments légers aux embouchures du Danube.

Annexe No. 4.

PROJET D'ACTE DE NAVIGATION DU $\frac{\text{CONGO}}{\text{NIGER}}$.

Le Congrès de Vienne ayant établi certains principes généraux relatifs au régime de la navigation sur les cours d'eau dont le libre usage est d'un intérêt international, et ces principes ayant, par le fait de leur application à plusieurs fleuves de l'Europe et de l'Amérique, passé dans le domaine du droit public, les Puissances dont les Plénipotentiaires se sont réunis en conférence à Berlin, ont résolu d'appliquer les mêmes principes au $\frac{\text{Congo}}{\text{Niger}}$.

À cet effet, elles sont convenues des articles suivants:

Art. I. La navigation du $\frac{Congo}{Niger}$ est et demeurera entièrement libre pour toutes les nations, tant pour le transport des marchandises que pour celui des voyageurs. Elle devra se conformer aux dispositions du présent Acte de navigation et des règlements à établir en exécution de cet Acte.

Dans l'exercice de cette navigation les sujets et les pavillons de toutes les nations seront traités, sous tous les rapports, sur le pied d'une parfaite égalité, tant pour la navigation directe de la pleine mer vers les ports intérieurs du $\frac{Congo}{Niger}$ et vice versa, que pour le grand et le petit cabotage sur tous les parcours de ce fleuve.

En conséquence, il ne sera concédé ni privilèges exclusifs de navigation sur tout le parcours et aux embouchures du $\frac{Congo}{Niger}$, ni faveurs spéciales d'aucune sorte, soit à des sociétés ou corporations quelconques, soit à des particuliers.

Ces dispositions font désormais partie du droit public international, et les Puissances signataires du présent Acte les prennent sous leur garantie.

Art. II. La navigation du $\frac{Congo}{Niger}$ ne pourra être assujettie à aucune entrave ni redevance qui ne seraient pas expressément stipulées dans le présent Acte.

Dans toute l'étendue du $\frac{Congo}{Niger}$ les marchandises transportées sur le fleuve, quelles que soient leur provenance et leur destination, ne seront soumises à aucun droit de transit.

Il ne sera établi aucun péage basé sur le seul fait de la navigation du fleuve, ni aucuns droits d'échelle, d'étape, de dépôt, de rompre charge, ou de relâche forcée. Pourront seuls être perçus des taxes ou droits qui auront le caractère de rétributions pour services rendus à la navigation même, savoir:

1° des taxes de port pour l'usage effectif de certains établissements locaux tels que quais, magasins, etc. etc.

Le tarif de ces taxes sera calculé sur les dépenses de construction et d'entretien desdits établissements locaux, et l'application en aura lieu sans égard à la provenance des navires et à leur cargaison.

2° des droits de pilotage sur les sections fluviales où seront créées des stations de pilotes brevetés.

Le tarif de ces droits sera fixe et proportionné au service rendu.

3° des droits destinés à couvrir les dépenses techniques et administratives, faites dans l'intérêt général de la navigation.

Les droits de cette dernière catégorie seront basés sur le tonnage des navires, tel qu'il est indiqué par les papiers de bord, et cela sans acception de la nature des marchandises flottantes.

Les tarifs d'après lesquels les taxes et droits, énumérés dans les trois paragraphes précédents, seront perçus, ne comporteront aucun traitement différentiel et devront être officiellement publiés dans chaque port.

Art. III. Les routes de terre riveraines et les canaux latéraux qui pourront être établis dans le but spécial de suppléer à l'innavigabilité ou aux imperfections de la voie d'eau sur certaines sections du parcours du

$\frac{Congo}{Niger}$ seront considérés, dans leur qualité de moyens de communication, comme des dépendances de ce fleuve et seront également ouverts au trafic de toutes les nations.

De même que sur le fleuve il ne pourra être perçu sur ces routes et canaux que des péages calculés sur les dépenses de construction, d'entretien et de surveillance, et sur les bénéfices dus aux entrepreneurs.

Quant au montant de ces péages, les étrangers et les nationaux des territoires respectifs seront traités sur le pied d'une parfaite égalité.

Art. IV. Dans le but de subvenir aux dépenses techniques et administratives votées d'un commun accord, il sera créé une caisse de navigation pour le $\frac{Congo}{Niger}$.

Cette caisse sera dotée au moyen d'emprunts dont les intérêts seront garantis par les Puissances désignées dans l'article VII de cet Acte.

Le produit des droits spécifiés au 3° paragraphe de l'article II sera affecté par priorité et préférence au remboursement desdits emprunts suivant les conventions passées avec les prêteurs.

L'excédant de ce produit sera tenu en réserve pour faire face aux dépenses qui seront jugées utiles dans l'intérêt général.

Art. V. Aux embouchures du $\frac{Congo}{Niger}$ il sera fondé un établissement quarantenaire qui exercera le contrôle sur les bâtiments tant à l'entrée qu'à la sortie.

Il sera décidé plus tard par les Puissances si et dans quelles conditions un contrôle sanitaire devra être exercé sur les bâtiments dans le cours de la navigation fluviale.

Art. VI. Les affluents du $\frac{Congo}{Niger}$ seront à tout égard soumis au même régime que le fleuve dont ils sont tributaires.

Art. VII. Une Commission Internationale pour le $\frac{Congo}{Niger}$ sera chargée d'assurer l'exécution des dispositions du présent Acte.

Les Puissances signataires de cet Acte, ainsi que celles qui y adhéreront postérieurement, pourront se faire représenter dans ladite Commission, chacune par un délégué.

Ce délégué sera directement rétribué par son Gouvernement.

Quant aux divers agents et employés de la Commission Internationale, ils seront entretenus sur les fonds de la caisse de navigation, prévue à l'article IV.

Art. VIII. La Commission Internationale du $\frac{Congo}{Niger}$ se constituera sur les lieux, trois mois après la ratification du présent Acte.

Elle élaborera dans le délai de .... des règlements de navigation, de police fluviale, de pilotage et de quarantaine, ainsi que les tarifs prévus à l'article II. Ces règlements et tarifs, avant d'être mis en vigueur, seront soumis à l'approbation des Puissances signataires du présent Acte.

Art. IX. La Commission Internationale du $\frac{Congo}{Niger}$ chargée aux termes de l'article VII d'assurer l'exécution du présent Acte, aura notamment dans ses attributions:

1º La désignation des travaux propres à assurer la navigabilité du $\frac{Congo}{Niger}$ selon les besoins du commerce international.

Sur les sections du fleuve où aucune Puissance n'exercera des droits de souveraineté, la Commission Internationale prendra elle-même les mesures nécessaires pour assurer la navigabilité du fleuve.

Sur les sections du fleuve occupées par une Puissance souveraine, cette tâche spéciale appartiendra à l'autorité riveraine qui s'entendra à cet égard avec la Commission Internationale.

2º La fixation des tarifs de port et de pilotage et celle du tarif général·des droits prévus aux 1ᵉʳ, 2ᵉ et au 8ᵉ paragraphes de l'Article II.

La perception de ces différents droits appartiendra à l'autorité territoriale sur les sections occupées par une Puissance souveraine, et à la Commission Internationale sur les autres sections.

3º L'administration de la caisse de navigation, créée par l'article IV, et la conclusion des emprunts, destinés à la dotation de cette caisse.

4º Le contrôle de l'établissement quarantenaire prévu dans l'article V.

Le personnel de cet établissement sera institué par l'autorité territoriale et, à son défaut, par la Commission Internationale.

5º La nomination des agents dépendant du service général de la navigation et celle de ses propres employés.

L'institution des inspecteurs locaux appartiendra à l'autorité territoriale sur les sections occupées par une Puissance souveraine, et à la Commission Internationale sur les autres sections du fleuve.

Art. X. Les Puissances signataires de cet Acte et celles qui y adhéreront postérieurement reconnaissent la neutralité en temps de guerre du $\frac{Congo}{Niger}$ et de ses affluents ainsi que des routes et canaux, mentionnés dans les articles III et VI, et elles prennent l'engagement de respecter et de faire respecter cette neutralité.

En conséquence toutes les dispositions de cet Acte demeureront en vigueur, malgré l'état de guerre, sauf en ce qui concerne le transport d'articles de contrebande de guerre.

Tous les ouvrages et établissements créés en exécution de cet Acte, notamment les bureaux de perception et leurs caisses, de même que le personnel attaché d'une manière permanente au service de ces établissements, jouiront des bénéfices de la neutralité et seront également respectés et protégés par les belligérants.

La Commission Internationale veillera à ce que cette neutralité soit généralement maintenue.

Art. XI. Dans l'accomplissement de sa tâche, la Commission Internationale pourra recourir, au besoin, aux bâtiments de guerre des Puissances signataires de cet Acte et de celles qui y accéderont à l'avenir.

Annexe No. 5.

PROJET

de Déclaration présenté par Son Excellence M. le Plénipotentiaire de la Grande-Bretagne, pour assurer la liberté
de la navigation sur le Niger.

La Grande-Bretagne s'engage à ce que la navigation du Niger et ses
affluents, en tant qu'ils sont ou seront sous sa souveraineté ou son protectorat, sera libre, sans aucun traitement différentiel quel qu'il soit, aux
navires marchands de toutes les nations sur le même pied que les navires
Britanniques.

Elle s'engage à n'imposer aucun péage, ni aucun droit, sur les marchandises qui se trouvent à bord des navires, basé uniquement sur le fait
de la navigation du fleuve et ses affluents. Les règlements qu'elle établira
pour la sûreté et le contrôle de la navigation seront conçus de manière à
faciliter autant que possible la circulation des navires marchands.

Il est entendu que rien dans ces engagements ainsi pris ne saurait
être interprété comme empêchant ou pouvant empêcher la Grande-Bretagne
de faire quelques règlements de navigation que ce soient, qui ne seraient
pas contraires à l'esprit de ces engagements.

La Grande Bretagne s'engage à protéger les négociants étrangers de
toutes les nations faisant le commerce dans les parties du cours du Niger
qui sont ou seront sous sa souveraineté ou son protectorat également
comme s'ils étaient ses propres sujets, pourvu toutefois que ces négociants
se conforment aux règlements qui sont ou seront établis en termes de ce
qui précède.

Annexe No. 6.

PROJET

d'Acte de navigation du Congo, proposé par la Commission.

Le Congrès de Vienne ayant établi par les articles 108 à 116 de
son acte final les principes généraux qui règlent la libre navigation des
cours d'eau navigables qui séparent ou traversent plusieurs Etats, et ces
principes, complétés par les articles 15 et 16 du Traité de Paris du 30
mars 1856, ayant reçu une application de plus en plus large à des fleuves
de l'Europe et de l'Amérique, et spécialement au Danube, les Puissances
dont les Plénipotentiaires se sont réunis en Conférence à Berlin, ont résolu
de les étendre également au Congo, à ses affluents, ainsi qu'aux eaux qui
leur sont assimilées.

A cette fin, elles sont convenues des articles suivants:

Art. I. La navigation du Congo, sans exception d'aucun des embranchements ni issues de ce fleuve, est et demeurera entièrement libre pour
les navires marchands, en charge ou sur lest, de toutes les nations, tant
pour le transport des marchandises que pour celui des voyageurs. Elle

devra se conformer aux dispositions du présent Acte de navigation et aux règlements à établir en exécution de cet Acte.

Dans l'exercice de cette navigation, les sujets et les pavillons de toutes les nations seront traités, sous tous les rapports, sur le pied d'une parfaite égalité, tant pour la navigation directe de la pleine mer vers les ports intérieurs du Congo, et vice versa, que pour le grand et le petit cabotage, ainsi que pour la batellerie sur les parcours de ce fleuve.

En conséquence, sur tout le parcours et aux embouchures du Congo, il ne sera fait aucune distinction entre les sujets des Etats riverains et ceux des non-riverains, et il ne sera concédé aucun privilège exclusif de navigation, soit à des sociétés ou corporations quelconques, soit à des particuliers.

Ces dispositions sont reconnues par les Puissances signataires comme faisant désormais partie du droit public international.

Art. II. La navigation du Congo ne pourra être assujettie à aucune entrave ni redevance qui ne seraient pas expressément stipulées dans le présent Acte. Elle ne sera grevée d'aucune obligation d'échelle, d'étape, de dépôt, de rompre charge, ou de relâche forcée.

Dans toute l'étendue du Congo, les navires et les marchandises transitant sur le fleuve ne seront soumis à aucun droit de transit, quelle que soit leur provenance ou leur destination.

Il ne sera établi aucun péage maritime ni fluvial, basé sur le seul fait de la navigation, ni aucun droit sur les marchandises qui se trouvent à bord des navires. Pourront seuls être perçus des taxes ou droits qui auront le caractère de rétribution pour services rendus à la navigation même, savoir:

1º des taxes de port pour l'usage effectif de certains établissements locaux tels que quais, magasins, etc. etc.

Le tarif de ces taxes sera calculé sur les dépenses de construction et d'entretien desdits établissements locaux, et l'application en aura lieu sans égard à la provenance des navires ni à leur cargaison.

2º des droits de pilotage sur les sections fluviales où il paraîtrait nécessaire de créer des stations de pilotes brevetés.

Le tarif de ces droits sera fixe et proportionné au service rendu.

3º des droits destinés à couvrir les dépenses techniques et administratives, faites dans l'intérêt général de la navigation, y compris les droits de phare, de fanal et de balisage.

Les droits de cette dernière catégorie seront basés sur le tonnage des navires, tel qu'il résulte des papiers de bord, et conformément aux règles adoptées sur le Bas-Danube.

Les tarifs d'après lesquels les taxes et droits, énumérés dans les trois paragraphes précédents, seront perçus, ne comporteront aucun traitement différentiel et devront être officiellement publiés dans chaque port.

Les Puissances se réservent d'examiner, au bout d'une période de cinq ans, s'il y a lieu de réviser, d'un commun accord, les tarifs ci-dessus mentionnés.

Art. III. Les affluents du Congo seront à tous égards soumis au même régime que le fleuve dont ils sont tributaires.

Le même régime sera appliqué aux fleuves et rivières ainsi qu'aux lacs et canaux des territoires déterminés par l'article I paragraphes 2 et 3 de la Déclaration relative à la liberté du commerce dans le bassin conventionnel du Congo.

Art. IV. Les routes, chemins de fer ou canaux latéraux qui pourront être établis dans le but spécial de suppléer à l'innavigabilité ou aux imperfections de la voie fluviale sur certaines sections du parcours du Congo, de ses affluents et des autres cours d'eau qui leur sont assimilés par l'article III seront considérés, en leur qualité de moyens de communication, comme des dépendances de ce fleuve et seront également ouverts au trafic de toutes les nations.

De même que sur le fleuve, il ne pourra être perçu sur ces routes, chemins de fer et canaux que des péages calculés sur les dépenses de construction, d'entretien et d'administration, et sur les bénéfices dus aux entrepreneurs.

Quant au taux de ces péages, les étrangers et les nationaux des territoires respectifs seront traités sur le pied d'une parfaite égalité.

Art. V. Il est institué une Commission Internationale chargée d'assurer l'exécution des dispositions du présent Acte.

Les Puissances signataires de cet Acte, ainsi que celles qui y adhéreront postérieurement, pourront, en tout temps, se faire représenter dans ladite Commission, chacune par un Délégué. Aucun Délégué ne pourra disposer de plus d'une voix, même dans le cas où il représenterait plusieurs Gouvernements.

Ce Délégué sera directement rétribué par son Gouvernement.

Les traitements et allocations des agents et employés de la Commission Internationale seront imputés sur le produit des droits perçus conformément à l'article II paragraphes 2 et 3.

Les chiffres desdits traitements et allocations, ainsi que le nombre, le grade et les attributions des agents et employés, seront inscrits dans le compte-rendu qui sera adressé chaque année aux Gouvernements représentés dans la Commission Internationale.

Art. VI. Les Membres de la Commission Internationale, ainsi que les agents nommés par elle, sont investis du privilège de l'inviolabilité dans l'exercice de leurs fonctions. La même garantie s'étendra aux offices, bureaux et archives de la Commission.

Art. VII. La Commission Internationale du Congo se constituera dans un délai de six mois après la ratification du présent Acte.

Elle élaborera immédiatement des règlements de navigation, de police fluviale, de pilotage et de quarantaine.

Ces règlements ainsi que les tarifs à établir par la Commission, avant d'être mis en vigueur, seront soumis à l'approbation des Puissances représentées dans la Commission. Les Puissances intéressées devront faire connaître leur avis dans le plus bref délai possible.

Les infractions à ces règlements seront réprimées par les agents de la

Commission Internationale, là où elle exercera directement son autorité, et ailleurs par la Puissance riveraine.

Au cas d'un abus de pouvoir ou d'une injustice de la part d'un agent ou d'un employé de la Commission Internationale, l'individu qui se regardera comme lésé dans sa personne ou dans ses droits pourra s'adresser à l'Agent Consulaire de sa nation. Celui-ci devra examiner la plainte; s'il la trouve prima facie raisonnable, il aura le droit de la présenter à la Commission. Sur son initiative, la Commission, représentée par trois au moins de ses Membres, s'adjoindra à lui pour faire une enquête touchant la conduite de son agent ou son employé. Si l'Agent Consulaire considère la décision de la Commission comme soulevant des objections de droit, il en fera un rapport à son Gouvernement qui pourra recourir aux Puissances représentées dans la Commission et les inviter à se concerter sur des instructions à donner à la Commission.

Art. VIII. La Commission Internationale du Congo, chargée aux termes de l'article V d'assurer l'exécution du présent Acte, aura notamment dans ses attributions:

1° La désignation des travaux propres à assurer la navigabilité du Congo selon les besoins du commerce international.

Sur les sections du fleuve où aucune Puissance n'exercera des droits de souveraineté, la Commission Internationale prendra elle-même les mesures nécessaires pour assurer la navigabilité du fleuve.

Sur les sections du fleuve occupées par une Puissance souveraine, la Commission Internationale s'entendra avec l'autorité riveraine.

2° La fixation du tarif de pilotage et celle du tarif général des droits de navigation, prévus au 2° et au 3° paragraphe de l'article II.

Les tarifs mentionnés au 1er paragraphe de l'article II seront arrêtés par l'autorité territoriale, dans les limites prévues à l'article II.

La perception de ces différents droits aura lieu par les soins de l'autorité internationale ou territoriale pour le compte de laquelle ils sont établis.

3° L'administration des revenus provenant de l'application du paragraphe 2 ci-dessus.

4° La surveillance de l'établissement quarantenaire établi en vertu de l'article XII.

5° La nomination des agents dépendants du service général de la navigation et celle de ses propres employés.

L'institution des sous-inspecteurs appartiendra à l'autorité territoriale sur les sections occupées par une Puissance, et à la Commission Internationale sur les autres sections du fleuve.

La Puissance riveraine notifiera à la Commission Internationale la nomination des sous-inspecteurs qu'elle aura institués et cette Puissance se chargera de leur traitement.

Dans l'exercice de ses attributions, telles qu'elles sont définies et limitées ci-dessus, la Commission Internationale ne dépendra pas de l'autorité territoriale.

Art. IX. Dans l'accomplissement de sa tâche, la Commission Internationale pourra recourir, au besoin, aux bâtiments de guerre des Puissances signataires de cet Acte et de celles qui y accéderont à l'avenir, sous toute réserve des instructions qui pourraient être données aux commandants de ces bâtiments par leurs Gouvernements respectifs.

Art. X. Les bâtiments de guerre des Puissances contractantes qui pénètrent dans le Congo sont exempts du paiement des droits de navigation prévus au paragraphe 3 de l'article II. Mais ils acquitteront les droits éventuels de pilotage ainsi que les droits de port, à moins que leur intervention n'ait été réclamée par la Commission Internationale ou ses agents aux termes de l'article précédent.

Art. XI. Dans le but de subvenir aux dépenses techniques et administratives qui lui incombent, la Commission Internationale instituée par l'article V pourra négocier en son nom propre des emprunts exclusivement gagés sur les revenus attribués à ladite Commission.

Les décisions de la Commission tendant à la conclusion d'un emprunt devront être prises à la majorité de deux tiers de voix. Il est entendu que les Gouvernements représentés à la Commission ne pourront, en aucun cas, être considérés comme assumant aucune garantie ni solidarité à l'égard desdits emprunts, à moins de conventions spéciales conclues par eux à cet effet.

Le produit des droits spécifiés au 3e paragraphe de l'article II sera affecté par priorité au service des intérêts et à l'amortissement desdits emprunts, suivant les conventions passées avec les prêteurs.

Art. XII. Aux embouchures du Congo, il sera fondé, soit par l'initiative des Puissances riveraines, soit par l'intervention de la Commission Internationale, un établissement quarantenaire qui exercera le contrôle sur les bâtiments tant à l'entrée qu'à la sortie.

Il sera décidé plus tard, par les Puissances, si et dans quelles conditions un contrôle sanitaire devra être exercé sur les bâtiments dans le cours de la navigation fluviale.

Art. XIII. Les dispositions du présent Acte demeureront en vigueur en temps de guerre. En conséquence, la navigation de toutes les nations, neutres ou belligérantes, sera libre en tout temps pour les usages du commerce sur le Congo, ses embranchements, ses affluents et ses embouchures ainsi que sur la mer territoriale faisant face aux embouchures de ce fleuve.

Le trafic demeurera également libre, malgré l'état de guerre, sur les routes, chemins de fer, lacs et canaux mentionnés dans les articles III et IV.

Il ne sera apporté d'exception à ce principe qu'en ce qui concerne le transport des objets destinés à un belligérant et considérés, en vertu du droit des gens, comme articles de contrebande de-guerre.

Tous les ouvrages et établissements créés en exécution du présent acte, notamment les bureaux de perception et leurs caisses, de même que le personnel attaché d'une manière permanente au service de ces établissements, seront placés sous le régime de la neutralité et, à ce titre, seront respectés et protégés par les belligérants.

Art. XIV. Les Puissances signataires du présent Acte se réservent d'y introduire ultérieurement et d'un commun accord les modifications ou améliorations dont l'utilité serait démontrée par l'expérience.

Annexe No. 7.

PROJET

d'Acte de navigation du Niger, proposé par la Commission.

Le Congrès de Vienne ayant établi par les articles 108 à 116 de son acte final les principes généraux qui règlent la libre navigation des cours d'eau navigables qui séparent ou traversent plusieurs Etats, et ces principes ayant reçu une application de plus en plus large à des fleuves de l'Europe et de l'Amérique, les Puissances dont les Plénipotentiaires se sont réunis en Conférence à Berlin ont résolu de les étendre au Niger et à ses affluents.

A cet effet, Elles sont convenues des articles suivants:

Art. I. La navigation du Niger, sans exception d'aucun des embranchements ni issues de ce fleuve, est et demeurera entièrement libre pour les navires marchands, en charge ou sur lest, de toutes les nations, tant pour le transport des marchandises que pour celui des voyageurs. Elle devra se conformer aux dispositions du présent Acte de navigation et aux règlements à établir en exécution de cet Acte.

Dans l'exercice de cette navigation, les sujets et les pavillons de toutes les nations seront traités, sous tous les rapports, sur le pied d'une parfaite égalité, tant pour la navigation directe de la pleine mer vers les ports intérieurs du Niger, et vice versa, que pour le grand et le petit cabotage, ainsi que pour la batellerie sur le parcours de ce fleuve.

En conséquence, sur tout le parcours et aux embouchures du Niger, il ne sera fait aucune distinction entre les sujets des Etats riverains et ceux des non-riverains, et il ne sera concédé aucun privilège exclusif de navigation, soit à des sociétés ou corporations quelconques, soit à des particuliers.

Ces dispositions sont reconnues par les Puissances signataires comme faisant désormais partie du droit public international.

Art. II. La navigation du Niger ne pourra être assujettie à aucune entrave ni redevance basées uniquement sur le fait de la navigation.

Elle ne subira aucune obligation d'échelle, d'étape, de dépôt, de rompre charge, ou de relâche forcée.

Dans toute l'étendue du Niger, les navires et les marchandises transitant sur le fleuve ne seront soumis à aucun droit de transit, quelle que soit leur provenance ou leur destination.

Il ne sera établi aucun péage maritime, ni fluvial, basé sur le seul fait de la navigation, ni aucun droit sur les marchandises qui se trouvent à bord des navires. Pourront seuls être perçus des taxes ou droits qui auront le caractère de rétribution pour services rendus à la navigation même. Les tarifs de ces taxes ou droits ne comporteront aucun traitement différentiel.

Art. III. Les affluents du Niger seront à tous égards soumis au même régime que le fleuve dont ils sont tributaires.

Art. IV. Les routes, chemins de fer ou canaux latéraux qui pourront être établis dans le but spécial de suppléer à l'innavigabilité ou aux imperfections de la voie fluviale sur certaines sections du parcours du Niger, de ses affluents, embranchements et issues seront considérés, en leur qualité de moyens de communications, comme des dépendances de ce fleuve et seront également ouverts au trafic de toutes les nations.

De même que sur le fleuve il ne pourra être perçu sur ces routes, chemins de fer et canaux, que des péages calculés sur les dépenses de construction, d'entretien et d'administration, et sur les bénéfices dus aux entrepreneurs.

Quant au taux de ces péages, les étrangers et les nationaux des territoires respectifs seront traités sur le pied d'une parfaite égalité.

Art. V. La Grande-Bretagne s'engage à appliquer les principes de la liberté de navigation énoncés dans les articles I, II, III et IV, en tant que les eaux du Niger, de ses affluents, embranchements et issues, sont ou seront sous sa souveraineté ou son protectorat.

Les règlements qu'elle établira pour la sûreté et le contrôle de la navigation seront conçus de manière à faciliter autant que possible la circulation des navires marchands.

Il est entendu que rien dans les engagements ainsi pris ne saurait être interprété comme empêchant ou pouvant empêcher la Grande-Bretagne de faire quelques règlements de navigation que ce soit, qui ne seraient pas contraires à l'esprit de ces engagements.

La Grande-Bretagne s'engage à protéger les négociants étrangers de toutes les nations faisant le commerce dans les parties du cours du Niger qui sont ou seront sous sa souveraineté ou son protectorat, comme s'ils étaient ses propres sujets, pourvu toutefois que ces négociants se conforment aux règlements qui sont ou seront établis en vertu de ce qui précède.

Art. VI. La France accepte sous les mêmes réserves et en termes identiques les obligations consacrées dans l'Article précédent, en tant que les eaux du Niger, de ses affluents, embranchements et issues sont ou seront sous sa souveraineté ou son protectorat.

Art. VII. Chacune des autres Puissances signataires s'engage de même, pour le cas où elle exercerait dans l'avenir des droits de souveraineté ou de protectorat sur quelque partie de eaux du Niger, de ses affluents, embranchements et issues.

Art. VIII. Les dispositions du présent Acte demeureront en vigueur en temps de guerre. En conséquence, la navigation de toutes les nations, neutres ou belligérantes, sera libre en tout temps pour les usages de commerce sur le Niger, ses embouchures et issues, ainsi que sur la mer territoriale faisant face aux embouchures et issues de ce fleuve.

Le trafic demeurera également libre, malgré l'état de guerre, sur les routes, chemins de fer et canaux mentionnés dans les articles III et IV.

Il ne sera apporté d'exception à ce principe qu'en ce qui concerne le transport des objets destinés à un belligérant et considérés, en vertu du droit des gens, comme articles de contrebande de guerre.

Art. IX. Les Puissances signataires du présent Acte se réservent d'y introduire ultérieurement et d'un commun accord les modifications ou améliorations dont l'utilité serait démontrée par l'expérience.

Annexe No. 8.

Proposition Allemande.

Les Puissances signataires de cet Acte et celles qui y adhéreront postérieurement, reconnaissent la neutralité en temps de guerre du Congo et de ses affluents ainsi que des routes et canaux mentionnés dans les articles III et IV, et Elles prennent l'engagement de respecter et de faire respecter cette neutralité.

En conséquence toutes les dispositions de cet Acte demeureront en vigueur, malgré l'état de guerre, sauf en ce qui concerne le transport d'articles de contrebande de guerre.

Tous les ouvrages et établissements créés en exécution de cet Acte, notamment les bureaux de perception et leurs caisses, de même que le personnel attaché d'une manière permanente au service de ces établissements, jouiront des bénéfices de la neutralité et seront également respectés et protégés par les belligérants.

La Commission Internationale veillera à ce que cette neutralité soit généralement maintenue.

Annexe No. 9.

Proposition Belge.

Les Puissances signataires de cet Acte et celles qui y adhéreront postérieurement, reconnaissent la neutralité en temps de guerre du Congo, de ses affluents, ainsi que des rivières, routes et canaux mentionnés dans les articles III et IV. Elles prennent l'engagement de respecter et de faire respecter cette neutralité, sous la réserve toutefois pour la Belgique des obligations dérivant de sa propre neutralité.

En conséquence toutes les dispositions de cet Acte demeureront en vigueur au profit des belligérants comme des neutres pendant l'état de guerre, sauf les restrictions qui concernent le transport des articles de contrebande de guerre.

Tous les ouvrages et établissements créés en exécution de cet Acte, notamment les bureaux de perception et leurs caisses, de même que le personnel attaché d'une manière permanente au service de ces établissements, jouiront des bénéfices de la neutralité et seront également respectés et protégés par les belligérants.

La Commission Internationale veillera à ce que cette neutralité soit généralement maintenue et elle offrira sa médiation en cas de conflits entre les Etats riverains.

Annexe No. 10.

Proposition de la Grande-Bretagne de remplacer l'Article XIII par la Déclaration suivante:

Les Puissances signataires de cet Acte, en vue de se concerter sur une résolution propre à faciliter et développer les relations commerciales entre leurs Etats et les pays du bassin du $\frac{Congo}{Niger}$, et cherchant à écarter toute divergence d'opinion, qui pourra faire naître en temps de guerre des difficultés sérieuses entre les neutres et les belligérants, touchant la liberté de navigation dans les eaux du $\frac{Congo}{Niger}$, et de ses affluents, sont convenues sur la Déclaration suivante:

S'il arrive (ce qui à Dieu ne plaise!) que la guerre éclate entre quelques-unes des Puissances signataires de cet Acte, ou entre aucunes des Puissances Riveraines ou entre aucune des Puissances Signataires et Riveraines, la navigation du $\frac{Congo}{Niger}$ et de ses affluents ainsi que de la Haute Mer à la distance d'une lieue maritime des embouchures desdits fleuves, ne demeurera pas moins libre pour le pavillon marchand de toutes les nations. Il ne sera apporté d'exception à ce principe qu'en ce qui concerne le trafic des munitions de guerre, de la houille, destinée à un belligérant, ainsi que des autres objets également destinés à un belligérant, considérés selon l'usage moderne de gens, comme étant d' »ancipitis usus«.

Les dispositions analogues seront appliquées aux canaux, routes et chemins de fer mentionnés dans les articles III et IV.

Annexe No. 11.

PROPOSITION
transactionnelle relative aux articles des Actes de navigation pour le Congo et pour le Niger portant sur la neutralité en temps de guerre.

Art. Les dispositions du présent Acte demeureront en vigueur même pendant l'état de guerre. En conséquence, la navigation de toutes les nations, neutres ou belligérantes, sera libre en tout temps pour les usages du commerce

sur le Congo, ses embranchements, ses affluents et ses embouchures ainsi que sur la mer territoriale faisant face aux embouchures de ce fleuve.	sur le Niger, ses embranchements et affluents, ses embouchures et issues, ainsi que sur la mer territoriale faisant face aux embouchures et issues de ce fleuve.

Le trafic demeurera également libre, malgré l'état de guerre, sur les routes, chemins de fer, lacs et canaux mentionnés dans les articles III et IV.

Il ne sera apporté d'exception à ce principe qu'en ce qui concerne le transport des objets destinés à un belligérant et considérés, en vertu du droit des gens, comme articles de contrebande de guerre.

Tous les ouvrages et établissements créés en exécution du présent Acte, notamment les bureaux de perception et leurs caisses, de même que le personnel attaché d'une manière permanente au service de ses établissements, seront placés sous le régime de la neutralité et, à ce titre, seront respectés et protégés par les belligérants.

Annexe No. 12.

PROPOSITION
de M. le Plénipotentiaire des Etats-Unis d'Amérique.

Afin d'assurer en temps de guerre le maintien de la liberté de commerce et de navigation déjà stipulée, pour le cas où dans l'avenir des hostilités viendraient malheureusement à éclater entre deux ou plusieurs des Puissances signataires de la présente Déclaration, chacune d'elles s'engage à traiter en territoire neutre tous les libres territoires commerciaux définis dans la première Déclaration de cette Conférence, ainsi que toutes les voies navigables qui s'y trouvent. Aucun acte d'hostilité ne pourra être posé dans ces contrées par un des belligérants vis-à-vis de l'autre; les objets constituant la contrebande de guerre n'y seront fournis à aucun des belligérants. Chacune des Puissances signataires se réserve le droit de faire respecter cette stipulation.

Annexe No. 13.

EXPOSÉ
lu par M. Kasson dans la Séance de la Commission du 10 décembre pour motiver sa proposition relative à la neutralisation du bassin du Congo.

La Conférence internationale a déjà formulé de commun accord une Déclaration au sujet de la liberté de commerce pour toutes les nations dans l'Afrique centrale. Cette Déclaration a reçu l'approbation du monde civilisé tout entier, qui l'a acceptée avec reconnaissance.

Le Gouvernement que j'ai l'honneur de représenter trouve qu'il y a lieu de faire une autre Déclaration qui assurera le maintien de la première et sera le couronnement de l'œuvre civilisatrice, pacifique et humanitaire que vous avez, Messieurs, fondée avec tant de sagesse. Elle concerne tous ceux de la race blanche qui résideront dans l'Afrique centrale; elle vise la sécurité de leurs personnes et de leurs biens, et favorise les progrès de la religion elle-même. Elle a pour but de délivrer ce territoire des effets désastreux des guerres étrangères.

Laissez-moi vous exposer en quelques mots les motifs qui poussent mon Gouvernement à vous demander d'examiner favorablement sa proposition.

Ce n'est pas assez que tous nos commerçants jouissent également du droit d'acheter l'huile, les gommes, l'ivoire du pays et d'y vendre une valeur équivalente de marchandises que les indigènes acceptent en échange. Ce ne serait qu'un piètre débouché pour les vastes forces productrices de l'Europe et de l'Amérique. Il faut sérieusement encourager le travail productif dans les contrées Africaines et augmenter ainsi à leurs habitants les moyens de l'acquisition des produits des nations civilisées. Ce résultat ne peut être obtenu qu'en y établissant, d'une façon permanente, un régime de paix. En effet, la guerre déchaîne promptement toutes les passions barbares et anéantit les progrès de maintes années de civilisation.

Les premières colonies fondées en Amérique ont été l'œuvre de différentes nationalités. Là même où l'émigration avait eu au début un caractère libre et paisible, des Gouvernements étrangers se sont bientôt installés, avec forces militaires à l'appui. Des guerres éclatèrent ensuite en Europe. Les belligérants avaient des colonies, et bientôt les champs de bataille s'étendirent jusqu'en Amérique. Dans l'ardeur de la lutte chacun des belligérants cherchait des alliés parmi les tribus indigènes, chez lesquelles ils réveillaient ainsi les penchants naturels pour la violence et le pillage. Il s'ensuivit d'horribles cruautés et des massacres dans lesquels on n'épargnait ni âge, ni sexe; le couteau, la lance et la torche transformèrent en un désert des colonies paisibles et heureuses.

L'état actuel de l'Afrique centrale rappelle beaucoup celui de l'Amérique lorsque ce continent a été tout d'abord ouvert au monde Européen. Comment pourrons-nous éviter chez les nombreuses tribus Africaines une répétition des événements malheureux que je viens de citer? Comment ne pas exposer nos commerçants, nos colons et leurs biens à ces dangers? Comment défendre la vie de nos missionnaires et la religion elle-même contre le réveil des mœurs sauvages et des passions barbares?

Nous trouvant en présence de ceux que nous poussons à entreprendre l'œuvre de la civilisation en Afrique, il est de notre devoir de leur éviter les expériences déplorables qui ont marqué la phase correspondante en Amérique. Notre commerce et nos colonies ne peuvent être prospères et la vie de nos nationaux ne sera pas en sûreté si nous laissons transporter les pavillons de guerre étrangers dans un pays plein de barbares avides du pillage des biens des blancs.

Il est difficile de trouver un motif pour justifier, dans cette nouvelle Afrique centrale, l'existence de colonies qui dépendent militairement de Puissances étrangères. On les fonde en général dans le but de s'assurer exclusivement certains avantages commerciaux, ou de s'en servir d'une façon déterminée en temps de guerre. Mais ici nous avons déclaré qu'il n'y aurait pas d'avantages exclusifs; la première raison n'existe donc pas. Quant à leur utilité en temps de guerre, à quoi servirait dans les opérations militaires à l'étranger de posséder une colonie dépendante au-dessus des chutes de Yellala? Du moment que la possession d'une colonie ne suppose pas le monopole commercial, elle cesse d'avoir de la valeur pour le Gouvernement étranger. Les revenus qu'elle rapportera à la mère-patrie n'équivaudront jamais aux frais qu'exigera son maintien.

Il ne semble donc pas qu'il y ait des motifs suffisants pour faire de l'Afrique centrale le théâtre des luttes des Puissances lorsqu'elles se feront la guerre. Le fait de transporter les hostilités en Afrique aurait pour résultat d'entraîner dans une ruine générale les intérêts de tous les neutres dans ces régions ouvertes à tout le monde. Il est impossible de calculer d'avance les effets désastreux qu'aurait un tel événement sur les entreprises naissantes de nos nationaux et sur le développement général du pays. Si nous ne prenons aucune précaution contre ce danger, nous aurons à regretter le caractère incomplet de notre œuvre.

Mais si au contraire nous pouvions établir des garanties contre le danger d'être entraînée dans des conflits entre les intérêts des Puissances étrangères, et de plus même contre des luttes locales éventuelles au sujet de délimitations de territoire et de droits de possession, notre œuvre serait vraiment complète. Les Etats-Unis concourront avec joie à n'importe quel arrangement qui tendra à aplanir ces questions au moyen d'un arbitrage paisible. Ils seraient heureux de prendre part à une Déclaration par laquelle chacune des Puissances signataires s'engagerait à soumettre à un arbitrage, conformément aux usages modernes des nations civilisées, toute contestation qui pourrait surgir entre elles au sujet de droits de possession et de territoire dans la zone commerciale libre déjà mentionnée.

En vue de la sécurité de nos intérêts communs en Afrique, dans le cas d'une guerre étrangère, je vous demande la permission de vous soumettre au nom de mon Gouvernement le projet de Déclaration ci-joint qui ferait suite à la première ou à la seconde Déclaration de la Conférence.

Annexe No. 14.

PROPOSITION MODIFIÉE
de M. le Plénipotentiaire des Etats-Unis d'Amérique.

Afin d'assurer en temps de guerre le maintien de la liberté de commerce et de navigation déjà stipulée, pour le cas où dans l'avenir des hostilités viendraient malheureusement à éclater entre deux ou plusieurs des Puissances Européennes ou Américaines signataires de la présente Déclaration ou qui y adhéreront, chacune d'elles s'engage à traiter en territoire neutre tous les libres territoires commerciaux définis dans la première Déclaration de cette Conférence, ainsi que toutes les voies navigables qui s'y trouvent. Aucun Acte d'hostilité ne pourra être posé dans ces contrées par un des belligérants vis-à-vis de l'autre; les objets constituant la contrebande de guerre n'y seront fournis par aucun Etat de cette zone libre à aucun des belligérants. Chacune des Puissances signataires se réserve le droit de faire respecter cette stipulation.

Annexe No. 15.

PROJET AMENDÉ
d'Acte de navigation du Niger, proposé par la Grande-Bretagne.

Le Congrès de Vienne ayant établi par les articles 108 à 116 de son acte final les principes généraux qui règlent la libre navigation des cours d'eau navigables qui séparent ou traversent plusieurs Etats et ces principes ayant reçu une application de plus en plus large à des fleuves de l'Europe et de l'Amérique, les Puissances dont les Plénipotentiaires se sont réunis en Conférence à Berlin, ont résolu de les appliquer au Niger et à ses affluents.

A cet effet, Elles sont convenues des articles suivants:

Art. I. La navigation du Niger, sans exception d'aucun des em-

X 2

branchements ni issues de ce fleuve, est et demeurera entièrement libre pour les navires marchands, en charge ou sur lest, de toutes les nations, tant pour le transport des marchandises que pour celui des voyageurs. Elle devra se conformer aux règlements qu'il sera nécessaire d'établir pour la sûreté et le contrôle de la navigation.

Dans l'exercice de cette navigation les sujets et les pavillons de toutes les nations seront traités, sous tous les rapports, sur le pied d'une parfaite égalité, tant pour la navigation directe de la pleine mer vers les ports intérieurs du Niger et vice versa, que pour le grand et le petit cabotage ainsi que pour la batellerie sur le parcours de ce fleuve.

En conséquence sur tout le parcours et aux embouchures du Niger, il ne sera fait aucune distinction entre les sujets des Etats riverains et ceux des non-riverains et il ne sera concédé aucuns priviléges exclusifs de navigation.

Ces dispositions font désormais partie du droit public international.

Art. II. La navigation du Niger ne pourra être assujettie à aucune entrave ni redevance basées uniquement sur le fait de la navigation.

Elle ne subira aucune obligation d'échelle, d'étape, de dépôt, de rompre charge, ou de relâche forcée.

Dans toute l'étendue du Niger les navires et les marchandises transitant sur le fleuve ne seront soumis à aucun droit, quelles que soient leur provenance ou leur destination.

Il ne sera établi aucun péage maritime, ni fluvial, basé sur le seul fait de la navigation, ni aucun droit sur les marchandises qui se trouvent à bord des navires. Pourront seuls être perçus des taxes ou droits qui auront le caractère de rétributions pour services rendus à la navigation même. Les tarifs de ces taxes ou droits ne comporteront aucun traitement différentiel.

Art. III. Les affluents du Niger seront à tous égards soumis au même régime que le fleuve dont ils sont tributaires.

Art. IV. Les routes, chemins de fer ou canaux latéraux qui pourront être établis dans le but spécial de suppléer à l'innavigabilité ou aux imperfections de la voie fluviale sur certaines sections du parcours du Niger, de ses affluents et des autres cours d'eau qui leur sont assimilés par l'article III seront considérés en leur qualité de moyens de communications, comme des dépendances de ce fleuve et seront également ouverts au trafic de toutes les nations.

De même que sur le fleuve il ne pourra être perçu sur ces routes, chemins de fer et canaux que des péages calculés sur les dépenses de construction, d'entretien et d'administration, et sur les bénéfices dus aux entrepreneurs.

Quant au taux de ces péages, les étrangers et les nationaux des territoires respectifs seront traités sur le pied d'une parfaite égalité.

Art. V. En ce qui concerne le Niger et ses affluents, les Puissances signataires s'engagent à appliquer les principes de la liberté de navigation énoncés dans les articles I, II, III et IV, en tant que ces eaux sont ou seront sous leur souveraineté ou leur protectorat.

Les règlements que chaque Puissance établira pour la sûreté et le contrôle de la navigation seront conçus de manière à faciliter autant que possible la circulation des navires marchands.

Il est entendu que rien dans les engagements ainsi pris ne saurait être interprété comme empêchant ou pouvant empêcher chaque Puissance de faire en ce qui concerne les eaux sous sa souveraineté ou son protectorat des règlements de navigation quels qu'ils soient, qui ne seraient pas contraires à l'esprit de ces engagements.

Les Puissances signataires s'engagent à protéger les négociants étrangers de toutes les nations faisant le commerce dans les parties du cours du Niger qui sont ou seront sous leur souveraineté ou leur protectorat également comme s'ils étaient leurs propres sujets, pourvu toutefois que ces négociants se conforment aux règlements qui sont ou seront établis en termes de ce qui précède.

Art. VI. Le transit des boissons spiritueuses est prohibé sur le cours du Bas-Niger.

Art. VII. (neutralité.)

Annexe No. 16.

OBSERVATIONS

de M. Anderson dans la discussion sur les spiritueux.

Nous désirons attirer l'attention sur les conditions exceptionnelles dans lesquelles se trouvent les populations Africaines qui habitent le bassin du Niger central, ainsi que les régions à l'Est de ce fleuve et du lac Tchad.

On a estimé approximativement la population de ce pays à une quarantaine de millions; la grande majorité se compose de musulmans, la minorité, dans une proportion qu'il est impossible de déterminer, de païens. On a tout lieu de croire que ces peuples ne consomment pas de spiritueux.

L'état moral des habitants du Congo diffère absolument de celui des tribus de la côte. Les récits des voyageurs et des commerçants nous apprennent que ces derniers avaient l'habitude de fabriquer et de consommer des boissons enivrantes avant l'introduction dans leur pays de liqueurs étrangères. Tout en étant très désireux de voir prendre n'importe quelle mesure pratique pour réprimer le commerce des spiritueux dans ces régions, nous nous rendons compte des difficultés que soulèvent l'existence de ce besoin parmi les indigènes et la tendance du commerce à y subvenir; mais dans les contrées musulmanes ce besoin n'existe pas et ne se fera pas sentir, à moins que l'offre ne fasse surgir la demande.

Ce serait un désastre pour la cause humanitaire et un reproche pour les nations civilisées si le résultat du contact avec le commerce étranger était de faire naître chez les indigènes une passion qui les mènerait à la démoralisation et à la dégradation; les intérêts du commerce ne réclament pas l'ouverture de ce champ au trafic des spiritueux; celui dont il dispose n'est que trop vaste déjà. Du reste, si le négoce d'un pays devait en souffrir, ce serait bien le nôtre, puisque les commerçants Anglais sont les seuls qui aient atteint les régions musulmanes.

La compagnie Africaine, qui a plusieurs établissements sur le Bénué, fleuve par lequel on pénètre dans les districts en question, désire elle-même très vivement empêcher l'introduction des spiritueux. Elle sait que les avantages qui pourraient en résulter au point de vue financier seraient anéantis par le mauvais effet que produirait sur le commerce le retour à la barbarie de ces pays, qui, comparés à ceux de la côte, ont fait certains progrès dans la voie de la civilisation.

Je voudrais faire observer que la défense faite par leur religion aux musulmans de boire des spiritueux, ne constitue pas pour eux une barrière infranchissable. L'expérience démontre que la passion des boissons fortes, une fois développée chez les Africains, ne peut plus être restreinte. De plus, il ne faut pas oublier que les esclaves non-musulmans ne se trouvent liés par aucune défense religieuse de ce genre.

Finalement, je me permettrai de faire remarquer que, selon moi, les Puissances trouveront un précédent pour une entente générale sur cette question dans l'assentiment qui a accueilli une proposition récente du Siam. Ce royaume a demandé de voir modifier ses traités avec les Puissances Européennes de façon à lui permettre de réprimer les abus du commerce des liqueurs. Ce fait et un exemple frappant de la bonne volonté que montrent les nations civilisées à coopérer dans l'intérêt de l'humanité.

Annexe No. 17.

MÉMOIRE

relatif au Niger, présenté par S. E. Monsieur le Plénipotentiaire de la Grande-Bretagne.

Il est nécessaire de ne pas confondre les embouchures du fleuve Niger avec les fleuves avoisinants connus comme plusieurs des embouchures du Niger même sous le nom »Oil-Rivers«. Ils sont également sous le protectorat de la Grande-Bretagne qui s'étend au Nord jusqu'au Bénin en touchant la colonie Anglaise de Lagos et ses dépendances, et au sud jusqu'à la baie d'Ambas, limitrophe du territoire où se trouve la rivière de Cameroon aujourd'hui sous le protectorat de l'Empire Allemand.

Le delta formé par les bouches du Niger a son sommet dans l'intérieur en aval d'Abo, sa base entre l'embouchure du Bénin et celle du Bonny. Entre ces deux branches du delta se trouvent plusieurs autres rivières.

Le Cross qui débouche à l'Est du delta, a sa source vers le bassin du Congo, et roule dans un bassin qui lui est propre. Il a son embouchure à Old Calabar. Le Rio del Rey, plus à l'Est encore, sort des montagnes qui forment un massif vers le Cameroon. Or ces deux fleuves seront de fait exclus d'une discussion sur la navigation du fleuve Niger. Ils sont plutôt dans le même système qui comprend le fleuve Cameroon.

Les efforts maintes fois répétés de notre marine militaire nous ont permis d'acquérir une assez bonne connaissance des rivières qui forment le delta du Niger. On ne cesse pas de lever des plans et de sonder les cours d'eau. Le résultat de ces opérations c'est que les rivières ont été trouvées entravées par des barres difficiles d'accès, principalement à cause des changements constants du chenal: les changements, par lesquels les lits des fleuves sont aussi affectés, rendent la navigation difficile. En ce qui concerne le Nun, embouchure principale, quand les dangers de la barre sont surmontés, il paraît qu'il existe moins de difficultés que dans les autres embouchures.

Jusqu'au pied des rapides de Boussà le Niger est navigable dans tout son cours pour une distance de 630 kilomètres. Des bâteaux à vapeur Anglais remontent le fleuve jusqu'à ce point: ils remontent aussi pour une distance de 620 kilomètres le fleuve de Bénoué qui se décharge dans le Niger à 400 kilomètres de la mer.

On le voit, il n'y a aucune ressemblance entre les conditions géographiques du Niger en aval des rapides de Boussà et celles du Congo au-dessous des chutes qui aboutissent à Vivi.

Que le Niger tombe dans la baie de Bénin, est une découverte que nous devons à l'expédition des frères Lander, faite aux frais du Gouvernement Anglais en 1880. Depuis lors, et jusqu'en 1859, une suite d'expéditions organisées avec le plus grand soin et à très grands frais par le Gouvernement Britannique a permis d'explorer la rivière en partant de l'embouchure du Nun. On a de même remonté le principal affluent, le Bénoué, dont on a étudié le parcours pour la première fois en 1833, grâce aux efforts du Lieutenant Allen de la marine Britannique. En 1849 Lord Palmerston organisa une nouvelle expédition dont Mr. Richardson était le chef: ce voyageur était accompagné par le Dr. Barth et M. Overweg. Les explorateurs entrèrent en Afrique par la voie de Tunis et pénétrèrent de ce point vers le Sud. Après la mort de M. Richardson en 1851, le Dr. Barth devint le chef de l'expédition, et comme tel il atteignit le Bénoué à sa jonction avec le Faro en 1853. Le Dr. Vogel envoyé à son aide d'Angleterre avec des renforts, réussit à atteindre le voisinage du même fleuve où il eut le malheur d'être assassiné. L'année suivante une nouvelle expédition préparée par le Gouvernement Anglais remonta le Niger et le Bénoué jusqu'à un point à 70 kilomètres de la jonction du Faro, ce qui permit de compléter l'exploration de cet affluent jusqu'au point déjà indiqué.

Dans la conduite de ces différentes expéditions qui ont ouvert le Niger et ses principaux affluents on n'a épargné ni les hommes, ni l'argent, de la part de l'Angleterre.

Les travaux entrepris se complètent maintenant par les efforts des trafiquants Anglais qui en suivant les traces de leur Gouvernement ont donné une attention spéciale aux marchés qui leur ont été ouverts de telle sorte que le commerce du bassin du Niger se trouve dans ce moment exclusivement dans les mains des Anglais.

Le but que le Gouvernement Britannique a pu ainsi atteindre par ces efforts, lui a imposé de nouveaux devoirs.

L'Angleterre ayant ouvert et civilisé le pays, il en est résulté l'établissement du commerce Britannique, et ce commerce, en augmentant, a rendu nécessaires de nouvelles mesures pour sa protection. L'influence du Consul a été exercée avec avantage parmi les différentes tribus; elle a été soutenue par l'effet moral de la présence des navires de guerre Britanniques. Mais à mesure que les échanges se multipliaient, cette protection se trouvait insuffisante, et on se décida en conséquence à mettre le territoire sous la protection Britannique. Ce protectorat s'étend sur la côte depuis les embouchures du Bénin jusqu'à la baie d'Ambas, et comprend le Niger inférieur jusqu'à sa jonction avec le Bénoué. Il existe sur cet affluent de nombreuses factoreries Anglaises qui réclament la protection Britannique.

Sur quelques parties du parcours supérieur du Niger, au-dessus des chutes de Boussà, nous n'avons pas d'exactes connaissances. L'explorateur Anglais Mungo Park est présumé avoir été le seul homme blanc qui soit descendu tout le courant du fleuve. Il partit 1805 de Samsanding, près de Ségou, pour périr près des chutes de Boussà où toutes ses notes de voyage furent perdues avec lui. Le Niger de sa source à la mer traverse une distance d'environ 3580 kilomètres à 1100 kilomètres au-dessus de Boussà, on trouve Burrum à environ 200 kilomètres Est de Tombouctou. C'est ici que commence une série de rapides qui occupe en amont une distance de 55 kilomètres; plus bas entre Gogo et Say la rivière s'encaisse de nouveau et forme 200 kilomètres de rapides innavigables en plusieurs endroits. Ceci résulte des renseignements donnés par le Dr. Barth. Entre ce dernier point et Boussà se trouvent, selon les rapports de M. Flegel, plusieurs rapides impracticables.

On peut donc dire sans atteinte à la vérité que sur le Niger moyen, c'est-à-dire sur un parcours qui s'étend de Rabba au pied des chutes de Boussà jusqu'à Bamba au-dessus de celles de Burrum, il y a 1000 milles de rivière qui ne peuvent servir à la navigation.

Protocole No. 6.
Séance du 22 décembre 1884.

Etaient présents:
Pour l'Allemagne
    M. Busch, — M. de Kusserow.
Pour l'Autriche-Hongrie
    le Comte Széchényi.
Pour la Belgique
    le Comte van der Straten-Ponthoz, le Baron Lambermont.
Pour le Danemark
    M. de Vind.
Pour l'Espagne
    le Comte de Benomar.
Pour le Etats-Unis d'Amérique.
    M. John A. Kasson, — M. Henry S. Sanford.
Pour la France
    le Baron de Courcel.

Pour la Grande-Bretagne
  Sir Edward Malet.
Pour l'Italie
  le Comte de Launay.
Pour les Pays-Bas
  le Jonkheer van der Hoeven.
Pour le Portugal
  le Marquis de Penafiel, — M. de Serpa Pimentel.
Pour la Russie
  M. le Comte Kapnist.
Pour la Suède et la Norwège
  le Général Baron de Bildt.
Pour la Turquie
  Saïd Pacha.

La séance est ouverte à 2 heures ½, sous la Présidence de M. Busch.

Avant d'aborder l'examen des questions à l'ordre du jour, le Comte Széchényi demande à présenter une observation relative au préambule du Projet d'Acte de navigation concernant le Congo. Le Représentant de l'Autriche-Hongrie estime que ce texte, tel qu'il a été remanié dans la séance du 18 décembre (Protocole No. 5, pag. 12) ne répond pas exactement à un véritable état de choses. Il y est dit, en effet, que »le Congrès de Vienne ayant établi certains principes, et ces principes ayant été appliqués notamment au Danube, en vertu des Traités de Paris, de Berlin et de Londres, ... les Puissances . . . . . . ont résolu, etc. etc.« Or, comme il résulte de la discussion même qui a eu lieu dans la Haute Assemblée, il serait inexact d'affirmer ainsi que les principes du Congrès de Vienne ont été appliqués, suivant leur teneur primitive, en ce qui concerne le Danube. Ils ne l'ont été que sous les modifications apportées précisément par les Traités subséquents qui se trouvent mentionnés dans le préambule. Le Comte Széchényi propose, en conséquence, d'amender de nouveau le texte dont il s'agit en substituant aux mots »en vertu des« les mots »avec les modifications prévues par les«.

Le Comte Kapnist, M. Busch, Saïd Pacha et le Baron de Courcel adhèrent à cette proposition.

Le Comte de Launay s'y rallie également, en faisant remarquer qu'elle répond à la réalité des faits.

Sir Edward Malet approuve, de son côté, la nouvelle rédaction suggérée, comme plus exacte et plus claire. M. Kasson y donne son assentiment après une nouvelle lecture.

Le Président indique que la Haute Assemblée ayant adopté l'amendement du Comte Széchényi, la rédaction du préambule se trouve, par suite, arrêté comme suit: ·

»Le Congrès de Vienne ayant établi par les Articles 108 à 116 de son Acte final les principes destinés à régler, entre les Puissances signataires de cet Acte, la libre navigation des cours d'eau navigables qui séparent ou traversent plusieurs Etats, et ces principes ayant été appliqués à des fleuves de l'Europe et de l'Amérique, et

notamment au Danube, avec les modifications prévues par les Traités
de Paris, de 1856, de Berlin, de 1878, et de Londres, de 1871
et 1883, les Puissances dont les Plénipotentiaires se sont réunis en
conférence à Berlin, ont résolu de les étendre également au Congo,
à ses affluents, ainsi qu'aux eaux qui leur sont assimilées.

A cette fin, Elles sont convenues des Articles suivants.«

Passant à l'ordre du jour, le Président donne lecture d'une proposition
formulée par la Commission en vue de prémunir les populations indigènes
contre les abus des boissons fortes et ainsi conçue:

»Les Puissances représentées à la Conférence, désirant que les
populations indigènes soient prémunies contre les maux provenant
de l'abus des boissons fortes, émettent le vœu qu'une entente s'établisse entre Elles, pour régler les difficultés qui pourraient naître
à ce sujet d'une manière qui concilie les droits de l'humanité avec
les intérêts du commerce, en ce que ces derniers peuvent avoir de
légitime.«

Le Président consulte la Haute Assemblée et fait connaître que la
proposition est adoptée.

M. Busch ajoute qu'en s'associant au vœu formulé par la Commission,
il tient cependant à constater que son Gouvernement ne saurait consentir
à ce que ce vœu pût être interprété à l'avenir dans un sens contraire aux
intérêts du commerce, ou qu'il pût servir de prétexte à des mesures vexatoires pour la liberté du commerce.   Toutes les stipulations concernant la
liberté commerciale que la Conférence vient de sanctionner deviendraient
illusoires, si on concédait aux différents Etats le droit d'exercer un contrôle
sur le commerce des autres.   La liberté du commerce dépendrait alors des
employés chargés de ce contrôle et il s'ensuivrait facilement, par suite de
la rivalité entre les différentes nations, qu'il s'établirait en fait ce traitement différentiel que tous les Plénipotentiaires se sont attachés à combattre.

Le Président lit ensuite le texte de la proposition remise, lors de la
séance précédente, par Sir Edward Malet et concernant la traite des nègres
(Protocole No. 5, page 25).

L'Ambassadeur d'Italie appuie vivement le projet de Déclaration présenté par l'Ambassadeur de la Grande-Bretagne.

Le Comte de Launay rappelle les idées qu'il a énoncées lors de la
deuxième séance. D'après ses instructions, il se rallierait à toute proposition tendant à prescrire les mesures les plus sévères, notamment en ce
qui concerne la traite des nègres.   Le Gouvernement du Roi voudrait
même que cet attentat de lèse-humanité fût compris, comme la piraterie,
parmi les crimes contre le droit des gens, et puni comme tel.

M. Busch fait observer que la motion de Sir Edward Malet vise deux
formes différentes du commerce des esclaves:

1º la traite des nègres, considérée comme se faisant par mer,

2º le commerce qui fournit des nègres à la traite.

Or, d'après le droit public actuel, la traite des nègres est déjà interdite,
tandis que le commerce qui fournit des nègres à la traite n'a encore été
l'objet d'aucune stipulation.   Il conviendrait donc, pour plus de clarté, de

marquer la distinction entre ces deux modalités de commerce des esclaves, en se référant, d'abord, à l'interdiction préexistante qui atteint la première, et en formulant ensuite l'interdiction nouvelle qu'il s'agit d'établir contre la deuxième.

Le Baron de Courcel demande si la proposition actuellement soumise à la Conférence est destinée à être intercalée dans l'une des trois Déclarations comprises dans le programme des travaux de la Haute Assemblée, ou si, au contraire, elle formerait la matière d'un Acte supplémentaire.

Le Président se proposait précisément de consulter la Conférence à cet égard.

L'Ambassadeur de France fait remarquer que l'Article VI de la Déclaration relative à la liberté du commerce répond déjà en grande partie à l'objet que Sir Edward Malet a en vue. La motion actuellement soumise à la Conférence constitue, en quelque sorte, un amendement destiné à compléter le texte déjà voté, et elle pourrait, dès lors, être rattachée à ce texte.

Sir Edward Malet préférerait que sa proposition fît l'objet d'un Acte distinct. En l'insérant dans la Déclaration relative à la liberté commerciale, qui s'applique seulement à des territoires limitativement désignés, on prêterait à penser que les dispositions concernant le commerce des esclaves ne doivent pas être étendues en dehors de ces mêmes territoires, alors que, dans la pensée du Gouvernement Britannique, elles devraient avoir une portée plus générale. L'Ambassadeur d'Angleterre ajoute que bien des difficultés insurmontables ne permettent pas d'espérer la suppression, à bref délai, de l'esclavage dans les régions du centre Africain. Mais ce que l'on peut et ce que l'on doit tenter immédiatement, c'est d'empêcher le commerce de ces troupeaux de noirs qui alimente la traite.

M. Kasson adhère aux idées du Représentant de la Grande-Bretagne. Le Gouvernement des Etats-Unis voudrait même aller plus loin et obtenir que chacune des Puissances réprésentées dans la Haute Assemblée s'engageât non seulement à ne pas tolérer le commerce des esclaves dans les territoires soumis à sa juridiction, mais encore à ne pas permettre aux traitants de chercher asile et refuge dans ces mêmes territoires. Le Plénipotentiaire des Etats-Unis rappelant l'existence de six millions de noirs émancipés aux Etats-Unis affirme que la question intéresse spécialement le peuple Américain.

M. Busch désirerait que M. Kasson formulât ses idées en un texte précis, afin de mettre les Plénipotentiaires en mesure de soumettre la question à une étude plus approfondie.

M. Kasson exprime son consentement à cet égard.

Le Baron de Courcel croit avoir compris que, d'après les intentions de l'Ambassadeur d'Angleterre, les dispositions suggérées par Sir Edward Malet devraient être applicables, non pas seulement dans les contrées dont s'occupe la Conférence, mais dans le monde entier.

Le Représentant de la Grande-Bretagne ayant répondu que tel est bien, en effet, sa pensée, le Baron de Courcel fait observer que la question prend ainsi une extension imprévue et que, dès lors, il semble que les

Plénipotentiaires ne sauraient la résoudre sans en avoir référé à leurs Gouvernements.

Le Président indique que, dans ces conditions, il s'agirait en effet d'appliquer un principe nouveau dans le droit des gens.

Un échange de vues a lieu entre le Baron de Courcel et Sir Edward Malet, confirmant que, pour répondre d'une manière complète aux intentions du Représentant de la Grande-Bretagne, la Conférence devrait préparer un Acte séparé applicable dans le monde entier et destiné à former le complément du droit international en matière de traite.

Le Baron de Courcel, revenant à la proposition de M. Kasson, relève qu'elle ne sera pas sans présenter de sérieuses difficultés au point de vue de droit constitutionnel, au moins pour certains Etats. En France, par exemple, les principes de la législation pénale établissent qu'un citoyen ne saurait être exclu d'un territoire Français, sinon en vertu d'un jugement. Les pouvoirs attribués au Gouvernement par la constitution ne vont pas jusqu'à lui permettre des mesures d'expulsion, en dehors des cas énumérés, limitativement, par les codes nationaux. Il faut donc prévoir qu'il ne sera pas aisé de trouver une rédaction permettant de concilier ces règles fondamentales du droit avec les désirs de M. Kasson.

M. van der Hoeven dit que ces observations peuvent s'appliquer en ce qui concerne les Pays-Bas; il s'agit d'une sorte d'exil ou de bannissement à prononcer contre les gens qui font le commerce des esclaves; mais la peine du bannissement n'existe pas d'après le nouveau code pénal Néerlandais, qui punit sévèrement ceux qui font ou favorisent la traite.

M. Kasson explique qu'un Gouvernement ne doit pas tolérer que des traitants prennent un territoire placé sous sa juridiction comme base d'opérations pour leur infâme commerce.

Quiconque serait activement engagé dans un tel trafic, devrait se voir refuser le droit de résidence et être traité en ennemi du monde entier, tout comme un pirate.

Le Baron de Courcel ne met pas en doute la légitimité du but poursuivi par M. Kasson; mais à raison des difficultés déjà signalées par l'Ambassadeur de France, on doit considérer comme nécessaire l'étude préalable de la question par des criminalistes.

Sir Edward Malet consulte le Président relativement aux changements de forme qui pourraient être apportés à sa proposition, en vue de tenir compte de la distinction, signalée comme opportune, entre la répression de la traite et celle du commerce qui fournit des esclaves.

M. Busch répond qu'il n'a pas préparé une rédaction et ne saurait proposer une formule définitive, séance tenante, mais que, sauf examen plus approfondi, on pourrait, par exemple, donner à la motion une forme analogue à la suivante:

> »Selon les principes du droit des gens, tels qu'ils sont reconnus par les Hautes Parties Contractantes, la traite des nègres étant interdite, les Puissances s'engagent à interdire ou à supprimer également le commerce qui fournit des nègres à la traite«.

Le Baron de Courcel, pour éviter toute ambiguité dans les termes, pense qu'il serait utile de spécifier nommément,

1° l'interdiction de la traite par mer,

2° celle de la traite sur terre.

L'Ambassadeur de France partage d'ailleurs l'opinion de M. Busch relativement à l'utilité de viser, d'une part, l'interdiction déjà existante frappant la traite par mer, et, d'autre part, l'interdiction qu'il s'agirait d'instituer, conformément aux vues du Représentant de l'Angleterre, au sujet de la traite sur terre.

M. Busch croit qu'il convient de renvoyer à la Commission l'examen de la proposition de Sir Edward Malet et de celle de M. Kasson. Il ne se dissimule pas d'ailleurs la difficulté qu'il pourra y avoir à concilier cette dernière avec les droits souverains et l'autonomie administrative de la plupart des Etats.

La Haute Assemblée prononce le renvoi conformément aux conclusions de Son Président.

Le Baron de Courcel a déjà fait remarquer que la question actuellement discutée ayant pris, au cours du débat, une ampleur inattendue, la plupart des Plénipotentiaires ne sauraient se prononcer sans avoir, au préalable, obtenu des instructions de leurs Gouvernements. En vue de ces demandes de direction, il serait indispensable que la portée et le caractère de la proposition fussent exactement déterminés dès à présent.

Sir Edward Malet dit que, dans la pensée de son Gouvernement, la décision à intervenir devrait avoir les effets les plus larges et les plus généraux possibles.

Le Président fait ressortir que les Plénipotentiaires, en sollicitant les instructions des Cabinets, auront à leur demander, notamment, s'il leur convient d'adhérer à une résolution d'un caractère général, ou simplement à une résolution destinée à être intercalée dans le texte de l'Acte relatif à la liberté du commerce, et ayant, par suite, une portée plus limitée. Il annonce en outre que l'amendement à la motion Britannique dont il a lui-même suggéré la pensée, ainsi que l'amendement de M. Kasson seront formulés et distribués aux Plénipotentiaires.

Le Baron de Courcel désire présenter certaines observations se rapportant à l'alinéa marqué 1° dans l'Article I de la Déclaration relative à la liberté du commerce et déjà votée par la Conférence. Depuis le jour où le texte dont il s'agit a été adopté par la Haute Assemblée, l'Ambassadeur de France a été avisé que le Sultan de Zanzibar affirme avoir des droits de souveraineté sur des territoires s'étendant jusqu'à la partie orientale du lac Tanganyka. Or, ces droits, sur la valeur desquels le Baron de Courcel n'a, d'ailleurs, pas à exprimer d'opinion, s'exerceraient sur des territoires compris dans le paragraphe 2 de l'Article I de la Déclaration, puisqu'ils appartiendraient au bassin géographique même du Congo. Le Baron de Courcel rappelle la proposition dont il a pris l'initiative et à la suite de laquelle a été inscrite la réserve qui figure dans le dernier paragraphe du même Article I. Il y est dit que les Puissances, en étendant à une zone orientale, non comprise dans le bassin géographique du Congo, le régime conventionnel élaboré par la Conférence, ne stipulent que pour Elles-mêmes et que le régime conventionnel ne s'appliquera aux territoires relevant aujourd'hui de quelque souveraineté indépendante et reconnue que si cette autorité souveraine y donne son consentement. Si, dans la forme, la Conférence n'a établi cette réserve que pour les territoires situés en dehors du bassin géographique du Congo, c'est qu'à ce moment, rien ne la portait à présumer qu'il existât, dans les limites mêmes du bassin du Congo, des territoires relevant actuellement d'une souveraineté indépendante non représentée à la Haute Assemblée. Des indications nouvelles étant de nature à faire penser que cette supposition n'est pas exacte, le Baron de Courcel ne doute pas que la Conférence n'interprète sa précédente décision en ce sens que les réserves susmentionnées s'appliqueraient même dans les limites du bassin géographique du Congo, si l'existence des droits antérieurs de quelque souveraineté indépendante et reconnue venait à y être constatée. Telle doit être d'autant plus la pensée des Puissances, qu'Elles sont convenues, dans la Déclaration, d'employer leurs bons offices auprès de Gouvernements établis sur le littoral oriental de l'Afrique, afin d'obtenir leur agrément à tout ou partie du régime de la liberté commerciale, et que, dans de telles conditions, on ne saurait supposer qu'Elles voulussent compromettre, dès l'origine, l'efficacité de leurs efforts, en indisposant les souverains Africains dont il s'agit, par la méconnaissance de certains droits dont ils se réclameraient.

Sir Edward Malet s'associe aux vues ainsi exprimées; il a, de son côté, reçu, tout récemment, des indications concordant avec celles qui sont parvenues au Baron de Courcel. Si elles avaient été en sa possession lorsqu'a été arrêtée la rédaction de l'Acte afférent à la liberté commerciale, il aurait établi à ce moment les réserves au sujet desquelles l'Ambassadeur de France vient d'entretenir la Haute Assemblée.

Le Président dit que, si le Sultan de Zanzibar possède des droits de souveraineté sur des territoires situés dans le bassin du Congo, et compris, dès lors, dans la région visée au paragraphe 2 de l'Article I de la Déclaration concernant la liberté de commerce, il paraît évident que les réserves admises par la Conférence relativement à la zone orientale doivent être étendues à ces possessions. Mais M. Busch demande ce qu'il en faut conclure dans l'hypothèse où l'on découvrirait d'autres souverainetés établies dans le bassin géographique du Congo.

Le Baron de Courcel croit que la Haute Assemblée n'a pas à s'occuper d'autres souverainetés au sujet desquelles elle ne possède aucune notion précise. Il ne faut pas perdre de vue, toutefois, certaines observations qui ont été présentées par le premier Plénipotentiaire des Etats-Unis devant la Commission et qui ont été mentionnées dans le Rapport du Baron Lambermont: la nécessité a été indiquée de ménager, dans la mesure possible, les droits acquis et les intérêts légitimes des chefs indigènes. On doit prévoir les difficultés qui pourront s'élever entre ces derniers et les commerçants portés à admettre que l'application du régime de la liberté commerciale ne devra subir aucun tempérament partout où elle aura été proclamée par la Conférence, et même dans les portions de territoire où s'exerce actuellement l'autorité de chefs indigènes qui ne subissent l'influence d'aucune des Puissances contractantes. C'est là une illusion contre laquelle il importe de prémunir les intéressés. Dans la pratique, il sera impossible, au moins tout d'abord, d'empêcher certaines dérogations locales et de détail au régime général que la Conférence s'est donné pour tâche d'établir.

M. Busch reconnaît l'exactitude de ces réflexions, mais il tient à ce qu'il soit bien établi que de telles dérogations ne sauraient être admises sur aucun des points qui seraient placés sous la souveraineté ou le protectorat de l'une des Puissances contractantes.

Le Baron de Courcel est d'accord sur ce point avec le Plénipotentiaire d'Allemagne.

Le Marquis de Penafiel adhère aux observations présentées par l'Ambassadeur de France relativement au respect que méritent les droits de souveraineté signalés aux égards de la Conférence.

Le Baron Lambermont rappelle qu'il a expressément mentionné dans son Rapport les intentions manifestées par la Commission dans le sens des explications qui précèdent.

Le Baron de Courcel, en ce qui concerne spécialement les prérogatives du Sultan de Zanzibar, prend acte de l'accueil favorable que ses explications ont rencontré de la part de la Haute Assemblée.

De son côté, M. Busch prend acte que d'après les intentions de la Conférence, les réserves établies au profit des souverainetés existantes dans le bassin du Congo ne sauraient concerner des territoires possédés ou à acquérir par l'une des Puissances contractantes. Aucune restriction ne pourra être apportée à l'application du régime conventionnel dans tous les territoires, sans exception, qui sont ou seront placés sous la souveraineté de l'une des Puissances représentées dans la Haute Assemblée.

M. Kasson demande s'il ne conviendrait pas d'affirmer explicitement les intentions de la Conférence de respecter, d'une manière générale, les droits des chefs indigènes qui se trouvent dans la région délimitée par les Actes. Viser exclusivement une réclamation du Sultan de Zanzibar, ce serait, en quelque sorte, reconnaître indirectement les droits auxquels il prétendrait. N'y aurait-il pas lieu de remanier dans cet esprit la rédaction du projet de Déclaration relative à la liberté du commerce au cas où il y serait introduit un amendement afférent à Zanzibar?

Le Baron de Courcel dit que l'on pourrait modifier à cet effet le texte de l'Article I de la Déclaration, mais pour sauvegarder les intérêts spéciaux dont il a entretenu la Conférence, il considère, quant à lui, comme suffisante l'insertion dans le Protocole de ses observations.

M. Busch croit qu'il ne serait pas sans inconvénient de remettre en question le texte déjà adopté par la Conférence. Il sera facile de mentionner au Protocole les renseignements communiqués par les Représentants de la France et de la Grande-Bretagne concernant les droits éventuels du Sultan de Zanzibar, et d'indiquer d'une manière générale que la Conférence entend y avoir égard s'ils sont fondés, sans, d'ailleurs, que cette observation implique la reconnaissance d'aucune prétention. Enfin, le Protocole pourrait constater les sentiments de la Haute Assemblée relativement aux ménagements à observer vis-à-vis des chefs indigènes dont la situation préoccupe M. Kasson.

Le Baron de Courcel et Sir Edward Malet se rallient volontiers à cette manière de voir, au sujet de laquelle Saïd Pacha exprime également son approbation et qui obtient l'adhésion de tous les Plénipotentiaires dans la Haute Assemblée.

Le Comte Kapnist demande à placer sous le patronage de la Haute Assemblée un vœu émis dans plusieurs Congrès de météorologues et chaleureusement recommandé au Gouvernement Russe par le président du Comité International de météorologie, M. Wild, qui est en même temps chef de l'observatoire de St. Pétersbourg. Il s'agirait de faciliter l'établissement d'une station météorologique dans les régions supérieures du Congo. On sait les progrès que les observations d'après le système horaire des climats dans différents pays ont fait faire à la science dans ces derniers temps. Comme ces observations, en dehors de leur intérêt scientifique, peuvent être d'une grande utilité pratique pour le développement de la culture dans les régions qui forment l'objet de la présente Conférence, la Haute Assemblée voudra peut-être accueillir favorablement, et enregistrer dans Ses Protocoles, le vœu du Comité International de météorologie. — Des données précises sur le climat de l'Afrique manquent absolument, tandis que le Comité météorologique en a recueilli déjà dans toutes les autres parties du monde. L'établissement d'une station dans les contrées peu explorées qui occupent la Haute Assemblée offrirait d'assez grandes difficultés et dépasserait les moyens du Comité météorologique. La Commission locale de navigation qui sera établie au Congo sera en mesure, le cas échéant, d'offrir à peu de frais, un concours précieux pour l'établissement de cette station, et un vœu enregistré par la Conférence pourrait lui servir de point de départ dans cette voie. Le président du Comité de météorologie M. Wild, se mettrait, dans ce cas, à la disposition de la Commission, pour lui donner toutes les indications techniques nécessaires.

M. Busch pense que l'on pourrait mentionner au Protocole la recommandation demandée par le Comte Kapnist et dont l'objet semble de nature à mériter la sollicitude de la Conférence.

La Haute Assemblée exprime son adhésion à cet égard.

Le Président aborde le 3e point de l'ordre du jour. Il donne lecture d'une proposition, dite du Comité de rédaction, relative à l'insertion, dans la Déclaration afférente à la liberté commerciale, d'un Article additionnel affirmant et définissant la neutralité de la zone franche (No. 38 des documents imprimés). [Annexe I.]

Les auteurs de ce texte ont pris comme base de leur travail la motion primitivement formulée par M. Kasson qu'ils ont transformée en l'amendant. M. Busch lit ensuite le texte d'un paragraphe additionnel que le Représentant de la Grande-Bretagne désire faire ajouter au 4e alinéa de la proposition susmentionnée (No. 34 des documents imprimés) [Annexe II.] Le Président donne enfin connaissance des propositions, dites éventuelles, présentées par le Plénipotentiaire d'Italie et se rapportant au même sujet (No. 26 des documents imprimés) [Annexe III].

A cette occasion, M. Busoh fait, au nom du Gouvernement Allemand, la Déclaration suivante:

»Le Gouvernement Impérial est heureux de constater qu'après de longues et laborieuses délibérations, la Conférence est arrivée à se mettre d'accord sur une grande partie du programme qui lui avait été soumis, lors de sa convocation. En effet, les principes établis dans la Déclaration relative à la liberté commerciale dans le bassin du Congo et l'ensemble des dispositions consignées dans les deux Actes de navigation du Congo et du Niger sont de nature à assurer au commerce de toutes les nations le libre accès à une vaste partie du continent Africain. Mais pour que ces principes adoptés à l'unanimité portent réellement les fruits que nous nous en promettons, il faudrait, dans l'opinion du Gouvernement Allemand, les couvrir d'une garantie supplémentaire propre à encourager les entreprises du commerce, en leur assurant la protection du droit international contre les dangers de guerre dont elles pourraient être menacées.

»Cette garantie consisterait dans un engagement mutuel que prendraient les Puissances de renoncer à étendre en temps de guerre leurs hostilités aux territoires formant le bassin commercial du Congo. Cet engagement ne serait que le complément des dispositions déjà adoptées par la Conférence. Faute de garantie contre les dangers de guerre, les établissements à fonder dans ces pays manqueraient de la principale condition de réussite, de la confiance dans le maintien de l'ordre public et dans la sécurité des droits acquis.

»C'est dans cet ordre d'idées que la proposition faite par M. le Plénipotentiaire des Etats-Unis d'Amérique sous le No. 22, des documents imprimés, en vue de la neutralisation du bassin du Congo, a été saluée avec une vive satisfaction par le Gouvernement Impérial.

»Dans l'exposé dont M. Kasson a accompagné sa proposition, il a signalé à quels dangers les commerçants et leurs entreprises se verraient exposés, si les Puissances ne s'entendaient pas sur la neutralisation du bassin du Congo. En effet, les conditions dans lesquelles l'Afrique centrale est sur le point d'être ouverte à la civilisation, offrent bien des analogies avec les premières époques de l'histoire de l'Union Américaine. Il y aurait donc lieu de profiter du conseil qui vient d'être donné de la part du Gouvernement d'un pays qui a tant souffert des guerres entre des Puissances Européennes et de la part qu'y ont prise les naturels du pays.

»Le Gouvernement Impérial est prêt a adhérer à la proposition Américaine sous la forme de rédaction qui a été soumise à la Conférence sous le No. 33 des documents distribués aux Plénipotentiaires.«

M. Kasson déclare adhérer à la rédaction du document distribué sous le No. 33.

Le Comte de Launay fait remarquer que ses deux propositions éventuelles (No. 26 des documents imprimés) ont été communiquées aux Plénipotentiaires avant qu'il ait eu connaissance de la rédaction du document imprimé sous le No. 33. Il se félicite de trouver reproduite dans ce dernier document une partie des idées qu'il avait pris l'initiative de soumettre à la Conférence, et il remercie le Comité de rédaction de les avoir ainsi appliquées.

Sir Edward Malet est heureux de constater l'accord qui s'est manifesté entre les Représentants de l'Allemagne et ceux des Etats-Unis, pour adhérer à la proposition actuellement soumise à la Conférence. Il joint son adhésion à celle exprimée, au nom des deux Gouvernements, en faveur du projet présenté par le Comité de rédaction. Il désire seulement qu'il soit ajouté à ce texte l'alinéa, indiqué dans le document imprimé sous le No. 34.

Le Comte de Launay est convaincu de l'insuffisance de l'œuvre de la Conférence, si l'immunité de guerre, déjà stipulée en faveur de la navigation marchande, ne devait pas s'étendre aussi aux territoires compris dans le bassin conventionnel du Congo. En invoquant, à l'appui, les motifs contenus dans le mémoire présenté par le Plénipotentiaire des Etats-Unis d'Amérique, le Plénipotentiaire d'Italie s'associe à la proposition de M. Kasson, ou à toute autre — comme celle présentée par le Comité de rédaction (No. 33), — qui se rapprocherait le plus de ses dispositions essentielles. Celles-ci ne sauraient porter atteinte à la souveraineté des Etats qui possèdent ou posséderont des colonies dans les régions susmentionnées, du moment où, en toute liberté, ils auraient donné leur assentiment à un régime conforme d'ailleurs à l'intérêt commun.

Le Baron de Courcel dit que son Gouvernement apprécie autant que tout autre les bienfaits d'une paix perpétuelle. Quant aux stipulations précises actuellement proposées à l'agrément de la Conférence en vue d'assurer ces bienfaits au domaine de la liberté commerciale, le Représentant de la France a déjà développé, devant la Commission, les motifs pour lesquels elles lui paraissent ou superflues ou impraticables. Il ne croit pas nécessaire de revenir sur les arguments qu'il a déjà fait valoir à ce sujet et se borne à exprimer le regret de n'avoir pu, jusqu'à présent, adhérer à des propositions analogues à celles dont s'occupe en ce moment la Conférence.

Le Comte de Launay répond que l'expression »jusqu'à présent« employée par le Baron de Courcel laisse encore quelqu'espoir qu'à un moment donné et sous une forme quelconque, il pourra être trouvé une rédaction de nature à obtenir l'adhésion du Plénipotentiaire de la France. L'Ambassadeur d'Italie estime que la question ne devant pas être considérée comme définitivement écartée, il ne sera pas superflu de donner quelques explications relatives à ses deux propositions éventuelles.

Dans la première, il élimine le terme »neutralité« et lui substitue une renonciation des Puissances à étendre toute action militaire au bassin du Congo, ainsi que sur la mer territoriale faisant face aux embouchures de ce fleuve.

Il a présenté une autre proposition subsidiaire. Son Excellence hésitait à suggérer un arbitrage, lors même qu'il ne s'agirait que d'une application restreinte de ce système et bien que l'Italie, en ce qui la concerne, ait déjà introduit ce principe dans plusieurs Traités de commerce, de navigation, etc. Mais, à défaut d'un engagement mutuel de ne pas porter la guerre dans les territoires commerciaux définis dans la première Déclaration

de la Conférence, il conviendrait peut-être, en ce qui les concerne spécialement, de donner plus d'efficacité au vœu émis par le Congrès de Paris.
(Séance du 14 avril 1856, Protocole No. XXIII). Le Comte de Launay
en rappelle les termes.*)

Le vœu se transformerait en l'engagement — s'il se produisait un
dissentiment sérieux — de recourir à l'action médiatrice d'une Puissance
amie avant d'en appeler aux armes.

Dans cette proposition il n'y a rien également qui puisse porter atteinte
au respect dû aux droits et à l'indépendance des Etats qui, en définitive,
resteront seuls juges des exigences de leur honneur et de leurs intérêts.
Le médiateur fournirait aux Parties en litige l'occasion de s'expliquer et
d'entendre une voix amie et impartiale qui les disposerait peut-être à l'aplanissement des difficultés. Il importerait de ne pas en négliger la chance.

C'est précisément parce que, à certains égards, l'Italie peut se montrer
plus désintéressée, dans les régions de l'Afrique centrale et occidentale que
d'autres Etats, et parce que le Gouvernement du Roi s'applique, selon Son
programme, à contribuer pour Sa part au maintien de la paix, que le
Plénipotentiaire de Sa Majesté se sent encouragé à exprimer ainsi sa
manière de voir. — Toutes les Puissances ici représentées cherchent, sans
arrière-pensée, à concilier dans une mesure équitable les vues politiques
avec les intérêts moraux et matériels dont elles entendent favoriser et
assurer le développement pacifique. Leurs Plénipotentiaires sont animés
des mêmes dispositions. Il y a donc lieu d'espérer que, moyennant quelque
compromis, la Conférence saura trouver une solution satisfaisante.

Le Comte de Launay ajoute qu'à la présente séance il paraît impossible d'obtenir l'unanimité en faveur d'une des propositions actuellement
en délibération, mais que la question pourrait être utilement renvoyée à
une des prochaines séances. D'ici là, les Plénipotentiaires auront reçu des
instructions nouvelles, une formule de conciliation aura été recherchée et
peut-être l'accord pourra-t-il s'établir.

Le Président consulte l'Assemblée au sujet de l'ajournement de la
discussion.

Saïd Pacha se prononce en faveur du renvoi.

M. Kasson désire ajouter que sa proposition n'a pas un objet théorique, mais bien un objet pratique. Il s'agit de couronner l'œuvre de la
Conférence en assurant la sécurité des entreprises qui vont être tentées et
des essais commerciaux qui vont être poursuivis dans l'Afrique centrale.
La guerre n'a pas seulement pour effet d'interrompre le développement
d'une œuvre commerciale et civilisatrice, elle détruit le travail de longues
années. Le Plénipotentiaire des Etats-Unis accepte l'ajournement du débat,
dans l'espoir qu'il facilitera la recherche d'une formule acceptable pour tous.

---

*) Extrait du Protocole No. XXIII de la séance du 14 avril 1856 du Con-
grès de Paris:

»Les Plénipotentiaires n'hésitent pas à exprimer, au nom de leurs Gouvernements, le vœu que les Etats entre lesquels s'élèverait un dissentiment
sérieux, avant d'en appeler aux armes, eussent recours, en tant que les
circonstances l'admettraient, aux bons offices d'une Puissance amie.«

Sir Edward Malet adhère à l'ajournement dans la même pensée.

La Haute Assemblée prononce le renvoi de la discussion à une séance suivante.

Le Président mentionne l'approche des fêtes de fin d'année et consulte divers Plénipotentiaires relativement à l'opportunité d'interrompre, en conséquence, pendant quelques jours, les travaux de la Haute Assemblée. A la suite de cet échange d'idées, M. Busch fait connaître que ni la Conférence, ni la Commission, ne seront convoquées avant le 5 janvier.

La séance est levée à 4 heures ¼.

(Suivent les signatures.)

Annexe No. I au Protocole No. 6.

PROPOSITION
du Comité de rédaction pour un Article additionnel à la Déclaration relative à la liberté du commerce dans le bassin conventionnel du Congo.

(No. 88)

Afin d'assurer le maintien de la liberté du commerce et de la navigation, même en temps de guerre, dans toutes les contrées mentionnées aux paragraphes 1 et 2 de l'Article I de la présente Déclaration et placées sous le régime de liberté commerciale, les Puissances signataires de la présente Déclaration adoptent les principes suivants:

La totalité du bassin, y compris les territoires qui s'y trouvent soumis à la souveraineté ou au protectorat d'une des Puissances belligérantes, sera considéré comme territoire d'un Etat non-belligérant.

En conséquence, dans le cas d'une guerre entre des Puissances signataires de la présente Déclaration, celles-ci s'engagent à renoncer à étendre les hostilités aux territoires compris dans ce bassin ou à les faire servir de base d'opérations de guerre.

Sera interdit aux vaisseaux belligérants le séjour dans les eaux territoriales de ce bassin, sauf en cas de tempête ou de réparations nécessaires.

Dans ces cas le vaisseau belligérant quittera ces eaux, aussitôt que la tempête aura cessé ou que les avaries auront été réparées; il ne pourra y prendre du charbon qu'en quantité suffisante pour lui permettre d'atteindre le port national le plus proche, situé en dehors dudit bassin.

Dans le cas où des difficultés s'élèveraient entre des Puissances signataires de la présente Déclaration qui exerceraient des droits de souveraineté ou de protectorat dans ledit bassin, les parties renoncent à recourir aux hostilités dans le même bassin et s'engagent à faire appel à la médiation ou à s'en remettre à l'arbitrage d'une ou de plusieurs Puissances amies.

Ces engagements s'étendront également aux Etats indépendants établis ou qui s'établiraient sur le littoral de la zone orientale, mentionnée au paragraphe 8 de l'Article I de la présente Déclaration, sous réserve de leur consentement.

Annexe No. II au Protocole No. 6.

PROPOSITION
(No. 34)

de M. le Plénipotentiaire de la Grande - Bretagne
d'ajouter à la fin du 4ᵉ alinéa de la Proposition No. 33 les mots suivants:
»et il ne pourra, après avoir pris du charbon sous ces conditions,
le prendre dans les mêmes eaux qu'après un intervalle de trois mois.«

Annexe No. III au Protocole No. 6.

PROPOSITION
éventuelle de M. le Plénipotentiare d'Italie.
(No. 26)
No. 1.

Les Puissances signataires du présent Acte et celles qui y accéderaient
à l'avenir, renoncent, le cas échéant, à étendre toute action militaire au
bassin du Congo, ses embranchements, ses affluents et ses embouchures,
ainsi que sur la mer territoriale faisant face aux embouchures de ce fleuve.

No. 2. Proposition subsidiaire.

Dans le but de prévenir, autant que les circonstances l'admettraient,
et sans toutefois porter atteinte à l'indépendance des Gouvernements, les
conséquences d'une guerre qui pourrait s'étendre au bassin du Congo, ses
embranchements, ses affluents et ses embouchures, ainsi que sur la mer
territoriale faisant face aux embouchures de ce fleuve, et pour ce cas spécial, les Etats signataires du présent Acte, et ceux qui y accéderaient à
l'avenir, entre lesquels s'élèverait un dissentiment sérieux, s'engagent, avant
d'en appeler aux armes, de recourir à l'action médiatrice d'une Puissance amie.

Protocole No. 7.
Séance du 7 janvier 1885.

Etaient présents:
Pour l'Allemagne
    M. Busch. — M. de Kusserow.
Pour l'Autriche-Hongrie
    le Comte Széchényi.
Pour la Belgique
    le Comte van der Straten-Ponthoz, — le Baron Lambermont.
Pour le Danemark
    M. de Vind.

Pour l'Espagne
le Comte de Benomar.
Pour les Etats-Unis d'Amérique
M. John A. Kasson, — M. Henry S. Sanford.
Pour la France
le Baron de Courcel.
Pour la Grande Bretagne
Sir Edward Malet.
Pour l'Italie
le Comte de Launay.
Pour les Pays-Bas
le Jonkheer van der Hoeven.
Pour le Portugal
le Marquis de Penafiel, — M. de Serpa Pimentel.
Pour la Russie
le Comte Kapnist.
Pour la Suède et la Norwège
le Général Baron de Bildt.
Pour la Turquie
Saïd Pacha.

La séance est ouverte à 3 heures, sous la présidence de M. Busch.

Le Président rappelle que la Conférence a renvoyé à l'une de ses prochaines séances l'examen des propositions afférentes à la neutralité des territoires qui font l'objet de ses délibérations. Pour répondre au désir que plusieurs Plénipotentiaires lui ont exprimé avant l'ouverture de la séance, M. Busch propose d'ajourner encore cette discussion.

Cet ajournement est, en conséquence, prononcé.

Le Président ouvre ensuite le débat sur le projet de déclaration concernant la traite des esclaves, qui a été soumis par la Commission à la Conférence, dans les termes suivants:

>Selon les principes du droit des gens, tels qu'ils sont reconnus par les Puissances signataires, la traite des esclaves étant interdite, et les opérations qui, sur terre ou sur mer, fournissent des esclaves à la traite devant être également considérées comme interdites, les Puissances qui exercent ou qui exerceront des droits de souveraineté ou une influence dans les territoires formant le bassin conventionnel du Congo déclarent que ces territoires ne pourront servir ni de marché ni de voie de transit pour la traite des esclaves de quelque race que ce soit. Chacune de ces Puissances s'engage à employer tous les moyens en son pouvoir pour mettre fin à ce commerce et pour punir ceux qui s'en occupent.<

M. Busch demande si les Membres de la Conférence ont des observations à présenter relativement à ce projet.

Le Comte de Launay désire motiver son vote; il constate que le projet de Déclaration élaboré par la Commission (No. 37 des documents imprimés) à obtenu l'assentiment unanime de ses Membres. Si l'on peut regretter qu'il ne lui ait pas été donnée toute l'ampleur désirée par l'Ambassadeur d'Angleterre, cette Déclaration n'en prêtera pas moins une nouvelle force à l'application rigoureuse des mesures déjà adoptées jure gentium à l'égard de l'interdiction de la traite.

En faisant dériver des principes établis par le Congrès de Vienne cette juste conséquence que les opérations qui, sur terre aussi bien que sur mer, fournissent des esclaves à la traite doivent être également considérées comme interdites, les Plénipotentiaires réunis en conférence à Berlin donneront une sanction de plus en plus pratique à ces mêmes principes. On ne saurait, en effet, montrer trop de vigilance et de sévérité envers ceux qui se livrent, directement ou indirectement, à cet odieux trafic.

C'est là un progrès dans le droit public international, dont personne ne saurait contester la valeur. C'est à la fois un hommage rendu à la morale publique et à l'humanité. Le Comte de Launay se réfère aux arguments qu'il a énoncés dans le même ordre d'idées au sein de la Commission.

Le Baron Lambermont, au seul point de vue de la forme, demande si la Conférence aurait des objections à remplacer, au commencement de la Déclaration, les mots »selon les principes« par ceux de »conformément aux principes«.

La Haute Assemblée adopte le texte proposé par la Commission avec la modification indiquée par le Plénipotentiaire Belge.

Le Baron Lambermont fait, d'autre part, observer que les mots de »Puissances signataires«, inscrits dans le texte qui vient d'être voté, signifient »Puissances signataires du présent traité« ou »de la présente Déclaration«. Il y aura là une légère correction à introduire en temps et lieu; c'est ainsi que certaines modifications de détail, intéressant exclusivement la forme, pourront être utilement opérées lorsque viendra le moment d'établir les Actes définitifs.

Le Président mentionne que les Plénipotentiaires ont eu communication d'un Projet de Déclaration soumis par le Gouvernement Allemand à la Conférence et relatif aux formalités à observer pour que des occupations nouvelles sur les côtes d'Afrique soient considérées comme effectives [Voir l'Annexe]. M. Busch consulte la Haute Assemblée pour savoir s'il lui convient de procéder immédiatement à une discussion générale sur ce texte, ou, au contraire, de le renvoyer à l'examen de la Commission.

Sir Edward Malet n'a pas encore reçu des instructions complètes de son Gouvernement relativement à la question traitée dans le projet dont il s'agit.

M. de Serpa dépose un amendement, tendant à intercaler quelques mots dans l'alinéa marqué 2°, qui se trouverait alors conçu comme suit:

2° Lesdites Puissances reconnaissent l'obligation d'établir et de maintenir, dans les territoires ou endroits occupés ou pris sous leur protection, une juridiction suffisante pour faire observer la paix, respecter les droits acquis, rendre effective l'abolition de l'esclavage, et, le cas échéant, faire respecter les conditions sous lesquelles la liberté du commerce et du transit aura été garantie.

Le Comte de Launay, en vertu de ses instructions générales, adhère, en principe, à cette motion.

Le Président annonce que l'amendement de M. de Serpa sera renvoyé à la Commission.

Il indique ensuite que l'ordre du jour est épuisé.

Le Baron de Courcel rappelle que, lors de la dernière séance de la Commission, il a été examiné s'il ne conviendrait pas de détacher, pour en faire la matière d'une Déclaration séparée, les stipulations comprises dans l'Article VI de la Déclaration relative à la liberté du commerce et qui ne se rapportent, en réalité, pas aux intérêts commerciaux. La Conférence voudrait peut-être reprendre aujourd'hui la question.

M. Busch pense qu'elle pourrait être examinée lors de l'établissement des Actes définitifs.

Le Baron Lambermont rappelle les discussions qui ont eu lieu relativement à la question de l'esclavage, tant à l'occasion de l'Article VI de la Déclaration commerciale, qu'à l'occasion des Projets présentés par divers Membres de la Conférence. Au cours de ces débats, on a marqué une distinction en envisageant séparément

1⁰ la traite, déjà abolie en vertu du droit international actuel, et

2⁰ le commerce qui fournit des esclaves à la traite, ce dernier devant être également réprimé.

Il y aurait plus qu'un intérêt de pure forme à détacher de l'article VI ce qui concerne l'esclavage et à le rattacher à la Déclaration séparée concernant la traite. On ferait ainsi mieux ressortir les différents cas qui ont été visés. En outre, et d'une manière générale, les dispositions à intervenir gagneraient en clarté si l'on réunissait dans un même Acte toutes les stipulations afférentes au même objet.

Sir Edward Malet croit qu'il peut y avoir avantage à laisser dans l'Acte même relatif à la liberté commerciale un vestige de la sollicitude accordée par la Haute Assemblée à la question de l'esclavage.

A la suite d'observations présentées par le Premier Plénipotentiaire des Etats-Unis, le Président fait ressortir qu'il y a quelqu'intérêt, pour l'histoire de la Conférence, à conserver la trace des préoccupations successives qui l'ont inspirée et qui se manifestent par l'ordre et la suite de ses décisions.

Les Actes finaux ne seront pas volumineux et les recherches y seront toujours faciles. Il ne serait pas sans inconvénient, en vue d'assurer une logique et un ordre plus rigoureux, de remettre en question des textes déjà arrêtés.

Le Baron Lambermont et M. Busch échangent quelques remarques à ce sujet; M. de Kusserow fait observer qu'en empruntant à l'Article VI de la Déclaration commerciale la matière d'une nouvelle Déclaration séparée on multipliera beaucoup le nombre des Actes à intervenir.

Le Comte de Launay appuie les observations de M. Busch.

Il est, en définitive, décidé de laisser tels quels les textes déjà acceptés, sous la réserve des modifications de pure forme qui pourraient y être apportées lors de l'établissement de l'Acte final.

Le Président dit qu'il ne reste plus à examiner par la Conférence que la question de la neutralité et celle qui forme le troisième point de son programme initial. Ce travail accompli, une séance pourrait être consacrée à l'élaboration de l'Acte final.

Le Comte de Launay, rappelant le précieux concours prêté à la Haute Assemblée par le Baron Lambermont comme Rapporteur de sa Commission et comme Rédacteur de certaines de ses résolutions, estime qu'il y aurait lieu de demander au Plénipotentiaire Belge de préparer l'Acte final, en coordonnant les décisions prises par la Haute Assemblée, et en proposant, le cas échéant, les quelques légères modifications qui pourraient être nécessaires pour en perfectionner la forme.

Le Baron Lambermont rappelle qu'il a obtenu, en diverses occasions, la très utile collaboration de quelques uns de ses Collègues. Il désirerait ne pas procéder sans eux au travail indiqué par l'Ambassadeur d'Italie.

Le Président constate l'adhésion de la Conférence à la suggestion du Comte de Launay. Il ajoute que le Baron Lambermont sera tout naturellement libre de faire appel au concours de ceux de ses collègues auxquels il a fait allusion.

Le Président annonce qu'il s'entendra avec divers Plénipotentiaires pour déterminer la date à laquelle il sera opportun de convoquer la prochaine réunion de la Commission.

La Séance est levée à 8 heures ½.

(Suivent les signatures.)

Annexe au Protocole No. 7.

PROJET DE DÉCLARATION

relative aux formalités à observer pour que des occupations nouvelles sur les côtes d'Afrique soient considérées comme effectives.

Les Plénipotentiaires des Gouvernements de l'Allemagne, de l'Autriche-Hongrie, de la Belgique, du Danemark, de l'Espagne, des Etats-Unis d'Amérique, de la France, de la Grande-Bretagne, de l'Italie, des Pays-Bas, du Portugal, de la Russie, de la Suède et la Norwège et de la Turquie, réunis en conférence, considérant qu'il y aurait avantage à introduire dans les rapports internationaux une doctrine uniforme relativement aux occupations qui pourront avoir lieu à l'avenir sur les côtes d'Afrique, ont arrêté ce qui suit:

1° La Puissance qui dorénavant prendra possession d'un territoire ou d'un endroit sur les côtes d'Afrique situé en dehors de ses possessions actuelles ou qui en assumera la protection, accompagnera l'acte respectif d'une notification simultanée adressée aux autres Puissances représentées dans la présente Conférence, afin de les mettre à même ou de le reconnaître comme effectif ou de faire valoir, s'il y a lieu, leurs réclamations.

2° Lesdites Puissances reconnaissent l'obligation d'établir et de maintenir dans les territoires ou endroits occupés ou pris sous leur protection une juridiction suffisante pour faire observer la paix, respecter les droits acquis et, le cas échéant, les conditions sous lesquelles la liberté du commerce et du transit aura été garantie.

Les Gouvernements des Soussignés porteront cette Déclaration à la connaissance des Etats qui n'ont pas été appelés à participer à la Conférence et les inviteront à y adhérer.

Protocole No. 8.

Séance du 31 janvier 1885.

Etaient présents:

Pour l'Allemagne
  M. Busch. — M. de Kusserow.
Pour l'Autriche-Hongrie
  le Comte Széchényi.
Pour la Belgique
  le Comte van der Straten-Ponthoz, — le Baron Lambermont.
Pour le Danemark
  M. de Vind.
Pour l'Espagne
  le Comte de Benomar.
Pour les Etats-Unis d'Amérique
  M. John A. Kasson, — M. Henry S. Sanford.
Pour la France
  le Baron de Courcel.
Pour la Grande-Bretagne
  Sir Edward Malet.
Pour l'Italie
  le Comte de Launay.
Pour le Portugal
  le Marquis de Penafiel, — M. de Serpa Pimentel.
Pour la Russie
  le Compte Kapnist.
Pour la Suède et la Norwège
  le Général Baron de Bildt.
Pour la Turquie
  Saïd Pacha.

La séance est ouverte à 3 heures, sous la Présidence de M. Busch.

Le Président expose que l'ordre du jour comprend la discussion des formalités à remplir pour que des occupations nouvelles sur les côtes d'Afrique soient considérées comme effectives. La Commission a mûrement délibéré sur la question, et son Rapport [Annexe I] rend compte de ses travaux d'une manière complète. Le Président considérerait donc comme superflue une discussion générale. Cette manière de voir ayant rencontré l'assentiment des Membres de la Conférence, B. Busch lit successivement les divers paragraphes du projet présenté par la Commission (annexe 8 au Rapport).

L'intitulé, le préambule et l'article I (paragraphe marqué 1º), sont successivement adoptés sans discussion.

L'article II (paragraphe marqué 2º) étant ensuite mis en délibération, M. Kasson rappelle la discussion résumée à la page 8 du Rapport et concernant les »droits acquis« qu'une Puissance occupante sera tenue de faire respecter. Le Plénipotentiaire des Etats-Unis demande si la rédaction arrêtée par la Commission ne pourrait pas faire naître des malentendus, en laissant supposer qu'il s'agit seulement de droits acquis par le Gouvernement occupant et que les droits privés acquis soit antérieurement soit postérieurement à l'occupation ne sont pas compris dans l'expression »droits acquis«.

M. Busch fait ressortir que l'expression dont il s'agit comprend évidemment tous les droits acquis existants lors d'une occupation nouvelle, que ces droits appartiennent à des particuliers ou à des Gouvernements.

Le Baron de Courcel appuie sur ces explications et ajoute que leur insertion au Protocole donnera pleine satisfaction aux scrupules manifestés par M. Kasson.

M. Busch, M. Kasson et le Baron de Courcel échangent à ce sujet quelques observations, et le Plénipotentiaire des Etats-Unis d'Amérique reconnaît que la mention faite au Protocole des explications qui précèdent suffira pour empêcher les malentendus qu'il avait en vue de prévenir.

M. Kasson présente ensuite, au sujet du projet de Déclaration soumis à la haute Assemblée, les observations dont le texte suit:

»En approuvant les deux paragraphes de cette Déclaration, comme une première démarche, courte mais bien dirigée, c'est mon devoir de consigner deux observations au Protocole:

»1º Le droit international moderne suit fermement une voie qui mène à la reconnaissance du droit des races indigènes de disposer librement d'elles-mêmes et de leur sol héréditaire. Conformément à ce principe, mon Gouvernement se rallierait volontiers à une règle plus étendue et basée sur un principe qui viserait le consentement volontaire des indigènes dont le pays est pris en possession, dans tous les cas où ils n'auraient pas provoqué l'acte agressif.

»2º Je ne doute pas que la Conférence ne soit d'accord quant à la signification du préambule. Il n'indique que le minimum des conditions essentielles à remplir pour que l'on puisse demander la reconnaissance d'une occupation.

»Il est toujours possible qu'une occupation soit rendue effective par des actes de violence, qui sont en dehors des principes de la justice, du droit national et même international. Par conséquent, il doit être bien entendu qu'il est réservé aux Puissances signataires respectives d'apprécier toutes les autres conditions, au point de vue du droit aussi bien que du fait, qui doivent être remplies avant qu'une occupation puisse être reconnue comme valable.«

Le Président fait remarquer que la première partie de la Déclaration de M. Kasson touche à des questions délicates sur lesquelles la Conférence ne saurait guère exprimer d'opinion; il suffira de reproduire au Protocole les considérations exposées par le Plénipotentiaire des Etats-Unis d'Amérique.

La deuxième partie de la Déclaration de M. Kasson rappelle des explications échangées dans la Commission et desquelles il est résulté que, dans l'opinion commune des Plénipotentiaires, la Déclaration préparée par la Conférence ne limitait pas la faculté appartenant aux Puissances de faire précéder de tel examen qu'elles jugeraient opportun la reconnaissance des occupations qui leur seraient notifiées.

Le Comte Kapnist demande l'insertion au Protocole de la déclaration suivante:

»En adhérant à la Déclaration actuellement discutée, je fais cette réserve formelle que le Gouvernement Impérial de Russie entend limiter strictement les effets de son assentiment aux contrées dont la Conférence a été appelée à s'occuper.«

Dans le même ordre d'idées, le Plénipotentiaire de la France établit que les occupations nouvelles sur les côtes du Continent Africain sont seules visées dans la Déclaration, et il mentionne en particulier que l'île de Madagascar reste en dehors des présentes stipulations.

Saïd Pacha, en ce qui concerne les possessions du Sultan, tant au Nord qu'à l'Est du Continent Africain, notamment jusqu'au Cap Ras Hafun, et y compris ce dernier point, établit des réserves d'après lesquelles ces décisions de la Conférence ne sauraient se rapporter aux territoires ainsi visés.

Le Président indique que ces diverses observations, conformes à l'esprit dans lequel la Conférence a poursuivi ses travaux, trouveront place dans le Protocole.

Il constate ensuite l'adoption de l'Article II et celle de l'ensemble de la Déclaration.

Le Baron de Courcel, avant qu'il soit procédé à l'élaboration de l'Acte final comprenant l'ensemble des Actes de la Conférence, désire entretenir la Haute Assemblée de la rédaction définitive qui pourra être arrêtée quant au paragraphe délimitant la zone franche, du côté des possessions Françaises. Le Plénipotentiaire de la France avait précédemment indiqué que son Gouvernement acceptait immédiatement comme limite de cette zone la ligne de Massabi, sauf à la reporter jusqu'à la position de Sette-Camma lorsqu'auraient été conclus certains arrangements particuliers encore en suspens. Or, la position géographique de Sette-Camma ne peut être définie avec la précision désirable, parce qu'elle comprend un ensemble de factoreries. Le Gouvernement Français consentirait donc à substituer à l'indication de cette position une limite géodésique, et propose de la fixer au parallèle situé par 2° 30′ de latitude Sud. Cette solution est la plus libérale, parce qu'elle place dans la zone franche un certain nombre de factoreries Allemandes et Anglaises. L'Ambassadeur de France pense qu'elle sera accueillie par la Conférence avec satisfaction. Il en serait tenu compte dans la rédaction de l'Acte final en modifiant, par exemple, comme suit le paragraphe sus-visé:

»2° Dans la zone maritime s'étendant sur l'Océan Atlantique, depuis le parallèle situé par 2° 30′ de latitude Sud jusqu'à l'embouchure de la Logé.

»La limite septentrionale suivra le parallèle situé par 2° 30′ Sud depuis la côte jusqu'au point où il rencontre le bassin géographique du Congo, en évitant le bassin de l'Ogowé, auquel ne s'appliquent pas les stipulations du présent Acte.«

M. Busch adhère à cette solution qui lui paraît la plus satisfaisante.

Sir Edward Malet croit aussi qu'elle est la meilleure comme la plus libérale et déclare apprécier l'esprit dans lequel elle a été proposée par le Gouvernement Français.

La Conférence exprime son adhésion à cet égard.

S. E. Sir Edward Malet demande la parole pour présenter les considérations suivantes:

»Je désire soumettre quelques observations à l'égard de l'Article IV de la Déclaration relative à la liberté du commerce qui est ainsi conçu:

»Les marchandises importées dans ces territoires resteront affranchies de droits d'entrée et de transit. Les Puissances se réservent de décider, au terme d'une période de vingt années, si la franchise d'entrée sera ou non maintenue.«

»Il paraît que cet Article soulève des doutes dans l'esprit de personnes engagées dans le commerce avec l'Afrique. Certaines d'entre elles pensent qu'il implique la terminaison, au bout de vingt ans, du régime de la liberté de commerce dont le bassin conventionnel du Congo a été doté, à moins que les Puissances soient d'accord pour le continuer.

»Je trouve, par exemple, les mots suivants dans une lettre du Président de la Chambre de commerce de Manchester à Lord Granville, en date du 12 décembre: »la limite de la durée de vingt ans attachée aux stipulations de la liberté du commerce«. La Députation qui a remis cette lettre à Lord Granville a prié Sa Seigneurie de m'envoyer des instructions en vue d'obtenir la suppression du dernier alinéa de l'Article IV, en disant que les conditions de la liberté de commerce ne devraient pas être changées au bout de vingt ans, qu'autrement aucun négociant anglais, ayant devant lui la perspective de droits différentiels, n'emploierait ses capitaux dans ces parties de l'Afrique.

»Un des principaux journaux de Manchester contenait, tout récemment, un article dans lequel se trouve cette phrase:

»On se demande comment les Puissances ont pu consentir à abolir d'un trait de plume tous les droits et tous les impôts — la raison n'est pas difficile à trouver. Une clause modeste a été insérée qui aura pour résultat que le millénaire naissant arrivera à sa fin après vingt ans.«

»Je sais qu'il n'y a absolument rien, ni dans l'ensemble ni dans les détails de l'Acte que nous allons signer, qui autorise de pareilles appréhensions — cependant pour mettre fin à des méfiances qui sont préjudiciables à la croissance du commerce, je tiens à constater que le régime de la liberté du commerce dans le bassin conventionnel du Congo, tel qu'il est établi par l'Acte dont il s'agit, est sans limite de durée, et que l'Article IV vise, uniquement, la faculté de décider de nouveau, après vingt ans, si les droits d'entrée doivent ou non continuer à être prohibés.

»Dans le but de rassurer davantage les personnes intéressées, je rappelerai que, même si, par suite de la faculté accordée par cet Article IV, des droits d'entrée venaient à être établis, ils ne pourraient, en aucun cas, être différentiels et que la liberté de transit ainsi que toutes les autres stipulations de l'Acte resteraient en vigueur.

»Je serais bien aise d'avoir l'assentiment de la Conférence à ces explications qui sont faites dans le seul but d'écarter des malentendus et de dissiper des doutes nuisibles au but que la Conférence a eu pour tâche d'atteindre et qui est d'encourager et d'étendre le commerce dans ces régions, d'une manière précise, efficace et durable.«

Le Comte de Launay dit que, lors de la discussion du projet de Déclaration relatif à la liberté commerciale, il a présenté déjà des observations répondant aux préoccupations que Sir Edward Malet a en vue de faire cesser. L'Ambassadeur d'Italie a demandé en effet (Protocole 4 page 6) que la permanence des mesures essentielles adoptées par la Conférence fût d'ores et déjà mise hors de doute. Si, à l'expiration d'une période de vingt ans, devait avoir lieu la révision du régime conventionnel, conformément aux prévisions de l'Article IV de la Déclaration, le Comte de Launay désirait qu'il fût établi que cette révision aurait lieu seulement pour rendre ce régime encore plus favorable aux intérêts commerciaux. Le Plénipotentiaire de l'Italie ne s'aurait dès lors que s'associer aux idées formulées par l'Ambassadeur d'Angleterre.

Le Baron de Courcel, répondant à Sir Edward Malet, s'exprime comme suit:

»J'adhère très volontiers, pour ma part, aux explications que vient de donner M. l'Ambassadeur d'Angleterre. On connaît les raisons qui ont amené les Puissances à réserver, au bout d'une période de vingt ans, leur liberté d'appréciation sur la question du maintien ou de la modification du régime que nous sommes convenus de mettre actuellement à l'épreuve, et qui consiste dans la suppression des droits à l'importation, combinée avec l'établissement de droits à l'exportation. Nous n'avons pas voulu imposer, pour une durée indéfinie, aux territoires dont nous avons eu à nous occuper pendant la présente Conférence, un régime économique immuable, conçu d'après des règles dont la valeur intrinsèque est controversée parmi les théoriciens, et dont les résultats pratiques pourront seulement être démontrés par l'expérience.

»Mais, en dehors des stipulations spéciales de l'Article IV, nous avons reconnu et consacré un certain nombre de principes qui assurent, contre toute infraction à l'avenir, l'application de la liberté de commerce dans le bassin du Congo. L'interdiction des droits différentiels, des monopoles ou privilèges, et de toute inégalité de traitement au préjudice de personnes appartenant à une nationalité étrangère, n'est soumise à aucune limitation de temps. Le bienfait qui en résulte doit être considéré comme définitivement acquis.

»La Conférence, en inaugurant un tel état de choses, aura accompli une œuvre dont le libéralisme, nous pouvons le déclarer avec un sentiment de juste satisfaction, est jusqu'ici sans précédents.«

M. de Serpa fait observer que la Haute Assemblée a été sollicitée de marquer son adhésion aux explications données par Sir Edward Malet touchant la permanence du régime libéral établi par la Conférence; à cet égard, l'assentiment des Représentants dès Puissances qui possèdent des territoires dans la région du Congo a une importance particulière. Le Plénipotentiaire du Gouvernement Français a exprimé déjà son approbation; les Représentants du Portugal manifestent également leur adhésion, en s'inspirant des dispositions libérales qui ont animé leur Gouvernement au cours des travaux de la Conférence.

Le Président ne doute pas que la Haute Assemblée ne partage ces sentiments. L'insertion au Protocole des explications qui précèdent donnera toute sécurité au commerce et fera cesser toute préoccupation de sa part.

Le Baron Lambermont rappelle que, lors de la discussion de l'Article IV de la Déclaration relative à la liberté commerciale, il s'est prononcé en faveur de la permanence du régime le plus libéral. Sur la question spéciale de l'interdiction des droits d'entrée, un des Délégués, dont la compétence est indiscutable en pareille matière, a fait valoir les motifs qui, dans l'intérêt même du commerce, rendraient désirable la possibilité d'une révision du système fiscal, afin de tenir compte, s'il y avait lieu, des modifications que le temps apporterait au régime économique de ces pays neufs. Mais si cette révision devait en effet être opérée, elle ne devrait affecter ni la liberté du transit ni l'interdiction de tous droits différentiels. Ce qui, d'ailleurs, doit rassurer surtout le commerce, c'est l'esprit dans lequel ont été discutées et arrêtées les décisions de la Conférence et dans lequel persisteront les Gouvernements qui y ont pris part. Si, dans un délai de vingt ans, l'établissement de droits d'entrée paraissait inutile ou préjudiciable, eu égard aux résultats acquis, aucun Gouvernement ne serait certainement d'avis de l'opérer. C'est l'expérience qui dictera alors aux Puissances intéressées les déterminations les plus favorables au développement du mouvement commercial dans leurs possessions. La Puissance qui perdrait ces considérations de vue s'exposerait à voir les courants commerciaux se reporter vers les marchés voisins.

Le Président constate l'assentiment unanime de la Haute Assemblée aux explications qu'elle vient d'entendre.

Il propose ensuite à la Haute Assemblée de procéder à un échange de vues générales relativement à la forme que devra revêtir l'Acte final.

Le Baron Lambermont, qui a été chargé de la préparation de cet Acte, fait connaître qu'il peut être établi suivant deux ou trois modes différents. Le Plénipotentiaire de la Belgique rapporte les précédents qu'il a été amené à étudier à ce sujet. Lors des Traités de Vienne, de 1815, de Paris, de 1856, et de Berlin, de 1878, on a été conduit à réunir dans un traité unique tous les Actes adoptés par le Congrès, en les faisant précéder d'un préambule qui marquait leur filiation. Les dispositions diverses du traité se trouvaient former ainsi une suite d'articles, avec une seule série de numéros.

Dans d'autres cas, l'acte conventionnel s'est résumé en un ou deux articles indiquant l'objet général poursuivi par les parties contractantes, et à cet instrument principal a été annexée la série des actes précédemment délibérés. Cette forme, qui est notamment celle du Traité conclu en 1839 à la suite de la Conférence de Londres, a été assez rarement employée.

On pourrait encore placer à la suite les uns des autres les différents Actes adoptés par la Haute Assemblée, en les numérotant entre eux et en les faisant précéder de leur préambule respectif. Il y aurait alors un certain nombre d'Actes séparés, que rien ne rattacherait les uns aux autres. A la connaissance du Baron Lambermont, ce mode de procéder n'aurait encore jamais été usité.

Le Plénipotentiaire Belge ajoute qu'il a déjà préparé un projet, en adoptant la forme qu'il a citée en premier lieu. Ce projet comprendrait un préambule et autant de chapitres que la Conférence a sanctionné d'Actes différents, mais avec une seule série de numéros pour tous les articles compris dans le traité. La division serait la suivante:

Préambule;

Chapitre I, constitué par la Déclaration relative à la liberté de commerce;

Chapitre II, dont l'objet sera expliqué plus tard;

Chapitres III et IV, formés respectivement par les Actes de navigation concernant le Congo et le Niger;

Chapitre V, reproduisant la Déclaration afférente à l' »effectivité« des occupations;

Chapitre VI, concernant la traite des esclaves.

Le Président consulte la Haute Assemblée pour savoir s'il lui convient de choisir séance tenante entre les trois formes indiquées par le Baron Lambermont.

Le Baron Lambermont ne verrait pas d'inconvénients à ce que la décision sur ce point fût réservée à la Commission.

Le Baron de Courcel, le Président et le Baron Lambermont échangent à ce sujet quelques considérations et il reste entendu que la question sera renvoyée entière à la Commission. Les Membres de la Conférence s'engagent, d'ailleurs, à tenir secret ce qui se rapportera à cette partie de leurs travaux.

L'impression du projet rédigé par le Baron Lambermont, et la réimpression des diverses Déclarations déjà adoptées séparément par la Conférence, sont décidées pour faciliter le travail des Membres de la Commission.

M. Kasson désire, au préalable, appeler l'attention de la Haute Assemblée sur ce que le choix de la forme donnée à l'Acte définitif peut avoir une importance particulière pour le Gouvernement des Etats-Unis d'Amérique. La forme d'un traité proprement dit serait peut-être de nature à soulever, à Washington, des objections dues à des scrupules constitutionnels et au respect de certaines traditions admises par la jurisprudence internationale Américaine. En thèse générale, le Gouvernement des Etats-Unis n'envisage pas volontiers l'éventualité d'engagements réciproques qui le lient envers un ensemble de Puissances, comme dans le cas où est signé un traité collectif. Eu égard à ces considérations, le Plénipotentiaire des Etats-Unis, pour rendre plus facile la ratification des Actes définitifs par son Gouvernement, s'est attaché à lui présenter l'œuvre de la Conférence comme devant comprendre une série de Déclarations, auxquelles les Puissances feraient adhésion. M. Kasson désirerait, en conséquence, que la forme de l'Acte final fût telle que l'accord des Puissances pût se manifester, en effet, sous cette forme spéciale d'adhésions individuellement données à des Déclarations, et non sous la forme d'un traité général, liant tous les Gouvernements à un ensemble d'obligations réciproques et communes. Quant au fond, le résultat serait le même, puisque la série des adhésions données par les Puissances les obligerait à l'observation des arrangements conclus, au même degré que leur participation à un traité.

La question ainsi soulevée donne lieu à des observations de la part d'un certain nombre des Membres de la Haute Assemblée, et notamment de la part du Président, du Baron de Courcel, du Comte de Launay, du Baron Lambermont, du Comte de Benomar et de M. Sanford. Divers précédents sont cités et examinés.

Le Plénipotentiaire d'Espagne rappelle notamment que son Gouvernement, après avoir pris part aux travaux du Congrès de 1815, n'avait, pour des motifs particuliers, pas cru pouvoir signer le traité issu de ses délibérations. Le Cabinet de Madrid avait seulement adhéré plus tard au même traité. Plusieurs Membres de la Conférence et le Président de la Haute Assemblée expriment l'avis que ce précédent pourrait être suivi dans le cas où le Gouvernement des Etats-Unis aurait des objections contre la forme adoptée par les Gouvernements Européens pour sanctionner les décisions prises par la Conférence. La question est d'ailleurs renvoyée à la Commission avec toutes celles concernant la préparation de l'Acte final.

Le Président fait connaître que le Plénipotentiaire des Pays-Bas s'est excusé, pour cause de maladie, de ne pouvoir assister à la Conférence.

Le Comte de Benomar désire que les observations présentées par lui à la Commission relativement au droit de visite sur la côte occidentale d'Afrique, et qui ont été reproduites sous le No. 40 des documents imprimés, soient annexées au Protocole de la présente séance. [Annexe II.]

La Haute Assemblée accueille cette demande.

La séance est levée à 4 heures ½.

(Suivent les signatures.)

Annexe No. I au Protocole No. 8.

RAPPORT

de la Commission chargée d'examiner le projet de Déclaration relative aux occupations nouvelles sur les côtes d'Afrique.

Messieurs,

Dans votre réunion du 7 janvier vous avez abordé le troisième et dernier objet de la tâche qui vous était assignée: la définition des formalités requises pour faire considérer à l'avenir comme effectives des occupations de territoires sur les côtes d'Afrique.

Après un échange général de vues à ce sujet, vous avez décidé de renvoyer à une commission le projet qui vous avait été soumis.

Cette Commission, aux travaux de laquelle ont participé la plupart des Plénipotentiaires assistés de leurs Délégués, s'est réunie les 15 et 16 janvier; elle a successivement discuté les divers points qu'elle avait à traiter et elle a chargé un Comité de rédaction de fixer le texte des résolutions auxquelles elle· s'est arrêtée.

Le projet sur lequel s'est établie la discussion est sous vos yeux; il a été présenté par les Plénipotentiaires de l'Allemagne, de concert avec le Plénipotentiaire de France. [Annexe I.]

Les lettres d'invitation adressées aux Gouvernements, les discours que vous avez entendus à l'ouverture de vos travaux, avaient à l'avance indiqué la pensée générale de ce projet, qui est de prévenir les contestations ou les malentendus auxquels pourraient donner lieu les occupations nouvelles. La Commission a été unanime à l'accepter comme base de ses délibérations.

Elle s'est trouvée également d'accord pour admettre que la Déclaration ne s'appliquerait qu'aux occupations futures.

Les débats ont porté sur des sujets multiples qui vont être successivement passés en revue.

Vous remarquerez d'abord de légères retouches dans le titre et le préambule de l'Acte. Le terme de formalités n'était pas strictement applicable aux Articles II et III de la Déclaration. De plus, M. le Ministre des Etats-Unis avait désiré que le titre même précisât que les obligations imposées ne sont qu'un minimum. C'est dans cet esprit que le Comité de rédaction a substitué aux mots »formalités à observer« ceux de »conditions essentielles à remplir«. Le préambule prévoyait l'introduction d'une doctrine uniforme en matière d'occupations. Il a paru qu'il convenait mieux de formuler des règles uniformes dans un document qui édicte des prescriptions formelles.

Le projet de Déclaration ne vise que les côtes d'Afrique. La convenance de cette restriction a été contestée. M. l'Ambassadeur d'Angleterre aurait préféré que les règles qui vont être établies pour les prises de possessions nouvelles en Afrique, fussent rendues applicables à tout le Continent Africain. A l'appui de sa proposition, il a invoqué ce fait que les côtes d'Afrique sont bien près d'être occupées dans toute leur étendue et que, réduites à cette zone, les formalités prévues auront assez peu de valeur pratique. M. l'Ambassadeur de France n'a pas partagé ce sentiment. S'il est vrai qu'il reste peu de territoires disponibles à la côte, ces territoires ont en revanche une importance qui justifie les dispositions nouvelles dont ils seraient l'objet. Sur le littoral, d'ailleurs, le terrain est bien défini, tandis qu'en fait de délimitations territoriales la part du vague et de l'inconnu est encore très-grande dans l'intérieur de l'Afrique. De son côté M. le Sous-Secrétaire d'Etat Busch ne s'est pas déclaré, en principe, hostile à la proposition de Sir Edward Malet; mais il a fait observer qu'elle implique forcément la détermination précise et prochaine de l'état de possessions de chaque Puissance en Afrique.

M. le Minstre des Etats-Unis ayant émis qu'une telle délimitation offrirait de sérieux avantages et contribuerait à prévenir des conflits futurs, on a objecté que le résultat inverse serait plutôt à craindre. Une définition exacte des possessions actuelles aboutirait en fait à un partage de l'Afrique. Au surplus, a-t-on ajouté, la Conférence a reçu la mission exclusive de statuer pour l'avenir; les situations acquises échappent à ses décisions.

Ces observations ont clos la discussion sur ce point.

Quelques remarques ont été échangées au sujet de la notification prescrite par l'article I.

L'utilité de cette formalité n'a été mise en question par aucune des Puissances représentées dans la Commission. M. l'Ambassadeur d'Angleterre aurait même jugé désirable que la notification contînt toujours une détermination approximative des limites du territoire occupé ou protégé. D'autres Membres de la Commission, sans se montrer opposées, en principe, à cette modification, ne la croient point nécessaire. C'est, d'après eux, plutôt une question de forme que de fond. Notifier l'occupation ou la prise de possession d'un territoire implique nécessairement une définition plus ou moins précise de la situation de ce territoire, particulièrement à la côte qui seule tombe sous l'application des règles à établir. Inutile en général, la condition nouvelle qu'il s'agit d'imposer pourrait, en certaines circonstances, entraîner des difficultés ou des inconvénients.

M. l'Ambassadeur d'Angleterre, à la suite de ces explications, n'insiste pas; il reste entendu toutefois que la notification est inséparable d'une certaine détermination de limites, et que les Puissances intéressées pourront toujours réclamer tels éclaircissements supplémentaires qui leur paraîtraient indispensables pour sauvegarder leurs droits ou leurs intérêts.

L'article I a donné lieu à quelques autres observations qu'il convient de rappeler sommairement afin d'en préciser le sens et la portée.

M. l'Ambassadeur d'Angleterre avait demandé la suppression des mots »situés en dehors de ses possessions actuelles«. Cette expression, en effet, pouvait faire supposer que les règles à établir obligeraient seulement les Puissances qui ont des possessions en Afrique, tandis que ces règles doivent être obligatoires pour toutes les Puissances signataires. Mais, d'un autre côté, M. le Comte de Benomar a fait justement observer qu'il n'était pas indifférent de bien marquer que les dispositions arrêtées par la Conférence ne s'appliqueraient pas aux possessions actuelles. Le Comité de rédaction a proposé une formule qui répond à ces diverses préoccupations.

La Puissance qui notifie est-elle tenue d'attendre indéfiniment la réponse de toutes les autres? L'idée a été suggérée de fixer un délai de rigueur, mais cette motion a été écartée par des considérations de courtoisie internationale. On a été d'accord pour admettre un délai raisonnable.

La notification doit-elle amener la reconnaissance immédiate du caractère effectif de l'occupation, ainsi que cela semblait résulter du texte soumis à la Commission? M. l'Ambassadeur d'Angleterre inclinait à borner l'obligation au fait seul de la notification, sans mettre la Puissance qui la reçoit dans l'alternative ou dé reconnaître sans délai, ou de formuler sur le champ ses objections. Cette manière de voir a été partiellement accueillie. M. le Sous-Secrétaire d'Etat Busch a proposé, à ce point de vue, de supprimer les termes se rapportant à la reconnaissance du caractère effectif de l'occupation. En effet, suivant des observations concordantes de M. le Baron Lambermont, l'occupation ne saurait être vraiment effective au moment même de la prise de possession; elle ne le deviendra que plus tard, par l'accomplissement de conditions qui impliquent une idée de continuité et de permanence. On ne peut donc rien reconnaître ni contester à cet égard au lendemain de la notification. Celle-ci atteint pleinement son but en permettant aux tiers, dûment avertis, de faire valoir leurs propres titres ou leurs réclamations. La notification n'est pas encore universellement consacrée par la pratique; envisagée comme il vient d'être dit, elle sera une innovation utile dans le droit public. Ces considérations ont déterminé la suppression des termes »de le reconnaître comme effectif« et le maintien des mots: »de faire valoir, s'il y a lieu, leurs réclamations«.

Enfin quelles sont les réclamations qui pourraient être opposées à la Puissance qui notifie une occupation ou un protectorat? Toute réclamation, quelle que soit sa nature, est-elle suspensive des droits acquis? Ces questions ont été formulées par M. l'Ambassadeur d'Italie.

Les réclamations se fonderont le plus habituellement sur des droits antérieurs, comme l'un des Plénipotentiaires de l'Allemagne en a fait la remarque, mais sans y attacher une portée exclusive. Selon M. le Premier Plénipotentiaire des Etats-Unis et M. le Ministre des Pays-Bas, les objections pourraient, indépendamment des droits acquis, s'appuyer sur des relations déjà établies, des rapports de commerce, par exemple. L'un des Plénipotentiaires Portugais ayant demandé si l'on pourrait substituer aux termes de »réclamations« ceux mêmes de »droits antérieurs«, la Commission a été d'avis que cette rédaction paraîtrait trop restrictive. Il peut, en effet, à côté des droits, se présenter des considérations ou des situations dont il serait équitable de tenir compte. En cas de désaccord persistant, qui tranchera le différend? On se trouve alors dans le cas des difficultés qui surgissent dans les relations internationales et pour l'aplanissement desquelles les voies indiquées par la procédure diplomatique restent ouvertes. M. l'Ambassadeur de Turquie a suggéré une clause d'arbitrage. La Commission, sans contester la valeur de ce moyen et en rendant hommage à la pensée qui l'inspirait, a cependant estimé qu'il serait probablement difficile d'amener tous Gouvernements à aliéner, en pareil cas, leur liberté d'action.

De l'ensemble de ces discussions il est résulté qu'un acquiescement unanime n'est pas la condition préalable de la validité d'une prise de possession.

L'article II de la Déclaration a pour but de définir les conditions d'une occupation effective. Il détermine le minimum des obligations qui incombent à l'Etat occupant.

La formule primitivement soumise aux délibérations de la Commission imposait les mêmes devoirs à l'Etat qui occupait et à celui qui n'assumait qu'un protectorat.

Cette disposition a donné lieu à un examen étendu au sein de la Commission comme du Comité de rédaction. Diverses formules furent proposées, mais elles n'écartaient pas toutes les difficultés que la discussion avait révélées.

En dernier lieu, M. le Sous-Secrétaire d'Etat Busch a fait connaître qu'il acceptait la suppression, antérieurement proposée par M. l'Ambassadeur d'Angleterre, des termes qui soumettent les territoires protégés aux mêmes conditions que les territoires occupés. En conséquence, les mots »ou placés sous leur protectorat« ont été éliminés. [Annexe II.]

Les conditions de l'occupation effective, d'après la formule qui a servi de base à la discussion, se résumaient dans »l'obligation d'établir et de maintenir dans les territoires occupés une juridiction suffisante pour faire observer la paix, respecter les droits acquis et, le cas échéant, les conditions sous lesquelles la liberté du commerce et du transit aura été établie«.

Ce texte a subi plusieurs modifications qui n'en altèrent toutefois pas le sens.

M. l'Ambassadeur de France a proposé de substituer l'expression »assurer l'existence d'une autorité suffisante« à celle de »établir et maintenir . . . . etc«. Cette dernière forme, en effet, prêterait à supposer que lors de toute occupation nouvelle, il y aura toujours des innovations organiques à introduire pour la distribution de la justice, tandis que, peut-être, dans certaines régions, les institutions existantes paraîtront suffire et seront simplement conservées. La rédaction nouvelle, qui d'ailleurs implique aussi l'idée de permanence, n'a donné lieu à aucune objection.

M. le Baron Lambermont croirait utile de supprimer les mots de »pour faire observer la paix«. Dans des contrées occupées parfois depuis peu et souvent lointaines, la paix peut se trouver exposée à des vicissitudes que l'autorité ne saurait toujours conjurer. Des troubles qui ne seraient pas réprimés sur l'heure autoriseraient-ils des tiers à mettre les droits de l'occupant en question? Une garantie suffisante réside dans l'obligation de faire respecter les droits acquis, qui comprennent les personnes et les choses. On ne saurait perdre de vue qu'il s'agit d'établir non des points de doctrine, mais des prescriptions de droit public; il convient de s'en tenir d'abord à quelques règles aussi simples et aussi générales que possible, en laissant à la sagesse des Gouvernements le soin de les compléter par des arrangements ultérieurs, si l'expérience les y convie.

Ces réflexions ont été successivement confirmées par M. le Sous-Secrétaire d'Etat Busch et par MM. les Ambassadeurs d'Angleterre et de France.

M. l'Ambassadeur d'Italie, tout en admettant la suppression des mots visés par le Plénipotentiaire Belge, demande si, pour donner une sécurité complète aux intérêts des étrangers, on ne pourrait pas substituer à la disposition qui serait éliminée une clause affirmant l'obligation de »maintenir l'ordre«. Cette stipulation, qui d'ailleurs semblait donner prise aux mêmes objections que la précédente, n'a pas été jugée indispensable en présence du sens assigné à la disposition qui oblige de sauvegarder les droits acquis. La pensée indiquée par le Plénipotentiaire d'Italie se trouve au fond du projet, si elle n'y est pas explicitement formulée. Dans ces conditions M. le Comte de Launay n'a pas cru devoir insister sur son observation et la suppression proposée a été votée par la Commission.

Les termes »rendre la justice« ont également disparu du texte adopté; on les considère comme implicitement contenus dans la clause concernant le respect des droits acquis.

Pour déférer à un désir exprimé par M. de Serpa Pimentel, il a été décidé que le protocole constaterait, de nouveau, que les règles prescrites ne s'appliquent qu'aux occupations futures.

Cette motion a amené M. le Ministre des Etats-Unis à demander si les occupations actuelles ne devraient pas, à l'avenir, être soumises aux mêmes conditions d'un exercice effectif de la Puissance souveraine. Une telle extension ne pourrait, au jugement de M. Kasson, qu'être profitable à tous les étrangers qui s'établissent dans les possessions coloniales anciennes ou qui y créent des relations de commerce.

Sans contester l'utilité du but, M. l'Ambassadeur de France rappelle les motifs qui ont conduit la Conférence à bien spécifier que les décisions n'auraient aucun caractère rétroactif. Etant données les conditions dans lesquelles ont été faites les invitations à la Conférence, il ne saurait en effet s'agir de troubler en aucune manière ni même de scruter l'état de possession des Puissances. L'application, aux occupations futures, de règles qui marquent un progrès dans le droit des gens, constituera comme une propagande par l'exemple qui pourra décider certains Gouvernements à étendre volontairement à leurs anciennes possessions les règles établies pour les prises de possession de l'avenir.

Quelques mots encore sur l'Article II.

M. l'Ambassadeur d'Italie a demandé si l'obligation d'établir une autorité suffisante ne comportait pas de délai et s'il ne conviendrait pas d'intercaler après le mot »établir« les termes »dans un délai raisonnable«. Il a été entendu que la Puissance occupante disposerait du temps raisonnablement nécessaire.

Quels sont les droits acquis qu'il faut faire respecter? Le Comité a proposé de placer le mot »privés« entre ces termes. D'après son interprétation, il s'agit de droits civils et ceux-ci doivent être sauvegardés à quelque époque qu'ils aient été acquis, avant comme après l'occupation. La Commission, en approuvant le commentaire, n'a pas considéré l'intercalation comme indispensable pour déterminer le sens de la disposition.

Qu'entend-on par »les conditions sous lesquelles la liberté du commerce aura été garantie« et qui devront aussi être respectées? Cette question a été soulevée par M. l'Ambassadeur d'Italie et M. le Ministre des Etats-Unis. Le Comité a proposé une rédaction nouvelle portant qu'il y aura lieu de faire respecter »la liberté du commerce et du transit dans les conditions où elle aura été établie«. Cette clause a en vue l'exécution de tout accord par lequel la liberté du commerce et du transit serait stipulée, et pour mettre le texte en harmonie avec cette explication, le mot »établie« a été remplacé par celui de »stipulée«.

Dans la pensée de prévenir des contestations éventuelles, M. l'Ambassadeur d'Italie a appelé l'attention de la Commission sur le cas suivant: »Les formalités et conditions mentionnées dans les paragraphes du projet de Déclaration pour la validité d'occupations futures sur les côtes d'Afrique s'appliquent-elles également à des occupations antérieures et momentanées ayant eu lieu par l'œuvre de simples particuliers et ensuite abandonnées, à l'égard desquelles les Gouvernements respectifs n'auraient jamais fait acte de prise réelle de possession.«

S. E., estimant qu'il serait de l'intérêt général de prévenir toutes prétentions, revendications ou contestations basées sur ce seul titre, qu'on pourrait vouloir faire revivre, a cru utile de provoquer un échange de vues à ce sujet.

M. le Plénipotentiaire d'Espagne a été d'avis que, la Déclaration ne stipulant que pour l'avenir, la Commission ne pourrait se prononcer sur des faits appartenant au passé.

M. l'Ambassadeur de Turquie, à ce propos, exprime la conviction qu'un échange de vues sur la question dont il s'agit sortirait des attributions de la Conférence et S. E. déclare ne pas admettre que cette discussion puisse en aucun cas se rapporter à des possessions de Sa Majesté le Sultan en Afrique.

MM. les Plénipotentiaires Portugais font connaître que, dans leur opinion, il y a lieu pour toutes les Puissances de faire les mêmes réserves et qu'ils les font pour ce qui concerne les possessions du Portugal.

D'autres Membres de la Commission ont jugé que le notification mettrait les parties intéressées en mesure de faire valoir leurs réclamations.

En présence de cette diversité d'appréciations, M. l'Ambassadeur d'Italie s'abstient de toute nouvelle insistance. S. E. se borne à exprimer l'espoir que, le cas échéant, il ne se produirait aucun des malentendus, aucune des contestations qu'il avait précisément eu en vue de prévenir en provoquant un simple échange de vues.

Le débat à pris fin sans amener de vote.

L'un des Plénipotentiaires Portugais avait formulé un amendement tendant à rendre effective dans les territoires occupés l'abolition de l'esclavage. D'après les explications fournies par M. de Serpa Pimentel, son intention était non d'atteindre l'esclavage domestique des nègres, ce qui impliquerait dans l'organisation sociale des indigènes un changement qui peut-être ne serait pas l'œuvre d'un jour, mais d'interdire à la population blanche l'achat et l'emploi d'esclaves. La proposition même ne pouvait soulever aucun dissentiment; mais comme ce n'est point là une condition d'occupation, il a été convenu qu'une décision définitive pourra intervenir lorsqu'il s'agira d'arrêter l'Acte général qui embrassera tous les travaux de la Conférence.

La disposition finale du projet de Déclaration concernait l'adhésion des Puissances non-représentées à la Conférence; elle a été supprimée sur la proposition de M. le Baron Lambermont. La même faculté d'adhésion ou d'accession est commune à tous les Actes émanés de la Conférence; il conviendra d'y pourvoir par une disposition générale et unique.

Le projet de Déclaration, tel qu'il a été adopté, forme la dernière annexe [III] de ce Rapport.

Messieurs, après avoir entouré de garanties la liberté du commerce et de la navigation dans le centre de l'Afrique et manifesté votre sollicitude pour le bien-être moral et matériel des populations qui l'habitent, vous allez faire entrer dans le droit public positif des règles destinées à écarter des relations internationales des causes de dissentiments et de conflits. La Conférence ne pouvait mieux terminer ses longues et laborieuses délibérations qu'en consacrant son dernier travail aux intérêts de la paix.

Le Président.   Le Rapporteur.
Alph. de Courcel.   *Baron Lambermont.*

29 janvier 1885.

Annexe No. I.

PROJET DE DÉCLARATION

relative aux formalités à observer pour que des occupations nouvelles sur les côtes d'Afrique soient considérées comme effectives.

Les Plénipotentiaires des Gouvernements de l'Allemagne, de l'Autriche-Hongrie, de la Belgique, du Danemark, de l'Espagne, des Etats-Unis d'Amérique, de la France, de la Grande-Bretagne, de l'Italie, des Pays-Bas, du Portugal, de la Russie, de la Suède et la Norwège et de la Turquie, réunis en conférence, considérant qu'il y aurait avantage à introduire dans les rapports internationaux une doctrine uniforme relativement aux occupations qui pourront avoir lieu à l'avenir sur les côtes d'Afrique, ont arrêté ce qui suit:

1° La Puissance qui dorénavant prendra possession d'un territoire ou d'un endroit sur les côtes d'Afrique situé en dehors de ses possessions actuelles ou qui en assumera la protection, accompagnera l'acte respectif d'une notification simultanée adressée aux autres Puissances représentées dans la présente Conférence, afin de les mettre à même ou de le reconnaître comme effectif ou de faire valoir, s'il y a lieu, leurs réclamations.

2° Lesdites Puissances reconnaissent l'obligation d'établir et de maintenir dans les territoires ou endroits occupés ou pris sous leur protection une juridiction suffisante pour faire observer la paix, respecter les droits acquis et, le cas échéant, les conditions sous lesquelles la liberté du commerce et du transit aura été garantie.

Les Gouvernements des Soussignés porteront cette Déclaration à la connaissance des Etats qui n'ont pas été appelés à participer à la Conférence et les inviteront à y adhérer.

Annexe No. II.

PROJET DE DÉCLARATION

relative aux conditions essentielles à remplir pour que des occupations nouvelles sur les côtes d'Afrique soient considérées comme effectives.

(Rédaction arrêtée provisoirement par le Comité de la Commission.)

Les Plénipotentiaires de l'Allemagne, de l'Autriche-Hongrie, de la Belgique, du Danemark, de l'Espagne, des Etats-Unis d'Amérique, de la France, de la Grande-Bretagne, de l'Italie, des Pays-Bas, du Portugal, de la Russie, de la Suède et la Norwège et de la Turquie, réunis en conférence, considérant qu'il y aurait avantage à introduire dans les rapports internationaux des règles uniformes relativement aux occupations qui pourront avoir lieu à l'avenir sur les côtes d'Afrique, ont arrêté ce qui suit:

1º La Puissance qui dorénavant prendra possession d'un territoire sur les côtes d'Afrique situé en dehors de ses possessions actuelles ou qui, n'en ayant pas eu jusque là, viendrait à en acquérir, et de même, la Puissance qui y assumera un protectorat, accompagnera l'acte respectif d'une notification adressée aux autres Puissances représentées dans la Conférence, afin de les mettre à même de faire valoir, s'il y a lieu, leurs réclamations.

L'acte de notification contiendra une détermination approximative des limites du territoire occupé par cette Puissance ou placé sous son protectorat.

2º Les Puissances signataires reconnaissent l'obligation d'établir et de maintenir dans les territoires occupés par elles une juridiction suffisante pour faire observer la paix, respecter les droits privés acquis et, le cas échéant, la liberté du commerce et du transit dans les conditions où elle aurait été établie.

3º De même les Puissances signataires reconnaissent l'obligation d'établir et de maintenir dans les territoires placés sous leur protectorat une autorité suffisante pour faire observer la paix, rendre la justice, respecter les droits privés acquis et, le cas échéant, la liberté du commerce et du transit dans les conditions où elle aurait été établie.

Proposition éventuelle

de confondre les numéros 2 et 3 de la manière suivante:

Les Puissances signataires reconnaissent l'obligation d'établir et de maintenir dans les territoires occupés par elles ou placés sous leur protectorat une autorité suffisante pour faire observer la paix, rendre la justice, respecter les droits privés acquis et, le cas échéant, la liberté du commerce et du transit dans les conditions où elle aurait été établie.

Annexe No. III.

PROJET DE DÉCLARATION

relative aux conditions essentielles à remplir pour que des occupations nouvelles sur les côtes d'Afrique soient considérées comme effectives, — présenté par la Commission.

Les Plénipotentiaires de l'Allemagne, de l'Autriche-Hongrie, de la Belgique, du Danemark, de l'Espagne, des Etats-Unis d'Amérique, de la France, de la Grande-Bretagne, de l'Italie, des Pays-Bas, du Portugal, de la Russie, de la Suède et la Norwège et de la Turquie, réunis en conférence, considérant qu'il y aurait avantage à introduire dans les rapports internationaux des règles uniformes relativement aux occupations qui pourront avoir lieu à l'avenir sur les côtes d'Afrique, ont arrêté ce qui suit:

1° La Puissance qui dorénavant prendra possession d'un territoire sur les côtes du Continent Africain situé en dehors de ses possessions actuelles, ou qui, n'en ayant pas eu jusque là, viendrait à en acquérir, et de même. la Puissance qui y assumera un protectorat, accompagnera l'acte respectif d'une notification adressée aux autres Puissances représentées dans la Conférence, afin de les mettre à même de faire valoir, s'il y a lieu, leurs réclamations.

2° Les Puissances signataires reconnaissent l'obligation d'assurer, dans les territoires occupés par elles sur les côtes du Continent Africain, l'existence d'une autorité suffisante pour faire respecter les droits acquis et, le cas échéant, la liberté du commerce et du transit dans les conditions où elle serait stipulée.

Annexe No. II au Protocole No. 8.

OBSERVATIONS

soumises à la Commission, dans la séance du 5 janvier 1885, par S. E. le Comte de Benomar, Plénipotentiaire d'Espagne, au sujet du droit de visite sur la côte occidentale de l'Afrique.

J'adhère en termes généraux, au nom du Gouvernement que j'ai l'honneur de représenter, à la proposition humanitaire de S. E. l'Ambassadeur d'Angleterre, sur la traite et le commerce des esclaves, qui fait aujourd'hui l'objet des délibérations de la Commission.

Le Plénipotentiaire d'Allemagne, M. Busch, a fait observer avec beaucoup de justesse, dans la séance du 22 décembre, que la motion de Sir Edward Malet vise deux formes différentes du commerce des esclaves:

I. La traite des nègres considérée comme faite par mer,

II. Le commerce qui fournit des esclaves à la traite.

S. E. l'Ambassadeur de France a fait remarquer, dans la même séance, que, pour éviter toute ambiguïté dans les termes de la proposition de S. E. l'Ambassadeur d'Angleterre, il serait utile de spécifier nommément:

1° L'interdiction de la traite par mer,

2° Celle de la traite sur terre.

S. E. le Baron de Courcel partage, d'ailleurs, l'opinion de M. Busch relativement à l'utilité de viser d'une part l'interdiction déjà existante, frappant la traite par mer, et, d'autre part, l'interdiction qu'il s'agirait d'instituer, conformément aux vues du Représentant de l'Angleterre.

Dans cet ordre d'idées, je viens soumettre à l'attention de la Commission quelques observations pratiques au sujet de la suppression de la traite par mer sur la côte occidentale d'Afrique.

Quand l'Europe, réunie en Congrès à Vienne, à Aix-la-Chapelle et à Vérone, a flétri la traite avec raison et justice, la situation était bien différente de celle d'aujourd'hui.

D'un côté, on trouvait des nations chez lesquelles existait l'esclavage ou qui le toléraient dans leurs colonies; d'un autre, la côte occidentale d'Afrique, dominée dans presque toute son étendue par des peuplades nègres sauvages dont les chefs vendaient les prisonniers de guerre au plus offrant, était le siége principal du commerce immoral et réprouvé, appelé la traite.

Les mesures que les Puissances se sont vues dans la nécessité d'adopter, d'un commun accord, pour remédier à cet état de choses, ont dû être empreintes d'une grande sévérité, parce que les marchands d'esclaves de tous les pays, entraînés par l'intérêt, ne mettaient plus de limites à leur audace.

Je ne veux citer qu'un seul exemple de cette sévérité alors nécessaire.

En vertu du traité conclu entre l'Espagne et la Grande-Bretagne, le 28 juin 1835, les croiseurs Espagnols dont les commandants sont dûment autorisés à cet effet, ont le droit de visiter les navires marchands Anglais soupçonnés de faire la traite ou d'être équipés pour la faire. Ce droit peut s'exercer dans toutes les mers au Sud du 37° lat. Nord, à l'exception de la Méditerranée etc., c'est-à-dire, dans la mer qui baigne toute la côte occidentale de l'Afrique, depuis l'entrée du Détroit de Gibraltar jusqu'au Cap de Bonne-Espérance, et même aux embouchures des rivières, si l'on veut interpréter largement le paragraphe 4 de l'Article IV dudit traité de 1835.

Les croiseurs Espagnols ont non seulement le droit de visiter les navires Anglais soupçonnés de faire la traite ou d'être équipés pour la faire, mais aussi celui de les arrêter et de les emmener pour être jugés, s'ils ont à bord, d'après l'opinion du commandant du croiseur, plus d'eau qu'il est nécessaire pour pourvoir au besoin de l'équipage, ou une chaudière de dimensions trop grandes ou une trop grande provision de riz, ou une trop grande quantité de farine de maïs, ou d'autres approvisionnements ou aménagements du même genre que l'Article X du traité de 1835 considère comme étant un indice indiquant, prima facie, que le navire visité est employé à la traite.

Par ledit traité de 1835, les croiseurs Anglais ont, par une juste réciprocité, les mêmes droits sur les navires marchands Espagnols.

Ces droits sont tombés en désuétude parce que l'esclavage a été aboli, pour le bien de la civilisation et la gloire des Puissances chrétiennes qui l'ont supprimé dans leur territoire ou dans celui de leurs colonies, et aussi parce que la côte occidentale de l'Afrique, qui était le marché d'esclaves pour la traite au long cours, est aujourd'hui occupée presque dans toute son étendue par les Puissances d'Europe, de sorte que la traite y est seulement possible dans la forme de cabotage, de chef de tribu à chef de tribu, et cela seulement dans les quelques portions de la côte qui ne sont pas dans la possession ou sous le protectorat d'une Puissance chrétienne.

Les droits énormes dérivant du traité de 1835 et d'autres similaires, quoiqu'ils ne soient plus en usage, sont néanmoins en vigueur et forment la seule législation internationale existante. Ils sont une menace constante pour la liberté du commerce et de la navigation que la Conférence a établie dans les immenses territoires du Congo et dans les embouchures du Congo et du Niger.

Le Gouvernement que j'ai l'honneur de représenter est disposé à abandonner ces droits qui aujourd'hui n'ont plus de raison d'être, une fois disparues les causes qui ont fait adopter des mesures aussi sévères. Il l'a fait savoir, dans les termes les plus amicaux, au Gouvernement de Sa Majesté Britannique et il espère pouvoir arriver à un accord en ce qui touche la côte occidentale de l'Afrique et les mers situées depuis l'entrée du Détroit de Gibraltar jusqu'au Cap de Bonne-Espérance.

Le besoin se fait sentir dans ces mers de donner à la navigation et au commerce toutes les garanties et toutes les assurances contre un abus éventuel; garanties et assurances dont le commerce ne jouira, tant qu'il y aura des traités comme celui de 1835.

Je ne viens pas présenter une proposition, je ne fais qu'expliquer la situation telle qu'elle est aujourd'hui et exprimer un vœu dans l'espoir qu'un jour il se réalise.

Ce vœu a deux objets:

1º Annuler, d'un commun accord, en ce qui touche la côte occidentale d'Afrique, les traités relatifs au droit de visite, puisque les circonstances qui ont motivé l'ensemble de leurs dispositions ont complétement disparu. Seulement ainsi on pourra assurer la parfaite et absolue liberté de navigation depuis le Détroit de Gibraltar jusqu'au Cap de Bonne-Espérance, liberté de navigation qui doit être le complétement de l'œuvre de la Conférence.

2º Remplacer les stipulations des traités sur le droit de visite par des mesures adaptées à l'état actuel des choses, qui soient efficaces et puissent faire disparaître complétement la traite par mer sur la côte occidentale de l'Afrique.

Ces mesures pourraient être les suivantes:

a) Surveillance par un ou deux navires des Puissances signataires, faisant ce service à tour de rôle et pendant une durée d'un an ou de six mois, ladite surveillance s'exerçant le long des parties de la côte qui ne seraient pas occupées ou placées sous le protectorat d'une Puissance civilisée, et où pourrait exister le danger que l'on fasse la traite par mer, d'après l'avis des Puissances ou de la Commission Internationale du Congo.

Ces croiseurs pourraient saisir seulement les navires ayant à leur bord un grand nombre de nègres, si les capitaines ne peuvent pas prouver qu'ils sont à bord de leur propre gré et ne sont ou ne vont pas être conduits en esclavage.

b) Création d'un tribunal composé des consuls établis au Congo pour juger, d'après des règlements arrêtés d'un commun accord par les Puissances, les capitaines des navires saisis.

Protocole No. 9.

Séance du 23 février 1885.

Étaient présents,

Pour l'Allemagne
M. Busch, — M. de Kusserow.

Pour l'Autriche - Hongrie
le Comte Széchényi.

Pour la Belgique
le Comte van der Straten - Ponthoz, — le Baron Lambermont.

Pour le Danemark
M. de Vind.

Pour l'Espagne
le Comte de Benomar.

Pour les Etats - Unis d'Amérique
M. John A. Kasson, — M. Henry S. Sanford.

Pour la France
le Baron de Courcel.

Pour la Grande - Bretagne
Sir Edward Malet.

Pour l'Italie
le Comte de Launay.

Pour le Portugal
le Marquis de Penafiel, — M. de Serpa Pimentel.

Pour la Russie
le Comte Kapnist.

Pour la Suède et la Norwège
le Général Baron Bildt.

Pour la Turquie
Saïd Pacha.

La séance est ouverte à 3 heures ½, sous la Présidence de M. Busch.

Le Président, avant d'aborder l'ordre du jour, fait part à la Haute Assemblée d'une lettre qui a été adressée à S. A. S. le Prince de Bismarck par le Président de l'Association Internationale du Congo et qui est ainsi conçue:

»Prince,

»L'Association Internationale du Congo a successivement conclu avec les Puissances représentées à la Conférence de Berlin (moins une) des traités qui, parmi leurs clauses, contiennent une disposition reconnaissant son pavillon comme celui d'un État ou d'un Gouvernement ami. Les négociations engagées avec la dernière Puissance aboutiront, tout permet de l'espérer, à une prochaine et favorable issue.

»Je me conforme aux intentions de Sa Majesté le Roi des Belges, agissant en qualité de fondateur de cette Association, en portant ce fait à la connaissance de Votre Altesse Sérénissime.

»La réunion et les délibérations de l'éminente Assemblée qui siège à Berlin sous votre haute Présidence ont essentiellement contribué à hâter cet heureux résultat. La Conférence, à laquelle j'ai le devoir d'en rendre hommage, voudra bien, j'ose l'espérer, considérer l'avénement d'un Pouvoir qui se donne la mission exclusive d'introduire la civilisation et le commerce au centre de l'Afrique, comme un gage de plus des fruits qui doivent produire ses importants travaux.

Je suis avec le plus profond respect,
de Votre Altesse Sérénissime,
le très humble et très obéissant serviteur
Strauch.

Berlin, 28 février 1885.

A Son Altesse Sérénissime
le Prince de Bismarck,
Président de la Conférence de Berlin.«

M. Busch fait suivre cette communication des paroles ci-après:

»Messieurs, je crois être l'interprète du sentiment unanime de la Conférence en saluant comme un événement heureux la communication qui nous est faite et qui constate la reconnaissance à peu près unanime de l'Association Internationale du Congo. Tous, nous rendons justice au but élevé de l'œuvre à laquelle Sa Majesté le Roi des Belges a attaché Son nom; tous, nous connaissons les efforts et les sacrifices au moyen desquels Il l'a conduite au point où elle est aujourd'hui; tous, nous faisons des vœux pour que le succès le plus complet vienne couronner une entreprise qui peut seconder si utilement les vues qui ont dirigé la Conférence.

Le Baron de Courcel prend ensuite la parole dans les termes suivants:

»En qualité de Représentant d'une Puissance dont les possessions sont limitrophes de celles de l'Association Internationale du Congo, je prends acte avec satisfaction de la démarche par laquelle cette Association nous notifie son entrée dans la vie internationale. J'émets, au nom de mon Gouvernement, le vœu que l'État du Congo, territorialement constitué aujourd'hui dans des limites précises, arrive bientôt à pourvoir d'une organisation gouvernementale régulière le vaste domaine qu'il est appelé à faire fructifier. Ses voisins seront les premiers à applaudir à ses progrès, car ils seront les premiers à profiter du développement de sa prospérité et de toutes les garanties d'ordre, de sécurité et de bonne administration dont il entreprend de doter le centre de l'Afrique.

»Le nouvel État doit sa naissance aux aspirations généreuses et à l'initiative éclairée d'un Prince entouré du respect de l'Europe. Il a été voué, dès son berceau, à la pratique de toutes les libertés. Assuré du bon vouloir unanime des Puissances qui se trouvent ici représentées, souhaitons-lui de remplir les destinées qui lui sont promises sous la sage direction de son Auguste Fondateur, dont l'influence modératrice sera le plus précieux gage de son avenir.«

Le Comte Kapnist dit s'associer, d'après ses instructions, à l'hommage que ses collègues ont rendu à l'initiative éclairée et féconde prise par S. M. le Roi des Belges.

Sir Edward Malet s'exprime, de son côté, comme suit:

»La part que le Gouvernement de la Reine a prise dans la reconnaissance du drapeau de l'Association comme de celui d'un Gouvernement ami m'autorise à exprimer la satisfaction avec laquelle nous envisageons la constitution de ce nouvel État, due à l'initiative de S. M. le Roi des Belges. Pendant de longues années, le Roi, dominé par une idée purement philanthropique, n'a rien épargné, ni efforts personnels, ni sacrifices pécuniaires, de ce qui pouvait contribuer à la réalisation de son but. Cependant le monde en général regardait ces efforts d'un œil presque indifférent. Par ci, par là, Sa Majesté soulevait la sympathie, mais c'était, en quelque sorte, plutôt la sympathie de la condoléance que celle de l'encouragement. On croyait que l'entreprise était au-dessus de ses forces, qu'elle était trop grande pour réussir. On voit maintenant que le Roi avait raison et que l'idée qu'il poursuivait n'était pas une utopie. Il l'a menée à bonne fin, non sans difficultés; mais ces difficultés mêmes ont rendu le succès d'autant plus éclatant. En rendant à Sa Majesté cet hommage de reconnaître tous les obstacles qu'Elle a surmontés, nous saluons l'État nouveau-né avec la plus grande cordialité et nous exprimons un sincère désir de le voir fleurir et croître sous Son égide.

»Je me permets également en cette occasion de rendre hommage au Gouvernement du Portugal et à M. le Ministre de Portugal à Berlin de l'accueil bienveillant qu'ils ont fait aux conseils que nous avons eu l'honneur de leur adresser au sujet d'un arrangement entre le Portugal et l'Association, et de l'esprit de conciliation avec lequel ils ont amené les négociations à un heureux résultat.«

Le Marquis de Penafiel, comme Représentant d'une Puissance limitrophe de l'État du Congo, déclare partager les sentiments exprimés par le Baron de Courcel dans son discours de bienvenue à l'adresse du nouvel État.

Le Comte de Launay s'associe avec empressement aux paroles prononcées par le Président, par le Baron de Courcel et par Sir Edward Malet. Les Puissances ici représentées ont déjà presque unanimement reconnu le nouvel État qui va se fonder sous l'auguste patronage d'un Souverain qui, depuis huit années, avec une constance rare et digne de si grands éloges, n'a épargné ni soins ni sacrifices personnels pour la réussite d'une généreuse et philanthropique entreprise. Le monde entier ne peut que témoigner de sa sympathie et de ses encouragements pour cette œuvre civilisatrice et humanitaire qui honore le dix-neuvième siècle, et dont les intérêts généraux de l'humanité profitent et profiteront toujours d'avantage. L'Ambassadeur d'Italie s'associe également bien volontiers aux sentiments exprimés par l'Ambassadeur de la Grande-Bretagne à l'égard du Gouvernement Portugais et de ses Plénipotentiaires à la Conférence.

Le Comte Széchényi s'exprime dans le même sens que ses collègues, dont il partage, à tous égards, les sentiments.

Le Comte de Benomar dit, de son côté, que l'Espagne possède des territoires dans le voisinage de ceux qui relèvent de l'Association Internationale du Congo. Comme Représentant d'un pays voisin, il adhère, au nom de son Gouvernement, aux manifestations du Président et aux vœux formés par lui en faveur de l'œuvre humanitaire et civilisatrice de S. M. le Roi des Belges.

M. de Vind est heureux de joindre ses vœux à ceux qui ont été déjà formulés pour le bonheur et la prospérité du nouvel État du Congo; le but humanitaire et civilisateur poursuivi par ses fondateurs est hautement apprécié par le Gouvernement Danois.

Le Plénipotentiaire de Suède et de Norwège exprime également ses souhaits à l'occasion de la naissance du nouvel État et en faveur de son développement.

M. Sanford dit, de son côté, que le Gouvernement des États-Unis d'Amérique a été le premier à rendre un hommage public à la grande œuvre civilisatrice du Roi Léopold II, en reconnaissant le drapeau de l'Association Internationale du Congo comme celui d'un Gouvernement ami.

Heureux de voir cet exemple suivi par les Puissances du vieux monde, il lui reste à exprimer le vœu de voir bientôt couronner cette œuvre par la participation de l'Association aux Actes de la Conférence.

Saïd Pacha regrette de ne pouvoir encore s'associer officiellement aux vues sympathiques émises par ses collègues. I y a quelques jours à peine qu'il a été saisi de la question concernant la reconnaissance du drapeau de l'Association Internationale. Le temps lui a donc manqué pour recevoir des instructions à ce sujet, mais, en attendant les directions dont il s'agit, il tient à dire qu'il n'a personnellement rien à objecter à la constitution du nouvel État.

Le Comte van der Straten Ponthoz remercie le Président des termes dans lesquels il a parlé de S. M. le Roi des Belges. Les sentiments ainsi manifestés provoqueront la gratitude du Roi et de la nation Belge; le Comte van der Straten Ponthoz s'en fait dès-à-présent l'interprète. Il tient également à dire aux Membres de la Haute Assemblée combien il a été sensible à l'approbation sympathique et unanime qu'ils ont donnée aux paroles de M. Busch. L'hommage rendu à l'initiative poursuivie par le Roi des Belges, à travers tant d'obstacles, est un hommage bien mérité. Les Actes de la Conférence constituent une mise en pratique des idées hardies et généreuses conçues par Sa Majesté. Le Gouvernement et la nation Belge adhéreront donc avec reconnaissance à l'œuvre élaborée par la Haute Assemblée et grâce à laquelle est désormais assurée l'existence du nouvel État, en même temps que sont posées des règles dont profiteront les intérêts généraux de l'humanité.

Le Baron Lambermont s'exprime à son tour comme suit:

»Si le Président de l'Association Internationale du Congo avait l'honneur de siéger parmi vous, il lui appartiendrait de répondre aux paroles que nous avons entendues aujourd'hui et qui sont si sympathiques pour le Roi des Belges et pour Son œuvre.

»En son absence, et quoique représentant Sa Majesté à un autre titre, nous avons pensé, mon collègue et moi, qu'il nous serait permis de témoigner combien nous avons été sensibles à l'hommage rendu au fondateur de l'Association.

»Le Comte van der Straten a exprimé des sentiments auxquels je m'associe de tout cœur. Nous sommes certains de ne pas trop nous avancer en manifestant d'avance notre gratitude, au nom de Sa Majesté, pour le témoignage qui vient de Lui être rendu comme pour l'appui que son entreprise a trouvé parmi vous et qui ne sera pas le moindre gage de son succès.«

Le Président indique que la lettre du Président de l'Association Internationale du Congo et les diverses déclarations qu'elle a provoquées figureront au Protocole de la séance. Il est reconnu utile par plusieurs Plénipotentiaires que, pour compléter la communication du Colonel Strauch, les copies des différents traités, par lesquels l'Association Internationale a obtenu la reconnaissance des Gouvernements soient réunies en un fascicule et annexées au Protocole. [Annexe I.]

Passant à l'ordre du jour, M. Busch met en délibération l'Acte final de la Conférence. Il rappelle que la Commission chargée d'établir l'Acte dont il s'agit a élaboré un projet distribué aux Plénipotentiaires sous le No. 57 des documents imprimés et qui est accompagné d'un Rapport distribué sous le No. 56 de ces documents. [Annexes II et III.] Il résulte de ce Rapport que la Commission propose d'introduire deux modifications dans les textes précédemment adoptés par la Haute Assemblée. La première modification serait apportée à l'article 1 ; elle aurait pour objet de rendre plus précise la définition du bassin géographique du Congo et se trouve indiquée dans l'annexe No. 1 au Rapport de la Commission.

Le Président, après s'être assuré qu'aucune objection n'est soulevée contre l'amendement dont il s'agit, constate l'adoption de l'article 1 avec le changement suggéré par la Commission.

La seconde modification proposée se rapporte à l'article 19 et a pour objet d'assurer une prompte constitution de la Commission Internationale de navigation du Congo, malgré le délai assez considérable accordé pour les ratifications de l'Acte général. Elle fait objet de l'annexe 2 au Rapport précité. Aucune observation n'étant présentée au sujet de cet amendement, le Président établit qu'il a obtenu les suffrages de la Haute Assemblée.

Le Président soumet ensuite à la Conférence un projet de Déclaration relative à la neutralité des territoires compris dans le bassin conventionnel du Congo et qui forme l'annexe No. 3 au Rapport de la Commission. Cette dernière, en effet, étendant spontanément son mandat, en vue de hâter les travaux de la Haute Assemblée, a soumis à une étude préparatoire les questions afférentes à la neutralité qui devaient être examinées par la Conférence elle-même. La Commission a été amenée ainsi à adopter à l'unanimité le projet dont M. Busch donne lecture à la Haute Assemblée.

Le Comte de Launay fait observer que, dans l'article C dudit projet, destiné à recevoir le No. 12 dans l'Acte général, les Puissances adhérentes ne sont pas mentionnées, tandis qu'elles le sont dans les deux articles précédents. Il propose donc d'écrire »entre des Puissances signataires du présent Acte ou des Puissances qui y adhéreraient par la suite« au lieu de »entre des Puissances signataires du présent Acte«.

La motion du Comte de Launay est accueillie par la Conférence.

M. Kasson demande si les termes employés dans l'article 12 du projet établissent, avec une netteté suffisante, que ces stipulations seront applicables dans le cas où un dissentiment se produirait non seulement entre deux Puissances signataires, mais encore entre une Puissance signataire de l'Acte général et une Puissance qui y aurait simplement adhéré.

Le Président donne à cet égard des assurances propres à rassurer M. Kasson. Il fait connaître ensuite que le chapitre III est adopté, avec la modification suggérée par l'Ambassadeur d'Italie.

Le Baron de Courcel à l'occasion de son vote fait la déclaration suivante:

»Je crois devoir bien préciser la portée que mon Gouvernement, en m'autorisant à souscrire à la rédaction définitivement adoptée pour le chapitre III, attache aux stipulations consignées dans les trois articles de ce chapitre.

»Il est entendu que le mot de neutralité, employé à l'article 10, est pris dans son sens propre et technique, c'est-à-dire qu'il qualifie la situation légale d'un tiers qui s'abstient de prendre part à la lutte de deux ou plusieurs parties belligérantes. Pour qu'on parle de neutres, il faut qu'il y ait des belligérants, et il n'y a pas de neutralité en temps de paix, ni entre deux parties envisagées seulement au point de vue de leurs rapports mutuels. Cependant rien n'empêche un État de se proclamer perpétuellement neutre, c'est-à-dire de déclarer qu'en aucun cas il ne prendra volontairement part à une guerre engagée entre d'autres Puissances. Mon Gouvernement reconnaît qu'aux termes de l'article 10, les immunités assurées par le droit des gens, en temps de guerre, aux territoires des neutres, sont acquises, sous la garantie facultative des Puissances signataires de notre Acte général, aux territoires de l'Afrique équatoriale compris dans la zone conventionnelle de la liberté commerciale, aussi longtemps que les États dont ces territoires relèvent observeront la neutralité, avec tous les devoirs qu'elle implique.

»L'article 11 exige le consentement exprès des deux parties belligérantes pour que les territoires ou parties de territoires relevant de l'une d'elles et compris dans la zone conventionnelle de la liberté commerciale en Afrique, soient exceptionnellement traités comme territoires appartenant à un neutre. La prérogative de la souveraineté particulière de chacun des États intéressés demeure donc pleinement réservée.

»L'article 12 contient l'engagement ferme, pour les Puissances signataires de notre Acte général, de recourir à la médiation d'une tierce Puissance en cas de dissentiment sérieux né ou portant sur des territoires compris dans la zone conventionnelle de la liberté commerciale en Afrique. Ainsi que l'a très bien exposé notre Rapporteur, aux explications de qui je donne une adhésion complète, la procédure de la médiation n'implique pas, comme l'arbitrage, l'obligation de faire un essai de conciliation amiable avec l'aide et par l'entremise d'un tiers.«

L'Ambassadeur d'Italie présente alors les considérations suivantes dont il demande la reproduction au Protocole:

»Il vote en faveur du premier article du projet actuellement en discussion, et qui contribuera, entre autres, à sauvegarder l'avenir de l'Association Internationale du Congo. Les Puissances ici représentées ont déjà, presque toutes, reconnu cette Association. Elle ne tardera pas, dès lors, à donner son adhésion à l'Acte général de la Conférence de Berlin, et à proclamer la neutralité perpétuelle des territoires placés sous son Gouvernement.

»Il ne saurait subsister aucun doute que le nouvel État, fondé sous les auspices d'un Souverain dont le nom figurera dans l'histoire parmi les bienfaiteurs éminents de l'humanité, s'appliquera à suivre scrupuleusement les nobles et sages exemples de la Belgique, d'un Royaume qui, depuis un demi-siècle, jouit des bénéfices de la paix et d'une considération justement méritée. En effet, même dans les circonstances les plus graves, la Belgique a su remplir avec dignité et fidélité les devoirs prescrits par la neutralité.

»Le deuxième article offre, à certains égards, des garanties insuffisantes pour préserver du fléau de la guerre toutes les contrées du bassin conventionnel du Congo. Il est donc à regretter que la proposition de M. Kasson, Plénipotentiaire des États-Unis d'Amérique, sous la nouvelle forme de rédaction à laquelle plusieurs Membres de cette Assemblée se déclaraient prêts à donner leur adhésion, n'ait pas rencontré l'unanimité des suffrages. Ce n'est qu'après constatation de ce fait, que l'Ambassadeur d'Italie accepte dans sa teneur actuelle l'article précité. Malgré ses lacunes, il présente des avantages dont il convient de s'assurer.

»En se référant aux considérations qu'il a développées à la sixième séance plénière, le Comte de Launay se félicite que le dernier article de la Déclaration relative à la neutralité reproduise la partie essentielle de sa proposition subsidiaire (No. 26 des documents). L'engagement formel, pour limité qu'il soit à une zone de l'Afrique, de recourir, avant d'en appeler aux armes, à une action médiatrice, constitue un progrès dans le droit des gens. L'arbitrage seul, avec un caractère obligatoire, préviendrait d'une manière certaine des hostilités; mais une médiation acceptée en vertu de l'Acte général de Berlin, n'aurait pas moins une grande valeur morale, et il faudrait de justes motifs pour ne pas tenir compte de la manière la plus sérieuse des tentatives de conciliation.

»Au reste, toutes les Puissances représentées dans cette Haute Assemblée, sont animées des meilleures intentions pour le développement pacifique de l'œuvre de la Conférence. Les Plénipotentiaires peuvent donc s'en remettre en pleine confiance aux Gouvernements respectifs qui, le cas échéant, ne négligeront rien pour aviser au mieux des intérêts engagés dans une question de cette importance.«

M. Kasson rapelle qu'un projet, basé sur une proposition qu'il avait lui-même présentée, a été précédemment élaboré par un Comité de rédaction, et soumis à la Conférence, relativement à la question de la neutralité. L'examen de cette motion ayant été renvoyé à une époque ultérieure, figure encore à l'ordre du jour de la Conférence. La proposition dont il s'agit était conçue dans des termes plus larges que celle dont la Commission saisit aujourd'hui la Haute Assemblée. Le Gouvernement des États-Unis d'Amérique attache une grande importance à obtenir, en faveur du nouvel État du Congo, et de toutes les régions placées sous le régime de la liberté commerciale, les garanties les plus complètes au point de vue de la neutralité; mais afin de conquérir l'unanimité des suffrages dans la Conférence, il sent la nécessité de sacrifier une partie de ces désirs. M. Kasson, bien qu'à regret, croit donc devoir accepter les modifications apportées par la Commission aux propositions antérieures, et il adhère à la proposition actuelle, en la considérant comme un premier pas fait dans une voie où il importe de s'engager. Il saisit cette occasion pour remercier ses collègues qui ont généralement appuyé les projets plus complets précédemment soumis à la Conférence au nom du Gouvernement Américain; il exprime spécialement sa reconnaissance aux Plénipotentiaires Allemands et Italiens qui ont concouru à les défendre.

Toutefois, M. Kasson désirerait que l'article 12 de la motion actuellement discutée marquât l'obligation pour les Puissances de recourir »à la médiation ou à l'arbitrage« au lieu de se borner à stipuler exclusivement le recours »à la médiation«.

Le Plénipotentiaire de France est prêt à accepter que mention soit faite d'un recours facultatif à l'arbitrage; mais il croit nécessaire que la rédaction, remaniée à cet effet, établisse nettement le caractère facultatif de ce recours.

Il est proposé en conséquence d'ajouter à l'article 12 le paragraphe suivant:

>Pour le même cas, les mêmes Puissances se réservent le recours facultatif à la procédure de l'arbitrage.«

Le Comte de Launay a déjà fait connaître les dispositions du Gouvernement Italien en faveur de l'arbitrage, comme celles de l'éminent homme d'État placé à la tête du Ministère des affaires étrangères d'Italie et qui a toujours soutenu le principe de l'arbitrage avec une énergie et un talent auxquels l'Europe entière rend hommage. Il votera donc en faveur de l'adjonction du paragraphe qu'il est question d'inscrire à la suite de l'article 12, et il espère que, dans la pratique, il sera recouru, en effet, à l'arbitrage facultatif indiqué dans ce texte.

Le Marquis de Penafiel demande à faire mentionner au Protocole qu'il interprète comme le Baron de Courcel les dispositions adoptées par la Conférence relativement à la neutralité.

Saïd Pacha rappelle que, dans la Commission, il s'est prononcé en faveur de l'arbitrage, et se dit heureux de voir la Conférence adopter, en partie, ses vues.

Le Baron Lambermont, sans vouloir revenir, au fond, sur la question de la neutralité, dit que le Comte de Launay a parlé avec beaucoup de bienveillance de la Belgique, de ses institutions, de sa neutralité. Ce suffrage, donné devant une telle Assemblée, a un prix qui sera hautement apprécié par le pays auquel il s'adresse. Le Baron Lambermont et son collègue tiennent à exprimer, dès maintenant, la satisfaction et la reconnaissance qu'en éprouvera la Belgique tout entière.

Le Baron de Courcel déclare s'associer d'une manière complète aux considérations sympathiques présentées par le Comte de Launay et agréées par le Baron Lambermont au sujet de la Belgique.

M. Busch, en prenant acte du retrait de l'ancienne proposition relative à la neutralité, indique qu'il se joint à M. Kasson pour considérer la nouvelle motion soumise à la Conférence comme une première étape franchie vers le but à atteindre.

Le Président relit ensuite l'article 12 modifié par suite des deux amendements que la Conférerce a sanctionnés et qui serait, dès lors, ainsi conçu:

>»Art. 12. Dans le cas où un dissentiment sérieux, ayant pris naissance au sujet ou dans les limites des territoires mentionnés à l'article 1 et placés sous le régime de la liberté commerciale, viendrait à s'élever entre des Puissances signataires du présent Acte ou des Puissances qui y adhéreraient par la suite, ces Puissances s'engagent, avant d'en appeler aux armes, à recourir à la médiation d'une ou de plusieurs Puissances amies.

>»Pour le même cas, les mêmes Puissances se réservent le recours facultatif à la procédure de l'arbitrage.«

L'article 12 est adopté dans ces termes. L'ensemble du chapitre III obtient également la sanction d'un vote de la Conférence.

Le Président ouvre ensuite la discussion sur le chapitre VII, tel qu'il a été rédigé par la Commission et comprenant trois articles destinés à recevoir les No. 36 à 38 dans l'Acte général.

Les articles 36 et 37 sont adoptés sans discussion.

Au sujet de l'article 38, le Comte de Launay désire qu'il soit entendu que le Gouvernement Allemand notifiera également, aux diverses Puissances signataires, sa propre ratification de l'Acte général.

M. Busch répond que telles sont, en effet, les intentions de la Chancellerie Impériale.

Le Baron de Courcel, pour plus de clarté dans la rédaction, propose d'ajouter, au 5e paragraphe de l'article 38, les mots de »ayant pris part à la Conférence de Berlin« à la suite des mots »Les Représentants de toutes les Puissances«.

M. de Kusserow demande si, dans le 8e paragraphe du même article, ainsi conçu: »En attendant, les Puissances signataires du présent Acte général s'obligent à n'adopter aucune mesure qui serait contraire aux dispositions dudit Acte», il ne conviendrait pas de faire aussi mention des Puissances adhérentes.

Le Baron Lambermont fait observer que ce paragraphe doit viser les Puissances signataires parce qu'elles ne sont définitivement engagées pendant la période qui sépare la signature de la ratification. Au contraire, les Puissances adhérentes sont définitivement engagées aussitôt qu'elles ont fait part de leur adhésion, et la période de transition à laquelle se rapporte le paragraphe en question n'existe pas pour elles.

Le Président fait ressortir que l'insertion de ces explications au Protocole suffira, pour écarter tous les doutes à cet égard.

L'article 38 est alors adopté avec les amendements présentés par le Baron de Courcel.

La Haute Assemblée adopte également l'ensemble du chapitre VII.

Avant de faire procéder au vote sur l'ensemble de l'Acte final, le

Président soumet à la discussion la modification demandée par le Plénipotentiaire de France au 2e paragraphe de l'article 15, et tendant à y ajouter les mots : »sous la réserve du consentement des Etats souverains de qui ces territoires relèvent.«

Ce projet, qui a été distribué sous le No. 58 des documents imprimés, donne lieu, de la part de plusieurs Plénipotentiaires, et en particulier de la part de Sir Edward Malet, à diverses observations, visant sourtout les inconvénients d'une rédaction d'un caractère aussi général. A la suite de cet échange de vues, la rédaction d'un paragraphe additionnel à l'article 15 est préparée de concert entre les Plénipotentiaires qui ont pris part au débat, et le texte en est soumis à la sanction de la Haute Assemblée dans les termes suivants :

> »Toutefois, les attributions de la Commission Internationale du Congo ne s'étendront pas sur lesdits fleuves, rivières, lacs et canaux, à moins de l'assentiment des États sous la souveraineté desquels ils sont placés. Il est bien entendu aussi que, pour les territoires mentionnés dans l'article 1, paragraphe 3, le consentement des États souverains de qui ces territoires relèvent demeure réservé.«

La Conférence ayant sanctionné cet amendement, le Baron de Courcel désire expliquer son vote. Il rappelle qu'il a autrefois établi des réserves, inscrites au Protocole, relativement à l'extension donnée, par le paragraphe 2 de l'article 1, à la zone de la liberté commerciale. Le Gouvernement Français considérait provisoirement comme limite de la zone franche la ligne de Massabi, sauf à concéder, lorsque seraient remplies certaines conditions suspensives, que cette limite fût reportée jusqu'au parallèle situé par 2° 30′ de latitude Sud. Ces réserves concernaient également l'application de la liberté du commerce et de la navigation.

Le Plénipotentiaire de la France, après le vote de l'amandement qui vient d'être introduit dans l'article 15, est en mesure de lever les réserves susmentionnées, tant au point de vue de la liberté du commerce qu'au point de vue de la liberté de la navigation. Toutefois, en ce qui concerne la navigation, il doit être bien entendu que le Gouvernement Français borne sa concession aux cours d'eau accessibles du dehors et présentant un intérêt sérieux pour la navigation internationale. Les cours d'eau dont la configuration ne comporterait qu'une navigation d'intérêt local continueront à relever uniquement, au point de vue de la réglementation et de la surveillance, de l'administration et de la police intérieures.

Le Baron Lambermont, s'acquittant d'une tâche qui lui a été confiée par la Commission, fait ensuite les déclarations ci-après :

> »Il a été longtemps d'usage que les Gouvernements constitutionnels réservassent, par un article spécial, le droit d'approbation de la représentation nationale, chaque fois que la nature de l'acte qu'ils avaient négocié leur en imposait, à leurs yeux, l'obligation. Depuis que la plupart des Puissances ont adopté, sous des formes diverses, le régime représentatif, cette réserve a généralement cessé d'être faite, parce qu'elle est considérée comme de droit commun. L'omission d'une clause de l'espèce, dans l'Acte

qui vous est soumis, ne saurait donc être interprété comme un manque de respect à l'égard de la prérogative parlementaire. Il a suffi d'assigner pour les ratifications un délai suffisamment long pour que chaque Gouvernement pût se conformer, en cette matière, aux exigences de sa législation politique.

»Telle a été la pensée de votre Commission à ce sujet, et je m'acquitte d'un mandat qu'elle m'a conféré en faisant la présente déclaration qui, conformément à ses intentions, sera insérée au Protocole.«

La parole est donnée au Comte de Launay pour développer les idées qu'il a soumises aux Plénipotentiaires dans un document qui leur a été distribué sous le No. 52 des pièces imprimées.

L'Ambassadeur d'Italie s'exprime à ce sujet comme suit:

»Pour ne pas prolonger nos travaux qui touchent à leur terme, je crois devoir m'abstenir de soumettre toute nouvelle proposition à la Conférence et de provoquer une délibération quelconque. Je tiendrais néanmoins à émettre personnellement le vœu que la liberté de navigation établie pour le Congo et le Niger fût, autant que possible, étendue aux autres voies fluviales du Continent Africain, moyennant des négociations à entamer entre les Gouvernements respectifs, en conformité des principes consacrés par le Congrès de Vienne, et en tenant compte des circonstances locales.

»S. A. S. le Prince de Bismarck avait déjà pris les devants par une suggestion faite dans son discours prononcé lors de notre première séance.

»D'après les déclarations de l'Ambassadeur de la Grande-Bretagne, son vote favorable pouvait être considéré comme acquis à cette suggestion. (Protocole No. 1.)

»Je constate ces dipositions éventuellement favorables.

»De son côté, dans la séance du 18 décembre, l'Ambassadeur de France, tout en disant que le Gouvernement Français, en ce qui le concernait, croyait devoir maintenir les rivières et les fleuves situés au-delà du bassin conventionnel du Congo sous le régime des règles ordinaires du droit des gens, en temps de guerre, — semblait admettre des accords ultérieurs.

»M. le Marquis de Penafiel, répondant à une interpellation de Sir Edward Malet et au désir exprimé par un des Plénipotentiaires de l'Allemagne (Protocole No. 5) déclinait, il est vrai, toute discussion sur une question — celle du Zambèze — placée en dehors du programme de la Conférence, mais il affirmait que son Gouvernement, pour ce qui regarde l'application, à ce fleuve, du régime conventionnel élaboré par la Conférence, »se montrera toujours aussi libéral qu'il le croira possible, dans ses décisions.«

»M. le Comte Kapnist présentait quelques considérations tendant à bien établir dans quel esprit et sous quelles conditions il était autorisé à donner son adhésion aux Actes de navigation du Congo et du Niger, et il limitait son assentiment aux contrées formant l'objet de la présente Conférence (Protocole No. 5).

»S. E. l'Ambassadeur de Turquie se montrait résolûment contraire à toute extension du programme de nos délibérations.

»Les réserves de MM. les Plénipotentiaires de France, de Russie, de
Turquie et du Portugal découlaient de leurs instructions. Mais, selon le
vœu que je viens d'exprimer à titre tout-à-fait personnel, il s'agirait précisément de chercher à obtenir, en dehors de la Conférence, une entente
entre les Gouvernements sur un point dont l'importance ne saurait être
méconnue. Les principes établis par le Traité de Vienne de 1815, élar-
gissent les règles ordinaires en matière fluviale. Si les articles 108 à 116
visent spécialement la navigation des rivières traversant différents États,
ils n'en contiennent pas moins des dispositions dont l'extension à ceux des
fleuves africains placés sous une seule souveraineté offrirait maints avantages aux intérêts généraux du commerce et de la navigation. Les intérêts
particuliers engagés dans cette question en profiteraient, à leur tour, si
celle-ci était résolue d'une manière conforme aux idées ci-dessus indiquées.
Un règlement plus libéral en pareille matière pourrait, passagèrement diminuer la perception de certains droits, mais la perte serait un jour largement
compensée par le développement de la navigation marchande, du moment
où elle jouirait de plus grandes facilités sur tous les cours d'eau du Continent Africain.

»Le régime de navigation adopté pour le Congo et le Niger constitue
un maximum qu'il deviendrait peut-être malaisé, dans les conjonctures
actuelles, d'appliquer intégralement aux autres fleuves de l'Afrique dont
les conditions ne sont pas analogues. C'est dans cette prévision et pour
ménager plus de chances à un accord, que je mentionnais, à dessin, qu'il
y aurait lieu de tenir compte des circonstances locales.

»J'attacherais quelque prix à ce que ce vœu personnel, ainsi motivé,
trouvât place au Protocole.«

Le Président dit que, conformément au désir du Comte de Launay,
le texte de ces explications sera reproduit au Protocole.

Saïd Pacha croit devoir renouveler à cette occasion les réserves qu'il
avait précédemment établies. Il se demande dans quelle mesure des considérations exposées à titre purement personnel peuvent être développées
devant la Conférence. Mais puisqu'elles l'ont été, l'Ambassadeur de Turquie
croit nécessaire de faire observer, au même titre personnel, que l'objet
traité par le Comte de Launay se trouve en dehors du programme de la
Conférence; que, pour ce motif, une proposition de même nature a été
précédemment écartée par les Représentants du Portugal et de la Russie;
enfin que, lui-même, il verrait des objections à une discussion de cette
nature. S'il s'était agi d'une motion officielle, il aurait dû faire connaître
officiellement l'impossibilité où il se trouverait d'y adhérer.

Comme le rappelle Sir Edward Malet, les idées développées par l'Ambassadeur d'Italie se trouvaient déjà émises dans le discours qu'il a lui-
même prononcé lors de la première séance. L'Ambassadeur d'Angleterre
adhère, en conséquence, aux considérations que le Comte de Launay fait
valoir dans le même sens.

Le Président expose qu'au début des travaux de la Haute Assemblée,
le Prince de Bismarck a exprimé la pensée qu'un échange de vues pourrait
avoir lieu utilement, en dehors de la Conférence, sur le sujet que vient

de traiter l'Ambassadeur d'Italie. Les observations que viennent d'entendre les Plénipotentiaires semblent avoir épuisé la question.

Le Baron de Courcel adhère aux considérations qu'a fait valoir le Comte de Launay, en tant qu'elles se rapportent à des fleuves visés par le Traité de Vienne de 1815, c'est-à-dire à des cours d'eau internationaux, traversant ou séparant des territoires relevant de plusieurs souverainetés.

Saïd Pacha fait observer qu'en effet des considérations de l'ordre dont il s'agit, fondées sur le Traité de Vienne, ne sauraient être appliquées au Nil, qui ne traverse pas le territoire de plusieurs États.

Le Comte de Launay admet les scrupules de l'Ambassadeur de Turquie, d'après lesquels la Conférence ne saurait être saisie de questions placées en dehors de son programme. Mais l'Ambassadeur d'Italie ajoute que la forme donnée par lui à ses déclarations a précisément pour objet de lever les scrupules dont il s'agit, qui seront, d'ailleurs, d'autant mieux ménagés qu'à côté de ses propres explications figureront celles qui ont été présentées par l'Ambassadeur de Turquie.

Le Président indique que la Conférence n'a pas, en effet, compétence pour traiter la question; à la suite des explications qui viennent d'avoir lieu, la discussion est close.

M. Busch demande ensuite à la Conférence de procéder au vote de l'Acte général. Il passe successivement en revue les chapitres déjà acceptés séparément en donne une dernière fois lecture des articles 12 et 15 qui ont été l'objet de modifications au cours de la présente séance.

La Haute Assemblée confirme son approbation des différents chapitres, et adopte ensuite l'ensemble de l'Acte général.

A l'occasion du vote sur le chapitre IV, M. Sanford rappelle qu'il a autrefois présenté à la Conférence une proposition relative à la construction d'un chemin de fer dans la région du Congo. Ce projet, dont la discussion avait été renvoyée à une époque ultérieure, figure encore à l'ordre du jour. Des arrangements récemment intervenus entre les parties intéressées, paraissent assurer les garanties utiles quant au règlement des questions afférentes à l'établissement des voies de communication nécessaires au commerce entre le Haut et le Bas-Congo. M. Sanford est donc aujourd'hui en mesure de retirer sa proposition.

Le Comte Kapnist désire faire une déclaration s'appliquant à l'ensemble de l'Acte que vient de sanctionner la Conférence.

Il rappelle les réserves spéciales faites par lui, au cours des délibérations, sur plusieurs articles, et il ajoute que ces réserves doivent s'étendre, d'une manière générale, à l'ensemble des dispositions contenues dans l'instrument où se trouvent réunies les diverses décisions de la Haute Assemblée, — vu que le Gouvernement Impérial de Russie entend limiter en principe les effets de son assentiment aux régions Africaines visées par les Actes de la présente Conférence.

M. Busch constate que la déclaration du Comte Kapnist est conforme, d'une part, aux réserves précédemment formulées par lui, et, d'autre part, aux vues qui ont présidé aux travaux de la Conférence. Il dit qu'elle sera inscrite au Protocole.

Le Comte de Launay expose que la présente séance est la dernière qui doive être présidée par M. Busch. Il fait ressortir le tact et l'esprit de conciliation avec lesquels le Plénipotentiaire de l'Allemagne a dirigé les travaux de la Conférence. La Haute Assemblée voudra exprimer à ce sujet toute sa reconnaissance à M. Busch.

Ces paroles provoquent la vive et unanime adhésion des Membres de la Haute Assemblée.

M. Busch remercie ses collègues du témoignage flatteur qu'ils viennent ainsi de lui décerner.

Il indique ensuite que la date de la prochaine séance sera fixée aussitôt que la préparation matérielle des instruments destinés à être signés par les Plénipotentiaires aura pu être terminée.

La séance est levée à 6 h.

(Suivent les signatures.)

Annexe No. I au Protocole No. 9.

Copies des différents traités par lesquels l'Association Internationale du Congo a obtenu la reconnaissance des Gouvernements.

DÉCLARATIONS
échangées entre les États-Unis d'Amérique et l'Association Internationale du Congo.

L'Association internationale du Congo déclare par la présente qu'en vertu de traités conclus avec les souverains légitimes dans les bassins du Congo et du Niadi-Kivillu et dans les territoires adjacents sur l'Atlantique, il lui a été cédé un territoire pour l'usage et au profit d'États libres déjà établis ou en voie d'établissement sous la protection et la surveillance de ladite Association dans lesdits bassins et territoires adjacents, et que lesdits États libres héritent de plein droit de cette cession;

Que ladite Association internationale a adopté pour drapeau, tant pour elle-même que pour lesdits États libres, le drapeau de l'Association internationale africaine, à savoir un drapeau bleu avec une étoile d'or au centre;

Que ladite Association et lesdits États ont résolu de ne percevoir aucun droit de douane sur les marchandises ou les produits importés dans leurs territoires ou transportés sur la route qui a été construite autour des cataractes du Congo; cette résolution a été prise afin d'aider le commerce à pénétrer dans l'Afrique équatoriale;

Qu'ils assurent aux étrangers qui se fixent sur leurs territoires le droit d'acheter, de vendre ou de louer des terrains et des bâtiments y situés, d'établir des maisons commerciales et de faire le commerce sous la seule condition d'obéir aux lois. Ils s'engagent, en outre, à ne jamais accorder aux citoyens d'une nation un avantage quelconque sans l'étendre immédiatement aux citoyens de toutes les autres nations, et à faire tout ce qui sera en leur pouvoir pour empêcher la traite des esclaves.

En foi de quoi, Henry S. Sanford, dûment autorisé à cet effet par ladite Association, agissant tant pour elle-même qu'au nom desdits Etats, a ci-dessous apposé sa signature et son cachet, le 22 avril 1884, en la ville de Washington.   *H. S. Sanford.*

Frédéric T. Frelinghuysen, Secrétaire d'État, dûment autorisé à cet effet par le Président des États-Unis d'Amérique, et en conformité de l'avis et consentement donné dans ce but par le Sénat, reconnaît avoir reçu de l'Association du Congo la déclaration ci-dessus et déclare que, se conformant à la politique traditionnelle des États-Unis, qui leur enjoint d'avoir égard aux intérêts commerciaux des citoyens américains, tout en évitant en même temps de s'immiscer dans des controverses engagées entre d'autres puissances, ou de conclure des alliances avec des nations étrangères, le gouvernement des États-Unis proclame la sympathie et l'approbation que lui inspire le but humain et généreux de l'Association internationale du Congo, gérant les intérêts des États libres établis dans cette région, et donne ordre aux fonctionnaires des États-Unis, tant sur terre que sur mer, de reconnaître le drapeau de l'Association internationale à l'égal de celui d'un gouvernement ami.

En foi de quoi il a ci-dessous apposé sa signature et son cachet le 22 avril A. D. 1884, en la ville de Washington.   *Fréd. T. Frelinghuysen.*

CONVENTION

entre l'Empire d'Allemagne et l'Association Internationale du Congo.

Art. I. L'Association Internationale du Congo s'engage à ne prélever aucun droit sur les articles ou marchandises importés directement ou en transit dans ses possessions présentes et futures des bassins du Congo et du Niadi-Kwilu, ou dans ses possessions situées au bord de l'Océan Atlantique. Cette franchise de droit s'étend particulièrement aux marchandises et articles de commerce qui sont transportés par les routes établies autour des cataractes du Congo.

Art. II. Les sujets de l'Empire Allemand auront le droit de séjourner et de s'établir sur les territoires de l'Association. Ils seront traités sur le même pied que les sujets de la nation la plus favorisée y compris les habitants du pays, en ce qui concerne la protection de leurs personnes et de leurs biens, le libre exercice de leurs cultes, la revendication et la défense de leurs droits, ainsi que par rapport à la navigation, au commerce et à l'industrie.

Spécialement, ils auront le droit d'acheter, de vendre et de louer des terres et des édifices situés sur les territoires de l'Association, d'y fonder des maisons de commerce et d'y faire le commerce ou le cabotage sous pavillon allemand.

Art. III. L'Association s'engage à ne jamais accorder d'avantages, n'importe lesquels, aux sujets d'une autre nation, sans que ces avantages soient immédiatement étendus aux sujets Allemands.

Art. IV. En cas de cession du territoire actuel ou futur de l'Association, ou d'une partie de ce territoire, les obligations contractées par l'Association envers l'Empire d'Allemagne seront imposées à l'acquéreur. Ces obligations et les droits accordés par l'Association à l'Empire d'Allemagne et à ses sujets resteront en vigueur après toute cession vis-à-vis de chaque nouvel acquéreur.

Art. V. L'Empire d'Allemagne reconnaît le pavillon de l'Association — drapeau bleu avec étoile d'or au centre — comme celui d'un État ami.

Art. VI. L'Empire d'Allemagne est prêt à reconnaître de son côté les frontières du territoire de l'Association et du nouvel État à créer, telles qu'elles sont indiquées sur la carte ci-jointe.

Art. VII. Cette convention sera ratifiée et les ratifications seront échangées dans le plus bref délai possible.

Cette convention entrera en vigueur immédiatement après l'échange des ratifications.

Ainsi fait à Bruxelles le huit novembre 1800 quatre-vingt-quatre.

Comte de Brandenbourg.　　　*Strauch.*

DÉCLARATIONS
échangées entre le Gouvernement de Sa Majesté Britannique et l'Association Internationale du Congo.

Déclaration de l'Association.

L'Association internationale du Congo, fondée par Sa Majesté le roi des Belges, dans le but de favoriser la civilisation et le commerce de l'Afrique, ainsi que dans des intentions humanitaires et bienveillantes, déclare par la présente ce qui suit:

1. Que par des traités conclus avec les souverains légitimes dont les États sont situés dans les bassins du Congo et du Niadi-Kwilu et dans les territoires adjacents à l'Atlantique, il lui a été cédé des territoires à l'usage et au profit d'États libres établis ou à établir dans lesdits bassins et territoires adjacents;

2. Qu'en vertu de ces traités, l'Association est investie de l'administration des intérêts desdits États libres;

8. Que l'Association a adopté, comme son pavillon et celui des États libres, un drapeau bleu avec étoile d'or au centre;

4. Que dans le but de permettre au commerce de pénétrer dans l'Afrique équatoriale, l'Association et lesdits États libres ont résolu de ne prélever aucun droit sur les articles de commerce ou marchandises importés directement dans leurs territoires ou introduits par la route qui a été construite autour des cataractes du Congo;

5. Que l'Association et lesdits États libres garantissent aux étrangers établis dans leurs territoires le libre exercice de leur religion, les droits de navigation, du commerce et de l'industrie, ainsi que le droit d'acheter, vendre et louer des terres, des édifices, des mines et des forêts sous condition d'obéir aux lois;

6. Que l'Association et lesdits États libres feront tout ce qui est en leur pouvoir pour empêcher la traite et supprimer l'esclavage.

Ainsi fait à Berlin, le seize décembre 1800 quatre-vingt-quatre.

Strauch.

Au nom de l'Association.

Déclaration du gouvernement de Sa Majesté britannique.

Le gouvernement de Sa Majesté britannique déclare accorder sa sympathie et son approbation au but humanitaire et bienveillant de l'Association et, par la présente, reconnaît le pavillon de l'Association et des États libres sous son administration comme le pavillon d'un gouvernement ami.

Edward Malet.

Au nom du gouvernement de Sa Majesté.

CONVENTION
entre le gouvernement de Sa Majesté britannique et l'Association Internationale du Congo.

Attendu que le gouvernement de Sa Majesté britannique a reconnu le pavillon de l'Association internationale du Congo et des États libres sous son administration comme le pavillon d'un gouvernement ami;

Étant d'avis qu'il convient de régler et définir les droits des sujets britanniques dans les territoires desdits États libres, et de pourvoir en ce qui les concerne à l'exercice de la juridiction civile et criminelle comme il sera indiqué ci-après, jusqu'à ce que l'Association ait pourvu d'une manière suffisante à l'administration de la justice à l'égard des étrangers,

Il a été convenu:

Art. I. L'Association internationale du Congo s'engage à ne prélever aucun droit d'importation ou de transit sur les articles de commerce ou marchandises importés par des sujets britanniques dans lesdits territoires ou dans les territoires qui seraient placés à l'avenir sous son gouvernement. Cette franchise de droits s'étendra aux marchandises et articles de commerce qui seront transportés par les routes ou les canaux établis ou à établir autour des cataractes du Congo.

Art. II. Les sujets britanniques auront en tout temps le droit de séjourner et de s'établir sur les territoires qui sont ou seront sous le gouvernement de l'Association. Ils jouiront de la même protection que les sujets ou citoyens de la nation la plus favorisée en toutes les matières qui regardent leurs personnes et leurs biens, le libre exercice de leur religion et les droits de navigation, commerce et industrie. Spécialement ils auront le droit d'acheter, de vendre, de bailler à ferme et de louer des terres, des édifices, des mines et des forêts compris dans les territoires susdits, d'y fonder des maisons commerciales et d'y faire le commerce et le cabotage sous pavillon britannique.

Art. III. L'Association s'engage à ne jamais accorder d'avantages, n'importe lesquels, aux sujets d'une autre nation, sans que ces avantages soient immédiatement étendus aux sujets britanniques.

Art. IV. Sa Majesté la Reine de la Grande-Bretagne et d'Irlande peut nommer des consuls ou autres agents consulaires dans les ports ou stations des territoires susdits, et l'Association s'engage à les y protéger.

Art. V. Tout consul ou agent consulaire britannique qui y aura dûment été autorisé par le gouvernement de Sa Majesté britannique pourra établir un tribunal consulaire pour l'étendue du district qui lui est assigné et exercera seul et exclusivement la juridiction tant civile que criminelle à l'égard des personnes et de la propriété des sujets britanniques endéans ledit district, conformément aux lois britanniques.

Art. VI. Rien de ce qui est contenu dans le précédent article ne dispensera n'importe quel sujet britannique de l'obligation d'observer les lois desdits États libres applicables aux étrangers, mais toute infraction de la part d'un sujet britannique à ces lois ne sera déférée qu'au tribunal consulaire britannique.

Art. VII. Les habitants desdits territoires qui sont sujets du gouvernement de l'Association, s'ils portent un préjudice quelconque à la personne ou à la propriété d'un sujet britannique, seront arrêtés et punis par les autorités de l'Association conformément aux lois desdits États libres. La justice sera rendue équitablement et impartialement des deux côtés.

Art. VIII. Un sujet britannique ayant des motifs de plainte contre un habitant desdits territoires, sujet du gouvernement de l'Association, doit s'adresser au consulat britannique et y exposer ses griefs.

Le consul fera une enquête quant au bien fondé de la cause et fera tout ce qui est possible pour l'arranger à l'amiable. De même, si quelque habitant desdits territoires avait à se plaindre d'un sujet britannique, le consul britannique écoutera sa plainte et s'efforcera d'arranger l'affaire à l'amiable. S'il surgit des différends de telle nature que le consul britannique ne puisse les arranger à l'amiable, il requerra alors l'assistance des autorités de l'Association pour examiner la nature de la cause et la terminer équitablement.

Art. IX. Si un habitant desdits territoires, sujet du gouvernement de l'Association, faillit au payement d'une dette contractée, envers un sujet britannique, les autorités de l'Association feront tout ce qui sera en leur pouvoir pour le traduire en justice et procurer le recouvrement de ladite dette; et si un sujet britannique faillit au payement d'une dette contractée envers un des habitants, les autorités britanniques feront de même tout leur possible pour le traduire en justice et procurer le recouvrement de la dette. Aucun consul britannique ni aucune des autorités de l'Association ne peut être rendu responsable pour le payement d'une dette contractée soit par un sujet britannique, soit par un habitant desdits territoires qui est sujet du gouvernement de l'Association.

Art. X. En cas de cession du territoire qui se trouve actuellement sous le gouvernement de l'Association, ou qui s'y trouvera plus tard, les obligations contractées par l'Association dans la présente convention seront imposées au cessionnaire. Ces engagements et les droits accordés aux sujets britanniques resteront en vigueur après toute cession, au profit de quelque nouvel occupant que ce soit, de toute partie que ce soit dudit territoire.

Cette convention sera ratifiée et les ratifications seront échangées dans le plus bref délai possible. Cette convention entrera en vigueur immédiatement après l'échange des ratifications.

Ainsi fait à Berlin, le 16 décembre 1800 quatre-vingt-quatre.

Edward Malet. *Strauch.*

CONVENTION

entre l'Italie et l'Association Internationale du Congo.

Art. I. L'Association internationale du Congo s'engage à ne prélever aucun droit d'importation ou de transit sur les marchandises ou les articles de commerce importés par des sujets italiens dans ses possessions présentes ou futures des bassins du Congo et du Niadi-Kwilu, ou dans ses possessions situées au bord de l'océan Atlantique. Cette franchise de droits s'étendra aux marchandises et articles de commerce qui seront transportés par les routes ou les canaux établis ou à établir autour des cataractes du Congo.

Art. II. Les sujets italiens auront en tout temps le droit de séjourner et de s'établir sur les territoires qui sont ou seront sous le gouvernement de l'Association. Ils jouiront de la même protection que les sujets ou citoyens de la nation la plus favorisée, y compris les habitants du pays, en toutes les matières qui regardent leurs personnes, leurs biens, le libre exercice de leur religion et les droits de navigation, commerce et industrie. Spécialement, ils auront le droit d'acheter, de vendre, de louer, de bailler à ferme des terres, des mines, des forêts et des édifices compris dans les territoires susdits; d'y fonder des maisons de commerce, d'y faire le commerce et le cabotage sous pavillon italien.

Art. III. L'Association prend l'engagement de ne jamais accorder d'avantages, n'importe lesquels, aux sujets d'une autre nation, sans que ces avantages soient immédiatement étendus aux sujets italiens.

Art. IV. Sa Majesté le roi d'Italie peut nommer des Consuls ou autres agents consulaires dans les ports ou stations des territoires susdits, et l'Association s'engage à les y protéger.

Art. V. Tout consul italien ou agent consulaire italien qui y aura été dûment autorisé par le gouvernement de Sa Majesté le roi d'Italie, pourra établir un tribunal consulaire pour l'étendue du district qui lui est assigné et exercera seul et exclusivement la juridiction, tant civile que criminelle, à l'égard des personnes et de la propriété des sujets italiens endéans ledit district, conformément aux lois italiennes.

Art. VI. Rien de ce qui est contenu dans le précédent article ne dispensera n'importe quel sujet italien de l'obligation d'observer les lois desdits États libres applicables aux étrangers; mais toute infraction de la part d'un sujet italien à ces lois ne sera déférée qu'au tribunal consulaire italien.

Art. VII. Les habitants desdits territoires qui sont sujets du gouvernement de l'Association, s'ils portent un préjudice quelconque à la personne ou à la propriété d'un sujet italien, seront arrêtés et punis par les autorités de l'Association, conformément aux lois desdits Etats libres. La justice sera rendue équitablement et impartialement des deux côtés.

Art. VIII. Un sujet italien ayant des motifs de pleinte contre un habitant desdits territoires sujet du gouvernement de l'Association, doit s'adresser au consulat italien et y exposer ses griefs. Le consul procédera à une enquête quant au bien fondé de la cause, et fera tout ce qui est possible pour la régler à l'amiable. De même, si quelque habitant desdits territoires avait à se plaindre d'un sujet italien, le consul italien écoutera sa, plainte et s'efforcera de régler la difficulté à l'amiable. S'il surgit des différends de telle nature que le consul italien ne puisse les régler à l'amiable, il requerra alors l'assistance des autorités de l'Association pour examiner la nature de la cause et la terminer équitablement.

Art. IX. Si un habitant desdits territoires sujet du gouvernement de l'Association faillit au payment d'une dette contractée envers un sujet italien, les autorités de l'Association feront tout ce qui sera en leur pouvoir pour le traduire en justice et procurer le recouvrement de ladite dette; et si un sujet italien faillit au payement d'une dette contractée envers un des habitants, les autorités italiennes feront de même tout leur possible pour le traduire en justice et procurer le recouvrement de la dette.

Aucun consul italien ni aucune des autorités de l'Association ne peut être rendu responsable pour le payement d'une dette contractée, soit par un sujet italien, soit par un habitant quelconque desdits territoires qui est sujet du gouvernement de l'Association.

Art. X. En cas de cession du territoire qui se trouve actuellement sous le gouvernement de l'Association, ou qui s'y trouverait plus tard, ou d'une partie de ce territoire, les obligations contractées par l'Association dans la présente convention seront imposées au cessionnaire. Ces engagements et les droits accordés aux sujets italiens resteront en vigueur après toute cession au profit de quelque nouvel occupant que ce soit, de toute partie que ce soit dudit territoire.

Art. XI. L'Association et les États libres s'engagent à faire tout ce qui est en leur pouvoir pour empêcher la traite et supprimer l'esclavage.

Art. XII. Le royaume d'Italie, accordant sa sympathie et son approbation au but humanitaire et civilisateur de l'Association, reconnaît le drapeau de l'Association et des États libres placés sous son gouvernement — drapeau bleu avec étoile d'or au centre — comme le drapeau d'un gouvernement ami.

Art. XIII. Cette convention sera ratifiée et les ratifications en seront échangées dans le plus bref délai possible.

Art. XIV. Cette convention entrera en vigueur immédiatement après l'échange des ratifications.

En foi de quoi les plénipotentiaires respectifs l'ont signée et y ont apposé le cachet de leurs armes.

Fait à Berlin, le dix-neuvième jour du mois de décembre de l'an mil huit cent quatre-vingt-quatre.

Strauch.   *Launay.*

DÉCLARATIONS

échangées entre le Gouvernement de Sa Majesté l'Empereur d'Autriche et Roi de Hongrie et l'Association Internationale du Congo.

Art. I. L'Association Internationale du Congo s'engage à ne prélever aucun droit sur les marchandises ou les articles de commerce importés directement ou en transit dans ses possessions présentes et futures en Afrique. Cette franchise de droit s'étend particulièrement aux marchandises et articles de commerce qui sont transportés sur les voies de communication établies autour des cataractes du Congo.

Art. II. Les sujets de la Monarchie Austro-Hongroise auront le droit de séjourner et de s'établir sur les territoires de l'Association. Ils seront traités sur le même pied que les sujets de la nation la plus favorisée, y compris les habitants du pays, en ce qui concerne la protection de leurs personnes et de leurs biens, le libre exercice de leurs cultes, la revendication et la défense de leurs droits, ainsi que par rapport à la navigation, au commerce et à l'industrie. Spécialement, ils auront le droit d'acheter, de vendre et de louer des terres et des édifices situés sur les territoires de l'Association, d'y fonder des maisons de commerce et d'y faire le commerce ou le cabotage sous pavillon Austro-Hongrois.

Art. III. L'Association s'engage à ne jamais accorder d'avantages, n'importe lesquels, aux sujets d'une autre nation, sans que ces avantages soient immédiatement étendus aux sujets de la Monarchie Austro-Hongroise.

Il est entendu que l'Autriche - Hongrie jouira quant à la nomination des consuls, leurs fonctions et la juridiction consulaire, de tous les droits et privilèges qui seraient accordés à un autre état.

Art. IV. En cas de cession du territoire actuel ou futur de l'Association ou d'une partie de ce territoire, les obligations contractées par l'Association envers l'Autriche-Hongrie seront imposées à l'acquéreur. Ces obligations et les droits accordés par l'Association à l'Autriche-Hongrie et à ses sujets resteront en vigueur après toute cession vis-à-vis de chaque nouvel acquéreur.

Art. V. L'Autriche - Hongrie prenant acte des engagements ci-dessus et accordant ses sympathies au but humanitaire que poursuit l'Association, reconnaît son pavillon — drapeau bleu avec étoile d'or au centre — comme celui d'un État ami.

Ainsi fait à Berlin, le vingt-quatre décembre 1800 quatre-vingt-quatre.

Strauch. *Széchényi.*

CONVENTION

entre les Pays-Bas et l'Association Internationale du Congo.

Art. I. L'Association Internationale du Congo s'engage à ne prélever aucun droit d'importation ou de transit sur les marchandises ou articles de commerce importés par des sujets Néerlandais dans les possessions actuelles ou futures de l'Association. Cette franchise de droit s'étendra aux marchandises et articles de commerce transportés par les routes ou les canaux qui sont ou seront établis autour des cataractes du Congo.

Art. II. Les sujets Néerlandais auront en tout temps le droit de séjourner ou de s'établir dans les territoires qui sont ou seront soumis à l'Association. Ils jouiront de la protection accordée aux sujets ou citoyens de la nation la plus favorisée en toute matière concernant leurs personnes, leurs propriétés, le libre exercice de leur religion et les droits de navigation, de commerce et d'industrie, ils auront spécialement le droit d'acheter et de vendre, de louer et bailler à ferme des terres, mines, forêts et édifices compris dans les susdits territoires; d'y fonder des maisons de commerce, d'y faire le commerce et le cabotage sous pavillon Néerlandais.

Art. III. L'Association s'engage à ne jamais accorder aucun avantage quelconque aux sujets d'une autre nation, sans que ces avantanges soient immédiatement étendus aux sujets Néerlandais.

Art. IV. Sa Majesté le Roi des Pays-Bas pourra nommer des Consuls ou autres agents consulaires dans les ports ou stations des susdits territoires, et l'Association s'engage à les y protéger.

Art. V. Jusqu'au moment où le service de la justice aura été organisé dans les États Libres du Congo et où cette organisation aura été notifiée par l'Association, tout Consul ou agent consulaire Néerlandais qui y aura été dûment autorisé par le Gouvernement de Sa Majesté le Roi des Pays-Bas, pourra établir un tribunal consulaire pour l'étendue du district qui lui est assigné et, dans ce cas, exercera seul et exclusivement la juridiction tant civile que criminelle, à l'égard des personnes et de la propriété des sujets Néerlandais endéans le dit district, conformément aux lois Néerlandaises.

Art. VI. Rien de ce qui est contenu dans l'article précédent ne dispensera aucun sujet Néerlandais de l'obligation d'observer les lois des États Libres applicables aux étrangers, mais toute infraction de la part d'un sujet Néerlandais à ces lois ne sera déférée qu'au tribunal consulaire Néerlandais.

Art. VII. Les habitants des dits territoires qui sont sujets du Gouvernement de l'Association, s'ils portent un préjudice quelconque à la personne ou à la propriété d'un sujet Néerlandais, seront arrêtés et punis par les autorités de l'Association, conformément aux lois des dits Etats Libres. La justice sera rendue équitablement et impartialement des deux côtés.

Art. VIII. Un sujet Néerlandais ayant des motifs de plainte contre un habitant des dits territoires, sujet du Gouvernement de l'Association, s'adressera au Consulat Néerlandais et y exposera ses griefs. Le Consul procèdera à une enquête quant au bien fondé de la cause et fera tout ce qui est possible pour la régler à l'amiable. De même, si quelqu' habitant des dits territoires avait à se plaindre d'un sujet Néerlandais, le Consul Néerlandais écoutera sa plainte et s'efforcera de régler la difficulté à l'amiable. S'il surgit des différends de telle nature que le Consul ne puisse les régler à l'amiable, il requerra alors l'assistance des autorités de l'Association pour examiner la nature de la cause et la terminer équitablement.

Art. IX. Si un habitant des dits territoires sujet du Gouvernement d'Association, faillit au paiement d'une dette contractée envers un sujet

Néerlandais, les autorités de l'Association feront tout ce qui sera en leur pouvoir pour le traduire en justice et procurer le recouvrement de la dette; et si un sujet Néerlandais faillit au paiement d'une dette contractée envers un des habitants, les autorités Néerlandaises feront de même tout leur possible pour le traduire en justice et procurer le recouvrement de la dette.

Aucun Consul Néerlandais ni aucune des autorités de l'Association ne peut être rendu responsable pour le paiement d'une dette contractée soit par un habitant quelconque des dits territoires qui est sujet du Gouvernement de l'Association, soit par un sujet Néerlandais.

Art. X. En cas de cession du territoire qui se trouve actuellement sous le Gouvernement de l'Association ou qui s'y trouvera plus tard, ou d'une partie de ce territoire, toutes les obligations contractées par l'Association dans la présente convention seront imposées au cessionnaire. Ces engagements et les droits accordés aux sujets Néerlandais resteront en vigueur après cession au profit de tout nouvel occupant de n'importe quelle partie du dit territoire.

Art. XI. L'Association et les États Libres s'engagent à faire tout ce qui est en leur pouvoir pour empêcher la traite et supprimer l'esclavage.

Art. XII. Le Royaume des Pays-Bas, accordant sa sympathie au but humanitaire et civilisateur de l'Association, reconnaît le drapeau de l'Association et des États Libres placés sous son administration — drapeau bleu avec étoile d'or au centre — comme le drapeau d'un Gouvernement ami.

Art. XIII. Cette convention sera ratifiée et les ratifications en seront échangées dans le plus bref délai possible. Elle entrera en vigueur immédiatement après l'échange des ratifications.

En foi de quoi, les plénipotentiaires respectifs l'ont signée et y ont apposé le cachet de leurs armes.

Fait à Bruxelles, le vingt-septième jour du mois de décembre de l'an mil-huit-cent-quatre-vingt-quatre.

Strauch.   *L. Gericke.*

CONVENTION
entre l'Espagne et l'Association Internationale du Congo.

Art. I. L'Association Internationale du Congo s'engage à ne prélever aucun droit d'importation ou de transit sur les marchandises ou articles de commerce importés par des sujets Espagnols, dans les possessions actuelles ou futures de l'Association. Cette franchise de droit s'étendra aux marchandises et articles de commerce transportés par les routes ou les canaux qui sont ou seront établis autour des cataractes du Congo.

Art. II. Les sujets Espagnols auront en tout temps le droit de séjourner ou de s'établir dans les territoires qui sont ou seront soumis à l'Association. Ils jouiront de la protection accordée aux sujets ou citoyens de la nation la plus favorisée en toute matière, concernant leurs personnes, leurs propriétés, le libre exercice de leur religion et les droits de navigation, de commerce et d'industrie; ils auront spécialement le droit d'acheter et de vendre, de louer et bailler à ferme des terres, mines, forêts et édifices compris dans les susdits territoires; d'y fonder des maisons de commerce, d'y faire le commerce et le cabotage sous pavillon Espagnol.

Art. III. L'Association s'engage à ne jamais accorder aucun avantage quelconque aux sujets d'une autre nation sans que ces avantages soient immédiatement étendus aux sujets Espagnols.

Art. IV. Sa Majesté Catholique pourra nommer des consuls ou autres agents consulaires dans les ports ou stations des susdits territoires, et l'Association s'engage à les y protéger.

Art. V. Jusqu'au moment où le service de la justice aura été organisé dans les Etats Libres du Congo et où cette organisation aura été notifiée par l'Association, tout Consul ou agent consulaire Espagnol qui y aura été dûment autorisé par le Gouvernement de Sa Majesté Catholique, pourra établir un tribunal consulaire pour l'étendue du district qui lui est assigné et, dans ce cas, exercera seul et exclusivement la juridiction, tant civile que criminelle, à l'égard des personnes et de la propriété des sujets Espagnols endéans le dit district, conformément aux lois Espagnoles.

Art. VI. Rien de ce qui est contenu dans l'article précédent ne dispensera aucun sujet Espagnol de l'obligation d'observer les lois des Etats Libres, applicables aux étrangers, mais toute infraction de la part d'un sujet Espagnol à ces lois ne sera déférée qu'au tribunal consulaire Espagnol.

Art. VII. Les habitants des dits territoires qui sont sujets du Gouvernement de l'Association, s'ils portent un préjudice quelconque à la personne ou à la propriété d'un sujet Espagnol, seront arrêtés et punis par les autorités de l'Association, conformément aux lois des dits États Libres. La justice sera rendue équitablement et impartialement des deux côtés.

Art. VIII. Un sujet Espagnol ayant des motifs de plainte contre un habitant des dits territoires, sujet du Gouvernement de l'Association, s'adressera au consulat Espagnol et y exposera ses griefs. Le consul procèdera à une enquête quant au bien fondé de la cause et fera tout ce qui est possible pour la régler à l'amiable. De même, si quelqu' habitant des dits territoires avait à se plaindre d'un sujet Espagnol, le consul Espagnol écoutera sa plainte et s'efforcera de régler la difficulté à l'amiable.

S'il surgit des différends de telle nature que le consul ne puisse les régler à l'amiable, il requerra alors l'assistance des autorités de l'Association pour examiner la nature de la cause et la terminer équitablement.

Art. IX. Si un habitant des dits territoires, sujet du Gouvernement de l'Association, faillit au paiement d'une dette contractée envers un sujet Espagnol, les autorités de l'Association feront tout ce qui sera en leur pouvoir pour le traduire en justice et procurer le recouvrement de la dette; et si un sujet Espagnol faillit au paiement d'une dette contractée envers un des habitants du pays, les autorités Espagnoles feront de même tout leur possible pour le traduire en justice et procurer le recouvrement de la dette. Aucun consul Espagnol ni aucune des autorités de l'Association ne peut être rendu responsable pour le paiement d'une dette contractée, soit par un habitant quelconque des dits territoires qui est sujet du Gouvernement de l'Association, soit par un sujet Espagnol.

Art. X. En cas de cession du territoire qui se trouve actuellement sous le Gouvernement de l'Association ou qui s'y trouvera plus tard, ou d'une partie de ce territoire, toutes les obligations contractées par l'Association dans la présente convention seront imposées au cessionnaire. Ces engagements et les droits accordés aux sujets Espagnols resteront en vigueur après cession au profit de tout nouvel occupant de n'importe quelle partie du dit territoire.

Art. XI. L'Association et les États Libres s'engagent à faire tout ce qui est en leur pouvoir pour empêcher la traite et supprimer l'esclavage.

Art. XII. Le Royaume d'Espagne, accordant sa sympathie au but humanitaire et civilisateur de l'Association, reconnaît le drapeau de l'Association et des États Libres placés sous son administration — drapeau bleu avec étoile d'or au centre — comme le drapeau d'un Gouvernement ami.

Art. XIII. Cette convention sera ratifiée et les ratifications en seront échangées dans le plus bref délai possible. Elle entrera en vigueur immédiatement après l'échange des ratifications.

En foi de quoi, les plénipotentiaires respectifs l'ont signée et y ont apposé le cachet de leurs armes.

Fait à Bruxelles, le septième jour du mois de janvier de l'an mil huit cent quatre-vingt-cinq.

Comte Paul de Borchgrave d'Altena.   *Rafael Merry del Val.*

CONVENTION

entre le gouvernement de la République Française et l'Association Internationale du Congo.

Art. I. L'Association Internationale du Congo déclare étendre à la France les avantages qu'elle a concédés aux États-Unis d'Amérique, à l'Empire d'Allemagne, à l'Angleterre, à l'Italie, à l'Autriche-Hongrie, aux Pays-Bas et à l'Espagne, en vertu des conventions qu'elle a conclues avec ces diverses puissances, aux dates respectives des 22 avril, 8 novembre, 16, 19, 24, 29 décembre 1884 et 7 janvier 1885, et dont les textes sont annexés à la présente convention.

Art. II. L'Association s'engage, en outre, à ne jamais accorder d'avantages, de quelque nature qu'ils soient, aux sujets d'une autre nation, sans que ces avantages soient immédiatement étendus aux citoyens français.

Art. III. Le Gouvernement de la République Française et l'Association adoptent pour frontières entre leurs possessions:

La rivière Chiloango depuis l'Océan jusqu'à sa source la plus septentrionale;

La crète de partage des eaux du Niadi-Quillou et du Congo jusqu'au — de — là du méridien de Manyanga;

Une ligne à déterminer, et qui, suivant autant que possible une division naturelle du terrain, aboutisse entre la station de Manyanga et le cataracte de Ntombo Mataka, en un point situé sur la partie navigable du fleuve;

Le Congo jusqu'au Stanley-Pool;

La ligne médiane du Stanley-Pool;

Le Congo jusqu'à un point à déterminer en amont de la rivière Licona-Nkundja;

Une ligne à déterminer depuis ce point jusqu'au 17ᵐᵉ degré de longitude Est de Greenwich, en suivant, autant que possible, la ligne de partage d'eaux du bassin de la Licona-Nkundja, qui fait partie des possessions françaises;

Le 17ᵐᵉ degré de longitude Est de Greenwich.

Art. IV. Une Commission, composée de représentants des parties contractantes, en nombre égal des deux côtés, sera chargée d'exécuter sur le terrain le tracé de la frontière, conformément aux stipulations précédentes. En cas de différends, le règlement en sera arrêté par des délégués à nommer par la Commission internationale du Congo.

Article V. Sous réserve des arrangements à intervenir entre l'Association Internationale du Congo et le Portugal, pour les territoires situés au Sud du Chiloango, le Gouvernement de la République Française est disposé à reconnaître la neutralité des possessions de l'Association Internationale comprises dans les frontières indiquées sur la carte ci-jointe, sauf à discuter et à régler les conditions de cette neutralité d'accord avec les autres Puissances représentées à la Conférence de Berlin.

Art. VI. Le Gouvernement de la République Française reconnaît le drapeau de l'Association Internationale du Congo — drapeau bleu avec étoile d'or au centre — comme le drapeau d'un Gouvernement ami.

En foi de quoi, les Plénipotentiaires respectifs ont signé la présente Convention et y ont apposé leurs cachets.

Fait à Paris, le 5 février 1885.

Jules Ferry.   *Comte Paul de Borchgrave d'Altena.*

CONVENTION

entre l'Empire de Russie et l'Association Internationale du Congo.

Art. I. L'Association Internationale du Congo s'engage à ne prélever aucun droit sur les marchandises ou articles de commerce importés directement ou en transit dans ses possessions présentes ou futures en Afrique. Cette franchise de droit s'étend particulièrement aux marchandises ou articles de commerce qui sont transportés sur les voies de communication établies autour des cataractes du Congo.

Art. II. Les sujets de l'empire de Russie auront le droit de séjourner et de s'établir sur les territoires de l'Association. Ils seront traités sur le même pied que les sujets de la nation la plus favorisée y compris les habitants du pays, en ce qui concerne la protection de leurs personnes, de leurs biens, le libre exercice de leurs cultes, la revendication et la défense de leurs droits, ainsi que par rapport à la navigation, au commerce et à l'industrie.

Spécialement ils auront le droit d'acheter de vendre et de louer des terres et des édifices situés sur les territoires de l'Association, d'y fonder des maisons de commerce et d'y faire le commerce et le cabotage sous pavillon Russe.

Art. III. L'Association s'engage à ne jamais accorder d'avantages, n'importe lesquels, aux sujets d'une autre nation, sans que ces avantages soient immédiatement étendus aux sujets de l'Empire de Russie.

Art. IV. Il est entendu que la Russie jouira, quant à la nomination des consuls, leurs fonctions et la juridiction consulaire de tous les droits et privilèges qui seraient accordés à un autre Etat.

Art. V. En cas de cession du territoire actuel ou futur de l'Association, ou d'une partie de ce territoire, les obligations contractées par l'Association envers la Russie seront imposées à l'acquéreur. Ces obligations et les droits accordés par l'Association à la Russie et à ses sujets resteront en vigueur après toute cession vis-à-vis de chaque nouvel acquéreur.

Art. VI. Le Gouvernement Impérial de Russie prenant acte des engagements ci-dessus et accordant ses sympathies au but humanitaire que poursuit l'Association, reconnaît son pavillon — drapeau bleu avec étoile d'or au centre, — comme celui d'un Etat ami.

Fait à Bruxelles:

Le cinq février 1800 quatre-vingt cinq.

Comte Bloudoff.   *Baron Beyens.*

CONVENTION
entre les Royaumes-Unis de Suède et de Norvège et l'Association Internationale du Congo.

Art. I. Les Royaumes-Unis de Suède et de Norvège reconnaissent le Pavillon de l'Association — drapeau bleu avec étoile d'or au centre — comme le drapeau d'un État ami.

Art. II. L'Association s'engage à ne prélever aucun droit d'importation ou de transit sur les marchandises ou articles de commerce importés par des sujets Suédois et Norvégiens dans les territoires actuels ou futurs de l'Association. Cette franchise de droit s'étendra aux marchandises et articles de commerce transportés par les routes, les chemins de fer ou les canaux qui sont ou seront établis autour des cataractes du Congo.

Art. III. Les sujets Suédois et Norvégiens auront en tout temps le droit de séjourner ou de s'établir dans les territoires actuels ou futurs de l'Association. Ils jouiront de la protection accordée aux sujets ou citoyens de la nation la plus favorisée, y compris les sujets du gouvernement de l'Association, en toute matière concernant leurs personnes, leurs propriétés, le libre exercice de leur religion, la revendication et la défense de leurs droits, ainsi que par rapport à la navigation, au commerce et à l'industrie.

Spécialement ils auront le droit d'acheter et de vendre, de louer et bailler à ferme des terres, des mines, des forêts et des édifices situés dans les possessions de l'Association, d'y fonder des maisons de commerce et d'y faire le commerce sous pavillon Suédois et Norvégien.

Art. IV. L'Association s'engage à ne jamais accorder aucun avantage quelconque aux sujets d'une autre nation, sans que cet avantage soit immédiatement étendu aux sujets Suédois et Norvégiens.

Art. V. Sa Majesté le Roi de Suède et de Norvège pourra nommer des consuls ou autres agents consulaires dans les ports ou stations des territoires susdits de l'Association, et l'Association s'engage à les y protéger.

Art. VI. Jusqu'au moment où le service de la justice aura été organisé dans lesdits territoires de l'Association, et où cette organisation aura été notifiée par elle, tout consul ou agent consulaire de Suède et de Norvège, qui y aura été dûment autorisé par le Gouvernement de Sa Majesté le Roi de Suède et de Norvège, pourra établir un tribunal consulaire pour l'étendue du district qui lui est assigné, et exercera seul et exclusivement la juridiction tant civile que criminelle à l'égard des personnes et de la propriété des sujets Suédois et Norvégiens dans ledit district, conformément aux lois Suédoises et Norvégiennes.

Art. VII. Rien de ce qui est contenu dans l'article précédent ne dispense aucun sujet Suédois ou Norvégien de l'obligation d'observer les lois en vigueur dans lesdits territoires de l'Association applicables aux étrangers, mais toute infraction de la part d'un sujet Suédois ou Norvégien à ces lois ne sera déférée qu'au tribunal consulaire Suédois et Norvégien.

Art. VIII. Les habitants desdits territoires de l'Association, qui sont sujets de son Gouvernement, s'ils portent un préjudice quelconque à la personne ou à la propriété d'un sujet Suédois ou Norvégien, seront arrêtés et punis par les autorités de l'Association, conformément aux lois en vigueur dans lesdits territoires. La justice sera rendue équitablement et impartialement des deux côtés.

Art. IX. Un sujet Suédois ou Norvégien ayant des motifs de plainte contre un habitant desdits territoires, sujet du gouvernement de l'Association, s'adressera au Consulat de Suède et de Norvège et y exposera ses griefs. Le Consul procédera à une enquête quant au bien fondé de la cause et fera tout ce qui est possible pour la régler à l'amiable. De même, si quelqu'habitant desdits territoires, sujet du gouvernement de l'Association, avait à se plaindre d'un sujet Suédois ou Norvégien, le Consul de Suède et de Norvège écoutera sa plainte et s'efforcera de régler la difficulté à l'amiable.

S'il surgit des différends de telle nature, que le Consul ne puisse les régler à l'amiable, il requerra l'assistance des autorités de l'Association pour examiner la nature de la cause et la terminer équitablement.

Art. X. Si un habitant desdits territoires, sujet du Gouvernement de l'Association, faillit au paiement d'une dette contractée envers un sujet Suédois ou Norvégien, les autorités de l'Association feront leur possible pour le traduire en justice et procurer le recouvrement de la dette.

De même, si un sujet Suédois ou Norvégien faillit au paiement d'une dette contractée envers un des habitants du pays, sujet du gouvernement de l'Association, les autorités Suédoises et Norvégiennes feront leur possible pour le traduire en justice et produire le recouvrement de la dette.

Aucun Consul de Suède ou de Norvège ni aucune des autorités de l'Association, ne peut être rendu responsable du paiement d'une dette contractée, soit par un sujet Suédois ou Norvégien, soit par un sujet de l'Association.

Art. XI. L'Association s'engage à faire tout ce qui est en son pouvoir pour empêcher la traite et supprimer l'esclavage.

Art. XII. En cas de cession des territoires actuels ou futurs de l'Association ou d'une partie de ces territoires, les obligations contractées par l'Association dans la présente convention seront mentionnées dans l'acte de cession et imposées à l'acquéreur. Ces obligations et les droits accordés par l'Association aux sujets Suédois et Norvégiens resteront en vigueur, après toute cession, vis-à-vis de chaque nouvel acquéreur de n'importe quelle partie desdits territoires.

Art. XIII. Cette convention sera ratifiée, et les ratifications seront échangées dans le plus bref délai possible.

Cette convention entrera en vigueur immédiatement après l'échange des ratifications.

Fait à Berlin, le dixième jour du mois de février de l'an mil huit cent quatre-vingt-cinq.

Strauch.   *Bildt.*

CONVENTION

entre le Portugal et l'Association Internationale du Congo.

Art. I. L'Association Internationale du Congo déclare étendre au Portugal les avantages qu'elle a concédés aux États-Unis d'Amérique, à l'Empire d'Allemagne, à l'Angleterre, à l'Italie, à l'Autriche-Hongrie, aux Pays-Bas, à l'Espagne, à la France et aux Royaumes Unis de Suède et de Norvège en vertu des conventions qu'elle a conclues avec ces diverses puissances aux dates respectives des 22 avril, 8 novembre, 16, 19, 24, 29 décembre 1884, 7 janvier, 5 et 10 février 1885, et dont l'Association s'engage à remettre des copies authentiques au Gouvernement de Sa Majesté Très Fidèle.

Art. II. L'Association Internationale du Congo s'engage en outre à ne jamais accorder d'avantages, de quelque nature qu'ils soient, aux sujets d'une autre nation, sans que ces avantages soient immédiatement étendus aux sujets de Sa Majesté Très Fidèle.

Art. III. L'Association Internationale du Congo et Sa Majesté Très Fidèle le Roi du Portugal et des Algarves adoptent pour frontières entre leurs possessions dans l'Afrique occidentale savoir:

Au nord du fleuve Congo (Zaïre), la droite joignant l'embouchure de la rivière qui se jette dans l'Océan Atlantique, au sud de la baie de Cabinda; près de Ponta Vermelha, à Cabo-Lombo;

Le parallèle de ce dernier point prolongé jusqu'à son intersection avec le méridien du confluent du Culacalla avec le Luculla;

Le méridien ainsi déterminé jusqu'à sa rencontre avec la rivière Luculla;

Le cours du Luculla jusqu'à son confluent avec le Chiloango (Luango Luce);

Le cours du Congo (Zaïre) depuis son embouchure jusqu'à son confluent avec la petite rivière de Uango-Uango;

Le méridien qui passe par l'embouchure de la petite rivière de Uango-Uango entre la factorerie hollandaise et la factorerie portugaise, de manière à laisser celle-ci en territoire portugais, jusqu'à la rencontre de ce méridien avec le parallèle de Noqui;

Le parallèle de Noqui jusqu'à son intersection avec la rivière Kuango (Cuango);

A partir de ce point, dans la direction du sud, le cours du Kuango (Cuango).

Art. IV. Une commission composée de représentants des parties contractantes en nombre égal des deux côtés, sera chargée d'exécuter sur le terrain le tracé de la frontière comformément aux stipulations précédentes. En cas de différend, le règlement en sera arrêté par des délégués qui seront nommés par la commission internationale du Congo.

Art. V. Sa Majesté Très Fidèle le Roi de Portugal et des Algarves est disposée à reconnaître la neutralité des possessions de l'Association Internationale du Congo, sauf à discuter et à régler les conditions de cette neutralité d'accord avec les autres puissances réprésentées à la Conférence de Berlin.

Art. VI. Sa Majesté Très Fidèle le Roi de Portugal et des Algarves reconnaît le drapeau de l'Association Internationale du Congo — drapeau bleu avec étoile d'or au centre — comme le drapeau d'un Gouvernement ami.

Art. VII. La présente Convention sera ratifiée et les ratifications seront échangées à Paris dans un délai de trois mois ou plus tôt si faire se peut.

En foi de quoi les Plénipotentiaires des deux Parties contractantes ainsi que Son Excellence le Baron de Courcel, Ambassadeur Extraordinaire et Plénipotentiaire de France à Berlin, comme représentant la Puissance médiatrice, ont signé la présente convention et y ont apposé leur cachet.

Fait en triple à Berlin, le quatorzième jour du mois de février dix huit cent quatre-vingt-cinq.

　　　Strauch.　　　*Marquis de Penafiel.*　　　*Alph. de Courcel.*

CONVENTION

entre le Danemark et l'Association Internationale du Congo.

Art. I. Le Gouvernement Royal de Danemark reconnaît le pavillon de l'Association Internationale du Congo — drapeau bleu avec étoile d'or au centre — comme le drapeau d'un État ami.

Art. II. L'Association Internationale du Congo s'engage à ne prélever aucun droit sur les marchandises ou articles de commerce importés directement ou en transit par des sujets danois dans les territoires actuels et futurs de l'Association. Cette franchise de droit s'étendra aux marchandises et articles de commerce transportés par les routes, chemins de fer ou canaux qui sont ou seront établis autour des cataractes du Congo.

Art. III. Les sujets danois auront le droit de séjourner et de s'établir sur les territoires actuels et futurs de l'Association. Ils seront traités sur le même pied que les sujets de la nation la plus favorisée, y. compris les sujets du Gouvernement de l'Association, en ce qui concerne la protection de leurs personnes, de leurs biens, le libre exercice de leur culte, la revendication et la défense de leurs droits, ainsi que par rapport à la navigation, au commerce et à l'industrie. Spécialement ils auront le droit d'acheter, de vendre et de louer des terres, des mines, des forêts et des édifices situés sur les territoires de l'Association, d'y fonder des maisons de commerce et d'y faire le commerce et le cabotage sous pavillon danois.

Art. IV. L'Association s'engage à ne jamais accorder aucun avantage quelconque aux sujets d'une autre nation, sans que cet avantage soit immédiatement étendu aux sujets danois.

Art. V. Il est entendu que le Danemark jouira quant à la nomination de consuls, leurs fonctions et la juridiction consulaire de tous les droits et privilèges qui sont ou seront accordés à un autre Etat.

Art. VI. En cas de cession des territoires actuels ou futurs de l'Association ou d'une partie de ces territoires, les obligations contractées par l'Association dans la présente convention seront mentionnées dans l'acte de cession et imposées à l'acquéreur. Ces obligations et les droits accordés par l'Association au Danemark et aux sujets danois resteront en vigueur après toute cession, vis-à-vis de chaque nouvel acquéreur de n'importe quelle partie des dits territoires.

Art. VII. Cette convention sera ratifiée, et les ratifications en seront échangées dans le plus bref délai possible.

Cette convention entrera en vigueur immédiatement après l'échange des ratifications.

En foi de quoi les deux Plénipotentiaires ont signé la présente convention et y ont apposé le sceau de leurs armes.

Fait à Berlin le vingt-troisième jour du mois de février dix-huit cent quatre-vingt-cinq.

Strauch.   *de Vind.*

DÉCLARATIONS

échangées entre le Gouvernement Belge et l'Association Internationale du Congo.

L'Association Internationale du Congo déclare par la présente, qu'en vertu de traités conclus avec les souverains légitimes dans le bassin du Congo et de ses tributaires, il lui a été cédé en toute souveraineté de vastes territoires en vue de l'érection d'un État libre et indépendant; que des conventions délimitent les frontières des territoires de l'Association de ceux de la France et du Portugal, et que les frontières de l'Association sont indiquées sur la carte ci-jointe;

Que la dite Association a adopté comme drapeau de l'État géré par Elle un drapeau bleu avec une étoile d'or au centre;

Que la dite Association a résolu de ne percevoir aucun droit de douane sur les marchandises ou les produits importés dans ses territoires ou transportés sur la route qui a été construite autour des cataractes du Congo; cette résolution a été prise afin d'aider le commerce à pénétrer dans l'Afrique équatoriale;

Qu'elle assure aux étrangers qui se fixent sur ses territoires le droit d'acheter, de vendre ou de louer des terrains et des bâtiments y situés, d'établir des maisons commerciales et de faire le commerce sous la seule condition d'obéir aux lois. Elle s'engage en outre à ne jamais accorder aux citoyens d'une nation un avantage quelconque sans l'étendre immédiatement aux citoyens de toutes les autres nations, et à faire tout ce qui sera en son pouvoir pour empêcher la traite des esclaves.

En foi de quoi, le Président de l'Association, agissant pour elle, a ci-dessous apposé sa signature et son cachet.

Berlin, le vingt-troisième jour du mois de février mil-huit cent quatre-vingt-cinq.

Strauch.

Le Gouvernement Belge prend acte des déclarations de l'Association internationale du Congo, et par la présente reconnaît l'Association dans les limites qu'elle indique et reconnaît son drapeau à l'égal de celui d'un État ami.

En foi de quoi, les soussignés, dûment autorisés, ont apposé ci-dessous leur signature et leur cachet.

Berlin, le vingt-troisiéme jour du mois de février mil-huit cent quatre-vingt-cinq.

Cte. Aug. van der Straten-Ponthoz.   *Baron Lambermont.*

Annexe II au Protocole No. 9.

PROJET.
Acte général de la Conférence de Berlin.

Au nom de Dieu Tout-Puissant,

Sa Majesté l'Empereur d'Allemagne, Roi de Prusse, Sa Majesté l'Empereur d'Autriche, Roi de Bohême etc. et Roi Apostolique de Hongrie, Sa Majesté le Roi des Belges, Sa Majesté le Roi de Danemark, Sa Majesté le Roi d'Espagne, le Président des États-Unis d'Amérique, le Président de la République Française, Sa Majesté la Reine du Royaume-Uni de la Grande-Bretagne et d'Irlande, Impératrice des Indes, Sa Majesté le Roi d'Italie, Sa Majesté le Roi des Pays-Bas, Grand-Duc de Luxembourg etc., Sa Majesté le Roi de Portugal et des Algarves etc. etc. etc., Sa Majesté l'Empereur de Toutes les Russies, Sa Majesté le Roi de Suède et de Norvège etc. etc. et Sa Majesté l'Empereur des Ottomans,

Voulant régler dans un esprit de bonne entente mutuelle les conditions les plus favorables au développement du commerce et de la civilisation dans certaines régions de l'Afrique, et assurer à tous les peuples les avantages de la libre navigation sur les deux principaux fleuves Africains qui se déversent dans l'Océan Atlantique; désireux d'autre part de prévenir les malentendus et les contestations que pourraient soulever à l'avenir les prises de possessions nouvelles sur les côtes de l'Afrique, et préoccupés en même temps des moyens d'accroître le bien-être moral et matériel des populations indigènes, ont résolu, sur l'invitation qui Leur a été adressée par le Gouvernement Impérial d'Allemagne d'accord avec le Gouvernement de la République Française, de réunir à cette fin une Conférence à Berlin et ont nommé pour Leurs Plénipotentiaires, savoir:

Sa Majesté l'Empereur d'Allemagne, Roi de Prusse:

le Sieur Othon, Prince de Bismarck, Son Président du Conseil des Ministres de Prusse, Chancelier de l'Empire,

le Sieur Paul, Comte Hatzfeldt, Son Ministre d'État et Secrétaire d'État du Département des Affaires Étrangères,

le Sieur Auguste Busch, Son Conseiller Intime Actuel de Légation et Sous-Secrétaire d'État au Département des Affaires Étrangères, et

le Sieur Henri de Kusserow, Son Conseiller Intime de Légation au Département des Affaires Étrangères;

Sa Majesté l'Empereur d'Autriche, Roi de Bohème etc. et Roi Apostolique de Hongrie:

le Sieur Emeric, Comte Széchényi, de Sárvári Felső-Vidék, Chambellan et Conseiller Intime Actuel, Son Ambassadeur Extraordinaire et Plénipotentiaire près Sa Majesté l'Empereur d'Allemagne, Roi de Prusse;

Sa Majesté le Roi des Belges:

le Sieur Gabriel Auguste, Comte van der Straten Ponthoz, Son Envoyé Extraordinaire et Ministre Plénipotentiaire près Sa Majesté l'Empereur d'Allemagne, Roi de Prusse, et

le Sieur Auguste, Baron Lambermont, Ministre d'État, Son Envoyé Extraordinaire et Ministre Plénipotentiaire;

Sa Majesté le Roi de Danemark:

le Sieur Émile de Vind, Chambellan, Son Envoyé Extraordinaire et Ministre Plénipotentiaire près Sa Majesté l'Empereur d'Allemagne, Roi de Prusse;

Sa Majesté le Roi d'Espagne:

Don Francisco Merry y Colom, Comte de Benomar, Son Envoyé Extraordinaire et Ministre Plénipotentiaire près Sa Majesté l'Empereur d'Allemagne, Roi de Prusse;

Le Président des États-Unis d'Amérique:

le Sieur John A. Kasson, Envoyé Extraordinaire et Ministre Plénipotentiaire des États-Unis d'Amérique près Sa Majesté l'Empereur d'Allemagne, Roi de Prusse, et

le Sieur Henry S. Sanford, ancien Ministre;

Le Président de la République Française:

le Sieur Alphonse, Baron de Courcel, Ambassadeur Extraordinaire et Plénipotentiaire de France près Sa Majesté l'Empereur d'Allemagne, Roi de Prusse;

Sa Majesté la Reine du Royaume-Uni de la Grande-Bretagne et d'Irlande, Impératrice des Indes:

Sir Edward Baldwin Malet, Son Ambassadeur Extraordinaire et Plénipotentiaire près Sa Majesté l'Empereur d'Allemagne, Roi de Prusse;

Sa Majesté le Roi d'Italie:

le Sieur Edouard, Comte de Launay, Son Ambassadeur Extraordinaire et Plénipotentiaire près Sa Majesté l'Empereur d'Allemagne, Roi de Prusse:

Sa Majesté le Roi des Pays-Bas, Grand-Duc de Luxembourg etc.:

le Sieur Frédéric Philippe, Jonkheer van der Hoeven, Son Envoyé Extraordinaire et Ministre Plénipotentiaire près Sa Majesté l'Empereur d'Allemagne, Roi de Prusse;

Sa Majesté le Roi de Portugal et des Algarves etc. etc. etc.:

le Sieur da Serra Gomes, Marquis de Penafiel, Pair du Royaume, Son Envoyé Extraordinaire et Ministre Plénipotentiaire près Sa Majesté l'Empereur d'Allemagne, Roi de Prusse,
et

le Sieur Antoine de Serpa Pimentel, Conseiller d'État et Pair du Royaume;

Sa Majesté l'Empereur de Toutes les Russies:

le Sieur Pierre, Comte Kapnist, Conseiller Privé, Son Envoyé Extraordinaire et Ministre Plénipotentiaire près Sa Majesté le Roi des Pays-Bas;

Sa Majesté le Roi de Suède et de Norvège etc. etc.:

le Sieur Gillis, Baron Bildt, Lieutenant-Général, Son Envoyé Extraordinaire et Ministre Plénipotentiaire près Sa Majesté l'Empereur d'Allemagne, Roi de Prusse,

Sa Majesté l'Empereur des Ottomans:

Méhemed Saïd Pacha, Vézir et Haut Dignitaire, Son Ambassadeur Extraordinaire et Plénipotentiaire près Sa Majesté l'Empereur d'Allemagne, Roi de Prusse,

Lesquels, munis de pleins-pouvoirs qui ont été trouvés en bonne et due forme, ont successivement discuté et adopté:

1° Une Déclaration relative à la liberté du commerce dans le bassin du Congo, ses embouchures et pays circonvoisins, avec certaines dispositions connexes;

2° Une Déclaration concernant la traite des esclaves et des opérations qui sur terre ou sur mer fournissent des esclaves à la traite;

3° Une Déclaration relative à la neutralité des territoires compris dans le bassin conventionnel du Congo;

4° Un Acte de navigation du Congo, qui, en tenant compte des circonstances locales, étend à ce fleuve, à ses affluents et aux eaux qui leur sont assimilées, les principes généraux énoncés dans les articles 108 à 116 de l'Acte final du Congrès de Vienne et destinés à régler, entre les Puissances signataires de cet Acte, la libre navigation des cours d'eau navigables qui séparent ou traversent plusieurs États, principes conventionnellement appliqués depuis à des fleuves de l'Europe et de l'Amérique, et notamment au Danube, avec les modifications prévues par les traités de Paris de 1856, de Berlin de 1878, et de Londres de 1871 et de 1883;

5° Un Acte de navigation du Niger, qui, en tenant également compte des circonstances locales, étend à ce fleuve et à ses affluents les mêmes principes inscrits dans les articles 108 à 116 de l'Acte final du Congrès de Vienne;

6° Une Déclaration introduisant dans les rapports internationaux des règles uniformes relatives aux occupations qui pourront avoir lieu à l'avenir sur les côtes du Continent Africain;

Et ayant jugé que ces différents documents pourraient être utilement coordonnés en un seul instrument, les ont réunis en un Acte général composé des articles suivants.

CHAPITRE I.

Déclaration relative à la liberté du commerce dans le bassin du Congo, ses embouchures et pays circonvoisins, et dispositions connexes.

Art. 1. Le commerce de toutes les nations jouira d'une complète liberté:

1° Dans tous les territoires constituant le bassin du Congo et de ses affluents. Ce bassin est délimité par les crêtes des bassins contigus, à savoir notamment les bassins du Niari, de l'Ogowé, du Schari et du Nil, au Nord; par la ligne de faîte orientale des affluents du lac Tanganyka, à l'Est; par les crêtes des bassins du Zambèze et de la Logé, au Sud. Il embrasse, en conséquence, tous les territoires drainés par le Congo et ses affluents, y compris de lac Tanganyka et ses tributaires orientaux.

2° Dans la zone maritime s'étendant sur l'Océan Atlantique depuis le parallèle situé par 2° 30' de latitude Sud jusqu'à l'embouchure de la Logé. La limite septentrionale suivra le parallèle situé par 2° 30', depuis la côte jusqu'au point où il rencontre le bassin géographique du Congo, en évitant le bassin de l'Ogowé auquel ne s'appliquent pas les stipulations du présent Acte. La limite méridionale suivra le cours de la Logé jusqu'à la source de cette rivière et se dirigera de là vers l'Est jusqu'à la jonction avec le bassin géographique du Congo.

3° Dans la zone se prolongeant à l'Est du bassin du Congo, tel qu'il est délimité ci-dessus, jusqu'à l'Océan Indien, depuis le cinquième degré de latitude Nord jusqu'à l'embouchure du Zambèze au Sud; de ce point la ligne de démarcation suivra le Zambèze, jusqu'à cinq milles en amont du confluent du Shiré et continuera par la ligne de faîte séparant les eaux qui coulent vers le lac Nyassa des eaux tributaires du Zambèze, pour rejoindre enfin la ligne de partage des eaux du Zambèze et du Congo.

Il est expressément entendu qu'en étendant à cette zone orientale le principe de la liberté commerciale, les Puissances représentées à la Conférence ne s'engagent que pour elles-mêmes et que ce principe ne s'appliquera aux territoires appartenant actuellement à quelque État indépendant et souverain qu'autant que celui-ci y donnera son consentement. Les Puissances conviennent d'employer leurs bons offices auprès des Gouvernements établis sur le littoral Africain de la mer des Indes afin d'obtenir ledit consentement et en tout cas d'assurer au transit de toutes les nations les conditions les plus favorables.

Art. 2. Tous les pavillons, sans distinction de nationalité, auront libre accès à tout le littoral des territoires énumérés ci-dessus, aux rivières qui s'y déversent dans la mer, à toutes les eaux du Congo et de ses affluents, y compris les lacs, à tous les ports situés sur les bords de ces eaux, ainsi qu'à tous les canaux qui pourraient être creusés à l'avenir dans le but de relier entre eux les cours d'eau ou les lacs compris dans toute l'étendue des territoires décrits à l'article 1. Ils pourront entreprendre toute espèce de transports et exercer le cabotage maritime et fluvial ainsi que la batellerie sur le même pied que les nationaux.

Art. 3. Les marchandises de toute provenance importées dans ces territoires, sous quelque pavillon que ce soit, par la voie maritime ou fluviale ou par celle de terre, n'auront à acquitter d'autres taxes que celles qui pourraient être perçues comme une équitable compensation de dépenses utiles pour le commerce et qui, à ce titre, devront être également supportées par les nationaux et par les étrangers de toute nationalité.

Tout traitement différentiel est interdit à l'égard des navires comme des marchandises.

Art. 4. Les marchandises importées dans ces territoires resteront affranchies de droits d'entrée et de transit.

Les Puissances se réservent de décider, au terme d'une période de vingt années, si la franchise d'entrée sera ou non maintenue.

Art. 5. Toute Puissance qui exerce ou exercera des droits de souveraineté dans les territoires susvisés ne pourra y concéder ni monopole ni privilége d'aucune espèce en matière commerciale.

Les étrangers y jouiront indistinctement, pour la protection de leurs personnes et de leurs biens, l'acquisition et la transmission de leurs propriétés mobilières et pour l'exercice des professions, du même traitement et des mêmes droits que les nationaux.

Art. 6. Dispositions relatives à la protection des indigènes, des missionnaires et des voyageurs, ainsi qu'à la liberté religieuse.

Toutes les Puissances exerçant des droits de souveraineté, ou une influence dans lesdits territoires s'engagent à veiller à la conservation des populations indigènes et à l'amélioration de leurs conditions morales et matérielles d'existence et à concourir à la suppression de l'esclavage et surtout de la traite des noirs; elles protégeront et favoriseront, sans distinction de nationalités ni de cultes, toutes les institutions et entreprises religieuses, scientifiques ou charitables créées et organisées à ces fins ou tendant à instruire les indigènes et à leur faire comprendre et apprécier les avantages de la civilisation.

Les missionnaires chrétiens, les savants, les explorateurs, leurs escortes, avoir et collections seront également l'objet d'une protection spéciale.

La liberté de conscience et la tolérance religieuse sont expressément garanties aux indigènes comme aux nationaux et aux étrangers. Le libre et public exercice de tous les cultes, le droit d'ériger des édifices religieux et d'organiser des missions appartenant à tous les cultes ne seront soumis à aucune restriction ni entrave.

Art. 7. Régime postal.

La Convention de l'Union postale universelle revisée à Paris le 1er juin 1878 sera appliquée au bassin conventionnel du Congo.

Les Puissances qui y exercent ou exerceront des droits de souveraineté ou de protectorat s'engagent à prendre, aussitôt que les circonstances le permettront, les mesures nécessaires pour l'exécution de la disposition qui précède.

Art. 8. Droit de surveillance attribué à la Commission Internationale de navigation du Congo.

Dans toutes les parties du territoire visé par la présente Déclaration où aucune Puissance n'exercerait des droits de souveraineté ou de protectorat, la Commission Internationale de la navigation du Congo, instituée en vertu de l'article 17, sera chargée de surveiller l'application des principes proclamés et consacrés par cette Déclaration.

Pour tous les cas où des difficultés relatives à l'application des principes établis par la présente Déclaration viendraient à surgir, les Gouvernements intéressés pourront convenir de faire appel aux bons offices de la Commission Internationale en lui déférant l'examen des faits qui auront donné lieu à ces difficultés.

CHAPITRE II.

Déclaration concernant la traite des esclaves.

Art. 9. Conformément aux principes du droit des gens, tels qu'ils sont reconnus par les Puissances signataires, la traite des esclaves étant interdite, et les opérations qui, sur terre ou sur mer, fournissent des esclaves à la traite devant être également considérées comme interdites, les Puissances qui exercent ou qui exerceront des droits de souveraineté ou une influence dans les territoires formant le bassin conventionnel du Congo déclarent que ces territoires ne pourront servir ni de marché ni de voie de transit pour la traite des esclaves de quelque race que ce soit. Chacune de ces Puissances s'engage à employer tous les moyens en son pouvoir pour mettre fin à ce commerce et pour punir ceux qui s'en occupent.

CHAPITRE III.

Déclaration relative à la neutralité des territoires compris dans le bassin conventionnel du Congo.

Art. 10. Afin de donner une garantie nouvelle de sécurité au commerce et à l'industrie et de favoriser, par le maintien de la paix, le développement de la civilisation dans les contrées mentionnées à l'article 1 et placées sous le régime de la liberté commerciale, les Hautes Parties signataires du présent Acte et celles qui y adhéreront par la suite s'engagent à respecter la neutralité des territoires ou parties de territoires dépendant desdites contrées, y compris les eaux territoriales, aussi longtemps que les Puissances qui exercent ou qui exerceront des droits de souveraineté ou de protectorat sur ces territoires, usant de la faculté de se proclamer neutres, rempliront les devoirs que la neutralité comporte.

Art. 11. Dans le cas où une Puissance exerçant des droits de souveraineté ou de protectorat dans les contrées mentionnées à l'article 1 et placées sous le régime de la liberté commerciale serait impliquée dans une guerre, les Hautes Parties signataires du présent Acte et celles qui y adhéreront par la suite s'engagent à prêter leurs bons offices pour que les territoires appartenant à cette Puissance et compris dans la zone conventionnelle de la liberté commerciale soient, du consentement commun de cette Puissance et de l'autre ou des autres parties belligérantes, placés pour la durée de la guerre sous le régime de la neutralité et considérés comme appartenant à un État non-belligérant; les parties belligérantes renonceraient, dès lors, à étendre les hostilités aux territoires ainsi neutralisés, aussi bien qu'à les faire servir de base à des opérations de guerre.

Art. 12. Dans le cas où un dissentiment sérieux, ayant pris naissance au sujet ou dans les limites des territoires mentionnés à l'article 1 et placés sous le régime de la liberté commerciale, viendrait à s'élever entre des Puissances signataires du présent Acte, ces Puissances s'engagent, avant d'en appeler aux armes, à recourir à la médiation d'une ou des plusieurs Puissances amies.

CHAPITRE IV.

Acte de navigation du Congo.

Art. 13. La navigation du Congo, sans exception d'aucun des embranchements ni issues de ce fleuve, est et demeurera entièrement libre pour les navires marchands, en charge ou sur lest, de toutes les nations, tant pour le transport des marchandises que pour celui des voyageurs. Elle devra se conformer aux dispositions du présent Acte de navigation et aux règlements à établir en exécution du même Acte.

Dans l'exercice de cette navigation les sujets et les pavillons de toutes les nations seront traités, sous tous les rapports, sur le pied d'une parfaite égalité, tant pour la navigation directe de la pleine mer vers les ports intérieurs du Congo, et vice-versa, que pour le grand et le petit cabotage, ainsi que pour la batellerie sur le parcours de ce fleuve.

En conséquence, sur tout le parcours et aux embouchures du Congo, il ne sera fait aucune distinction entre les sujets des États riverains et ceux des non-riverains, et il ne sera concédé aucun privilége exclusif de navigation, soit à des sociétés ou corporations quelconques, soit à des particuliers.

Ces dispositions sont reconnues par les Puissances signataires comme faisant désormais partie du droit public international.

Art. 14. La navigation du Congo ne pourra être assujettie à aucune entrave ni redevance qui ne seraient pas expressément stipulées dans le présent Acte. Elle ne sera grevée d'aucune obligation d'échelle, d'étape, de dépôt, de rompre charge, ou de relâche forcée.

Dans toute l'étendue du Congo, les navires et les marchandises transitant sur le fleuve ne seront soumis à aucun droit de transit, quelle que soit leur provenance ou leur destination.

Il ne sera établi aucun péage maritime ni fluvial basé sur le seul fait de la navigation, ni aucun droit sur les marchandises qui se trouvent à bord des navires. Pourront seuls être perçus des taxes ou droits qui auront le caractère de rétribution pour services rendus à la navigation même, savoir:

1º Des taxes de port pour l'usage effectif de certains établissements locaux tels que quais, magasins, etc. etc.

Le tarif de ces taxes sera calculé sur les dépenses de construction et d'entretien desdits établissements locaux, et l'application en aura lieu sans égard à la provenance des navires ni à leur cargaison.

2º Des droits de pilotage sur les sections fluviales où il paraîtrait nécessaire de créer des stations de pilotes brevetés.

Le tarif de ces droits sera fixe et proportionné au service rendu.

3º Des droits destinés à couvrir les dépenses techniques et administratives, faites dans l'intérêt général de la navigation, y compris les droits de phare, de fanal et de balisage.

Les droits de cette dernière catégorie seront basés sur le tonnage des navires, tel qu'il résulte des papiers de bord, et conformément aux règles adoptées sur le Bas-Danube.

Les tarifs d'après lesquels les taxes et droits, énumérés dans les trois paragraphes précédents, seront perçus, ne comporteront aucun traitement différentiel et devront être officiellement publiés dans chaque port.

Les Puissances se réservent d'examiner, au bout d'une période de cinq ans, s'il y a lieu de reviser, d'un commun accord, les tarifs ci-dessus mentionnés.

Art. 15. Les affluents du Congo seront à tous égards soumis au même régime que le fleuve dont ils sont tributaires.

Le même régime sera appliqué aux fleuves et rivières ainsi qu'aux lacs et canaux des territoires déterminés par l'article 1, paragraphes 2 et 3.

Art. 16. Les routes, chemins de fer ou canaux latéraux qui pourront être établis dans le but spécial de suppléer à l'innavigabilité ou aux imperfections de la voie fluviale sur certaines sections du parcours du Congo, de ses affluents et des autres cours d'eau qui leur sont assimilés par l'article 15 seront considérés, en leur qualité de moyens de communication, comme des dépendances de ce fleuve et seront également ouverts au trafic de toutes les nations.

De même que sur le fleuve, il ne pourra être perçu sur ces routes, chemins de fer et canaux que des péages calculés sur les dépenses de construction, d'entretien et d'administration, et sur les bénéfices dus aux entrepreneurs.

Quant au taux de ces péages, les étrangers et les nationaux des territoires respectifs seront traités sur le pied d'une parfaite égalité.

Art. 17. Il est institué une Commission Internationale chargée d'assurer l'exécution des dispositions du présent Acte de navigation.

Les Puissances signataires de cet Acte, ainsi que celles qui y adhéreront postérieurement, pourront, en tout temps, se faire représenter dans ladite Commission, chacune par un Délégué. Aucun Délégué ne pourra disposer de plus d'une voix, même dans le cas où il représenterait plusieurs Gouvernements.

Ce Délégué sera directement rétribué par son Gouvernement.

Les traitements et allocations des agents et employés de la Commission Internationale seront imputés sur le produit des droits perçus conformément à l'article 14, paragraphes 2 et 3.

Les chiffres desdits traitements et allocations, ainsi que le nombre, le grade et les attributions des agents et employés, seront inscrits dans le compte-rendu qui sera adressé chaque année aux Gouvernements représentés dans la Commission Internationale.

Art. 18. Les Membres de la Commission Internationale, ainsi que les agents nommés par elle, sont investis du privilège de l'inviolabilité dans l'exercice de leurs fonctions. La même garantie s'étendra aux offices, bureaux et archives de la Commission.

Art. 19. La Commission Internationale de navigation du Congo se constituera aussitôt que cinq des Puissances signataires du présent Acte général auront nommé leurs Délégués. En attendant la constitution de la Commission, la nomination des Délégués sera notifiée au Gouvernement de l'Empire d'Allemagne, par les soins duquel les démarches nécessaires seront faites pour provoquer la réunion de la Commission.

La Commission élaborera immédiatement des règlements de navigation, de police fluviale, de pilotage et de quarantaine.

Ces règlements, ainsi que les tarifs à établir par la Commission, avant d'être mis en vigueur, seront soumis à l'approbation des Puissances représentées dans la Commission. Les Puissances intéressées devront faire connaître leur avis dans le plus bref délai possible.

Les infractions à ces règlements seront réprimées par les agents de la Commission Internationale, là où elle exercera directement son autorité, et ailleurs par la Puissance riveraine.

Au cas d'un abus de pouvoir ou d'une injustice de la part d'un agent ou d'un employé de la Commission Internationale, l'individu qui se regardera comme lésé dans sa personne ou dans ses droits pourra s'adresser à l'Agent Consulaire de sa nation. Celui-ci devra examiner la plainte; s'il la trouve prima facie raisonnable, il aura le droit de la présenter à la

Commission. Sur son initiative, la Commission, représentée par trois au moins de ses Membres, s'adjoindra à lui pour faire une enquête touchant la conduite de son agent ou employé. Si l'Agent Consulaire considère la décision de la Commission comme soulevant des objections de droit, il en fera un rapport à son Gouvernement qui pourra recourir aux Puissances représentées dans la Commission et les inviter à se concerter sur des instructions à donner à la Commission.

Art. 20. La Commission Internationale du Congo, chargée aux termes de l'article 17 d'assurer l'exécution du présent Acte de navigation, aura notamment dans ses attributions:

1º La désignation des travaux propres à assurer la navigabilité du Congo selon les besoins du commerce international.

Sur les sections du fleuve où aucune Puissance n'exercera des droits de souveraineté, la Commission Internationale prendra elle-même les mesures nécessaires pour assurer la navigabilité du fleuve.

Sur les sections du fleuve occupées par une Puissance souveraine, la Commission Internationale s'entendra avec l'autorité riveraine.

2º La fixation du tarif de pilotage et celle du tarif général des droits de navigation, prévus au 2e et au 3e paragraphes de l'article 14.

Les tarifs mentionnés au 1er paragraphe de l'article 14 seront arrêtés par l'autorité territoriale, dans les limites prévues audit article.

La perception de ces différents droits aura lieu par les soins de l'autorité internationale ou territoriale pour le compte de laquelle ils sont établis.

3º L'administration des revenus provenant de l'application du paragraphe 2 ci-dessus.

4º La surveillance de l'établissement quarantenaire établi en vertu de l'article 24.

5º La nomination des agents dépendant du service général de la navigation et celle de ses propres employés.

L'institution des sous-inspecteurs appartiendra à l'autorité territoriale sur les sections occupées par une Puissance, et à la Commission Internationale sur les autres sections du fleuve.

La Puissance riveraine notifiera à la Commission Internationale la nomination des sous-inspecteurs qu'elle aura institués et cette Puissance se chargera de leur traitement.

Dans l'exercice de ses attributions, telles qu'elles sont définies et limitées ci-dessus, la Commission Internationale ne dépendra pas de l'autorité territoriale.

Art. 21. Dans l'accomplissement de sa tâche, la Commission Internationale pourra recourir, au besoin, aux bâtiments de guerre des Puissances signataires de cet Acte et de celles qui y accéderont à l'avenir, sous toute réserve des instructions qui pourraient être données aux commandants de ces bâtiments par leurs Gouvernements respectifs.

Art. 22. Les bâtiments de guerre des Puissances signataires du présent Acte qui pénètrent dans le Congo sont exempts du paiement des droits de navigation prévus au paragraphe 3 de l'article 14; mais ils acquitteront

les droits éventuels de pilotage ainsi que les droits de port, à moins que
leur intervention n'ait été réclamée par la Commission Internationale ou
ses agents aux termes de l'article précédent.

Art. 23.   Dans le but de subvenir aux dépenses techniques et administratives qui lui incombent, la Commission Internationale instituée par
l'article 17 pourra négocier en son nom propre des emprunts exclusivement
gagés sur les revenus attribués à ladite Commission.

Les décisions de la Commission tendant à la conclusion d'un emprunt
devront être prises à la majorité de deux tiers des voix. Il est entendu
que les Gouvernements représentées à la Commission ne pourront, en aucun
cas, être considérés comme assumant aucune garantie, ni contractant aucun
engagement ni solidarité à l'égard desdits emprunts, à moins de conventions
spéciales conclues par eux à cet effet.

Le produit des droits spécifiés au 3° paragraphe de l'article 14 sera
affecté par priorité au service des intérêts et à l'amortissement desdits emprunts, suivant les conventions passées avec les prêteurs.

Art. 24.   Aux embouchures du Congo, il sera fondé, soit par l'initiative des Puissances riveraines, soit par l'intervention de la Commission Internationale, un établissement quarantenaire qui exercera le contrôle sur les
bâtiments tant à l'entrée qu'à la sortie.

Il sera décidé plus tard, par les Puissances, si et dans quelles conditions un contrôle sanitaire devra être exercé sur les bâtiments dans le cours
de la navigation fluviale.

Art. 25.   Les dispositions du présent Acte de navigation demeureront
en vigueur en temps de guerre. En conséquence, la navigation de toutes
les nations, neutres ou belligérantes, sera libre en tout temps pour les
usages du commerce sur le Congo, ses embranchements, ses affluents et ses
embouchures, ainsi que sur la mer territoriale faisant face aux embouchures
de ce fleuve.

Le trafic demeurera également libre, malgré l'état de guerre, sur les
routes, chemins de fer, lacs et canaux mentionnés dans les articles 15 et 16.

Il ne sera apporté d'exception à ce principe qu'en ce qui concerne le
transport des objets destinés à un belligérant et considérés, en vertu du
droit des gens, comme articles de contrebande de guerre.

Tous les ouvrages et établissements créés en exécution du présent
Acte, notamment les bureaux de perception et leurs caisses, de même que
le personnel attaché d'une manière permanente au service de ces établissements, seront placés sous le régime de la neutralité et, à ce titre, seront
respectés et protégés par les belligérants.

CHAPITRE V.
Acte de navigation du Niger.

Art. 26.   La navigation du Niger, sans exception d'aucun des embranchements ni issues de ce fleuve, est et demeurera entièrement libre pour
les navires marchands, en charge ou sur lest, de toutes les nations, tant
pour le transport des marchandises que pour celui des voyageurs. Elle

devra se conformer aux dispositions du présent Acte de navigation et aux règlements à établir en exécution du même Acte.

Dans l'exercice de cette navigation, les sujets et les pavillons de toutes les nations seront traités, sous tous les rapports, sur le pied d'une parfaite égalité, tant pour la navigation directe de la pleine mer vers les ports intérieurs du Niger, et vice-versâ, que pour le grand et le petit cabotage, ainsi que pour la batellerie sur le parcours de ce fleuve.

En conséquence, sur tout le parcours et aux embouchures du Niger, il ne sera fait aucune distinction entre les sujets des États riverains et ceux des non-riverains, et il ne sera concédé aucun privilége exclusif de navigation, soit à des sociétés ou corporations quelconques, soit à des particuliers.

Ces dispositions sont reconnues par les Puissances signataires comme faisant désormais partie du droit public international.

Art. 27. La navigation du Niger ne pourra être assujettie à aucune entrave ni redevance basées uniquement sur le fait de la navigation.

Elle ne subira aucune obligation d'échelle, d'étape, de dépôt, de rompre charge, ou de relâche forcée.

Dans toute l'étendue du Niger, les navires et les marchandises transitant sur le fleuve ne seront soumis à aucun droit de transit, quelle que soit leur provenance ou leur destination.

Il ne sera établi aucun péage maritime, ni fluvial, basé sur le seul fait de la navigation, ni aucun droit sur les marchandises qui se trouvent à bord des navires. Pourront seuls être perçus des taxes ou droits qui auront le caractère de rétribution pour services rendus à la navigation même. Les tarifs de ces taxes ou droits ne comporteront aucun traitement différentiel.

Art. 28. Les affluents du Niger seront à tous égards soumis au même régime que le fleuve dont ils sont tributaires.

Art. 29. Les routes, chemins de fer ou canaux latéraux qui pourront être établis dans le but spécial de suppléer à l'innavigabilité ou aux imperfections de la voie fluviale sur certaines sections du parcours du Niger, de ses affluents, embranchements et issues seront considérés, en leur qualité de moyens de communication, comme des dépendances de ce fleuve et seront également ouverts au trafic de toutes les nations.

De même que sur le fleuve, il ne pourra être perçu sur ces routes, chemins de fer et canaux, que des péages calculés sur les dépenses de construction, d'entretien et d'administration, et sur les bénéfices dus aux entrepreneurs.

Quant au taux de ces péages, les étrangers et les nationaux des territoires respectifs seront traités sur le pied d'une parfaite égalité.

Art. 30. La Grande-Bretagne s'engage à appliquer les principes de la liberté de navigation énoncés dans les articles 26, 27, 28, 29, en tant que les eaux du Niger, de ses affluents, embranchements et issues, sont ou seront sous sa souveraineté ou son protectorat.

Les règlements qu'elle établira pour la sûreté et le contrôle de la navigation seront conçus de manière à faciliter autant que possible la circulation des navires marchands.

Il est entendu que rien dans les engagements ainsi pris ne saurait être interprété comme empêchant ou pouvant empêcher la Grande-Bretagne de faire quelques règlements de navigation que ce soit, qui ne seraient pas contraires à l'esprit de ces engagements.

La Grande-Bretagne s'engage à protéger les négociants étrangers de toutes les nations faisant le commerce dans les parties du cours du Niger qui sont ou seront sous sa souveraineté ou son protectorat, comme s'ils étaient ses propres sujets, pourvu toutefois que ces négociants se conforment aux règlements qui sont ou seront établis en vertu de ce qui précède.

Art. 31. La France accepte sous les mêmes réserves et en termes identiques les obligations consacrées dans l'article précédent, en tant que les eaux du Niger, de ses affluents, embranchements et issues sont ou seront sous sa souveraineté ou son protectorat.

Art. 32. Chacune des autres Puissances signataires s'engage de même, pour le cas où elle exercerait dans l'avenir des droits de souveraineté ou de protectorat sur quelque partie des eaux du Niger, de ses affluents, embranchements et issues.

Art. 33. Les dispositions du présent Acte de navigation demeureront en vigueur en temps de guerre. En conséquence, la navigation de toutes les nations, neutres ou belligérantes, sera libre en tout temps pour les usages du commerce sur le Niger, ses embranchements et affluents, ses embouchures et issues, ainsi que sur la mer territoriale faisant face aux embouchures et issues de ce fleuve.

Le trafic demeurera également libre, malgré l'état de guerre, sur les routes, chemins de fer et canaux mentionnés dans l'article 29.

Il ne sera apporté d'exception à ce principe qu'en ce qui concerne le transport des objets destinés à un belligérant et considérés, en vertu du droit des gens, comme articles de contrebande de guerre.

CHAPITRE VI.

Déclaration relative aux conditions essentielles à remplir pour que des occupations nouvelles sur les côtes du Continent Africain soient considérées comme effectives.

Art. 34. La Puissance qui dorénavant prendra possession d'un territoire sur les côtes du Continent Africain situé en dehors de ses possessions actuelles, ou qui, n'en ayant pas eu jusque-là, viendrait à en acquérir, et de même, la Puissance qui y assumera un protectorat, accompagnera l'acte respectif d'une notification adressée aux autres Puissances signataires du présent Acte, afin de les mettre à même de faire valoir, s'il y a lieu, leurs réclamations.

Art. 35. Les Puissances signataires du présent Acte reconnaissent l'obligation d'assurer, dans les territoires occupés par elles, sur les côtes du Continent Africain, l'existence d'une autorité suffisante pour faire respester les droits acquis et, le cas échéant, la liberté du commerce et du transit dans les conditions où elle serait stipulée.

CHAPITRE VII.
Dispositions générales.

Art. 86.   Les Puissances signataires du présent Acte général se réservent d'y introduire ultérieurement et d'un commun accord les modifications ou améliorations dont l'utilité serait démontrée par l'expérience.

Art. 87.   Les Puissances qui n'auront pas signé le présent Acte général pourront adhérer à ses dispositions par un acte séparé.

L'adhésion de chaque Puissance est notifiée, par la voie diplomatique, au Gouvernement de l'Empire d'Allemagne, et par celui-ci à tous les États signataires ou adhérents.

Elle emporte de plein droit l'acceptation de toutes les obligations et l'admission à tous les avantages stipulés par le présent Acte général.

Art. 88.   Le présent Acte général sera ratifié dans un délai qui sera le plus court possible et qui, en aucun cas, ne pourra excéder un an.

Il entrera en vigueur pour chaque Puissance à partir de la date où elle l'aura ratifié.

En attendant, les Puissances signataires du présent Acte général s'obligent à n'adopter aucune mesure qui serait contraire aux dispositions dudit Acte.

Chaque Puissance adressera sa ratification au Gouvernement de l'Empire d'Allemagne, par les soins de qui il en sera donné avis à toutes les autres Puissances signataires du présent Acte général.

Les ratifications de toutes les Puissances resteront déposées dans les archives du Gouvernement de l'Empire d'Allemagne.   Lorsque toutes les ratifications auront été produites, il sera dressé acte du dépôt dans un protocole qui sera signé par les Représentants de toutes les Puissances et dont une copie certifiée sera adressée à toutes les Puissances.

En foi de quoi, les Plénipotentiaires respectifs ont signé le présent Acte général et y ont apposé leur cachet.

Fait à Berlin le . . . . jour du mois de février mil huit cent quatre-vingt-cinq.

Annexe No. III au Protocole No. 9.

RAPPORT
sur quelques modifications nouvelles du texte, sur la neutralité et les dispositions générales ainsi que sur la forme définitive des décisions émanées de la Conférence.

Messieurs,

Votre Commission, s'acquittant du mandat que vous avez bien voulu lui confier dans votre séance du 31 janvier, a examiné les projets relatifs à la forme définitive à donner à l'ensemble de vos travaux.

Au cours de ses délibérations, elle a rencontré et discuté quelques propositions qui sur certains points modifient et sur d'autres complètent les Actes de la Conférence.

C'est de l'accomplissement de cette double tâche que nous allons avoir l'honneur de vous rendre compte, en faisant passer les questions de fond avant les questions de forme.

I.

Nous avons à vous entretenir d'abord des modifications au texte que vous avez déjà adopté et des additions qui y ont été faites.

Les modifications saillantes sont au nombre de deux.

La première se rapporte à l'article 1, qui a pour objet de déterminer l'étendue du bassin conventionnel du Congo. Le bassin géographique n'est qu'un des éléments de celui-ci; il est décrit au paragraphe 1 de l'article. Le lac Tanganyka y figure comme limite orientale de ce bassin. On a fait remarquer avec raison que cette détermination n'était pas strictement correcte puisque le versant oriental du lac appartient également au bassin géographique du Congo, et qu'elle avait en outre l'inconvénient d'introduire un mode de délimitation différent de celui qui avait été adopté au Nord et au Sud, où les bassins extérieurs étaient pris pour limites. Bien que la phrase finale du paragraphe ne pût laisser de doute sur la portée réelle de la disposition votée par la Conférence, la Commission, tenant compte en même temps de l'état encore imparfait de nos connaissances géographiques sur cette région, vous propose de prendre pour limite à l'Est »la ligne de faite orientale des affluents du lac Tanganyka«. [Annexe 1.] Cette rédaction écarte toute ambiguïté et ne fait que préciser d'avantage le sens du vote que vous aviez déjà émis à ce sujet.

Le second changement concerne l'article 19, qui fait partie de l'Acte de navigation du Congo. Cet article stipulait dans son premier alinéa que la Commission Internationale se constituerait dans un délai de six mois après la ratification de l'Acte de navigation. On a reconnu depuis que le mode de fonctionnement des institutions représentatives de l'un des États signataires commandait pour la ratification un délai qui pourrait s'étendre jusqu'à un an. La réunion de la Commission Internationale, contrairement à vos vues, aurait donc pu être ajournée à un très long terme. C'est pour éviter cet inconvénient que votre Commission vous propose de revenir sur votre décision antérieure. D'après le nouveau texte qu'elle vous soumet [Annexe 2], il suffirait de la nomination de cinq Délégués pour que la Commission Internationale pût se constituer. Ce nombre a paru suffisant pour donner toute garantie aux Puissances non encore représentées. Les États qui auraient nommé leur agent, en avertiraient le Gouvernement de l'Empire d'Allemagne qui ferait alors les démarches nécessaires pour amener la réunion de la Commission Internationale. Cet amendement, loin de déroger à la pensée qui avait dicté votre premier vote, ne tend également qu'à en mieux assurer la réalisation.

Les dispositions nouvelles sont d'une importance plus considérable. Elles forment deux chapitres distincts, composés chacun de trois articles.

Le premier a trait à la neutralité. Ce n'est pas la première fois que cette idée apparaît dans vos délibérations. Au cours de l'examen de la Déclaration sur la liberté commerciale, comme dans la discussion des Actes de navigation du Congo et du Niger, la pensée de neutraliser tout ou partie des territoires du bassin conventionnel s'était fait jour. Elle avait même reçu une application partielle dans le régime assigné à ces deux fleuves en temps de guerre (articles 25 et 33). M. le Ministre des États-Unis vous avait soumis une proposition étendue qui aurait arrêté, pour l'ensemble des territoires, des arrangements analogues à ceux qui avaient obtenu votre assentiment par rapport au domaine fluvial. Cette proposition avait rencontré d'emblée les sympathies de plusieurs Plénipotentiaires; toutefois certains doutes quant à la portée pratique des termes de neutralité et neutralisation appliqués à des territoires, le souci du respect de la souveraineté des États, les incertitudes mêmes qui subsistaient alors sur la distribution future des contrées du bassin du Congo, avaient empêché une entente de s'établir sur une formule qui satisfît à toutes les exigences.

Ces difficultés se sont notablement atténuées depuis. Au moment même où la Conférence touchait au terme de sa tâche, les circonstances ont paru comporter la solution d'un problème qu'elle n'avait pas abandonné sans regret. S'inspirant de cette pensée et combinant divers éléments qui s'étaient produits au cours des discussions antérieures, M. l'Ambassadeur de France a pris l'initiative d'une proposition dont le dispositif a un caractère essentiellement transactionnel [Annexe 3]. Votre Commission n'avait pas reçu de mandat pour traiter ce point; mais elle a eu le sentiment qu'en l'abordant, elle répondait à votre intention et faciliterait la marche de vos travaux.

L'examen de la proposition de M. le Plénipotentiaire de France n'a pas révélé de dissentiment sérieux. M. l'Ambassadeur d'Angleterre y a donné son adhésion. Quelques Plénipotentiaires, et M. le Comte de Launay ainsi que M. Kasson se sont faits les organes de ce désir, eussent préféré une solution plus complète et plus large; mais ce regret ne les a pas empêchés de se rallier à la transaction proposée, qui a réuni finalement tous les suffrages. Il ne me reste qu'à en préciser brièvement le sens et la portée.

Le premier des trois articles qui vous sont soumis, prévoit que des Puissances exerçant des droits de souveraineté ou de protectorat dans le bassin conventionnel du Congo, pourront, en se proclamant neutres, assurer à leurs possessions le bienfait de la neutralité. Dans ce cas — et là se trouve la pensée fondamentale de la clause — les Puissances signataires s'engagent d'avance à respecter cette neutralité, sous la seule réserve de l'observation corrélative des devoirs qu'elle impose. Cet engagement n'est pas seulement contracté vis-à-vis de la Puissance d'où émane la Déclaration de neutralité, mais à l'égard de toutes les autres Puissances signataires qui acquièrent ainsi le droit d'en demander le respect.

Aucune limite n'est imposée à la Déclaration de neutralité, qui peut être temporaire ou perpétuelle. Il a été explicitement entendu que cette disposition visait surtout l'État que l'Association Internationale du Congo

est en voie de fonder et qu'elle paraît avoir l'intention de placer sous le
régime de la neutralité permanente. Ce vœu obtient donc d'avance l'assentiment et la sanction des Puissances. Cependant d'autres États ont ou
auront des possessions dans le bassin du Congo et peuvent vouloir reven-
diquer le même privilège. Il s'en trouve dès aujourd'hui deux qui possèdent des colonies d'un seul tenant, situées partie dans le bassin conventionnel, partie en dehors. Il n'était possible ni d'exclure ces territoires
de la clause de neutralité, ni de les y comprendre complètement, puisque
la neutralisation, placée sous la garantie facultative des Puissances signataires de l'Acte général, ne saurait s'étendre en aucun cas au delà des
limites du bassin conventionnel. C'est pour parer à cette difficulté qu'on
a visé dans l'article, à côté des territoires, »les parties de territoire dépendant desdites contrées.« Au surplus l'article suivant vise plus spécialement la situation des Puissances qui se trouvent dans ce cas. Ajoutons,
comme M. l'Ambassadeur d'Angleterre en a fait la remarque, que la faculté de se déclarer neutres appartiendrait aux Puissances adhérentes qui
exercent une souveraineté ou un protectorat dans les territoires du bassin
conventionnel du Congo, au même titre qu'aux Puissances signataires. Tel
serait le cas, par exemple, pour le Sultan de Zanzibar, s'il adhérait à l'Acte
général et plaçait ses États sous le régime défini par cet Acte.

Le deuxième article a pour but de soustraire autant que possible aux
maux de la guerre, les régions comprises dans le bassin du Congo, sans
toutefois porter atteinte à la souveraineté des Gouvernements. Il prévoit
le cas où une Puissance, y possédant une colonie, serait entraînée dans
une guerre dont la cause ou l'origine serait étrangère à ses possessions
d'Afrique. Les Puissances signataires ou adhérentes s'engagent alors à
offrir leurs bons offices pour amener les deux parties belligérantes à consentir, l'une à ne pas étendre les hostilités aux contrées situées dans le
bassin du Congo, l'autre à n'en pas faire une base d'opérations militaires.
Si ce consentement réciproque est acquis, les territoires dont il s'agit seraient
en fait neutralisés pour la durée de la guerre.

Le troisième article contient un engagement de recourir à une médiation
préalable si un conflit venait à surgir en Afrique même, entre des Puissances exerçant des droits de souveraineté dans le bassin du Congo. La
Conférence se rappellera qu'une proposition à ce sujet lui avait déjà été
soumise antérieurement par M. le Comte de Launay (No. 26 des documents).
C'est cette proposition que l'article 12 reproduit en grande partie. La
médiation n'exclut pas la possibilité de la guerre; elle peut ne pas aboutir.
C'est moins que l'arbitrage, que le respect du principe de l'indépendance
des États empêche d'imposer à priori, mais c'est plus que le simple recours
aux bons offices. Dans la réalité, la médiation sera généralement efficace
et conduira le plus souvent à l'aplanissement des difficultés internationales.
Pour l'État naissant du Congo, que toutes les Puissances désirent entourer
de garanties pacifiques, cette disposition offre une sérieuse valeur, puisqu'elle
oblige les États qui auraient un dissentiment avec lui à recourir d'abord à
la médiation des Puissances amies.

Afin de mieux préciser le sens préventif de la clause, M. l'Ambassadeur

d'Italie a demandé qu'on substituât au terme de »conflit« celui de »dissentiment sérieux« et M. le Ministre des États-Unis, d'accord à ce sujet avec
M. le Comte de Launay, a proposé de stipuler explicitement que la médiation précéderait toujours l'appel aux armes [Annexe 4]. Il a été fait droit
à cette double observation.

Le second chapitre nouveau [Annexe 5], qui formerait le chapitre VII
de l'Acte général, règle d'autres matières dont l'intérêt ne vous échappera
point : la revision éventuelle de l'Acte général, la faculté d'adhésion pour
les Puissances non signataires, les ratifications, l'entrée en vigueur.

L'œuvre de la Conférence doit offrir avant tout les garanties de sta-
bilité sans lesquelles l'esprit d'entreprise resterait paralysé. Mais, ainsi que
la Commission à déjà eu l'honneur de vous le faire remarquer dans un
Rapport précédent, »lorsque le mouvement sera imprimé et que de sérieux
progrès auront été accomplis, des perspectives, des nécessités nouvelles viendront probablement à se révéler et le moment pourra arriver où une sage
prévoyance demandera la révision d'un régime qui avait été surtout adapté
à une période de création et de transformation.«

Ces réflexions visaient un cas spécial, le régime des droits d'entrée ;
votre Commission a pensé qu'elles pourraient utilement recevoir une application plus étendue.

La situation étant ce qu'elle est dans les régions du Congo, il semble
difficile et peut-être prématuré de tout prévoir et de tout régler à l'avance.
En subordonnant toute modification des actes de la Conférence à un
accord des Puissances éclairées par les faits, on ferait leur juste part aux
exigences de l'avenir et au respect de la permanence de vos décisions.

C'est d'après ces considérations que votre Commission vous propose
de supprimer les articles qui prévoient la revision des Actes de navigation
du Congo et du Niger et de les convertir en une clause qui s'appliquerait
à l'Acte général en son entier ; elle serait conçue dans les termes suivants :

»Les Puissances signataires du présent Acte général se réservent d'y
introduire ultérieurement et d'un commun accord les modifications ou améliorations dont l'utilité serait démontrée par l'expérience.«

Il est entré dans les vues et des Puissances qui ont convoqué la Conférence et de la Conférence elle-même que les États non représentés dans
cette Haute Assemblée pourraient s'associer au résultat de ses travaux.

La Commission n'a fait que se conformer à cette commune intention
en préparant un projet d'article qui permet aux Puissances non-signataires
d'adhérer à l'Acte général et qui, en outre, règle la procédure et détermine
les effets de l'adhésion.

L'article est ainsi formulé :

»Les Puissances qui n'auront pas signé le présent Acte général
pourront adhérer à ses dispositions par un acte séparé.

»L'adhésion de chaque Puissance est notifiée, par la voie diplomatique, au Gouvernement de l'Empire d'Allemagne, et par celui-ci
à tous les États signataires ou adhérents.

»Elle emporte de plein droit l'acceptation de toutes les obligations
et l'admission à tous les avantages stipulés par le présent Acte général.«

Des observations qui se rapportent à la fois à cet article et à l'article précédent ont été échangées au sein de la Commission. Il s'est agi surtout de savoir si les Puissances adhérentes auront qualité pour prendre part avec les Puissances signataires à la revision éventuelle de l'Acte général.

On a demandé si l'article 36, au lieu de ne désigner que les »Puissances signataires« ne devrait pas mentionner aussi les »Puissances adhérentes« ? M. le Ministre des États-Unis répond affirmativement. Une inégalité de situation sous ce rapport pourrait conduire à des difficultés. Il ne lui paraît pas que le texte de l'article 37 comporte une différence de traitement entre les Puissances signataires et les adhérentes.

Le Président a fait observer que l'omission des »Puissances adhérentes« pouvait être intentionnelle; on a vraisemblablement voulu réserver aux seules Puissances signataires la faculté de prendre part aux revisions éventuelles. Les Puissances signataires, en effet, constituent le groupe des États les plus intéressés dans les questions que règle l'Acte général de la Conférence. Elles sont en nombre limité et consacrent leur accord sous une forme solennelle. Les ratifications qui seront ensuite échangées impliquent l'intervention de l'autorité souveraine la plus élevée dans chacun de ces États. Au contraire, les Puissances qui se borneront à adhérer à l'Acte déjà existant, seront admises à le faire par un simple acte d'adhésion notifié par la voie diplomatique et non soumis à la formalité des ratifications. Il est stipulé, il est vrai, que cette adhésion leur procure tous les avantages et les soumet à toutes les obligations de l'Acte général, mais on peut admettre que l'égalité de droits dont il s'agit est liée à l'existence de ce même Acte. Si les Puissances qui ont concouru à son élaboration voulaient s'entendre un jour pour l'abroger ou pour le modifier, devrait-on leur en refuser la faculté parce qu'elles auraient admis d'autres Puissances à bénéficier de leur accord primitif? Les Puissances adhérentes, en cas de modifications apportées à cet accord, auraient le droit évident, mais unique, de considérer leur adhésion comme annulée.

M. le Plénipotentiaire d'Espagne cite des précédents à l'appui de cette manière de voir.

Admettre d'avance des collaborateurs inconnus, en nombre indéterminé, ce serait, au jugement de M. le Plénipotentiaire d'Autriche-Hongrie, s'exposer à rendre l'entente bien difficile. Dans des négociations qui exigent l'unanimité des vues, et la faculté d'adhérer étant ouverte à tous, on s'associerait peut-être des Puissances ayant peu ou point d'intérêt dans les remaniements auxquels on devrait les laisser concourir.

Ces considérations n'ont pas convaincu M. le Ministre des États-Unis. Il croit que la faculté laissée aux Puissances adhérentes de se retirer d'un accord modifié sans leur consentement, serait inefficace, en les condamnant à l'isolement. Il y a d'ailleurs dans l'Acte général des dispositions qui n'ont pas seulement une portée commerciale, mais qui devront être considérées à l'avenir comme faisant partie du droit international et ne peuvent dès lors être modifiées sans un consentement général.

Sur l'observation faite par M. le Plénipotentiaire de la Grande-Bretagne, que si le futur État du Congo n'était pas constitué en temps utile pour figurer au nombre des Gouvernements signataires, il se trouverait exclu lors des futures révisions, M. le Baron de Courcel exprime l'avis que les Puissances signataires pourront procéder par voie d'invitation à l'égard des Gouvernements qu'elles jugeraient à propos d'appeler à participer à leurs travaux.

Le Baron Lambermont dit que l'égalité de droits entre les adhérents et les signataires est une question qui peut être débattue au point de vue de la doctrine. Il cite les travaux d'un auteur qui occupe une position également élevée dans la sphère diplomatique et dans le domaine de la science *). D'une manière générale et aux termes du dernier paragraphe de l'article les Puissances adhérentes sont admises à bénéficier des avantages stipulés dans l'Acte Général, mais la Conférence à incontestablement le droit de définir et de préciser la portée de ses résolutions. Il conviendra, toutefois, que ses intentions ne donnent prise à aucun doute quant au cas particulier dont il s'agit. En fait, le Plénipotentiaire belge reconnaît que l'appel, sans distinction, de toutes les Puissances adhérentes pourrait présenter des inconvénients.

On conciliera les opinions en présence s'il reste bien entendu, d'une part, que les Puissances adhérentes auront toujours pleine liberté de retirer leur adhésion à un Acte modifié sans leur coopération, et, d'autre part, que les Puissances signataires pourront toujours s'adjoindre, en cas de revision, telles Puissances adhérentes, dont les intérêts seraient directement en jeu ou dont le concours paraîtrait particulièrement utile.

La Commission a maintenu l'article 86 tel qu'il était formulé, sous la réserve que les explications qui précèdent seraient reproduites dans son Rapport;

Et pour mettre le paragraphe 8 de l'article 37 en harmonie avec cette décision, elle y a substitué l'expression »acceptation de toutes les obligations« à celle »d'accession à toutes les clauses«, qui était dans le texte primitif.

Il aurait été utile, à divers points de vue, que l'Acte Général pût produire ses effets dans un terme très rapproché. La nécessité pour certaines Puissances de le soumettre à la sanction parlementaire — ce que l'une d'elles ne pourra faire qu'à la fin de l'année — n'a pas laissé à la Commission une entière latitude à cet égard.

Aux termes de l'article 38, l'Acte général sera ratifié dans un délai qui sera le plus court possible, mais qui, en aucun cas, ne dépassera un an.

Cette disposition se combine avec deux autres:

D'après l'une, l'Acte général entrera en vigueur pour chaque Puissance à partir de la date où elle l'aura ratifié.

L'autre est due à l'initiative de l'un des Plénipotentiaires de l'Allemagne. M. de Kusserow avait d'abord suggéré l'idée de rendre l'Acte général provisoirement obligatoire, mais cette proposition n'ayant pas semblé pouvoir être mise en pratique par tous les Gouvernements, il y a été suppléé par une clause que la Commission a acceptée et qui oblige les Puissances à n'adopter, en attendant leurs ratifications respectives, aucune mesure qui serait contraire aux stipulations dudit Acte.

---

*) M. Calvo.

Le mode de ratification a donné lieu à un examen prolongé; les divers systèmes suivis jusqu'à ce jour et notamment dans les récentes transactions diplomatiques, ont été passés successivement en revue, dans le but d'arriver à simplifier autant que possible une opération essentielle, mais laborieuse quand un grand nombre de Puissances participent à un même arrangement international. Voici brièvement les règles qui ont été adoptées:

Chaque Puissance aura la faculté de ratifier séparément sans devoir attendre que ses cosignataires soient en mesure d'accomplir la même formalité.

Chaque acte de ratification est adressé au Gouvernement de l'Empire d'Allemagne qui en donne avis aux autres Puissances signataires.

Les diverses ratifications sont successivement déposées aux archives Impériales. Quand elles y sont toutes parvenues, les Représentants des Puissances signataires se réunissent pour dresser un protocole authentique constatant le dépôt de toutes les ratifications. Un exemplaire certifié de ce document est ensuite transmis à toutes les Puissances signataires par les soins du Gouvernement Impérial d'Allemagne.

Cette procédure est d'une grande simplicité; elle atteint le but voulu en réduisant les formalités aux proportions strictement indispensables. Elle paraît particulièrement appropriée aux convenances d'assemblées diplomatiques nombreuses, dont la réunion est fréquente à notre époque et paraît appelée à exercer une influence de plus en plus considérable sur le développement des relations entre les États.

II.

Parmi les formes adoptées pour les transactions internationales quelle est celle dont il conviendra de revêtir les résolutions arrêtées par la Conférence?

Quelques indications vous ont été fournies à ce sujet, dans votre séance du 31 janvier [Annexe 6], par celui des Plénipotentiaires que vous avez bien voulu charger de la préparation de l'Acte final, et après quelques considérations développées par d'autres Membres de la Conférence, vous avez confié à votre Commission le soin de discuter et de vous soumettre le projet définitif sur lequel vous aurez à statuer.

La Commission a adopté d'une voix unanime la proposition de réunir et de coordonner en un instrument unique tous les actes sortis de vos délibérations.

Elle s'est trouvée d'accord avec l'auteur du projet pour donner à ce document diplomatique la qualification d'Acte général de la Conférence de Berlin. Outre qu'il est en concordance avec un précédent bien connu, ce titre a l'avantage, non sans intérêt dans le cas qui nous occupe, de représenter collectivement une série d'actes partiels. La dénomination d'Acte général empêchera d'ailleurs les confusions qui pourraient se produire entre le traité à intervenir et le Traité de Berlin de 1878; ajoutons qu'elle a contribué à lever les scrupules que le titre de traité faisait naître chez quelques-uns des Plénipotentiaires.

Un Acte général rendrait nécessaire un préambule adapté à l'ensemble de l'œuvre de la Conférence. La Commission a donné son approbation à la formule suivante, exprimant les vues qui ont provoqué la réunion de la Conférence de Berlin et qui vous ont vous-mêmes dirigés: .

»Sa Majesté l'Empereur d'Allemagne, etc. etc.

»Voulant régler dans un esprit de bonne entente mutuelle les conditions les plus favorables au développement du commerce et de la civilisation dans certaines régions de l'Afrique, et assurer à tous les peuples les avantages de la libre navigation sur les deux principaux fleuves Africains qui se déversent dans l'Océan Atlantique; désireux d'autre part de prévenir les malentendus et les contestations que pourraient soulever à l'avenir les prises de possession nouvelles sur les côtes de l'Afrique, et préoccupés en même temps des moyens d'accroître le bien-être moral et matériel des populations indigènes, ont résolu, sur l'invitation qui Leur a été adressée par le Gouvernement Impérial d'Allemagne d'accord avec le Gouvernement de la République Française, de réunir à cette fin une Conférence à Berlin et ont nommé pour Leurs Plénipotentiaires, savoir:« etc. etc.

D'autre part, de sérieux motifs rendaient désirable de conserver aux divers actes de la Conférence leur physionomie propre et leur caractère distinct. Dans ce but, le projet les énumère avec les indications particulières que la Conférence y a attachées et il les distribue ensuite en autant de chapitres séparés qu'il y a d'actes, chaque chapitre portant le titre de l'acte lui-même.

Enfin l'énumération des articles, poursuivie du commencement à la fin de l'Acte général, rattache entre elles toutes ses parties et y facilitera les références.

Tel est, dans ses lignes principales, le plan soumis à votre approbation. Nous ne fatiguerons pas votre attention par l'examen des détails.

Les textes des actes que vous avez déjà votés, et ils constituent la presque totalité de l'Acte général, ont été purement et simplement reproduits ou n'ont subi que quelques corrections d'intérêt secondaire.

Les autres, qui font l'objet de la première partie de ce Rapport, prendront, s'ils obtiennent votre suffrage, la place qui leur est assignée dans l'instrument commun.

L'Acte général, ainsi complété, n'attendra plus que votre sanction et votre signature.

<table>
<tr><td>Le Président.</td><td>Le Rapporteur.</td></tr>
<tr><td>*Alph. de Courcel.*</td><td>*Baron Lambermont.*</td></tr>
</table>

Annexe No. 1.

Acte général de la Conférence de Berlin.

CHAPITRE I.

Déclaration relative à la liberté du commerce dans le bassin du Congo, ses embouchures et pays circonvoisins, et dispositions connexes.

Art. I. Le commerce de toutes les nations jouira d'une complète liberté 1° dans tous les territoires constituant le bassin du Congo et de ses affluents. Ce bassin est délimité par les crêtes des bassins contigus, à savoir notamment les bassins du Niari, de l'Ogowé, du Schari et du Nil, au Nord; par la ligne de faîte orientale des affluents du lac Tanganyka, à l'Est; par les crêtes des bassins du Zambèze et de la Logé, au Sud. Il embrasse, en conséquence, tous les territoires drainés par le Congo et ses affluents, y compris le lac Tanganyka et ses tributaires orientaux.

Annexe No. 2.

PROPOSITION
de la Commission tendant à modifier le premier et le second paragraphe de l'article 19 du Projet d'Acte général:

La Commission Internationale de navigation du Congo se constituera aussitôt que cinq des Puissances signataires du présent Acte général auront nommé leurs Délégués. En attendant la constitution de la Commission, la nomination des Délégués sera notifiée au Gouvernement Impérial d'Allemagne, par les soins duquel les démarches nécessaires seront faites pour provoquer la réunion de la Commission.

La Commission élaborera etc.

Annexe No. 3.

PROJET DE DÉCLARATION
relative à la neutralité des territoires compris dans le bassin conventionnel du Congo.

Art. A. Afin de donner une garantie nouvelle de sécurité au commerce et à l'industrie et de favoriser, par le maintien de la paix, le développement de la civilisation dans les contrées mentionnées à l'article 1 et placées sous le régime de la liberté commerciale, les Hautes Parties signataires du présent Acte et celles qui y adhéreront par la suite s'engagent à respecter la neutralité des territoires ou parties de territoires dépendant desdites contrées, y compris les eaux territoriales, aussi longtemps que les Puissances qui exercent ou qui exerceront des droits de souveraineté ou de protectorat sur ces territoires, usant de la faculté de se proclamer neutres, demeureront fidèles aux devoirs que la neutralité comporte.

Art. B. Dans le cas où une Puissance exerçant des droits de souveraineté ou de protectorat dans les contrées mentionnées à l'article I et placées sous le régime de la liberté commerciale serait impliquée dans une guerre, les Hautes Parties signataires du présent Acte et celles qui y adhéreront par la suite s'engagent à prêter leurs bons offices pour que les territoires appartenant à cette Puissance et compris dans la zone conventionnelle de la liberté commerciale soient, du consentement commun de cette Puissance et de l'autre ou des autres parties belligérantes, placés pour la durée de la guerre sous le régime de la neutralité et considérés comme appartenant à un État non-belligérant; les parties belligérantes renonceraient dès lors à étendre les hostilités aux territoires ainsi neutralisés aussi bien qu'à les faire servir de base à des opérations de guerre.

Art. C. Dans le cas où un conflit, ayant pris naissance au sujet ou dans les limites des territoires mentionnés à l'article 1, et placés sous le régime de la liberté commerciale, viendrait à s'élever entre des Puissances signataires du présent Acte, ces Puissances s'engagent à faire appel à la médiation d'une ou de plusieurs Puissances amies.

Annexe No. 4.

CHAPITRE III.

Déclaration relative à la neutralité des territoires compris dans le bassin conventionnel du Congo.

Art. 10. Afin de donner une garantie nouvelle de sécurité au commerce et à l'industrie et de favoriser, par le maintien de la paix, le développement de la civilisation dans les contrées mentionnées à l'article 1 et placées sous le régime de la liberté commerciale, les Hautes Parties signataires du présent Acte et celles qui y adhéreront par la suite s'engagent à respecter la neutralité des territoires ou parties de territoires dépendant desdites contrées, y compris les eaux territoriales, aussi longtemps que les Puissances qui exercent ou qui exerceront des droits de souveraineté ou de protectorat sur ces territoires, usant de la faculté de se proclamer neutres, rempliront les devoirs que la neutralité comporte.

Art. 11. Dans le cas où une Puissance exerçant des droits de souveraineté ou de protectorat dans les contrées mentionnées à l'article 1 et placées sous le régime de la liberté commerciale serait impliquée dans une guerre, les Hautes Parties signataires du présent Acte et celles qui y adhéreront par la suite s'engagent à prêter leurs bons offices pour que les territoires appartenant à cette Puissance et compris dant la zone conventionnelle de la liberté commerciale soient, du consentement commun de cette Puissance et de l'autre ou des autres parties belligérantes, placés pour la durée de la guerre sous le régime de la neutralité et considérés comme appartenant à un État non-belligérant; les parties belligérantes renonceraient, dès lors, à étendre les hostilités aux territoires ainsi neutralisés, aussi bien qu'à les faire servir de base à des opérations de guerre.

Art. 12. Dans le cas où un dissentiment sérieux, ayant pris naissance au sujet ou dans les limites des territoires mentionnés à l'article 1 et placés sous le régime de la liberté commerciale, viendrait à s'élever entre des Puissances signataires du présent Acte, ces Puissances s'engagent, avant d'en appeler aux armes, à recourir à la médiation d'une ou de plusieurs Puissances amies.

Annexe No. 5.

CHAPITRE VII.
Dispositions générales.

Art. 86. Les Puissances signataires du présent Acte général se réservent d'y introduire ultérieurement et d'un commun accord les modifications ou améliorations dont l'utilité serait démontrée par l'expérience.

Art. 87. Les Puissances qui n'auront pas signé le présent Acte général pourront adhérer à ses dispotitions par un acte séparé.

L'adhésion de chaque Puissance est notifiée, par la voie diplomatique,
au Gouvernement de l'Empire d'Allemagne, et par celui-ci à tous les États
signataires ou adhérents.

Elle emporte de plein droit l'acceptation de toutes les obligations et
l'admission à tous les avantages stipulés par le présent Acte général.

Art. 38. Le présent Acte général sera ratifié dans un délai qui sera
le plus court possible et qui, en aucun cas, ne pourra excéder un an.

Il entrera en vigueur pour chaque Puissance à partir de la date où
elle l'aura ratifié.

En attendant, les Puissances signataires du présent Acte général s'obligent à n'adopter aucune mesure qui serait contraire aux dispositions dudit Acte.

Chaque Puissance adressera sa ratification au Gouvernement de l'Empire
d'Allemagne, par les soins de qui il en sera donné avis à toutes les autres
Puissances signataires du présent Acte général.

Les ratifications de toutes les Puissances resteront déposées dans les
archives du Gouvernement de l'Empire d'Allemagne. Lorsque toutes les
ratfications auront été produites, il sera dressé acte du dépôt dans un protocole qui sera signé par les Représentants de toutes les Puissances et dont
une copie certifiée sera adressée à toutes les Puissances.

En foi de quoi, les Plénipotentiaires respectifs ont signé le présent
Acte général et y ont apposé leur cachet.

Fait à Berlin le . . . . jour du mois de février
mil huit cent quatre-vingt-cinq.

Annexe No. 6.

Protocole de la séance de la Conférence du 81 janvier 1885*).
(Extrait.)

. . . .

---

*) V. plus haut.

Protocole No. 10.

Séance du 26 février 1885.

Étaient présents:

Pour l'Allemagne
le Prince de Bismarck. — M. Busch. — M. de Kusserow.

Pour l'Autriche-Hongrie
le Comte Széchényi.

Pour la Belgique
le Comte van der Straten Ponthoz, — le Baron Lambermont.

Pour le Danemark
M. de Vind.

Pour l'Espagne
le Comte de Benomar.

Pour les États-Unis d'Amérique
M. John A. Kasson, — M. Henry S. Sanford.

Pour la France
le Baron de Courcel.

Pour la Grande-Bretagne
Sir Edward Malet.

Pour l'Italie
le Comte de Launay.

Pour les Pays-Bas
le Jonkheer van der Hoeven.

Pour le Portugal
le Marquis de Penafiel, — M. de Serpa Pimentel.

Pour la Russie
· le Compte Kapnist.

Pour la Suède et la Norvège
le Général Baron Bildt.

Pour la Turquie
Saïd Pacha.

La séance est ouverte à 2 heures ½, sous la Présidence de S. A. S. le Prince de Bismarck.

Le Président exprime le regret qu'il éprouve d'avoir été empêché, par l'état de sa santé et l'excès de ses occupations, de s'associer à une partie des travaux de la Haute Assemblée qu'il a pourtant suivis avec tant de sympathie.

S. A. Sérénissime prononce ensuite le discours suivant:

»Messieurs,

»Notre Conférence, après de longues et laborieuses délibérations, est arrivée au terme de ses travaux, et je suis heureux de constater que, grâce à vos efforts et à l'esprit de conciliation qui a présidé à nos négociations, une entente complète a été établie sur tous les points du programme qui nous avait été soumis.

»Les résolutions que nous sommes sur le point de sanctionner assurent au commerce de toutes les nations le libre accès au centre du Continent Africain. Les garanties dont la liberté commerciale dans le bassin du Congo sera entourée et l'ensemble des dispositions consignées dans les Actes de navigation du Congo et du Niger sont de nature à offrir au commerce et à l'industrie de toutes les nations les conditions les plus favorables à leur développement et à leur sécurité.

»Par une autre série de dispositions, vous avez manifesté votre sollicitude pour le bien-être moral et matériel des populations indigènes, et il y a lieu d'espérer que ces principes, dictés par un esprit de sage mesure, porteront leurs fruits et contribueront à associer ces populations aux bienfaits de la civilisation.

»Les conditions particulières dans lesquelles se trouvent placées les vastes régions que vous venez d'ouvrir aux entreprises du commerce ont paru exiger des garanties spéciales pour le maintien de la paix et de l'ordre public. En effet, les fléaux de la guerre assumeraient un caractère particulièrement désastreux si les indigènes étaient amenés à prendre partie dans les conflits des Puissances civilisées. Justement préoccupés des dangers qu'une pareille éventualité pourrait porter aux intérêts du commerce et de la civilisation, vous avez recherché les moyens de soustraire une grande partie du Continent Africain aux vicissitudes de la politique générale en y restreignant les rivalités nationales à la concurrence pacifique du commerce et de l'industrie.

»Dans le même ordre d'idées, vous avez tenu à prévenir les malentendus et contestations auxquels de nouvelles prises de possession sur les côtes d'Afrique pourraient donner lieu. La Déclaration sur les formalités à remplir pour que ces prises de possession soient considérées comme effectives introduit dans le droit public une nouvelle règle qui contribuera à son tour à écarter des relations internationales des causes de dissentiment et de conflit.

»L'esprit de bonne entente mutuelle qui a distingué vos délibérations a présidé également aux négociations qui ont eu lieu en dehors de la Conférence dans le but de régler des questions difficiles de délimitation entre les parties qui exerceront des droits de souveraineté dans le bassin du Congo et qui, par la nature de leur position, sont appelées à devenir les principaux gardiens de l'œuvre que nous allons sanctionner.

»Je ne puis toucher à ce sujet sans rendre hommage aux nobles efforts de Sa Majesté le Roi des Belges, fondateur d'une œuvre qui est aujourd'hui reconnue par presque toutes les Puissances, et qui, en se consolidant, pourra rendre de précieux services à la cause de l'humanité.

»Messieurs, je suis chargé par Sa Majesté l'Empereur et Roi, mon

Auguste Maître, de vous exprimer Ses remercîments les plus chaleureux pour la part que chacun de vous a prise dans l'heureux accomplissement de la tâche de la Conférence.

»Je remplis un dernier devoir en me rendant l'organe de la reconnaissance que la Conférence doit à ceux de ses Membres qui se sont chargés des travaux difficiles de la Commission, notamment à Monsieur le Baron de Courcel et à Monsieur le Baron Lambermont. Je remercie également Messieurs les Délégués du précieux concours qu'ils ont bien voulu nous prêter et j'associe, dans l'expression de cette reconnaissance, le Secrétariat de la Conférence qui, par la précision de ses travaux, a contribué à faciliter notre tâche.

»Messieurs, les travaux de la Conférence seront, comme toute œuvre humaine, susceptibles d'amélioration et de perfectionnement: mais ils marqueront, je l'espère, un progrès du développement des relations internationales et formeront un nouveau lien de solidarité entre les nations civilisées.«

Le Comte de Launay prend la parole dans les termes ci-après:

»Messieurs,

»Nous avons été vivement satisfaits de recevoir au milieu de nous S. A. S. le Prince de Bismarck.

»Nous avons l'honneur de le remercier de son langage empreint d'une si parfaite courtoisie, et de son jugement si flatteur pour nos efforts qui ont amené une entente générale.

»Ainsi que vous venez de l'entendre, il a été empêché, bien malgré lui, de présider en personne à toutes nos séances; mais son vaste esprit planait sur cette Assemblée. S'il a dû se prévaloir de la faculté de déléguer ses fonctions, il savait d'avance qu'il les plaçait en bonnes mains. En effet, S. E. M. le Comte de Hatzfeldt et le Sous-Secrétaire d'État M. Busch ont successivement rempli leur mandat avec une intelligence, un tact et un sentiment de conciliation que nous nous plaisons à constater. Nous acquittons envers eux une dette de reconnaissance. L'un et l'autre s'inspiraient des principes exposés, avec autant de justesse que d'élévation de vues, lors de l'inauguration de la Conférence.

»Quel que soit l'avenir réservé à notre œuvre, qui reste soumise aux vicissitudes de toutes choses humaines, nous pouvons, dès à présent, du moins, porter témoignage de n'avoir rien négligé, dans la mesure du possible, pour ouvrir jusqu'au centre du Continent Africain, une large voie au progrès moral et matériel des populations indigènes, au développement des intérêts généraux du commerce et de la navigation.

»Nous avons, en même temps, servi la cause de la religion, de la paix, de l'humanité, et agrandi le domaine du droit public international.

»Tel était le but que nous nous proposions. Si nous avons réussi à l'atteindre, une grande part du mérite en revient à notre illustre Président, au promoteur de la réunion de cette Conférence, à l'auteur du programme qui formait la base de nos délibérations.

»Je suis donc certain de rencontrer l'assentiment unanime des Membres de cette Haute Assemblée, en exprimant à S. A. S. le Prince de Bismarck notre vive reconnaissance pour avoir su, de loin comme de près, imprimer la meilleure direction à nos travaux.

»Sur le point de nous séparer, je crois aussi, Messieurs, me rendre votre fidèle interprète en offrant l'hommage de notre respectueuse gratitude pour l'accueil si bienveillant que nous avons reçu de Sa Majesté l'Empereur d'Allemagne, Roi de Prusse, ainsi que de la part de Son Auguste Famille.«

Sur la proposition du Comte de Launay, les Membres de la Haute Assemblée se lèvent de leur siége pour marquer leur chaleureux assentiment aux paroles prononcées par le Représentant de l'Italie à l'adresse de Sa Majesté l'Empereur.

Le Prince de Bismarck remercie le Comte de Launay de ses bienveillantes appréciations. Il exprime le vœu que les Plénipotentiaires, et lui-même, aient, au cours de leur existence politique, de fréquentes occasions de se rencontrer dans cet esprit si unanimement amical qui a caractérisé la Conférence de Berlin. S. A. S. témoigne de la satisfaction qu'il a puisée dans les excellentes relations auxquelles elle a donné lieu.

Le Président consulte la Haute Assemblée pour savoir s'il lui convient, avant de procéder à la signature de l'Acte général, qu'une dernière lecture soit faite, devant elle, de ce document. L'Acte général, déjà adopté dans son ensemble par la Conférence, a été imprimé et distribué aux Plénipotentiaires qui ont pu en prendre mûrement connaissance. La Haute Assemblée estimera donc peut-être pouvoir passer outre la formalité de la lecture d'usage. Si tel était son sentiment, il répondrait à celui du Président.

Saïd Pacha croit, en effet, la lecture superflue.

La Haute Assemblée donne unanimement son adhésion à la suggestion présentée par le Prince de Bismarck.

Le Président en prend acte et fait connaître que la Haute Assemblée, ayant donné à l'Acte général sa sanction définitive, sans désirer en entendre lecture une dernière fois, il peut être immédiatement passé à la signature des instruments.

Toutefois, avant d'inviter les Plénipotentiaires à procéder à cette formalité, le Prince de Bismarck, pour simplifier l'ordre des travaux, désire faire à la Conférence une communication qui, rigoureusement, devrait plutôt suivre la signature du traité, et il s'exprime comme suit:

»En me référant à l'article 37 de l'Acte que vous venez d'agréer, j'ai l'honneur de vous faire part d'une communication qui m'est parvenue tout à l'heure. C'est l'acte d'adhésion de l'Association Internationale du Congo aux résolutions de la Conférence. Je me permettrai de vous donner lecture de cet acte, ainsi que d'une lettre et des pleins-pouvoirs de M. le Colonel Strauch, Président de l'Association«.

Le Président donne lecture de ces documents qui sont ainsi conçus:

1⁰ »Acte d'adhésion de l'Association Internationale du Congo à l'Acte Général de la Conférence de Berlin en date du 26 février 1885.

»L'Association Internationale du Congo, en vertu de l'article 37 de l'Acte Général de la Conférence de Berlin, déclare par les présentes adhérer aux dispositions dudit Acte Général.

»En foi de quoi le Président de l'Association Internationale du Congo a signé la présente Déclaration et y a apposé son cachet.

»Fait à Berlin le vingt-sixième jour du mois de février mil huit cent quatre-vingt-cinq.

»Colonel Strauch.«

2º Lettre de M. le Colonel Strauch à S. A. S. le Prince de Bismarck:
»Prince,

»En vertu des pleins-pouvoirs qui m'ont été délivrés par Sa Majesté le Roi des Belges, agissant comme fondateur de l'Association Internationale du Congo, pleins-pouvoirs qui sont ci-annexés, et en conformité de l'article 37 de l'Acte général de la Conférence de Berlin, j'ai l'honneur d'adresser au Gouvernement de l'Empire d'Allemagne l'acte par lequel l'Association Internationale du Congo adhère audit Acte Général.

»J'ai la confiance que Votre Altesse Sérénissime voudra bien, selon la stipulation qui forme le paragraphe 2 du même article, notifier cette adhésion aux États qui ont signé l'Acte Général ou qui y adhéreront.

»L'Association Internationale du Congo envisagera la suite favorable donnée à sa demande comme un nouveau témoignage de la bienveillance des Puissances pour une œuvre appelée par son origine, ses conditions d'existence et son but à seconder l'accomplissement des vues généreuses de la Conférence.

»Je suis avec un profond respect,
de Votre Altesse Sérénissime,
le très-humble et très-obéissant serviteur.

Le Président de l'Association
Internationale du Congo.
Colonel Strauch.

Berlin, le 26 février 1885.«

3º Pleins-pouvoirs conférés à M. le Colonel Strauch:
»Nous Léopold II, Roi des Belges, agissant comme fondateur de l'Association Internationale du Congo, donnons par les présentes pleins-pouvoirs à M. Strauch, Président de cette Association, de signer l'acte d'accession au traité général adopté par la Conférence de Berlin.
Bruxelles, le 15 février 1885.

Léopold.«

S. A. S. le Prince de Bismarck prononce ensuite les paroles suivantes:
.»Messieurs, je crois répondre au sentiment de l'Assemblée en saluant avec satisfaction la démarche de l'Association Internationale du Congo et en prenant acte de son adhésion à nos résolutions. Le nouvel État du Congo est appelé à devenir un des principaux gardiens de l'œuvre que nous avons en vue et je fais des vœux pour son développement prospère et pour l'accomplissement des nobles aspirations de son illustre fondateur.«

Sur l'invitation du Président, les Plénipotentiaires procèdent alors à la signature de l'Acte final.

Le Président fait connaître que la séance est levée et la Haute Assemblée se sépare à 4 heures ¼.

Széchényi.   *Cte Augte van der Straten Ponthoz.*   *Baron Lambermont.*

E. Vind.   *Comte de Benomar.*   *John. A. Kasson.*   *Alph. de Courcel.*

Edward B. Malet.   *Launay.*   *F. P. van der Hoeven.*   *Marquis de*

Penafiel.   *A. de Serpa Pimentel.*   *Cte P. Kapnist.*   *Gillis Bildt.*

Saïd.   *v. Bismarck.*   *Busch.*   *v. Kusserow.*

Certifié conforme à l'original:

Raindre.   *Comte W. Bismarck.*   *Schmidt.*

Annexe au Protocole No. 10.

[Texte définitif.]

Acte général de la Conférence de Berlin.

Au Nom de Dieu Tout-Puissant.

Sa Majesté l'Empereur d'Allemagne, Roi de Prusse, Sa Majesté l'Empereur d'Autriche, Roi de Bohême etc. et Roi Apostolique de Hongrie, Sa Majesté le Roi de Belges, Sa Majesté le Roi de Danemark, Sa Majesté le Roi d'Espagne, le Président des États-Unis d'Amérique, le Président de la République Française, Sa Majesté la Reine du Royaume-Uni de la Grande Bretagne et d'Irlande, Impératrice des Indes, Sa Majesté le Roi d'Italie, Sa Majesté le Roi des Pays-Bas, Grand-Duc de Luxembourg etc., Sa Majesté le Roi de Portugal et des Algarves etc. etc. etc., Sa Majesté l'Empereur de Toutes les Russies, Sa Majesté le Roi de Suède et de Norvège etc. etc. et Sa Majesté l'Empereur des Ottomans,

Voulant régler dans un esprit de bonne entente mutuelle les conditions les plus favorables au développement du commerce et de la civilisation dans certaines régions de l'Afrique, et assurer à tous les peuples les avantages de la libre navigation sur les deux principaux fleuves Africains qui se déversent dans l'Océan Atlantique; désireux d'autre part de prévenir les malentendus et les contestations que pourraient soulever à l'avenir les prises de possession nouvelles sur les côtes de l'Afrique, et préoccupés en même temps des moyens d'accroître le bien-être moral et matériel des populations indigènes, ont résolu, sur l'invitation qui Leur a été adressée par le Gouvernement Impérial d'Allemagne d'accord avec le Gouvernement de la République Française, de réunir à cette fin une Conférence à Berlin et ont nommé pour Leurs Plénipotentiaires, savoir:

Sa Majesté l'Empereur d'Allemagne, Roi de Prusse:

le Sieur Othon, Prince de Bismarck, Son Président du Conseil des Ministres de Prusse, Chancelier de l'Empire,

le Sieur Paul, Comte de Hatzfeldt, Son Ministre d'État et Secrétaire d'État du Département des Affaires Étrangères,

le Sieur Auguste Busch, Son Conseiller Intime Actuel de Légation et Sous-Secrétaire d'État au Département des Affaires Étrangères,

et

le Sieur Henri de Kusserow, Son Conseiller Intime de Légation au
Département des Affaires Étrangères;

Sa Majesté l'Empereur d'Autriche, Roi de Bohême etc. et Roi Apostolique
de Hongrie:

le Sieur Emeric, Comte Széchényi, de Sárvári Felsö-Vidék, Chambellan
et Conseiller Intime Actuel, Son Ambassadeur Extraordinaire et
Plénipotentiaire près Sa Majesté l'Empereur d'Allemagne, Roi de
Prusse;

Sa Majesté le Roi des Belges:

le Sieur Gabriel, Auguste, Comte van der Straten Ponthoz, Son Envoyé
Extraordinaire et Ministre Plénipotentiaire près Sa Majesté l'Empereur d'Allemagne, Roi de Prusse,
et

le Sieur Auguste, Baron Lambermont, Ministre d'État, Son Envoyé
Extraordinaire et Ministre Plénipotentiaire;

Sa Majesté le Roi de Danemark:

le Sieur Émile de Vind, Chambellan, Son Envoyé Extraordinaire et
Ministre Plénipotentiaire près Sa Majesté l'Empereur d'Allemagne,
Roi de Prusse;

Sa Majesté le Roi d'Espagne:

Don Francisco Merry y Colom, Comte de Benomar, Son Envoyé Extraordinaire et Ministre Plénipotentiaire près Sa Majesté l'Émpereur
d'Allemagne, Roi de Prusse;

Le Président des États-Unis d'Amérique;

le Sieur John A. Kasson, Envoyé Extraordinaire et Ministre Plénipotentiaire des États-Unis d'Amérique près Sa Majesté l'Empereur
d'Allemagne, Roi de Prusse,
et

le Sieur Henry S. Sanford, ancien Ministre;

Le Président de la République Française:

le Sieur Alphonse, Baron de Courcel, Ambassadeur Extraordinaire et
Plénipotentiaire de France près Sa Majesté l'Empereur d'Allemagne,
Roi de Prusse;

Sa Majesté la Reine du Royaume-Uni de la Grande Bretagne et d'Irlande,
Impératrice des Indes:

Sir Edward, Baldwin Malet, Son Ambassadeur Extraordinaire et Plénipotentiaire près Sa Majesté l'Empereur d'Allemagne, Roi de Prusse;

Sa Majesté le Roi d'Italie:

le Sieur Edouard, Comte de Launay, Son Ambassadeur Extraordinaire
et Plénipotentiaire près Sa Majesté l'Empereur d'Allemagne, Roi de
Prusse;

Sa Majesté le Roi des Pays-Bas, Grand-Duc de Luxembourg etc.:

le Sieur Frédéric, Philippe, Jonkheer van der Hoeven, Son Envoyé
Extraordinaire et Ministre Plénipotentiaire près Sa Majesté l'Empereur d'Allemagne, Roi de Prusse;

Sa Majesté le Roi de l'ortugal et des Algarves etc. etc. etc.:

le Sieur da Serra Gomes, Marquis de Penafiel, Pair du Royaume, Son

Envoyé Extraordinaire et Ministre Plénipotentiaire près Sa Majesté
l'Empereur d'Allemagne, Roi de Prusse,
    et
le Sieur Antoine de Serpa Pimentel, Conseiller d'État et Pair du
    Royaume;
Sa Majesté l'Empereur de Toutes les Russies:
    le Sieur Pierre, Comte Kapnist, Conseiller Privé, Son Envoyé Extra-
    ordinaire et Ministre Plénipotentiaire près Sa Majesté le Roi des
    Pays-Bas;
Sa Majesté le Roi de Suède et de Norvège etc. etc.:
    le Sieur Gillis, Baron Bildt, Lieutenant-Général, Son Envoyé Extra-
    ordinaire et Ministre Plénipotentiaire près Sa Majesté l'Empereur
    d'Allemagne, Roi de Prusse;
Sa Majesté l'Empereur des Ottomans:
    Méhemed Saïd Pacha, Vézir et Haut Dignitaire, Son Ambassadeur
    Extraordinaire et Plénipotentiaire près Sa Majesté l'Empereur d'Alle-
    magne, Roi de Prusse,   .

Lesquels, munis de pleins-pouvoirs qui ont été trouvés en bonne et
due forme, ont successivement discuté et adopté:

1º Une Déclaration relative à la liberté du commerce dans le bassin
du Congo, ses embouchures et pays circonvoisins, avec certaines dispositions
connexes;

2º Une Déclaration concernant la traite des esclaves et les opérations
qui sur terre ou sur mer fournissent des esclaves à la traite;

3º Une Déclaration relative à la neutralité des territoires compris dans
le bassin conventionnel du Congo;

4º Un Acte de navigation du Congo, qui, en tenant compte des circonstances locales, étend à ce fleuve, à ses affluents et aux eaux qui leur
sont assimilées, les principes généraux énoncés dans les articles 108 à 116
de l'Acte final du Congrès de Vienne et destinés à régler, entre les Puissances signataires de cet Acte, la libre navigation des cours d'eau navigables qui séparent ou traversent plusieurs États, principes conventionnellement appliqués depuis à des fleuves de l'Europe et de l'Amérique, et notamment au Danube, avec les modifications prévues par les traités de
Paris de 1856, de Berlin de 1878, et de Londres de 1871 et de 1883;

5º Un Acte de navigation du Niger, qui, en tenant également compte
des circonstances locales, étend à ce fleuve et à ses affluents les mêmes
principes inscrits dans les articles 108 à 116 de l'Acte final du Congrès
de Vienne;   .

6º Une Déclaration introduisant dans les rapports internationaux des
règles uniformes relatives aux occupations qui pourront avoir lieu à l'avenir
sur les côtes du Continent Africain;

Et ayant jugé que ces différents documents pourraient être utilement
coordonnés en un seul instrument, les ont réunis en un Acte général composé des articles suivants.

CHAPITRE I.

Déclaration relative à la liberté du commerce dans le bassin du Congo, ses embouchures et pays circonvoisins, et dispositions connexes.

Art. 1. Le commerce de toutes les nations jouira d'une complète liberté :

1º Dans tous les territoires constituant le bassin du Congo et de ses affluents. Ce bassin est délimité par les crêtes des bassins contigus, à savoir notamment les bassins du Niari, de l'Ogowé, du Schari et du Nil, au Nord ; par la ligne de faîte orientale des affluents du lac Tanganyka, à l'Est ; par les crêtes des bassins du Zambèze et de la Logé, au Sud. Il embrasse, en conséquence, tous les territoires drainés par le Congo et ses affluents, y compris le lac Tanganyka et ses tributaires orientaux.

2º Dans la zone maritime s'étendant sur l'Océan Atlantique depuis le parallèle situé par 2º 30' de latitude Sud jusqu'à l'embouchure de la Logé.

La limite septentrionale suivra le parallèle situé par 2º 30', depuis la côte jusqu'au point où il rencontre le bassin géographique du Congo, en évitant le bassin de l'Ogowé auquel ne s'appliquent pas les stipulations du présent Acte.

La limite méridionale suivra le cours de la Logé jusqu'à la source de cette rivière et se dirigera de là vers l'Est jusqu'à la jonction avec le bassin géographique du Congo.

3º Dans la zone se prolongeant à l'Est du bassin du Congo, tel qu'il est délimité ci-dessus, jusqu'à l'Océan Indien, depuis le cinquième degré de latitude Nord jusqu'à l'embouchure du Zambèze au Sud ; de ce point la ligne de démarcation suivra le Zambèze jusqu'à cinq milles en amont du confluent du Shiré et continuera par la ligne de faîte séparant les eaux qui coulent vers le lac Nyassa des eaux tributaires du Zambèze, pour rejoindre enfin la ligne de partage des eaux du Zambèze et du Congo.

Il est expressément entendu qu'en étendant à cette zone orientale le principe de la liberté commerciale, les Puissances représentées à la Conférence ne s'engagent que pour elles-mêmes et que ce principe ne s'appliquera aux territoires appartenant actuellement à quelque État indépendant et souverain qu'autant que celui-ci y donnera son consentement. Les Puissances conviennent d'employer leurs bons offices auprès des Gouvernements établis sur le littoral Africain de la mer des Indes afin d'obtenir ledit consentement et, en tout cas, d'assurer au transit de toutes les nations les conditions les plus favorables.

Art. 2. Tous les pavillons, sans distinction de nationalité, auront libre accès à tout le littoral des territoires énumérés ci-dessus, aux rivières qui s'y déversent dans la mer, à toutes les eaux du Congo et de ses affluents, y compris les lacs, à tous les ports situés sur les bords de ces eaux, ainsi qu'à tous les canaux qui pourraient être creusés à l'avenir dans le but de relier entre eux les cours d'eau ou les lacs compris dans toute l'étendue des territoires décrits à l'article 1. Ils pourront entreprendre toute espèce de transports et exercer le cabotage maritime et fluvial ainsi que la batellerie sur le même pied que les nationaux.

Art. 3. Les marchandises de toute provenance importées dans ces territoires, sous quelque pavillon que ce soit, par la voie maritime ou fluviale ou par celle de terre, n'auront à acquitter d'autres taxes que celles qui pourraient être perçues comme une équitable compensation de dépenses utiles pour le commerce et qui, à ce titre, devront être également supportées par les nationaux et par les étrangers de toute nationalité.

Tout traitement différentiel est interdit à l'égard des navires comme des marchandises.

Art. 4. Les marchandises importées dans ces territoires resteront affranchies de droits d'entrée et de transit.

Les Puissances se réservent de décider, au terme d'une période de vingt années, si la franchise d'entrée sera ou non maintenue.

Art. 5. Toute Puissance qui exerce ou exercera des droits de souveraineté dans les territoires susvisés ne pourra y concéder ni monopole ni privilége d'aucune espèce en matière commerciale.

Les étrangers y jouiront indistinctement, pour la protection de leurs personnes et de leurs biens, l'acquisition et la transmission de leurs propriétés mobilières et immobilières et pour l'exercice des professions, du même traitement et des mêmes droits que les nationaux.

Art. 6. **Dispositions relatives à la protection des indigènes, des missionnaires et des voyageurs, ainsi qu'à la liberté religieuse.**

Toutes les Puissances exerçant des droits de souveraineté ou une influence dans lesdits territoires s'engagent à veiller à la conservation des populations indigènes et à l'amélioration de leurs conditions morales et matérielles d'existence et à concourir à la suppression de l'esclavage et surtout de la traite des noirs; elles protégeront et favoriseront, sans distinction de nationalités ni de cultes, toutes les institutions et entreprises religieuses, scientifiques ou charitables créées et organisées à ces fins ou tendant à instruire les indigènes et à leur faire comprendre et apprécier les avantages de la civilisation.

Les missionnaires chrétiens, les savants, les explorateurs, leurs escortes avoir et collections seront également l'objet d'une protection spéciale.

La liberté de conscience et la tolérance religieuse sont expressément garanties aux indigènes comme aux nationaux et aux étrangers. Le libre et public exercice de tous les cultes, le droit d'ériger des édifices religieux et d'organiser des missions appartenant à tous les cultes ne seront soumis à aucune restriction ni entrave.

Art. 7. **Régime postal.**

La Convention de l'Union postale universelle revisée à Paris le 1er juin 1878 sera appliquée au bassin conventionnel du Congo.

Les Puissances qui y exercent ou exerceront des droits de souveraineté ou de protectorat s'engagent à prendre, aussitôt que les circonstances le permettront, les mesures nécessaires pour l'exécution de la disposition qui précède.

Art. 8. Droit de surveillance attribué à la Commission Internationale de navigation du Congo.

Dans toutes les parties du territoire visé par la présente Déclaration où aucune Puissance n'exercerait des droits de souveraineté ou de protectorat, la Commission Internationale de la navigation du Congo, instituée en vertu de l'article 17, sera chargée de surveiller l'application des principes proclamés et consacrés par cette Déclaration.

Pour tous les cas où des difficultés relatives à l'application des principes établis par la présente Déclaration viendraient à surgir, les Gouvernements intéressés pourront convenir de faire appel aux bons offices de la Commission Internationale en lui déférant l'examen des faits qui auront donné lieu à ces difficultés.

CHAPITRE II.
Déclaration concernant la traite des esclaves.

Art. 9. Conformément aux principes du droit des gens, tels qu'ils sont reconnus par les Puissances signataires, la traite des esclaves étant interdite, et les opérations qui, sur terre ou sur mer, fournissent des esclaves à la traite devant être également considérées comme interdites, les Puissances qui exercent ou qui exerceront des droits de souveraineté ou une influence dans les territoires formant le bassin conventionnel du Congo déclarent que ces territoires ne pourront servir ni de marché ni de voie de transit pour la traite des esclaves de quelque race que ce soit. Chacune de ces Puissances s'engage à employer tous les moyens en son pouvoir pour mettre fin à ce commerce et pour punir ceux qui s'en occupent.

CHAPITRE III.
Déclaration relative à la neutralité des territoires compris dans le bassin conventionnel du Congo.

Art. 10. Afin de donner une garantie nouvelle de sécurité au commerce et à l'industrie et de favoriser, par le maintien de la paix, le développement de la civilisation dans les contrées mentionnées à l'article 1 et placées sous le régime de la liberté commerciale, les Hautes Parties signataires du présent Acte et celles qui y adhéreront par la suite s'engagent à respecter la neutralité des territoires ou parties de territoires dépendant desdites contrées, y compris les eaux territoriales, aussi longtemps que les Puissances |qui exercent ou qui exerceront des droits de souveraineté ou de protectorat sur ces territoires, usant de la faculté de se proclamer neutres, rempliront les devoirs que la neutralité comporte.

Art. 11. Dans le cas où une Puissance exerçant des droits de souveraineté ou de protectorat dans les contrées mentionnées à l'article 1 et placées sous le régime de la liberté commerciale serait impliquée dans une

guerre, les Hautes Parties signataires du présent Acte et celles qui y adhéreront par la suite s'engagent à prêter leurs bons offices pour que les
territoires appartenant à cette Puissance et compris dans la zone conventionnelle de la liberté commerciale soient, du consentement commun de
cette Puissance et de l'autre ou des autres parties belligérantes, placés pour
la durée de la guerre sous le régime de la neutralité et considérés comme
appartenant à un État non-belligérant; les parties belligérantes renonceraient,
dès lors, à étendre les hostilités aux territoires ainsi neutralisés, aussi
bien qu'à les faire servir de base à des opérations de guerre.

Art. 12. Dans le cas où un dissentiment sérieux, ayant pris naissance
au sujet ou dans les limites des territoires mentionnés à l'article 1 et placés sous le régime de la liberté commerciale, viendrait à s'élever entre des
Puissances signataires du présent Acte ou des Puissances qui y adhéreraient
par la suite, ces Puissances s'engagent, avant d'en appeler aux armes, à
recourir à la médiation d'une ou de plusieurs Puissances amies.

Pour le même cas, les mêmes Puissances se réservent le recours facultatif à la procédure de l'arbitrage.

CHAPITRE IV.
Acte de navigation du Congo.

Art. 13. La navigation du Congo, sans exception d'aucun des embranchements ni issues de ce fleuve, est et demeurera entièrement libre
pour les navires marchands, en charge ou sur lest, de toutes les nations,
tant pour le transport des marchandises que pour celui des voyageurs.
Elle devra se conformer aux dispositions du présent Acte de navigation et
aux règlements à établir en exécution du même Acte.

Dans l'exercice de cette navigation les sujets et les pavillons de toutes
les nations seront traités, sous tous les rapports, sur le pied d'une parfaite
égalité, tant pour la navigation directe de la pleine mer vers les ports
intérieurs du Congo, et vice-versâ, que pour le grand et le petit cabotage
ainsi que pour la batellerie sur le parcours de ce fleuve.

En conséquence, sur tout le parcours et aux embouchures du Congo,
il ne sera fait aucune distinction entre les sujets des États riverains et
ceux des non-riverains, et il ne sera concédé aucun privilège exclusif de navigation, soit à des sociétés ou corporations quelconques, soit à des particuliers.

Ces dispositions sont reconnues par les Puissances signataires comme
faisant désormais partie du droit public international.

Art. 14. La navigation du Congo ne pourra être assujettie à aucune
entrave ni redevance qui ne seraient pas expressément stipulées dans le
présent Acte. Elle ne sera grevée d'aucune obligation d'échelle, d'étape,
de dépôt, de rompre charge, ou de relâche forcée.

Dans toute l'étendue du Congo, les navires et les marchandises transitant sur le fleuve ne seront soumis à aucun droit de transit, quelle que
soit leur provenance ou leur destination.

Il ne sera établi aucun péage maritime ni fluvial basé sur le seul fait
de la navigation, ni aucun droit sur les marchandises qui se trouvent à

bord des navires. Pourront seuls être perçus des taxes ou droits qui auront le caractère de rétribution pour services rendus à la navigation même, savoir :

1º Des taxes de port pour l'usage effectif de certains établissements locaux tels que quais, magasins, etc. etc.

Le tarif de ces taxes sera calculé sur les dépenses de construction et d'entretien desdits établissements locaux, et l'application en aura lieu sans égard à la provenance des navires ni à leur cargaison.

2º Des droits de pilotage sur les sections fluviales où il paraîtrait nécessaire de créer des stations de pilotes brevetés.

Le tarif de ces droits sera fixe et proportionné au service rendu.

3º Des droits destinés à couvrir les dépenses techniques et administratives, faites dans l'intérêt général de la navigation, y compris les droits de phare, de fanal et de balisage.

Les droits de cette dernière catégorie seront basés sur le tonnage des navires, tel qu'il résulte des papiers de bord, et conformément aux règles adoptées sur le Bas-Danube.

Les tarifs d'après lesquels les taxes et droits, énumérés dans les trois paragraphes précédents, seront perçus, ne comporteront aucun traitement différentiel et devront être officiellement publiés dans chaque port.

Les Puissances se réservent d'examiner, au bout d'une période de cinq ans, s'il y a lieu de reviser, d'un commun accord, les tarifs ci-dessus mentionnés. ·

Art. 15. Les affluents du Congo seront à tous égards soumis au même régime que le fleuve dont ils sont tributaires.

Le même régime sera appliqué aux fleuves et rivières ainsi qu'aux lacs et canaux des territoires déterminés par l'article 1, paragraphes 2 et 3.

Toutefois les attributions de la Commission Internationale du Congo ne s'étendront pas sur lesdits fleuves, rivières, lacs et canaux, à moins de l'assentiment des États sous la souveraineté desquels ils sont placés. Il est bien entendu aussi que pour les territoires mentionnés dans l'article 1, paragraphe 3, le consentement des États souverains de qui ces territoires relèvent demeure réservé.

Art. 16. Les routes, chemins de fer ou canaux latéraux qui pourront être établis dans le but spécial de suppléer à l'innavigabilité ou aux imperfections de la voie fluviale sur certaines sections du parcours du Congo, de ses affluents et des autres cours d'eau qui leur sont assimilés par l'article 15 seront considérés, en leur qualité de moyens de communication, comme des dépendances de ce fleuve et seront également ouverts au trafic de toutes les nations.

De même que sur le fleuve, il ne pourra être perçu sur ces routes, chemins de fer et canaux que des péages calculés sur les dépenses de construction, d'entretien et d'administration, et sur les bénéfices dus aux entrepreneurs.

Quant au taux de ces péages, les étrangers et les nationaux des territoires respectifs seront traités sur le pied d'une parfaite égalité.

Art. 17. Il est institué une Commission Internationale chargée d'assurer l'exécution des dispositions du présent Acte de navigation.

Les Puissances signataires de cet Acte, ainsi que celles qui y adhéreront postérieurement, pourront, en tout temps, se faire représenter dans ladite Commission, chacune par un Délégué. Aucun Délégué ne pourra disposer de plus d'une voix, même dans le cas où il représenterait plusieurs Gouvernements.

Ce Délégué sera directement rétribué par son Gouvernement.

Les traitements et allocations des agents et employés de la Commission Internationale seront imputés sur le produit des droits perçus conformément à l'article 14, paragraphes 2 et 3.

Les chiffres desdits traitements et allocations, ainsi que le nombre, le grade et les attributions des agents et employés, seront inscrits dans le compte-rendu qui sera adressé chaque année aux Gouvernements représentés dans la Commission Internationale.

Art. 18. Les Membres de la Commission Internationale, ainsi que les agents nommés par elle, sont investis du privilége de l'inviolabilité dans l'exercice de leurs fonctions. La même garantie s'étendra aux offices, bureaux et archives de la Commission.

Art. 19. La Commission Internationale de navigation du Congo se constituera aussitôt que cinq des Puissances signataires du présent Acte général auront nommé leurs Délégués. En attendant la constitution de la Commission, la nomination des Délégués sera notifiée au Gouvernement de l'Empire d'Allemagne, par les soins duquel les démarches nécessaires seront faites pour provoquer la réunion de la Commission.

La Commission élaborera immédiatement des règlements de navigation, de police fluviale, de pilotage et de quarantaine.

Ces règlements, ainsi que les tarifs à établir par la Commission, avant d'être mis en vigueur, seront soumis à l'approbation des Puissances représentées dans la Commission. Les Puissances intéressées devront faire connaître leur avis dans le plus bref délai possible.

Les infractions à ces règlements seront réprimées par les agents de la Commission Internationale, là où elle exercera directement son autorité, et ailleurs par la Puissance riveraine.

Au cas d'un abus de pouvoir ou d'une injustice de la part d'un agent ou d'un employé de la Commission Internationale, l'individu qui se regardera comme lésé dans sa personne ou dans ses droits pourra s'adresser à l'Agent Consulaire de sa nation. Celui-ci devra examiner la plainte; s'il la trouve prima facie raisonnable, il aura le droit de la présenter à la Commission. Sur son initiative, la Commission, représentée par trois au moins de ses Membres, s'adjoindra à lui pour faire une enquête touchant la conduite de son agent ou employé. Si l'Agent Consulaire considère la décision de la Commission comme soulevant des objections de droit, il en fera un rapport à son Gouvernement qui pourra recourir aux Puissances représentées dans la Commission et les inviter à se concerter sur des instructions à donner à la Commission.

Art. 20. La Commission Internationale du Congo, chargée aux termes de l'article 17 d'assurer l'exécution du présent Acte de navigation, aura notamment dans ses attributions:

1° La désignation des travaux propres à assurer la navigabilité du Congo selon les besoins du commerce international.

Sur les sections du fleuve où aucune Puissance n'exercera des droits de souveraineté, la Commission Internationale prendra elle-même les mesures nécessaires pour assurer la navigabilité du fleuve.

Sur les sections du fleuve occupées par une Puissance souveraine, la Commission Internationale s'entendra avec l'autorité riveraine.

2⁰ La fixation du tarif de pilotage et celle du tarif général des droits de navigation, prévus au 2⁰ et au 3⁰ paragraphes de l'article 14.

Les tarifs mentionnés au 1ᵉʳ paragraphe de l'article 14 seront arrêtés par l'autorité territoriale, dans les limites prévues audit article.

La perception de ces différents droits aura lieu par les soins de l'autorité internationale ou territoriale pour le compte de laquelle ils sont établis.

3⁰ L'administration des revenus provenant de l'application du paragraphe 2 ci-dessus.

4⁰ La surveillance de l'établissement quarantenaire établi en vertu de l'article 24.

5⁰ La nomination des agents dépendant du service général de la navigation et celle de ses propres employés.

L'institution des sous-inspecteurs appartiendra à l'autorité territoriale sur les sections occupées par une Puissance, et à la Commission Internationale sur les autres sections du fleuve.

La Puissance riveraine notifiera à la Commission Internationale la nomination des sous-inspecteurs qu'elle aura institués et cette Puissance se chargera de leur traitement.

Dans l'exercice de ses attributions, telles qu'elles sont définies et limitées ci-dessus, la Commission Internationale ne dépendra pas de l'autorité territoriale.

Art. 21. Dans l'accomplissement de sa tâche, la Commission Internationale pourra recourir, au besoin, aux bâtiments de guerre des Puissances signataires de cet Acte et de celles qui y accéderont à l'avenir, sous toute réserve des instructions qui pourraient être données aux commandants de ces bâtiments par leurs Gouvernements respectifs.

Art. 22. Les bâtiments de guerre des Puissances signataires du présent Acte qui pénètrent dans le Congo sont exempts du paiement des droits de navigation prévus au paragraphe 3 de l'article 14; mais ils acquitteront les droits éventuels de pilotage ainsi que les droits de port, à moins que leur intervention n'ait été réclamée par la Commission Internationale ou ses agents aux termes de l'article précédent.

Art. 23. Dans le but de subvenir aux dépenses techniques et administratives qui lui incombent, la Commission Internationale instituée par l'article 17 pourra négocier en son nom propre des emprunts exclusivement gagés sur les revenus attribués à ladite Commission.

Les décisions de la Commission tendant à la conclusion d'un emprunt devront être prises à la majorité de deux tiers des voix. Il est entendu que les Gouvernements représentés à la Commission ne pourront, en aucun cas, être considérés comme assumant aucune garantie, ni contractant aucun engagement ni solidarité à l'égard desdits emprunts, à moins de conventions spéciales conclues par eux à cet effet.

Le produit des droits spécifiés au 3ᵉ paragraphe de l'article 14 sera affecté par priorité au service des intérêts et à l'amortissement desdits emprunts, suivant les conventions passées avec les prêteurs.

Art. 24. Aux embouchures du Congo, il sera fondé, soit par l'initiative des Puissances riveraines, soit par l'intervention de la Commission Internationale, un établissement quarantenaire qui exercera le contrôle sur les bâtiments tant à l'entrée qu'à la sortie.

Il sera décidé plus tard, par les Puissances, si et dans quelles conditions un contrôle sanitaire devra être exercé sur les bâtiments dans le cours de la navigation fluviale.

Art. 25. Les dispositions du présent Acte de navigation demeureront en vigueur en temps de guerre. En conséquence, la navigation de toutes les nations, neutres ou belligérantes, sera libre, en tout temps, pour les usages du commerce sur le Congo, ses embranchements, ses affluents et ses embouchures ainsi que sur la mer territoriale faisant face aux embouchures de ce fleuve.

Le trafic demeurera également libre, malgré l'état de guerre, sur les routes, chemins de fer, lacs et canaux mentionnés dans les articles 15 et 16.

Il ne sera apporté d'exception à ce principe qu'en ce qui concerne le transport des objets destinés à un belligérant et considérés, en vertu du droit des gens, comme articles de contrebande de guerre.

Tous les ouvrages et établissements créés en exécution du présent Acte, notamment les bureaux de perception et leurs caisses, de même que le personnel attaché d'une manière permanente au service de ces établissements, seront placés sous le régime de la neutralité et, à ce titre, seront respectés et protégés par les belligérants.

CHAPITRE V.
Acte de navigation du Niger.

Art. 26. La navigation du Niger sans exception d'aucun des embranchements ni issues de ce fleuve, est et demeurera entièrement libre pour les navires marchands, en charge ou sur lest, de toutes les nations, tant pour le transport des marchandises que pour celui des voyageurs. Elle devra se conformer aux dispositions du présent Acte de navigation et aux règlements à établir en exécution du même Acte.

Dans l'exercice de cette navigation, les sujets et les pavillons de toutes les nations seront traités, sous tous les rapports, sur le pied d'une parfaite égalité, tant pour la navigation directe de la pleine mer vers les ports intérieurs du Niger, et vice-versâ, que pour le grand et le petit cabotage, ainsi que pour la batellerie sur le parcours de ce fleuve.

En conséquence, sur tout le parcours et aux embouchures du Niger, il ne sera fait aucune distinction entre les sujets des États riverains et ceux des non-riverains, et il ne sera concédé aucun privilége exclusif de navigation, soit à des sociétés ou corporations quelconques, soit à des particuliers.

Ces dispositions sont reconnues par les Puissances signataires comme faisant désormais partie du droit public international.

Art. 27. La navigation du Niger ne pourra être assujettie à aucune entrave ni redevance basées uniquement sur le fait de la navigation.

Elle ne subira aucune obligation d'échelle, d'étape, de dépôt, de rompre charge, ou de relâche forcée.

Dans toute l'étendue du Niger, les navires et les marchandises transitant sur le fleuve ne seront soumis à aucun droit de transit, quelle que soit leur provenance ou leur destination.

Il ne sera établi aucun péage maritime, ni fluvial, basé sur le seul fait de la navigation, ni aucun droit sur les marchandises qui se trouvent à bord des navires. Pourront seuls être perçus des taxes ou droits qui auront le caractère de rétribution pour services rendus à la navigation même. Les tarifs de ces taxes ou droits ne comporteront aucun traitement différentiel.

Art. 28. Les affluents du Niger seront à tous égards soumis au même régime que le fleuve dont ils sont tributaires.

Art. 29. Les routes, chemins de fer ou canaux latéraux qui pourront être établis dans le but spécial de suppléer à l'innavigabilité ou aux imperfections de la voie fluviale sur certaines sections du parcours du Niger, de ses affluents, embranchements et issues seront considérés, en leur qualité de moyens de communication, comme des dépendances de ce fleuve et seront également ouverts au trafic de toutes les nations.

De même que sur le fleuve, il ne pourra être perçu sur ces routes, chemins de fer et canaux, que des péages calculés sur les dépenses de construction, d'entretien et d'administration, et sur les bénéfices dus aux entrepreneurs.

Quant au taux de ces péages, les étrangers et les nationaux des territoires respectifs seront traités sur le pied d'une parfaite égalité.

Art. 30. La Grande-Bretagne s'engage à appliquer les principes de la liberté de navigation énoncés dans les articles 26, 27, 28, 29, en tant que les eaux du Niger, de ses affluents, embranchements et issues, sont ou seront sous sa souveraineté ou son protectorat.

Les règlements qu'elle établira pour la sûreté et le contrôle de la navigation seront conçus de manière à faciliter autant que possible la circulation des navires marchands.

Il est entendu que rien dans les engagements ainsi pris ne saurait être interprété comme empêchant ou pouvant empêcher la Grande-Bretagne de faire quelques règlements de navigation que ce soit, qui ne seraient pas contraires à l'esprit de ces engagements.

La Grande-Bretagne s'engage à protéger les négociants étrangers de toutes les nations faisant le commerce dans les parties du cours du Niger qui sont ou seront sous sa souveraineté ou son protectorat, comme s'ils étaient ses propres sujets, pourvu toutefois que ces négociants se conforment aux règlements qui sont ou seront établis en vertu de ce qui précède.

Art. 31. La France accepte sous les mêmes réserves et en termes identiques les obligations consacrées dans l'article précédent, en tant que les eaux du Niger, de ses affluents, embranchements et issues sont ou seront sous sa souveraineté ou son protectorat.

Art. 32. Chacune des autres Puissances signataires s'engage de même, pour le cas où elle exercerait dans l'avenir des droits de souveraineté ou de protectorat sur quelque partie des eaux du Niger, de ses affluents, embranchements et issues.

Art. 33. Les dispositions du présent Acte de navigation demeureront en vigueur en temps de guerre. En conséquence, la navigation de toutes les nations, neutres ou belligérantes, sera libre en tout temps pour les usages du commerce sur le Niger, ses embranchements et affluents, ses embouchures et issues, ainsi que sur la mer territoriale faisant face aux embouchures et issues de ce fleuve.

Le trafic demeurera également libre, malgré l'état de guerre, sur les routes, chemins de fer et canaux mentionnés dans l'article 29.

Il ne sera apporté d'exception à ce principe qu'en ce qui concerne le transport des objets destinés à un belligérant et considérés, en vertu du droit des gens, comme articles de contrebande de guerre.

CHAPITRE VI.

Déclaration relative aux conditions essentielles à remplir pour que des occupations nouvelles sur les côtes du Continent Africain soient considérées comme effectives.

Art. 34. La Puissance qui dorénavant prendra possession d'un territoire sur les côtes du Continent Africain situé en dehors de ses possessions actuelles, ou qui, n'en ayant pas eu jusque-là, viendrait à en acquérir, et de même, la Puissance qui y assumera un protectorat, accompagnera l'acte respectif d'une notification adressée aux autres Puissances signataires du présent Acte, afin, de les mettre à même de faire valoir, s'il y a lieu, leurs réclamations.

Art. 35. Les Puissances signataires du présent Acte reconnaissent l'obligation d'assurer, dans les territoires occupés par elles, sur les côtes du Continent Africain, l'existence d'une autorité suffisante pour faire respecter les droits acquis et, le cas échéant, la liberté du commerce et du transit dans les conditions où elle serait stipulée.

CHAPITRE VII.

Dispositions générales.

Art. 36. Les Puissances signataires du présent Acte général se réservent d'y introduire ultérieurement et d'un commun accord les modifications ou améliorations dont l'utilité serait démontrée par l'expérience.

Art. 37. Les Puissances qui n'auront pas signé le présent Acte général pourront adhérer à ses dispositions par un acte séparé.

L'adhésion de chaque Puissance est notifiée, par la voie diplomatique, au Gouvernement de l'Empire d'Allemagne, et par celui-ci à tous les États signataires ou adhérents.

Elle emporte de plein droit l'acceptation de toutes les obligations et l'admission à tous les avantages stipulés par le présent Acte général.

Art. 38. Le présent Acte général sera ratifié dans un délai qui sera le plus court possible, et qui, en aucun cas, ne pourra excéder un an.

Il entrera en vigueur pour chaque Puissance à partir de la date où elle l'aura ratifié.

En attendant, les Puissances signataires du présent Acte général s'obligent à n'adopter aucune mesure qui serait contraire aux dispositions dudit Acte.

Chacune Puissance adressera sa ratification au Gouvernement de l'Empire d'Allemagne, par les soins de qui il en sera donné avis à toutes les autres Puissances signataires du présent Acte général.

Les ratifications de toutes les Puissances resteront déposées dans les archives du Gouvernement de l'Empire d'Allemagne. Lorsque toutes les ratifications auront été produites, il sera dressé acte du dépôt dans un protocole qui sera signé par les Représentants de toutes les Puissances ayant pris part à la Conférence de Berlin et dont une copie certifiée sera adressée à toutes ces Puissances.

En foi de quoi, les Plénipotentiaires respectifs ont signé le présent Acte général et y ont apposé leur cachet.

Fait à Berlin, le vingt-sixième jour du mois de février mil huit cent quatre-vingt-cinq.

A GOTTINGUE.
Imprimé chez GUILLAUME FRÉDÉRIC KAESTNER.

NOUVEAU

RECUEIL GÉNÉRAL

DE

TRAITÉS

ET

AUTRES ACTES RELATIFS AUX RAPPORTS DE DROIT INTERNATIONAL.

CONTINUATION DU GRAND RECUEIL

DE

G. FR. DE MARTENS

PAR

Jules Hopf.

DEUXIÈME SÉRIE.

TOME X.

3ème LIVRAISON.

———

GOTTINGUE,

LIBRAIRIE DE DIETERICH.

1885.

21.

ALLEMAGNE, BELGIQUE.

Convention concernant la protection des oeuvres littéraires ou artistiques, suivie de deux Protocoles; signée à Berlin, le 12 décembre 1883 *).

Deutsches Reichsgesetzblatt, 1884 No. 24.

Texte allemand.	Texte français.
Seine Majestät der Deutsche Kaiser, König von Preussen, im Namen des Deutschen Reichs, und Seine Majestät der König der Belgier, gleichmässig von dem Wunsche beseelt, in wirksamerer Weise in beiden Ländern den Schutz an Werken der Literatur und Kunst zu gewährleisten, haben den Abschluss einer besonderen Uebereinkunft zu diesem Zwecke beschlossen und zu Ihren Bevollmächtigten ernannt, nämlich:	Sa Majesté l'Empereur d'Allemagne, Roi de Prusse, au nom de l'Empire allemand, et Sa Majesté le Roi des Belges, également animés du désir de garantir, d'une manière plus efficace, dans les deux pays, la protection des oeuvres littéraires ou artistiques, ont résolu de conclure à cet effet une Convention spéciale, et ont nommé pour leurs Plénipotentiaires, savoir:
Seine Majestät der Deutsche Kaiser, König von Preussen:	Sa Majesté l'Empereur d'Allemagne, Roi de Prusse:
den Herrn Paul Grafen von Hatzfeldt-Wildenburg, Allerhöchstihren Staatsminister und Staatssekretär des Auswärtigen Amts;	le Sieur Paul Comte de Hatzfeldt-Wildenburg, Son Ministre d'Etat et Secrétaire d'Etat au Département des Affaires Etrangères;
und	et
Seine Majestät der König der Belgier: den Herrn Gabriel August Grafen van der Straten-Ponthoz, Allerhöchstihren ausserordentlichen Gesandten und bevollmächtigten Minister bei Seiner Majestät dem Deutschen Kaiser, König von Preussen,	Sa Majesté le Roi des Belges: le Sieur Gabriel Auguste Comte van der Straten-Ponthoz, Son Envoyé Extraordinaire et Ministre Plénipotentiaire près Sa Majesté l''Empereur d'Allemagne, Roi de Prusse,
und	et
den Herrn Leo Biebuyck, Aller-	le Sieur Léon Biebuyck, Son

---

*) Les ratifications ont été échangées à Berlin, le 11 août 1884.

höchstihren Direktor des Handels- und des Konsulatwesens im Ministerium der auswärtigen Angelegenheiten;

welche, nach gegenseitiger Mittheilung ihrer in guter und gehöriger Form befundenen Vollmachten, folgende Artikel vereinbart haben:

Art. 1. Die Urheber von Werken der Literatur oder Kunst sollen, gleichviel ob diese Werke veröffentlicht sind oder nicht, in jedem der beiden Länder gegenseitig sich der Vortheile zu erfreuen haben, welche daselbst zum Schutze von Werken der Literatur oder Kunst gesetzlich eingeräumt sind oder eingeräumt werden. Sie sollen daselbst denselben Schutz und dieselbe Rechtshülfe gegen jede Beeinträchtigung ihrer Rechte geniessen, als wenn diese Beeinträchtigung gegen inländische Urheber begangen wäre.

Diese Vortheile sollen ihnen jedoch gegenseitig nur so lange zustehen, als ihre Rechte in dem Ursprungslande in Kraft sind, und sollen in dem anderen Lande nicht über die Frist hinaus dauern, welche daselbst den inländischen Urhebern gesetzlich eingeräumt ist.

Der Ausdruck »Werke der Literatur oder Kunst« umfasst Bücher, Brochüren oder andere Schriftwerke; dramatische Werke, musikalische Kompositionen, dramatisch-musikalische Werke; Werke der zeichnenden Kunst, der Malerei, der Bildhauerei; Stiche, Lithographien, Illustrationen, geographische Karten; geographische, topographische, architektonische oder naturwissenschaftliche Pläne, Skizzen und Darstellungen plastischer Art; und überhaupt jedes Erzeugniss aus dem Bereiche der Literatur, Wissenschaft oder Kunst.

Art. 2. Die Bestimmungen des Artikels 1 sollen auch Anwendung finden

Directeur du Commerce et des Consulats au Ministère des Affaires Etrangères;

lesquels, après s'être communiqué leurs pleins-pouvoirs, trouvés en bonne et due forme, sont convenus des articles suivants:

Art. 1. Les auteurs d'oeuvres littéraires ou artistiques, que ces oeuvres soient publiées ou non, jouiront, dans chacun des deux pays réciproquement, des avantages qui y sont ou y seront accordés par la loi pour la protection des ouvrages de littérature ou d'art, et ils y auront la même protection et le même recours légal contre toute atteinte portée à leurs droits, que si cette atteinte avait été commise à l'égard d'auteurs nationaux.

Toutefois ces avantages ne leur seront réciproquement assurés que pendant l'existence de leurs droits dans leur pays d'origine, et la durée de leur jouissance dans l'autre pays ne pourra excéder celle fixée par la loi pour les auteurs nationaux.

L'expression »oeuvres littéraires ou artistiques« comprend les livres, brochures ou autres écrits; les oeuvres dramatiques, les compositions musicales, les oeuvres dramatico-musicales; les oeuvres de dessin, de peinture, de sculpture, de gravure; les lithographies, les illustrations, les cartes géographiques; les plans, croquis et oeuvres plastiques, relatifs à la géographie, à la topographie, à l'architecture ou aux sciences naturelles; et en général toute production quelconque du domaine littéraire, scientifique ou artistique.

Art. 2. Les stipulations de l'article 1er s'appliqueront également aux

auf die Verleger solcher Werke, welche in einem der beiden Länder veröffentlicht sind und deren Urheber einer dritten Nation angehört.

Art. 3. Die gesetzlichen Vertreter oder Rechtsnachfolger der Urheber, Verleger, Uebersetzer, Komponisten, Zeichner, Maler, Bildhauer, Kupferstecher, Architekten, Lithographen u. s. w. sollen gegenseitig in allen Beziehungen dieselben Rechte geniessen, welche die gegenwärtige Uebereinkunft den Urhebern, Verlegern, Uebersetzern, Komponisten, Zeichnern, Malern, Bildhauern, Kupferstechern, Architekten und Lithographen selbst bewilligt.

Art. 4. Es soll gegenseitig erlaubt sein, in einem der beiden Länder Auszüge oder ganze Stücke eines zum ersten Male in dem anderen Lande erschienenen Werkes zu veröffentlichen, vorausgesetzt, dass diese Veröffentlichung ausdrücklich für den Schul- oder Unterrichtsgebrauch bestimmt und eingerichtet oder wissenschaftlicher Natur ist.

In gleicher Weise soll es gegenseitig erlaubt sein, Chrestomathien, welche aus Bruchstücken von Werken verschiedener Urheber zusammengesetzt sind, zu veröffentlichen, sowie in eine Chrestomathie oder in ein in dem einen der beiden Länder erscheinendes Originalwerk eine in dem anderen Lande veröffentlichte ganze Schrift von geringerem Umfange aufzunehmen.

Es muss jedoch jedesmal der Name des Urhebers oder die Quelle angegeben sein, aus welcher die in den beiden vorstehenden Absätzen gedachten Auszüge, Stücke von Werken, Bruchstücke oder Schriften herrühren.

Die Bestimmungen dieses Artikels finden keine Anwendung auf die Aufnahme musikalischer Kompositionen in Sammlungen, welche zum Gebrauche für Musikschulen bestimmt sind; viel-

éditeurs d'œuvres publiées dans l'un des deux pays et dont l'auteur appartiendrait à une nationalité tierce.

Art. 3. Les mandataires légaux ou ayants-cause des auteurs, éditeurs, traducteurs, compositeurs, dessinateurs, peintres, sculpteurs, graveurs, architectes, lithographes etc. jouiront réciproquement et à tous égards des mêmes droits que ceux que la présente Convention accorde aux auteurs, éditeurs, traducteurs, compositeurs, dessinateurs, peintres, sculpteurs, graveurs, architectes et lithographes eux-mêmes.

Art. 4. Sera réciproquement licite la publication, dans l'un des deux pays, d'extraits ou de morceaux entiers d'un ouvrage ayant paru pour la première fois dans l'autre, pourvu que cette publication soit spécialement appropriée et adaptée pour l'enseignement, ou qu'elle ait un caractère scientifique.

Sera également licite la publication réciproque de chrestomathies composées de fragments d'ouvrages de divers auteurs, ainsi que l'insertion, dans une chrestomathie ou dans un ouvrage original publié dans l'un des deux pays, d'un écrit entier de peu d'étendue publié dans l'autre.

Il est entendu qu'il devra toujours être fait mention du nom de l'auteur ou de la source à laquelle seront empruntés les extraits, morceaux, fragments ou écrits dont il s'agit dans les deux paragraphes précédents.

Les dispositions du présent article ne sont pas applicables aux compositions musicales insérées dans des recueils destinés à des écoles de musique, une insertion de cette nature

mehr gilt eine derartige Aufnahme, wenn sie ohne Genehmigung des Komponisten erfolgt, als unerlaubter Nachdruck.

Art. 5. Artikel, welche aus den in einem der beiden Länder erschienenen Zeitungen oder periodischen Zeitschriften entnommen sind, dürfen in dem anderen Lande im Original oder in Uebersetzung gedruckt werden.

Jedoch soll diese Befugniss sich nicht auf den Abdruck, im Original oder in Uebersetzung, von Feuilleton-Romanen oder von Artikeln über Wissenschaft oder Kunst beziehen.

Das Gleiche gilt von anderen, aus Zeitungen oder periodischen Zeitschriften entnommenen grösseren Artikeln, wenn die Urheber oder Herausgeber in der Zeitung oder in der Zeitschrift selbst, worin dieselben erschienen sind, ausdrücklich erklärt haben, dass sie deren Nachdruck untersagen.

In keinem Falle soll die im vorstehenden Absatz gestattete Untersagung bei Artikeln politischen Inhalts Anwendung finden.

Art. 6. Das Recht auf Schutz der musikalischen Werke begreift in sich die Unzulässigkeit der sogenannten musikalischen Arrangements, nämlich der Stücke, welche nach Motiven aus fremden Kompositionen ohne Genehmigung des Urhebers gearbeitet sind.

Den betreffenden Gerichten bleibt es vorbehalten, die Streitigkeiten, welche bezüglich der Anwendung obiger Vorschrift etwa hervortreten sollten, nach Massgabe der Gesetzgebung jedes der beiden Länder zu entscheiden.

Art. 7. Um allen Werken der Literatur und Kunst den im Artikel 1 vereinbarten Schutz zu sichern und damit die Urheber der gedachten Werke, bis zum Beweise des Gegentheils, als solche angesehen und demgemäss vor den Gerichten beider Länder zur

sans le consentement du compositeur étant considérée comme une reproduction illicite.

Art. 5. Les articles extraits de journaux ou recueils périodiques publiés dans l'un des deux pays pourront être reproduits, en original ou en traduction, dans l'autre pays.

Mais cette faculté ne s'étendra pas à la reproduction, en original ou en traduction, des romans-feuilletons ou des articles de science ou d'art.

Il en sera de même pour les autres articles de quelque étendue, extraits de journaux ou de recueils périodiques, lorsque les auteurs ou éditeurs auront expressément déclaré, dans le journal ou le recueil même où ils les auront fait paraître, qu'ils en interdisent la reproduction.

En aucun cas l'interdiction stipulée au paragraphe précédent ne s'appliquera aux articles de discussion politique.

Art. 6. Le droit de protection des oeuvres musicales entraîne l'interdiction des morceaux dits arrangements de musique, composés, sans le consentement de l'auteur, sur des motifs extraits de ces oeuvres.

Les contestations qui s'élèveraient sur l'application de cette clause demeureront réservées à l'appréciation des tribunaux respectifs conformément à la législation de chacun des deux pays.

Art. 7. Pour assurer à tous les ouvrages de littérature ou d'art la protection stipulée à l'article 1er et pour que les auteurs desdits ouvrages soient, jusqu'à preuve contraire, considérés comme tels et admis en conséquence devant les tribunaux des

Verfolgung von Nachdruck und Nachbildung zugelassen werden, soll es genügen, dass ihr Name auf dem Titel des Werkes, unter der Zueignung oder Vorrede, oder am Schlusse des Werkes angegeben ist.

Bei anonymen oder pseudonymen Werken ist der Verleger, dessen Name auf dem Werke steht, zur Wahrnehmung der dem Urheber zustehenden Rechte befugt. Derselbe gilt ohne weiteren Beweis als Rechtsnachfolger des anonymen oder pseudonymen Urhebers.

Art. 8. Die Bestimmungen des Artikels 1 sollen auf die öffentliche Aufführung musikalischer, sowie auf die öffentliche Darstellung dramatischer oder dramatisch-musikalischer Werke gleichfalls Anwendung finden.

Art. 9. Den Originalwerken werden die in einem der beiden Länder veranstalteten Uebersetzungen inländischer oder fremder Werke ausdrücklich gleichgestellt. Demzufolge sollen diese Uebersetzungen rücksichtlich ihrer unbefugten Vervielfältigung in dem anderen Lande, den im Artikel 1 festgesetzten Schutz geniessen.

Es ist jedoch wolverstanden, dass der Zweck des gegenwärtigen Artikels nur dahin geht, den Uebersetzer in Beziehung auf die von ihm gefertigte Uebersetzung des Originalwerkes zu schützen, keineswegs aber dem ersten Uebersetzer irgend eines in todter oder lebender Sprache geschriebenen Werkes das ausschliessliche Uebersetzungsrecht zu übertragen, ausser in dem im folgenden Artikel vorgesehenen Falle und Umfange.

Art. 10. Den Urhebern in jedem der beiden Länder soll in dem anderen Lande während zehn Jahre nach dem Erscheinen der mit ihrer Genehmigung veranstalteten Uebersetzung ihres Werkes das ausschliessliche Uebersetzungsrecht zustehen.

deux pays à exercer des poursuites contre les contrefaçons, il suffira que leur nom soit indiqué sur le titre de l'ouvrage, au bas de la dédicace ou de la préface, où à la fin de l'ouvrage.

Pour les oeuvres anonymes ou pseudonymes, l'éditeur dont le nom est indiqué sur l'ouvrage, est fondé à sauvegarder les droits appartenant à l'auteur. Il est sans autre preuve réputé ayant-droit de l'auteur anonyme ou pseudonyme.

Art. 8. Les stipulations de l'article 1er s'appliqueront également à l'exécution publique des oeuvres musicales, ainsi qu'à la représentation publique des oeuvres dramatiques ou dramatico-musicales.

Art. 9. Sont expressément assimilées aux ouvrages originaux les traductions faites, dans l'un des deux pays, d'ouvrages nationaux ou étrangers. Ces traductions jouiront à ce titre de la protection stipulée par l'article 1er en ce qui concerne leur reproduction non autorisée dans l'autre pays.

Il est bien entendu, toutefois, que l'objet du présent article est simplement de protéger le traducteur par rapport à la version qu'il a donnée de l'ouvrage original, et non pas de conférer le droit exclusif de traduction au premier traducteur d'un ouvrage quelconque, écrit en langue morte ou vivante, hormis le cas et les limites prévus part l'article ci-après.

Art. 10. Les auteurs de chacun des deux pays jouiront, dans l'autre pays, du droit exclusif de traduction sur leurs ouvrages pendant dix années après la publication de la traduction de leur ouvrage autorisée par eux.

Die Uebersetzung muss in einem der beiden Länder erschienen sein.

Behufs des Genusses des obengedachten ausschliesslichen Rechtes ist es erforderlich, dass die genehmigte Uebersetzung innerhalb eines Zeitraumes von drei Jahren, von der Veröffentlichung des Originalwerkes an gerechnet, vollständig erschienen sei.

Bei den in Lieferungen erscheinenden Werken soll der Lauf der in dem vorstehenden Absatz festgesetzten dreijährigen Frist erst von der Veröffentlichung der letzten Lieferung des Originalwerkes an beginnen. Falls die Uebersetzung eines Werkes lieferungsweise erscheint, soll die im ersten Absatz festgesetzte zehnjährige Frist gleichfalls erst von dem Erscheinen der letzten Lieferung der Uebersetzung an zu laufen anfangen.

Indessen soll bei Werken, welche aus mehreren in Zwischenräumen erscheinenden Bänden bestehen, sowie bei fortlaufenden Berichten oder Heften, welche von litterarischen oder wissenschaftlichen Gesellschaften oder von Privatpersonen veröffentlicht werden, jeder Band, jeder Bericht oder jedes Heft, bezüglich der zehnjährigen und der dreijährigen Frist als ein besonderes Werk angesehen werden.

Die Urheber dramatischer oder dramatisch-musikalischer Werke sollen, während der Dauer ihres ausschliesslichen Uebersetzungsrechtes, gegenseitig gegen die nicht genehmigte öffentliche Darstellung der Uebersetzung ihrer Werke geschützt werden.

Art. 11. Wenn der Urheber eines musikalischen oder dramatisch-musikalischen Werkes sein Vervielfältigungsrecht an einen Verleger für eines der beiden Länder mit Ausschluss des anderen Landes abgetreten hat, so dürfen die demgemäss hergestellten Exemplare oder Ausgaben dieses Wer-

La traduction devra être publiée dans l'un des deux pays.

Pour jouir du bénéfice de cette disposition, ladite traduction autorisée devra paraître en totalité dans le délai de trois années à compter do la publication de l'ouvrage original.

Pour les ouvrages publiés par livraisons, le terme des trois années stipulé au paragraphe précédent ne commencera à courir qu'à dater de la publication de la dernière livraison de l'ouvrage original. Dans le cas où la traduction d'un ouvrage paraîtrait par livraisons, le terme de dix années stipulé au paragraphe 1er ne commencera également à courir qu'à dater de la publication de la dernière livraison de la traduction.

Il est entendu que, pour les oeuvres composées de plusieurs volumes publiés par intervalles, ainsi que pour les bulletins ou cahiers publiés par des sociétés littéraires ou savantes ou par des particuliers, chaque volume, bulletin ou cahier sera, en ce qui concerne les termes de dix années et de trois années, considéré comme un ouvrage séparé.

Les auteurs d'oeuvres dramatiques ou dramatico-musicales seront, pendant la durée de leur droit exclusif de traduction, réciproquement protégés contre la représentation publique non autorisée de la traduction de leurs ouvrages.

Art. 11. Lorsque l'auteur d'une oeuvre musicale ou dramatico-musicale aura cédé son droit de publication à un éditeur pour le territoire de l'un des deux pays à l'exclusion de l'autre, les exemplaires ou éditions de cette oeuvre ainsi publiés ne pourront être vendus dans ce dernier pays, et l'im-

kes in dem letzteren Lande nicht verkauft werden; vielmehr soll die Einführung dieser Exemplare oder Ausgaben daselbst als Verbreitung von Nachdruck angesehen und behandelt werden.

Die Werke, auf welche vorstehende Bestimmung sich bezieht, müssen auf ihrem Titel und auf ihrem Umschlag den Vermerk tragen: »In Deutschland (in Belgien) verbotene Ausgabe«.

Uebrigens sollen diese Werke in beiden Ländern zur Durchfuhr nach einem dritten Lande unbehindert zugelassen werden.

Die Bestimmungen des gegenwärtigen Artikels finden auf andere als musikalische oder dramatisch-musikalische Werke keine Anwendung.

Art. 12. Die Einfuhr, die Ausfuhr, die Verbreitung, der Verkauf und das Feilbieten von Nachdruck oder unbefugten Nachbildungen ist in jedem der beiden Länder verboten, gleichviel, ob dieser Nachdruck oder diese Nachbildungen aus einem der beiden Länder oder aus irgend einem dritten Lande herrühren.

Art. 13. Jede Zuwiderhandlung gegen die Bestimmungen der gegenwärtigen Uebereinkunft soll die Beschlagnahme, Einziehung und Verurtheilung zu Strafe und Schadensersatz, nach Massgabe der betreffenden Gesetzgebungen, in gleicher Weise zur Folge haben, wie wenn die Zuwiderhandlung ein Werk oder Erzeugniss inländischen Ursprungs betroffen hätte.

Die Merkmale, aus welchen der Thatbestand des Nachdrucks oder der unbefugten Nachbildung sich ergiebt, sind durch die betreffenden Gerichte, nach Massgabe der in jedem der beiden Länder geltenden Gesetzgebung, festzustellen.

Art. 14. Die Bestimmungen der gegenwärtigen Uebereinkunft sollen in

troduction de ces exemplaires ou éditions y sera considérée et traitée comme mise en circulation d'une contrefaçon.

Les ouvrages auxquels s'applique cette disposition devront porter, sur leur titre et couverture, les mots: »Edition interdite en Allemagne (en Belgique)«.

Toutefois ces ouvrages seront librement admis dans les deux pays pour le transit à destination d'un pays tiers.

Les dispositions du présent article ne sont pas applicables à des ouvrages autres que les œuvres musicales ou dramatico-musicales.

Art. 12. L'introduction, l'exportation, la circulation, la vente et l'exposition, dans chacun des deux pays, d'ouvrages contrefaits ou d'objets de reproduction non autorisée, sont prohibées, soit que lesdites contrefaçons ou reproductions non autorisées proviennent de l'un des deux pays, soit qu'elles proviennent d'un pays tiers quelconque.

Art. 13. Toute contravention aux dispositions de la présente Convention entraînera les saisies, confiscations, condamnations aux peines correctionnelles et aux dommages-intérêts, déterminées par les législations respectives, de la même manière que si l'infraction avait été commise au préjudice d'un ouvrage ou d'une production d'origine nationale.

Les caractères constituant la contrefaçon ou la reproduction illicite seront déterminés par les tribunaux respectifs d'après la législation en vigueur dans chacun des deux pays.

Art. 14. Les dispositions de la présente Convention ne pourront por-

keiner Beziehung das einem jeden der beiden Hohen vertragschliessenden Theile zustehende Recht beeinträchtigen, durch Massregeln der Gesetzgebung oder inneren Verwaltung, die Verbreitung, die Darstellung oder das Feilbieten eines jeden Werkes oder Erzeugnisses zu überwachen oder zu untersagen, in Betreff dessen die zuständige Behörde dieses Recht auszuüben haben würde.

Ebenso beschränkt die gegenwärtige Uebereinkunft in keiner Weise das Recht des einen oder des anderen der beiden Hohen vertragschliessenden Theile, die Einfuhr solcher Bücher nach seinem Gebiete zu verhindern, welche nach seinen inneren Gesetzen oder in Gemässheit seiner mit anderen Mächten getroffenen Abkommen für Nachdruck erklärt sind oder erklärt werden.

Art. 15. Die in der gegenwärtigen Uebereinkunft enthaltenen Bestimmungen sollen auf die vor deren Inkrafttreten vorhandenen Werke mit den Massgaben und unter den Bedingungen Anwendung finden, welche das der Uebereinkunft angeheftete Protokoll vorschreibt.

Art. 16. Die Hohen vertragschliessenden Theile sind darüber einverstanden, dass jeder weitergehende Vortheil oder Vorzug, welcher künftighin von Seiten eines Derselben einer dritten Macht in Bezug auf die in der gegenwärtigen Uebereinkunft vereinbarten Punkte eingeräumt wird, unter der Voraussetzung der Reziprozität, den Urhebern des anderen Landes oder deren Rechtsnachfolgern ohne weiteres zu Statten kommen soll.

Sie behalten sich übrigens das Recht vor, im Wege der Verständigung an der gegenwärtigen Uebereinkunft jede Verbesserung oder Veränderung

ter préjudice en quoi que ce soit, au droit qui appartient à chacune des deux Hautes Parties contractantes de permettre, de surveiller ou d'interdire, par des mesures de législation ou de police intérieure, la circulation, la représentation, ou l'exposition de tout ouvrage ou production à l'égard desquels l'autorité competente aurait à exercer ce droit.

La présente Convention ne porte également aucune atteinte au droit de l'une ou de l'autre des deux Hautes Parties contractantes de prohiber l'importation sur son propre territoire des livres qui, d'après ses lois intérieures ou des stipulations souscrites avec d'autres Puissances, sont ou seraient déclarés être des contrefaçons.

Art. 15. Les dispositions contenues dans la présente Convention seront applicables aux œuvres antérieures à sa mise en vigueur, sous les réserves et conditions énoncées au protocole qui s'y trouve annexé.

Art. 16. Les Hautes Parties contractantes conviennent que tout avantage ou privilège plus étendu qui serait ultérieurement accordé par l'une d'Elles à une tierce Puissance, en ce qui concerne les dispositions de la présente Convention, sera, sous condition de réciprocité, acquis de plein droit aux auteurs de l'autre pays ou à leurs ayants-cause.

Elles se réservent d'ailleurs la faculté d'apporter, d'un commun accord, à la présente Convention toute amélioration ou modification

vorzunehmen, deren Nützlichkeit sich durch die Erfahrung herausstellen sollte.

Art. 17. Die gegenwärtige Uebereinkunft tritt an die Stelle der früher zwischen Belgien und einzelnen deutschen Staaten abgeschlossenen Literarkonventionen.

Sie soll während sechs Jahre von dem Tage ihres Inkrafttretens an in Geltung bleiben, und ihre Wirksamkeit soll alsdann so lange, bis sie von dem einen oder anderen der Hohen vertragschliessenden Theile gekündigt wird, und noch ein Jahr nach erfolgter Kündigung fortdauern.

Art. 18. Die gegenwärtige Uebereinkunft soll ratifizirt und die Ratifikations-Urkunden sollen sobald als möglich in Berlin ausgewechselt werden.

Sie soll in beiden Ländern drei Monate nach der Auswechselung der Ratifikationen in Kraft treten.

Zu Urkund dessen haben die beiderseitigen Bevollmächtigten die gegenwärtige Uebereinkunft vollzogen und ihre Siegel beigedrückt.

So geschehen zu Berlin, den 12. Dezember 1883.

Graf von Hatzfeldt.

dont l'expérience aurait démontré l'opportunité.

Art. 17. La présente Convention est destinée à remplacer les Conventions littéraires qui ont été antérieurement conclues entre la Belgique et divers Etats allemands.

Elle restera en vigueur pendant six années à partir du jour où elle aura été mise à exécution et continuera ses effets jusqu'à ce qu'elle ait été dénoncée par l'une ou l'autre des Hautes Parties contractantes et pendant une année encore après sa dénonciation.

Art. 18. La présente Convention sera ratifiée et les ratifications en seront échangées à Berlin le plus tôt possible.

Elle sera exécutoire dans les deux pays trois mois après l'échange des ratifications.

En foi de quoi les Plénipotentiaires respectifs ont signé la présente Convention et l'ont revêtue du cachet de leurs armes.

Fait à Berlin, le 12 décembre 1883.

Cte. Auguste van der Straten-Ponthos.
Léon Biebuyck.

Protokoll.

Da es von den unterzeichneten Bevollmächtigten für nothwendig erachtet worden ist, die Rechte, welche der Artikel 15 der unterm heutigen Tage zwischen Deutschland und Belgien abgeschlossenen Literarkonvention den Urhebern der vor deren Inkrafttreten vorhandenen Werke beilegt, näher zu bestimmen und zu regeln, so haben dieselben Folgendes vereinbart:

1. Die Wohlthat der Bestimmungen der Uebereinkunft vom heutigen Tage

Protocole.

Les Plénipotentiaires soussignés ayant jugé nécessaire de préciser et réglementer les droits accordés, par l'Article 15 de la Convention Littéraire conclue en date de ce jour entre l'Allemagne et la Belgique, aux auteurs d'ouvrages antérieurs à la mise en vigueur de cette Convention, sont convenus de ce qui suit:

1° Le bénéfice des dispositions de la Convention conclue en date de ce

wird denjenigen vor deren Inkrafttreten vorhandenen Werken der Literatur und Kunst zu Theil, welche
etwa einen gesetzlichen Schutz gegen
Nachdruck, gegen Nachbildung, oder
gegen unerlaubte Uebersetzung nicht
geniessen, oder diesen Schutz in Folge
der Nichterfüllung vorgeschriebener
Förmlichkeiten verloren haben.

Der Druck der Exemplare, deren
Herstellung beim Inkrafttreten der
gegenwärtigen Uebereinkunft erlaubterweise im Gange ist, soll vollendet
werden dürfen; diese Exemplare sollen
ebenso wie diejenigen, welche zu dem
gleichen Zeitpunkte erlaubterweise
bereits hergestellt sind, ohne Rücksicht auf die Bestimmungen der Uebereinkunft, verbreitet und verkauft werden dürfen, vorausgesetzt, dass innerhalb dreier Monate, in Gemässheit
der von den betreffenden Regierungen
erlassenen Anordnungen, die bei dem
Inkrafttreten angefangenen oder fertig
gestellten Exemplare mit einem besonderen Stempel versehen werden.

Ebenso sollen die beim Inkrafttreten der gegenwärtigen Uebereinkunft
kunft vorhandenen Vorrichtungen, wie
Stereotypen, Holzstöcke und gestochene
Platten aller Art, sowie lithographi-
sche Steine, während eines Zeitraumes
von vier Jahren von diesem Inkrafttreten an benutzt werden dürfen,
nachdem sie innerhalb der in dem
vorstehenden Absatz erwähnten drei-
monatlichen Frist mit einem besonderen Stempel versehen worden sind.

Auf Anordnung der betreffenden
Regierungen soll ein Inventar der
Exemplare von Werken und der Vor-
richtungen, welche im Sinne dieses
Artikels erlaubt sind, aufgenommen
werden.

2. Was die öffentliche Aufführung
der musikalischen, dramatischen oder
dramatisch - musikalischen Werke an-

jour est acquis aux œuvres littéraires
et artistiques antérieures à la mise
en vigueur de la Convention, qui
ne jouiraient pas de la protection
légale contre la réimpression, la reproduction, ou la traduction illicites,
ou qui auraient perdu cette protection
par suite du non-accomplissement des
formalités exigées.

L'impression des exemplaires en
cours de fabrication licite au moment
de la mise en vigueur de la présente
Convention pourra être achevée; ces
exemplaires, ainsi que ceux qui seraient déjà licitement imprimés à ce
même moment, pourront, non-obstant
les dispositions de la Convention, être
mis en circulation et en vente, sous
la condition que, dans un délai de
trois mois, un timbre spécial sera apposé, par les soins des Gouvernements
respectifs, sur les exemplaires commencés ou achevés lors de la mise
en vigueur.

De même les appareils, tels que
clichés, bois et planches gravés de
toute sorte, ainsi que les pierres lithographiques, existant lors de la mise
en vigueur de la présente Convention,
pourront être utilisés pendant un délai de quatre ans à dater de cette
mise en vigueur, après avoir été revêtus, dans les trois mois mentionnés
au paragraphe précédent, d'un timbre
spécial.

Il sera dressé, par les soins des
Gouvernements respectifs, un inventaire des exemplaires d'ouvrages et
des appareils autorisés aux termes du
présent article.

2° Quant à l'exécution ou à la représentation publiques des œuvres
musicales, dramatiques ou dramatico-

langt, so findet die rückwirkende Kraft der gegenwärtigen Uebereinkunft nur auf die seit dem 20. August 1868 vorhandenen Werke Anwendung.

Jedoch sollen diejenigen dramatischen oder dramatisch-musikalischen Werke, welche nach jenem Tage in einem der beiden Länder veröffentlicht oder aufgeführt und in dem anderen Lande vor dem Inkrafttreten der gegenwärtigen Uebereinkunft, im Original oder in Uebersetzung, öffentlich aufgeführt worden sind, den gesetzlichen Schutz gegen unbefugte Aufführung nur insoweit geniessen, als sie nach dem bisherigen Vertragsrecht geschützt waren.

3. Die Wohlthat der Bestimmungen gegenwärtiger Uebereinkunft soll auch denjenigen Werken, welche weniger als drei Monate vor dem Inkrafttreten erschienen sind, und bezüglich deren daher die gesetzliche Frist für die in den früheren Uebereinkommen zwischen Belgien und einzelnen deutschen Staaten vorgeschriebene Eintragung noch nicht abgelaufen ist, zu Statten kommen, und zwar ohne dass die Urheber zur Erfüllung jener Förmlichkeit gehalten wären.

4. Anlangend das Uebersetzungsrecht, sowie die öffentliche Aufführung der Uebersetzungen von Werken, welche beim Inkrafttreten der gegenwärtigen Uebereinkunft noch nach den früheren Uebereinkommen geschützt sind, so soll die in den letzteren auf fünf Jahre bemessene Dauer jenes Rechtes unter der Voraussetzung auf zehn Jahre verlängert werden, dass entweder die fünfjährige Frist beim Inkrafttreten der gegenwärtigen Uebereinkunft noch nicht abgelaufen ist, oder aber, im Falle des schon erfolgten Ablaufes, seitdem keine Uebersetzung erschienen ist, beziehungsweise keine Aufführung stattgefunden hat.

musicales la force rétroactive de la présente Convention ne s'applique qu'aux œuvres postérieures à la date du 20 août 1863.

Toutefois les œuvres dramatiques ou dramatico-musicales qui ont été publiées ou représentées dans l'un des deux pays depuis cette date et qui ont été représentées publiquement, en original ou en traduction, dans l'autre avant la mise en vigueur de la présente Convention, ne jouiront de la protection légale contre la représentation illicite qu'autant qu'elles auraient été protégées en vertu du droit conventionnel antérieur.

3° Le bénéfice des dispositions de la présente Convention est également acquis aux ouvrages qui, publiés depuis moins de trois mois au moment de sa mise en vigueur, seraient encore dans le délai légal pour l'enregistrement prescrit par les Conventions précédemment conclues entre la Belgique et divers Etats allemands; et ce, sans que les auteurs soient astreints à l'accomplissement de cette formalité.

4° Pour le droit de traduction, ainsi que pour la représentation publique en traduction des ouvrages dont la protection sera, au moment de la mise en vigueur de la présente Convention, garantie encore par les Conventions antérieures, la durée de ce droit, que ces dernières Conventions limitaient à cinq années, sera prorogée à dix années dans le cas où le délai de cinq années ne sera pas encore expiré au moment de la mise en vigueur de la présente Convention, ou bien si, ce délai étant expiré, aucune traduction n'a paru depuis lors, ou aucune représentation n'a eu lieu.

Ebenso sollen die Urheber bezüglich des Uebersetzungsrechtes an ihren Werken, sowie der öffentlichen Aufführung von Uebersetzungen dramatischer oder dramatisch-musikalischer Werke, insoweit es sich um die durch die früheren Uebereinkommen für den Beginn oder für die Vollendung der Uebersetzungen festgesetzten Fristen handelt, unter den im vorstehenden Absatz vorgesehenen Voraussetzungen, die durch die gegenwärtige Uebereinkunft gewährten Vortheile geniessen.

Das gegenwärtige Protokoll soll, als integrirender Theil der Uebereinkunft vom heutigen Tage, mit derselben ratifizirt werden und gleiche Kraft, Geltung und Dauer wie diese Uebereinkunft haben.

Zu Urkund dessen haben die Bevollmächtigten das gegenwärtige Protokoll aufgenommen und dasselbe mit ihrer Unterschrift versehen.

So geschehen zu Berlin, den 12. Dezember 1883.

Graf von Hatzfeldt.

Les auteurs jouiront également, pour le droit de traduction de leurs ouvrages et pour la représentation publique en traduction des oeuvres dramatiques ou dramatico-musicales, des avantages accordés par la présente Convention en ce qui concerne les délais stipulés par les Conventions antérieures pour le commencement ou l'achèvement des traductions, sous les réserves fixées au paragraphe précédent.

Le présent Protocole, qui sera considéré comme faisant partie intégrante de la Convention en date de ce jour et ratifié avec elle, aura même force, valeur et durée que cette Convention.

En foi de quoi les Plénipotentiaires soussignés ont dressé le présent Protocole et y ont apposé leurs signatures.

Fait à Berlin, le 12 décembre 1883.

Cte Auguste van der Straten-Ponthoz.
Léon Biebuyck.

Schlussprotokoll.

Im Begriff zur Vollziehung der Uebereinkunft zu schreiten, welche behufs gegenseitiger Gewährleistung des Schutzes von Werken der Literatur und Kunst unterm heutigen Tage zwischen Deutschland und Belgien abgeschlossen worden ist, haben die unterzeichneten Bevollmächtigten die nachstehenden Erklärungen und Vorbehalte verlautbart:

1. Da nach den Bestimmungen der deutschen Reichsgesetzgebung die Dauer des gesetzlichen Schutzes gegen Nachdruck und Nachbildung bei anonymen oder pseudonymen Werken in

Protocole de Clôture.

Au moment de procéder à la signature de la Convention pour la garantie réciproque de la protection des oeuvres de littérature ou d'art, conclue à la date de ce jour entre l'Allemagne et la Belgique, les Plénipotentiaires soussignés ont énoncé les déclarations et réserves suivantes:

1° Aux termes de la législation de l'Empire allemand, la durée de la protection légale contre la contrefaçon ou la reproduction illicite étant, pour les ouvrages anonymes ou pseudony-

Deutschland auf dreissig Jahre nach dem Erscheinen beschränkt ist, es sei denn, dass jene Werke innerhalb dieser dreissig Jahre unter dem wahren Namen des Urhebers eingetragen werden, so wird verabredet, dass es den Urhebern der in einem der beiden Länder erschienenen anonymen oder pseudonymen Werke, oder deren gesetzlich berechtigten Rechtsnachfolgern freistehen soll, sich in dem anderen Lande die Wohlthat der normalen Dauer des Rechtes auf Schutz dadurch zu sichern, dass sie während der obenerwähnten dreissigjährigen Frist ihre Werke unter ihrem wahren Namen in dem Ursprungslande nach Massgabe der daselbst geltenden gesetzlichen oder reglementarischen Vorschriften eintragen oder deponiren lassen.

2. Mit Rücksicht darauf, dass nach der deutschen Reichsgesetzgebung photographische Werke nicht denjenigen Werken beigezählt werden können, auf welche die gedachte Uebereinkunft Anwendung findet, behalten die beiden Regierungen sich eine spätere Verständigung vor, um durch ein besonderes Abkommen in beiden Ländern gegenseitig den Schutz der photographischen Werke sicher zu stellen.

Zu Urkund dessen haben die unterzeichneten Bevollmächtigten das gegenwärtige Protokoll, welches ohne besondere Ratifikation durch die blosse Thatsache des Austausches der Ratifikationen zu der Uebereinkunft, auf die es sich bezieht, als von den betreffenden Regierungen genehmigt und bestätigt gelten soll, aufgenommen und dasselbe mit ihrer Unterschrift versehen.

So geschehen zu Berlin, den 12. Dezember 1888.

Graf von Hatzfeldt.

mes, limitée en Allemagne à trente années à partir de la publication, à moins que lesdits ouvrages ne soient, dans les trente ans, enregistrés sous le vrai nom de l'auteur, il est entendu que les auteurs d'oeuvres anonymes ou pseudonymes publiées dans l'un des deux pays, ou leurs ayants-cause légalement autorisés, auront la faculté de s'assurer dans l'autre pays le bénéfice de la durée normale du droit de protection, en faisant, dans le délai de trente ans ci-dessus mentionné, enregistrer ou déposer leurs oeuvres sous leur véritable nom dans le pays d'origine, suivant les lois ou règlements en vigueur dans ce pays.

2º La législation de l'Empire allemand ne permettant pas de comprendre les oeuvres photographiques au nombre des ouvrages auxquels s'applique ladite Convention, les deux Gouvernements se réservent de s'entendre ultérieurement sur les dispositions spéciales à prendre d'un commun accord, à l'effet d'assurer réciproquement dans les deux pays la protection desdites oeuvres photographiques.

En foi de quoi, les Plénipotentiaires soussignés ont dressé le présent Protocole, qui sera considéré comme approuvé et sanctionné par les Gouvernements respectifs, sans autre ratification spéciale, par le seul fait de l'échange des ratifications sur la Convention à laquelle il se rapporte, et y ont apposé leurs signatures.

Fait à Berlin, le 12 décembre 1883.

Cte Auguste van der Straten-Ponthoz.
Léon Biebuyck.

22.

ALLEMAGNE, BELGIQUE.

Convention concernant la protection réciproque des modèles et dessins industriels; signée à Berlin, le 12 décembre 1883 *).

Deutsches Reichsgesetzblatt, 1884 No. 24.

Texte allemand.	Texte français.
Seine Majestät der Deutsche Kaiser, König von Preussen, im Namen des Deutschen Reichs, und Seine Majestät der König der Belgier, von dem Wunsche beseelt, den Schutz der gewerblichen Muster und Modelle wechselseitig sicher zu stellen, haben den Abschluss einer besonderen Uebereinkunft zu diesem Zweck beschlossen und zu Ihren Bevollmächtigten ernannt, nämlich:	Sa Majesté l'Empereur d'Allemagne, Roi de Prusse, au nom de l'Empire allemand, et Sa Majesté le Roi des Belges, animés du désir d'assurer une protection réciproque aux dessins et modèles industriels, ont résolu de conclure à cet effet une Convention spéciale et ont nommé pour leurs Plénipotentiaires, savoir:
Seine Majestät der Deutsche Kaiser, König von Preussen:	Sa Majesté l'Empereur d'Allemagne, Roi de Prusse:
den Herrn Paul Grafen von Hatzfeldt-Wildenburg, Allerhöchstihren Staatsminister und Staatssekretär des Auswärtigen Amts;	le Sieur Paul Comte de Hatzfeldt-Wildenburg, Son Ministre d'Etat et Secrétaire d'Etat au Département des Affaires Etrangères;
und	et
Seine Majestät der König der Belgier:	Sa Majesté le Roi des Belges:
den Herrn Gabriel August Grafen van der Straten-Ponthoz, Allerhöchstihren ausserordentlichen Gesandten und bevollmächtigten Minister bei Seiner Majestät dem Deutschen Kaiser, König von Preussen,	le Sieur Gabriel Auguste Comte van der Straten-Ponthoz, Son Envoyé Extraordinaire et Ministre Plénipotentiaire près Sa Majesté l'Empereur d'Allemagne, Roi de Prusse,
und	et
den Herrn Leo Biebuyck, Allerhöchstihren Direktor des Handels- und des Konsulatwesens im Ministerium der auswärtigen Angelegenheiten;	le Sieur Léon Biebuyck, Son Directeur du Commerce et des Consulats au Ministère des Affaires Etrangères;
welche, nach gegenseitiger Mittheilung ihrer in guter und gehöriger Form befindlichen Vollmachten, folgende Artikel vereinbart haben:	lesquels, après s'être communiqué leurs pleins-pouvoirs, trouvés en bonne et due forme, sont convenus des articles suivants:

---

*) Les ratifications ont été échangées à Berlin, le 11 août 1884.

Art. 1. Die deutschen Reichsangehörigen sollen in Belgien und die bel-
gischen Angehörigen sollen in Deutschland in Bezug auf die gewerblichen Muster und Modelle denselben Schutz wie
die Einheimischen geniessen.

Art. 2. Um sich den durch den vorstehenden Artikel begründeten Schutz
zu sichern, haben die deutschen Reichsangehörigen in Belgien und die bel-
gische Angehörigen in Deutschland
die Gesetze und Vorschriften zu be-
folgen, welche daselbst in dieser Beziehung gelten oder künftig erlassen
werden.

Art. 3. Die auf die gewerblichen
Muster und Modelle bezüglichen besonderen Bestimmungen, welche in
den zwischen Belgien und verschiedenen deutschen Staaten früher geschlossenen Verträgen enthalten sind, werden aufgehoben und durch den Text
der gegenwärtigen Uebereinkunft er-
setzt.

Diese Uebereinkunft soll in Geltung
bleiben, bis sie von dem einen oder
anderen der Hohen vertragschliessenden Theile gekündigt wird, und noch
ein Jahr nach erfolgter Kündigung
fortdauern.

Art. 4. Die gegenwärtige Uebereinkunft soll ratificirt und die Ratifica-
tions-Urkunden sollen sobald als möglich in Berlin ausgewechselt werden.

Sie soll in beiden Ländern zehn
Tage nach der Auswechselung der
Ratifikationen in Kraft treten.

Zu Urkund dessen haben die beiderseitigen Bevollmächtigten die gegenwärtige Uebereinkunft vollzogen und
ihre Siegel beigedrückt.

So geschehen zu Berlin, den 12.
Dezember 1883.

Graf von Hatzfeldt.

Art. 1. Les sujets allemands en
Belgique et les sujets belges en Allemagne jouiront en ce qui concerne
les dessins et modèles industriels de
la même protection que les nationaux.

Art. 2. Pour s'assurer la protection consacrée par l'article précédent
les sujets allemands en Belgique et
les sujets belges en Allemagne devront
se conformer aux lois et règlements
qui y sont en vigueur ou qui y seront mis en vigueur sur la matière.

Art. 3. Les dispositions spéciales
concernant les dessins et modèles industriels contenues dans les traités
que la Belgique a conclus antérieurement avec différents Etats allemands
sont abrogées et remplacées par le
texte de la présente Convention.

Cette Convention restera en vigueur
jusqu'à ce qu'elle ait été dénoncée
par l'une ou l'autre des Hautes Parties contractantes et pendant une année encore après sa dénonciation.

Art. 4. La présente Convention
sera ratifiée et les ratifications en seront échangées à Berlin le plus tôt
possible.

Elle sera exécutoire dans les deux
pays dix jours après l'échange des
ratifications.

En foi de quoi les Plénipotentiaires
respectifs ont signé la présente Convention et l'ont revêtue du cachet
de leurs armes.

Fait à Berlin, le 12 décembre 1883.

Cte Auguste van der Straten-Ponthos.
Léon Biebuyck.

23.

ALLEMAGNE, LUXEMBOURG.

Convention concernant la construction d'un chemin de fer de St. Vith à Ulflingen, suivie d'un Protocole final; signée à Berlin, le 21 juillet 1883 *).

Deutsches Reichsgesetzblatt, 1884 No. 18, 20.

Seine Majestät der Deutsche Kaiser, König von Preussen, im Namen des Deutschen Reichs, und Seine Majestät der König der Niederlande, Grossherzog von Luxemburg, von dem Wunsche geleitet, die Eisenbahnverbindungen zwischen Deutschland und dem Grossherzogthum Luxemburg zu vermehren, haben behufs einer hierüber zu treffenden Vereinbarung zu Bevollmächtigten ernannt:

Seine Majestät der Deutsche Kaiser, König von Preussen:
Allerhöchstihren Geheimen Legationsrath Paul Reichhardt,
Allerhöchstihren Geheimen Regierungsrath Dr. juris Paul Micke;

Seine Majestät der König der Niederlande, Grossherzog von Luxemburg:
Allerhöchstihren Geschäftsträger Dr. juris Paul Eyschen,

welche, unter Vorbehalt der Ratifikation, folgenden Vertrag abgeschlossen haben:

Art. I. Die Hohen vertragschliessenden Regierungen erklären sich gegenseitig bereit, die Herstellung einer Eisenbahn von St. Vith in der Richtung auf Ulflingen zum Anschluss an die Wilhelm-Luxemburg-Eisenbahn zuzulassen und zu fördern.

Art. II. Die Königlich preussische Regierung beabsichtigt, die in ihrem Gebiete belegene Strecke der im Artikel I bezeichneten Eisenbahn für eigene Rechnung auszuführen, sobald sie die gesetzliche Ermächtigung hierzu erhalten haben wird; sie wird alsdann der Grossherzoglich luxemburgischen Regierung hiervon Mittheilung machen und zugleich den Zeitpunkt bezeichnen, bis zu welchem die betriebsfähige Herstellung der preussischen Strecke bewirkt sein wird. Die Grossherzoglich luxemburgische Regierung verpflichtet sich, den Bau des in ihrem Staatsgebiete belegenen Theiles der St. Vith-Ulflingener Bahn ihrerseits der Wilhelm-Luxemburg-Eisenbahngesellschaft zu übertragen und dafür zu sorgen, dass die Vollendung des Baues und die Eröffnung des Betriebes zu demselben Zeitpunkte stattfindet, zu welchem die preussische Strecke ausgebaut und in Betrieb gesetzt sein wird.

Art. III. Die spezielle Feststellung der Bahnlinie, wie des gesammten Bauplanes und der einzelnen Bauentwürfe der im Artikel I genannten Bahn bleibt jeder der beiden Regierungen für ihr Gebiet vorbehalten.

Der Punkt wo die beiderseitige Landesgrenze von der in Rede stehenden Bahn überschritten wird, soll auf Grund der von den betreffenden Eisenbahnverwaltungen auszuarbeitenden Projekte, nöthigenfalls durch beiderseits dieserhalb abzuordnende technische Kommissarien näher bestimmt werden.

---

*) La Convention a été ratifiée.

Für die Bahn ist zunächst nur ein durchgehendes Geleise vorgesehen. Bei dem Eintritt des Bedürfnisses werden die Hohen Regierungen — jede für den innerhalb ihres Gebietes belegenen Theil der Bahn — die Herstellung des zweiten Geleises anordnen.

Die Spurweite der Geleise soll in Uebereinstimmung mit den anschliessenden Bahnen 1,435 Meter im Lichten der Schienen betragen. Auch im übrigen sollen die Konstruktionsverhältnisse der nach diesem Vertrage anzulegenden Eisenbahn und deren Betriebsmittel dergestalt nach gleichen Grundsätzen festgestellt werden, dass die Lokomotiven, Personen- und Güterwagen die anschliessenden Bahnen ohne Hinderniss durchlaufen können.

Im Interesse der Sicherheit und Gleichförmigkeit des Eisenbahnbetriebes wird die Grossherzoglich luxemburgische Regierung für den in ihrem Staatsgebiete liegenden Theil der Bahn das Betriebsreglement, das Bahn-Polizeireglement und die Signalordnung, welche für die Verlängerung der Bahn nach St. Vith Anwendung finden, in Kraft treten lassen, soweit nicht die betreffenden Vorschriften den Gesetzen des Grossherzogthums etwa entgegenstehen.

Art. IV. Die Hohen vertragschliessenden Regierungen werden gemeinsam so viel als möglich darauf hinwirken, dass Ankunft und Abgang der Züge auf den Endstationen der Bahn mit Abgang und Ankunft der direktesten Züge der anschliessenden Eisenbahnlinien beider Länder in Zusammenhang gebracht werden.

Sie behalten sich die Bestimmung der geringsten Zahl der zur Beförderung von Personen dienenden Züge vor, und sind darüber einig, dass täglich in keinem Falle weniger als drei solcher Züge in jeder Richtung verkehren sollen.

Art. V. Die Angehörigen des einen Landes, welche im Gebiete des anderen Landes etwa angestellt werden, scheiden dadurch aus dem Unterthanenverbande ihres Heimathlandes nicht aus, sind aber den Gesetzen des Landes, in welchem sie angestellt sind, unterworfen.

Art. VI. Die bezüglich der Handhabung der Pass- und Fremdenpolizei bei dem Reiseverkehr auf Eisenbahnen zwischen beiden Hohen Regierungen schon bestehenden oder noch zu treffenden Abkommen sollen auch auf die in Rede stehende Eisenbahnverbindung Anwendung finden.

Art. VII. Zu Zwecken des Postdienstes soll der Bauunternehmer der im Grossherzogthum Luxemburg belegenen Strecke zu denselben Leistungen verpflichtet werden, welche für die Eisenbahnen im deutschen Reichspostgebiete durch das Reichsgesetz vom 20 December 1875 vorgeschrieben sind oder künftig etwa anderweit gesetzlich angeordnet werden.

Ueber die Benutzung der Bahn zur Postbeförderung aus dem Gebiete der einen in das Gebiet der anderen vertragschliessenden Hohen Regierung werden die beiderseitigen Postverwaltungen sich verständigen.

Art. VIII. Die Hohen vertragschliessenden Regierungen genehmigen die Anlegung eines für den Eisenbahndienst bestimmten elektromagnetischen Telegraphen längst dieser Bahn; auch kann ein elektromagnetischer Telegraph für den internationalen und öffentlichen Verkehr längs dieser Bahn durch die Hohen vertragschliessenden Regierungen und zwar durch eine jede für ihr Gebiet hergestellt werden.

Art. IX. Der Betriebswechsel auf der den Gegenstand dieses Vertrages bildenden Eisenbahn findet für den Fall, dass der Betrieb auf demselben von der Königlich preussischen Eisenbahnverwaltung geleitet wird, auf der Station Ulflingen, für den Fall dagegen, dass der Betrieb von der Kaiserlich deutschen Eisenbahnverwaltung geführt wird, auf der Station St. Vith statt.

Ueber die näheren Bedingungen der Betriebsüberlassung bleibt eine Verständigung der betreffenden Eisenbahnverwaltungen vorbehalten.

Beim Mangel eines Einverständnisses haben sich dieselben den zwischen den beiden Hohen vertragschliessenden Regierungen zu vereinbarenden Anordnungen zu fügen.

Art. X. Gegenwärtiger Vertrag soll ratifizirt und die Auswechselung der darüber auszufertigenden Ratifikations-Urkunden sobald als thunlich in Berlin bewirkt werden.

Dessen zu Urkunde haben die Bevollmächtigten denselben unterzeichnet und besiegelt.

So geschehen zu Berlin, den 21. Juli 1888.

Paul Reichhard.   *Paul Eyschen.*   *Dr. juris Paul Micks.*

Schlussprotocoll.

Bei der am heutigen Tage stattfindenden Unterzeichnung des Vertrages zwischen Deutschland und Luxemburg wegen Herstellung einer Eisenbahn von St. Vith nach Ulflingen haben die beiderseitigen Bevollmächtigten nachstehende Verabredung getroffen, welche zugleich mit dem Vertrage den Hohen vertragschliessenden Theilen vorgelegt und im Falle der Ratifikation des letzteren ohne weitere förmliche Ratifikation als genehmigt und verbindlich angesehen werden sollen.

Zu Artikel IX des Vertrages.

Die Kommissarien sind im Interesse einer einheitlichen Betriebsführung dahin übereinkommen, dass der Bauunternehmer für die in Preussen belegene Strecke auch den Betrieb auf der luxemburgischen Strecke zwischen der beiderseitigen Landesgrenze und der Station Ulflingen mit der Berechtigung übernehmen soll, denselben an die Kaiserlich deutsche Eisenbahnverwaltung abzutreten. Die Grossherzoglich luxemburgische Regierung wird demgemäss dem Bauunternehmer der luxemburgischen Grenzstrecke und seinem etwaigen Rechtsnachfolger die Verpflichtung auferlegen, den Betrieb auf dieser Strecke derjenigen Betriebsverwaltung zu überlassen, welche den Betrieb auf der preussischen Grenzstrecke führt.

Bei den Vereinbarungen der beiderseitigen Eisenbahnverwaltungen über die näheren Bedingungen der Ueberlassung des Betriebes auf der luxemburgischen Grenzstrecke ist davon auszugehen, dass letztere seitens des Betriebsunternehmers der preussischen Grenzstrecke in Pacht genommen und hierfür an die Verpächterin eine jährliche Pachtsumme von 4½ Procent des für diese Strecke aufgewendeten Grundkapitals gezahlt wird.

Die Feststellung des aufgewendeten und zu verzinsenden Anlagekapitals, sowie die Festsetzung der auszuführenden Projekte sollen unter Mitwirkung der Pächterin nach Massgabe der bezüglichen Bestimmungen des zwischen der Kaiserlichen Generaldirection der Eisenbahnen in Elsass-Lothringen und der Wilhelm-Luxemburg Eisenbahngesellschaft wegen Anpachtung mehrerer zu dem Unternehmen der letzteren gehörender Zweigbahnen abgeschlossenen Vertrages vom 22./24. Oktober 1882 erfolgen.

So geschehen zu Berlin, den 21. Juli 1883.

Paul Reichardt.   *Dr. juris Paul Micke.*   *Paul Eyschen.*

24.

ALLEMAGNE, FRANCE.

Arrangement concernant l'alimentation du canal de la Marne au Rhin signé à Strasbourg, le 28 avril 1873.

Copie communiquée à la Rédaction par le Ministère d'Alsace-Lorraine.

Die auf Grund des letzten Absatzes des Art. 14 des Frankfurter Zusatz-Vertrages vom 11 Dezember 1871*) ernannten Bevollmächtigten, nämlich:

deutscherseits, Herr Regierungsrath von Sybel,

        Herr Wasserbaudirektor Grebenau,

        Herr Regierungsrath Friedberg;

französischerseits, Herr Bevollmächtigter Minister de Clercq,

        Herr Berg-Ingenieur Orsel,

        Herr Finanz-Inspektor Renaudin;

haben vereinbart was folgt:

Art. 1. Die französische Strecke des Rhein-Marne-Canals zwischen der Schleuse 13 West und Dombasle wird mittelst des Wassers gespeist, welches der deutschen Kanalstrecke entnommen wird und von der Wasserscheide der Vogesen herabkommt; diese Speisung gilt sowohl behufs der normalen Füllung der Haltungen wie behufs der Füllung nach einer regelmässigen oder zufälligen Trockenlegung.

Die demgemäss zu bewirkende Wasserentnahme wird unabhängig von dem für die Schiffahrt erforderlichen Schleusungswasser durch das Oeffnen der Schützen der Schleuse No. 14 geregelt.

Art. 2. Der Teich von Rixingen, welcher speziell zur Speisung folgender Haltung dient:

   1) auf deutschem Gebiete zwischen der Speiseschütze dieses Teiches und der Grenze,

---

*) V. N.R.G. XX. 847.

2) auf französischem Gebiete zwischen Xures und Dombasle,

wird jedes Jahr, wie früher, mittelst der ersten verfügbaren Hochwasser der beiden Saarflüsse, d. h. der ersten den gewöhnlichen Kanalbetrieb übersteigenden Wassermenge gefüllt. In Folge dessen wird kein Wasser in den See von Mittersheim gelassen bevor nicht der See von Rixingen gefüllt ist.

Art. 3. Das zum Durchschleusen von Schiffen erforderliche Wasser wird auf beiden Seiten der Scheitelhaltung jederzeit ohne Rücksicht auf die Staatsangehörigkeit der Schiffe geliefert.

Art. 4. Beiderseitig werden die nöthigen Massnahmen getroffen um die gute Unterhaltung der Kanalanlagen und die sparsame Verwendung des Wassers zu sichern.

Art. 5. Die französischen wie die deutschen Ingenieure werden sich jeder direkten Einwirkung auf die Angestellten und jeder direkten Verfügung bezüglich der Kanalanlagen ausserhalb ihrer betreffenden Bezirke enthalten.

Die erforderlichen Anordnungen zur Ausführung dieser Vereinbarung werden auf der französischen Strecke durch den Ingenieur de l'Arrondissement de Nancy und auf der deutschen Strecke durch den Wasserbau-Bezirksingenieur zu Saarburg oder deren Stellvertreter getroffen.

Art. 6. Die Oberingenieure beider Verwaltungen werden sich gegenseitig von den auf jeder Seite der Grenze beabsichtigten Trockenlegungen und von allen anderen Vorgängen, welche das Interesse der durchgehenden Schifffahrt berühren, Nachricht geben.

Die im Art. 5 benannten Beamten werden sich über die Einzelheiten des laufenden Dienstes bezüglich der im Art. 1 und 2 angegebenen Wasserversorgung, als die Höhe und Dauer des Oeffnens der Schützen der Schleuse No. 14, die beim Füllen der Haltungen zu beobachtenden Vorsichtsmassregeln und Aehnliches verständigen.

Art. 7. Auch falls die deutsche Regierung Aenderungen an der Kanalanlage oder Neubauten vornehmen sollte in Folge deren eine Steigerung des Wasserverbrauches auf der deutschen Seite eintritt, wird sie den westlichen Abfall des Rhein-Marne-Kanals immer in derselben Weise speisen, wie dies durch die gegenwärtige Vereinbarung festgesetzt ist.

Art. 8. Die vorliegende Vereinbarung tritt nach erfolgter Genehmigung der beiden Regierungen mit dem 1. Juli 1873 in Kraft.

So geschehen und doppelt ausgefertigt Strassburg, den 23 April 1873.

v. Sybel.	*Grebenau.*	*Friedberg.*
de Clercq.	*E. Orsel.*	*E. Renaudin.*

25.

ALLEMAGNE, FRANCE.

Convention concernant la communication télégraphique internationale pour le service du canal de la Marne au Rhin;
signée à Igney-Avricourt, le 20 mars 1883 *).

Journal officiel du 2 sept. 1883.

Le gouvernement de la République française et le gouvernement de
l'empire allemand s'étant mis d'accord pour soumettre à une conférence le
projet de raccordement des lignes télégraphiques qui existent en France et
en Allemagne le long du canal de la Marne au Rhin,

Les commissaires soussignés, représentant les administrations des télégraphes et des travaux publics des deux pays, savoir:

Du côté du gouvernement français:

MM. Le Joyaut, inspecteur, ingénieur des télégraphes,

Borssat, directeur des postes et télégraphes de Meurthe-et-Moselle,

Holtz, ingénieur en chef du canal de la Marne au Rhin,

Siegler, ingénieur du canal de la Marne au Rhin,

Tous résidant à Nancy;

Du côté du gouvernement allemand:

MM. Münch, inspecteur des télégraphes, à Metz,

Doell, ingénieur du canal de la Marne au Rhin, à Sarrebourg,

Se sont réunis à Igney-Avricourt, le 20 mars 1883, et, sous réserve
de l'approbation de chacun des gouvernements intéressés, sont convenus de
ce qui suit:

Art. 1er. — Il a été établi pour le service du canal de la Marne au
Rhin, le long de ce canal, en France et en Allemagne, des lignes télégraphiques qui s'étendent, du côté allemand, jusqu'à l'écluse 6, près de l'étang
de Réchicourt, du côté français, jusqu'à l'écluse 14, près Xures.

L'absence d'une communication entre ces deux lignes télégraphiques
présente de sérieux inconvénients, notamment pour le service de l'alimentation, qui exige une entente particulière entre les ingénieurs ou agents des
deux pays.

En conséquence, les lignes télégraphiques existantes seront prolongées
jusqu'à la frontière et réunies entre elles.

Art. 2. — Les deux gouvernements établiront, chacun sur son territoire et à ses frais, la ligne nouvelle ainsi que les installations nécessaires,
dans les postes frontières, aux écluses 18 (Lagarde) et 14 (Xures).

Ils mettront la nouvelle ligne en exploitation aussitôt après son achèvement et se chargeront de l'entretenir et d'en assurer l'exploitation, chacun
sur son territoire et à ses frais.

Art. 8. — Entre les écluses 18 et 14, on se servira pour les commu-

---

*) Les instruments d'approbation ont été échangées à Paris, le 20 août 1883.

nications télégraphiques internationales du système Morse à courant continu. Le passage du système à courant continu, en usage en Allemagne, au système à courant intermittent, employé en France, se fera à l'écluse 14 (Xures).

Les dépêches pourront être rédigées en français ou en allemand.

Art. 4. — Les dépêches à échanger entre les agents des administrations française et allemande du canal devront être exclusivement relatives au service du canal.

Celles de ces dépêches qui se rapporteront aux questions d'alimentation pourront être expédiées et reçues par les agents de tout grade des deux pays, mais les télégrammes concernant d'autres affaires de service ne pourront être envoyés et reçus que par les ingénieurs ou leurs délégués.

Art. 5. — Les administrations française et allemande des télégraphes se réserveront le contrôle, chacun sur son propre territoire, du service télégraphique international.

Ces administrations ne comptent prélever aucune taxe sur les dépêches internationales échangées pour les besoins du service des canaux. Elles se réservent cependant le droit ultérieur de taxe à l'effet de prévenir les abus.

Art. 6. — La présente convention entrera en vigueur aussitôt qu'elle aura été ratifiée par chacun des deux gouvernements.

Elle pourra être dénoncée par chacune des parties contractantes, à condition de prévenir l'autre une année d'avance.

Le présent procès-verbal a été lu, adopté par les soussignés et expédié en quatre exemplaires identiques, dont deux ont été remis, après signature, à chacune des parties contractantes.

Ainsi fait et arrêté, à Igney-Avricourt, le 20 mars 1883.

Le Joyant.   *Borssat.*   *Holtz.*   *Siegler.*   *Munch.*   *Doell.*

26.

ALLEMAGNE, FRANCE.

Protocole portant modification ou interprétation du Règlement du 23 avril 1873 sur l'alimentation du canal de la Marne au Rhin*); signé à Igney-Avricourt, le 8 novembre 1883**).

Journal officiel du 26 janv. 1884.

Ce 8 novembre 1883, les soussignés:

M. de Hell, consul général de France à Francfort,

M. Holtz, ingénieur en chef à Nancy,

---

*) V. ci-dessus, No. 24.
**) Les actes d'approbation des Gouvernements français et allemand ont été échangées à Paris, le 9 janv. 1884.

M. Siegler, ingénieur ordinaire à Nancy, commissaire du gouvernement français ,

Et M. Metz, conseiller ministériel à Strasbourg,

M. Willgerodt, conseiller ministériel et directeur des travaux hydrauliques à Strasbourg,

M. Doell, ingénieur de la navigation à Sarrebourg, commissaires du gouvernement de l'empire allemand;

Se sont réunis à Igney-Avricourt, en vertu des instructions de leurs gouvernements, pour examiner les questions relatives à la modification ou à l'interprétation du règlement du 23 avril 1873, sur l'alimentation du canal de la Marne au Rhin.

Après avoir discuté d'une manière approfondie les questions dont il s'agit, les commissaires des deux pays se sont mis d'accord sur les points suivants:

1° Il n'y a pas, pour le moment, nécessité urgente de reviser le règlement de 1873. Il conviendrait plutôt d'ajourner cette revision tant que la transformation du canal de la Marne au Rhin ne serait pas décidée également sur territoire allemand;

2° Par les »eaux disponibles des crues de la Sarre« mentionnées à l'article 2 du règlement précité il faut entendre:

a) Le débit journalier de 140,000^{m3}, nécessaire pour la marche des usines de la Sarre;

b) Les besoins normaux de l'alimentation et des éclusées du canal de la Marne au Rhin et du canal de la Sarre jusqu'à Mittersheim.

Mais l'accord n'a pu s'établir sur la signification à attribuer au mot premières dans la phrase: »L'étang de Réchicourt . . . . . . sera rempli chaque année, comme par le passé, au moyen des premières eaux disponibles des crues de la Sarre.«

Par cette expression, les commissaires allemands entendent les premières hautes eaux qui se produisent après une date déterminée et qui dépassent les besoins ci-dessus désignés des usines et des canaux. Dans leur opinion, ces hautes eaux doivent être envoyées en premier lieu dans l'étang de Réchicourt jusqu'à ce que celui-ci soit rempli par ces eaux, concurremment avec celles de son bassin versant, tout le surplus restant à la libre disposition de l'administration allemande.

Les commissaires français interprètent, au contraire, l'article 2 en ce sens que, sous le régime du règlement de 1873, et abstraction faite du relèvement du mouillage et de l'allongement des écluses sur la section française, les eaux disponibles de la Sarre, définies ci-dessus, doivent être envoyées dans l'étang de Réchicourt chaque fois que celui-ci n'est pas plein, non-seulement une fois par an, mais à chacune des crues de la Sarre.

Toutes réserves faites sur cette question d'interprétation, les commissaires des deux pays se sont mis d'accord pour arrêter les règles suivantes qui seront appliquées jusqu'à la conclusion d'une convention nouvelle:

a) L'année dont il est fait mention à l'article 2 du règlement courra du 1er octobre de chaque année au 30 septembre de l'année suivante.

b) Après un premier remplissage de l'étang de Réchicourt, l'administration allemande emploiera, de la même manière que par le passé, le surplus des hautes eaux disponibles à l'alimentation de la section française, tant qu'il n'en résultera pas pour elle de dépense spéciale.

Par contre, en cas de pénurie d'eau, l'administration française réduira le mouillage à 1 mètre 60 sur le versant ouest du canal, et, s'il est nécessaire d'abaisser encore davantage le plan d'eau, le mouillage sera limité à la même cote sur la section française que sur la section allemande. Toutefois l'administration française conserve le droit de relever transitoirement le plan d'eau de ses biefs au moyen de machines.

Il est entendu que le mot »pénurie d'eau« s'applique au cas où l'étang de Réchicourt étant vide, le débit de la Sarre sera égal ou inférieur à 140,000^{m3} par jour.

c) Les ingénieurs compétents des deux pays se renseigneront régulièrement au commencement de chaque mois, ou plus souvent s'il est nécessaire, sur la consommation d'eau du canal et sur les ressources disponibles pour le versant ouest.

A cet effet, les commissaires des deux pays émettent le vœu que le télégraphe international le long du canal de la Marne au Rhin soit établi dans le plus court délai possible.

En ce qui concerne l'avenir, les commissaires français expriment le désir que les études qui pourraient être faites par l'administration allemande dans le but de créer les ressources alimentaires nécessaires pour relever de 2 mètres le mouillage sur le territoire allemand, comprennent le supplément nécessaire à l'exhaussement, déjà en partie réalisé, du mouillage sur le territoire français.

Les commissaires allemands se déclarent prêts à appuyer cette demande auprès de leur administration.

Si l'accord s'établit entre les deux gouvernements pour la création de nouvelles ressources alimentaires communes, les commissaires français admettent que leur administration devra intervenir dans la dépense des installations nouvelles pour une part correspondante à déterminer ultérieurement.

Après lecture faite, les commissaires ont signé le présent procès-verbal, qu'ils soumettront à leurs gouvernements.

De Hell. *Holtz.* *Siegler.* *Mets.* *Willgerodt.* *Doell.*

27.

ALLEMAGNE, ITALIE.

Convention concernant la protection des oeuvres littéraires ou artistiques suivie de deux Protocoles, signée à Berlin, le 20 juin 1884*).

Deutsches Reichsgesetzblatt, 1884 No. 26.

Convention.

Sa Majesté l'Empereur d'Allemagne, Roi de Prusse, au nom de l'Empire Allemand, et Sa Majesté le Roi d'Italie, également animés du désir de garantir, d'une manière plus efficace, dans les deux pays, la protection des oeuvres littéraires ou artistiques, ont résolu de conclure à cet effet une Convention spéciale, et ont nommé pour leurs Plénipotentiaires, savoir:

Sa Majesté l'Empereur d'Allemagne, Roi de Prusse:

Monsieur le docteur Clément Auguste Busch, Son Sous-secrétaire d'Etat au Département des Affaires Etrangères, Son Conseiller actuel intime de Légation;

et

Sa Majesté le Roi d'Italie:

Monsieur Edouard Comte de Launay, Son Ambassadeur Extraordinaire et Plénipotentiaire près Sa Majesté l'Empereur d'Allemagne, Roi de Prusse;

lesquels, après avoir échangé leurs pleins-pouvoirs, trouvés en bonne et due forme, sont convenus des articles suivants:

Art. 1. Les auteurs d'oeuvres littéraires ou artistiques, que ces oeuvres soient publiées ou non, jouiront, dans chacun des deux pays réciproquement, des avantages qui y sont ou y seront accordés par la loi pour la protection des ouvrages de littérature ou d'art, et ils y auront la même protection et le même recours légal contre toute atteinte portée à leurs droits, que si cette atteinte avait été commise à l'égard d'auteurs nationaux.

Toutefois ces avantages ne leur seront réciproquement assurés que pendant l'existence de leurs droits dans leurs pays d'origine, et la durée de leur jouissance dans l'autre pays ne pourra excéder celle fixée par la loi pour les auteurs nationaux.

L'expression »oeuvres littéraires ou artistiques« comprend les livres, brochures ou autres écrits; les oeuvres dramatiques, les compositions musicales, les oeuvres dramatico-musicales; les oeuvres de dessin, de peinture, de sculpture, de gravure; les lithographies, les illustrations, les cartes géographiques; les plans, croquis et oeuvres plastiques, relatifs à la géographie, à la topographie, à l'architecture ou aux sciences naturelles; et en général toute production quelconque du domaine littéraire, scientifique ou artistique.

---

*) Les ratifications ont été échangées à Berlin, le 23 août 1884.

Art. 2. Les stipulations de l'article 1er s'appliqueront également aux éditeurs d'oeuvres publiées dans l'un des deux pays et dont l'auteur appartiendrait à une nationalité tierce.

Art. 3. Les mandataires légaux ou ayants-cause des auteurs, éditeurs, traducteurs, compositeurs, dessinateurs, peintres, sculpteurs, graveurs, architectes, lithographes etc. jouiront réciproquement et à tous égards des mêmes droits que ceux que la présente Convention accorde aux auteurs, éditeurs, traducteurs, compositeurs, dessinateurs, peintres, sculpteurs, graveurs, architectes et lithographes eux-mêmes.

Art. 4. Sera réciproquement licite la publication, dans l'un des deux pays, d'extraits ou de morceaux entiers d'un ouvrage ayant paru pour la première fois dans l'autre, pourvu que cette publication soit spécialement appropriée et adaptée pour l'enseignement, ou qu'elle ait un caractère scientifique.

Sera également licite la publication réciproque de chrestomathies composées de fragments d'ouvrages de divers auteurs, ainsi que l'insertion, dans une chrestomathie ou dans un ouvrage original publié dans l'un des deux pays, d'un écrit entier de peu d'étendue publié dans l'autre.

Il est entendu qu'il devra toujours être fait mention du nom de l'auteur ou de la source à laquelle seront empruntés les extraits, morceaux, fragments ou écrits dont il s'agit dans les deux paragraphes précédents.

Les dispositions du présent article ne sont pas applicables aux compositions musicales insérées dans des recueils destinés à des écoles de musique; une insertion de cette nature sans le consentement du compositeur étant considérée comme une reproduction illicite.

Art. 5. Les articles extraits de journaux ou recueils périodiques publiés dans l'un des deux pays pourront être reproduits, en original ou en traduction, dans l'autre pays.

Mais cette faculté ne s'étendra pas à la reproduction, en original ou en traduction, des romans-feuilletons ou des articles de science ou d'art.

Il en sera de même pour les autres articles de quelque étendue, extraits de journaux ou de recueils périodiques, lorsque les auteurs ou éditeurs auront expressément déclaré, dans le journal ou le recueil même où ils les auront fait paraître, qu'ils en interdisent la reproduction.

En aucun cas l'interdiction stipulée au paragraphe précédent ne s'appliquera aux articles de discussion politique.

Art. 6. Le droit de protection des oeuvres musicales entraîne l'interdiction des morceaux dits arrangements de musique, ainsi que d'autres morceaux ou composés, sans le consentement de l'auteur, sur des motifs extraits de ces oeuvres ou reproduisant l'oeuvre originale avec des modifications, des réductions ou des additions.

Les contestations qui s'élèveraient sur l'application de cette clause demeureront réservées à l'appréciation des tribunaux respectifs conformément à la législation de chacun des deux pays.

Art. 7. Pour assurer à tous les ouvrages de littérature ou d'art la protection stipulée à l'article 1er et pour que les auteurs desdits ouvrages soient, jusqu'à preuve contraire, considérés comme tels et admis en conséquence devant les tribunaux des deux pays à exercer des poursuites contre les contrefaçons, il suffira que leur nom soit indiqué sur le titre de l'ouvrage, au bas de la dédicace ou de la préface, ou à la fin de l'ouvrage.

Pour les oeuvres anonymes ou pseudonymes, l'éditeur dont le nom est indiqué sur l'ouvrage, est fondé à sauvegarder les droits appartenant à l'auteur. Il est sans autre preuve réputé ayant-droit de l'auteur anonyme ou pseudonyme.

Toutefois la jouissance du bénéfice de l'article 1er est subordonnée à l'accomplissement, dans le pays d'origine, des formalités, qui y sont prescrites par les lois ou règlements en vigueur par rapport à l'ouvrage pour lequel la protection sera réclamée.

Art. 8.   La protection stipulée par l'article 1er sera acquise à l'égard de la représentation publique des oeuvres dramatiques ou dramatico-musicales, que ces oeuvres soient publiées ou non.

Les stipulations de l'article 1er s'appliqueront également à l'exécution publique des oeuvres musicales non-publiées, ou bien publiées, mais dont l'auteur aura expressément déclaré sur le titre ou en tête de l'ouvrage, qu'il en interdit l'exécution publique.

Art. 9.   Sont expressément assimilées aux ouvrages originaux les traductions faites, dans l'un des deux pays, d'ouvrages nationaux ou étrangers. Ces traductions jouiront à ce titre de la protection stipulée par l'article 1er en ce qui concerne leur reproduction non-autorisée dans l'autre pays.

Il est bien entendu, toutefois, que l'objet du présent article est simplement de protéger le traducteur par rapport à la version qu'il a donnée de l'ouvrage original, et non pas de conférer le droit exclusif de traduction au premier traducteur d'un ouvrage quelconque, écrit en langue morte ou vivante, hormis le cas et les limites prévus par l'article ci-après.

Art. 10.   Les auteurs de chacun des deux pays jouiront, dans l'autre pays, du droit exclusif de traduction sur leurs ouvrages pendant dix années après la publication de la traduction de leur ouvrage autorisée par eux.

La traduction devra être publiée dans l'un des deux pays.

Pour jouir du bénéfice de cette disposition, ladite traduction autorisée devra paraître en totalité dans le délai de trois années à compter de la publication de l'ouvrage original.

Pour les ouvrages publiés par livraisons, le terme de trois années stipulé au paragraphe précédent ne commencera à courir qu'à dater de la publication de la dernière livraison de l'ouvrage original.

Dans le cas où la traduction d'un ouvrage paraîtrait par livraisons, le terme de dix années stipulé au paragraphe 1er , ne commencera également à courir qu'à dater de la publication de la dernière livraison de la traduction.

Il est entendu que pour les oeuvres composées de plusieurs volumes publiés par intervalles, ainsi que pour les bulletins ou cahiers publiés par des sociétés littéraires ou savantes ou par des particuliers, chaque volume, bulletin ou cahier sera, en ce qui concerne les termes de dix années et de trois années, considéré comme un ouvrage séparé.

Les auteurs d'oeuvres dramatiques ou dramatico-musicales seront, pendant la durée de leur droit exclusif de traduction, réciproquement protégés contre la représentation publique non-autorisée de la traduction de leurs ouvrages.

Art. 11. Lorsque l'auteur d'une oeuvre musicale ou dramatico-musicale aura cédé son droit de publication à un éditeur pour le territoire de l'un des deux pays à l'exclusion de l'autre, les exemplaires ou éditions de cette oeuvre ainsi publiés ne pourront être vendus dans ce dernier pays, et l'introduction de ces exemplaires ou éditions y sera considérée et traitée comme mise en circulation d'une contrefaçon.

Les ouvrages auxquels s'applique cette disposition devront porter, sur leur titre et couverture, les mots : »Edition interdite en Allemagne (en Italie)«.

Toutefois ces ouvrages seront librement admis dans les deux pays pour le transit à destination d'un pays tiers.

Les dispositions du présent article ne sont pas applicables à des ouvrages autres que les oeuvres musicales ou dramatico-musicales.

Art. 12. L'introduction, l'exportation, la circulation, la vente et l'exposition, dans chacun des deux pays, d'ouvrages contrefaits ou d'objets de reproduction non-autorisée, sont prohibées, soit que lesdites contrefaçons ou reproductions non-autorisées proviennent de l'un des deux pays, soit qu'elles proviennent d'un pays tiers quelconque.

Art. 18. Toute contravention aux dispositions de la présente Convention entraînera les saisies, confiscation, condamnations aux peines correctionnelles et aux dommages-intérêts, déterminées par les législations respectives, de la même manière que si l'infraction avait été commise au préjudice d'un ouvrage ou d'une production d'origine nationale.

Les caractères constituant la contrefaçon ou la reproduction illicite seront déterminés par les tribunaux respectifs d'après la législation en vigueur dans chacun des deux pays.

Art. 14. Les dispositions de la présente Convention ne pourront porter préjudice en quoi que ce soit, au droit qui appartient à chacune des deux Hautes Parties contractantes de permettre, de surveiller ou d'interdire, par des mesures de législation ou de police intérieure, la circulation, la représentation, ou l'exposition de tout ouvrage ou production à l'égard desquels l'autorité compétente aurait à exercer ce droit.

La présente Convention ne porte également aucune atteinte au droit de l'une au de l'autre des deux Hautes Parties contractantes de prohiber l'importation sur son propre territoire des livres qui, d'après ses lois intérieures ou des stipulations souscrites avec d'autres Puissances, sont ou seraient déclarés être des contrefaçons.

Art. 15. Les dispositions contenues dans la présente Convention seront applicables aux oeuvres antérieures à sa mise en vigueur, sous les réserves et conditions énoncées au protocole qui s'y trouve annexé.

Art. 16. Les Hautes Parties contractantes conviennent, que tout avantage ou privilège plus étendu qui serait ultérieurement accordé par l'une d'Elles à une tierce Puissance, en ce qui concerne les dispositions de la présente Convention, sera, sous condition de réciprocité, acquis de plein droit aux auteurs de l'autre pays ou à leurs ayants-cause.

Elles se réservent d'ailleurs la faculté d'apporter, d'un commun accord, à la présente Convention toute amélioration ou modification dont l'expérience aurait démontré l'opportunité.

Art. 17. La présente Convention est destinée à remplacer les Conventions littéraires qui ont été antérieurement conclues entre l'Italie d'une part et la Confédération de l'Allemagne du Nord, les Royaumes de Bavière et de Wurtemberg, le Grand-duché de Bade et le Grand-duché de Hesse d'autre part.

Elle restera en vigueur pendant six années à partir du jour où elle aura été mise à exécution et continuera ses effets jusqu'à ce qu'elle ait été dénoncée par l'une ou l'autre des Hautes Parties contractantes et pendant une année encore après sa dénonciation.

Art. 18. La présente Convention sera ratifiée et les ratifications en seront échangées à Berlin le plus tôt possible.

Elle sera exécutoire dans les deux pays trois mois après l'échange des ratifications.

En foi de quoi les Plénipotentiaires respectifs ont signé la présente Convention et l'ont revêtue du cachet de leurs armes.

Fait à Berlin, le 20 Juin 1884.

Busch.   *Launay.*

Protocole.

Les Plénipotentiaires soussignés ayant jugé nécessaire de préciser et réglementer les droits accordés, par l'article 15 de la Convention Littéraire conclue en date de ce jour entre l'Allemagne et l'Italie, aux auteurs d'ouvrages antérieurs à la mise en vigueur de cette Convention, sont convenus de ce qui suit:

1º. Le bénéfice des dispositions de la Convention conclue en date de ce jour est acquis aux oeuvres littéraires et artistiques antérieures à la mise en vigueur de la Convention, qui ne jouiraient pas de la protection légale contre la réimpression, la reproduction, l'exécution ou la représentation publiques non-autorisées, ou la traduction illicite, ou qui auraient perdu cette protection par suite du non-accomplissement des formalités exigées.

L'impression des exemplaires en cours de fabrication licite au moment de la mise en vigueur de la présente Convention pourra être achevée: ces exemplaires ainsi que ceux qui seraient déjà licitement imprimés à ce même moment, pourront, non-obstant les dispositions de la Convention, être mis en circulation et en vente, sous la condition que, dans un délai de trois mois, un timbre spécial sera apposé, par les soins des Gouvernements respectifs, sur les exemplaires commencés ou achevés lors de la mise en vigueur.

De même les appareils, tels que clichés, bois et planches gravés de toute sorte, ainsi que les pierres lithographiques, existant lors de la mise en vigueur de la présente Convention, pourront être utilisés pendant un délai de quatre ans à dater de cette mise en vigueur, après avoir été revêtus, dans les trois mois mentionnés au paragraphe précédent d'un timbre spécial.

Il sera dressé, par les soins des Gouvernements respectifs, un inventaire des exemplaires d'ouvrages et des appareils autorisés aux termes du présent article.

2° Quant aux œuvres dramatiques ou dramatico-musicales publiées dans l'un des deux pays et représentées publiquement, en original ou en traduction, dans l'autre pays antérieurement à la mise en vigueur de la présente Convention, elles ne jouiront de la protection légale contre la représentation illicite qu'autant qu'elles auraient été protégées aux termes des Conventions italo-allemandes mentionnées à l'article 17.

3° Pour ce qui concerne les œuvres musicales, publiées dans l'un des deux pays avant la mise en vigueur de la Convention, mais qui n'auraient pas été exécutées publiquement dans l'autre pays avant cette époque, elles jouiront de la protection stipulée par les articles 8 et 15 même dans le cas où l'auteur ne se serait pas expressément réservé le droit d'exécution, comme il est tenu, par l'article 8, à le faire pour les œuvres publiées après la mise en vigueur de la Convention, lorsqu'il veut s'assurer ce droit.

4° Le bénéfice des dispositions de la présente Convention est également acquis aux ouvrages qui, publiés depuis moins de trois mois au moment de sa mise en vigueur, seraient encore dans le délai légal pour l'enregistrement prescrit par les Conventions italo-allemandes mentionnées à à l'article 17; et ce sans que les auteurs soient astreints à l'accomplissement de cette formalité.

5° Pour le droit de traduction, ainsi que pour la représentation publique en traduction des ouvrages dont la protection sera, au moment de la mise en vigueur de la présente Convention, garantie encore par les Conventions antérieures, la durée de ce droit, que ces dernières Conventions limitaient à cinq années, sera prorogée à dix années dans le cas où le délai de cinq années ne sera pas encore expiré au moment de la mise en vigueur de la présente Convention, ou bien si, ce délai étant expiré, aucune traduction n'a paru, depuis lors, ou aucune représentation n'a eu lieu.

Les auteurs jouiront également pour le droit de traduction de leurs ouvrages et pour la représentation publique en traduction des œuvres dramatiques ou dramatico-musicales, des avantages accordés par la présente Convention en ce qui concerne les délais stipulés par les Conventions antérieures pour le commencement ou l'achèvement des traductions, sous les réserves fixées au paragraphe précédent.

Le présent Protocole, qui sera considéré comme faisant partie intégrante de la Convention en date de ce jour et ratifié avec elle, aura même force, valeur et durée que cette Convention.

En foi de quoi les Plénipotentiaires soussignés ont dressé le présent Protocole et y ont apposé leurs signatures.

Fait à Berlin, le 20 Juin 1884.

Busch. *Launay.*

Protocole de Clôture.

Au moment de procéder à la signature de la Convention pour la garantie réciproque de la protection des oeuvres de littérature ou d'art, conclue à la date de ce jour entre l'Allemagne et l'Italie, les Plénipotentiaires soussignés ont énoncé les déclarations et réserves suivantes:

1º Aux termes de la législation de l'Empire allemand la durée de la protection légale contre la contrefaçon ou la reproduction illicite étant, pour les ouvrages anonymes ou pseudonymes, limitée en Allemagne à trente années à partir de la publication, à moins que lesdits ouvrages ne soient, dans les trente ans, enregistrés sous le vrai nom de l'auteur, il est entendu que les auteurs d'oeuvres anonymes ou pseudonymes publiées dans l'un des deux pays, ou leurs ayants-cause légalement autorisées, auront la faculté de s'assurer dans l'autre pays le bénéfice de la durée normale du droit de protection, en faisant, dans le délai de trente ans ci-dessus mentionné, enregistrer ou déposer leurs oeuvres sous leur véritable nom dans le pays d'origine, suivant les lois ou règlements en vigueur dans ce pays.

2º Le Plénipotentiaire italien ayant énoncé, ou nom de son Gouvernement, le désir de comprendre expressément les oeuvres chorégraphiques parmi les ouvrages à protéger contre la représentation publique aux termes de l'article 8 de la Convention, le Plénipotentiaire allemand a déclaré ne pouvoir adhérer à ce désir, vu que conformément à l'esprit de la législation de l'Empire, laquelle ne fait point mention des oeuvres chorégraphiques, il doit être réservé aux tribunaux de juger, le cas échéant, si la protection accordée aux oeuvres dramatiques ou dramatico-musicales contre la représentation illicite comprend ou non les oeuvres chorégraphiques.

3º Afin de rendre, dans la pratique, encore plus efficace la défense de représenter ou d'exécuter illicitement une oeuvre adaptée à la représentation publique, une production chorégraphique ou une composition musicale, la législation du Royaume d'Italie accorde à ces ouvrages, outre la protection ayant pour but de condamner ceux qui auraient porté atteinte à ce droit de l'auteur et à laquelle se réfère la stipulation de l'article 8 de la Convention, une protection préventive, en appelant l'autorité administrative à empêcher la représentation ou l'exécution de l'oeuvre lorsqu'on ne lui produit pas le consentement écrit de l'auteur ou de ses ayants-cause.

Bien qu'une protection préventive analogue ne puisse être accordée en Allemagne aux auteurs italiens d'après la législation qui y est actuellement en vigueur, il a été convenu que les auteurs allemands ou leurs ayants-cause jouiront en Italie des faveurs spéciales susindiquées, à la condition toutefois, de remplir les formalités requises par l'article 14 de la loi italienne du 19 Septembre 1882 ainsi que par les articles 2, 3 et 14 du règlement de la même date et de payer les taxes qui y sont prescrites.

D'ailleurs les Soussignés sont convenus que dans le cas où, tôt ou tard, la législation de l'Empire viendrait à accorder aux auteurs nationaux une protection préventive analogue à celle mentionnée ci-dessus, les auteurs italiens ou leurs ayants-cause en profiteront de plein droit, à la condition cependant de se soumettre aux formalités et aux taxes qui seraient éventuellement prescrites pour les nationaux.

4⁰ La législation de l'Empire allemand ne permettant pas de comprendre les oeuvres photographiques au nombre des ouvrages auxquels s'applique ladite Convention, les deux Gouvernements se réservent de s'entendre ultérieurement sur les dispositions spéciales à prendre, d'un commun accord, à l'effet d'assurer réciproquement dans les deux pays la protection desdites oeuvres photographiques.

En foi de quoi les Plénipotentiaires soussignés ont dressé le présent Protocole, qui sera considéré comme approuvé et sanctionné par les Gouvernements respectifs, sans autre ratification spéciale, par le seul fait de l'échange des ratifications sur la Convention à laquelle il se rapporte et y ont apposé leurs signatures.

Fait à Berlin, le 20 Juin 1884.

Busch.   *Launay.*

28.
ALLEMAGNE, GRÈCE.

Traité de commerce et de navigation suivi de deux tarifs; signé à Athènes, le 9 juillet (27 juin) 1884*).

Deutsches Reichsgesetzblatt, 1885, No. 9.

Sa Majesté l'Empereur d'Allemagne, Roi de Prusse, et Sa Majesté le Roi des Hellènes, animés du désir de faciliter et de développer les relations de commerce et de navigation entre les deux pays, ont résolu de conclure dans ce but un traité, et ont, à cet effet, nommé pour Leurs Plénipotentiaires, savoir:

Sa Majesté l'Empereur d'Allemagne, Roi de Prusse:
> Monsieur le Baron François Egon de Brincken, Son Envoyé Extraordinaire et Ministre Plénipotentiaire près Sa Majesté le Roi des Hellènes;

Sa Majesté le Roi des Hellènes:
> Monsieur Alexandre A. Contostavlos, Son Ministre des Affaires Etrangères,

lesquels, après s'être communiqué leur pleins-pouvoirs respectifs, trouvés en bonne et due forme, ont conclu le traité de commerce et de navigation qui suit:

Art 1. Il y aura pleine et entière liberté de commerce et de navigation entre les deux Hautes Parties contractantes.

Les sujets de chacune des deux Hautes Parties contractantes jouiront dans le territoire de l'autre Partie en matière de commerce, de navigation et d'industrie, des mêmes droits, privilèges et faveurs quelconques, qui sont

---

*) Les ratifications ont été échangées à Athènes, le 20 février 1885.

ou seront accordés aux nationaux ou aux sujets de l'Etat le plus favorisé et ne seront pas assujettis à aucunes taxes, impositions, restrictions ou charges générales ou locales de quelque nature que ce soit, autres ou plus onéreuses que celles auxquelles sont ou seront soumis les nationaux et les sujets de l'État le plus favorisé.

Les dispositions précédentes ne sont pas applicables aux pharmaciens, courtiers de commerce, aux colporteurs et autres personnes qui professent une industrie exclusivement ambulante; ces industriels jouiront du même traitement que les sujets exerçant la même profession de l'État le plus favorisé.

Art. 2. Les sujets de chacune des Hautes Parties contractantes auront dans le territoire de l'autre Partie le même droit que les nationaux, de posséder toute espèce de propriété mobilière ou immobilière, de l'acquérir et d'en disposer par vente, échange, donation, testament ou d'autre manière, ainsi que d'hériter ab intestat.

Ils ne seront non plus, dans aucun des cas précités, soumis à des taxes ou impôts autres ou plus élevés que les nationaux.

Art. 3. Les Allemands en Grèce et les Grecs en Allemagne auront complète liberté comme les nationaux de vaquer à leurs affaires soit en personne soit par l'intermédiaire d'agents de leur choix, sans être tenus pour cette raison de payer une indemnité ou retribution quelconque, soit à des individus, soit à des corporations privilégiées, qui ne serait pas due par les nationaux eux-mêmes.

Ils auront libre accès dans les tribunaux pour faire valoir et défendre leurs droits; ils jouiront sous ce rapport des mêmes droits et privilèges que les nationaux et pourront comme ceux-ci, dans toute action judiciaire, se servir des avocats, fondés de pouvoir ou agents admis par les lois du pays.

Art. 4. Les sociétés par actions et autres sociétés commerciales, industrielles ou financières qui sont établies dans le territoire de l'une des Hautes Parties contractantes conformément âux lois en vigueur dans ce pays, pourront exercer sur le territoire de l'autre Partie tous les droits qui sont accordés aux sociétés analogues de l'État le plus favorisé.

Art. 5. Les sujets de chacune des deux Hautes Parties contractantes seront exempts, dans le territoire de l'autre Partie, de tout service militaire, aussi bien dans l'armée régulière et la marine que dans la milice et la garde nationale. Ils seront également exempts de toute fonction officielle obligatoire, judiciaire, administrative ou municipale, de toutes réquisitions et prestations militaires ainsi que des emprunts forcés et autres charges qui pourront être imposées pour des besoins de guerre ou par suite d'autres circonstances extraordinaires; seront toutefois exceptées les charges qui sont attachés à la possession d'un bien-fonds ou d'un bail et les prestations militaires, auxquelles les nationaux et les sujets de l'Etat le plus favorisé peuvent être appelés à concourir.

Ils ne pourront, ni personnellement ni pour leurs propriétés mobilières et immobilières, être soumis à d'autres obligations, restrictions, taxes et impôts que ceux auxquels seront soumis les nationaux.

Art. 6. Si des négociants de l'une des Hautes Parties contractantes voyagent eux-mêmes ou font voyager dans le territoire de l'autre Partie leurs commis, agents ou autres représentants, dans le but de faire des achats ou de recevoir des commissions soit avec soit sans échantillons, ainsi que dans l'intérêt général de leurs affaires commerciales et industrielles, ces négociants ou leurs susdits représentants ne pourront pour ce motif être soumis à aucun surcroît d'impôt ou de taxe, pourvu que leur qualité de voyageur de commerce soit justifiée par un acte de légitimation délivré par les autorités compétentes de leur pays.

Les objets passibles d'un droit de douane qui sont importés comme échantillons par des marchands, des industriels et des voyageurs de commerce seront de part et d'autre admis en franchise de droits d'entrée et de sortie, à la condition que ces objets soient réexportés, sans avoir été vendus, dans le délai fixé par les lois du pays, et sous réserve de l'accomplissement des formalités de douane nécessaires pour la réexportation ou la réintégration en entrepôt.

La réexportation des échantillons devra être garantie dans les deux pays immédiatement au premier lieu d'entrée, soit par dépôt du montant des droits de douane respectifs, soit par cautionnement.

Les échantillons importés dans chaque pays par des voyageurs de commerce de l'autre pays, pourront, après leur admission par l'autorité douanière du premier lieu d'entrée et durant le délai accordé par la loi, être expédiés par mer à d'autres endroits de ce même pays, sans être soumis à un renouvellement des formalités d'entrée et moyennant une déclaration de transport, faite à l'autorité douanière compétente.

Art. 7. Aussitôt que la protection des modèles, des dessins et des marques de fabrique ou de commerce ainsi que celle des marques ou étiquettes de marchandises ou de leurs emballages sera réglée en Grèce par une loi conformément aux principes généralement admis en cette matière, les Hautes Parties contractantes détermineront par une convention ou par un échange de déclarations les formalités à l'accomplissement desquelles sera subordonnée la jouissance des droits y relatifs conférée de part et d'autre aux nationaux respectifs.

Art. 8. Aucune prohibition d'importation, d'exportation ou de transit ne pourra être établie par l'une des Hautes Parties contractantes à l'égard de l'autre, qui ne soit pas applicable ou en même temps à toutes les nations, ou du moins dans les mêmes circonstances à d'autres nations aussi.

Art. 9. Les objets d'origine ou de manufacture Grecque énumérés dans le tarif A, joint au présent traité, seront admis à leur importation en Allemagne aux droits fixés par ce tarif et d'après les dispositions y contenues.

Les objets d'origine ou de manufacture Allemande énumérés dans le tarif B, joint au présent traité, seront admis à leur importation en Grèce aux droits fixés par ce tarif et d'après les dispositions y contenues.

Les droits d'entrée spécifiés ou non dans les tarifs joints au présent traité seront perçus indépendamment des droits d'accise, de consommation, d'octroi ou autres droits de pareille nature, pour lesquels les produits de chacun des deux États contractants jouiront à leur importation dans l'autre

Etat du traitement, dont les produits nationaux jouissent ou jouiront dans l'avenir.

Art. 10. En ce qui concerne l'importation ou l'exportation des articles mentionnés ou non dans le présent traité et les tarifs y annexés, leur transit ou entreposage, les droits à payer de quelque nature qu'ils soient et les formalités de douane de toute espèce, chacune des Hautes Parties contractantes s'engage à faire profiter l'autre immédiatement sans condition et par ce fait même de toute faveur, de tout privilège ou abaissement des droits d'entrée et de sortie ainsi que de toute autre immunité ou concession qu'elle a accordée ou qu'elle accordera à une tierce Puissance.

Art. 11. Seront considérés comme navires Allemands ou Grecs tous ceux qui doivent être reconnus navires Allemands d'après les lois de l'Empire Allemand, ou navires Grecs d'après les lois de la Grèce.

Art. 12. Les navires de chacun des deux pays seront assimilés dans les ports de l'autre pour tout ce qui regarde l'importation et l'exportation des marchandises, leur transit ou entreposage, aux navires nationaux. Ces marchandises ne seront soumises au paiement de droits de douane autres ou plus élevés que si elles étaient importées, exportées, transitées ou entreposées par des navires nationaux. Elles auront aussi droit aux mêmes privilèges, réductions de taxes, faveurs et restitutions de droit, qui seraient accordées aux marchandises chargées sur des navires du pays.

Art. 13. Les navires d'une des Hautes Parties contractantes qui entreront sur lest ou chargés dans les ports de l'autre Partie, ou qui en sortiront, y seront traités, sous tous les rapports, et quelque soit le lieu de leur départ et de leur destination, sur le même pied que les navires nationaux. Aussi bien à leur entrée et à leur sortie que durant leur séjour, ils n'auront pas à payer d'autres ni de plus forts droits de fanaux, de tonnage, de pilotage, de port, de remorque, de quarantaine ou autres charges, qui pèsent sur la coque du navire sous quelque dénomination que ce soit, et sont perçus au nom et au profit de l'Etat, de fonctionnaires publics, de communes, de corporations quelconques, que ceux dont y sont ou seront passibles les navires nationaux.

En ce qui concerne le placement des navires, leur chargement et leur déchargement dans les ports, rades, havres et bassins, et généralement pour toutes les formalités et dispositions quelconques auxquelles peuvent être soumis les navires de commerce, leurs équipages et leur cargaison, il est convenu qu'il ne sera accordé aux navires nationaux aucun privilège ni aucune faveur qui ne le soit également aux navires de l'autre Partie; la volonté des Hautes Parties contractantes étant que, sous ce rapport aussi, leurs navires soient traités sur le pied d'une parfaite égalité.

Art. 14. Relativement au cabotage, chacune des Hautes Parties contractantes pourra réclamer pour ses navires toutes les faveurs et tous les privilèges que l'autre Partie a accordés ou accordera sous ce rapport à une tierce Puissance, sous la condition qu'elle fasse aussi participer les navires de l'autre Partie aux mêmes faveurs et privilèges.

Les navires de chacune des Hautes Parties contractantes, qui entrent dans un des ports de l'autre Partie pour y compléter leur chargement ou décharger une partie de leur cargaison pourront, en se conformant aux lois et règlements du pays, conserver à leur bord la partie de leur cargaison qui serait destinée à un autre port soit du même pays soit d'un autre et la réexporter sans être astreints à payer pour cette dernière partie de leur cargaison aucun droit sauf ceux de surveillance lesquels d'ailleurs ne pourront être perçus qu'au taux fixé pour la navigation nationale.

Art. 15. Le présent traité s'étend aux pays ou territoires unis actuellement ou dans l'avenir par une union douanière à l'une des Hautes Parties contractantes.

Art. 16. Le présent traité sera ratifié et les ratifications en seront échangées aussitôt que possible.

Il entrera en vigueur dix jours après l'échange de ses ratifications et restera en vigueur pendant les dix années suivantes.

Dans le cas ou aucune des Hautes Parties contractantes n'aura notifié douze mois avant la fin de la dite période son intention de faire cesser les effets du traité, il demeurera obligatoire jusqu'à l'expiration d'une année à partir du jour où l'une ou l'autre des Hautes Parties contractantes l'aura dénoncé.

A partir de l'entrée en vigueur du présent traité, les traités de commerce et de navigation conclus antérieurement entre les Etats particuliers de l'Allemagne et la Grèce cessent d'être valables.

En foi de quoi les Plénipotentiaires respectifs ont signé ce traité et y ont apposé le cachet de leurs armes.

Fait à Athènes en double expédition le $\frac{9\ \text{juillet}}{27\ \text{juin}}$ mil huit cent quatre-vingt-quatre.

Brincken.   Contostavlos.

A.   Droits à l'entrée en Allemagne.

1.	Raisins de Corinthe	les 100 kg	8	marks.
2.	Figues sèches	»	» 8	»
3.	Olives	»	» 80	»
4.	Coton en laine	en franchise de droits.		
5.	Coton non égréné	»	» »	»
6.	Soie, brute, pas teinte	»	» »	»
7.	Soies en cocons	»	» »	»
8.	Minerais de zinc, de manganèse et de chrome	»	» »	»
9.	Soufre	»	» »	»
10.	Marbres, bruts	»	» »	»
11.	Pouzzolaine	»	» »	»
12.	Emeri en pierres brutes	»	» »	»
13.	Avalanèdes	»	» »	»
14.	Eponges de toute sorte	»	» »	»

15. Peaux brutes pour la fabrication de cuir	en franchise de droits.
16. Peaux pour la fabrication des fourrures	» » » »
17. Noix de galle	» » » »
18. Bois de fustet	» » » »
19. Goudron	» » » »
20. Garance (Alizaris)	» » » »

B.

Droits à l'entrée en Grèce.

No.	Dénomination des objets.	Droits.		
		Bases.	Quotités.	
			drachme.	lepta.
1.	Plaques en fonte, en fer forgé ou en acier de toutes dimensions, fers d'angle ou cornettes, feuilles métalliques (feuilles de tôle, de fer laminé ou de fer blanc), fer en cercles; barres en fonte, en fer forgé ou en acier pour chemins de fer; rails ainsi que leurs pièces de raccord, éclisses, boulons, aiguilles, clous et autres pièces servant tous exclusivement à la construction de chemins de fer, en fonte, en fer forgé ou en acier; fils de fer, d'acier ou d'autre métal commun, non ouvragés (c'est à dire non tissés en tamis ou grillage); fils métalliques pour télégraphes et pour sonneries électriques, ressorts de fil pour meubles; ressorts, roues, en acier et ponts de fer pour voies ferrées	—	en franchise de droits	
2.	Poutres en fer à **T**, de toute dimension pour constructions, ainsi que toute autre espèce d'objets en fonte ou en fer forgé pour constructions ou tout autre usage, à l'exception des articles mentionnés à l'article précédent	l'ocque	—	10
3.	Serrures et cadenas en fer ou garnis de bronze (bronze n'ajoutant pas plus de 30 pour cent à la valeur de l'article) .	l'ocque	—	60
4.	Toute sorte d'objets en fer forgé, en tôle ou en fer blanc pour constructions, chemins de fer ou autre usage (à l'ex-			

No.	Dénomination des objets.	Bases.	Droits.	
			Quotités.	
			drachme.	lepta.
	ception des machines, des outils ara-toires, des instruments scientifiques et des objets servant aux navires ou à leur construction, et dont il sera fait mention plus loin), limés ou non, étamés ou non, goudronnés ou non, peints ou non, vernissés ou non, que le vernis contienne ou non de la poudre métallique	l'ocque	—	25
5.	Ouvrages pareils à ceux de l'article pré-cédent, finement polis ou dorés . . .	l'ocque	—	50
6.	Limes et en général tous objets en acier non dénommés, pour constructions, che-mins de fer etc., n'appartenant point à la catégorie d'ouvrages fins . . .	l'ocque	—	50
7.	a) Clous, clous d'épingle et vis, en fer, de tout usage et dimension . . .	l'ocque	—	15
	b) Pareils en cuivre ou en zinc, avec ou sans alliage d'autres métaux communs (le cuivre resp. le zinc prédominant)	—	en franchise de droits	
8.	a) Aiguilles à coudre ou à tricoter en fer non poli ni doré	l'ocque	—	25
	b) Objets semblables à ceux mentionnés au § a ci-dessus, en acier ou en fer poli ou doré	l'ocque	—	50
	Observation. Aux taxations ci-dessus sont soumis aussi les crochets et les aiguilles à broder ou à tricoter, garnis d'une tête en pâte ou d'un manche en os commun, en fil de bronse, en bois ou en métal commun.			
9.	Aiguilles à coudre de toute dimension ou confection en acier, en paquets ou étuis de papier, de bois ou d'autre matière, sans déchet pour les étuis ou les pa-quets en question	l'ocque	2	—
10.	Pompes aspirantes, foulantes ou à feu, en fer ou en autres métaux ou en fer allié à d'autres matières	—	en franchise de droits	
11.	Machines à coudre de toute espèce; par-ties de ces machines, importées sépa-rément	—	en franchise de droits	

No.	Dénomination des objets.	Droits.		
		Bases.	Quotités.	
			drachme.	lepta.
12.	Machines pour l'usage de l'agriculture ou d'ateliers industriels; morceaux ou parties de ces machines, importés séparément. Observation. Les machines servant à couper le tabac, à faire les cigarettes, au raffinage du pétrole, à la confection des cartes à jouer, des allumettes chimiques, ainsi que celles servant à d'autres branches industrielles, dont l'Etat a exclusivement le monopole, ne jouissant d'aucune franchise; l'importation en est prohibée sous peine de confiscation.	—	en franchise de droits	
13.	Comme parties de machines, admises en franchise, ne sont point considérés: a) les fuseaux, bobines et roulettes en bois pour filatures ou fabriques de tissage; b) les tuyaux en cuir, en lin, en jute, en phormium tenax, abaca, chanvre, coton, soie et autres matières végétales ou animales (à l'exception des tuyaux en guttapercha et en caoutchouc); c) les tuyaux et autres articles en verre ou en cristal; d) les tissus métalliques (en fil de métal) à l'exception de cylindres de fil, servant aux fabriques de papier; e) les clous, clous d'épingle et vis, à l'exception de ceux qui sont en cuivre ou en zinc avec ou sans alliage d'autres métaux; f) feutres; g) toute pièce de bois ouvré, qui pourrait avoir une destination quelconque, autre que celle de partie de machine; h) les tuyaux en métal (excepté ceux en cuivre); i) les robinets en métal.			
14.	Instruments et outils pour usages scientifiques en général, de quelque matière qu'ils soient faits . . . . Observation. Sont réputés instruments	—	en franchise de droits	

No.	Dénomination des objets.	Droits.		
		Bases.	Quotités.	
			drachme.	lepta.
	et outils d'usage scientifique: les lancettes, les scarificateurs et tous les instruments de médecine et de chirurgie, de physique, de chimie, d'astronomie, d'optique, d'architecture et d'arpentage, de même les instruments et outils d'un usage plus général ou plus commun, tels que thermomètres, baromètres, boussoles, sabliers, horloges solaires, pédomètres, aréomètres, oenomètres (densimètres), lactomètres, comptegouttes, avec ou sans étuis en matière commune.			
15.	Instruments et outils aratoires en fer, en acier, en bois ou de plusieurs de ces matières combinées . . . . Observation. Sont réputés instruments et outils aratoires: les charrues de toute espèce, les semoirs, les brise-mottes, les pelles, les emondoirs, les faux, les faucilles et les pioches, fonctionnant de quelque manière que ce soit. Des morceaux de bois, servant au maniement des outils ci-dessus, importés à part, ne sont pas réputés en faire partie et sont en conséquence assujettis à des taxes spéciales à raison de la matière dont ils sont faits.	—	en franchise de droits	
16.	Moulins à café, en fer ou en acier, finement polis ou non, dorés ou non, balances à bascule et autres machines à peser avec leurs poids	l'occe	—	40
17.	a) Raccords et liaisons de machines ou de tuyaux en général, articles d'imprimerie, en bronze	—	en franchise de droits	
	b) Tous articles simplement et grossièrement travaillés, faits de bronze et non spécifiés, ainsi que les moulins à café orientaux	l'occe	1	—
	c) Tous articles de bronze fins, ciselés, émaillés ou dorés	l'occe	2	—
	d) Articles de même espèce ornementés de métaux précieux	l'occe	8	—
	Observation. Dans les articles mentionnés au § d il faut que le bronze prédomine.			
18.	Tous objets en métaux communs avec ou			

No.	Dénomination des objets.	Droits.		
		Bases.	Quotités.	
			drachme.	lepta.
	sans alliage de matières non précieuses et tous articles en bois commun (à l'exception des meubles et objets de luxe) servant ordinairement ou exclusivement aux navires ou à leur construction, tels que: chaînes, pompes, ancres, plaques en fer, en cuivre ou en zinc ou de ces matières combinées, clous en cuivre, en zinc ou en alliage d'autres matières métalliques, oeils, guindeaux, garde-mains, anneaux de fer pour mâts ou vergues, tolets en fer, moulinets, poulies en fer ou en bois, fourneaux (ustensiles de cuisine exceptés), figures, fanaux, bois brut destiné incontestablement à la construction ou la réparation des navires, rames en bois et couleurs non liquides	—	en franchise de droits	
19.	Couteaux et fourchettes à manche d'os, de corne ou de pâte avec des ornements en plaqué d'argent avec ou sans étuis	l'ocque	1	—
20.	a) Couteaux ordinaires en fer (non en acier) à manche de fer, d'os, de bois ou d'autre matière commune sont taxés conformément aux numéros 3 et 4.			
	b) Pareils à lame d'acier . . . . . Observation. Le manche sera pesé avec la lame et taxé comme celle-ci.	l'ocque	—	50
21.	a) Canifs en fer forgé ou en acier à manche de bois, de métal commun, de pâte ou d'os commun	l'ocque	4	—
	b) Canifs à manche d'ivoire, de nacre, de corail, d'écaille ou de métal précieux	l'ocque	10	—
· 22.	a) Boutons en os, corne, bois, porcelaine, papier mâché, verre, avec ou sans alliage de métaux communs . . .	l'ocque	1	—
	b) Pareils en fer	l'ocque	—	40
	c) Pareils en étain ou zinc, simples (savoir non dorés ni ciselés ni émaillés) ou faits d'un mélange de ces matières			

No.	Dénomination des objets.	Droits.		
		Bases.	Quotités.	
			drachme.	lepta.
	avec d'autres métaux plus précieux (l'étain, resp. le zinc prédominant)	l'ocque	—	40
	d) Pareils en étain ou en zinc, ciselés, dorés, émaillés ou faits d'un mélange avec des métaux plus précieux (l'étain, resp. le zinc prédominant)	l'ocque	1	—
	e) Pareils en cuivre, simples ou dorés .	l'ocque	1	—
	f) Pareils en bronze seront taxés d'après les §§ b, c et d du numéro 17.			
23.	Quinine de toute espèce	—	en franchise de droits	
24.	Couleurs minérales de toute espèce, non préparées à l'huile ou à l'esprit de vin, c'est à dire non liquides	—	en franchise de droits	
25.	a) Poteries simples, en argile (faïences), glacées ou émaillées (blanches ou blanches et d'une autre couleur et simples)	l'ocque	—	14
	b) Les mêmes articles que ci-dessus à glaçure multicolore, avec reliefs, cannelures ou dentelures, émaillés ou dorés	l'ocque	—	50
26.	a) Objets en porcelaine, simples et blancs	l'ocque	—	50
	b) Pareils en relief, cannelés, dentelés, émaillés, peints ou dorés	l'ocque	2	—
27.	Instruments de musique:			
	a) Pianos, neufs ou non, à queue . .	la pièce	130	—
	b) Pianos droits et harmoniums, neufs ou non	la pièce	80	—
	Observation. Mécanismes entiers de pianos en général et d'harmoniums, importés séparément, sont taxés comme l'instrument entier.			
28.	Livres imprimés, brochés ou non, cahiers de notes, brochés ou non	—	en franchise de droits	
29.	a) Fils de laine brute, tordus ou non .	—	en franchise de droits	
	b) Fils de laine, blanchis ou teints d'une couleur quelconque, tordus ou non .	l'ocque	5	40
	c) Fils de laine de mérinos, servant à la fabrication des fez et teints à l'huile	—	en franchise de droits	
30.	a) Passementeries, rubans et galons en coton ou en laine et coton (la laine n'ajoutant pas, dans ce cas, plus de			

Nó.	Dénomination des objets.	Droits.		
		Bases.	Quotités.	
			drachme.	lepta.
	30 pour cent à la valeur de la marchandise)	l'ocque	3	—
	b) Pareils en laine ou en laine et coton (en cas que la laine ajoute à la valeur de la marchandise plus de 30 pour cent)	l'ocque	6	—
	c) Passementeries en soie mêlée à d'autres matières textiles	l'ocque	8	—
31.	Esprit de vin et spiritueux en général:			
	a) contenant plus de 70 degrés de l'aréomètre centigrade	l'ocque	1	—
	b) contenant 70 degrés de l'aréomètre centigrade et dessous	l'ocque	—	70
	c) alcool, employé à la préparation du vin conformément aux lois et règlements en vigueur, en franchise de droits d'entrée et de toute autre taxe.			

29.

ALLEMAGNE, CORÉE.

Traité d'amitié, de commerce et de navigation, suivi de Règlements commerciaux, d'un Tarif et d'un Protocole final; signé à Hanyang, le 26 novembre 1883 *).

Deutsches Reichsgesetzblatt, 1884 No. 32.

Texte allemand.	Texte anglais.
Seine Majestät der Deutsche Kaiser, König von Preussen, im Namen des Deutschen Reichs einerseits, und Seine Majestat der König von Korea andererseits, von dem Wunsche geleitet, die Beziehungen zwischen den beiden	His Majesty the German Emperor, King of Prussia, in the name of the German Empire, and His Majesty the King of Corea, being sincerely desirous of establishing permanent relations of friendship and commerce bet...

*) Les ratifications ont été échangées le 18 nov. 1884.

Reichen dauernd freundschaftlich zu gestalten und den Handelsverkehr zwischen den beiderseitigen Staatsangehörigen zu erleichtern, haben den Entschluss gefasst, zur Erreichung dieser Zwecke einen Vertrag abzuschliessen und haben zu diesem Ende zu ihren Bevollmächtigten ernannt:

Seine Majestät der Deutsche Kaiser, König von Preussen:

    Allerhöchstihren Generalkonsul in Yokohama, Eduard Zappe,

Seine Majestät der König von Korea:

    Allerhöchstihren Präsidenten des Auswärtigen Amts, Würdenträger des ersten Ranges, Ersten Vizepräsidenten des Staatsraths, Mitglied des Königlichen Geheimen Raths und zweiten Vormund des Kronprinzen, Min Jöng-Mok,

welche, nachdem sie sich ihre Vollmachten gegenseitig mitgetheilt und solche in guter und gehöriger Form befunden haben, über nachstehende Artikel übereingekommen sind:

Art. I. 1. Zwischen Seiner Majestät dem Deutschen Kaiser, König von Preussen, und Seiner Majestät dem König von Korea, sowie zwischen den Angehörigen des Deutschen Reichs und des Königreichs Korea soll dauernd Friede und Freundschaft bestehen, auch sollen Deutsche in Korea und Koreaner in Deutschland Schutz und Sicherheit für Leben und Eigenthum in vollem Umfange geniessen.

2. Sollten zwischen Einem der vertragschliessenden Theile und einer dritten Macht Streitigkeiten entstehen, so wird der andere vertragschliessende Theil auf ein diesfallsiges Ersuchen seine guten Dienste leihen und eine freundschaftliche Erledigung des Streites herbeizuführen suchen.

Art. II. 1. Die vertragschliessenden Theile bewilligen sich gegenseitig

ween their respective dominions, have resolved to conclude a Treaty for that purpose, and have therefore named as their Plenipotentiaries, that is to say:

His Majesty the German Emperor, King of Prussia:

    Eduard Zappe, His Consul General at Yokohama;

His Majesty the King of Corea:

    Min Yŏng-mok, President of the Foreign Office, a Dignitary of the first rank, Senior Vice-President of the Council of State, Member of His Majesty's Privy Council and Senior Guardian of the Crown Prince,

who after having communicated to each other their respective full Powers, found in good and due form, have agreed upon and concluded the following articles:

Art. I. 1. There shall be perpetual peace and friendship between His Majesty the German Emperor, King of Prussia and His Majesty the King of Corea, and between the subjects of the German Empire and of the Kingdom of Corea, who shall enjoy full security and protection for their persons and property within the dominions of the other.

2. In the case of differences arising between one of the High contracting Parties and a third Power, the other High contracting Party, if requested to do so, shall exert its good offices to bring about an amicable arrangement.

Art. II. 1. The High contracting Parties may each appoint a Diplo-

das Recht, einen diplomatischen Agenten zu ernennen, welcher seinen Wohnsitz dauernd oder vorübergehend in der Hauptstadt des anderen Theiles nimmt, desgleichen einen Generalkonsul, sowie Konsuln oder Vizekonsuln für die in den beiderseitigen Gebieten dem Handel geöffneten Häfen und Plätze zu bestellen.

Die diplomatischen Agenten, sowie die Konsularbeamten jedes der vertragschliessenden Theile sollen in ihrem persönlichen oder schriftlichen Verkehr mit den Behörden des anderen Theiles ebenso frei und unbehindert sein, auch ebensolche Vorrechte und Freiheiten geniessen, wie dieselben in anderen Staaten den diplomatischen und konsularischen Beamten gewährt sind.

2. Der diplomatische Agent und die Konsularbeamten jedes der beiden vertragschliessenden Theile, sowie ihre Untergebenen sollen das Recht haben, in der ganzen Ausdehnung der Gebiete des anderen Theiles ohne Hinderniss zu reisen. Die koreanischen Behörden werden den deutschen Beamten für diese Reisen Pässe ausstellen und ihnen zu ihrem Schutze eine Eskorte in einer den Umständen entsprechenden Stärke beigeben.

3. Die Generalkonsuln, Konsuln und Vizekonsuln der vertragschliessenden Theile werden die Ausübung ihrer amtlichen Thätigkeit erst beginnen, nachdem ihnen von dem Souverän oder der Regierung des Landes, in welchem sie ihren Sitz haben, das Exequatur ertheilt ist.

Handelsgeschäfte zu betreiben soll denselben nicht gestattet sein.

Art. III. 1. Die Gerichtsbarkeit über deutsche Reichsangehörige und ihr Eigenthum soll in Korea ausschliesslich den gehörig ermächtigten deutschen Behörden zustehen.

matic Agent to reside permanently or temporarily at the capital of the other, and may appoint a Consul General, Consuls or Vice-Consuls to reside at any or all of the ports or places of the other which are open to foreign commerce. The Diplomatic Agents and Consular functionaries of both countries shall freely enjoy the same facilities for communication personally or in writing, with the Authorities of the country, where they respectively reside, together with all other privileges and immunities as are enjoyed by Diplomatic or Consular functionaries in other countries.

2. The Diplomatic Agent and the Consular functionaries of each Power, and the members of their official establishments, shall have the right to travel freely in any part of the dominions of the other, and the Corean Authorities shall furnish passports to such German Officials travelling in Corea, and shall provide such escort for their protection as may be necessary.

3. The Consular Officers of both countries shall exercise their functions on receipt of due authorization from the Sovereign or Government of the Country, in which they respectively reside and shall not be permitted to engage in trade.

Art. III. 1. Jurisdiction over the persons and property of German subjects in Corea shall be vested exclusively in the duly authorized German Authorities, who shall hear and de-

Vor diesen Behörden soll die Verhandlung und Entscheidung aller Klagen stattfinden, welche gegen deutsche Reichsangehörige von solchen oder von Angehörigen anderer fremder Staaten angebracht werden, und die koreanischen Behörden haben sich jeder Einmischung zu enthalten.

2. Klagen und Beschwerden, von koreanischen Behörden oder Unterthanen gegen deutsche Reichsangehörige in Korea erhoben, sollen vor den deutschen Behörden verhandelt und von ihnen entschieden werden.

3. Klagen oder Beschwerden, von deutschen Behörden und Staatsangehörigen gegen koreanische Unterthanen in Korea erhoben, sollen vor den koreanischen Behörden verhandelt und von diesen entschieden werden.

4. Ein Deutscher, welcher in Korea eine strafbare Handlung begeht, soll von den deutschen Behörden nach den deutschen Gesetzen verfolgt und bestraft werden.

5. Ein Koreaner, welcher in Korea eine gegen einen deutschen Reichsangehörigen gerichtete strafbare Handlung begeht, soll von den koreanischen Behörden in Gemässheit der koreanischen Gesetze abgeurtheilt und bestraft werden.

6. Alle Ansprüche auf Geldstrafen oder Konfiskationen für Zuwiderhandlungen gegen Bestimmungen dieses Vertrages oder einer auf Grund desselben erlassenen oder später zu erlassenden Verordnung sollen vor den deutschen Behörden zur Verhandlung und Entscheidung gebracht werden. Die Geldstrafen oder Konfiskationen, welche von diesen letzteren ausgesprochen werden, sollen der koreanischen Regierung zufallen.

7. Deutsche Güter, welche in einem offenen Hafen von den koreanischen Behörden mit Beschlag belegt werden,

termine all cases brought against German subjects by any German or other Foreign subject or citizen without the intervention of the Corean Authorities.

2. If the Corean Authorities or a Corean subject make any charge or complaint against a German subject in Corea, the case shall be heard and decided by the German Authorities.

3. If the German Authorities or a German subject in Corea make any charge or complaint against a Corean subject in Corea, the case shall be heard and decided by the Corean Authorities.

4. A German subject who commits any offence in Corea, shall be tried and punished by the German Authorities according to the laws of Germany.

5. A Corean subject who commits in Corea any offence against a German subject shall be tried and punished by the Corean Authorities, according to the laws of Corea.

6. Any complaint against a German subject involving a penalty or confiscation by reason of any breach either of this Treaty, or of any Regulation annexed thereto, or of any Regulation that may hereafter be made in virtue of its provisions, shall be brought before the German Authorities for decision, and any penalty imposed and all property confiscated in such cases, shall belong to the Corean Government.

7. German Goods, when seized by the Corean Authorities at an open Port shall be put under the seals of

sollen von dem koreanischen und den deutschen Behörden versiegelt und von den ersteren so lange in Verwahrung gehalten werden, bis die letzteren ihre Entscheidung gefällt haben. Fällt diese Entscheidung zu Gunsten des Eigenthümers der Güter aus, so sollen dieselben sofort der deutschen Behörde zur weiteren Verfügung ausgehändigt werden. Hat jedoch der Eigenthümer der mit Beschlag belegten Güter ihren Werth bei den koreanischen Behörden deponirt, so sind ihm dieselben noch vor der Entscheidung der deutschen Behörde auszufolgen.

8. In allen Civil- und Strafsachen, welche in Korea vor koreanischen Gerichten oder vor deutschen Konsulargerichten verhandelt werden, können die Behörden des Klägers einen Beamten abordnen, um bei den Verhandlungen zugegen zu sein. Der zu diesem Zweck abgeordnete Beamte soll mit gebührender Rücksicht behandelt werden und es soll ihm gestattet sein, Zeugen vorzuladen und vernehmen zu lassen, auch gegen das Verfahren oder die Entscheidung Einspruch zu erheben.

9. Wenn ein Koreaner, der angeschuldigt ist, die Gesetze seines Landes übertreten zu haben, in dem Besitzthum eines Deutschen oder auf einem deutschen Kauffahrteischiffe Zuflucht sucht, so sollen die deutschen Behörden auf den Antrag der koreanischen Behörden die nöthigen Schritte thun, um den Angeschuldigten zu ergreifen und ihn behufs Aburtheilung auszuliefern. Ohne die Ermächtigung der zuständigen deutschen Behörde aber soll es koreanischen Beamten weder gestattet sein, das Besitzthum eines deutschen Reichsangehörigen ohne dessen Einwilligung, noch ohne die Zustimmung des Schiffsführers oder seines Vertreters ein deutsches Handelsschiff zu betreten.

10. Auf das Ersuchen der zustän-

the Corean and the German Authorities, and shall be detained by the former until the German Authorities shall have given their decision. If this decision is in favour of the owner of the goods, they shall be immediately placed · at the Consuls disposal. But the owner shall be allowed to receive them at once on depositing their value with the Corean Authorities pending the decision of the German Authorites.

8. In all cases, whether civil or criminal, tried either in Corean or German Courts in Corea, a properly authorized official of the nationality of the plaintiff shall be allowed to attend the hearing, and shall be treated with the courtesy due to his position. He shall be allowed whenever he thinks it necessary to call witnesses and have them examined and to protest against the proceedings or decision.

9. If a Corean subject, who is charged with an offence against the laws of his country takes refuge on premises occupied by a German subject or on board a German merchant vessel, the German Authorities shall take steps to have such person arrested and handed over to the Corean Authorities for trial, on receiving an application from them. But, without the consent of the proper German Authority, no Corean officer shall enter the premises of any German subject without his consent, or go on board any German ship without the consent of the Officer in charge.

10. On the demand of any com-

digen deutschen Behörden sollen die koreanischen Behörden deutsche Reichsangehörige, welche strafbarer Handlungen beschuldigt sind, sowie Deserteure von deutschen Kriegs- oder Handelsschiffen verhaften und dieselben der requirirenden Behörde ausliefern.

Art. IV. 1. Für den deutschen Handel sollen von dem Tage, an welchem dieser Vertrag in Kraft tritt, die folgenden Plätze geöffnet sein:

a) die Häfen Chemulpo (Jenchuan), Wönsan (Gensan) und Pusan (Fusan), oder wenn der letztere Hafen nicht entsprechen sollte, irgend ein anderer Hafen in der Nähe desselben;

b) die Städte Hanyang (Seoul) und Yanghwachin, oder an Stelle des letzteren irgend ein anderer Platz in dessen Nähe.

2. Die deutschen Reichsangehörigen sollen berechtigt sein, an den oben genannten Plätzen Grundstücke oder Häuser zu kaufen oder zu miethen und Wohnhäuser, Magazine und Fabriken zu errichten, auch sollen sie das Recht freier Religionsübung geniessen. Alle Massregeln, welche die Auswahl, Abgrenzung und Vermessung der für die Niederlassung der Fremden bestimmten Ländereien oder den Verkauf von Grundstücken in den verschiedenen koreanischen, dem fremden Handel eröffneten Häfen und Plätzen betreffen, sollen von den koreanischen Behörden gemeinschaftlich mit den zuständigen fremden Behörden vereinbart werden.

3. Diese Ländereien sollen von der koreanischen Regierung den Eigenthümern abgekauft und für die Benutzung hergerichtet werden. Die dadurch erwachsenen Kosten sollen in erster Linie aus dem Ertrage der Landverkäufe gut gemacht werden. Die jährliche Grundabgabe, welche von den koreanischen Behörden in Gemeinschaft mit

petent German Authority the Corean Authorities shall arrest and deliver to the former any German subject charged with a Criminal offence and any deserter from a German ship of war or merchant vessel.

Art. IV. 1. The Ports of Chemulpo (Jenchuan), Wönsan (Gensan) and Pusan (Fusan), or if the latter port should not be approved, then such other port as may be selected in its neighbourhood, together with the city of Hanyang (Seoul) and the town of Yanghwachin, or such other place in that neighbourhood as may be deemed desirable, shall, from the day on which this Treaty comes into operation, be opened to German commerce.

2. At the above named places, German subjects shall have the right to rent or to purchase land or houses, and to erect dwellings, warehouses and factories. They shall be allowed the free exercise of their religion. All arrangements for the selection, determination of the limits, and laying out of the sites of the foreign settlements, and for the sale of land at the various ports and places in Corea open to foreign trade, shall be made by the Corean Authorities in conjunction with the competent Foreign Authorities.

3. Theses sites shall be purchased from the owners, and prepared for occupation by the Corean Government, and the expense thus incurrred shall be a first charge on the proceeds of the sale of the land. The yearly rental agreed upon by the Corean Authorities in conjunction with the Foreign Authorities shall be paid to

den fremden Behörden vereinbart werden wird, soll an die ersteren zahlbar sein, welche einen angemessenen Theil derselben als Entschädigung für die Grundsteuer zurückbehalten werden. Der Ueberschuss und die aus den Landverkäufen etwa erübrigten Summen fliessen einem Munizipalfonds zu, welcher von einem Gemeinderath verwaltet werden soll, über dessen Zusammensetzung von den koreanischen Behörden in Gemeinschaft mit den zuständigen fremden Behörden Bestimmung zu treffen ist.

4. Deutsche Reichsangehörige können ausserhalb der Grenzen der fremden Niederlassungen, in einem Umkreis von zehn koreanischen Li, Grundstücke oder Häuser kaufen oder miethen. Derartiger Grundbesitz soll aber allen Verordnungen und Grundabgaben unterworfen sein, welche die koreanischen Behörden dafür festsetzen werden.

5. Die koreanischen Behörden werden in jedem der dem fremden Handel eröffneten Orte ein passendes Grundstück als Begräbnissplatz für die Fremden kostenfrei zur Verfügung stellen. Derselbe unterliegt keinerlei Pacht, Grundsteuer oder anderweitigen Abgaben und seine Verwaltung wird dem oben bezeichneten Munizipalrath überlassen bleiben.

6. Innerhalb einer Entfernung von einhundert koreanischen Li von den dem fremden Handel geöffneten Häfen und Plätzen, oder innerhalb solcher Grenzen, wie sie von den zuständigen Behörden beider Länder in Zukunft vereinbart werden, soll es deutschen Reichsangehörigen gestattet sein, sich ohne Pass nach Belieben zu bewegen. Dieselben sollen auch berechtigt sein, in allen Theilen des Landes zum Vergnügen oder zu Handelszwecken zu reisen, mit Ausnahme von Büchern

the former, who shall retain a fixed amount thereof as a fair equivalent for the land tax, and the remainder together with any balance left from the proceeds of land sales, shall belong to a Municipal fund to be administered by a Council, the constitution of which shall be determined hereafter by the Corean Authorities in conjunction with the competent Foreign Authorities.

4. German subjects may rent or purchase land or houses beyond the limits of the foreign settlements and within a distance of ten Corean Li from the same. But all land so occupied shall be subject to such conditions as to the observance of Corean local regulations and payment of land-tax as the Corean Authorities may see fit to impose.

5. The Corean Authorities will set apart, free of cost, at each of the places open to trade, a suitable piece of Ground as a foreign cemetery, upon which no rent, land-tax or other charges shall be payable, and the management of which shall be left to the Municipal Council above mentioned.

6. German subjects shall be allowed to go where they please, without passports, within a distance of one hundred Corean Li from any of the ports and places open to trade, or within such limits as may be agreed upon between the competent Authorities of both Countries. German subjects are also authorized to travel in Corea for pleasure or for purposes of trade, to transport and sell goods of all kinds except books and other printed matter dis-approved of by

und Drucksachen, welche der koreani- schen Regierung nicht genehm sind, Waaren aller Art zu transportieren und zu verkaufen, sowie Landespro- dukte einzukaufen. Zu diesem Ende müssen sie sich aber mit Pässen ver- sehen, welche von den Konsularbehör- den ausgestellt und von den korea- nischen Localbehörden gegengezeich- net oder abgestempelt werden. Die Pässe müssen von den Reisenden auf Verlangen in den Distrikten, welche sie berühren vorgezeigt werden. Sind dieselben ordnungsmässig, so ist dem Inhaber die Fortsetzung der Reise zu gestatten, und es soll ihm freistehen, sich die von ihm benöthigten Trans- portmittel zu verschaffen. Reist ein Deutscher ausserhalb der oben bezeich- neten Grenzen ohne Pass, oder begeht er im Innern eine ungesetzliche Hand- lung, so soll er verhaftet und der nächsten deutschen Konsularbehörde zur Bestrafung übergeben werden. Wer die genannten Grenzen ohne Pass überschreitet, wird mit einer Geldstrafe bis zu einhundert Dollars bestraft, neben welcher auf Gefängniss bis zu einem Monat erkannt werden kann.

7. Deutsche Reichsangehörige in Korea sollen den Munizipal- und Po- lizeiverordnungen unterworfen sein, welche für die Erhaltung der Ruhe und öffentlichen Ordnung von den zuständigen Behörden der beiden Län- der vereinbart werden. Diese Ver- ordnungen sind, um denselben für deutsche Reichsangehörige verbindli- che Kraft zu geben, durch die zustän- digen deutschen Behörden vorschrifts- mässig zu verkünden, desgleichen sol- len Zuwiderhandlungen gegen diesel- ben von den deutschen Behörden be- straft werden.

Art. V. 1. In jedem der dem fremden Handel eröffneten Plätze sol-

the Corean Government, and to pur- chase native produce in all parts of the country, under passports which will be issued by their Consuls and countersigned or sealed by the Corean local Authorities. These passports, if demanded, must be produced for exa- mination in the districts passed through. If the passport be not irregular, the bearer will be allowed to proceed, and he shall be at liberty to procure such means of transport as he may require.

Any German subject travelling be- yond the limits above named without a passport, or committing when in the interior any offence, shall be ar- rested and handed over to the nearest German Consul for punishment. Tra- velling beyond the said limits without a passport will render the offender liable to a fine not exceeding One hundred Mexican dollars with or wi- thout imprisonment for a term not exceeding one month.

7. German subjects in Corea shall be amenable to the Municipal and Police Regulations for the mainte- nance of the peace and public order agreed upon by the competent Au- thorities of the two countries. To make such Regulations binding on German subjects they will be duly promulgated by the competent Ger- man Authorities and enforced by them.

Art. V. 1. At each of the ports and places open to foreign trade, Ger-

len deutsche Reichsangehörige das unbeschränkte Recht haben, von allen fremden und den geöffneten koreanischen Häfen Güter einzuführen, mit den Unterthanen Koreas oder anderer Staaten Kauf- und Verkaufsgeschäfte zu vereinbaren, ferner nach allen fremden und den geöffneten koreanischen Häfen Güter aller Art, mit Ausnahme der vertragsmässig verbotenen Waaren, gegen Zahlung der in dem angehängten Tarif vorgesehenen Zölle auszuführen. Sie haben das Recht, ihre Geschäfte mit koreanischen Unterthanen oder Angehörigen anderer Staaten unbehindert und ohne Dazwischenkunft koreanischer Beamten oder sonstiger Personen abzuschliessen, auch soll es ihnen freistehen, jede Art industrieller Unternehmungen zu betreiben.

2 Die Eigenthümer oder Konsignatäre aller aus einem fremden Hafen eingeführten Waaren, für welche der tarifmässige Zoll entrichtet worden ist, sind berechtigt, bei Wiederausfuhr der Waaren nach irgend einem fremden Hafen, falls dieselbe innerhalb von dreizehn Monaten koreanischer Zeitrechnung nach dem Tage der Einfuhr stattfindet, einen Rückzollschein über den Betrag des gezahlten Einfuhrzolles zu beanspruchen, vorausgesetzt, dass die Originalverpackung noch unversehrt ist. Diese Rückzollscheine sollen von den koreanischen Zollämtern entweder bei Vorzeigung in baar eingelöst oder in jedem offenen koreanischen Hafen bei Entrichtung von Zöllen an Zahlungsstatt angenommen werden.

8. Werden koreanische Waaren von einem koreanischen offenen Hafen nach einem anderen versandt, so soll der bei der Ausfuhr gezahlte Zoll in dem Verschiffungshafen zurückbezahlt werden, sobald durch eine zollamtliche

man subjects shall be at full liberty to import from any foreign port, or any Corean open port, to sell to, or to buy from, any Corean subject or others, and to export to any foreign or Corean open port, all kinds of merchandise not prohibited by this Treaty on paying the duties of the Tariff annexed thereto. They may freely transact their business with Corean subjects or others without the intervention of Corean Officials or other persons, and they may freely engage in any industrial occupation.

2. The owners or consignees of all goods imported from any foreign port upon which the duty of the aforesaid Tariff shall have been paid shall be entitled on reexporting the same to any foreign port at any time within thirteen Corean months of the date of importation, to receive a drawback certificate for the amount of such import duty, provided, that the original packages containing such goods remain intact. These drawback certificates shall either be redeemed by the Corean Customs on demand, or they shall be received in payment of duty at any Corean open port.

3. The duty paid on Corean goods, when carried from one Corean open port to another, shall be refunded at the port of shipment on production of a Customs Certificate showing that the goods have arrived at the port

Bescheinigung nachgewiesen wird, dass die Waare im Bestimmungshafen angekommen ist, oder falls genügender Nachweis geliefert wird, dass die betreffenden Güter durch Schiffbruch verloren gegangen sind.

4. Alle von Angehörigen des Deutschen Reichs nach Korea eingeführten Waaren, von welchen die tarifmässigen Zölle entrichtet worden sind, können nach irgend einem anderen koreanischen Hafen zollfrei versandt werden, und wenn sie in das Innere transportirt werden, sollen sie in keinem Theile des Landes irgend einer weiteren Abgabe, Steuer oder einem Durchgangszoll unterliegen. In gleicher Weise soll der Versandt aller für die Ausfuhr bestimmten koreanischen Produkte und Waaren nach den offenen Häfen völlig frei von jeglicher Beschränkung vor sich gehen und dieselben sollen keinerlei Abgaben, Steuern oder Durchgangszöllen unterliegen, weder am Produktionsorte, noch auf dem Wege zu einem offenen Hafen, gleichviel aus welchem Theile Koreas sie kommen.

5. Der koreanischen Regierung steht es frei, für den Transport von Gütern oder Passagieren nach nicht offenen Häfen Koreas deutsche Kauffahrteischiffe zu chartern. Auch koreanischen Unterthanen soll dies gestattet sein, wenn die koreanischen Behörden ihre Zustimmung dazu ertheilen.

6. Wenn die koreanische Regierung gegründete Besorgniss hegt, dass eine Hungersnoth im Lande ausbrechen könnte, so wird seine Majestät der König von Korea durch Dekret zeitweise die Ausfuhr von Cerealien nach fremden Ländern verbieten, sei es von allen geöffneten koreanischen Häfen, sei es von einigen oder von einem derselben, und ein solches Verbot soll verbindliche Kraft für deutsche Reichs-

of destination, or on satisfactory proof being produced of the loss of the goods by shipwreck.

4. All goods imported into Corea by German subjects and on which the duty of the Tariff annexed to this Treaty shall have been paid, may be conveyed to any Corean open port free of duty, and, when transported into the interior, shall not be subject to any additional tax, excise or transit duty whatsoever in any part of the country. In like manner full freedom shall be allowed for the transport to the open ports of all Corean commodities intended for exportation, and such commodities shall not, either at the place of production, or when being conveyed from any part of Corea to any of the open ports, be subjected to the payment of any tax, excise or transit duty whatsoever.

5. The Corean Government may charter German merchant vessels for the conveyance of goods or passengers to unopened ports in Corea, and Corean subjects shall have the same right subject to the approval of their own Authorities.

6. Whenever the Government of Corea shall have reason to apprehend a scarcity of food within the Kingdom, His Majesty the King of Corea may, by Decree, temporarily prohibit the export of grain to foreign countries from any or all of the Corean open ports, and such prohibition shall become binding on German subjects in Corea on the expiration of one month from the date on which it

angehörige in Korea nach Ablauf eines Monats erlangen, von dem Zeitpunkte an gerechnet, an welchem dasselbe von den koreanischen Behörden zur amtlichen Kenntniss des deutschen Konsuls in den in Frage kommenden Häfen gebracht worden ist, es soll aber nicht länger, als durchaus erforderlich, in Kraft bleiben.

7. Deutsche Kauffahrteischiffe sollen für die Registertonne dreissig mexikanische Cents Tonnengelder bezahlen. Eine einmalige Entrichtung der Tonnengelder giebt dem Schiffe das Recht, alle koreanischen offenen Häfen während eines Zeitraumes von vier Monaten zu besuchen, ohne dass es weiteren Abgaben unterliegt. Alle Tonnengelder sollen verwandt werden für die Einrichtung von Leuchtthürmen und Baken, sowie die Auslegung von Bojen an den koreanischen Küsten und vor allen Dingen an den Zugängen zu den geöffneten Häfen, und für die Vertiefung oder sonstige Verbesserung ihrer Ankerstellen. Fahrzeuge, welche in den offenen Häfen zum Löschen und Laden verwandt werden, zahlen keine Tonnengelder.

8. Es wird hiermit vereinbart, dass gleichzeitig mit diesem Vertrage der Tarif und die Handelsbestimmungen, welche ihm angehängt sind, in Kraft treten. Die Behörden beider Länder können die Handelsbestimmungen von Zeit zu Zeit einer Revision unterziehen, um im Wege gemeinsamer Verständigung solche Abänderungen vorzunehmen und solche Zusätze anzufügen, deren Zweckmässigkeit durch die Erfahrung dargethan ist. Jedoch sollen die von den beiderseitigen Behörden getroffenen Vereinbarungen für deutsche Reichsangehörige erst nach ihrer Bestätigung durch die Kaiserlich deutsche Regierung in Kraft treten.

Art. VI. Ein deutscher Reichsan-

shall have been officially communicated by the Corean Authorities to the German Consul at the port concerned, but shall not remain longer in force than is absolutely necessary.

7. All German ships shall pay tonnage dues at the rate of thirty cents (mexican) per registered ton. One such payment will entitle a vessel to visit any or all of the open ports in Corea during a period of four months without further charge. All tonnage dues shall be appropriated for the purpose of erecting light houses and beacons and placing buoys on the Corean coasts, more especially at the approaches to the open ports, and in deepening or otherwise improving the anchorages. No tonnage dues shall be charged on boats employed at the open ports in landing or shipping cargo.

8. It is hereby agreed that the Tariff and Trade Regulations annexed hereto shall come into operation simultaneously with this Treaty. The Authorities of the two countries may from 'time to time revise the said regulations with a view to the insertion therein by mutual consent of such modifications and additions as experience shall prove to be expedient, but these will not come into operation for subjects of the German Empire until they shall have been approved by the Imperial German Government.

Art. VI. Any German subject who

gehöriger, welcher Waaren in einen dem fremden Handel nicht geöffneten koreanischen Hafen oder sonstigen Ort einschmuggelt, soll den doppelten Betrag des Werthes der geschmuggelten Güter verwirken, und diese selbst unterliegen ausserdem der Konfiskation. Der Versuch ist in gleicher Weise zu bestrafen. Die koreanischen Lokalbehörden können derartige Waaren mit Beschlag belegen und jeden deutschen Reichsangehörigen festnehmen, der bei dem Schmuggel oder dem Versuch des Schmuggels betheiligt ist. Die festgenommenen Personen sollen sie sofort der nächsten deutschen Konsularbehörde behufs Untersuchung der Sache zuführen lassen, während sie die Waaren so lange festhalten dürfen, bis eine endgültige Entscheidung über den Fall abgegeben worden ist.

Art. VII. 1. Wenn ein deutsches Schiff an den Küsten Koreas Schiffbruch leidet oder strandet, so sollen die Lokalbehörden unverweilt die nöthigen Schritte thun, um das Schiff und seine Güter vor Plünderung, die zu demselben gehörigen Personen aber vor jeder Unbill zu bewahren, sowie um ausserdem etwa erforderliche Hülfe zu leisten. Die Lokalbehörden sollen die nächste deutsche Konsularbehörde von dem Vorfalle in Kenntniss setzen, auch sollen sie, falls dies nöthig ist, den Schiffbrüchigen diejenigen Transportmittel zur Verfügung stellen, deren sie bedürfen, um zum nächsten offenen Hafen zu gelangen.

2. Alle Ausgaben, welche der koreanischen Regierung aus der Rettung schiffbrüchiger deutscher Reichsangehöriger, aus Beschaffung von Kleidung, aus Verpflegung oder für aufgewandte Reisekosten, aus der Auffindung der Leichen Ertrunkener, aus der ärztlichen Behandlung Kranker und Verletzter und aus der Bestattung der

smuggles or attempts to smuggle goods into any Corean port or place not open to foreign trade shall forfeit twice the value of such goods, and the goods shall be confiscated. The Corean Authorities may seize such goods, and may arrest any German subject concerned in such smuggling or attempt to smuggle. They shall immediately forward any person so arrested to the nearest German Consul for trial and may detain such goods until the case shall have been finally adjudicated.

Art. VII. 1. If a German ship be wrecked or stranded on the coast of Corea, the local authorities shall immediately take steps to protect the ship and her cargo from plunder and all persons belonging to her from ill treatment, and to render such other assistance as may be required. They shall at once inform the nearest German Consul of the occurrence, and shall furnish the shipwrecked persons, if necessary, with means of conveyance to the nearest open port.

2. All expenses incurred by the Government of Corea for the rescue, clothing, maintenance and travelling of shipwrecked German subjects, for the recovery of the bodies of the drowned, for the medical treatment of the sick and injured and for the burial of the dead, shall be repaid by the German Government to that of Corea.

Todten erwachsen, sollen ihr von der deutschen Regierung erstattet werden.

3. Was aber diejenigen Ausgaben betrifft, die gemacht werden, um ein wrackes Schiff oder das an Bord befindliche Eigenthum zu bergen beziehungsweise zu erhalten, so soll die deutsche Regierung für die Erstattung derselben nicht verantwortlich sein. Für derartige Ausgaben sollen die geborgenen Güter haften und sind sie von den Interessenten bei Empfang der letzteren zurückzubezahlen.

4. Aufwendungen, welche den Regierungsbeamten, den Lokal- und Polizeibehörden durch Reise zum Wrack, Eskortirung der Schiffbrüchigen oder durch amtliche Korrespondenz verursacht werden, sind der deutschen Regierung nicht in Rechnung zu stellen, sondern sollen von der koreanischen Regierung getragen werden.

5. Wenn deutsche Schiffe in Folge von Unwetter, oder Mangel an Brennmaterial oder Vorräthen genöthigt werden, einen nicht geöffneten Hafen Koreas als Nothhafen anzulaufen, so soll denselben gestattet sein, Reparaturen auszuführen und sich mit den nöthigen Vorräthen zu versehen. Die erwachsenen Ausgaben hat der Führer des Schiffes zu tragen.

Art. VIII. 1. Den Kriegsschiffen jedes der Hohen vertragschliessenden Theile steht es frei, alle Häfen des anderen Theiles zu besuchen. Denselben soll für etwa erforderliche Reparaturen und für ihre Ausrüstung jede Erleichterung gewährt werden. Sie unterstehen den Handels- oder Hafenbestimmungen nicht, noch sind sie der Zahlung von Zöllen oder Hafenabgaben irgend welcher Art unterworfen.

2. Wenn deutsche Kriegsschiffe nicht geöffnete koreanische Häfen besuchen, so dürfen Offiziere und Mannschaf-

3. The German Government shall not be responsible for the repayment of the expenses incurred in the recovery or preservation of a wrecked vessel or the property belonging to her. All such expenses shall be a charge upon the property saved, and shall be paid by the parties interested therein upon receiving delivery of the same.

4. No charge shall be made by the Government of Corea for the expenses of the Government Officers, local functionaries or police, who shall proceed to the wreck, for the travelling expenses of Officers escorting the shipwrecked men, nor for the expenses of official correspondence. Such expenses shall be borne by the Corean Government.

5. Any German merchant ship compelled by stress of weather, or by want of fuel or provisions to enter an unopened port in Corea, shall be allowed to execute repairs, and to obtain necessary supplies. All such expenses shall be defrayed by the master of the vessel.

Art. VIII. 1. The ships of war of the High contracting Parties shall be at liberty to visit all the ports of the other. They shall enjoy every facility for procuring supplies of all kinds, or for making repairs, and shall not be subject to Trade or Harbour Regulations, nor be liable to the payment of duties or port charges of any kind.

2. When German ships of war visit unopened ports in Corea, the Officers and men may land, but shall not

ten zwar landen, aber nicht ins Innere gehen, ohne mit Pässen versehen zu sein.

3. Vorräthe aller Art für die Kriegsmarine des Deutschen Reichs dürfen in den geöffneten Häfen Koreas gelandet und der Aufsicht von deutschen Beamten übergeben werden, ohne dass Zölle davon zu entrichten sind. Wenn derartige Vorräthe aber veräussert werden, so soll der Käufer an die koreanischen Behörden den tarifmässigen Zoll entrichten.

4. Die koreanische Regierung wird Schiffen der deutschen Kriegsmarine, die sich mit Vermessungsarbeiten in koreanischen Gewässern beschäftigen, alle möglichen Erleichterungen gewähren.

Art. IX. Die koreanische Regierung wird es in keiner Weise verhindern, wenn deutsche Reichsangehörige in Korea koreanische Unterthanen als Lehrer, Dolmetscher, Diener etc. in Dienst nehmen und zu Beschäftigungen verwenden, welche nicht gesetzlich verboten sind. Ebenso soll es koreanischen Unterthanen ohne jede Beschränkung gestattet sein, deutsche Reichsangehörige anzustellen, so lange sie deren Dienste für nichts Ungesetzliches beanspruchen. Angehörigen des einen Landes, welche sich in das andere begeben, um dessen Sprache, Literatur, Gesetze, Künste oder Industrie zu studiren, oder daselbst wissenschaftliche Forschungen anzustellen, soll jede thunliche Erleichterung bei ihrem Vorhaben gewährt werden.

Art X. Es wird hiermit festgesetzt, dass von dem Tage, an welchem der gegenwärtige Vertrag in Kraft tritt, die Regierung, die Beamten und die Angehörigen des Deutschen Reichs alle Rechte, Freiheiten und Vortheile, insbesondere bezüglich der Ein- und Ausfuhrzölle, geniessen sollen, welche

proceed into the interior unless they are provided with passports.

3. Supplies of all kinds for the use of the German navy, may be landed at the open ports of Corea and stored in the custody of a German Official without the payment of any duty.
But if any such supplies are sold, the purchaser shall pay the proper duty to the Corean Authorities.

4. The Corean Government will afford all the facilities in their power to ships belonging to the German Government which may be engaged in making surveys in Corean waters.

Art. IX. German subjects in Corea shall be allowed to employ Corean subjects at teachers, interpreters, servants or in any other lawful capacity without any restriction on the part of the Corean Authorities and, in like manner, no restriction shall be placed upon the employment of German subjects by Corean subjects in any lawful capacity. Subjects of either nationality who may proceed to the country of the other to study its language, literature, laws, arts or industries, or for the purpose of scientific research, shall be afforded every reasonable facility for doing so.

Art. X. It is hereby stipulated that the Government, public Officers and subjects of the German Empire shall, from the day on which this Treaty comes into operation, participate in all privileges, immunities and advantages, especially in relation to import or export duties, which

zu dieser Zeit von Seiner Majestät dem König von Korea der Regierung, den Beamten oder den Angehörigen irgend eines anderen Staates gewährt sind, oder welche von demselben ihnen in Zukunft gewährt werden sollten.

Art. XI. Nach Ablauf von zehn Jahren, von dem Zeitpunkte an gerechnet, an welchem dieser Vertrag in Kraft tritt, soll jeder der Hohen contrahirenden Theile das Recht haben, nachdem ein Jahr zuvor dem anderen Theile von der bestehenden Absicht Mittheilung gemacht worden ist, eine Revision des Vertrages oder des demselben angehängten Tarifs zu verlangen, um im Wege gemeinsamer Verständigung solche Abänderungen vorzunehmen, welche die Erfahrung als wünschenswerth dargethan hat.

Art. XII. 1. Der gegenwärtige Vertrag ist in deutscher, englischer und chinesischer Sprache niedergeschrieben. Alle drei Fassungen haben diselbe Bedeutung, jedoch wird hiermit vereinbart, dass bei Meinungsverschiedenheiten über den Wortsinn der englische Text massgebend sein soll.

2. Vorläufig soll allen von den deutschen an die koreanischen Behörden gerichteten Schreiben eine chinesische Uebersetzung beigegeben werden.

Art. XIII. Der gegenwärtige Vertrag soll von Seiner Majestät dem Deutschen Kaiser, König von Preussen und Seiner Majestät dem König von Korea, unter Namensunterschrift und Siegel, ratifizirt werden. Die Ratifikationen sollen baldmöglichst, aber spätestens innerhalb eines Jahres von dem Tage der Unterzeichnung an gerechnet, in Hanyang (Seoul) ausgewechselt werden. Der Vertrag, welcher von den Regierungen beider Staaten zu veröffentlichen ist, tritt an dem Tage des Austausches der Ratifikationen in Wirksamkeit.

shall then have been granted, or may thereafter be granted by His Majesty the King of Corea, to the Government, public Officers or subjects of any other Power.

Art. XI. Ten years from the date on which this Treaty shall come into operation, either of the High contracting Parties may, on giving one years previous notice to the other, demand a revision of the Treaty or of the Tariff annexed thereto, with a view to the insertion therein, by mutual consent, of such modifications as experience shall prove to be desirable.

Art. XII. 1. This Treaty is drawn up in the German, English and Chinese languages, all of which versions have the same meaning, but it is hereby agreed that any difference which may arise as to interpretation shall be determined by reference to the English text.

2. For the present all official communications adressed by the German Authorities to those of Corea shall be accompanied by a translation into Chinese.

Art. XIII. The present Treaty shall be ratified by His Majesty the German Emperor, King of Prussia, and by His Majesty the King of Corea under Their hands and seals; the Ratifications shall be exchanged at Hanyang (Seoul) as soon as possible or, at latest, within one year from the date of signature, and the Treaty, which shall be published by both Governments, shall come into operation on the day on which the ratifications are exchanged.

Urkundlich dessen haben die oben-genannten beiderseitigen Bevollmäch-tigten diesen Vertrag unterzeichnet und demselben ihre Siegel beigedrückt.

So geschehen in je drei Ausferti-gungen in der deutschen, englischen und chinesischen Sprache zu Hanyang den sechsundzwanzigsten November im Jahre Eintausendachthundertdreiund-achtzig, entsprechend dem siebenund-zwanzigsten Tage des zehnten Monats des Vierhundertzweiundneunzigsten Jahres der koreanischen Zeitrechnung.

Ed. Zappe.　　*Min Yöng-mok.*

In witness whereof the respective Plenipotentiaries above named have signed the present Treaty and have thereto affixed their seals.

Done in Triplicate at Hanyang in the German, English and Chinese lan-guages this twenty sixth day of No-vember in the year Eighteen Hun-dred and Eighty Three, correspond-ing to the twenty seventh day of the tenth month of the Four Hundred and Ninety Second year of the Co-rean Era.

Ed. Zappe.　　*Min Yöng-mok.*

Bestimmungen

zur Regelung des deutschen Handelsverkehrs in Korea.

I. An- und Abmeldung der Schiffe.

1. Nach Ankunft eines deutschen Schiffes in einem koreanischen Hafen soll der Führer desselben innerhalb eines Zeitraumes von 48 Stunden, bei dessen Berechnung die Sonn- und Festtage nicht mitgezählt werden, den Zollbehörden die Bescheinigung des deutschen Konsuls darüber einreichen, dass alle Schiffspapiere im Konsulat hinterlegt worden sind.

Die hiernach stattfindende Einkla-rirung des Schiffes ist durch Ueber-gabe eines Schriftstücks zu bewirken, welches den Namen des Schiffers, des Schiffes und des Hafens, von dem es kommt, den Tonnengehalt des Schif-fes, die Zahl und falls es gefordert wird, die Namen der Passagiere und die Zahl der Schiffsmannschaft enthält.

Der Schiffsführer hat dieses Schrei-ben zu unterzeichnen und die Richtig-keit der darin enthaltenen Angaben zu bescheinigen. Gleichzeitig soll er

Regulations

under which German Trade is to be conducted in Corea.

I. Entrance and clearance of vessels.

1. Within forty-eight hours (ex-clusive of Sundays and holidays) af-ter the arrival of a German ship in a Corean port, the Master shall de-liver to the Corean Customs Autho-rities the receipt of the German Con-sul showing that he has deposited the ships papers at the German Con-sulate, and he shall then make an entry of his ship by handing in a written paper, stating the name of the ship, of the port from which she comes, of her master, the number, and if required, the names of her passengers, her tonnage and the num-ber of her crew, which paper shall be certified by the master to be a true statement, and shall be signed by him. He shall at the same time deposit a written manifest of his car-go, setting forth the marks and num-bers of the packages and their con-tents, as they are described in the

ein schriftliches Manifest seiner Ladung überreichen, welches die Zeichen
und Nummern der Frachtstücke und
ihren Inhalt angiebt, wie sie in seinen Konossements bezeichnet sind,
nebst den Namen der Personen, an
welche sie konsignirt sind. Die Rich-
tigkeit des Manifestes hat er gleichfalls unter seiner Namensunterschrift
zu bescheinigen.

Nachdem ein Schiff vorschriftsmäs-
sig angemeldet ist, werden die Zollbehörden die Erlaubniss zum Oeffnen
der Laderäume ertheilen und die hierüber ausgestellte Bescheinigung ist
dem an Bord des Schiffes stationir-
ten Zollbeamten vorzuzeigen.

Werden die Laderäume ohne die
vorbezeichnete Erlaubniss geöffnet, so
wird der Schiffsführer mit einer Geldstrafe bis zu einhundert mexikanischen Dollars bestraft.

2. Wird irgend ein Irrthum in dem
Manifest entdeckt, so darf derselbe
innerhalb 24 Stunden (Sonn- und
Festtage nicht gezählt) nach Einrei-
chung desselben ohne Zahlung einer
Gebühr berichtigt werden.

Aber für jede Aenderung oder Eintragung in das Manifest nach jenem
Zeitraume soll eine Gebühr von fünf
mexikanischen Dollars bezahlt werden.

3. Jeder Schiffsführer, der es ver-
säumen sollte, sein Schiff bei dem
Zollamt binnen der durch diese Bestimmung festgesetzten Zeit einzukla-
riren, soll einer Geldstrafe verfallen,
welche aber fünfzig mexikanische Dollars für die Versäumniss von je 24
Stunden nicht übersteigen soll.

4. Bleibt ein deutsches Schiff kür-
zere Zeit als 48 Stunden (Sonn- und
Festtage nicht gezählt) im Hafen und
hat seine Ladungsluken nicht geöffnet, oder hat es den Hafen als Nothhafen angelaufen, oder lediglich um
Schiffsproviant einzunehmen, so be-

Bills of Lading, with the names of
the persons to whom they are consigned. The master shall certify that
this description is correct, and shall
sign his name to the same. When
a vessel has been duly entered, the
Customs Authorities will issue a permit to open hatches which shall be
exhibited to the Customs officer on
bord. Breaking bulk without having
obtained such permission will render
the master liable to a fine not exceeding One hundred Mexican dollars.

2. If any error is discovered in
the manifest, it may be corrected
within twenty-four hours (exclusive of
Sundays and holidays) of its being
handed in, without the payment of
any fee, but for any alteration or
post-entry to the manifest made after that time, a fee of five Mexican
dollars shall be paid.

3. Any master who shall neglect
to enter his vessel at the Corean
Custom-House within the time fixed
by this regulation shall pay a penalty not exceeding fifty Mexican dollars for every twenty-four hours that
he shall so neglect to enter his ship.

4. Any German vessel which remains in port for less than forty-
eight hours (exclusive of Sundays
and holidays) and does not open her
hatches, also any vessel driven into
port by stress of weather or any in
want of supplies, shall not be requi-

darf es der Anmeldung nicht und sind keine Tonnengelder zu zahlen, so lange nicht Frachtgüter ein- oder ausgeladen werden.

5. Sobald ein Schiffsführer auszuklariren beabsichtigt, hat er die Abmeldung bei der Zollbehörde unter Einreichung eines Exportmanifestes zu bewirken, welches ähnliche Angaben wie das Importmanifest enthalten muss.

Die Zollbehörde wird ihm hierauf ein Ausklarirungsattest ausstellen und ihm die vorerwähnte, vom Konsul ertheilte Bescheinigung über die Hinterlegung der Schiffspapiere zurückgeben. Erst nachdem diese Schriftstücke, dem Konsulat eingereicht sind, erfolgt die Aushändigung der Schiffspapiere an den Schiffsführer.

6. Falls ein Schiff den Hafen verlassen sollte, ohne in der vorgeschriebenen Weise abgemeldet worden zu sein, so verfällt der Führer desselben einer Geldstrafe, deren Betrag zweihundert mexikanische Dollars nicht übersteigen darf.

7. Deutsche Dampfer können an demselben Tage ein- und ausklariren und brauchen kein Manifest einzureichen, ausser für solche Güter, die in dem Einklarirungshafen gelandet oder umgeladen werden sollen.

II. Löschung und Einnahme von Landung sowie Entrichtung der Zollabgaben.

1. Wenn ein Importeur seine Güter zu landen wünscht, so soll er beim Zollamt eine diesbezügliche, mit seiner Namensunterschrift versehene Eingabe machen, in welcher er seinen eigenen Namen, sowie den Namen des Schiffes auf welchem die Güter eingeführt werden, anzugeben, die Waaren nach Marken, Stückzahl, Inhalt und Werth zu bezeichnen und die Richtig-

red to enter or to pay tonnage dues so long as such vessel does not engage in trade.

5. When the master of a vessel wishes to clear, he shall hand into the Customs Authorities an Export manifest containing similar particulars to those given in the Import manifest. The Customs Authorities will then issue a clearance certificate and return the Consul's receipt for the ship's papers. These documents must be handed into the Consulate before the ship's papers are returned to the master.

6. Should any ship leave the port without clearing outwards in the manner above prescribed, the master shall be liable to a penalty not exceeding Two hundred Mexican dollars.

7. German steamers may enter and clear on the same day, and they shall not be required to land in a manifest, except for such goods as are to be landed or transhipped at the port of entry.

II. Landing and shipping of cargo and payment of duties.

1. The importer of any goods who desires to land them shall make and sign an application to that effect at the Custom-House, stating his own name, the name of the ship in which the goods have been imported, the marks, members and contents of the packages and their values, and declaring that this statement is correct. The Customs Authorities may demand

keit der gemachten Angaben zu bescheinigen hat.

Das Zollamt kann Vorzeigung der Fakturen verlangen und falls dieselben nicht beigebracht werden, auch keine genügende Aufklärung für ihr Fehlen gegeben wird, die Genehmigung für die Löschung der Waaren davon abhängig machen, dass ausser dem tarifmässigen Zoll ein gleich hoher Betrag hinterlegt werde.

Die Rückzahlung des letzteren Betrages erfolgt erst nach Beibringung der Fakturen.

2. Die so deklarirten Waaren dürfen an dem dazu bestimmten Orte von den Zollbeamten untersucht werden. Diese Untersuchung hat ohne Verzug stattzufinden und jede Beschädigung der Waaren ist zu vermeiden. Die ursprüngliche Verpackung ist, soweit dies ausführbar, wiederherzustellen.

3. Falls die Zollbehörden die Angabe des Werthes bei solchen Waaren, von denen ein ad valorem Zoll zu bezahlen ist, als zu niedrig gegriffen erachten, so können dieselben die Zahlung des Zolles nach demjenigen Werthe beanspruchen, den der Taxator des Zollhauses festsetzt.

Will sich der Kaufmann hierbei nicht beruhigen, so soll er innerhalb 24 Stunden (Sonn- und Festtage nicht gezählt) seine Einwendungen bei dem Zolldirektor anbringen und durch einen von ihm selbst ernannten Taxator eine neue Schätzung vornehmen lassen, deren Ergebniss er anzuzeigen hat. Dem Zolldirektor wird alsdann freistehen, diese letztere Schätzung der Zollerhebung zu Grunde zu legen oder die Waaren zu dem durch dieselbe festgesetzten Preise mit einem Zuschlag von 5 Prozent zu übernehmen. In diesem Falle soll die Zahlung für die Waaren innerhalb fünf Tagen

the production of the invoice of each consignment of merchandise. If it is not produced, or if its absence is not satisfactorily accounted for, the owner shall be allowed to land his goods on payment of double the Tariff duty, but the surplus duty so levied is to be refunded on the production of the Invoice.

2. All goods so entered may be examined by the Customs officers at the places appointed for the purpose. Such examination shall be made without delay or injury to the merchandise, and the packages shall be at once restored by the Customs Authorities to their original condition in so far as may be practicable.

3. Should the Customs Authorities consider the value of any goods paying an ad valorem duty as declared by the importer or exporter insufficient, they shall call upon him to pay duty on the value determined by an appraisement to be made by the Customs appraiser.

But should the importer or exporter be dissatisfied with that appraisement, he shall within twenty four hours (exclusive of Sundays and holidays) state his reasons for such dissatisfaction to the Commissioner of Customs, and shall appoint an appraiser of his own to make a re-appraisement. He shall then declare the value of the goods as determined by such re-appraisement.

The Commissioner of Customs will thereupon at his option either assess

nach dem Tage geleistet werden, an
dem der Kaufmann die Schätzung
des von ihm bestellten Taxators zur
Anzeige gebracht hat.

the duty on the value determined by
this re-appraisement, or will purchase the goods from the importer
or exporter at the price thus determined with the addition of five per
cent. In the latter case, the purchase money shall be paid to the importer or exporter within five days
from the date on which he has declared the value determined by his
own appraiser.

4. Eine der Billigkeit entsprechende
Herabsetzung des Zolles soll bei der
Einfuhr von Waaren gewährt werden,
die auf dem Transport beschädigt
worden sind. Das Mass derselben
soll von dem Grade der Beschädigung
abhängen, den die Waare erlitten hat,
und hierauf bezügliche Meinungsverschiedenheiten sollen ihre Erledigung
in derselben Weise finden, wie dieselbe im vorstehenden Paragraphen
angeordnet ist.

4. Upon all goods damaged on the
voyage of importation, a fair reduction of duty shall be allowed proportionate to their deterioration. If any
disputes arise as to the amount of
such reduction, they shall be settled
in the manner pointed out in the
preceding clause.

5. Alle zur Ausfuhr bestimmten
Güter sollen, bevor sie verladen werden, auf dem Zollamt deklarirt werden. Die Deklaration soll schriftlich
sein und den Namen des Schiffes,
worin die Güter ausgeführt werden,
mit den Marken und Nummern der
Kolli, und die Menge, die Beschaffenheit und den Werth des Inhaltes an-
geben. Der Exporteur muss die Rich-
tigkeit der von ihm gemachten Angaben schriftlich mit seiner Namensunterschrift bescheinigen.

5. All goods intended to be exported shall be entered at the Corean Custom-House before they are
shipped. The application to ship shall
be made in writing, and shall state
the name of the vessel by which the
goods are to be exported, the marks
and number of the packages and the
quantity, description and value of the
contents. The exporter shall certify
in writing that the application gives
a true account of all the goods contained therein, and shall sign his name
thereto.

6. Die Abladung und Verschiffung
von Gütern darf nicht anders als an
den von den koreanischen Zollbehörden bestimmten Stellen und weder
zwischen Sonnenuntergang und Son-
nenaufgang, noch an Sonn- und Fest-
tagen stattfinden, es sei denn, dass
im einzelnen Falle die Genehmigung
der Zollbehörden ertheilt wäre, welche in Anbetracht der erwachsenen

6. No goods shall be landed or
shipped at other places than those
fixed by the Corean Customs Authorities, or between the hours of sunset and sunrise, or on Sundays or
holidays without the special permission of the Customs Authorities, who
will be entitled to reasonable fees for
the extra duty thus performed.

Mühewaltung zur Erhebung einer mässigen Gebühr berechtigt sind.

7. Reklamationen von Seiten der Importeure oder Exporteure wegen zu viel bezahlter Zölle oder von Seiten des Zollamts wegen nachzuzahlender Zölle sollen nur Berücksichtigung finden, so lange sie nicht später als 30 Tage nach dem Datum der geschehenen Zahlung angebracht werden.

8. Passagiergepäck, sowie Vorräthe für deutsche Schiffe, ihre Mannschaften und Passagiere brauchen nicht beim Zollamt angemeldet zu werden, das erstere kann jederzeit gelandet oder verschifft werden, sobald die zollamtliche Abfertigung stattgefunden hat.

9. Fahrzeuge, welche der Ausbesserung bedürftig sind, dürfen zu diesem Zweck ihre Ladung landen, ohne Zoll zu bezahlen. Alle so gelandeten Güter sollen in Verwahrung der koreanischen Behörden bleiben und alle angemessenen Forderungen für Aufbewahrung, Arbeit und Aufsicht sollen dafür von dem Schiffsführer bezahlt werden.

Wird indessen ein Theil solcher Ladung verkauft, so sollen für diesen Theil die tarifmässigen Zölle entrichtet werden.

10. Wenn Waaren von einem Schiffe zum anderen gebracht werden sollen, so ist die zollamtliche Genehmigung dafür einzuholen.

III. Zollschutz.

1. Die koreanische Regierung soll das Recht haben, Zollbeamte an Bord der in koreanischen Häfen liegenden deutschen Kauffahrteischiffe zu stationiren.

Diese Beamten sollen zu allen Theilen des Schiffes, in welchen sich Ladung befindet, Zugang haben, sie sol-

7. Claims by importers or exporters for duties paid in excess, or by the Customs Authorities for duties which have not been fully paid, shall be entertained only when made within thirty days from the date of payment.

8. No entry will be required in the case of provisions for the use of German ships, their crews and passengers, nor for the baggage of the latter, which may be landed or shipped at any time after examination by the Customs Officers.

9. Vessels needing repairs may land their cargo for that purpose without the payment of duty. All goods so landed shall remain in charge of the Corean Authorities, and all juste charges for storage, labour and supervision shall be paid by the master. But if any portion of such cargo be sold, the duties of the Tariff shall be paid on the portion so disposed of.

10. Any person desiring to tranship cargo shall obtain a permit from the Customs Authorities before doing so.

III. Protection of the Revenue.

1. The Customs Authorities shall have the right to place Customs Officers on board any German merchant vessel in their ports. All such Customs Officers shall have access to all parts of the ship in which cargo is stowed.

They shall be treated with civility, and such reasonable accommodation shall be allowed to them as the ship affords.

len höflich behandelt werden und ein geziemendes Unterkommen erhalten, wie es das Schiff bietet.

2. Die Zollbeamten dürfen die Luken und sonstige Zugänge zu den Ladungsräumen für die Zeit zwischen Sonnenauf- und Sonnenuntergang und für die Sonn- und Festtage durch Anlegung von Siegeln, Schlössern oder in anderer Weise verschliessen und verwahren. Wenn irgend Jemand ohne gehörige Ermächtigung einen so verwahrten Zugang absichtlich öffnen, oder ein Siegel, Schloss oder sonstigen von den Zollbeamten angelegten Verschluss erbrechen oder abnehmen sollte, so soll nicht nur gegen Jeden, der sich so vergeht, sondern auch gegen den Schiffsführer eine Geldstrafe verhängt werden, die aber einhundert mexikanische Dollars nicht übersteigen darf.

3. Ein deutscher Reichsangehöriger, welcher Güter landet oder verschifft, ohne dieselben in Gemässheit obiger Vorschriften beim Zollamt angemeldet zu haben, soll den doppelten Werth der betreffenden Waaren als Strafe entrichten und die Waaren selbst sollen konfiszirt werden. Dasselbe gilt, wenn die Kolli andere als die in der Ein- oder Ausfuhrdeklaration angegebenen oder wenn sie verbotene Waaren enthalten. Der Versuch ist in gleicher Weise zu bestrafen.

4. Jemand, der mit der Absicht einer Zolldefraudation eine falsche Bescheinigung oder Deklaration unterzeichnet, hat eine Geldstrafe bis zu zweihundert mexikanischen Dollars verwirkt.

5. Alle Zuwiderhandlungen gegen die vorstehenden Bestimmungen, welche nicht besonders mit Strafe bedroht sind, sollen mit Geldstrafe bis zum Betrage von einhundert mexikanischen Dollars bestraft werden.

2. The hatches and all other places of entrance into that part of the ship, where cargo is stowed, may be secured by the Corean Customs Officers between the hours of sunset and sunrise, and on Sundays and holidays, by affixing seals, locks or other fastenings, and if any person shall without due permission wilfully open any entrance that has been so secured or break any seal, lock or other fastening that has been affixed by the Corean Customs Officers, not only the person so offending, but the master of the ship also shall be liable to a penalty not exceeding One hundred Mexican dollars.

3. Any German subject who ships or attempts to ship or discharges or attempts to discharge goods which have not been duly entered at the Custom-House in the manner above provided, or packages containing goods different from those described in the import or export permit application, or prohibited goods, shall forfeit twice the value of such goods, and the goods themselves shall be confiscated.

4. Any person signing a false declaration or certificate with the intent to defraud the Revenue of Corea shall be liable to a fine, not exceeding Two hundred Mexican dollars.

5. Any violation of any provision of these Regulation to which no penalty is specially attached herein may be punished by a fine not exceeding One hundred Mexican dollars.

Bemerkung.	Note.
Jm Verkehr mit den Zollbehörden können alle in den vorstehenden Bestimmungen erwähnten Schriftstücke, ebenso wie auch sonstige Eingaben, in englischer Sprache abgefasst werden.	All documents required by these Regulations and all other communications addressed to the Corean Customs Authorities may be written in the English language.
Ed. Zappe. *Min Yŏng-mok.*	*Ed. Zappe.* *Min Yŏng-mok.*

Tarif.

I. EINFUHR.

	Werthzoll in Prozenten
Ackerbaugeräthschaften	zollfrei
Alaun	5
Anker und Ketten	5
Arzneistoffe aller Art, soweit nicht besonders genannt . . .	5
Bambus, gespalten oder ungespalten	5
Bauholz und anderes Holz, weiches	7½
desgl., hartes	10
Baumwolle, rohe	5
Baumwollwaaren aller Art	7½
Baumwollen und wollen gemischte Gewebe aller Art . . .	7½
desgl. und seiden gemischte Gewebe aller Art	7½
Bernstein	20
Bett und Reisedecken (blankets and rugs)	7½
Bier, Porter und Cider	10
Bilder, Stiche, Photographien aller Art, mit oder ohne Rahmen	10
Blumen künstliche	20
Brillen	7½
Bücher, Atlanten, Karten	zollfrei
Carmin	10
Cement	7½
Chemikalien aller Art	7½
Cochenille	20
Cocons	7½
Confect und Zuckerwaaren	10
Droguen aller Art	5
Edelsteine mit oder ohne Fassung	20
Elfenbein roh oder bearbeitet	20
Emaillewaaren	20
Explosivstoffe, zum Bergbau gebraucht etc., mit besonderer Erlaubniss eingeführt	10

	Werthzoll in Prozenten
Fächer aller Art	7½
Färbstoffe, Oel und andere Farben und Materialien zum Mischen derselben	7½
Federn (feathers) aller Art	7½
Fernröhre und binokulare Gläser	10
Feuerspritzen	zollfrei
Feuersteine	5
Feuerwerkskörper	20
Filz	7½
Firniss	7½
Fische, frische	5
desgl. getrocknete und gesalzene.	7½
Flachs, Hanf, Jute	5
Fleisch aller Art, frisches	5
desgl., getrocknetes und gesalzenes	7½
Folien von Gold und Silber	10
desgl. von Zinn und Kupfer, sowie sonstige Arten	7½
Früchte aller Art, frische	5
desgl. getrocknete, eingesalzene und eingemachte	7½
Garn aller Art, aus Baumwolle, Hanf, Wolle etc.	5
Gemüse, frisches, gesalzenes und getrocknetes	5
Getränke, wie Limonade, Ingwer, Bier, Soda- und Mineralwässer	7½
Gewürze aller Art	20
Ginseng, rother, weisser, roher und abgekochter	20
Glas, Fensterglas, gewöhnliches und gefärbtes, alle Sorten . .	7½
desgl., Spiegelglas, belegt oder unbelegt, mit oder ohne Rahmen	10
Glaswaaren aller Art	10
Gold und Silber, gereinigtes . . . . - . .	zollfrei
Gold- und Silbermünzen	zollfrei
Gold- und Silbergeschirr	20
Grastuch, sowie alle Gewebe aus Hanf, Jute etc.	7½
Guano und Dünger aller Art	5
Gummigutti	7½
Haar aller Art mit Ausnahme von Menschenhaar	7½
desgl., Menschenhaar	10
Haarschmuck, goldener und silberner.	20
Harz	7½
Häute und Felle, roh und ungegerbt ¹.	5
desgl., gegerbt und zugerichtet	7½
Holzkohlen	7½
Hölzer, wohlriechende aller Art	20
Holzöl (Tung yu)	5
Hörner und Hufe aller Art, soweit nicht besonders genannt .	5

	Werthzoll in Prozenten
Hülsenfrüchte aller Art, wie Bohnen, Erbsen etc.	5
Insense sticks (Opferstäbchen)	20
Irdene Waaren	7½
Isinglass, alle Arten	7½
Kalk	5
Kampher, ungereinigter	5
desgl., gereinigter	10
Kandiszucker	10
Kautschuck, verarbeitet oder nicht	10
Kerzen	7½
Kleider und Bekleidungsstücke aller Art (Hüte, Schuhe und Stiefel etc.) . . . . -	7½
desgl. aller Art ganz von Seide	10
Knochen	5
Knöpfe, Schnallen, Haken, Oesen etc.	7½
Koffer, Reise- und Handkoffer (trunks and portmanteaus) . .	10
Korallen, roh oder bearbeitet	20
Körnerfrüchte und Getreide aller Art	5
Kunstwerke	20
Lackwaaren, gewöhnliche	10
desgl., bessere	20
Lampen aller Art	7½
Laternen von Papier	5
Leder, alle gewöhnliche Sorten, ungefärbtes	7½
desgl., bessere Sorten, gepresstes, gemustertes oder gefärbtes .	10
Lederfabrikate aller Art	10
Leim	5
Leinen, leinen und baumwollen, leinen und wollen, oder leinen und seiden gemischte Gewebe aller Art	7½
Lettern, alte und neue	zollfrei
Mattenbelag für Fussböden, chinesischer und japanesischer, von Cocosbast (coir) etc., gewöhnliche Sorten	5
Matten, bessere Sorten, japanesische Tatami etc.	7½
Mauersteine und Dachziegel	5
Meeresprodukte, wie Seegras, bêche de mer etc.	7½
Mehl, grobes und feines, alle Arten	5
Metalle aller Art in Gänzen, Blöcken, ingots, Tafeln, Barren, Stäben, Platten, Blechen, Reifen, Streifen, Band- und Flach- T- und Winkeleisen, altes Eisen und Eisenabfälle	5
Metalle aller Art in Röhren, gewalzt, oder verzinkt, Draht, Stahl, Weissblech, Nickel, Platin, Quecksilber, Neusilber, Messing, Tuttamgo oder Weisskupfer, ungereinigtes Gold und Silber	7½

	Werthzoll in Prozenten
Metallwaaren aller Art, wie Nägel, Schrauben, Werkzeuge, Maschinen, Eisenbahnmaterial etc.	7½
Modelle von Erfindungen	zollfrei
Möbel aller Art.	10
Moschus	20
Mosquitonetze, nicht von Seide	7½
desgl., von Seide	10
Musikalische Instrumente aller Art	10
Muster von mässigem Umfang	zollfrei
Näh- und Stecknadeln, ...	7½
Nephritwaaren	20
Nudeln, Faden- (vermicelli)	7½
Oelkuchen.	5
Oel oder Wachstuch aller Art zum Belag für Fussböden . .	7½
Oel, vegetabilisches aller Art	7½
Packmaterialien, wie Säcke, Matten, Stricke, und Blei für Theekisten	zollfrei
Papier, gewöhnliche Sorten	5
desgl. alle Arten nicht anderweitig aufgeführt	7½
desgl., buntes, Luxuspapier, sowie Tapeten	10
Parfümerien	20
Pech und Theer	5
Pelzwerk, besseres, wie Zobel, Seeotter, Seelöwe, Biber etc. .	20
Perlen	20
Petroleum und andere mineralische Oele	5
Pfeffer in Körnern	5
Pflanzen, Bäume und Sträucher aller Art	zollfrei
Photographische Apparate	10
Planken, von weichem Holz	7½
desgl., von hartem Holz	10
Plattirte Waaren aller Art	10
Porzellan, gewöhnliche Sorten	7½
desgl., bessere Sorten.	10
Regenschirme von Papier.	5
desgl., baumwollene	7½
desgl., seidene	10
Regenschirmgestelle.	7½
Reisegepäck	zollfrei
Rhinoceroshörner	20
Rinde aller Art für die Lohgerberei	5
Rotang (ostindisches Stuhlrohr), gespalten oder ungespalten .	5
Salz	7½
Sämereien aller Art	5

	Werthzoll in Prozenten
Sammet, Seiden-	20
Saganholz	7½
Sattlerwaaren und Pferdegeschirr	10
Schildpatt, roh oder bearbeitet	20
Schmucksachen, echte oder unechte	20
Schreibmaterialien aller Art, leere Bücher etc..	7½
Schwefel	7½
Segeltuch	7½
Seide, rohe, gehaspelte, gezwirnte, Floretseide und Abfall .	7½
desgl., Filet- und Floret-, in Strähnen.	10
Seidenfabrikate, soweit nicht besonders genannt	7½
desgl., wie Gaze, Krepp, japanische amber lustrings, Atlas, Atlasdamast, bunter Damast, japanische weisse Seide (habutai)	10
Seife, gewöhnliche Sorten	5
desgl., bessere Sorten.	10
Seilerwaaren und Tauwerk aller Art und von allen Dimensionen	7½
Soya, chinesisch oder japanisch	5
Spieluhren.	10
Spirituosen in irdenen Gefässen. . . . •	7½
desgl. und Liqueure aller Art in Fässern oder Flaschen. . .	20
Steine und Schiefer, behauen und zugerichtet	7½
Steinkohle und Coaks	5
Stempel, Material zu denselben	10
Stickereien in Gold, Silber und Seide	20
Streichhölzer	5
Taback in allen Sorten und Formen	20
Talg	7½
Taschenuhren, von gewöhnlichem Metall, Nickel oder Silber, und Theile davon	10
Taschenuhren, goldene oder vergoldete, und Theile davon . .	20
Teppiche, von Jute, Hanf, Filz oder patent tapestry . . .	7½
desgl., bessere Sorten, wie Brüsseler, Kidderminster und andere nicht aufgezählte Arten	10
desgl., von Sammet	20
Thee	7½
Tischvorräthe (table stores) aller Art und Konserven . . .	7½
Vogelnester	20
Waagen und Waagschalen	5
Wachs, Bienenwachs oder vegetabilisches	7½
Wachstuch	7½
Waffen, Munition, Feuerwaffen, Jagd- oder Seitengewehre, mit besonderer Erlaubniss der koreanischen Regierung zur Jagd oder Selbstvertheidigung eingeführt	20

	Werthzoll in Prozenten
Wagen (Fuhrwerke aller Art)	20
Wand-, Stutz- und Thurmuhren, sowie Theile derselben . .	10
Weine aller Art in Fässern oder Flaschen	10
Wissenschaftliche Instrumente, mathematische, physikalische, chirurgische und meteorologische nebst Zubehör	zollfrei
Wolle, Schaf-, rohe	5
Wollen- und seidengemischte Gewebe aller Art	7½
Wollfabrikate aller Art	7½
Zahnpulver	10
Zimmerdecken (floor rugs) alller Art	7½
Zinnober, rother	10
Zucker, brauner und weisser, alle Arten, Syrup und Melasse	7½
Zwirn oder gezwirntes Garn aller Art, nicht aus Seide. . .	5
Alle nicht besonders genannten Rohartikel	5
Alle nicht besonders genannten Halbfabrikate	7½
Alle nicht besonders genannten Ganzfabrikate	10

Beim Verkauf fremder Schiffe in Korea ist ein Zoll von 25 mexikanischen Dollar-Cents pro Tonne von Segelschiffen und von 50 mexikanischen Dollar-Cents pro Tonne von Dampfschiffen zu entrichten.

Artikel, deren Einfuhr verboten ist.

Opium, ausgenommen für medizinische Zwecke.

Unechte Münzen aller Art.

Verfälschte Droguen und Arzneiwaaren.

Waffen, Munition und Kriegsmaterial, wie schweres oder leichtes Geschütz, Kugeln und Hohlgeschosse, Feuerwaffen aller Art, Kartuschen und Patronen, Seitengewehre, Speere und Lanzen, Salpeter, Schiesspulver, Schiessbaumwolle, Dynamit und andere Explosionsstoffe.

Die koreanischen Behörden werden besondere Erlaubniss für die Einfuhr von Waffen, Feuerwaffen und Munition zu Zwecken der Jagd oder der Selbstvertheidigung ertheilen, nachdem ihnen zufriedenstellender Beweis geliefert worden ist, dass mit dem betreffenden Nachsuchen keine Umgehung des Einfuhrverbots beabsichtigt wird.

II. AUSFUHR.

1. Zollfreie Artikel.

Barren, Gold- und Silber-, gereinigt.

Münzen, Gold- und Silber- aller Art.

Pflanzen, Bäume und Sträucher aller Art.

Reisegepäck.

Waarenmuster in mässigem Umfang.

2. Alle vorstehend nicht genannten Artikel unterliegen einem Werthzoll von fünf Prozent.

3. Die Ausfuhr von rothem Ginseng ist verboten.

Bemerkungen zum Tarif.

1. Bei Berechnung des Werthes der Einfuhrartikel wird der Kostenpreis derselben am Produktionsorte, zusätzlich der Auslagen für Fracht, Versicherung etc. zu Grunde gelegt.

Für die Ausfuhrartikel ist der koreanische Marktpreis massgebend.

2. Die Zahlung der Zölle kann sowohl in mexikanischen Dollars als in japanischen Silber-Yen erfolgen.

3. Die Werthzölle des vorstehenden Tarifs sollen durch Vereinbarung zwischen den zuständigen Behörden beider Länder, insoweit es wünschenswerth erscheinen mag, sobald als möglich in feste Zölle umgewandelt werden.

Ed. Zappe.   Min Yong-mok.

Schlussprotokoll.

Bei der am heutigen Tage stattgefundenen Unterzeichnung des Freundschafts-, Handels- und Schiffahrtsvertrages zwischen dem Deutschen Reich und dem Königreich Korea haben die beiderseitigen Bevollmächtigten folgende Erklärungen und Verabredungen in das gegenwärtige Protokoll niedergelegt.

Zu Artikel III des Vertrages.

Dem Rechte der exterritorialen Jurisdiktion über deutsche Reichsangehörige wird von der Kaiserlich deutschen Regierung entsagt werden, sobald nach ihrer Auffassung das Gerichtsverfahren und die Gesetze des Königreichs Korea so weit geändert und verbessert worden sind, um die gegenwärtig bestehenden Bedenken gegen eine Unterstellung deutscher Reichsangehöriger unter die koreanische Gerichtsbarkeit zu beseitigen, und die koreanischen Richter eine gleichartige richterliche Befähigung und eine ähnliche Befähigung und eine ähnliche unabhängige Stellung wie der deutsche Richterstand erreicht haben werden.

Zu Artikel IV des Vertrages.

Das Recht, in der Hauptstadt Hanyang zu wohnen und Handelshäuser zu etablieren, welches im verflossenen Jahre chinesischen Unterthanen bewilligt worden ist, soll deutschen Reichsangehörigen nur so lange zustehen, als dasselbe von der Kaiserlich chinesischen Regierung für chinesische Unterthanen in Anspruch genommen wird. Die Kaiserlich deutsche Regierung wird diesem Rechte entsagen, sobald die Kaiserlich chinesische Regierung demselben entsagt, und für solange, als dasselbe weder chinesischen noch den Angehörigen eines anderen Staates von der Königlich koreanischen Regierung eingeräumt wird.

Zu Artikel XIII des Vertrages.

Die Bevollmächtigten sind übereingekommen, dass das gegenwärtige Protokoll zugleich mit dem Vertrage den Hohen vertragschliessenden Theilen vorgelegt werden soll, und dass im Falle der Ratification des letzteren auch die in ersterem enthaltenen Erklärungen und Verabredungen ohne weitere förmliche Ratification derselben als genehmigt angesehn werden sollen.

Es wurde hierauf das gegenwärtige Protocoll in der deutschen, englischen und chinesischen Sprache in je dreifacher Ausfertigung vollzogen.

Hanyang, den 26. November 1883.

Ed. Zappe.　　*Min Yŏng-mok.*

29bis.

Convention additionnelle au Traité de commerce et de navigation du 12 juillet 1883 *); signée à Berlin, le 10 mai 1885.

Deutsches Reichsgesetzblatt 1885, No. 24.

Texte allemand.	Texte espagnol.
Seine Majestät der Deutsche Kaiser, König von Preussen, und Seine Majestät der König von Spanien, von dem Wunsche geleitet, einzelne Abänderungen des Tarifs zu dem Handels- und Schiffahrtsvertrage vom 12. Juli 1883 **) herbeizuführen, welche im Interesse der Ausdehnung und Erleichterung der Handelsbeziehungen beider Länder wünschenswerth sind, haben zu diesem Behufe zu Ihren Bevollmächtigten ernannt:	Su Majestad el Emperador de Alemania, Rey de Prusia, y Su Majestad el Rey de España, deseando introducir en la tarifa aneja al Tratado de Comercio y Navegacion de 12 de Julio de 1883 **), algunas modificaciones en bien del aumento y facilidades de las relaciones comerciales de ambos paises, han nombrado por Sus Plenipotenciarios à saber:
Seine Majestät der Deutsche Kaiser, König von Preussen: Allerhöchstihren Staatsminister, Staatssekretär des Auswärtigen Amts Grafen Paul von Hatzfeldt-Wildenburg;	Su Majestad el Emperador de Alemania, Rey de Prusia: al Conde Paul de Hatzfeldt-Wildenburg, Su Ministro de Estado Secretario del Departemento de Negocios Extrangeros, etc. etc. etc.
Seine Majestät der König von Spanien: Allerhöchstihren ausserordentlichen Gesandten und bevoll-	Su Majestad el Rey de España: à Don Francisco Merry y Colom, Conde de Benomar, Su En-

---

*) Les ratifications ont été échangées à Berlin, le 16 juin 1885.
**) V. N. R. G. 2ᵉ Série, IX. 453.

mächtigten Minister bei Seiner Majestät dem Deutschen Kaiser, König von Preussen, Don Francisco Merry y Colom, Grafen de Benomar,

welche, hierzu gehörig bevollmächtigt, unter Vorbehalt der beiderseitigen Ratifikation Folgendes vereinbart haben:

Art. 1. Die Kaiserlich deutsche Regierung bewilligt in Erweiterung der im Tarif A zum Handels- und Schiffahrtsvertrage vom 12. Juli 1883 eingeräumten Zollbegünstigungen für die nachbenannten Gegenstände spanischer Herkunft (Provenienz) oder Fabrikation bei der Einfuhr in Deutschland die dabei vermerkte Ermässigung des Eingangszolles:

1. Citronenschalen, Orangenschalen und Schalen von sonstigen Südfrüchten, frisch oder getrocknet, sowie unreife Pomeranzen, auch in Salzwasser eingelegt, von 4 Mark auf 2 Mark für 100 Kilogramm;
2. Saffran von 50 Mark auf 40 Mark für 100 Kilogramm;
3. Oliven von 30 Mark auf 20 Mark für 100 Kilogramm.
4. Johannisbrot von 2 Mark auf 1 Mark für 100 Kilogramm.

Ferner wird Olivenöl spanischer Herkunft oder Fabrikation in Fässern, amtlich denaturirt, bei der Einfuhr iu Deutschland vom Zolle frei sein.

Art. 2. Die Königlich spanische Regierung willigt ihrerseits darin, dass in demselben Tarif A die Bestimmung, wonach der Zoll für Roggen 1 Mark für 100 Kilogramm betragen soll, in Wegfall kommt.

Art. 3. Der gegenwärtige Vertrag soll ratifizirt und die Ratifications-

viado Extraordinario y Ministro Plenipotenciario cerca de Su Majestad el Emperador de Alemania, Rey de Prusia, etc. etc. etc.

Los cuales debidamente autorizados y bajo la reserva de la ratificacion reciproca han convenido de lo siguiente:

Art. I. El Gobierno Imperial de Alemania conviene en ampliar las concesiones de derechos de aduana contenidas en la tarifa A aneja al Tratado de Comercio y Navegacion de 12 de Julio de 1883 en los siguientes artículos de origen Español ó fabricacion Española, a su importacion en Alemania, y concede en dichos artículos las rebajas de derechos que à continuacion se espresan:

1º Cascaras de limones, cascaras de naranjas y cascaras de otras frutas del sur, frescas ó secas, asi como naranjas verdes y naranjas en salmuera de 4 Marcos à 2 Marcos por 100 Kilógramos;
2º Azafran de 50 Marcos à 40 Marcos por 100 Kilógramos;
3º Aceitunas de 30 Marcos à 20 Marcos por 100 Kilógramos;
4º Algarrobas de 2 Marcos à 1 Marco por 100 Kilógramos.

Ademas el aceite arreglado officialmente de modo que no se pueda comer (amtlich denaturirt) en barricas, de origen ó fabricacion Española estara libre de derecho de aduana a su importacion en Alemania.

Art. II. El Gobierno de Su Majestad el Rey de España conviene por su parte en que desaparezca de la misma tarifa A la estipulacion conforme à la cual el derecho del centeno debia ser de un Marco por 100 Kilógramos.

Art. III. El presente Convenio sera ratificado y sus ratificaciones se

Urkunden spätestens binnen einem
Monat in Berlin ausgetauscht werden.

Derselbe soll acht Tage nach Austausch der Ratifikationen in Kraft
treten und bis zum 30. Juni 1887
in Kraft bleiben.

Zu Urkund dessen haben die beiderseitigen Bevollmächtigten diesen
Vertrag unterzeichnet und ihre Siegel
beigedrückt.

So geschehen zu Berlin, den 10. Mai
1885.

Graf von Hatzfeldt.

cangearan en Berlin en el termino de
un mes y antes si fuesse posible.

Este Convenio se pondrá en ejecucion ocho dias despues del cange
de las ratificaciones y quedará en vi-
gor hasta el 30 de Junio de 1887.

En fe de lo cual los Plenipotenciarios respectivos han firmado el
presente Convenio y lo han sellado
con el sello de sus armes.

Hecho en Berlin à diez de Mayo
de mil ochociento ochenta y cinco.

El Conde de Benomar.

30.

HESSE-ÉLECTORALE, PRUSSE.

Traité concernant les biens en fidéicommis de la maison
électorale de Hesse et la position future du Landgrave
Frédéric et de sa famille, suivi d'un Protocole final; signé
à Berlin, le 26 mars 1873 [*]).

Copie.

Nachdem durch das Gesetz vom 20. September 1866 [**]) das Kur-
fürstenthum Hessen für immer mit der Preussischen Monarchie vereinigt
worden ist, haben:

Seine Majestät der König von Preussen, einerseits, und

Seine Hoheit der Landgraf Friedrich von Hessen, andrerseits
beschlossen, die künftigen Verhältnisse Seiner Hoheit des Landgrafen
Friedrich von Hessen und Höchstdessen Familie durch ein Abkommen zu
regeln und haben die beiderseitigen Bevollmächtigten, nämlich:

Seitens Seiner Majestät des Königs von Preussen der Geheime Legationsrath Bernhardt König und der Geheime Finanzrath Dr. jur. Carl Michelly,

Seitens Seiner Hoheit des Landgrafen Friedrich von Hessen der
Regierungsrath a. D. Ferdinand von Warnstedt,
vorbehaltlich der Allerhöchsten und Höchsten Genehmigung folgende Punkte
verabredet:

Art. 1. Seine Hoheit der Landgraf Friedrich erkennt die Einver-
leibung des vormaligen Kurfürstenthums Hessen in die Preussische Monarchie
als einen unabänderlichen staatsrechtlichen Akt an und entsagt für sich

---

[*]) Le Traité a été approuvé de part et d'autre.
[**]) V. N. R. G. XVIII. 878.

und Seine Descendenz zu Gunsten der Krone Preussen allen Ansprüchen auf die Regierung des früheren Kurstaates, sowie allen damit zusammenhängenden Rechten und Bezügen.

Diese Entsagung umfasst insbesondere auch den Anspruch auf die durch den Stettiner Vertrag vom 17. September 1866 *) Seiner Königlichen Hoheit dem Kurfürsten Friedrich Wilhelm belassene Hofdotation von jährlich 300,000 Thalern, deren Zahlung mit dem Ableben des Kurfürsten aufhören wird.

Art. 2. Das gesammte sogenannte Fideicommissvermögen des Kurfürstlichen Hauses wird als Preussisches Staats-Eigenthum anerkannt.

Dies gilt insbesondere:

a. sowohl von allen denjenigen Immobilien, Mobilien und Berechtigungen, welche nach der in dem § 140 der Kurhessischen Verfassungs-Urkunde vom 5. Januar 1831 in Bezug genommenen Vereinbarung über die Hofdotation zum Fideicommis-Vermögen des Kurfürstlichen Hauses gehören, als auch

b. von dem unter der Bezeichnung »Kurfürstlicher Hausschatz« gebildeten und bisher in Gemässheit des Kurhessischen Gesetzes vom 27. Februar 1831 (Sammlung von Gesetzen für Kurhessen de 1831, S. 55) resp. der Allerhöchsten Verordnung vom 22. September 1867 (Preussische Gesetz-Sammlung de 1867, S. 1638) verwalteten Kapitalienbestande.

Seine Hoheit der Landgraf Friedrich überträgt alle Rechte, welche Ihm und Seiner Familie an dem bisherigen Fideicommiss-Vermögen des Kurfürstlichen Hauses (einschliesslich des bisherigen Kurfürstlichen Hausschatzes) zustehen, auf die Krone Preussen, welche diese Rechte als ihre eigenen auszuüben fortan befugt sein soll.

Art. 3. Dagegen verpflichtet sich die Krone Preussen, nach dem Ableben Seiner Königlichen Hoheit des Kurfürsten Friedrich Wilhelm an Seine Hoheit den Landgrafen Friedrich, oder an denjenigen aus ebenbürtiger Ehe entsprossenen Agnaten des Kurhauses, welcher nach der Linealerbfolge und dem Rechte der Erstgeburt zur Succession zunächst berufen sein wird:

I. aus den Reventen desjenigen Kapitalienbestandes, welcher bis jetzt den Kurfürstlichen Hausschatz gebildet hat, eine jährliche Rente von 202,240 Thaler geschrieben zweihundert und zwei Tausend zweihundert und vierzig Thalern zu gewähren, welche vierteljährlich im Voraus nach dem Wunsche des Empfangsberechtigten in Berlin oder in Cassel oder in Frankfurt a. M. zahlbar ist, und deren dauernde Entrichtung im unverstärkten Betrage die Krone Preussen gewährleistet,

II. nachbezeichnete bisher zum Fideicommiss-Vermögen des Kurfürstlichen Hauses gehörig gewesene Vermögensobjecte zu überweisen, nämlich:

---

*) V. N. R. G. XVIII. 388.

A. an Grundstücken

unter den in der Anlage A aufgestellten Bedingungen:

    a. das Stadtschloss zu Fulda,

    b. das Schloss Fasanerie bei Fulda,

    c. das Schloss Philippsruhe bei Hanau nebst der dazu gehörigen Fasanerie beim Wilhelmsbade.

B. an Mobilien:

    a. die Silberkammer und die zum Fideicommiss des Kurfürstlichen Hauses gehörigen Schmucksachen und Pretiosen mit Ausschluss derjenigen, welche Bestandtheile von Kron- und Reichsinsignien sind,

    b. unter den in der Beilage B aufgestellten Bedingungen die in dieser Beilage verzeichneten Mobilien aus dem Schlosse Bellevue bei Kassel und dem Jagdschlosse zu Wabern.

Insoweit sich die vorerwähnten Mobilien nicht im Besitze der Preussischen Staatsverwaltung befinden, wird sich letztere bemühen, ihre Herausgabe an Seine Hoheit den Landgrafen Friedrich oder an dessen Rechtsnachfolger herbeizuführen.

Eine Vertretung für den Erfolg dieser Bemühung wird indessen nicht übernommen.

Art. 4. Die Krone Preussen verpflichtet sich, die in dem Art. 3 ad I. zugesicherte Rente auf den Betrag von jährlich 216,000 Thalern geschrieben »Zweihundertsechzehntausend Thalern« zu erhöhen, wenn bis zum Schlusse des Jahres 1874 sämmtliche grossjährige Agnaten der Nebenlinien Hessen-Philippsthal und Hessen-Philippsthal-Barchfeld und der zu der ersteren Linie gehörige Prinz Karl Alexander, welcher erst im nächsten Jahre die Grossjährigkeit erreichen wird, diesem Vertrage rechtsgültig beitreten.

Art. 5. Aus dem Hebungsrechte auf die in dem Art. 3, ad I. resp. Art. 4 zugesicherte Rente, sowie aus den in dem Art. 3, ad II. aufgeführten Grundstücken und Mobilien wird ein Privat-Familien-Fideicommiss der Kurhessischen Fürstenfamilie gebildet, welches in allen seinen Bestandtheilen unveräusserlich und unverpfändbar sein und welches sich mit Ausschluss der Prinzessinnen in der ehelichen männlichen Descendenz aus ebenbürtiger Ehe nach der Linealfolge und dem Rechte der Erstgeburt vererben soll, sodass nach den zeitigen Verhältnissen Seine Hoheit der Landgraf Friedrich zur Succession in dieses Fideicommiss zunächst berufen sein, und dessen Linie die beiden Nebenlinien Hessen-Philippsthal und Hessen-Philippsthal-Barchfeld ausschliessen wird.

Mit dem Aussterben der zur Nachfolge in das Fideicommiss berufenen Linien der Kurhessischen Fürstenfamilie fällt das Fideicommiss an die Krone Preussen zurück, welche alsdann für eine angemessene Dotirung der überlebenden Prinzessinnen zu sorgen haben wird.

Seine Hoheit der Landgraf Friedrich oder der zur Zeit des Ablebens Seiner Königlichen Hoheit des Kurfürsten Friedrich Wilhelm zur Succession zunächst berufene Agnat wird binnen Jahresfrist nach dem erwähnten Zeitpunkte die erforderlichen weiteren Massnahmen treffen, um das Fideicommiss unter Berücksichtigung der vorstehenden Bestimmungen rechtsgültig zu constituiren.

Art. 6. Seine Hoheit der Landgraf Friedrich erklärt sich damit einverstanden, dass den beiden Nebenlinien Hessen - Philippsthal und Hessen-Philippsthal - Barchfeld zusammen aus der Fideicommissrente von 202,240 Thalern (eventuell 216,000 Thalern) eine Summe von 36,000 Thalern, geschrieben »Sechsunddreissig Tausend Thalern« jährlich als Apanage gewährt und von jener Rente vorweg in Abzug gebracht werde. Der Krone Preussen bleibt die Festsetzung der Bedingungen, unter welchen die genannten beiden Nebenlinien diese Apanage beziehen und unter sich vertheilen sollen, lediglich überlassen.

Art. 7. Sowohl die Descendenten Seiner Hoheit des Landgrafen Friedrich, als auch alle übrigen Mitglieder der Kurhessischen Fürstenfamilie dürfen Rechte aus dem gegenwärtigen Vertrage für sich nur unter der Bedingung herleiten, dass sie zuvor demselben beitreten, und gegenüber der Krone Preussen dessen Festsetzungen, insbesondere die der obigen Art. 1 und 2, auch für sich als rechtsverbindlich anerkennen, unter gleichzeitiger Uebertragung aller ihrer etwaigen Anrechte an dem bisherigen Fideikommissvermögen des Kurfürstlichen Hauses auf die Krone Preussen. Demgemäss dürfen die beiden Nebenlinien Hessen-Philippsthal und Hessen-Philippsthal-Barchfeld auch auf die Auszahlung der zu ihren Gunsten ausbedungenen Apanage von jährlich 36,000 Thalern erst Anspruch machen, nachdem sämmtliche Agnaten dieser Nebenlinien ihren Beitritt zu gegenwärtigem Vertrage in obenerwähnter Art rechtsgültig erklärt haben werden. So lange letzteres nicht geschehen ist, werden die für die Nebenlinien als Apanage bestimmten Beträge von jährlich 36,000 Thalern bei einer Preussischen Staatskasse einstweilen deponirt und zinsbar angelegt, die hierdurch gewonnenen Zinsen aber bis zur Erfüllung jener Bedingung an den Fideicommissbesitzer der älteren (Rumpenheimer) Linie ausgezahlt.

Indessen behält sich die Krone Preussen für den Fall, dass zwar nicht sämmtliche, aber einzelne Agnaten der Nebenlinien dem gegenwärtigen Vertrage beitreten, die Befugniss vor, an letztere die Apanage bis zum Betrage von 24,000 Thalern, geschrieben »Vierundzwanzig Tausend Thalern« jährlich nach ihrem Belieben auszahlen zu lassen.

Art. 8. Die Krone Preussen behält sich vor, mit den beiden Nebenlinien Hessen-Philippsthal und Hessen-Philippsthal-Barchfeld eine besondre Vereinbarung abzuschliessen, durch welche der Bezug der zu ihren Gunsten ausbedungenen Apanage geregelt, sowie ihre eventuelle Succession in das zu stiftende Privat-Familien-Fideicommiss der Kurhessischen Fürstenfamilie näher festgestellt werden soll. Indessen wird schon jetzt bestimmt, dass mit dem Aussterben des Mannesstammes der beiden Nebenlinien Hessen-Philippsthal und Hessen-Philippsthal-Barchfeld vor dem Mannesstamme der älteren (Rumpenheimer) Linie die Apanage von jährlich 36,000 Thaler der Fideicommissrente accresciren, also der letzteren Linie zu Gute kommen soll.

Art. 9. Seine Hoheit der Landgraf Friedrich leistet für sich und seine Descendenz der Krone Preussen dafür Gewähr, dass Seitens der übrigen Mitglieder Seiner, der Rumpenheimer Linie, Ansprüche auf das bisherige

Fideicommiss-Vermögen des Kurfürstlichen Hauses, einschliesslich des Kurfürstlichen Hausschatzes nicht werden erhoben werden.

Art. 10. Falls Mitglieder der Nebenlinien Hessen-Philippsthal und
Hessen-Philippsthal-Barchfeld versuchen sollten, ihre vermeintlichen Anrechte
auf das bisherige Fideikommiss-Vermögen des Kurfürstlichen Hauses auf
gerichtlichem Wege zur Geltung zu bringen, so gehen die genannten Nebenlinien aller Ansprüche auf die zu ihren Gunsten stipulirte Apanage, sowie
ihres eventuellen Successionsrechtes in das zu stiftende Privatfamilienfidei-
commiss der Kurhessischen Fürstenfamilie ohne Weiteres verlustig. Indessen
behält sich die Krone Preussen die Befugniss vor, an diejenigen Mitglieder
der beiden Linien, welche noch vor Beschreitung des Rechtsweges dem gegenwärtigen Vertrage beigetreten sind und sich am Rechtswege nicht betheiligt haben aus der Fideicommissrente die Hälfte der Apanage, also die
Summe von 18,000 Thalern, geschrieben: »Achtzehntausend Thaler« jährlich auszahlen zu lassen. Im Uebrigen verfällt die Apanage zu Gunsten
Seiner Hoheit des Landgrafen Friedrich respective seines Nachfolgers in
dem Fideicommiss, an welchen demnächst auch der Kapitalbestand zur
freien Verwendung abgeführt werden soll, welcher durch die einstweilige
Deposition der für die Nebenlinien ausgeworfenen Apanage-Summen in
Gemässheit des Art. 7 dieses Vertrages entstanden ist.

Art. 11. Für den Fall, dass dem Preussischen Staate ein Theil des
bisherigen Fideicommmiss-Vermögens des Kurfürstlichen Hauses (einschliesslich des bisherigen Kurfürstlichen Hausschatzes) im Rechtswege entzogen
werden sollte, müssen sich Seine Hoheit der Landgraf und seine Nachfolger
im Fideicommisse gefallen lassen, dass die ihnen aus den Reventien des
Hausschatzes zufliessende Fideicommissrente nach dem Verhältnisse dieses
Theiles zum gesammten bisherigen Fideicommiss-Vermögen des Kurfürstlichen
Hauses ermässigt werde.

Art. 12. Das neue Privat-Familien-Fideicommiss der Kurhessischen
Fürstenfamilie tritt erst mit dem Ableben Seiner Königlichen Hoheit des
Kurfürsten in Wirksamkeit. Die Krone Preussen übernimmt jedoch für
den Fall, dass Seine Hoheit der Landgraf Friedrich früher versterben sollte,
die Verbindlichkeit bis zum Tode des Kurfürsten der Landgräfin Anna
deren im Jahre 1858 verschriebenes Witthum von jährlich 30,000 Thalern
zu zahlen und bis zu demselben Zeitpunkte der hinterbliebenen Familie
Seiner Hoheit des Landgrafen die Benützung des Stadtschlosses Fulda ein-
zuräumen, sobald die bestehenden Miethsverträge aufgelöst werden können.

Art. 18. Die an die ältere (Rumpenheimer) Linie des Kurhessischen
Fürstenhauses bisher aus der Staatskasse bezahlten Apanagen und Deputate, sowie ihre bisherigen Ansprüche auf Aussteuer der Prinzessinnen werden durch diesen Vertrag nicht berührt.

Insbesondere wird anerkannt, dass nach dem kinderlosen Ableben Ihrer
Hoheiten der Prinzen Friedrich Wilhelm und Georg Karl von Hessen die
gesammte für die Rumpenheimer Familie ausgeworfene Apanage dieser
Linie unverkürzt verbleiben wird. Indessen soll hierbei die Massgabe eintreten, dass diese Apanage nur zu Gunsten der nachgeborenen Prinzen,

welche sich nicht im Genusse der Fideicommissrente befinden, verwendet werden darf.

Art. 14. Seiner Majestät dem Könige von Preussen bleibt vorbehalten, den Mitgliedern der Rumpenheimer Linie der Kurhessischen Fürsten-Familie eine ihrem verwandtschaftlichen und sonstigen Verhältnisse entsprechende Stellung zu gewähren.

Die Freiheiten, welche den Mitgliedern dieser Linie bezüglich Ihrer Güter und in persönlicher Hinsicht bisher zugestanden haben, insbesondre die Freiheit vom Militärdienste, die Nichtheranziehung Ihrer Pferde zum Kriegsgebrauche, die Steuerfreiheit, die Portofreiheit u. s. w., sollen Ihnen, soweit und solange dies nach der jeweiligen Deutschen und Preussischen Gesetzgebung zulässig ist, erhalten bleiben.

So geschehen, Berlin den 26. März 1873.

Bernhardt König.   *Dr. Carl Michelly.*   *Ferdinand v. Warnstedt.*

Schlussprotokoll.

Bei Unterzeichnung des Vertrages, betreffend das Fideicommis-Vermögen des Kurfürstlich Hessischen Hauses und die künftigen Verhältnisse Seiner Hoheit des Landgrafen Friedrich von Hessen und Höchstdessen Familie, haben die unterzeichneten Bevollmächtigten nachfolgende Erklärungen in das gegenwärtige Schluss-Protokoll aufgenommen:

1) Der Regierungsrath a. D. von Warnstedt muss im ausdrücklichen Auftrage seines höchsten Machtgebers dem Bedauern Ausdruck geben, dass durch den heutigen Vertrag den Wünschen des Letzteren wegen Ueberweisung der in verschiedenen Schlössern des Kurfürstlichen Hausfideicommisses aufbewahrten Mobiliar-Gegenstände nur in Bezug auf das Schloss Wabern entsprochen werde, während die Zusicherungen, welche er in dieser Beziehung aus der vorläufigen Vereinbarung vom 1. Juni v. J. herleiten zu dürfen glaubt, in Betreff des Schlosses Wilhelmsthal gar keine und in Betreff des Schlosses Bellevue nur in einer ganz unbefriedigenden Weise Berücksichtigung gefunden haben.

Der Herr von Warnstedt behält seinem Höchsten Machtgeber vor, wegen Ausführung der Zusicherungen, welche er in Betreff der beiden zuletzt genannten Schlösser sowie in Betreff der Mobilien, welche aus dem Schlosse Bellevue nach der Besitzung Wilhelmshöhe transportirt worden sind, aus der Verhandlung vom 1. Juni v. J. herleitet, Allerhöchsten Ortes vorstellig zu werden, indem er hofft, dass seinem Machtgeber das, was ihm jetzt vorenthalten wird, durch die Gnade Seiner Majestät des Königs bewilligt werden werde.

Die Bevollmächtigten Seiner Majestät des Königs bedauern, dass ihrer Ansicht nach gewisse Rücksichten des öffentlichen Interesses nicht gestatten, den Wünschen Seiner Hoheit des Landgrafen wegen Ueberweisung von Mobilien in einem weiteren Umfange zu entsprechen, als dies durch den gegenwärtigen Vertrag geschehen ist, indem sie zugleich hervorheben, dass die Verhandlung vom 1. Juni v. J. nur die Bedeutung einer vorläufigen Verabredung gehabt habe, deren Bestimmungen als feste Zusicherungen nicht angesehen werden dürfen.

Uebrigens sind die unterzeichneten Bevollmächtigten dahin einverstanden, dass die Gültigkeit des gegenwärtigen Vertrages durch die Anträge, welche Seine Hoheit der Landgraf Friedrich Allerhöchsten Orts zu stellen sich vorbehält, nicht berührt wird.

2) Herr von Warnstedt wünscht, dass seinem hohen Machtgeber gestattet werde, über diejenigen Mobiliargegenstände, welche demselben durch den gegenwärtigen Vertrag überwiesen wurden, mit Ausschluss der Silberkammer und des Hausschmucks, nach seinem freien Belieben zu verfügen.

Die Bevollmächtigten Seiner Majestät des Königs bedauern, auch diesem Wunsche nicht entsprechen zu können, müssen vielmehr darauf bestehen, dass alle Mobilien, deren Ueberweisung zugestanden worden ist, dem zu stiftenden Familien-Fideicommisse einverleibt werden.

Herr von Warnstedt erklärt demnächst, dass er im Interesse seines hohen Machtgebers verlangen müsse, dass diesem gestattet werde, die gedachten Mobilien nach einem derjenigen drei Schlösser, welche derselbe auf seine Abfindung mit überwiesen erhält, zu translociren und dem Inventarium des betreffenden Schlosses einzuverleiben.

Die Bevollmächtigten Seiner Majestät des Königs erachten die Gewährung dieses Verlangens für unbedenklich und ertheilen dem Herrn von Warnstedt die Zusicherung, dass demselben entsprochen werden soll.

3) Mit Rücksicht auf die mögliche Eventualität, dass Seine Königliche Hoheit der Kurfürst Friedrich Wilhelm eine Descendenz aus ebenbürtiger Ehe hinterlassen könnte, spricht der Herr von Warnstedt die Hoffnung aus, dass seinem Herrn Machtgeber Seitens der Krone Preussen eventuell in ähnlicher Weise eine Abfindung gewährt werden würde, wie solche gegenwärtig den entfernteren Nebenlinien aus den Intraden des Hausschatzes zugewandt werden soll.

Die vorstehenden Erklärungen werden mit der Genehmigung des heutigen Vertrags Verbindlichkeit erlangen.

Berlin, den 23 März 1873.

Bernhardt König.   Dr. Carl Michelly.   Ferdinand v. Warnstedt.

31.

HESSE - PHILIPPSTHAL, PRUSSE.

Traité pour régler les droits des lignes de Hesse-Philippsthal
sur les biens en fidéicommis de l'ancienne maison électorale
de Hesse; suivi de plusieurs annexes, signé à Berlin, le 13
décembre 1880*).

Preuss. Gesetzsammlung, 1881, No. 11.

Nachdem Seine Majestät der Kaiser und König bestimmt haben, dass
dem von den Agnaten der Philippsthaler Linien des Hessischen Fürstenhauses kundgegebenen Wunsche, die Ansprüche dieser Linien an das Fideikommisvermögen des vormals Kurhessischen Hauses durch ein Abkommen
geregelt zu sehen, entsprochen werde, haben die Unterzeichneten, nämlich:
der Geheime Oberfinanzrath Dr. jur. Hans Rüdorff und
der Legationsrath Dr. jur. Oswald Freiherr v. Richthofen
    als Bevollmächtigte der Königlichen Staatsregierung,
der Rechtsanwalt und Notar Dr. jur. Friedrich Renner
    als Bevollmächtigter Ihrer Hochfürstlichen Durchlauchten des Land-
    grafen Ernst von Hessen und des Prinzen Karl von Hessen-
    Philippsthal, sowie des Landgrafen Alexis von Hessen-Philippsthal-
    Barchfeld, und
der Rechtsanwalt und Notar Wilhelm Laymann
    als Bevollmächtigter Seiner Hochfürstlichen Durchlaucht des Prinzen
    Wilhelm von Hessen - Philippsthal - Barchfeld,
vorbehaltlich der Allerhöchsten und Höchsten Genehmigung folgende Punkte
verabredet:
Art. 1. Ihre Hochfürstlichen Durchlauchten der Landgraf Ernst von
Hessen, der Prinz Karl von Hessen - Philippsthal, der Landgraf Alexis von
Hessen-Philippsthal-Barchfeld und der Prinz Wilhelm von Hessen-Philippsthal-Barchfeld begeben Sich für Sich und Ihre Deszendenz hierdurch des
seither von Ihnen in Anspruch genommenen Rechtes, diejenigen Verpflichtungen und Anerkenntnisse, welche Seine Königliche Hoheit der Landgraf
Friedrich von Hessen in den Artikeln 1 und 2 des zwischen Seiner Majestät
dem Kaiser und Könige und Seiner Königlichen Hoheit dem Landgrafen
Friedrich von Hessen am 26. März 1873 zu Berlin abgeschlossenen Ver-
trages**) zu Gunsten der Krone Preussen eingegangen ist, anzufechten, übertragen die Ihnen und Ihrer Deszendenz an dem Familienfideikommisse des
Kurfürstlichen Hauses, insbesondere den in den vorerwähnten Artikeln 1
und 2 aufgeführten Gegenständen desselben zustehenden Rechte auf die
Krone Preussen, und treten hierdurch dem erwähnten Vertrage im Uebrigen in allen seinen Theilen nach Massgabe der hier folgenden Verabredungen bei.

---

*) Le Traité a été approuvé de part et d'autre.
**) V. plus haut No. 80.

Art. 2.   Die Krone Preussen verpflichtet sich, den Agnaten der Philippsthaler Linien des Hessischen Fürstenhauses:

I. eine jährliche Rente von 300 000 Mark, geschrieben:
   » Dreimalhundert Tausend Mark«, vom 1. Januar 1880 ab zu gewähren, welche nach dem Wunsche der Empfangsberechtigten vierteljährlich oder monatlich im Voraus in Berlin, in Cassel oder in Frankfurt a. M. zahlbar ist und deren dauernde Entrichtung im unverkürzten Betrage die Krone Preussen gewährleistet;

II. nachbezeichnete, zum Fideikommissvermögen des Kurfürstlichen Hauses gehörig gewesene Vermögensobjekte unter den in der Anlage A aufgestellten Bedingungen zu überweisen, nämlich:
   a) das Stadtschloss zu Hanau,
   b) das Schloss zu Rotenburg,
   c) das Lustschloss zu Schönfeld bei Cassel,
   d) den nach der Aue zu gelegenen Eckpavillon des Bellevueschlosses zu Cassel nebst anstossendem Gebäude (Bellevuestrasse Nr. 2 und 3).

In der Ueberweisung einbegriffen sind sämmtliche in den unter a, b und c aufgeführten Schlössern und deren Zubehörungen zur Zeit vorhandene Mobilien und sonstige Inventarstücke.

Art. 3.   Aus dem Hebungsrecht auf die in dem Artikel 2 ad I zugesicherte Rente, sowie aus den in dem Art. 2 ad II aufgeführten Grundstücken wird ein Privatfamilienfideikommiss der Philippsthaler Linien der Hessischen Fürstenfamilie gebildet, welches in allen seinen Bestandtheilen unveräusserlich und unverpfändbar sein soll.   Das über dieses Fideikommiss von den Agnaten der Philippsthaler Linien zu errichtende und Seiner Majestät dem Kaiser und Könige zu landesherrlicher Genehmigung vorzulegende Statut wird darüber Bestimmung zu treffen haben, in welcher Weise der Bezug der Rente und die Benutzung und Unterhaltung der Grundstücke für jetzt und die Folgezeit unter den derzeitigen Agnaten dieser Linien und Ihrer ehelichen männlichen Deszendenz aus ebenbürtiger Ehe vertheilt werden und vererben soll.

Die derzeitigen Agnaten der Philippsthaler Linien eventuell Deren Rechtsnachfolger werden binnen Jahresfrist nach dem Abschlusse dieses Vertrages die erforderlichen weiteren Massnahmen treffen, um das Fideikommiss unter Berücksichtigung der in diesem und dem nachfolgenden Artikel enthaltenen Bestimmungen rechtsgültig zu konstituiren.

Art. 4.   Sollte der Mannesstamm der älteren (Rumpenheimer) Linie des Hessischen Fürstenhauses vor dem Mannesstamme der jüngeren (Philippsthaler) Linien aussterben, so sollen die letzteren Linien zur Succession in das zufolge Art. 5 des Vertrages vom 26. März 1873 konstituirte Privatfamilienfideikommiss der Kurhessischen Fürstenfamilie unter Festhaltung und entsprechender Ergänzung der für dieses Fideikommiss ergangenen statutarischen Bestimmungen nach der Linealfolge und dem Rechte der Erstgeburt mit der Massgabe berufen sein, dass von dem Eintritt dieser Succession an die im Art. 8 unter Nr. I des Vertrages vom 26. März 1873 bezeichnete jährliche Rente von 202 240 Thaler = 606 720 Mark sich auf

den Betrag von 540 000 Mark, in Worten: Fünfmalhundert und Vierzig
Tausend Mark, ermässigt.

Falls demgemäss das vorbezeichnete Fideikommiss an die ältere der
beiden Philippsthaler Linien gelangt, so geht das nach Artikel 8 des gegenwärtigen Vertrages zu errichtende Privatfamilienfideikommiss der Philippsthaler Linien der Hessischen Fürstenfamilie mit allen seinen Bestandtheilen
ausschliesslich anf die Philippsthal-Barchfelder Linie über. Gelangt das
Fideikommiss der Kurhessischen Fürstenfamilie an die Philippsthal-Barchfelder Linie, so fällt das Fideikommiss der Philippsthaler Linien der Hessischen Fürstenfamilie an die Krone Preussen zurück, was ebenso der Fall
ist, wenn zur Zeit des Ueberganges des Fideikommisses der Kurhessischen
Fürstenfamilie auf die Philippsthaler Linie die Philippsthal-Barchfelder Linie
im Mannesstamme erloschen sein sollte.

Mit dem Aussterben des Mannesstammes beider Philippsthaler Linien
des Hessischen Fürstenhauses fällt das Privatfamilienfideikommiss der Philippsthaler Linien der Hessischen Fürstenfamilie an die Krone Preussen zurück. Auch für das Privatfamilienfideikommiss der Hessischen Fürstenfa-
familie tritt, falls dasselbe auf eine der Philippsthaler Linien übergegangen
sein sollte, mit dem Aussterben des Mannesstammes beider Philippsthaler
Linien der Rückfall an die Krone Preussen ein.

Art. 5. Die den Agnaten der Philippsthaler Linien des Hessischen
Fürstenhauses vom Staate bisher gewährten Apanagen und Deputate, sowie
die Ihnen vom Staate bisher gewährten, an die Stelle von Naturalleistun-
gen getretenen Geldrenten kommen vom 1. Januar 1880 ab in Wegfall,
da solche in der im Artikel 2 dieses Vertrages gewährleisteten Rente enthalten sind.

Art. 6. Von der im Artikel 2 ad I festgesetzten Rente werden für die
Zeit bis Ende 1887 drei Viertheile binnen einem Monat nach Ertheilung
der Allerhöchsten Genehmigung zu diesem Vertrage vorausgezahlt.

Art. 7. Für den Fall, dass der Mannesstamm der älteren (Rumpenheimer) Linie des Hessischen Fürstenhauses vor dem Mannesstamm der
Philippsthaler Linien aussterben sollte, sind der Krone Preussen von den
Nachfolgern in das Privatfamilienfideikommiss der Kurhessischen Fürstenfamilie diejenigen Summen zu erstatten, welche dieselbe nach Art. 5 des
Vertrages vom 26. März 1873 alsdann zur angemessenen Dotirung der
überlebenden Prinzessinnen der älteren (Rumpenheimer Linie) aufwenden
wird. Dagegen wird die Krone Preussen für den Fall des Aussterbens des
Mannesstammes beider Philippsthaler Linien für eine angemessene Dotirung
der überlebenden Prinzessinnen dieser Linien Sorge tragen.

Art. 8. Seiner Majestät dem Kaiser und Könige bleibt vorbehalten, den
Mitgliedern der Philippsthaler Linien des Hessischen Fürstenhauses eine der
Würde Ihres Hauses entsprechende Stellung zu gewähren.

Die Freiheiten, welche den Mitgliedern dieser Linien bezüglich Ihrer
Güter und in persönlicher Hinsicht zugestanden haben, insbesondere die
Freiheit vom Militärdienste, die Nichtheranziehung ihrer Pferde zum Kriegs-
gebrauche, die Steuerfreiheit, der privilegirte Gerichtsstand u. s. w., sollen

Ihnen, soweit und solange dies nach der jeweiligen Deutschen und Preussischen Gesetzgebung zulässig ist, erhalten bleiben.

Art 9. Sämmtliche zwischen Ihren Hochfürstlichen Durchlauchten dem Landgrafen Ernst von Hessen, dem Prinzen Karl von Hessen-Philippsthal, dem Landgrafen Alexis von Hessen-Philippsthal-Barchfeld, dem Prinzen Wilhelm von Hessen-Philippsthal-Barchfeld und dem Preussischen Fiskus, sowie zwischen Ihren Hochfürstlichen Durchlauchten und Seiner Königlichen Hoheit dem Landgrafen Friedrich von Hessen schwebenden, auf das Kurhessische Fideikommissvermögen sich beziehenden Rechtsstreitigkeiten werden als durch diesen Vertrag erledigt betrachtet und verpflichten sich die kontrahirenden Theile, die in dieser Beziehung erforderlichen Anträge bei den betreffenden Behörden zu stellen.

So geschehen Berlin, den 13. December Ein Tausend Acht Hundert und Achtzig.

Dr. Hans Rüdorff.   *Dr. Friedrich Renner.*   *Oswald Freiherr v.*
Richthofen.   *Wilhelm Laymann.*

Anlage A.

Bedingungen
betreffend

Ueberweisung des Lustschlosses Schönfeld (Augustenruhe) bei Cassel, des Stadtschlosses zu Hanau nebst Marstall, Reitbahn und Park, des Schlosses zu Rotenburg, sowie des nach der Aue zu liegenden Eckpavillons des Bellevueschlosses zu Cassel nebst anstossendem Gebäude (Wohnhäuser Nr. 2 und 3 der Bellevuestrasse) an Ihre Hochfürstlichen Durchlauchten die Herren Agnaten der Philippsthaler Linien des Hessischen Fürstenhauses.

§. 1. Die vorbezeichneten Schlösser und Gebäude werden mit allen bisher dazu gehörigen Nebengebäuden, Hofräumen, Gärten, Anlagen und sonstigen Grundstücken, sowie mit dem darin vorhandenen, im fiskalischen Besitze befindlichen beweglichen Gegenständen abgetreten. Nicht überwiesen werden jedoch die jenen Grundstücken etwa zustehenden Rechte auf Leistungen seitens des Fiskus oder auf Nutzungen an Grundstücken, welche im fiskalischen Besitze verbleiben, sowie ferner die nachstehend speziell aufgeführten Gegenstände.

Im Uebrigen erfolgt die Abtretung in demjenigen Zustande, in welchem sich die bezeichneten Gegenstände am Tage der Uebergabe befinden; für die gute Beschaffenheit derselben wird ebensowenig wie für etwaige Ansprüche Dritter Gewähr geleistet.

Das aus dem Schlosse zu Rotenburg in das Schloss zu Wabern zur vorübergehenden Benutzung übergeführte, im Inventar des Schlosses zu Rotenburg noch verzeichnete Mobiliar, sowie die aus dem Schlosse zu Rotenburg entnommenen, zeitweilig im Bellevueschlosse zu Cassel ohne anderweite Zweckbestimmung verwahrten Bilder sind auf Kosten Ihrer Hochfürstlichen Durchlauchten in das Schloss zu Rotenburg zurückzuliefern.

§. 2. Von der Abtretung werden ausgeschlossen im Besonderen:

1) diejenigen bei dem Stadtschlosse zu Hanau belegenen Gebäude und Grundstücke, welche ganz oder zum Theil als nicht zu dem Fideikommissvermögen des Kurfürstlichen Hauses gehörig angesehen gewesen sind, sowie der dem gegenwärtigen Schlosskastellan zu Hanau zur Benutzung überwiesene Garten hinter der sogenannten Frohnhofsscheuer;

2) die als Zubehör des Schlosses in Rotenburg bisher angesehenen, jedoch getrennt von dem übrigen Schlossterrain in der Stadt liegenden, als alte und neue Landvoigtei bezeichneten beiden Wohnhäuser nebst Pertinenzien;

3) der bereits abgegrenzte, etwa 4 m breite Theil des zum Eckpavillon des Bellevueschlosses gehörigen Gartens an der Friedrichstrasse im Anschlusse an die beiden angrenzenden, an der Frankfurterstrasse liegenden fiskalischen Gebäude, sowie ferner aller zu öffentlichen Strassen oder öffentlichen Anlagen — wozu auch die Anlage vor dem Hause Nr. 3 der Bellevuestrasse gehört — bereits verwendeten Theile des zum Eckpavillon und dem anstossenden Gebäude bisher gehörigen Areals. Die nähere Feststellung der Grenzen wird durch eine noch vorzunehmende Neuvermessung erfolgen;

4) die im Parterre des Eckpavillons des Bellevueschlosses befindlichen Bestände und Inventarienstücke der Hausschatzverwaltung.

§. 3. Ihre Hochfürstlichen Durchlauchten die Herren Agnaten der Philippsthaler Linien haben diejenigen Beamten, Diener und Dienerinnen, welche zur Zeit der Uebergabe der bezeichneten Besitzungen für dieselben angestellt sein werden, mit den alsdann von ihnen zu beanspruchenden Gehältern und Dienstemolumenten, einschliesslich der Pensionsansprüche, welche ihnen für sich, ihre Ehefrauen und Kinder zustehen, zu übernehmen und insbesondere auch den gegenwärtigen Schlosskastellan zu Hanau wegen der eintretenden Entziehung der Gartennutzung (vergl. §. 2 zu 1) zu entschädigen.

Der zur Zeit in Wilhelmsbad bei Hanau wohnende Schlossgärtner wird ausschliesslich zur Königlichen Domänenverwaltung übernommen.

§. 4. Ihre Hochfürstlichen Durchlauchten treten ferner in alle Mieth-, Pacht- und sonstigen Verträge, welche zur Zeit der Uebergabe hinsichtlich der gedachten Besitzungen bestehen werden, an Stelle der bisherigen Verwaltung vom Tage der Uebergabe an ein. Der auf die Fischerei in den zum Lustschloss Schönfeld gehörenden Teichen entfallende Pachtgeldbetrag wird für die Dauer der gegenwärtigen Pachtperiode auf dreissig Mark jährlich festgesetzt.

Die Benutzung der Parterreräume im mehrgenannten Eckpavillon ist der Hausschatzverwaltung noch so lange in der bisherigen Weise zu gestatten, als dieselbe ihren Sitz in Cassel behält.

§. 5. Wegen des Bezuges der von den Grundbesitzungen aufkommenden Erträgnisse an Miethzins, Pachtgeld u. s. w. ist neben dem Tage der Uebergabe lediglich der Fälligkeitstermin massgebend, ohne Rücksicht darauf, für welchen Zeitraum die betreffenden Beträge zu entrichten sind. Nach demselben Grundsatze sind auch die Gehälter und Dienstemolumente an die Angestellten zu bezahlen, wie überhaupt alle Lasten und Abgaben zu tragen.

§. 6. In dem der katholischen Gemeinde zu Rotenburg zustehenden Rechte zur Benutzung der Kirche im alten Schlossflügel zu Rotenburg wird durch die Abtretung des Schlosses nichts geändert. Die Benutzung des Brunnens auf dem Schlosshofe zu Rotenburg ist den Bewohnern der Stadt Rotenburg in der bisherigen Weise auch fernerhin zu gestatten.

§. 7. Dem Domänenfiskus als Besitzer der Domäne Meierei, bezw. dem Pächter der letzteren ist zur Bewirthschaftung der Domänenländereien die Ueberfahrt über einen Theil der Parkanlagen zu Schönfeld in der Fortsetzung des sogenannten Spitalsiechenwegs in der bisherigen Weise für alle Zukunft ungehindert zu gestatten.

§. 8. Dem Publikum ist der Verkehr, bezw. die Benutzung der Fahr- und Fusswege in den Parkanlagen zu Hanau und Schönfeld, beim Schlosse zu Rotenburg und auf dem Emanuelsberge daselbst in dem bisherigen Umfange zu gestatten.

Beschränkungen in dieser Benutzung durch das Publikum dürfen nach vorgängiger Verständigung mit der Staatsregierung eingeführt werden. Die Parkanlagen und Wege sind daher auch von Ihren Hochfürstlichen Durchlauchten in der bisherigen Weise als solche dauernd zu erhalten, bezw. zu unterhalten.

§. 9. Die vorbezeichneten Schlösser und Gebäude nebst Zubehör sind nach stattgehabter Ueberweisung und erfolgter Allerhöchster Genehmigung des Fideikommissstatuts (Art. 3 des Vertrags) als »Privatfamilienfideikommiss der Philippsthaler Linien der Hessischen Fürstenfamilie« diesen Linien im Grundbuche aufzulassen und zu überschreiben.

§. 10. Die Ueberweisung der vorbezeichneten Schlösser und Gebäude nebst Zubehör wird nach erfolgter Allerhöchster Genehmigung des Vertrages thunlichst bald bewirkt werden. Diese Ueberweisung und die Regulirung aller damit zusammenhängenden Verhältnisse nach Massgabe der vorstehenden Bedingungen erfolgt durch den Herrn Oberpräsidenten von Hessen-Nassau einerseits und gemeinschaftliche Bevollmächtigte Ihrer Hochfürstlichen Durchlauchten andererseits. Ueber etwa verbleibende Meinungsverschiedenheiten entscheidet der Herr Minister für Landwirthschaft, Domänen und Forsten endgültig.

Berlin, den 13. Dezember 1880.

*Dr. Hans Rüdorff.　Dr. Friedrich Renner.　Oswald Freiherr v. Richthofen.
Wilhelm Laymann.*

Schlussprotokoll.

Bei Unterzeichnung des Vertrages, betreffend die Erledigung der Ansprüche der Philippsthaler Linien des Hessischen Fürstenhauses an das Fideikommisvermögen des vormals Kurhessischen Hauses, haben die unterzeichneten Bevollmächtigten folgende, als ein Theil des Vertrages anzusehende Erklärungen in das gegenwärtige Schlussprotokoll aufgenommen:

1) Ihre Hochfürstlichen Durchlauchten die Herren Agnaten der Philipps-thaler Linien haben sich darüber verständigt, dass die Zahlung der jährlichen Rente von 300,000 Mark und des im Voraus zu bezahlenden Betrages derselben zu je einem Viertheil an Jeden der vertragschliessenden Herren Agnaten erfolge. Die weiteren Bestimmungen über die künftige Zahlung der Rente bleiben der Fideicommissurkunde vorbehalten.

2) Zu den Artikeln 2 I und 5 des Vertrages wird vereinbart:

Ausser der im Artikel 6 des Vertrages bezeichneten Summe gelangen zu dem dort bestimmten Zeitpunkte die bis dahin vom 1. Januar 1880 ab fälligen Beträge der im Artikel 2 I des Vertrages zugesicherten Rente zur Auszahlung. Hierauf gelangen die für die Zeit vom 1. Januar 1880 ab gezahlten Apanagen und Geldrenten zur Anrechnung. Ausserdem gelangt auf den für Seine Hochfürstliche Durchlaucht den Landgrafen Ernst entfallenden An-theil eine Summe von 5,000 Mark, in Worten: Fünf Tausend Mark, und auf den für Seine Hochfürstliche Durchlaucht, den Landgrafen Alexis entfallenden Antheil eine Summe von 3,500 Mark, in Worten: Dreitausend Fünfhundert Mark, zur Anrechnung, wogegen Ihre Hochfürstlichen Durchlauchten, eventuell deren Rechtsnachfolger, bis zum 31. März 1881 im Genusse der Ihnen bisher zustehenden Holzleistungen einschliesslich der Fuhrlohnentschädigungen verbleiben.

Es wird anerkannt, dass aus den zwischen der vormaligen Kurhessischen und der Grossherzoglich Sächsischen Regierung wegen Gewährung von Holz aus den Grossherzoglich Sächsischen Forsten an die Philippsthal-Barchfelder Linie am 12./29. Oktober 1817 und $\frac{12.\ \text{März}}{27.\ \text{Mai}}$ 1881 abgeschlossenen Staatsverträgen für die gedachte Linie vom 1. April 1881 ab der Königlichen Staatsregierung gegenüber Rechte nicht mehr herzuleiten sind und die Lösung dieses Ver-tragsverhältnisses der Königlichen Staatsregierung überlassen bleibt.

Ferner herrscht Einverständniss darüber, dass in dem nach Art. 5 des Vertrages in Wegfall kommenden Deputaten sämmtliche Ansprüche der Philippsthaler Linien auf Lieferungen von Brenn- oder Nutzholz aus fiskalischen Forsten enthalten sind, und endlich, dass das zwischen dem Fiskus und Seiner Hochfürstlichen Durch-laucht dem Landgrafen Ernst wegen der Brennholzabgabe schwe-bende Ablösungsverfahren durch den vorliegenden Vertrag seine Erledigung findet.

3) Ihre Hochfürstlichen Durchlauchten sind dahin übereingekommen, dass

a) das Stadtschloss zu Hanau Seiner Hochfürstlichen Durchlaucht dem Landgrafen Ernst,

b) das Lustschloss zu Schönfeld bei Cassel Seiner Hochfürstlichen Durchlaucht dem Prinzen Carl,

c) der Eckpavillon des Bellevueschlosses zu Cassel Seiner Hoch-fürstlichen Durchlaucht dem Landgrafen Alexis,

d) das Schloss zu Rotenburg Seiner Hochfürstlichen Durchlaucht dem Prinzen Wilhelm, und beziehungsweise Ihren Rechtsnachfolgern nach näherer Bestimmung in der Fideikommissurkunde zur Benutzung zufallen.

4) Ihre Hochfürstlichen Durchlauchten wünschen die Mitbenutzung der grossen Hofloge im Königlichen Theater in Cassel, sowie des landesfürstlichen Standes in der Garnisonkirche daselbst, selbstverständlich vorbehaltlich der unbeschränkten Disposition Seiner Majestät des Kaisers und Königs für den Fall Allerhöchstderen Anwesenheit.

Die Bevollmächtigten der Königlichen Staatsregierung sichern die Gewährung dieses Wunsches zu, unter Aufrechterhaltung des freien Verfügungsrechts Seiner Majestät, auch Anderen die Benutzung zu gestatten, und der bevorzugten Benutzung abseiten der in Cassel etwa weilenden Mitglieder des Königlichen Hauses.

5) Ihre Höchfürstlichen Durchlauchten erklären — vorbehaltlich der Rechte der Philippsthaler Linien auf etwaige Anwartschaft — Ihre Einwilligung, dass, soweit dies noch nicht geschehen ist, diejenigen Hypotheken der sogenannten Prinzess-Charlotten-Stiftung, welche auf Seine Königliche Hoheit den Landgrafen Friedrich von Hessen übergegangen sind, im Grundbuche auf Höchstdenselben als Gläubiger überschrieben und Höchstdessen Verfügung unterstellt werden.

6) Seine Hochfürstliche Durchlaucht der Landgraf Alexis wünscht die Ueberlassung der zum Domanialvermögen gehörigen Kapelle in Herrenbreitungen, welche als Begräbnissstätte früherer Mitglieder Seines Hauses gedient hat. Höchstderselbe verpflichtet Sich, die Kapelle zu unterhalten und dem jeweiligen Pfarrer zu Herrenbreitungen das Mitaufsichtsrecht zu übertragen.

Die Bevollmächtigten der Königlichen Staatsregierung sagen die Gewährung dieses Wunsches unter der Voraussetzung zu, dass die gedachte Kapelle dem Privatfamilienfideikommis der Philippsthaler Linien der Hessischen Fürstenfamilie einverleibt wird.

7) Es herrscht Einverständniss darüber, dass in allen nach Artikel 9 des Vertrages zur Erledigung kommenden Prozessen gegenseitige Ansprüche auf Erstattung von Kosten nicht bestehen; die gerichtlichen Kosten in sämmtlichen Prozessen, soweit sie noch nicht gezahlt worden sind, bleiben ausser Ansatz; die in der Revisionsinstanz erwachsenen Kosten übernimmt Seine Hochfürstliche Durchlaucht der Prinz Wilhelm.

Die auf Antrag Ihrer Hochfürstlichen Durchlauchten erfolgten, auf zum Fideikommissvermögen des Kurfürstlichen Hauses gehörig gewesene Objekte bezüglichen Eintragungen im Grundbuch, auch die ausserprozessualisch erfolgten, wie letztere namentlich bei den Königlichen Amtsgerichten Rodenberg und Grebenstein stattgefunden haben, sind auch auf einseitigen Antrag der Königlichen Staatsregierung wieder zu löschen, mit Ausnahme derjenigen Eintragungen, welche auf die im Art. 2 II des Vertrages aufgeführten Immobilien erfolgt sind. Letztere Eintragungen bleiben bis zu der im §. 9 der Anlage A erwähnten Ueberschreibung bestehen.

8) Ihre Hochfürstlichen Durchlauchten verpflichten Sich, die gegen Seine Königliche Hoheit den Landgrafen Friedrich von Hessen wegen der zum Privatfamilienfideikommiss der Kurhessischen Fürstenfamilie gehörigen Silberkammer erhobene Klage zurückzunehmen, falls Seine Königliche Hoheit

Sich damit einverstanden erklärt, dass die aussergerichtlichen Kosten verglichen, die gerichtlichen aber, soweit dieselben noch nicht bezahlt sind, von jedem Theile zur Hälfte getragen werden.

9) Ihre Hochfürstlichen Durchlauchten geben dem Wunsche Ausdruck, es möge der Königlichen Staatsregierung gefallen, eine Nachzahlung der vereinbarten Rente von dem Tage des Ablebens Seiner Königlichen Hoheit des Kurfürsten Friedrich Wilhelm ab bis zum 1. Januar 1880 an Sie eintreten zu lassen und Ihnen ausser den im Art. 2 des Vertrages aufgeführten Grundstücken ein weiteres, zu einem Absteigequartier geeignetes Gebäude in Cassel, etwa das vormals Gräflich Hessenstein'sche, jetzt zum Domanialvermögen gehörige Haus in der Königstrasse daselbst, oder das Schloss Schönburg in Hofgeismar zu überweisen.

Die Bevollmächtigten der Königlichen Staatsregierung erklären, dass dieselbe sich zu ihrem Bedauern nicht in der Lage sehe, eine Erfüllung dieses Wunsches in Aussicht stellen zu können.

10) Ihre Hochfürstlichen Durchlauchten legen Werth darauf, das allseitige Einverständniss darüber bestätigt zu sehen, dass durch den gegenwärtigen Vertrag die Ihnen und Ihren Rechtsnachfolgern an dem Fürstlich Hanauischen und Gräflich Schaumburgischen Fideikommisse Horzowitz etwa zustehenden Successionsrechte nicht berührt werden.

Berlin, den 13. Dezember 1880.

Dr. Hans Rüdorff.   Dr. Friedrich Renner.   Oswald Freiherr v. Richthofen.
Wilhelm Laymann.

32.
HESSE GRAND-DUCALE, PRUSSE.

Traité pour régler les droits de la ligne grand-ducale de Hesse sur les biens en fidéicommis de l'ancienne maison électorale de Hesse; signé à Berlin, le 13 janvier 1881 [*]).

Preuss. Gesetzsammlung, 1881 No. 11.

Nachdem Seine Majestät der Deutsche Kaiser, König von Preussen und Seine Königliche Hoheit der Grossherzog von Hessen und bei Rhein beschlossen haben, die Ansprüche der Grossherzoglichen Linie des Hessischen Fürstenhauses an das Fideikommissvermögen des vormals Kurhessischen Hauses durch ein Abkommen zu regeln, haben zur Herbeiführung dieser Regelung

Seine Majestät der Deutsche Kaiser, König von Preussen
    Allerhöchstihren Geheimen Ober-Finanzrath Dr. jur. Hans Rüdorff
    und Allerhöchstihren Legationsrath Dr. jur. Oswald Freiherrn
    v. Richthofen,

---

[*]) Le Traité a été ratifié.

Seine Königliche Hoheit der Grossherzog von Hessen und bei Rhein
Allerhöchstihren ausserordentlichen Gesandten und bevollmächtigten
Minister, Staatsrath Dr. jur. Carl Neidhardt,

zu Bevollmächtigten ernannt, welche nach Austausch ihrer Vollmachten
unter Vorbehalt der Ratifikation Folgendes verabredet haben.

Art. 1. Seine Königliche Hoheit der Grossherzog von Hessen und
bei Rhein tritt hierdurch für Sich und die Grossherzogliche Linie des Hessischen Fürstenhauses den von der Krone Preussen mit Seiner Königlichen
Hoheit dem Landgrafen Friedrich von Hessen am 26. März 1873 und
mit Ihren Hochfürstlichen Durchlauchten dem Landgrafen Ernst von Hessen,
dem Prinzen Karl von Hessen-Philippsthal, dem Landgrafen Alexis von
Hessen-Philippsthal-Barchfeld und dem Prinzen Wilhelm von Hessen-Philippsthal-Barchfeld am 13. Dezember 1880 zu Berlin abgeschlossenen Verträgen*)
in allen ihren Theilen, insbesondere hinsichtlich derjenigen Verpflichtungen
und Anerkenntnisse, welche Seine Königliche Hoheit der Landgraf Friedrich
von Hessen in den Art. 1 und 2 des Vertrages vom 26. März 1873, sowie
hinsichtlich derjenigen Rechtsbegebung, welche Ihre Hochfürstlichen Durchlauchten in dem Art. 1 des Vertrages vom 13. Dezember 1880 zu Gunsten
der Krone Preussen eingegangen sind, bei und überträgt die Ihm und der
Grossherzoglichen Linie des Hessischen Fürstenhauses an dem Fideikommisse
des Kurfürstlichen Hauses, namentlich den in den Art. 1 und 2 des Vertrages vom 26. März 1873 aufgeführten Gegenständen desselben, zustehenden Rechte auf die Krone Preussen.

Art. 2. Sollte der Mannesstamm der Casseler Linien des Hessischen
Fürstenhauses vor dem Mannesstamme der Grossherzoglichen Linie aussterben, so soll die letztere Linie zur Succession in das zufolge Art. 5 des
Vertrages vom 26. März 1873 konstituirte Privatfamilienfideikommiss der
Kurhessischen Fürstenfamilie unter Festhaltung und entsprechender Ergänzung der für dieses Fideikommiss ergangenen statutarischen Bestimmungen nach der Linealfolge und dem Rechte der Erstgeburt in dem durch
Art. 4 des Vertrages vom 13. Dezember 1880 für den Fall der Succession der Philippsthaler Linien festgesetzten Umfange berufen sein.

Gelangt die Grossherzogliche Linie in diese Succession, so treten die
Nachfolger in das Privatfamilienfideikommiss der Kurhessischen Fürstenfamilie für die Krone Preussen in die von letzterer nach Art. 5 des Vertrages vom 26. März 1873, beziehungsweise Art. 7 des Vertrages vom 13.
Dezember 1880 übernommene Verpflichtung ein, für eine angemessene Dotirung der überlebenden Prinzessinnen der Casseler Linien zu sorgen.

Mit dem Aussterben des Mannesstammes der Grossherzoglichen
Linie des Hessischen Fürstenhauses fällt das Privatfamilienfideikommiss der
Kurhessischen Fürstenfamilie, falls dasselbe auf diese Linie übergegangen
sein sollte, an die Krone Preussen zurück.

Art. 3. Die Ratifikations-Urkunden des gegenwärtigen Vertrages
sollen sobald als möglich in Berlin ausgetauscht werden.

---

*) V. ci-desus, No. 30, 31.

So geschehen Berlin, den 13. Januar Ein Tausend Acht Hundert Ein und Achtzig.

Hans Rüdorff.   *Carl Neidhardt.*   *Oswald Freiherr v. Richthofen.*

33.

PRUSSE, RUSSIE.

Arrangement concernant l'extradition réciproque de certains malfaiteurs; signé à St. Pétersbourg, le 13 (1er) janvier 1885.

Reichsanzeiger, 1885 No 20.

No. 1.

Kaiserlich Deutsche Botschaft.

St. Pétersbourg, le 13/1 janvier 1885.

Le Soussigné Ambassadeur extraordinaire et plénipotentiaire de Sa Majesté l'Empereur d'Allemagne, Roi de Prusse, dûment autorisé, déclare adhérer au nom du Gouvernement Royal de Prusse aux propositions suivantes ayant fait l'objet d'une entente préalable entre les Gouvernements Prussien et Russe et devant servir de base à l'extradition des malfaiteurs.

I. Le Gouvernement Royal de Prusse s'engage à livrer au Gouvernement Impérial Russe sur sa demande les sujets russes accusés ou prévenus d'un des crimes ou délits ci-après énumérés, ou condamnés à raison de l'un de ces crimes ou délits et s'étant soustraits par la fuite à la peine qu'ils auraient encourue:

1) A raison des crimes ou délits ci-après énoncés ou des préparatifs en vue de leur exécution, si ces crimes ou délits ont été commis à l'égard de Sa Majesté l'Empereur de Russie ou des membres de Sa famille:

    a. Meurtre,
    b. Voies de fait,
    c. Lésions corporelles,
    d. Privation volontaire de la liberté individuelle,
    e. Outrages.

2) Assassinat ou tentative de ce crime.

3) La préparation ou la détention de la dynamite ou autres matières exploisibles dans le cas où la préparation ou la détention de pareilles matières sont punies par les lois russes.

II. Dans tous les autres cas où l'extradition sera demandée par le Gouvernement Impérial Russe à raison de l'un des crimes ou délits non mentionnés à l'article I, cette demande sera prise en considération par le Gouvernement Royal de Prusse et si rien ne s'oppose, il y sera donné suite, eu égard aux rapports d'amitié et de bon voisinage qui unissent les deux pays.

III. La circonstance que le crime ou délit à raison duquel l'extradition est demandée a été commis dans un but politique ne pourra en
aucun cas servir de cause pour refuser l'extradition.

IV. Le présent arrangement entre en vigueur à partir du jour de
l'échange de notes à ce sujet entre le Gouvernement Royal de Prusse et
le Gouvernement Impérial de Russie.

Le Soussigné profite de cette occasion pour renouveler à Son Excellence Monsieur le Ministre les assurances de sa haute considération.

v. Schweinitz.

A Son Excellence Monsieur de Giers, Ministre des Affaires Etrangères etc. etc.

No. 2.

Ministère Impérial des Affaires Etrangères.
Département des Relations Intérieures.

Saint-Pétersbourg, le 1/13 janvier 1885.

Le Soussigné Ministre des Affaires Etrangères, dûment autorisé, déclare
adhérer au nom du Gouvernement Impérial de Russie aux propositions suivantes ayant fait l'objet d'une entente préalable entre les Gouvernements
Russe et Prussien et devant servir de base à l'extradition des malfaiteurs.

I. Le Gouvernement Impérial de Russie s'engage à livrer au Gouvernement Royal de Prusse, sur sa demande, les sujets prussiens accusés ou
prévenus d'un des crimes ou délits ci-après énumérés ou condamnés à raison de l'un de ces crimes ou délits et s'étant soustraits par la fuite à la
peine qu'ils auraient encourue:

1) A raison des crimes ou délits ci-après énoncés ou des préparatifs
en vue de leur exécution si ces crimes ou délits ont été commis à l'égard
de Sa Majesté l'Empereur d'Allemagne, Roi de Prusse, ou des Membres de
Sa Famille:

    a. Meurtre,
    b. Voies de fait,
    c) Lésions corporelles,
    d. Privation volontaire de la liberté individuelle,
    e. Outrages.

2) Assassinat ou tentative de ce crime.

3) La préparation ou la détention de la dynamite ou autres matières
exploisibles, dans le cas où la préparation ou la détention de pareilles
matières sont punies par les lois en vigueur en Prusse.

II. Dans tous les autres cas où l'extradition sera demandée par le
Gouvernement Royal de Prusse à raison de l'un des crimes ou délits non
mentionnés à l'article 1, cette demande sera prise en considération par le
Gouvernement Impérial de Russie et, si rien ne s'oppose, il y sera donné
suite, eu égard aux rapports d'amitié et de bon voisinage qui unissent les
deux pays.

III. La circonstance que le crime ou délit à raison duquel l'extradition est demandée a été commis dans un but politique ne pourra en aucun cas servir de cause pour refuser l'extradition.

IV. Le présent arrangement entre en vigueur à partir du jour de l'échange de notes à ce sujet entre le Gouvernement Impérial de Russie et le Gouvernement Royal de Prusse.

Le Soussigné profite de cette occasion pour renouveler à Son Excellence Monsieur l'Ambassadeur d'Allemagne l'assurance de sa haute considération.

Giers.

34.

ALSACE-LORRAINE, BADE, SUISSE.

Convention additionnelle concernant la pêche dans le Lac de Constance et dans ses affluents, suivie d'un Protocole final; signée à Colmar, le 21 septembre 1884 *).

Eidgenöss. Gesetzsammlung, N. F.· VII. 788.

Nachdem das Bedürfniss der gleichartigen Regelung der Fischereiverhältnisse im Bodensee und seinen Zuflüssen von den Regierungen der Uferstaaten des Bodensees anerkannt worden ist, so hat sich die Durchsicht der zwischen der Schweiz, Baden und Elsass-Lothringen abgeschlossenen Uebereinkunft vom 25. März 1875, beziehungsweise 14. Juli 1877**), über Anwendung gleichartiger Bestimmungen für die Fischerei im Rheine und seinen Zuflüssen, einschliesslich des Bodensees, als erforderlich erwiesen und sind zu diesem Zweck

Seitens des Schweizerischen Bundesrathes
    der eidg. Oberforstinspektor Johann Coaz,
Seitens der Grossherzoglich Badischen Regierung
    der Geheime Rath Dr. Friedrich Hardeck und
    der Ministerialrath Adolf Buchenberger,
Seitens der Kaiserlichen Regierung von Elsass-Lothringen
    der Ministerialrath Freiherr Hugo von Bibra
als Bevollmächtigte bestellt worden, welche unter Vorbehalt der Ratifikation folgende Nachtragsübereinkunft vereinbart haben:

§ 1. Vor dem letzten Absatz des Artikels 2 der Uebereinkunft, d. d. Basel, 25. März 1875, ist einzuschalten:

Im Bodensee und dessen Zuflüssen unterliegen auch die Geräthe zum Fang von Futterfischen für Fischzüchter den Beschränkungen über die Maschenweite nicht.

---

*) La Convention a été ratifiée.
**) V. N. R. G. 2e Série, II. 60, 64.

§ 2. Vor dem letzten Absatz des Artikels 5 der gleichen Uebereinkunft ist einzufügen:

Für den Bodensee und seine Zuflüsse erhöht sich jedoch das vorgedachte Mass für Seeforellen (Lachsforellen, Rheinlanken, Illanken) auf 25 Centimeter, für Ritter (Seiblinge, Rötheli) auf 20 Centimeter.

§ 3. Der Artikel 6 der Uebereinkunft vom 25. März 1875 erhält folgenden Zusatz:

Die vorstehenden Bestimmungen finden in der Zeit vom 15. November bis 15. Dezember für das Bodenseegebiet auch hinsichtlich der Fischerei auf Felchen (Blaufelchen, Weiss- oder Sandfelchen, Kropffelchen und Gangfische) Anwendung.

§ 4. Nach dem ersten Absatz des Artikels 7 der Uebereinkunft ist einzuschalten:

Für den Bodensee und dessen Zuflüsse gilt dieses Verbot in der Zeit vom 1. Oktober bis 31. Dezember.

Am Schlusse des Artikels 7 der Uebereinkunft ist zu sagen:

Die sogenannten Silber- oder Schwebforellen unterliegen obigem Verbote nicht.

§ 5. Dem zweiten Absatze des Artikels 8 der Uebereinkunft ist anzufügen:

Auch dürfen Felchen an den tiefen Stellen des Bodensees mit schwebenden Netzen und unter sorgfältiger Vermeidung jeder Berührung der Halden (abfallenden Seeufer), der Reiser und der gesammten Wasserflora (Kräbs) gefangen werden.

§ 6. Dem Artikel 9 der Uebereinkunft ist anzufügen:

Im Bodensee und dessen Zuflüssen ist jedoch der Fang der Hürlinge überhaupt verboten.

§ 7. Die gegenwärtige Nachtragsübereinkunft soll ratifizirt, und die Ratifikationserklärungen sollen thunlichst bald ausgewechselt werden.

Dessen zur Urkunde haben die Bevollmächtigten gegenwärtige Nachtragsübereinkunft in dreifacher Ausfertigung vollzogen.

Colmar, den 21. September 1884.

Coaz. Hardeck. Buchenberger v. Bibra.

Schlussprotokoll.

Bei Unterzeichnung der Nachtragsübereinkunft zu der Uebereinkunft vom 25. März 1875, beziehungsweise 14. Juli 1877, über Anwendung gleichartiger Bestimmungen für die Fischerei im Rheine und seinen Zuflüssen einschliesslich des Bodensees, haben die Bevollmächtigten für dienlich und erforderlich erachtet, in dem gegenwärtigen Schlussprotokolle einige Erklärungen und Erläuterungen niederzulegen:

I. Es erscheint erwünscht, dass die zum Vollzug des § 3 der Nachtragsübereinkunft von den betheiligten Behörden zu erlassenden Vorschriften thunlichst übereinstimmen und dass zu diesem Behufe ein vorgängiges Benehmen derselben eintrete.

II. Der Fang der Silber- oder Schwebforellen soll zunächst völlig freigegeben, also auch während der Schonzeit an Kontrolen irgend welcher Art (z. B. Anlegung von Plomben) jedenfalls insolange nicht geknüpft sein, als nicht auch Seitens der übrigen Bodenseeuferstaaten solche Kontrolen eingeführt werden.

III. Zu § 6 der Nachtragsübereinkunft besteht Uebereinstimmung darüber, dass der Fang der sogenannten Krätzer (junge Barche, welche als Köderfische bei der Entenjagd Verwendung finden) Seitens der zuständigen Behörden auch fernerhin gestattet werden kann.

IV. Wenn auch zur Zeit über die Frage der überwiegenden Schädlichkeit oder Nützlichkeit der Einsetzung von Fischarten in den Bodensee, welche in demselben nicht heimisch sind, ein bestimmtes Urtheil sich nicht bilden lässt und desshalb von der Vereinbarung bezüglicher Bestimmungen abgesehen wurde, so erscheint es doch wünschenswerth, dass künftighin ohne vorgängige Verständigung der Regierungen der Uferstaaten keine neue Fischarten in den See eingesetzt werden und dass keinenfalls eine derartige Einsetzung ohne Genehmigung der zuständigen Behörde erfolge.

V. Es wird konstatirt, dass bei Angabe von Fristen in der Uebereinkunft vom 25. März 1875, beziehungsweise 14. Juli 1877, und in der Nachtragsübereinkunft sowohl der erst- als der letztgenannte Tag als eingeschlossen zu gelten haben.

Geschehen zu Colmar, den 21. September 1884.

Coas.   *Hardeck.*   *Buchenberger.*   *v. Bibra.*

35.

AUTRICHE-HONGRIE, SAXE-ROYALE.

Convention de raccordement des chemins de fer de Komotau à Marienberg, de Falkenau à Klingenthal et de Klostergrab à Bienenmühle; signée à Dresde, le 5 mai 1884 [*]).

Oesterr. Reichsgesetzblatt, 1884 No. 112.

Seine Majestät der Kaiser von Oesterreich, König von Böhmen etc. und Apostolischer König von Ungarn, und Seine Majestät der König von Sachsen, geleitet von dem Wunsche, die zwischen beiden Staatsgebieten bestehenden Eisenbahnverbindungen im Sinne nachbarlicher Freundschaft noch weiter zu vervollständigen, haben zum Behufe einer hierüber zu treffenden Uebereinkunft zu Bevollmächtigten ernannt, und zwar:

---

[*]) L'échange des ratifications a eu lieu à Dresde, le 14 juin 1884.

Seine Majestät der Kaiser von Oesterreich, König von Böhmen etc.
und Apostolischer König von Ungarn, Allerhöchstihren Kämmerer
Gabriel Freiherrn von Herbert-Rathkeal,
ausserordentlichen Gesandten und bevollmächtigten Minister am königlich
sächsischen Hofe;
Seine Majestät der König von Sachsen Allerhöchstihren Staatsminister
der Finanzen
Leonce Freiherrn von Könneritz,
welche nach gegenseitiger Mittheilung ihrer richtig befundenen Vollmachten
unter dem Vorbehalte der Allerhöchsten Ratification über folgende Punkte
übereingekommen sind:

Art. I. Die kaiserlich-königlich österreichische und die königlich sächsische Regierung sind übereingekommen, Eisenbahnverbindungen, und zwar:

1. von Falkenau über Graslitz nach Klingenthal und
2. von Klostergrab über Moldau nach Bienenmühle

zuzulassen und zu fördern.

Art. II. Nachdem ferner im Einvernehmen der beiden hohen Regierungen eine weitere Eisenbahnverbindung zwischen Oesterreich-Ungarn und
Sachsen, und zwar die bereits im Artikel V des Staatsvertrages vom 29.
September 1869 in Aussicht genommene Eisenbahnverbindung von Komotau,
beziehungsweise von Krima über Reitzenhain nach Marienberg zur Ausführung gelangt ist, so haben die beiden hohen vertragschliessenden Theile
sich dahin geeinigt, auch die aus dem Bestande dieser Eisenbahnverbindung
sich ergebenden wechselseitigen Beziehungen mittelst der gegenwärtigen
Uebereinkunft zu regeln.

Art. III. Der Bau der auf österreichischem Gebiete gelegenen Theilstrecke der im Artikel I, Zahl 1, genannten Eisenbahnverbindung ist der
ausschl. privilegirten Buschtěhrader Eisenbahngesellschaft auf Grund der
Concessionsurkunde vom 30. October 1878 übertragen und die Strecke von
Falkenau bis Graslitz bereits vollendet und dem öffentlichen Verkehre übergeben worden,

Die auf sächsischem Gebiete noch herzustellende Theilstrecke von Klingenthal an die österreichisch-sächsische Gränze wird von der königlich sächsischen Regierung auf Staatskosten erbaut, der Bau thunlichst beschleunigt
und die fertige Bahn gleichzeitig mit der Vollendung und Inbetriebsetzung
der österreichischen Anschlussstrecke, längstens aber bis zum 31. December
1885 vollendet und in Betrieb gesetzt werden, welcher Termin auch der
Buschtěhrader Eisenbahngesellschaft für die Vollendung ihrer Theilstrecke
von Graslitz an die österreichisch-sächsische Gränze auferlegt werden soll.

Art. IV. Die Concession zum Baue und Betriebe der auf österreichischem Gebiete gelegenen Theilstrecke der im Artikel I, Zahl 2 genannten
Eisenbahnverbindung von Klostergrab nach Bienenmühle ist der kais. kön.
privil. Prag-Duxer Eisenbahngesellschaft auf Grund der Concessionsurkunde
vom 23. December 1882 übertragen und dieser Gesellschaft hierbei die
Verpflichtung auferlegt worden, diese Bahnstrecke längstens binnen zwei
Jahren, vom Tage der Concessionsertheilung an gerechnet, zu vollenden und
dem Betriebe zu übergeben.

Der Bau der auf sächsischem Gebiete herzustellenden Theilstrecke von der Gränze bis Bienenmühle wird von der königlich sächsischen Regierung auf Staatskosten hergestellt und nach Thunlichkeit beschleunigt werden, dergestalt, dass die Bahn möglichst bald vollendet und in Betrieb gesetzt werden kann.

Art. V. Die Anschlussstrecken von Graslitz und von Klingenthal an die österreichisch-sächsische Gränze sollen in Bezug auf die Spurweite, die Betriebseinrichtungen und Fahrbetriebsmittel, ebenso wie dies bei der im Artikel II genannten Eisenbahnverbindung von Krima nach Raitzenhain bereits geschehen ist, derart nach übereinstimmenden technischen Normen hergestellt werden, dass die Fahrbetriebsmittel gegenseitig ungehindert übergehen können.

Die von einer der kontrahirenden hohen Regierungen geprüften Fahrbetriebsmittel werden auf den im Gebiete der anderen gelegenen, hier in Frage kommenden Anschlussstrecken ohne nochmalige Prüfung zugelassen werden.

Art. VI. Der Punkt, wo die Eisenbahn von Graslitz nach Klingenthal die Gränze überschreiten wird, soll im Wege gemeinsamer Verhandlung durch beiderseitige Commissäre bestimmt werden, wie dies bezüglich des Gränzübergangspunktes im Zuge der noch auszuführenden Eisenbahnverbindung von Klostergrab nach Bienenmühle und der bestehenden Eisenbahnverbindung von Krima nach Raitzenhain bereits geschehen ist.

Art. VII. Der Betriebswechsel auf den in den Artikeln I und II genannten Eisenbahnen findet statt:

a) bezüglich der Eisenbahnlinie von Falkenau über Graslitz nach Klingenthal in der auf sächsischem Gebiete durch Erweiterung der bestehenden Bahnhofsanlage nächst Klingenthal herzustellenden Wechselstation;

b) bezüglich der Eisenbahnverbindung von Klostergrab nach Bienenmühle in der auf österreichischem Gebiete unmittelbar an der Gränze anzulegenden Gränz- und Wechselstation bei Moldau;

c) bezüglich der Linie von Komotau, beziehungsweise von Krima über Raitzenhain nach Marienberg in dem auf sächsischem Gebiete gelegenen Bahnhofe Raitzenhain.

Zu diesem Behufe wird der Betrieb der auf sächsischem Gebiete herzustellenden Eisenbahnstrecke von der Gränz- und Wechselstation Klingenthal bis zur Landesgränze von der königlich sächsischen Staatseisenbahnverwaltung der Buschtěhrader Eisenbahngesellschaft überlassen, welch' letztere Gesellschaft auch den Betrieb der auf sächsischem Gebiete gelegenen Theilstrecke von der Landesgränze bis zur gemeinsamen Gränz- und Wechselstation bei Raitzenhain übernommen hat.

Die Einrichtung der Gränz- und Wechselstationen bei Klingenthal, Moldau und Raitzenhain erfolgt nach den in dem bezüglichen Staatsgebiete geltenden Grundsätzen.

Die Signaleinrichtungen der auf sächsischem Gebiete gelegenen Bahnstrecken bis Klingenthal und nach Raitzenhain sollen mit denjenigen Einrichtungen übereinstimmen, welche in dieser Beziehung für die auf österreichischem Gebiete gelegenen, im Betriebe der Buschtěhrader Eisenbahngesellschaft stehenden Anschlussstrecken genehmigt werden.

Art. VIII. Ueber die näheren Bedingungen der im vorigen Artikel festgesetzten Betriebsüberlassung, bezüglich der Anschlussstrecke von der Gränze bis zu der Gränz- und Wechselstation bei Klingenthal, sowie über die der königlich sächsischen Staatseisenbahnverwaltung dafür zu leistende Vergütung bleibt eine Verständigung der letzteren mit der Buschtěhrader Eisenbahngesellschaft vorbehalten.

Ebenso sind die näheren Bedingungen der Betriebsüberlassung bezüglich der Bahnstrecke von der Gränze bis zu der Gränz- und Wechselstation bei Reitzenhain und der Mitbenützung des letzteren Bahnhofes durch die Buschtěhrader Eisenbahn und der hiefür an den Eigenthümer der Bahn zu leistenden Entschädigung durch die diesfalls bestehenden Abmachungen zwischen den beiderseitigen Bahnverwaltungen bereits einverständlich geregelt.

Dessgleichen haben die betheiligten Bahnverwaltungen auch wegen Mitbenützung der Bahnhöfe Klingenthal und Moldau und wegen der den Eigenthümern, beziehungsweise dem Concessionär dafür zu leistenden besonderen Entschädigung unter Vorbehalt der Genehmigung ihrer respectiven Regierungen ein Abkommen mit einander zu treffen.

Beim Mangel eines Einverständnisses werden die contrahirenden hohen Regierungen bezüglich der Benützung der fremden Anschlussstrecken, der Mitbenützung der genannten gemeinsamen Gränz- und Wechselstationen und der in beiden Beziehungen zu leistenden Vergütung sich verständigen und werden die auf Grund dieser Verständigung zu erlassenden Anordnungen für die betreffenden Bahnverwaltungen massgebend sein.

Insoweit nicht mit Zustimmung der beiden hohen Regierungen zwischen den betheiligten Eisenbahnverwaltungen anderweitige Abmachungen getroffen werden, beziehungsweise bereits getroffen worden sind, wird die den Betrieb der fremden Anschlussstrecken führende, respective übernehmende Buschtěhrader Eisenbahngesellschaft verpflichtet sein, die ordnungsmässige Instandhaltung der in Betrieb gegebenen Strecken nebst allem Zubehör einschliesslich der nach den sächsischen Verwaltungsgrundsätzen erforderlich werdenden Erneuerungen, sowie die gleiche Instandhaltung der ihr zur ausschliesslichen Benützung überlassenen Bahnhoftheile der gemeinsamen Gränz- und Wechselstationen in Klingenthal und Reitzenhain auf eigene Kosten zu übernehmen. Die für die Unterhaltung der Anschlussstrecken erforderlichen Oberbaumaterialien hat die königlich sächsische Staatseisenbahnverwaltung der Buschtěhrader Eisenbahngesellschaft auf deren Verlangen zum Selbstkostenpreise abzugeben. Das auf die in Rede stehenden Anschlussstrecken verwendete und nachzuweisende Anlagecapital hat die Buschtěhrader Eisenbahngesellschaft der königlich sächsischen Staatseisenbahnverwaltung mit jährlich fünf Procent vom Tage der Betriebseröffnung an zu verzinsen, während sie das Anlagecapital für die auf den Wechselstationen ihr ausschliesslich überlassenen Objecte durch Barzahlung zu begleichen hat.

Die gleiche Verpflichtung zur Instandhaltung und Barzahlung des verwendeten und nachzuweisenden Anlagecapitales übernimmt die königlich sächsische Staatseisenbahnverwaltung bezüglich der ihr zur ausschliesslichen Benützung überlassenen Bahnhofstheile der gemeinsamen Gränz- und Wechselstation Moldau.

Die wirklich aufgewendeten und gehörig nachgewiesenen Anlagekosten der in den genannten Gränz- und Wechselstationen von den betheiligten Bahnverwaltungen gemeinsam benützten Bahnhofstheile sind, den oben erwähnten Fall anderweitiger Abmachung zwischen den betheiligten Bahnverwaltungen ausgenommen, bezüglich der Bahnhöfe bei Klingenthal und Reitzenhain von der Buschtěhrader Eisenbahngesellschaft, bezüglich des Bahnhofes Moldau von der königlich sächsischen Staatseisenbahnverwaltung der bauausführenden Verwaltung antheilig nach Massgabe der Benützung, im Zweifel aber je zur Hälfte durch Barzahlung zu erstatten. Welche Objecte als gemeinschaftliche anzusehen sind, wird besonderer Vereinbarung zwischen den betheiligten Verwaltungen vorbehalten.

Die durch die Unterhaltung dieser gemeinsam benützten Objecte der dieselbe besorgenden Verwaltung erwachsenden Kosten werden derselben durch die andere Verwaltung antheilig erstattet.

Für die Kosten, welche der königlich sächsischen Staatseisenbahnverwaltung bezüglich der Grenz- und Wechselstationen Klingenthal und Reitzenhain und der kais. kön. privil. Prag-Duxer Eisenbahn bezüglich der Grenz- und Wechselstation Moldau durch die nach Artikel X dieses Vertrages zu übernehmende Verpflichtung zur Herstellung und Erhaltung baulicher Anlagen (Amtslocalitäten und Wohnungen) für Zwecke der Zollverwaltung des fremden Landesgebietes erwachsen, ist von der Verwaltung der fremdländischen Anschlussbahn Ersatz durch Barzahlung des aufgewendeten Anlagecapitales zu leisten.

Unter Anlagecapital im Sinne dieses Artikels sind nur die wirklich aufgewendeten Kosten ohne Einrechnung etwaiger Kosten der Geldbeschaffung und etwaiger Coursverluste zu verstehen.

Die vorstehenden Bestimmungen haben auch auf etwa nothwendig werdende Ergänzungs- und Erweiterungsbauten Anwendung zu finden.

Falls über die Nothwendigkeit derartiger Ergänzungs- und Erweiterungsbauten, sowie überhaupt über die Anwendung der Bestimmungen dieses Artikels zwischen den betheiligten Eisenbahnverwaltungen keine Einigung erzielt werden sollte, haben sich dieselben der im gegenseitigen Einvernehmen zu treffenden Entscheidung der beiden hohen Regierungen zu unterwerfen.

Art. IX. Im Zuge der im Artikel I, Zahl 1 angeführten Eisenbahnverbindung von Falkenau über Graslitz nach Klingenthal wird bis auf Weiteres von beiden Seiten je ein Gränzzollamt, und zwar österreichischerseits in Graslitz und sächsischerseits in Klingenthal mit den den Verkehrsverhältnissen entsprechenden, soweit thunlich gleichen Abfertigungsbefugnissen aufgestellt, wodurch einer eventuellen nachträglichen Vereinbarung der beiden hohen Regierungen über die Zusammenlegung der beiderseitigen Zollabfertigungsstellen nicht vorgegriffen werden soll.

Es sollen jedoch sowohl in der Station Graslitz, als auch in der Wechselstation Klingenthal die erforderlichen Einrichtungen zur zollamtlichen Behandlung und Abfertigung der in den genannten Stationen zum Behufe der Einfuhr in das Gebiet des Nachbarstaates zur Aufgabe gelangenden Güter durch Zollorgane des letzteren getroffen werden, welche zu diesem Behufe nach Bedarf an bestimmten Wochentagen, und zwar bis auf Weiteres

mindestens zweimal in jeder Woche an die vorgenannten Nachbarstationen
abzuordnen sind.

Auf der Gränzstation Moldau wird zur Erreichung des im Artikel VIII
des Handelsvertrages zwischen Oesterreich-Ungarn und dem Deutschen
Reiche vom 23. Mai 1881 bezeichneten Zweckes von jeder Seite ein Gränzzollamt mit den den Verkehrsverhältnissen entsprechenden Abfertigungsbefugnissen errichtet, beziehungsweise mit dem anderen zusammengelegt werden.

In der Gränz- und Wechselstation Reitzenhain endlich wird der Zoll-
dienst durch die daselbst von beiden Seiten errichteten, zusammengelegten
Zollabfertigungsstellen besorgt.

Die vertragschliessenden hohen Regierungen erklären sich bereit, die
Befugnisse der vorgenannten Zollämter zu erweitern, wie auch die Zahl der
wöchentlichen Abfertigungstage für die in Graslitz und Klingenthal zur
Aufgabe gelangenden Güter zu vermehren, sobald und soweit die Ausdehnung des Verkehres dies erfordern sollte.

Art. X. Derjenigen Eisenbahnverwaltung, welcher nach gegenwärtigem
Vertrage der Bau des betreffenden Gränzbahnhofes obliegt, ist durch die
betreffende Regierung die Verpflichtung aufzuerlegen, sofern nicht mit Genehmigung der beiden hohen Regierungen eine anderweitige Vereinbarung
zwischen den betheiligten Zoll- und Eisenbahnverwaltungen getroffen wird,
die baulichen Einrichtungen für die nach Artikel IX zu errichtenden Gränz-
zollämter herzustellen und zu erhalten, sowie für die Herstellung der von
den Zollbeamten benöthigten, diesen zu überweisenden Wohnungen oder
für die Ueberweisung von angemessenen derartigen Miethwohnungen Sorge
zu tragen, wogegen ihr die diesfalls im Artikel VIII festgesetzte Entschädigung
gebührt und der diese Entschädigung leistenden Bahnverwaltung derjenige
Miethsabzug der Beamten zufliesst, welchen dieselben bei Gewährung von
Dienstwohnungen nach den Bestimmungen des Heimatlandes zu erleiden haben.

Die beiderseitigen Zollverwaltungen werden für die denselben in den
Bahnhöfen Graslitz und Klingenthal zu überweisenden Amtslocalitäten und
Niederlagsräume keinerlei Entschädigung zu leisten haben.

Die Buschtěhrader Eisenbahngesellschaft wird verpflichtet werden, den
Bediensteten der beiderseitigen Zollverwaltungen zur Durchführung der in
diesem Vertrage in den Bahnhöfen bei Graslitz und Klingenthal vorgesehenen Amtshandlungen auf der Bahnstrecke von Graslitz bis Klingenthal freie
Fahrt zu gewähren.

Es wird überdies von beiden hohen Regierungen, soweit es sich um
die Errichtung neuer Bauten handelt, sowohl bezüglich der Amts-, als der
Wohnungslocalitäten die Beschränkung der einschlägigen Anforderungen
auf das Mass des unumgänglichen Bedürfnisses festgehalten werden.

Art. XI. Alle näheren Bestimmungen zum Zwecke der Regulirung
der im vorstehenden Artikel erwähnten und aller sonstigen Verhältnisse
der beiderseitigen Zollämter und wegen der im beiderseitigen Zollinteresse
zu treffenden Einrichtungen, sowie in Betreff der Förmlichkeiten der zollamtlichen Revision und Abfertigung des Passagier-Gepäckes und der ein-
und ausgehenden Güter bleiben der speciellen Festsetzung durch Beauf-
tragte der beiderseitigen Zollverwaltungen überlassen.

Im Interesse der Förderung des Verkehres wird hiebei jede nach den in beiden Reichen bestehenden Gesetzen zulässige Erleichterung und Vereinfachung eintreten und ertheilen beide hohe Regierungen sich diesfalls die Zusicherung, dass die in Rede stehenden Bahnstrecken nicht minder günstig, als irgend eine andere in das Ausland übergehende Eisenbahnroute behandelt werden sollen.

Art. XII. Die wegen Handhabung der Pass- und Fremdenpolizei bei Reisen mittelst der Eisenbahn zwischen den vertragschliessenden hohen Regierungen schon bestehenden oder noch zu vereinbarenden Bestimmungen sollen auf die den Gegenstand dieses Vertrages bildenden Eisenbahnverbindungen Anwendung finden.

Die den kaiserlich-königlich österreichischen Polizeibeamten in den Wechselstationen Klingenthal und Reitzenhain und den königlich sächsischen Polizeibeamten in dem Gränzbahnhofe Moldau beizulegenden Amtsbefugnisse werden durch besondere Verständigung unter den beiden hohen Regierungen festgesetzt.

Die diesfällige Verhandlung soll bezüglich der im Artikel I angeführten Eisenbahnverbindungen mindestens drei Monate vor Inbetriebsetzung der betreffenden Eisenbahnen beginnen und vor der Eröffnung des Betriebes thunlichst vollständig zum Abschlusse gebracht werden.

Art. XIII. Die Regulirung des Post- und Telegraphendienstes auf den den Gegenstand dieses Vertrages bildenden Eisenbahnverbindungen bleibt der besonderen Verständigung zwischen den beiderseitigen Post- und Telegraphen-Verwaltungen vorbehalten.

Falls in Gemässheit dieser Verständigung der Wechsel des Postbetriebes ebenfalls auf die Wechselstationen Klingenthal und Reitzenhain verlegt wird, wird die Buschtěhrader Eisenbahngesellschaft verpflichtet sein, auf den Strecken zwischen der Gränze und den gedachten Stationen dieselben Leistungen zu Gunsten der kaiserlich-königlich österreichischen Postverwaltung auszuführen, welche derselben für die auf österreichischem Gebiete gelegenen Bahnstrecken concessionsmässig obliegen.

Art. XIV. Die volle Landeshoheit bleibt in Ansehung der auf dem österreichischen Landesgebiete gelegenen Bahnstrecken Seiner Majestät dem Kaiser von Oesterreich, König von Böhmen etc. und Apostolischen König von Ungarn und in Ansehung der auf sächsisches Gebiet treffenden Bahnstrecken Seiner Majestät dem Könige von Sachsen ausschliesslich vorbehalten.

Art. XV. Unbeschadet des Hoheits- und Aufsichtsrechtes der hohen vertragschliessenden Theile über die in ihren Gebieten gelegenen Bahnstrecken und über den darauf stattfindenden Betrieb verbleibt die Ausübung des Oberaufsichtsrechtes über die den Betrieb führenden Eisenbahnverwaltungen im Allgemeinen derjenigen Regierung, in deren Gebiete dieselben ihren Sitz haben.

Art. XVI. Die Bahnpolizei wird unter Aufsicht der dazu in jedem Staatsgebiete competenten Behörden in Gemässheit der für jedes Gebiet geltenden Vorschriften und Grundsätze zunächst durch die Beamten der den Betrieb der betreffenden Bahnstrecke führenden Eisenbahnverwaltung gehandhabt werden.

Art. XVII. Reichsangehörige des einen der hohen vertragschliessenden
Theile, welche von den Eisenbahnverwaltungen beim Betriebe der Bahnstrecke
im Gebiete des anderen Theiles angestellt werden, scheiden dadurch nicht
aus dem Unterthanenverbande ihres Heimatslandes aus.

Die Stellen der Localbeamten, mit Ausnahme der Bahnhofsvorstände,
der Telegraphen- und derjenigen Beamten, welche mit der Erhebung von
Geldern betraut sind, sollen jedoch thunlichst mit einheimischen Staatsangehörigen besetzt werden.

Die beiden hohen Regierungen leisten sich gegenseitig die Zusage, dass
für den im Sinne des gegenwärtigen Vertrages innerhalb des anderseitigen
Staatsgebietes stattfindenden Dienst solche Beamte, Diener und Arbeiter,
welche wegen gemeiner Verbrechen und Vergehen, wegen Schleichhandels
oder schwerer Gefällsübertretungen verurtheilt worden sind, zum Dienste,
beziehungsweise zur Arbeit wissentlich nicht verwendet werden sollen.

Sämmtliche Beamte sind ohne Unterschied des Ortes ihrer Anstellung
der Dienst- und Disciplinargewalt ihrer vorgesetzten Verwaltung, im Uebrigen aber den Gesetzen und Behörden des Staates unterworfen, in welchem sie ihren Wohnsitz haben.

Der Staatsverwaltung des Heimatslandes der auf den ausländischen
Bahnstrecken und beziehungsweise auf den im Auslande errichteten Gränz-
bahnhöfen verwendeten Beamten und Diener bleiben jedoch vorbehalten:

1. Untersuchungen gegen die gedachten Beamten und Diener
   a) wegen etwaiger von ihnen durch Verletzung ihrer dienstlichen Obli-
      genheiten auf der Eisenbahn verursachten Unglücksfälle und Beschä-
      digungen und
   b) wegen aller gegen den Heimatstaat begangenen Verbrechen oder Ver-
      gehen; sowie
2. hinsichtlich der Civiljustiz
   a) die Regulirung der Nachlässe (Verlassenschaften) jener Beamten und
      Diener,
   b) die Beschlussfassung über die zu dem Vermögen derselben zu eröff-
      nenden Concurse, sowie die Leitung der letzteren, wobei jedoch der
      mit Rücksicht auf den Wohnort der gedachten Beamten und Diener
      competenten, ausländischen Justizbehörde die Einleitung eines Parti-
      cular-Concurses zu dem auf dem ausländischen Staatsgebiete befind-
      lichen Theile solchen Vermögens unbenommen bleibt.

Die beiden hohen Regierungen werden die Behörden, welche sich dieser
vorbehaltenen Gerichtsbarkeit zu unterziehen haben, bestimmen.

Die vorstehenden Bestimmungen sollen auch auf dasjenige fremdlän-
dische Personal Anwendung finden, welches auf der Eisenbahnstrecke
Mittelgrund-Tetschen, einschliesslich der beiden genannten Bahnhöfe verwendet wird.

Art. XVIII. Die Genehmigung der von der betriebführenden Eisenbahnverwaltung aufzustellenden Fahrpläne und Tarife für die auf königlich
sächsischem Gebiete gelegenen Strecken der Eisenbahnverbindungen von
Graslitz nach Klingenthal und von Krima nach Reitzenhain bleibt der kaiserlich-königlich österreichischen Regierung vorbehalten; jedoch soll die

Feststellung der Tarife für die in den beiderseitigen Gebieten gelegenen Bahnstrecken nach gleichen Grundsätzen erfolgen.

Beide hohen vertragschliessenden Theile verpflichten sich, dahin zu wirken und daran zu halten,

1. dass auf jeder der den Gegenstand dieses Vertrages bildenden Eisenbahnen und deren unmittelbaren Anschlusslinien möglichst im Anschlusse an die Züge der angränzenden Bahnstrecken für die Personenbeförderung mindestens zwei Züge täglich in beiden Richtungen und für den Güterverkehr so viele Züge eingerichtet werden, als zur Bewältigung desselben erforderlich sind, sowie dass die sonstigen Betriebsanordnungen den Verkehrsinteressen entsprechend regulirt werden;

2. dass der Einführung directer Expeditionen im Personen- und Güterverkehre beim Uebergange von den in den Artikeln I und II angeführten Eisenbahnen auf die angränzenden Bahnstrecken, wenn diese directen Expeditionen im Interesse des Verkehres von der einen Eisenbahnverwaltung als wünschenswerth bezeichnet werden, seitens der anderen Verwaltung, soweit dieselbe betheiligt ist, nicht widersprochen wird.

Im Uebrigen haben die im Interesse der Erleichterung des gegenseitigen Eisenbahnverkehres zwischen Oesterreich-Ungarn und dem Deutschen Reiche jeweilig bestehenden Vertragsbestimmungen, demnach derzeit insbesondere jene der Artikel XV bis einschliesslich XVIII des Handelsvertrages vom 23. Mai 1881 zwischen Oesterreich-Ungarn und dem Deutschen Reiche, insolange dieser Handelsvertrag in Wirksamkeit bleibt, auch auf die den Gegenstand dieses Vertrages bildenden Eisenbahnanschlüsse Anwendung zu finden.

Art. XIX. Die beiden hohen vertragschliessenden Regierungen verpflichten sich, dahin zu wirken und darauf zu halten, dass über die den Gegenstand des gegenwärtigen Vertrages bildenden Eisenbahnlinien in jedem Falle, in welchem eine oder die andere der anschliessenden Bahnverwaltungen dies im Interesse des öffentlichen Verkehrs für geboten erachtet, Gütertarife mit directen Frachtsätzen wenigstens für die in den bezüglichen Relationen vorkommenden Hauptverfrachtungsartikel erstellt werden.

Die Verwaltung der königlich sächsischen Staatseisenbahnen wird, ein gleichartiges Vorgehen von Seiten der an dem betreffenden Tarife betheiligten österreichischen Bahnen vorausgesetzt, in diesen Fällen dann, wenn die Auf- oder Abgabsstation an ihren Linien gelegen ist, höchstens die Hälfte der in den directen Verkehren zwischen Oesterreich-Ungarn und Sachsen üblichen Expeditionsgebühr in Aufrechnung bringen und sich dann, wenn ihre Linien nur transitirt werden, die gleiche Gegenseitigkeit vorausgesetzt, mit der Einrechnung noch weiter ermässigter Gebühren begnügen.

Ebenso wird die Verwaltung der königlich sächsischen Staatseisenbahnen, die Gegenseitigkeit der betheiligten österreichischen Bahnen vorausgesetzt, bei Erstellung directer Gütertarife über Moldau in jenen Relationen, in welchen die Moldauer Route nach den in den directen Eisenbahnverkehren zwischen Oesterreich-Ungarn und dem Deutschen Reiche üblichen Grundsätzen als concurrenzberechtigt anzusehen ist, keine höheren Einheitssätze einrechnen, als rücksichtlich der gleichen Verkehrsrelationen und Frachtartikel unter sonst gleichen Bedingungen bei Beförderung über andere sächsisch-österreichische Gränzübergangspunkte von sächsischer Seite jeweilig eingerechnet werden.

Was den sich über Klingenthal bewegenden Güterverkehr der Station Graslitz (loco) mit den Stationen der königlich sächsischen Staatsbahnverwaltung und mit den darüber hinaus gelegenen Stationen fremder Bahnunternehmungen anbelangt, so wird im Besonderen festgesetzt, dass Graslitz rücksichtlich dieses Verkehres in eisenbahntarifarischer Beziehung als eine Station der königlich sächsischen Staatsbahnverwaltung zu behandeln ist.

In diesem Sinne soll Graslitz in alle directen Verkehre, für welche irgend ein wirkliches Bedürfniss geltend zu machen ist, wie Klingenthal einbezogen werden und zwar in der Weise, dass sowohl auf den Strecken der königlich sächsischen Staatsbahnverwaltung, als auch für die Strecke Klingenthal-Graslitz in Bezug auf Tarifschema, Einheitstaxen und Nebengebühren keine ungünstigeren Bedingungen platzgreifen dürfen, als wenn Graslitz thatsächlich eine Station der königlich sächsischen Staatsbahnverwaltung wäre.

Art. XX. Es werden die kaiserlich-königlich österreichische Regierung den Betrieb der königlich sächsischen Staatseisenbahnverwaltung in der auf österreichischem Gebiete gelegenen Gränzstation Moldau und die königlich sächsische Regierung den Betrieb der Buschtěhrader Eisenbahngesellschaft auf den Bahnstrecken von der Gränze bis Klingenthal und Reitzenhain mit keinen anderen oder höheren Abgaben belegen, als solchen, welche den unter gleichen Verhältnissen stattfindenden Bahnbetrieb in den betreffenden Staaten etwa im Allgemeinen treffen sollten.

Art. XXI. Die Bestimmungen des gegenwärtigen Vertrages bleiben auch in dem Falle vollkommen aufrecht, wenn die kaiserlich-königlich österreichische Regierung den Betrieb oder das Eigenthum der auf österreichischem Gebiete gelegenen Anschlussstrecken der den Gegenstand dieses Vertrages bildenden Eisenbahnen übernehmen sollte.

Art. XXII. Es wird einverständlich anerkannt, dass die im Artikel I, Zahl 2 dieses Vertrages angeführte Eisenbahn von Klostergrab über Moldau nach Bienenmühle an die Stelle des im Artikel II des Vertrages vom 24. December 1870 vorgesehenen Eisenbahnanschlusses Dux-Klingenberg (oder Freiberg) zu treten hat und demnach die in dem obigen Vertrage bezüglich dieser letztgedachten Eisenbahnverbindung gemachte Zusage als erfüllt anzusehen ist.

Dagegen werden die in dem obigen Vertrage enthaltenen Zusagen in Bezug auf die Eisenbahnverbindung zwischen Karlsbad und Johanngeorgenstadt zum Anschlusse an die auf sächsischem Gebiete bereits hergestellte Eisenbahn von Schwarzenberg nach Johanngeorgenstadt ausdrücklich bekräftigt.

Die königlich sächsische Regierung erklärt ihre Bereitwilligkeit, sobald der Bau der österreichischen Theilstrecke der vorgenannten Bahn sichergestellt sein wird, nach eingeholter Zustimmung der Ständeversammlung des Königreiches Sachsen die erforderliche Erweiterung der als gemeinsame Gränz- und Wechselstation und als Sitz der combinirten Zollabfertigung zu behandelnden bestehenden Stationsanlage bei Johanngeorgenstadt und dem

Bau der Anschlussstrecke von der Grenz- und Wechselstation bis zur Landesgrenze auszuführen und derart zu beschleunigen, dass die Bahn möglichst gleichzeitig mit der Vollendung und Inbetriebsetzung der österreichischen Anschlussstrecken dem Verkehre übergeben wird.

Im Falle des Zustandekommens der in Rede stehenden Eisenbahnverbindung sollen auf dieselbe die im gegenwärtigen Vertrage bezüglich der Eisenbahnverbindungen Krima-Reitzenhain und Graslitz-Klingenthal festgesetzten Bestimmungen sinngemäss Anwendung finden.

Art. XXIII. Gegenwärtiger Vertrag soll beiderseits nach Einholung der etwa erforderlichen verfassungsmässigen Zustimmung der Vertretungskörper zur Allerhöchsten Genehmigung vorgelegt und die Auswechslung der darüber auszufertigenden Ratifikations-Urkunden spätestens acht Wochen nach Vollziehung des Vertrages in Dresden bewirkt werden.

Zur Beglaubigung dessen haben die beiderseitigen Bevollmächtigten die gegenwärtige Uebereinkunft in zwei gleichlautenden Ausfertigungen unter Beifügung ihrer Siegel eigenhändig unterzeichnet.

Dresden, am 5. Mai 1884.

Gabriel Freiherr von Herbert-Rathkeal.   *Leonce Freiherr von Könneritz.*

36.

AUTRICHE-HONGRIE, SUISSE.

Convention relative à l'assistance judiciaire, signée à Berne, le 8 février 1884 *).

Eidgenöss. Gesetzsammlung, N. F. VII. 491.

Texte allemand.	Texte français.
Der Bundesrath der schweiz. Eidgenossenschaft und Seine Majestät der Kaiser von Oesterreich, König von Böhmen etc. etc. und Apostolischer König von Ungarn, von dem Wunsche geleitet, ein Uebereinkommen zu dem Zwecke abzuschliessen, um ihren Staatsangehörigen die Zulassung zum Armenrechte in bürgerlichen Rechtsstreitigkeiten und in Strafsachen zu sichern, haben zu diesem Behufe zu Bevollmächtigten ernannt, und zwar:	Le Conseil fédéral de la Confédération suisse, et Sa Majesté l'Empereur d'Autriche, Roi de Bohême, etc., etc., et Roi Apostolique de Hongrie, également animés du désir d'assurer aux citoyens indigents de l'autre partie contractante le droit au bénéfice du pauvre devant les tribunaux, soit dans les causes civiles, soit dans les causes pénales, se sont résolus à conclure une convention à cet effet et ont nommé dans ce but pour leurs plénipotentiaires, savoir:

*) Les ratifications ont été échangées à Berne, le 3 juillet 1884.

Der Bundesrath der schweiz. Eidgenossenschaft:

Herrn Bundesrath Adolf Deucher, Vorsteher des eidg. Post- und Eisenbahndepartements und Stellvertreter des Vorstehers des Justiz- und Polizeidepartements;

Seine Majestät der Kaiser von Oesterreich, König von Böhmen etc., etc., und Apostolischer König von Ungarn:

Herrn Moritz Freiherrn von Ottenfels, Seinen ausserordentlichen Gesandten und bevollmächtigten Minister bei der schweizerischen Eidgenossenschaft,

welche, nach Austausch ihrer in guter und gehöriger Form befundenen Vollmachten, über folgende Artikel übereingekommen sind:

Art. I. Die Schweizer geniessen in Oesterreich und in Ungarn und die österreichischen und die ungarischen Staatsangehörigen geniessen in der Schweiz die Rechtswohlthat des Armenrechts vor Gericht in allen Fällen, wo dieselbe auch den Landesangehörigen zusteht, wenn sie die jeweilen in Kraft bestehenden Gesetze des Landes beobachten, in welchem das Armenrecht nachgesucht wird.

Art. II. In allen Fällen soll das Armuthszeugniss dem Fremden, welcher das Armenrecht verlangt, von den Behörden seines gewöhnlichen Wohnsitzes ausgestellt werden.

Wohnt er nicht in dem Lande, in welchem das Begehren gestellt wird, so soll das Armuthszeugniss von einem diplomatischen Agenten des Landes, in welchem dasselbe gebraucht werden will, unentgeltlich beglaubigt werden.

Wohnt hingegen der Fremde in dem Lande, wo das Begehren gestellt

Le Conseil fédéral de la Confédération suisse:

le sieur Adolphe Deucher, conseiller fédéral, chef du département des postes et des chemins de fer, remplaçant du chef du département de justice et police, et

Sa Majesté l'Empereur d'Autriche, Roi de Bohème, etc., etc., et Roi Apostolique de Hongrie:

le sieur Maurice baron d'Ottenfels, son envoyé extraordinaire et ministre plénipotentiaire près la Confédération suisse,

lesquels, après s'être communiqué leurs pouvoirs et les avoir trouvés en bonne et due forme, sont convenus des articles suivants:

Art. Iᵉʳ. Les Suisses jouiront en Autriche et en Hongrie, et les ressortissants autrichiens et hongrois jouiront en Suisse du droit au bénéfice du pauvre dans tous les cas où ce droit serait accordé aux nationaux eux-mêmes, en se conformant aux lois qui sont ou seront en vigueur dans le pays où l'assistance sera réclamée.

Art. II. Dans tous les cas, le certificat d'indigence devra être délivré à l'étranger qui demande le bénéfice du pauvre par les autorités de sa résidence habituelle.

Si l'étranger ne réside pas dans le pays où la demande est formée, le certificat d'indigence sera légalisé gratuitement par un agent diplomatique du pays où le certificat doit être produit.

Par contre, lorsque l'étranger réside dans le pays où la demande est

wird, so können ausserdem bei den Behörden seines Heimatlandes Erkundigungen eingezogen werden.

Art. III. Die Schweizer, welchen in Oesterreich oder in Ungarn, und die österreichischen und die ungarischen Staatsangehörigen, welchen in der Schweiz die Vortheile des Armenrechtes bewilligt worden, sind von Rechts wegen auch von jeder Bürgschaft oder Hinterlage befreit, die von Ausländern, welche gegen Landesangehörige einen Rechtsstreit führen, gemäss der Gesetzgebung des Landes, wo die Klage angestellt wird, unter irgend welcher Bezeichnung so gefordert werden können.

Art. IV. Die vorstehende Uebereinkunft ist für die Dauer von fünf Jahren abgeschlossen.

In dem Falle, wo keine der beiden hohen kontrahirenden Parteien ein Jahr vor dem Ablaufe dieses Termins die Absicht kundgegeben, ihre Wirkung aufzuheben, soll die Uebereinkunft in Kraft bestehen, bis nach geschehener Kündigung Seitens des einen oder des anderen Theiles ein Jahr verflossen sein wird.

Art. V. Diese Uebereinkunft soll so bald als möglich der Ratifikation der kompetenten Behörden unterstellt werden.

Sie tritt mit dem Tage der Auswechslung der Ratifikationsurkunden in Kraft.

Zur Urkunde dessen haben die beiderseitigen Bevollmächtigten diese Uebereinkunft unterzeichnet und ihre Siegel beigedrückt.

So geschehen in Bern, den achten Januar eintausend achthundert vierundachtzig (1884).

Deucher. *Ottenfels.*

formée, des renseignements pourront être pris auprès des autorités de la nation à laquelle il appartient.

Art. III. Les Suisses admis en Autriche et en Hongrie, ainsi que les ressortissants autrichiens et hongrois admis en Suisse au bénéfice du pauvre, y seront dispensés de plein droit de tout cautionnement ou dépôt qui, sous quelque dénomination que ce soit, peut, en vertu de la législation en vigueur dans le pays où l'action sera introduite, être exigé des étrangers plaidant contre les nationaux.

Art. IV. La présente convention restera en vigueur pendant cinq années.

Dans le cas où aucune des deux hautes Parties contractantes n'aurait notifié, une année avant l'expiration de ce terme, son intention d'en faire cesser les effets, la convention continuera à demeurer en force jusqu'à l'expiration d'une année, à compter du jour où l'une des parties l'aura dénoncée.

Art. V. La présente convention sera soumise à la ratification des autorités compétentes, aussitôt que faire se pourra.

Elle entrera en vigueur le jour où les ratifications en seront échangées.

En foi de quoi, les plénipotentiaires respectifs ont signé la présente convention et y ont apposé leurs sceaux.

Fait à Berne, le huit janvier mil huit cent quatre-vingt-quatre (1884).

Deucher. *Ottenfels.*

37.

AUTRICHE - HONGRIE, LIECHTENSTEIN.

Convention judicaire signée à Vienne, le 19 janvier 1884 *).

Oesterr. Reichsgesetzblatt, 1884 No. 124.

Seine Majestät der Kaiser von Oestereich, König von Böhmen etc. und Apostolischer König von Ungarn, und

Seine Durchlaucht der souveräne Fürst von Liechtenstein haben, in der Absicht, einen Vertrag bezüglich der Justizverwaltung im Fürstenthume Liechtenstein zu schliessen, hierzu als Bevollmächtigte ernannt:

Seine Majestät der Kaiser von Oesterreich, König von Böhmen etc. und Apostolischer König von Ungarn;

Herrn Ladislaus Szögyény-Marich von Magyar- Szögyén und Szolgaegyháza, Allerhöchst Ihren geheimen Rath, Kämmerer und Sectionschef im Ministerium des kaiserlichen Hauses und des Aeussern,

Seine Durchlaucht der souveräne Fürst von Liechtenstein:

Herrn Clemens Reichsgrafen von Westphalen,

welche nachdem sie ihre Vollmachten eingesehen und in guter Ordnung befunden hatten, sich über folgende Bestimmungen geeinigt haben;

Art. I. Das k. k. Oberlandesgericht für Tirol und Voralberg wird fortfahren, hinsichtlich der Rechtsangelegenheiten des Fürstenthums Liechtenstein in Civil- und Strafsachen die ihm durch das Hofdecret vom 13. Februar 1818 J. G. S. Nr. 1418, übertragene Function einer dritten Instanz wie bisher auszuüben.

Art. II. Die k. k. österreichische Regierung wird die ihr unterstehenden richterlichen Beamten, welche in den fürstlich Liechtenstein'schen Justizdienst eintreten, oder welche von ihren Vorgesetzten angewiesen werden, die Stelle eines fürstlich Liechtenstein'schen richterlichen Beamten vorübergehend zu versehen oder aus Anlass der Bildung eines fürstlichen Liechtenstein'schen Spruchcollegiums als Richter mitzuwirken, nach Massgabe des Bedarfes für die Dauer der Dienstleistung im Fürstenthume Liechtenstein beurlauben.

Art. III. Die fürstlich Liechtenstein'sche Regierung wird die Kosten, welche durch die zu ihren Gunsten erfolgte Anwendung der Bestimmungen dieses Vertrages verursacht werden, ersetzen.

Zu diesen Kosten gehören:

1. Die von beiden Regierungen einverständlich festzusetzende Pauschalvergütung der beim k. k. Oberlandesgerichte in Innsbruck entstehenden Kanzleiauslagen.

2. Die Mehrauslagen, die für die k. k. österreichische Regierung in dem Falle entstehen, dass durch eine nach Art. II dieses Vertrages ertheilte Beurlaubung die Substituirung des beurlaubten Beamten in Oestereich nothwendig werden sollte.

---

*) L'échange des ratifications a eu lieu à Vienne le 26 juin 1884.

8. Ein Beitrag zu der von der k. k. österreichischen Regierung an einen richterlichen Beamten, der zum Zwecke des Eintrittes in den fürstlich Liechtenstein'schen Justizdienst beurlaubt war, zu entrichtenden Pension, welcher Beitrag eine nach der Dauer der im Fürstenthume Liechtenstein geleisteten Justizdienste und dem wärend dieser Dienstzeit in Oestereich bekleideten Dienstrange, sowie den diesem Dienstrange entprechenden Bezügen zu bemessende Quote der Pension zu bilden hat.

Art. IV. Der gegenwärtige Vertrag wird auf fünf Jahre abgeschlossen und soll Einen Monat nach Austausch der Ratificationen in Kraft treten.

Wenn der Vertrag nicht zwölf Monate vor Ablauf des angegebenen Zeitraumes von einem der vertragschliessenden Theile gekündigt wird, so verlängert sich dessen Wirksamkeit bis zum Ablauf eines Jahres, von dem Zeitpunkte ab, an welchem die Kündigung des Vertrages erfolgen würde.

Art. V. Die Ratificationen des gegenwärtigen Vertrages werden, sobald als möglich, in Wien ausgewechselt werden.

Urkund dessen haben die Bevollmächtigten der Vertragschliessenden Theile den Vertrag unterschrieben und ihre Siegel beigedrückt.

So geschehen zu Wien, am 19. Jänner 1884.

Graf Westphalen.   *Szögyény.*

38.

AUTRICHE-HONGRIE, ITALIE.

Convention additionnelle au Traité d'extradition du 27 février 1869 *); signée à Vienne, le 6 décembre 1882 **).

Oesterr. Reichsgesetzblatt, 1883, No. 112.

Sa Majesté l'Empereur d'Autriche, Roi de Bohême etc. etc., Roi Apostolique de Hongrie et

Sa Majesté le Roi d'Italie,

désirant régler d'un commun accord les conditions de la remise par voie de transit à travers le territoire de l'une des Parties contractantes, ou sur ses bâtiments, des individus livrés à l'autre partie par un troisième état, ont nommé à cet effet pour leurs plénipotentiaires, savoir:

Sa Majesté l'Empereur d'Autriche, Roi de Bohême etc. et Roi Apostolique de Hongrie:

Le Sieur Gustave Comte de Kálnoky de Körös-Patak, Chevalier de l'Ordre Impérial de Léopold; Conseiller intime actuel et Chambellan; Son Ministre de la Maison Impériale et des affaires étrangères, Major-Général dans Ses Armées etc. et

---

*) V. N. R. G. 2ᵉ Serie, I. 334.
**) L'échange des ratifications a eu lieu le 28 mai 1883.

Sa Majesté le Roi d'Italie:

Le Sieur Charles Comte de Robilant, Grand-Croix de l'ordre des Saints Maurice et Lazare et de la Couronne d'Italie, Grand-Croix des Ordres de Saint-Etienne, de Léopold et de François Joseph, Son Ambassadeur extraordinaire et plénipotentiaire etc.

lesquels, après s'être communiqué leurs pleins pouvoirs trouvés en bonne et due forme, sont convenus des articles suivants:

Art. I. L'extradition par voie de transit sur les territoires ou les bâtiments des parties contractantes sera accordée pour les mêmes actions punissables ainsi que sur la production des mêmes documents et sous les mêmes restrictions et précautions qui aux termes du traité conclu entre l'Autriche-Hongrie et l'Italie le 27 février 1869, règlent l'extradition réciproque.

Le transit ne sera pas accordé:

1º si l'individu appartient par sa nationalité à l'Etat requis;

2º s'il est poursuivi soit pour un délit politique soit pour un fait connexe à un semblable délit;

3º si par rapport à l'infraction qui a motivé la demande de transit, la prescription de la poursuite criminelle ou de la peine est acquise d'après les lois de l'Etat requis.

Il en sera de même si, du chef de cette infraction ou de quelque autre délit les tribunaux de l'Etat requis sont, d'après les lois du pays, appelés à proceder contre l'inculpé ou bien à exécuter une sentence pénale portée contre lui.

Art. II. Sera accordé de même, sous les restrictions prévues par l'article XV du traité d'extradition du 27 février 1869 le transit (aller et retour) à travers le territoire ou sur les bâtiments de l'une des parties contractantes, des malfaiteurs détenus dans un troisième Etat et dont la confrontation avec l'inculpé est jugée nécessaire dans une instruction pénale ouverte devant les tribunaux de l'autre partie.

Le transit n'aura pas lieu:

1º si l'individu, dont le transport devra s'effectuer, appartient par sa nationalité à l'Etat requis;

2º s'il est poursuivi par les tribunaux de l'Etat de transit à moins que le troisième Etat n'ait consenti à l'extrader en son temps à l'Etat requis;

3º s'il s'agit d'une confrontation dans une cause pénale politique.

Art. III. La demande de transit devra toujours être faite par voie diplomatique.

Art. IV. Le transit aura lieu sous l'escorte d'agents du pays requis. On choisira, autant que possible, la voie la plus courte. Les frais occasionnés par le transport seront à la charge de la partie requérante.

Art. V. La présente Convention additionnelle sera ratifiée et les ratifications en seront échangées à Vienne aussitôt que faire se pourra. Elle sera mise en vigueur dix jours après sa publication dans les formes prescrites par les lois en vigueur dans les territoires des hautes parties contractantes.

Art. VI. La présente Convention aura la même durée que le Traité d'extradition du 27 février 1869, elle sera censée dénoncée simultanément par le fait de la dénonciation de celui-ci.

En foi de quoi les Plénipotentiaires respectifs ont signé la présente Convention et y ont apposé le cachet de leurs armes.

Fait en double expédition à Vienne le 6 décembre de l'an de grâce mil huit cent quatre-vingt-deux.

Kálnoky.   *C. Robilant.*

39.

AUTRICHE-HONGRIE, ITALIE.

Convention relative à l'assistance judiciaire; signée à Vienne, le 9 février 1883 *)

Oesterr. Reichsgesetzblatt 1883 No. 113.

Sa Majesté l'Empereur d'Autriche, Roi de Bohême etc. etc., Roi Apostolique de Hongrie et

Sa Majesté le Roi d'Italie,

désirant, d'un commun accord, conclure une Convention pour assurer réciproquement le bénéfice de l'assistance judiciaire aux nationaux de l'autre Partie contractante ont nommé à cet effet pour Leurs Plénipotentiaires, savoir:

Sa Majesté l'Empereur d'Autriche, Roi de Bohême etc. et Roi Apostolique de Hongrie:

le Sieur Gustave Comte Kálnoky de Körös-Patak, Chevalier de l'Ordre Impérial de Léopold, Conseiller intime actuel et Chambellan; Son Ministre de la Maison Impériale et des affaires étrangères; Major Général dans Ses armées etc. et

Sa Majesté le Roi d'Italie:

le Sieur Charles Comte de Robilant, Grand-Croix de l'Ordre des Saints Maurice et Lazare et de la Couronne d'Italie; Grand-Croix des Ordres de Saint-Etienne, de Léopold et de François Joseph; Son Ambassadeur extraordinaire et plénipotentiaire et Lieutenant-Général etc.

lesquels après s'être communiqué leurs pleins pouvoirs trouvés en bonne et due forme sont convenus des articles suivants:

Art. 1. Les Autrichiens et Hongrois en Italie et les Italiens en Autriche et en Hongrie jouiront réciproquement du bénéfice de l'assistance judiciaire comme les nationaux eux-mêmes en se conformant à la loi du pays dans lequel l'assistance sera réclamée.

Art. 2. Dans tous les cas le certificat d'indigence doit être délivré à l'étranger qui demande l'assistance par les autorités de sa résidence habituelle.

Si l'étranger ne réside pas dans le pays où la demande est formée

---

*) Les ratifications ont été échangées à Vienne le 28 mai 1883.

le certificat d'indigence sera légalisé gratuitement par l'Agent diplomatique du pays où le certificat doit être produit.

Lorsque l'étranger réside dans le pays où la demande est formée des renseignements pourront, en outre, être pris auprès des autorités de l'Etat auquel il appartient.

Art. 3. Les Autrichiens et Hongrois admis en Italie et les Italiens admis en Autriche ou en Hongrie au bénéfice de l'assistence judiciaire seront dispensés, de plein droit, de toute caution ou dépôt qui, sous quelque dénomination que ce soit, peut être exigé des étrangers plaidant contre les nationaux par la legislation du pays où l'action sera introduite.

Art. 4. La présente Convention est conclue pour cinq années, à partir du jour de l'échange des ratifications.

Dans le cas où aucune des Hautes Parties contractantes n'aurait notifié, une année avant l'expiration de ce terme, son intention d'en faire cesser les effets la Convention continuera d'être obligatoire encore une année et ainsi de suite d'année en année, à compter du jour où l'une des Parties l'aura dénoncée.

Elle sera ratifiée aussitôt que faire se pourra.

En foi de quoi les Plénipotentiaires respectifs ont signé la présente Convention et y ont apposé le cachet de leurs armes.

Fait en double expédition à Vienne, le 9 février de l'an de grâce mil huit cent quatre-vingt-trois.

Kálnoky.   *C. Robilant.*

40.

AUTRICHE-HONGRIE, ITALIE.

Déclarations signées les 29 septembre et 15 octobre 1883, touchant la communication réciproque, d'actes de l'état civil.

Raccolta delle leggi, Serie 3ª No. 1690.

Déclaration italienne *).

Le Gouvernement italien et le Gouvernement austro-hongrois, désirant assurer la communication réciproque de tous les actes intéressant l'état civil de leurs sujets respectifs, sont convenus de ce qui suit;

1.º Le Gouvernement italien et le Gouvernement austro-hongrois s'engagent à obliger les fonctionnaires civils et ecclésiastiques, chargés de la tenue des régistres de l'état civil, à transmettre tous les trois mois, en Italie, à l'Ambassade de Sa Majesté Impériale et Royale Apostolique, et

---

*) La Déclaration autrichienne a été signée par le Comte Kalnocki, le 15 oct. 1883.

réciproquement en Autriche-Hongrie à l'Ambassade de Sa Majesté le Roi d'Italie des extraits ou des certificats dûment légalisés des actes de naissance, de mariage et de décès, concernant les sujets de l'autre partie contractante.

De la même manière les actes de naturalisation concernant les sujets des parties contractantes seront communiqués par les autorités compétentes des pays, dans lequel la naturalisation est accordée aux autorités de l'autre pays.

2⁰ La remise aura lieu d'office, sans délai ni frais, dans la forme usitée dans le pays.

3⁰ Les dits extraits ou certificats devront contenir toutes les indications essentielles portées par les régistres et faire, autant que possible, mention du lieu d'origine ou de domicile des personnes auxquelles ils se réfèrent.

4⁰ Lorsqu'il s'agit de mariage entre deux personnes appartenant à deux communes différentes de l'autre Etat, l'extrait ou certificat relatif devra être expédié en double.

5⁰ Les actes de naissance, de mariage et de décès, qui seraient dressés en Autriche-Hongrie dans une autre langue que la langue latine, allemande ou italienne, seront accompagnés d'une traduction latine dûment légalisée par l'autorité compétente. Quant aux actes du même genre qui seront dressés en Italie, ceux qui concerneront un sujet autrichien pourront être facultativement rédigés en latin ou en italien. Ceux qui se réfèrent à des sujets hongrois et qui ne seront pas rédigés en langue latine devront être accompagnés d'une traduction latine dûment légalisée par l'autorité compétente.

Les actes de naturalisation dressés en Italie en faveur d'un autrichien ou bien en Autriche en faveur d'un italien seront rédigés en italien ou en allemand. Les actes du même genre dressés en Italie en faveur d'un hongrois ou en Hongrie en faveur d'un italien devront être accompagnés d'une traduction latine dûment légalisée.

6⁰ La délivrance et l'acceptation des dites expéditions ne préjugera en rien ni les questions de nationalité et de domicile (Zuständigkeit, pertinenza), ni celles qui pourraient s'élever au sujet de la validité des mariages.

7⁰ La présente déclaration produira ses effets à dater du 1ᵉʳ janvier 1884.

En foi de quoi le soussigné Ministre des affaires étrangères de S. M. le Roi d'Italie a signé la présente déclaration à échanger contre une déclaration analogue du Ministre de la Maison Impériale et des affaires étrangères de S. M. Impériale Royale Apostolique et y a fait apposer le sceau de son Ministère.

Fait à Rome, le 29 septembre 1883.

Mancini.

Nn2

41.

AUTRICHE-HONGRIE, RUSSIE.

Convention pour régler la correspondance directe entre les tribunaux des arrondissements judiciaires de Lemberg et de Cracovie d'un côté et ceux de l'arrondissement de Varsovie de l'autre; signée à St. Pétersbourg, le 2 avril (21 mars) 1884 *).

Oesterr. Reichsgesetzblatt, 1884, No. 134.

Sa Majesté l'Empereur d'Autriche, Roi de Bohème etc. et Roi Apostolique de Hongrie, et

Sa Majesté l'Empereur de toutes les Russies, désirant faciliter et régler la correspondance entre les tribunaux des arrondissements judiciaires de Lemberg et de Cracovie d'un côté et ceux de l'arrondissement de Varsovie de l'autre, dans les affaires civiles et pénales, ont résolu d'un commun accord de conclure dans ce but une Convention et ont nommé à cet effet pour leurs Plénipotentiaires savoir:

Sa Majesté l'Empereur d'Autriche:

Son Conseiller Intime Actuel, Comte Antoine de Wolkenstein-Trostburg, Son Ambassadeur Extraordinaire et Plénipotentiaire près Sa Majesté l'Empereur de toutes les Russies, et

Sa Majesté l'Empereur de toutes les Russies:

Son Conseiller Privé Actuel et Secrétaire d'Etat Nicolas de Giers, Son Ministre des Affaires Etrangères, —

Lesquels après s'être communiqué leurs pleins pouvoirs respectifs, trouvés en bonne et due forme, sont convenus des articles suivants:

Art. I. Les tribunaux et les ministères publics — des arrondissements de Lemberg et de Cracovie d'un côté et les tribunaux et les ministères publics de l'arrondissement judiciaire de Varsovie de l'autre corresponderont dorénavant — sans intervention diplomatique pour toutes les réquisitions, en matière civile et pénale, en tant qu'elles ne tombent pas sous les articles IX, X et XIII de la Convention d'extradition du 3./15. octobre 1874**).

Art. II. Seront admis au droit de correspondance directe du côté de l'Autriche: les Cours d'Appel (Oberlandesgerichte) de Lemberg et de Cracovie, les cours de première instance, savoir: les tribunaux provinciaux (Landesgerichte) de Lemberg, de Cracovie et de Czernowitz, et les tribunaux de district (Kreisgerichte) de Przemyśl, de Złoczów, de Sambor, de Tarnopol, de Stanislau, de Kołomea, de Tarnów, de Rzeszów, de Neu-Sandec et de Wadowice, enfin les tribunaux d'arrondissement (Bezirksgerichte) ressortissants aux cours précitées, les Présidents de ces dernières, les Procureurs près les Cours d'Appel de Lemberg et de Cracovie et les Procureurs près les cours de première instance (Tribunaux provinciaux et Tribunaux de district) précitées.

---

*) Les ratifications ont été échangées à St. Pétersbourg, le 9 juillet 1884.
**) V. N. R. G. 2e Série, I. 512.

Du côté de la Russie: la Chambre de Justice de Varsowie, les Tribunaux d'arrondissement de Varsowie, de Kalisch, de Kielcy, de Lomza, de Lubline, de Pietrków, de Płock, de Radom, de Souvalky et de Siedlice. Les assises de Juges de Paix des arrondissements sus-indiqués et, par leur intermédiaire, les Juges de Paix de leur ressort, les Présidents de ces tribunaux, le Procureur de la Chambre de Justice de Varsovie et les Procureurs près les tribunaux d'arrondissement précités.

La dénomination des tribunaux et magistrats susmentionnés pouvant subir des modifications, les Hautes Parties contractantes se réservent de s'en faire réciproquement part en temps utile afin de prévenir les malentendus qui pourraient en résulter.

Art. III. Les relations ou les correspondances directes entre les tribunaux et les magistrats susmentionnés comprendront:

a) Les réquisitions relatives aux enquêtes sommaires et instructions des crimes et délits commis sur le territoire des deux pays respectifs, aux interrogatoires, descentes sur les lieux, visites domiciliaires, saisies, visites medicales, etc.;

b) Les demandes pour la remise des pièces de conviction, des valeurs et des documents ayant trait à l'instruction des affaires poursuivies devant les tribunaux;

c) La correspondance des procureurs dans les affaires de détenus;

d) La transmission des citations, des mandats de comparution, des exploits, notifications, sommations et autres actes de procédure tant dans les affaires civiles que pénales.

e) L'assermentation des parties en matière civile, les expertises et les dépositions des témoins sous la foi ou sans la prestation de serment.

Les récepissés des citations, exploits, notifications et autres actes seront délivrés réciproquement munis des légalisations requises.

Art. IV. Les Hautes Parties contractantes s'engagent à faire exécuter les réquisitions ou commissions décernées par les tribunaux et les magistrats admis par la présente convention à la correspondance directe en tant que les lois du pays, où l'exécution devra avoir lieu, ne s'y opposeront pas.

Art. V. Les réquisitions que les tribunaux et les magistrats désignés dans l'article II de la présente convention s'adresseront réciproquement seront rédigées par les tribunaux et magistrats autrichiens en langue allemande et par ceux de l'arrondissement judiciaire de Varsovie en langue russe.

Les réponses provoquées par les dites réquisitions seront rédigées en langue russe du côté de la Russie et en langue allemande du côté de l'Autriche.

Art. VI. Dans le cas où, par des considérations spéciales, il aura été reconnu in-opportun d'appliquer à une affaire quelconque le mode de la correspondance directe, il sera loisible aux Hautes Partie. contractantes de se transmettre réciproquement les réquisitions judiciaires y relatives par la voie diplomatique.

Art. VII. Les frais occasionnés par la remise des significations et des citations ou par l'exécution des commissions rogatoires resteront à la charge de l'Etat requis.

Art. VIII. Toutes les correspondances et tous les envois expédiés par l'un des tribunaux respectifs seront affranchis, quant aux frais de poste, par celui de ces tribunaux, dont émanera une commission rogatoire; les expéditions et les envois faits en réponse à cette réquisition seront affranchis par les tribunaux requis.

Art. IX. La présente convention sera ratifiée et les ratifications en seront échangées à St. Pétersbourg aussitôt que faire se pourra.

Elle sera exécutoire à dater du 30me jour après sa promulgation, faite la dernière dans les formes prescrites par les lois en vigueur dans les deux Pays et elle continuera à être en vigueur jusqu'à six mois après déclaration contraire de la part de l'une des Hautes Parties contractantes.

En foi de quoi les Plénipotentiaires respectifs l'ont signée et y ont apposé le cachet de leurs armes.

Fait en double à St. Pétersbourg le $\frac{\text{vingt un mars}}{\text{deux avril}}$ mil huit cent quatre vingt-quatre.

Comte A. de Wolkenstein - Trostburg.   *Giers.*

42.

AUTRICHE - HONGRIE, BRÉSIL.

Convention d'extradition signée à Rio de Janeiro, le 21 mai 1883 *)

Oesterr. Reichsgesetzblatt, 1884 No. 142

Sa Majesté l'Empereur d'Autriche, Roi de Bohème, etc. et Roi Apostolique de Hongrie, et

Sa Majesté l'Empereur de Brésil,

ayant résolu d'un commun accord, de conclure une Convention pour l'extradition des malfaiteurs, ont nommé pour leurs Plénipotentiaires à cet effet, savoir:

Sa Majesté l'Empereur d'Autriche, Roi Apostolique de Hongrie,

Monsieur le Baron Seiller, Chevalier de Son Ordre de la Couronne de Fer, 3ème classe, Son Envoyé Extraordinaire et Ministre Plénipotentiaire près Sa Majesté l'Empereur du Brésil.

Sa Majesté l'Empereur du Brésil:

Monsieur Lourenço Cavalcanti de Albuquerque, de Son Conseil, Député à l'Assemblée Générale, Ministre et Secrétaire d'Etat des affaires étrangères,

Lesquels, après s'être communiqué leurs pleins pouvoirs trouvés en bonne et due forme, sont convenus des articles suivants:

Art. I. Les Hautes Parties contractantes s'engagent à se livrer réciproquement, en conformité des stipulations de cette Convention, les indivi-

---

*) L'échange des ratifications a eu lieu le 29 juin 1884.

dus prévenus, poursuivis ou condamnés par les autorités judiciaires de l'une des Hautes Parties contractantes pour un des actes punissables, mentionnés à l'article III ci-après, pourvu que ces actions punissables aient été commises hors du territoire de l'Etat auquel l'extradition est demandée.

Lorsque l'action punissable motivant la demande d'extradition aura été commise hors du territoire de l'Etat requérant, il pourra être donné suite à cette demande, pourvu que la législation de l'Etat requérant et de l'Etat requis autorise dans ce cas la poursuite des mêmes faits commis à l'étranger.

Art. II. Ne seront livrés ni un sujet autrichien ou hongrois par l'Autriche ou la Hongrie au Gouvernement Brésilien, ni un sujet brésilien par le Brésil au Gouvernement de l'Autriche ou de la Hongrie.

Lorsque l'action punissable motivant la demande d'extradition aura été commise hors du territoire des Parties contractantes et que l'extradition est également demandée par le Gouvernement du pays dans lequel l'infraction a été commise, il pourra être donné suite à l'extradition de l'individu réclamé et à sa remise au Gouvernement de ce dernier pays.

Art. III. L'extradition sera accordée pour les actions punissables ci-dessous indiquées, à savoir:

1º Meurtre et tout autre homicide volontaire;

2º coups et blessures volontaires ayant causé la mort sans l'intention de la donner ou une maladie probablement inguérissable ou une incapacité de travail personnel permanente; la destruction ou la privation de l'usage absolu d'un membre ou d'un organe ou une mutilation grave;

3º viol ou autres attentats à la pudeur s'ils sont commis avec violence;

4º polygamie, bigamie;

5º recel, suppression, substitution ou supposition d'enfants;

6º incendie volontaire, dérangement volontaire d'une voie ferrée, ayant causé des lésions ou la mort d'une ou de plusieurs personnes;

7º contrefaçon ou falsification des monnaies, d'assignations ou obligations de l'Etat, de billets de banque ou d'autres billets de crédit public, ayant cours comme monnaie; introduction, émission, ainsi que l'usage en connaissance de cause de ces valeurs contrefaites ou falsifiées; falsification et contrefaçon de documents officiels, de timbres-poste, sceaux, poinçons et toutes marques de l'Etat; usage en connaissance de cause, de ces objets falsifiés ou contrefaits;

8º vol commis avec violence envers les personnes (Raub);

9º vol commis avec violence envers les choses ou avec des fausses clefs (Diebstahl) pourvu que la valeur de la chose volée surpasse, si le pays réclamant est l'Autriche ou la Hongrie, la somme de mille florins ou celle d'un conto de reis (1:000 Milreis 000) lorsque le pays réclamant est le Brésil;

10º escroquerie et fraude (Betrug); soustraction et détournement; faux en écriture publique et privée ou dans les lettres de change et d'autres papiers de commerce, usage en connaissance de cause de ces fausses écritures; pourvu que dans les cas ci-dessus indiqués la valeur du préjudice causé surpasse la somme de mille florins, si le pays réclamant est l'Autriche ou la Hongrie, ou la somme d'un conto de reis (1:000 Milreis 000) lorsque le pays réclamant est le Brésil;

11° faux serment en matière criminelle au préjudice de l'accusé;

12° actes volontaires et coupables dont aura résulté la perte, l'échouement, la destruction ou le dégât de vaisseaux ou autres navires (baraterie);

13° émeute et rebellion des gens de l'équipage à bord d'un vaisseau contre le capitaine ou contre leurs supérieurs;

14° banqueroute frauduleuse.

Paragraphe unique: Dans tous ces cas les tentatives ainsi que les faits de complicité et de participation suffiront pour entraîner l'extradition, lorsque ces tentatives et ces faits de complicité et de participation sont punissables d'après la legislation de l'Etat requérant et de l'Etat requis.

Art. IV. L'extradition sera demandée par voie diplomatique et ne sera accordée que sur la production, soit en original soit en expédition authentique d'un jugement ou d'un acte d'accusation ou d'un mandat d'arrêt (sentença de condemnação, despacho de pronuncia, ou mandado de prisão) ou bien de toute autre acte ayant la même force que cet arrêt ou jugement.

Ces actes, qui seront délivrés dans les formes prescrites par la législation de l'Etat requérant, contiendront la désignation de l'action punissable dont il s'agit, l'indication de la peine dont elle est passible et seront accompagnés, autant que possible, du signalement de l'individu réclamé ou, s'il y a lieu, d'autres données pouvant servir à vérifier son identité.

Art. V. En cas d'urgence chacun des Gouvernements contractants pourra, sur avis de l'existence d'un mandat d'arrêt, demander et obtenir par la voie la plus directe, l'arrestation du prévenu ou du condamné, à la condition toutefois que l'acte servant d'appui à la demande sera produit dans le terme de deux mois à partir du jour où l'arrestation aura eu lieu.

Art. VI. Si, dans les trois mois à compter du jour où le prévenu ou le condamné aura été mis à sa disposition, l'agent diplomatique qui l'a réclamé ne s'est pas chargé de lui au nom du pays réclamant, il sera mis en liberté et ne pourra être de nouveau arrêté pour le même motif. Dans ce cas les frais seront à la charge du Gouvernement réclamant.

Art. VII. Si l'individu, dont l'extradition est demandée par l'une des Hautes Parties contractantes, en vertu de la présente Convention, est aussi réclamé par une autre ou plusieurs autres Puissances du chef d'autres actes punissables, il sera livré au Gouvernement de l'Etat sur le territoire duquel aura été commise l'infraction la plus grave et, en cas de gravité égale, il sera livré au Gouvernement de l'Etat dont la demande est parvenue la première au Gouvernement requis.

Si toutefois ces demandes ont été présentées simultanément, il sera remis au Gouvernement dont la demande porte la date antérieure.

Art. VIII. Dans aucun cas l'extradition ne sera accordée lorsqu'il s'agira de crimes ou délits politiques ou bien d'actions ou omissions connexes à de semblables crimes et delits.

Ne sera pas réputé délit politique, ni fait connexe à un semblable délit l'attentat contre la vie du Souverain ou des membres de sa famille.

Art. IX. L'individu qui aura été livré ne pourra dans aucun cas être poursuivi ou puni dans l'Etat auquel il a été livré pour un crime ou délit politique antérieur à l'extradition, pour aucune action ou omission connexe à une semblable infraction, ni pour aucune infraction non prévue par la présente Convention.

Art. X. L'extradition n'aura pas lieu si la prescription de la poursuite ou de la peine est acquise d'après les lois du pays auquel l'extradition est demandée.

L'extradition ne pourra également avoir lieu lorsque l'individu dont l'extradition est demandée a déja été poursuivi et absous dans le pays requis, en raison de la même action punissable, qui a motivé la demande d'extradition, ou bien si l'enquête s'y poursuit encore ou qu'il a déjà subi sa peine.

Art. XI. Dans le cas où l'individu dont l'extradition est demandée se' trouverait engagé dans un procès ou serait retenu à raison d'obligations par lui contractées envers des particuliers son extradition aura lieu néanmoins, sauf à la partie lésée à poursuivre ses droits devant l'autorité compétente.

Art. XII. Si l'individu réclamé est poursuivi ou se trouve détenu dans l'Etat requis pour une infraction autre que celle qui a motivé la demande d'extradition, son extradition devra être différée jusqu'à ce que les poursuites soient terminées et, en cas de condamnation, jusqu'à ce qu'il ait subi la peine ou que celle-ci soit remise.

Art. XIII. Les objets ayant servi à la perpétration de l'action punissable ou qui ont été obtenus au moyen de cette action ainsi que ceux qui peuvent servir de pièce de conviction seront remis en même temps que l'individu réclamé.

Cette remise aura lieu même dans le cas où l'extradition ne pourrait être effectuée par suite de la mort ou de la fuite du coupable.

Elle comprendra tous les objets de la même nature que le prévenu aurait cachés ou déposés dans le pays, dans lequel il s'est réfugié et qui seraient découverts ultérieurement. Sont cependant réservés les droits des tiers sur les objets mentionnés, qui doivent leurs être rendus sans aucuns frais dès que le procès sera terminé.

Art. XIV. Les frais occasionnés par l'arrestation, la détention, la nourriture et le transport de l'individu dont l'extradition aura été accordée, ainsi que le transport des objets mentionnés à l'article précédent resteront à la charge des deux Gouvernements dans les limites de leurs territoires respectifs. Les frais de transport par mer seront supportés par le Gouvernement réclamant.

Art. XV. Lorsque, dans la poursuite d'une affaire pénale non politique, l'un des Gouvernements contractants jugera nécessaire l'audition de témoins domiciliés dans l'autre Etat ou tout autre acte d'instruction, une commission rogatoire sera envoyée à cet effet par la voie diplomatique et il y sera donné suite en observant les lois du Pays requis.

Les deux Gouvernements contractants renoncent réciproquement à toute réclamation des frais résultant de l'exécution de la commission rogatoire, à moins qu'il ne s'agisse d'expertises criminelles, commerciales ou médicolégales.

Art. XVI. La présente Convention sera exécutoire à dater du jour de sa promulgation, qui aura lieu dans les formes prescrites par les lois en vigueur dans les territoires des Hautes Parties contractantes.

Cette promulgation aura lieu dans le délai de 6 mois au plus tard après l'échange des ratifications.

La Convention pourra être dénoncée par chacune des Hautes Parties contractantes; cependant elle continuera à être en vigueur jusqu'à l'expiration d'une année à compter du jour où elle aura été dénoncée.

Elle sera ratifiée et les ratifications seront échangées à Rio de Janeiro aussitôt que faire se pourra.

En foi de quoi les Plénipotentiaires respectifs ont signé la présente Convention et y ont apposé le cachet de leurs armes.

Fait à Rio de Janeiro, le vingt et un du mois de mai de l'année mil huit cent quatre-vingt-trois.

Seiller.   *Lourenço Cavalcanti de Albuquerque.*

43.

GRANDE-BRETAGNE, ITALIE.

Traité de commerce et de navigation suivi d'un Protocole; signé à Rome, le 15 juin 1883 *).

Parl. Paper [3666] 1883.

Texte anglais.	Texte italien.
Her Majesty the Queen of the United Kingdom of Great Britain and Ireland, Empress of India, and His Majesty the King of Italy, being desirous to extend and facilitate the relations of commerce between their respective subjects and dominions, have determined to conclude a new Treaty with this object, and they have appointed their respective Plenipotentiaries, that is to say: —	Sua Maestà la Regina del Regno Unito della Gran Brettagna ed Irlanda, Imperatrice delle Indie, e Sua Maestà il Re d'Italia, desiderosi di estendere e di facilitare le relazioni di commercio tra i loro respettivi sudditi e dominii, hanno determinato di conchiudere un nuovo Trattato per questo scopo, ed hanno nominato a loro rispettivi Plenipotenziarii, cioè: —
Her Majesty the Queen of the United Kingdom of Great Britain and Ireland, Empress of India, his Excellency the Right Honourable Sir Augustus Berkeley Paget, Knight Commander of the Most Honourable Order of the Bath, a Member of Her	Sua Maestà la Regina del Regno Unito della Gran Brettagna ed Irlanda, Imperatrice delle Indie, sua Eccellenza l'Onorevolissimo Sir Augustus Berkeley Paget, Cavaliere Commendatore del l'Onorevolissimo Ordine del Bagno, Membro dell'Onorevolissi-

---

*) Les ratifications ont été échangées à Rome, le 30 juin 1883.

Majesty's Most Honourable Privy Council, and her Ambassador Extraordinary and Plenipotentiary to His Majesty the King of Italy;

And His Majesty the King of Italy, his Excellency Signor Pasquale Stanislao Mancini, Grand Cross and Grand Cordon of the Order of SS. Maurice and Lazarus and of the Crown of Italy, Knight of the Order of Civil Merit of Savoy, &c., &c., Minister of State, Deputy of the National Parliament, and His Minister Secretary of State for Foreign Affairs;

Who, after having communicated to each other their respective full powers, found in good and due form, have agreed upon the following Articles: —

Art. I. There shall be between the dominions and possessions of the two High Contracting Parties reciprocal freedom of commerce and navigation. The subjects of each of the two Parties shall have liberty freely to come, with their ships and cargoes, to all places, ports, and rivers in the dominions and possessions of the other to which native subjects generally are or may be permitted to come, and shall enjoy, respectively, the same rights, privileges, liberties, favours, immunities, and exemptions in matters of commerce and navigation which are or may be enjoyed by native subjects, without having to pay any tax or impost greater than those paid by the same, and they shall be subject to the laws and regulations in force.

Art. II. No other or higher duties shall be imposed on the importation into the dominions and possessions of Her Britannic Majesty of any article the produce or manufacture of the dominions and possessions of His Majesty the King of Italy, from

mo Consiglio Privato di Sua Maestà la Regina, e sua Ambasciatore Straordinario e Plenipotenziario presso Sua Maestà il Re d'Italia;

E Sua Maestà il Re d'Italia, sua Eccellenza il Signor Pasquale Stanislao Mancini, Gran Croce decorato del Gran Cordone degli Ordini dei SS. Maurizio e Lazzaro e della Corona d'Italia, Cavaliere dell'Ordine del Merito Civile de Savoja, &c., &c., Ministro di Stato, Deputato al Parlamento Nazionale, e suo Ministro Segretario di Stato per gli Affari Esteri;

I quali, dopo essersi reciprocamente comunicati i loro rispettivi pieni poteri, reconosciuti in buona e debita forma, convennero nella stipulazione dei seguenti Articoli: —

Art. I. Vi sarà tra gli Stati e possessi delle due Alte Parti Contraenti libertà reciproca di commercio e di navigazione. I sudditi di ognuna delle due Parti avranno facoltà di entrare liberamente coi loro bastimenti e carichi in tutti i luoghi, porti e fiumi degli Stati e possessi dell'altra, nei quali é o sarà permesso generalmente di entrare ai nazionali, e godranno rispettivamente degli stessi diritti, privilegi, libertà, favori, immunità ed esenzioni in materia di commercio e di navigazione di cui godono o godranno i nazionali, senza dover pagare alcuna tassa o imposta maggiore di quelle pagate dai medesimi, e saranno soggetti alle leggi ed ai regolamenti in vigore.

Art. II. Sulla importazione degli Stati e possessi di Sua Maestà Britannica di qualsiasi prodotto del suolo o dell'industria degli Stati e possessi di Sua Maestà il Re d'Italia, qualunque ne sia la provenienza, e sulla importazione negli Stati e possessi di Sua

whatever place arriving, and no other or higher duties shall be imposed on the importation into the dominions and possessions of His Majesty the King of Italy of any article the produce or manufacture of Her Britannic Majesty's dominions and possessions, from whatever place arriving, than on articles produced or manufactured in any other foreign country; nor shall any prohibition be maintained or imposed on the importation of any article the produce or manufacture of the dominions and possesions of either of the Contracting Parties into the dominions and possessions of the other, from whatever place arriving, which shall not equally extend to the importation of the like articles being the produce or manufacture of any other country. This last provision is not applicable to the sanitary and other prohibitions occasioned by the necessity of protecting the safety of persons or of cattle, or of plants useful to agriculture.

Art. III. No other or higher duties or charges shall be imposed in the dominions and possessions of either of the Contracting Parties on the exportation of any article to the dominions and possessions of the other, than such as are or may be payable on the exportation of the like article to any other foreign country; nor shall any prohibition be imposed on the exportation of any article from the dominions and possessions of either of the two Contracting Parties to the dominions and possessions of the other, which shall not equally extend to the exportation of the like article to any other country.

Art. IV. The subjects of each of the Contracting Parties shall enjoy, in the dominions and possessions of the other, exemption from all transit

Maestà il Re d'Italia di qualsiasi prodotto del suolo o dell'industria degli Stati e possessi di Sua Maestà Britannica, qualunque ne sia la provenienza, non saranno imposti diritti diversi o maggiori di quelli imposti sui prodotti del suolo o dell'industria di qualsiasi altro paese straniero; nè alcuna proibizione sarà mantenuta od imposta sulla importazione di qualsiasi prodotto del suolo o dell'industria degli Stati e possessi di una delle Parti Contraenti negli Stati e possessi dell'altra, qualunque ne sia la provenienza, senza che essa si estenda egualmente all'importazione degli uguali articoli provenienti dal suolo o dall' industria di qualsiasi altro paese. Quest'ultima disposizione non è applicabile alle proibizioni sanitarie ed altre reclamate dalla necessità di tutelare l'incolumità delle persone o del bestiame, o di piante utili all' agricoltura.

Art. III. Sulla esportazione di qualsiasi articolo dagli Stati e possessi di una delle Parti Contraenti a destinazione degli Stati e possessi dell'altra, non saranno imposti diritti o carichi diversi o maggiori di quelli che si esigono o si esigeranno sull' uguale articolo esportato per qualsivoglia altro paese straniero; nè alcun diritto sarà imposto all' esportazione di qualsiasi articolo dagli Stati e possessi di una delle Parti Contraenti per gli Stati e possessi dell'altra, il quale non debba estendersi egualmente all'esportazione dell'eguale articolo per qualsiasi altro paese.

Art. IV. I sudditi di una delle due Parti Contraenti godranno, negli Stati e possessi dell'altra, della esenzione da qualunque tassa di transito e

duties, and a perfect equality of treatment with native subjects in all that relates to warehousing, bounties, facilities, and drawbacks.

Art. V. All articles which are or may be legally imported into the ports of the dominions and possessions of Her Britannic Majesty in British vessels may likewise be imported into those ports in Italian vessels, without being liable to any other or higher duties or charges of whatever denomination than if such articles were imported in British vessels; and reciprocally all articles which are or may be legally imported into the ports of the dominions and possessions of His Majesty the King of Italy in Italian vessels may likewise be imported into those ports in British vessels, without being liable to any other or higher duties or charges of whatever denomination, than if such articles were imported in Italian vessels. Such reciprocal equality of treatment shall take effect without distinction, whether such articles come directly from the place of origin or from any other place.

In the same manner, there shall be perfect equality of treatment in regard to exportation, so that the same export duties shall be paid, and the same bounties and drawbacks allowed, in the dominions and possessions of either of the Contracting Parties on the exportation of any article which is or may be legally exported therefrom, wheter such exportation shall take place in Italian or . in British vessels, and whatever may be the place of destination, whe-

di una piena eguaglianza di trattamento co' nazionali in quello che concerne magazzinaggio, rimborsi, facilitazioni, e drawbacks.

Art. V. Tutti gli articoli che possono o potranno legalmente importarsi nei porti degli Stati e possessi di sua Maestà Britannica sopra bastimenti Inglesi potranno egualmente importarsi negli stessi porti sopra bastimenti Italiani, senza essere sottoposti ad altri o maggiori diritti od oneri di qualsiasi denominazone di quelli cui i detti articoli andrebbero sottoposti se fossero importati sopra bastimenti Inglesi; e reciprocamente tutti gli articoli che possono o potranno legalmente importarsi ne' porti degli Stati e possessi di Sua Maestà il Re d'Italia sopra bastimenti Italiani potranno parimenti importarvisi sopra bastimenti Inglesi, senza essere soggetti ad altri o maggiori diritti ed oneri de qualsiasi denominazione di quelli cui gli stessi articoli andrebbero sottoposti se fossero importati sopra bastimenti Italiani. Questa reciproca eguaglianza di trattamento avrà effetto senza distinzione, sia che le mercanzie provengano direttamente dal luogo d'origine, ovvero da qualsiasi altra località.

Nello stesso modo, vi sarà perfetta eguaglianza di trattamento a riguardo della esportazione, in guisa che negli Stati e possessi dell'una e dell'altra delle due Parti Contraenti si pagheranno sulla uscita di qualunque articolo che possa o potrà legalmente esportarsene gli stessi diritti di esportazione, e si accorderanno gli stessi rimborsi e drawbacks, tanto se siano esportati sopra bastimenti Italiani quanto sopra bastimenti Inglesi, e qualunque siasi la loro des-

ther a port of either of the Contracting Parties, or of any third Power.

Art. VI. No duties of tonnage, harbour, pilotage, lighthouse, quarantine, or other similar or corresponding duties of whatever denomination, levied in the name or for the profit of Government, public functionaries, private individuals, corporations, or establishments of any kind, shall be imposed in the ports of the dominions and possessions of either country upon the vessels of the other country which shall not equally and under the same conditions be imposed in the like cases on national vessels in general. Such equality of treatment shall apply reciprocally to the respective vessels, from whatever port or place they may arrive, and whatever may be their place of destination.

Art. VII. In all that regards the stationing, loading, and unloading of vessels in the ports, basins, docks, roadsteads, harbours, or rivers of the dominions and possessions of the two countries, no privilege shall be granted to national vessels which shall not be equally granted to vessels of the other country; the intention of the Contracting Parties being that in this respect also the respective vessels shall be treated on the footing of perfect equality.

Art. VIII. The coasting trade is excepted from the provisions of the present Treaty; its regulation remains subject to the laws which are or shall be in force in the dominions and possessions of the Contracting Parties.

Art. IX. Any ship of war or merchant-vessel of either of the Contracting Parties which may be compelled by stress of weather, or by accident, to take shelter in a port of

tinazione, per un porto dell'una o dell'altra delle Parti Contraenti o di una terza Potenza.

Art. VI. Nessun diritto di tonnellagio, di porto, di pilotaggio, di faro, di quarantena, o altro simigliante ed equivalente, di qualunque siasi natura o sotto qualsiasi denominazione, imposto a nome o a profitto dello Stato, di funzionari pubblici, d'individui privati, di corporazioni o di stabilimenti di qualsiasi specie, sarà applicato nei porti degli Stati o possessi di uno dei due paesi sulle navi dell'altro, senza che esso, nei medesimi casi, si estenda egualmente, e sotto le stesse condizioni, alle navi nazionali in generale. Questa eguaglianza di trattamento si applicherà reciprocamente ai rispettivi bastimenti, da qualsiasi porto o località arrivino, e qualunque sia la loro destinazione.

Art. VII. Per tutto quanto concerne il collocamento, il carico e il discarico dei bastimenti ne' porti, bacini, docks, darsene, rade o fiumi degli Stati e possessi dei due paesi, non potrà accordarsi alcun privilegio ai navigli nazionali, il quale non sia parimenti concesso ai navigli dell'altro paese, essendo intenzione delle due Parti Contraenti che anche a questo riguardo i bastimenti dell'una e dell'altra siano trattati sul piede di perfetta eguaglianza.

Art. VIII. È fatta eccezione alle disposizioni del presente Trattato pel commercio di cabotaggio. Il suo regime rimane soggetto alle leggi che sono o saranno in vigore negli Stati e possessi delle Parti Contraenti.

Art. IX. Qualunque nave da guerra o bastimento mercantile di una delle Parti Contraenti, il quale per cattivo tempo o per accidente trovisi costretto a rifugiarsi in un porto dell'

the other, shall be at liberty to refit therein, to procure all necessary stores, and to put to sea again, without paying any dues other than such as would be payable in a similar case by a national vessel. In case, however, the master of a merchant-vessel should be under the necessity of disposing of a part of his merchandize in order to defray his expenses, he shall be bound to conform to the regulations and tariffs of the place to which he may have come.

If any ship of war or merchant-vessel of one of the Contracting Parties should run aground or be wrecked upon the coasts of the other, such ship or vessel, and all parts thereof, and all furniture and appurtenances belonging thereunto, and all goods and merchandize saved therefrom, including any which may have been cast into the sea, or the proceeds thereof if sold, as well as all papers found on board such stranded or wrecked ship or vessel, shall be given up to the owners or their agents when claimed by them. If there are no such owners or agents on the spot, then the same shall be delivered to the British or Italian Consul-General, Consul, Vice-Consul, or Consular Agent in whose district the wreck or stranding may have taken place, upon being claimed by him within the period fixed by the laws of the country; and such Consuls, owners, or agents shall pay only the expenses incurred in preservation of the property, together with the salvage or other expenses which would have been payable in the like case of a wreck of a national vessel.

The goods and merchandize saved from the wreck shall be exempt from all duties of Customs, unless cleared for consumption, in which case they

altra, avra facoltà di raddobbarvisi, di procurarvisi tutti le necessarie proviste, e di riprendere il mare, senza pagare altri diritti di quelli che sarebbero dovuti in consimile caso da un legno nazionale. Però, se il capitano di un bastimento mercantile si trovi nella necessità di disporre di una parte del carico pel pagamento delle sue spese, dovrà uniformarsi in tal caso ai regolamenti ed alle tariffe del luogo ove sia approdato.

Se avvenga che una nave da guerra o bastimento mercantile dell'-una delle Parti Contraenti s'arreni o faccia naufragio sulle coste dell'altra, questa nave o bastimento, e tutte le sue parti, e tutti i suoi attrezzi ed appartenenze, e tutte le merci ed effetti salvati, comprese quelli che possero stati gettati in mare, o il ricavo della loro vendita, come pure le carte tutte rinvenute a bordo della nave o bastimento arrenato o naufragato, saranno restituiti ai proprietari o loro agenti allor chè siano da essi reclamati. Nel caso di assenza dei proprietari e loro agenti, ogni cosa sarà consegnata al Console-Generale, Console, Vice-Console od Agente Consolare Britannico o Italiano nel cui distretto ebbe luogo il naufragio o l'arrenamento, dietro domanda da esso fattane nel termine fissato dalle leggi del paese; e i detti Consoli, proprietari od agenti non saranno tenuti che al pagamento delle spese occorse per la conservazione della proprietà, comprese quelle di salvataggio od altre che in casi analoghi sarebbero dovute dalle navi nazionali.

Le mercanzie e oggetti salvati dal naufragio saranno essenti da ogni diritto di dogana a meno che vengano dichiarati per la consumazione,

shall pay the same rate of duty as if they had been imported in a national vessel.

In the case either of a vessel being driven in by stress of weather, run aground, or wrecked, the respective Consuls-General, Consuls, Vice-Consuls, and Consular Agents shall, if the owner or master or other agent of the owner is not present, or is present and requires it, be authorized to interpose in order to afford the necessary assistance to their fellow-countrymen.

Art. X. All vessels which, according to British law, are to be deemed British vessels, and all vessels which, according to Italian law, are to be deemed Italian vessels, shall, for the purposes of this Treaty, be deemed British and Italian vessels, respectively.

Art. XI. The Contracting Parties agree that, in all matters relating to commerce and navigation, any privilege, favour, or immunity whatever which either Contracting Party has actually granted or may hereafter grant to the subjects or citizens of any other State shall be extended immediately and unconditionally to the subjects or citizens of the other Contracting Party; it being their intention that the trade and navigation of each country shall be placed, in all respects, by the other on the footing of the most favoured nation.

Art. XII. It shall be free to each of the Contracting Parties to appoint Consuls-General, Consuls, Vice-Consuls, and Consular Agents to reside in the towns and ports of the dominions and possessions of the other. Such Consuls-General, Consuls, Vice-Consuls, and Consular Agents, however, shall not enter upon their functions until

nel qual caso pagheranno solamente gli stessi diritti che sarebbero dovuti se fossero stati importati sopra nave nazionale.

Occorendo che una nave debba per cattivo tempo entrare in un porto, o resti arrenata o faccia naufragio, i rispettivi Consoli-Generali, Consoli, Vice-Consoli ed Agenti Consolari, se il proprietario o capitano od altro agente del proprietario non sia presente, ovvero sia presente e la richiesta, saranno autorizzati ad interporsi per arrecare la necessaria assistenza di loro connazionali.

Art. X. Tutti i bastimenti che a norma delle leggi Inglesi sono considerati come bastimenti Inglesi, e tutti i bastimenti che secondo le leggi Italiane sono considerati come bastimenti Italiani, saranno rispettivamente considerati Inglesi e Italiani per gli effetti del presente Trattato.

Art. XI. Le Parti Contraenti pattuiscono che in tutte le materie relative al commercio e a la navigazione, ogni privilegio, favore od esenzione qualsiasi que venga dall'una di esse concesso o possa concedersi in avvenire ai sudditi o cittadini di qualsiasi altro Stato, si estenderà immediatamente ed incondizionatamente ai sudditi o cittadini dell'altra Parte Contraente, essendo loro intenzione che il commercio e la navigazione di ciascun paese sieno dall'altro collocati, per ogni rispetto, sul piede della nazione più favorita.

Art. XII. Sarà in facoltà di ciascuna delle Parti Contraenti di nominare Consoli-Generali, Consoli, Vice-Consoli e Agenti Consolari con residenza nelle città e porti degli Stati e possessi dell'altra. I Consoli-Generali, Consoli, Vice-Consoli, e Agenti Consolari non potranno pero assumere l'esercizio delle loro funzioni

after they shall have been approved and admitted in the usual form by the Government to which they are sent. They shall enjoy all the faculties, privileges, exemptions, and immunities of every kind which are or shall be granted to Consuls of the most favoured nation.

Art. XIII. The subjects of each of the Contracting Parties who shall conform themselves to the laws of the country —

1. Shall have full liberty, with their families, to enter, travel, or reside in any part or the dominions and possessions of the other Contracting Party.

2. They shall be permitted to hire or possess the houses, manufactories, warehouses, shops, and premises which may be necessary for them.

3. They may carry on their commerce either in person or by any agents whom they may think fit to employ.

4. They shall not be subject in respect of their persons or property, or in respect of passports, nor in respect of their commerce or industry, to any taxes, whether general or local, or to imposts or obligations of any kind whatever other or greater than those which are or may be imposed upon native subjects.

Art. XIV. The subjects of each of the Contracting Parties in the dominions and possessions of the other shall be exempted from all compulsory military service whatever, whether in the army, navy, or national guard, or militia. They shall be equally exempted from all judicial and municipal functions whatever, other than those imposed by the laws relating to juries, as well as from all contributions, whether pecuniary or in kind, imposed as a compensation

sino a che non sono stati approvati e ammessi secondo le formalità di uso dal Governo presso cui sono destinati. Essi godranno di tutte le facoltà, privilegi, esenzioni e immunità di ogni specie che sono o saranno accordate ai Consoli della nazione più favorita.

Art. XIII. I sudditi di ciascuncuna delle Parti Contraenti, uniformandosi alle leggi del paese —

1. Dovranno avere piena libertà, sia per sè che per loro famiglie, di entrare, viaggiare o risiedere in qualunque parte degli Stati e possessi dell'altra Parte Contraente.

2. Avranno facoltà di prendere in affitto e possedere le case, manifatture, magazzini, botteghe e locali che saranno ad essi necessari.

3. Potranno esercitare il loro commercio, sia personalmente, sia per mezzo di agenti che credano opportuno adoperarvi.

4. Non saranno sottoposti per le loro persone o proprietà, o pei passaporti, o per l'esercizio del loro commercie o industria, ad alcuna tassa generale o locale, nè ad alcuna imposta od obligazione qualsiasi, che siano differenti o superiori a quelle che s'impongono o possano imporsi ai nazionali.

Art. XIV. I sudditi di ciascuna delle Parti Contraenti saranno esenti, negli Stati e possessi dell'altra, da qualunque servizio militare obbligatorio, sia nell'esercito e nella marina, sia nella guardia nazionale o nella milizia. Saranno parimenti esenti da ogni funzione giudiziaria e municipale qualsiasi, all'infuori di quelle imposte dalle leggi sui giurati, come pure da ogni contribuzione in danaro o in natura imposta a compenso del servizio personale, e finalmente da

for personal service, and finally from every species of exaction or military requisition. The duties and charges connected with the ownership or leasing of lands and other real property are, however, excepted, as well as all exactions or military requisitions to which all subjects of the country may be liable as owners or lessees of real property.

Art. XV. The subjects of each of the Contracting Parties in the dominions and possessions of the other shall be at full liberty to exercise civil rights, and therefore to acquire, possess, and dispose of every description of property, movable and immovable. They may acquire and transmit the same to others, whether by purchase, sale, donation, exchange, marriage, testament, succession ab intestato, and in any other manner, under the same conditions as national subjects. Their heirs may succeed to and take possession of it, either in person or by procurators, in the same manner and in the same legal forms as subjects of the country.

In none of these respects shall they pay ,upon the value of such property any other or higher impost, duty, or charge than is payable by subjects of the country. In every case the subjects of the Contracting Parties shall be permitted to export their property, or the proceeds thereof if sold, freely and without being subjected on such exportation to pay any duty different from that to which subjects of the country are liable under similar circumstances.

Art. XVI. The dwellings, manufactories, warehouses, and shops of the subjects of each of the Contracting Parties in the dominions and possessions of the other, and all premises appertaining thereto desti-

qualsiasi prestazione o requisizione militare. Sono tuttavia eccettuate le tasse e gli oneri connessi con la proprietà e con la conduzione di terreni ed altri beni stabili, non che tutte quelle prestazioni o requisizioni militari alle quale tutti i sudditi del paese sieno chiamati a concorrere come proprietari o conduttori di beni stabili.

Art. XV. I sudditi di ciascuna delle Parti Contraenti avranno piena libertà, negli Stati e possessi dell'altra, di esercitare i diritti civili, e quindi di acquistare, possedere e disporre di ogni sorta di proprietà mobile ed immobile. Essi potranno acquistare e trasmettere in altri le dette proprietà per compra, vendita, donazione, permuta, matrimonio, testamento, successione ab intestato, e in qualsiasi altra maniera, alle stesse condizioni dei nazionali. I loro eredi potranno succedere nelle medesime, e prenderne possesso, sia in persona, sia per mezzo di procuratori, nella stessa guisa e nelle stesse forme legali richieste pei sudditi del paese.

In tutti questi casi essi non pagheranno sul valore di dette proprietà altre o maggiori tasse, diritti e carichi di quelli che sarebbero dovuti dai nazionali. I sudditi di ciascuna delle Parti Contraenti potranno in ogni caso esportare le loro proprietà, o il prezzo ricavatone se l'abbiano vendute, con tutta libertà e senza essere sottoposti per tale esportazione al pagamento di alcun diritto diverso da quello cui andrebbero soggetti in simili circonstance i sudditi del paese.

Art. XVI. Le abitazioni, gli stabilimenti industriali, i magazzini e le botteghe tenute dai sudditi di ciascuna delle Parti Contraenti negli Stati e possessi dell'altra, come pure tutti i locali ivi annessi destinati a scopo

ned for purposes of residence or commerce, shall be respected.

It shall not be allowable to proceed to make a search of, or a domiciliary visit to, such dwellings and premises, or to examine or inspect books, papers, or accounts, except under the conditions and with the forms prescribed by the laws for subjects of the country.

The subjects of each of the two Contracting Parties in the dominions and possessions of the other shall have free access to the Courts of Justice for the prosecution and defence of their rights, without other conditions, restrictions, or taxes beyond those imposed on native subjects, and shall, like them, be at liberty to employ, in all causes, their advocates, attorneys, or agents from among the persons admitted to the exercise of those professions according to the laws of the country.

Art. XVII. The subjects of each of the Contracting Parties shall have, in the dominions and possessions of the other, the same rights as native subjects in regard to patents for inventions, trade-marks, and designs, upon fulfilment of the formalities prescribed by law.

Art. XVIII. The Consuls-General, Consuls, Vice-Consuls, and Consular Agents of each of the Contracting Parties, residing in the dominions and possessions of the other, shall receive from the local authorities such assistance as can by law be given to them for the recovery of deserters from the vessels of their respective countries.

Art. XIX. The stipulations of the present Treaty shall be applicable to all the Colonies and foreign Possessions of Her Britannic Majesty,

di residenza o di commercio, saranno rispettati.

Non si potrà procedere a perquisizione o visita domiciliare in tali abitazioni o locali ne ad esame od ispezione di libri, carte o conti, se non sotto le condizioni e con le forme prescritte dalle leggi pei cittadini del paese.

I sudditi di ciascuna delle due Parti Contraenti avranno, negli Stati e possessi dell'altra, libero accesso ai Tribunali per la rivendicazione e difesa dei loro diritti, senza altre condizioni, restrizioni o tasse all'infuori di quelle imposte ai nazionali, e potranno al pari di questi impiegare in tutte le cause i loro avvocati, procuratori ed agenti, scegliendoli fra le persone ammesse allo esercizio di queste professioni secondo le leggi del paese.

Art. XVII. I sudditi di ognuna delle Parti Contraenti avranno, negli Stati e possessi dell'altra, gli stessi diritti di nazionalità in materia di brevetti d'invenzione, marche e disegni di fabbrica, dietro adempimento delle formalità prescritte dalla legge.

Art. XVIII. I Consoli-Generali, Consoli, Vice-Consoli e Agenti Consolari di ciascuna delle Parti Contraenti residenti negli Stati e possessi dell'altra riceveranno dalla Autorità locali quel'assistenza che possa darsi loro per legge pel ricupero dei disertori dalle navi dei loro rispettive paesi.

Art. XIX. Le stipulazioni del presente Trattato saranno applicabili a tutte le colonie e possedimenti stranieri di Sua Maestà Britannica, ad

excepting to those hereinafter named, that is to say, except to —
India,
The Dominion of Canada,
Newfoundland,
The Cape,
Natal,
New South Wales,
Victoria,
Queensland,
Tasmania,
South Australia,
Western Australia,
New Zealand.

Provided always, that the stipulations of the present Treaty shall be made applicable to any of the above-named Colonies or foreign Possessions on whose behalf notice to that effect shall have been given by Her Britannic Majesty's Representative at the court of Italy to the Italian Minister for Foreign Affairs, within one year from the date of the exchange of the ratifications of the present Treaty.

Art. XX. The present Treaty shall come into force on the 1st July, 1883, and shall remain in force until the 1st February, 1892, and thereafter until the expiration of a year from the day in which one or other of the Contracting Parties shall have repudiated it.

Each of the Contracting Parties reserves, however, the right of causing it to terminate on the 1st January, 1888, upon six months' notice being given previously.

Art. XXI. The present Treaty shall be ratified by the two Contracting Parties, and the ratifications thereof shall be exchanged at Rome as soon as possible.

In faith whereof the Plenipotentiaries of the Contracting Parties have signed the present Treaty in duplicate, in the English and Italian

eccezione di quelli qui sotto nominati, cioè —
India,
Dominio del Canadà,
Terranuova,
Il Capo,
Natal,
Nuova Galles del Sud,
Vittoria,
Queensland,
Tasmania,
Australia del Sud,
Australia Occidentale,
Nuova Zelanda.

Rimane, peró, inteso che le stipulazioni del presente Trattato saranno rese applicabili a qualsiasi delle predette colonie o possedimenti stranieri, nell'interesse del quale sarà stato dato a questo effetto opportuno avviso dal Rappresentante di Sua Maestà Britannica presso la Corte d'Italia al Ministro Italiano degli Affari Esteri, dentro un anno dalla data dello scambio delle ratifiche del presente Trattato.

Art. XX. Il presente Trattato entrerà in vigore il 1º Luglio, 1883, e vi resterà fino al 1º Febbraio, 1892, ed anche al di là di questa data fino allo spirare di un anno dal giorno in cui l'una o l'altra delle Parti Contraenti lo avrà denunziato.

Ognuna delle Parti Contraenti si riserva però la facoltà di farne cessare gli effetti al 1º Gennaio, 1888, mediante preavviso datone sei mesi prima.

Art. XXI. Il presente Trattato sarà ratificato dalle due Parti Contraenti, e le ratifiche ne saranno scambiate a Roma al più presto possibile.

In fede di che i Plenipotenziari delle Parti Contraenti hanno firmato il presente Trattato in doppio esemplare, in lingua Inglese ed Italiana,

languages, and thereto affixed their respective seals.

Done at Rome, this fifteenth day of June, in the year one thousand eight hundred and eighty-three.

B. A. Paget.   *P. S. Mancini.*

e vi hanno apposto i loro rispettivi sigilli.

Fatto a Roma, addì quindici di Giugno dell'anno mille ottocento ottanta-tre.

A. B. Paget.   *P. S. Mancini.*

Protocol.

At the moment of proceeding this day to the signature of the Treaty of Commerce and Navigation between Great Britain and Italy, the Plenipotentiaries of the two High Contracting Parties have declared as follow:

Any controversies which may arise respecting the interpretation or the execution of the present Treaty, or the consequences of any violation thereof, shall be submitted, when the means of settling them directly by amicable agreement are exhausted, to the decision of Commissions of Arbitration, and that the result of such arbitration shall be binding upon both Governments.

The members of such Commissions shall be selected by the two Governments by common consent, failing which each of the Parties shall nominate an Arbitrator, or an equal number of Arbitrators, and the Arbritrators thus appointed shall select an Umpire.

The procedure of the arbitration shall in each case be determined by the Contracting Parties, failing which the Commission of Arbitration shall be itself entitled to determine it beforehand.

The undersigned Plenipotentiaries have agreed that this Protocol shall be submitted to the two High Contracting Parties at the same time as

Protocollo.

Al momento di procedere oggi alla sottoscrizione del Trattato di Commercio e di Navigazione tra la Gran Brettagna e l'Italia, i Plenipotenziari delle due Alte Parti Contraenti hanno dichiarato quanto segue:

Qualunque controversia che potesse sorgere intorno alla interpretazione o alla esecuzione del presente Trattato, o alle conseguenze di qualche sua violazione, dovrà assogettarsi, quando sieno esauriti i mezzi di comporla direttamente per amichevole accordo, alla decisione di Commissioni Arbitrali, e il risultato di simile arbitrato sarà obbligatorio per entrambi i Governi.

I componenti di tali Commissioni saranno scelti dai due Governi di commune consenso; in difetto di ciò, ognuna delle Parti nominerà il proprio Arbitro o un numero eguale di Arbitri, e gli Arbitri nominati ne sceglieranno un ultimo.

La procedura arbitrale sarà in ciascuno dei casi determinata dalle Parti Contraenti, e, in difetto, il collegio stesso degli Arbitri s'intenderà autorizzato a preliminarmente determinarla.

I Plenipotenziari sottoscritti hanno concordato che il presente Protocollo sarà sottoposto alle due Alte Parti Contraenti contemporaneamente al

the Treaty, and that when the Treaty is ratified, the agreements contained in the Protocol shall also equally be considered as approved, without the necessity of a further formal ratification.

In faith whereof, the two Plenipotentiaries have signed the present Protocol, and thereto affixed their respective seals.

Done at Rome, this fifteenth day of June, in the year one thousand eight hundred and eighty-three.

A. B. *Paget.* P. S *Mancini.*

Trattato, e che, qualora questo venga ratificato, anche gli accordi contenuti nel Protocollo saranno egualmente considerati come approvati, senza bisogno di una ulteriore formale ratifica.

In fedi di che, i due Plenipotenziari hanno firmato il presente Protocollo, e vi hanno apposto i loro rispettivi sigilli.

Fatto a Roma, addì quindici di Giugno dell'anno mille otttocento ottanta-tre.

A. B. *Paget.* *Mancini.*

44.

ESPAGNE, GRANDE-BRETAGNE.

Déclaration pour régler la situation des sociétés anonymes et autres associations commerciales, industrielles ou financières dans l'un et l'autre pays; signée à Madrid, le 29 janvier 1883.

Parl. Paper [3467] *1883.*

Texte anglais.

The Government of Her Majesty the Queen of the United Kingdom of Great Britain and Ireland, and the Government of His Majesty the King of Spain, with a view to the reciprocal regulation in the two countries of the position of Joint Stock Companies and other commercial, industrial, and financial Associations, have agreed to the following Declaration: —

Joint Stock Companies and other Associations, commercial, industrial, and financial, constituted in conformity with the laws in force in either of the two Contracting States, may exercise in the dominions of the other

Texte espagnol.

El Gobierno de Su Majestad la Reina del Reino Unido de la Gran Bretaña é Irlanda, y el Gobierno de Su Majestad el Rey de España, con el fin de regularizar reciprocamente en los dos paises la situacion de las Compañias Anónimas y demás Asociaciones comerciales, industriales, y financieras, han convenido en la siguiente Declaracion: —

Las Compañias Anónimas y demás Asociaciones comerciales, industriales, ó financieras, constituidas y autorizadas segun las leyes particulares de cada uno de los dos paises, tendrán la facultad de ejercer todos sus dere-

all their rights, including that of appearing before Tribunals for the purpose of bringing an action or of defending themselves, with the sole condition, in exercising such rights, of always conforming themselves to the laws and customs in force in the said dominions.

It is understood that these dispositions shall be applicable as well to the Companies and Associations constituted and authorized previously to the signature of this Declaration as to those which may subsequently be so constituted and authorized.

The present Declaration shall come into force on the eighth day after the signature. It shall remain in force until one of the Contracting Parties shall announce to the other, one year in advance, its intention to terminate it. Such modifications may, however, by common consent, be introduced into it as experience may show to be desirable.

In witness whereof the Undersigned, duly authorized for this purpose, have signed the present Declaration, and have affixed thereto the seal of their arms.

Done in duplicate at Madrid, the twenty-ninth of January, eighteen hundred and eighty-three.

R. B. D. Morier.

chos y de comparecer en juicio ante los Tribunales, sea para entablar una accion, sea para defenderse, en toda la estension de los Estados y Posesiones de la otra Potencia, sin mas condicion que la de conformarse siempre con las leyes y costumbres de dichos estados y posesiones.

Queda entendido. que las disposiciones precedentes se aplican tanto á las Compañías y Asociaciones constituidas y autorizadas antes de la firma de la presente Declaracion, como á los que lo sean despues.

La presente Declaracion empezará á regir ocho dias despues de su firma, y sus disposiciones seguirán siendo obligatorias hasta la espiracion de un año á contar desde el dia en que una de las Partes Contratantes las haya denunciado. Los dos Gobiernos podrán sin embargo, de un comun acuerdo, introducir en ellas las modificaciones que la esperiencia aconseje como convenientes.

En fé de lo cual los Infrascritos, debidamente autorizados al efecto, han firmado la presente Declaracion, y la han sellado con el sello de sus armas.

Hecho por duplicado en Madrid, á veintinueve de Enero, de mil ochientos ochenta y tres.

El Marques de la Vega de Armijo.

45.

ESPAGNE, GRANDE-BRETAGNE.

Arrangement pour régler provisoirement les relations commerciales entre les deux pays, suivi d'une Déclaration; signé à Madrid, le 1er décembre 1883.

Parl. Paper [3847] 1884.

Texte anglais.	Texte espagnol.
The Government of Her Majesty the Queen of the United Kingdom of Great Britain and Ireland, and the Government of His Majesty the King of Spain, being desirous to put an end to the unsatisfactory state of the commercial relations actually existing between the two countries, Sir Robert Morier, K.C.B., Her Britannic Majesty's Envoy Extraordinary and Minister Plenipotentiary to the Court of Madrid, and his Excellency Don Servando Ruiz Gomez, His Catholic Majesty's Minister of State, duly authorized thereto by their respective Governments, have come to the following agreement: —	Deseando el Gobierno de Su Magestad la Reina del Reino Unido de la Gran Bretaña é Irlanda y el de Su Magestad el Rey de España poner término al estado poco satisfactorio de las relaciones commerciales existentes en la actualidad entre los dos paises, Sir Robert Morier, K.C.B., Enviado Extraordinario y Ministro Plenipotenciario de Su Magestad Británica en la Corte de Madrid, y el Excelentísimo Señor Don Servando Ruiz Gomez, Ministro de Estado de Su Magestad Católica, debidamente autorizados por sus respectivos Gobiernos, han convenido en lo siguiente: —
1. The two Governments engage at once to open negotiations for a Treaty of Commerce, which shall include a Consular Convention and a Treaty of Navigation, and shall be concluded with the least possible delay.	1. Ambos Gobiernos se obligan á abrir desde luego negociaciones con el fin de formalizar un Tratado de Comercio, que comprenderá un Convenio Consular y un Tratado de Navegacion, dentro del mas breve plazo posible.
2. With a view to increasing their trade by respectively widening their markets for each other's produce, the two Governments engage, — The Government of His Catholic Majesty to make, within the limits compatible with their financial requirements, with due regard to the present state of Spanish industry, and with the sanction of the Cortes, such modifications in their present Conventional Tariff as, after careful	2. Con el fin de aumentar el tráfico, ensanchando los mercados para los productos de sus respectivos paises, ambos Gobiernos se obligan, — El Gobierno de Su Magestad Católica á establecer dentro de los límites que sus exigencias financieras lo permitan, teniendo en cuenta el estado actual de la industria Española y con la sancion de las Cortes, las modificaciones que, despues de detenido examen y estudio, se estimen

investigation and inquiry, shall be found necessary to meet the legitimate requirements of British trade:

The Government of Her Britannic Majesty to apply to Parliament for sanction to modify the present alcoholic scale of the British Tariff, so as to meet the legitimate requirements of Spanish trade.

3. Should the modifications proposed by the Spanish Government, after the careful investigation and inquiry above provided for, be such as to satisfy the Government of Her Britannic Majesty in respect to the Spanish Tariff on British goods, Her Britannic Majesty's Government engage to apply to Parliament for sanction to extend the present 1 s. limit from 26 degrees to 30 degrees, and above 30 degrees to modify the present scale to such extent as may be deemed proper.

4. The two Governments engage at once to name a Mixed Commission for the purpose of the investigation provided for by paragraph 2.

Such Commission shall thoroughly investigate values, and all the other conditions which go to make up prices, and also take cognizance of any hindrances which militate against that perfect liberty and free movement of trade and commerce which are so desirable in the interest of both countries.

The Commission will be ready to hear interested parties, whether Spanish or British.

5. With the further view of removing, as quickly as possible, the grave prejudices resulting to the trade of both countries from the differential system now in force towards British goods, the two Governments

necesarias en su Arancel Convencional, para satisfacer las legítimas aspiraciones del comercio Británico:

El Gobierno de Su Magestad Británica, á pedir la sancion del Parlamento para modificar la escala alcohólica del Arancel de la Gran Bretaña, de modo que satisfaga las legítimas aspiraciones del comercio Español.

3. Si las modificaciones que ofreciese el Gobierno Español despues del detenido examen y estudio antes dicho satisficieran al Gobierno de Su Magestad Británica en lo respectivo al Arancel de Aduanas para productos Británicos, el Gobierno de Su Magestad Británica se obliga á acudir al Parlamento, con el fin de obtener la sancion necesaria para extender el presente límite de 26 grados á 30 grados, y á modificar ademas la presente escala desde 30 grados en adelante hasta donde se estimare conveniente.

4. Ambos Gobiernos se obligan á nombrar desde luego una Comision Mixta para el examen y estudio de que se habla en el párrafo 2.

Esta Comision investigará plenamente los valores y todas las demas condiciones que entran como parte integrante de los precios, y tambien tomará nota de cuantas trabas militen contra el perfecto y libre curso del tráfico y del comercio, que tan de desear son en interés de ambos paises.

La Comision oirá á las partes interesadas, ya sean Españoles ya Ingleses.

5. Con el fin ademas de remover, con la prontitud posible, los graves perjuicios que se irrogan al tráfico de ambos paises por causa del sistema diferencial establecido actualmente para los productos Británicos, ambos

agree on the following modus vivendi, which shall remain in force until such time as the Treaty shall have taken effect.

The Government of His Catholic Majesty at once to apply to the Cortes for the powers necessary to admit British goods according to the rates of the second column of the present Spanish Tariff.

The Government of Her Britannic Majesty on their side, as soon as Parliament deals with the Budget, to apply for the necessary sanction to extend the 1 s. scale from its present limit of 26 degrees to 30 degrees.

6. This arrangement to remain in force until the definitive Treaty of Commerce shall take effect, with liberty, however, should unforeseen circumstances interrupt the negotiations, of termination in 1887.

7. The two Governments further engage that, so long as the aforesaid modus vivendi remains in force, they will respectively accord to each other most-favoured-nation treatment in regard to all matters appertaining to trade and navigation.

Done in duplicate at Madrid, the 1st day of December, 1883.

R. B. D. Morier.

Gobiernos convienen en el siguiente modus vivendi, que subsistirá hasta la época en que el Tratado se ponga en ejecucion.

El Gobierno de Su Magestad Católica pedirá desde luego á las Cortes la autorizacion necesaria para que se admitan los productos Británicos con los derechos de la segunda columna del actual Arancel de España.

El Gobierno de Su Magestad Británica pedirá por su parte, en cuanto el Parlamento se ocupe en los presupuestos, la sancion necesaria para extender la escala de un chelin desde su límite actual de 26 grados á 30 grados.

6. Subsistirá este arreglo hasta que se ponga en ejecucion el Tratado de Comercio definitivo, con libertad, sin embargo, de terminar este arreglo en 1887, si circunstancias imprevistas interrumpiesen las negociaciones.

7. Ambos Gobiernos se obligan á concederse reciprocamente el trato de la nacion mas favorecida en todo lo que se refiera á asuntos de comercio y navegacion, mientras subsista el ante dicho modus vivendi.

Hecho por duplicado en Madrid, á primero de Diciembre, 1883.

Servando Ruiz Gomez.

Déclaration.

The Undersigned, with a view to obviate all misconception in reference to the procedure to be adopted for putting into force the modus vivendi agreed to in the Protocol signed by them this day, make the following declarations: —

His Catholic Majesty's Minister of State declares, on his side, that, although he feels no doubt that the

Los que suscriben, con objeto de evitar toda mala inteligencia respecto á la manera de proceder para poner en ejecucion el modus vivendi que se ha convenido en el Protócole firmado con esta fecha, hacen las declaraciones siguientes: —

El Ministro de Estado de Su Magestad Católica declara por su parte que, aun cuando no abriga duda

British Parliament will sanction the extension of the 1 s. scale from 26 degrees to 30 degrees, it will nevertheless be impossible, on formal grounds, to propose to the Cortes to sanction the admission of British goods, according to the rates of the second column of the Tariff, otherwise than in a Project of Law, which shall stipulate that the concession made by Spain shall only take effect when the sanction of the British Parliament shall have been obtained to the modification of the alcoholic scale agreed to, this day, by Her Majesty's Government for the purposes of the modus vivendi.

Her Britannic Majesty's Minister, on his side, declares that, seeing that the proposed alteration in the scale involves a loss of revenue, which has to be provided for in the Budget, and that accordingly it is imperative that the measure should be passed in connection with, and as an integral part of, the financial arrangements for the entire financial year, it may be impossible for Her Majesty's Government, if the Project of Law is not passed through the Cortes previously to the date at which Parliament deals with the Budget, to propose the adoption of the measure in the next ensuing Session of Parliament.

Done in duplicate at Madrid, the 1st day of December, 1883.

R. B. D. Morier.

alguna de que el Parlamento Británico sancionará la extension de la escala de chelines desde 26 grados hasta los 30, será imposible, por razones poderosas, proponer á las Córtes que sancionen la admision de las mercancias Inglesas con arreglo á los tipos de la segunda columna de la Tarifa, sin someter á su aprobacion un Proyecto de Ley, en que se estipulará que la concesion hecha por España solo tendrá efecto cuando se haya obtenido la sancion del Parlamento Británico para modificar la escala alcohólica convenida en esta fecha con el Gobierno de Su Magestad para los efectos del modus vivendi.

El Ministro de Su Magestad Británica, por su parte, declara que teniendo presente que la propuesta alteracion de la escala envuelve una pérdida de ingresos, que hay que compensar en el presupuesto, y que por lo tanto es indispensable que la medida legislativa se apruebe de conformidad y como parte integral del arreglo financiero del año económico, podrá ser imposible al Gobierno de Su Magestad Británica proponer esta reforma en la próxima sesion del Parlamento, si el Proyecto de Ley no se aprueba por las Córtes antes de la fecha en que el Parlamento discuta el presupuesto.

Hecho por duplicado en Madrid, el primero de Diciembre, mil ochocientos ochenta y tres.

Servando Ruis Gomes.

46.

DANEMARK, GRANDE-BRETAGNE.

Arrangement concernant l'assistance réciproque des marins
délaissés; signé à Londres, le 25 juillet 1883.

Parl. Paper [3701] 1883.

Texte anglais.

The Government of Her Majesty
the Queen of the United Kingdom of
Great Britain and Ireland, and the
Government of His Majesty the King
of Denmark, being desirous to make
arrangements for the relief of distressed
seamen of the two nations in certain
cases, the Undersigned, duly authorized to that effect, have agreed as
follows: —

If a seaman of one of the Contracting States, after serving on board a
ship of the other Contracting State,
remains behind in a third State or
in its Colonies, or in the Colonies of
that State whose flag the ship carries,
and the said seaman is in a helpless
condition in consequence of shipwreck,
or from other causes, then the Government of that State whose flag
the ship bears shall be bound to
support the said seaman until he en-
ters into ship-service again, or finds
other employment, or until he arrives
in his native State or its Colonies,
or dies.

But this is on condition that the
seaman so situated shall avail himself
of the first opportunity that offers
to prove his necessitous condition, and
the causes thereof, to the proper officials of the State whose support is
to be sollicited, and that the desti-
tution is shown to be the natural
consequence of the termination of his
service on board the ship: otherwise
the aforesaid liability to afford relief
lapses.

Texte danois.

Da Hendes Majestæt Dronningen
af det Forenede Kongerige Storbri-
tannien og Irlands Regjering og Hans
Majestæt Kongen af Danemarks Regjering finde det önskeligt at træffe
Overenkomst om Understöttelse i visse
Tilfælde af nödlidende Söfolk fra de
respective Lande, have Undertegnede
efter dertil at have faaet fornöden
Bemyndigelse truffet fölgende Aftale: —

Naar en Sömand fra den ene af
de kontraherende Stater, efter at have
tjent ombord i et Skib fra den an-
den af de kontraherende Stater, bli-
ver ladt tilbage i hjœlpelös Tilstand
i et tredie Land eller i dette Lands
Kolonier eller i det Lands Kolonier,
hvis Flag Skibet förer, som Fölge af
Skibbrud, eller af andre Grunde, saa
skal den Stats Regjering, hvis Flag
Skibet förer, være forpligtet til at
understötte denne Sömand, indtil han
atter tager Hyre eller finder andet
Erhverv eller kommer tilbage til sit
Födeland eller dets Kolonier eller dör.

Det er dog herved en Forudsæt-
ning, at den Sömand, som befinder
sig i den ovenangivne Stilling, bör
benytte den förste Leilighed, der til-
byder sig, til for vedkommende Myn-
digheder for den Stat, hvis Understöttelse begjæres at godtgjöre sin
hjœlpelöse Forfatning og de Aarsager,
hvorved den er foranlediget. Han har
desuden at paavise, at denne hjœlpelöse Tilstand er en naturlig Fölge
af, at han har forladt Skibet. I mod-

The said liability is also excluded if the seaman has deserted, or has been turned out of the ship for any criminal act, or has left it on account of disability for service in consequence of illness or wounding resulting from his own fault.

The relief includes maintenance, clothing, medical attendance, medicine, and travelling expenses; in case of death the funeral expenses are also to be paid.

The present Agreement shall come into operation on the 1st November, 1883, and shall continue in force until one of the Contracting Parties shall announce to the other, one year in advance, its intention to terminate it.

In witness whereof the Undersigned, duly authorized for that purpose, have signed the present Agreement, and have affixed thereto the seal of their arms.

Done at London in duplicate the twenty-fifth day of July, in the year of our Lord one thousand eight hundred and eighty-three.

Granville. *Falbe.*

sat Fald vil Sömanden have forbrudt sin Ret til Understöttelse.

Denne Ret kan han ligeledes forskjertse i Tilfœlde af, at han er römt eller er bleven afskediget fra Skibet paa Grund af en Forbrydelse eller Forseelse eller har forladt dette som Fölge af Uduelighed til Tjenesten foraarsaget ved selvforskyldt Sygdom eller Saar.

Understöttelsen omfatter Ophold, Klœder, Lœgehjœlp, Medicin, Rejseomkostninger og, hvis han dör, Begravelsesomkostninger.

Nœrvœrende Aftale skal trœde i Kraft den förste November 1883, og forblive gjœldende indtil et Aar efter den Dag, da en af de kontraherende Parter har opsagt den.

Til Bekrœftelse heraf have de Undertegnede, forsynede med behörig Bemyndigelse, underskrevet denne Overenskomst og paatrykt den deres Segl.

Udfœrdiget i dobbelte Exemplarer i London den Fem og Tyvende Juli, Aar Et Tusend Otte Hundrede og Tre og Firs.

Granville. *Falbe.*

47.

GRANDE-BRETAGNE, SUÈDE ET NORVÉGE.

Déclaration additionnelle à la Convention de commerce du 18 mars 1826 *); signée à Stockholm, le 13 octobre 1883.

Parl. Paper [3829] *1884.*

Le Gouvernement de Sa Majesté Britannique et le Gouvernement de Sa Majesté le Roi de Suède et de Norvège voulant constater par une

---

*) V. N. R. VI. 912; N. S. II. 452.

Déclaration spéciale l'interprétation à donner à l'article IX de la Convention de Commerce et de Navigation, conclue à Londres le 18 mars, 1826, en ce qui concerne le traitement en Douane des échantillons apportés dans les États de l'une des Parties Contractantes par des commis-voyageurs, sujets de l'autre, sont convenus des Articles suivants : —

Art. I. Les commis-voyageurs Suédois et Norvégiens jouiront dans le Royaume-Uni de la Grande-Bretagne et d'Irlande, comme également aussi les commis-voyageurs Anglais en Suède et en Norvége des mêmes privilèges, facilités, et avantages par rapport au traitement en Douane des échantillons rapportés par eux, ou en ce qui concerne toute autre matière, que ceux qui sont actuellement ou qui pourront à l'avenir être accordés aux commis-voyageurs, appartenant à la nation étrangère la plus favorisée sous ces rapports.

Art. II. La présente Déclaration entrera en vigueur à partir du jour de sa signature et restera exécutoire aussi longtemps que la Convention entre la Grande-Bretagne et les Royaumes-Unis du 18 mars, 1826, sera en vigueur.

Fait à Stockholm, le 13 octobre, 1883.

Horace Rumbold.   *Hochschild.*

— — — —

48.

GRANDE-BRETAGNE, SIAM.

Traité pour régler certains rapports de voisinage entre les possessions respectives ; signé à Bangkok, le 3 septembre 1883 *).

Parl. Paper [4049] 1884.

Whereas the relations of Peace, Commerce, and Friendship happily subsisting between Great Britain and Siam are regulated by a Treaty bearing date the 18th April, 1855 **), and a Supplementary Agreement datet 13th May, 1856 **); and, as regards the territories of Chiengmai, Lakon, and Lampoonchi, by a special Treaty between the Government of India and the Government of His Majesty the King of Siam, bearing date the 14th January, 1874 ***);

And whereas Her Majesty the Queen of the United Kingdom of Great Britain and Ireland, Empress of India, and His Majesty the King of Siam, Sovereign of Laos, Malays, Kareans, &c., &c., &c., with a view to the more

---

*) Les ratifications ont été échangées le 7 mai 1884.
**) V. N. R. G. XVII. 1* P. 68, 79.
***) V. N. R. G. 2* Série, II. 51.

effectual prevention of crime in the territories of Chiengmai, Lakon, and Lampoonchi, belonging to Siam, and to the promotion of commercial intercourse between British Burmah and the territories aforesaid, have agreed to abrogate the said Treaty Special concluded on the 14th January, 1874, and to substitute therefor a new Treaty, and have named their respective Plenipotentiaries for this purpose, that is to say —

Her Majesty the Queen of the United Kingdom of Great Britain and Ireland, Empress of India, William Henry Newman, Esquire, Her Majesty's Acting Agent and Consul-General in Siam;

And His Majesty the King of Siam, Sovereign of Laos, Malays, Kareans, &c., his Excellency Chow Phya Bhanwongse Maha Kosa Thibodi, Grand Cross of the Most Honourable Order of the Crown of Siam, Grand Cross of the Most Noble Order of the Chula Chom Klao, Grand Officer of the Most Exalted Order of the White Elephant, Member of the Privy Council, Minister for Foreign Affairs; Phya Charon Raj Maitri, Grand Officer of the Most Exalted Order of the White Elephant, Knight Commander of the Most Noble Order of the Chula Chom Klao, Member of the Privy Council, Chief Judge of the International Court; and Phya Thep Prachun, Grand Cross of the Most Honourable Order of the Crown of Siam, Knight Commander of the Most Noble Order of the Chula Chom Klao, Grand Officer of the Most Exalted Order of the White Elephant, Member of the Privy Council, Under-Secretary of State of the War Department.

The said Plenipotentiaries, after having communicated to each other their respective full powers, found in good and due form, have agreed upon and concluded the following Articles: —

Art. I. The Treaty between the Government of India and the Government of His Majesty the King of Siam, bearing date the 14th January, 1874, shall be and is hereby abrogated.

Art. II. The Siamese authorities in Chiengmai, Lakon, and Lampoonchi will afford due assistance and protection to British subjects carrying on trade or business in any of those territoires; and the British Government in India will afford similar assistance and protection to Siamese subjects from Chiengmai, Lakon and Lampoonchi carrying on trade or business in British territory.

Art. III. British subjects entering Chiengmai, Lakon, and Lampoonchi must provide themselves with passports from the Chief Commissioner of British Burmah, or such officer as he appoints in this behalf, stating their names, calling, and the weapons they carry, and description. Such passports must be renewed for each journey, and must be shown to the Siamese officers at the frontier stations, or in the interior of Chiengmai, Lakon, and Lampoonchi on demand. Persons provided with passports and not carrying any articles prohibited under the Treaty of the 18th April, 1855, or the Supplementary Agreement of the 13th May, 1856, shall be allowed to proceed on their journey without interference; persons unprovided with passports may be turned back to the frontier, but shall not be subjected to further interference.

Passports may also be granted by Her Majesty's Consul-General at Bangkok and by Her Majesty's Consul or Vice-Consul at Chiengmai, in case of the loss of the original passport or of the expiration of the term for which it may have been granted, and other analogous cases.

British subjects travelling in the Siamese territory must be provided with passports from the Siamese authorities.

Siamese subjects going from Chiengmai, Lakon, and Lampoonchi into British Burmah must provide themselves with passports from the authorities of Chiengmai, Lakon, and Lampoonchi respectively, stating their name, calling, description, and the weapons they carry. Such passports must be renewed for each journey, and must be shown to the British officer at the frontier stations or in the interior of British Burmah on demand.

Persons provided with passports and not carrying any prohibited article shall be allowed to proceed on their journey without interference. Persons unprovided with passports may be turned back at the frontier, but shall not be subjected to further interference.

Art. IV. British subjects entering Siamese territory from British Burmah must, according to the regulations of the British Government, pay the duties lawfully prescribed on goods liable to such duty.

Siamese subjects entering British territory will be liable, according to the regulations of the British Government, to pay the duties lawfully prescribed on goods liable to such duty.

Tables of such duties shall be published for general information.

Art. V. His Majesty the King of Siam will cause the Prince of Chiengmai to establish and maintain guard stations, under proper officers, on the Siamese bank of the Salween River, which forms the boundary of Chiengmai belonging to Siam, and to maintain a sufficient police force for the prevention of murder, robbery, dacoity, and other crimes of violence.

Art. VI. If any persons accused or convicted of murder, robbery, dacoity, or other heinous crime in any of the territories of Chiengmai, Lakon, and Lampoonchi escape into British territory, the British authorities and police shall use their best endeavours to apprehend them. Such persons when apprehended shall, if Siamese subjects, or subjects of any third Power, according to the extradition law for the time being in force in British India, be delivered over to the Siamese authorities at Chiengmai; if British subjects, they shall either be delivered over to the Siamese authorities, or shall be dealt with by the British authorities as the Chief Commissioner of British Burmah, or any officer duly authorized by him in this behalf, may decide.

If any persons accused or convicted of murder, robbery, dacoity, or other heinous crime in British territory, escape into Chiengmai, Lakon, or Lampoonchi, the Siamese authorities and police shall use their best endeavours to apprehend them. Such persons when apprehended shall, if British subjects, be delivered over to the British authorities, according to the Extradition Law for the time being in force in Siam; if Siamese subjects, or subjects of any third Power not having Treaty relations with Siam, they shall either be delivered over to the British authorities, or shall be dealt with by the Siamese authorities, as the latter may decide, after consultation with the Consul or Vice-Consul.

Art. VII. The interests of all British subjects coming to Chiengmai, Lakon and Lampoonchi shall be placed under the regulations and control of a British Consul or Vice-Consul, who will be appointed to reside at Chiengmai, with power to exercise civil and criminal jurisdiction in accordance with the provisions of Article II of the Supplementary Agreement of the 13th May, 1856, subject to Article VIII of the present Treaty.

Art. VIII. His Majesty the King of Siam will appoint a proper person or proper persons to be a Commissioner and Judge, or Commissioners and Judges, in Chiengmai for the purposes hereinafter mentioned. Such Judge or Judges shall, subject to the limitations and provisions contained in the present Treaty, exercise civil and criminal jurisdiction in all cases arising in Chiengmai, Lakon, and Lampoonchi, between British subjects, or in which British subjects may be parties as complainants, accused, plaintiffs or defendants, according to Siamese law; provided always, that in all such cases the Consul or Vice-Consul shall be entitled to be present at the trial, and to be furnished with copies of the proceedings, which, when the defendant or accused is a British subject, shall be supplied free of charge, and to make any suggestions to the Judge or Judges which he may think proper in the interests of justice: provided also, that the Consul or Vice-Consul shall have power at any time, before Judgment, if he shall think proper in the interests of justice, by a written requisition under his hand, directed to the Judge or Judges, to signify his desire that any case in which both parties are British subjects, or in which the accused or defendant is a British subject, be transferred for adjudication to the British Consular Court at Chiengmai, and the case shall thereupon be transferred to such last-mentioned Court accordingly, and be disposed of by the Consul or Vice-Consul, as provided by Article II of the Supplementary Agreement of 13th May, 1856.

The Consul or Vice-Consul shall have access, at all reasonable times, to any British subject who may be imprisoned under a sentence or order of the said Judge or Judges, and, if he shall think fit, may require that the prisoner be removed to the Consular prison, there to undergo the residue of term of his imprisonment.

The Tariff of Court fees shall be published, and shall be equally binding on all parties concerned, whether British or Siamese.

Art. IX. In civil and criminal cases in which British subjects may be parties, and which shall be tried before the said Judge or Judges, either party shall be entitled to appeal to Bangkok; if a British subject, with the sanction and consent of the British Consul or Vice-Consul, and in other cases by leave of the presiding Judge or Judges.

In all such cases a transcript of the evidence, together with a Report from the presiding Judge or Judges, shall be forwarded to Bangkok, and the appeal shall be disposed of there by the Siamese authorities and Her Britannic Majesty's Consul-General in consultation.

Provided always that in all cases where the defendants or accused

are Siamese subjects the final decision on appeal shall rest with the
Siamese authorities; and that in all other cases in which British sub-
jects are parties the final decision on appeal shall rest with Her Britannic
Majesty's Consul - General.

Pending the result of the appeal, the Judgment of the Court at
Chiengmai shall be suspended on such terms and conditions (if any) as
shall be agreed upon between the said Judge or Judges and the Consul
or Vice-Consul.

In such cases of appeal, as above set forth, the appeal must be entered in the Court of Chiengmai within a month of the original verdict,
and must be presented at Bangkok within a reasonable time, to be determined by the Court at Chiengmai, failing which the appeal will be thrown
out of Court.

Art. X. The British authorities in the frontier districts of British
Burmah, and the Siamese authorities in Chiengmai, Lakon, and Lampoonchi,
will at all times use their best endeavours to procure and furnish such
evidence and witnesses as may be required for the determination of civil
and criminal cases pending in the Consular and Siamese Courts at Bangkok and in Chiengmai respectively, when the importance of the affair may
render it necessary.

Art. XI. British subjects desiring to purchase, cut, or girdle timber
in the forests of Chiengmai, Lakon, and Lampoonchi must enter into a
written agreement for a definite period with the owner of the forest. The
agreement must be executed in duplicate, each party retaining a copy, and
each copy must be sealed by the British Consul or Vice - Consul and a
Siamese Judge and Commissioner at Chiengmai, appointed under Article
VIII of this Convention, and be countersigned by a competent local authority, and every such agreement shall be duly registered in the British
Consulate and in the Siamese Court at Chiengmai. Any British subject
cutting or girdling trees in a forest without the agreement relating to it,
shall be liable to pay such compensation to the owner of the forest as
the British Consular Officer at Chiengmai shall adjudge.

Transfers of agreements shall be subject to the same formalities.

The charges for sealing, countersigning, and registration shall be fixed
at a moderate scale, and published for general information.

Art. XII. The Siamese Judges and Commissioners at Chiengmai appointed under Article VIII shall, in conjunction with the local authorities,
endeavour to prevent the owners of forests from executing agreements
with more than one party for the same timber or forests, and to prevent
any person from illegally marking or effacing the marks on timber which
has been lawfully cut or marked by another person, and they shall give
such facilities as are in their power to the purchasers and fellers of timber
to identify their property. Should the owners of forests hinder the cutting, girdling, or removing of timber under agreements duly executed in
accordance with Article XI of this Convention, the Siamese Judges and
Commissioners of Chiengmai and the local authorities shall enforce the
agreement, and the owners of such forests acting as aforesaid shall be

liable to pay such compensation to the persons with whom they have entered into such agreements as the Siamese Judges and Commissioners at Chiengmai shall determine, in accordance with Siamese law.

Art. XIII. Except as and to the extent specially provided, nothing in this Treaty shall be taken to affect the provisions of the Treaty of Friendship and Commerce between Her Majesty and the Kings of Siam of the 18th April, 1855, and the Agreement supplementary thereto of the 13th May, 1856.

Art. XIV. This Treaty has been executed in English and Siamese, both versions having the same meaning; but it is hereby agreed that in the event of any question arising as to the construction thereof, the English text shall be accepted as conveying its true meaning and intention.

Art. XV. This Treaty shall come into operation immediately after the exchange of the ratifications thereof, and shall continue in force for seven years from that date, unless either of the two Contracting Parties shall give notice of their desire that it should terminate before that date. In such case, or in the event of notice not being given before the expiration of the said period of seven years, it shall, remain in force until the expiration of one year from the day on which either of the High Contracting Parties shall have given such notice. The High Contracting Parties, however, reserve to themselves the power of making, by common consent, any modifications in these Articles which experience of their working may show to be desirable.

Art. XVI. This Treaty shall be ratified, and the ratifications exchanged at Bangkok as soon as possible.

In witness whereof the respective Plenipotentiaries have signed the same in duplicate, and have affixed thereto their respective seals.

Done at Bangkok, the third day of September, in the year one thousand eight hundred and eighty-three of the Christian Era, corresponding to the second day of the waxing moon of the tenth month of the year of the Goat, one thousand two hundred and forty-five of the Siamese Era.

W. H. Newman. (*Signatures of the Siamese Plenipotentiaries.*)

Annex.

List of heinous crimes appended to the Treaty made between Great Britain and Siam with regard to Chiengmai, Lakon, and Lampoonchi, this 3rd day of September, 1883, in connection with the provisions of Article VI of that Treaty with regard to the extradition of offenders: —

     Murder,
     Culpable homicide,
     Dacoity,
     Robbery,
     Theft,
     Forgery,

Counterfeiting coin or Government stamps,
Kidnapping,
Rape,
Mischief by fire or by any explosive substance.

W. H. Newman. (*Signatures of the Siamese Plenipotentiaries.*)

49.

CORÉE, GRANDE-BRETAGNE.

Traité d'amitié et de commerce, suivi de Règlements commerciaux, de plusieurs tarifs et d'un Protocole; signé à Hanyang, le 26 novembre 1883 *).

Parl. Paper [4044] 1884.

Her Majesty the Queen of the United Kingdom of Great Britain and Ireland, Empress of India, and His Majesty the King of Corea, being sincerely desirous of establishing permanent relations of friendship and commerce between their respective dominions, have resolved to conclude a Treaty for that purpose, and have therefore named as their Plenipotentiaries, that is to say:

Her Majesty the Queen of the United Kingdom of Great Britain and Ireland, Empress of India, Sir Harry Smith Parkes, Knight Grand Cross of the Most Distinguished Order of Saint Michael and Saint George, Knight Commander of the Most Honourable Order of the Bath, Her Majesty's Envoy Extraordinary and Minister Plenipotentiary to His Majesty the Emperor of China;

His Majesty the King of Corea, Min Yong-Mok, President of His Majesty's Foreign Office, a Dignitary of the First Rank, Senior Vice-President of the Council of State, Member of His Majesty's Privy Council, and Junior Guardian of the Crown Prince;

Who, after having communicated to each other their respective full powers, found in good and due form, have agreed upon and concluded the following Articles: —

Art. I. 1. There shall be perpetual peace and friendship between Her Majesty the Queen of the United Kingdom of Great Britain and Ireland, Empress of India, her heirs and successors, and His Majesty the King of Corea, his heirs and successors, and between their respective dominions and subjects, who shall enjoy full security and protection for their persons and property within the dominions of the other.

---

*) Les ratifications ont été échangées à Hanyang, le 28 avril 1884

2. In case of differences, arising between one of the High Contracting Parties and a third Power, the other High Contracting Party, if requested to do so, shall exert its good offices to bring about an amicable arrangement.

Art. II. 1. The High Contracting Parties may each appoint a Diplomatic Representative to reside permanently or temporarily at the capital of the other, and may appoint a Consul-General, Consuls, or Vice-Consuls, to reside at any or all of the ports or places of the other which are open to foreign commerce. The Diplomatic Representatives and Consular functionaries of both countries shall freely enjoy the same facilities for communication, personally or in writing, with the authorities of the country where they respectively reside, together with all other privileges and immunities as are enjoyed by Diplomatic or Consular functionaries in other countries.

2. The Diplomatic Representative and the Consular functionaries of each Power and the members of their official establishments shall have the right to travel freely in any part of the dominions of the other, and the Corean authorities shall furnish passports to such British officers travelling in Corea, and shall provide such escort for their protection as may be necessary.

3. The Consular officers of both countries shall exercise their functions on receipt of due authorization from the Sovereign or Government of the country in which they respectively reside, and shall not be permitted to engage in trade.

Art. III. 1. Jurisdiction over the persons and property of British subjects in Corea shall be vested exclusively in the duly authorized British judicial authorities, who shall hear and determine all cases brought against British subjects by any British or other foreign subject or citizen without the intervention of the Corean authorities.

2. If the Corean authorities or a Corean subject make any charge or complaint against a British subject in Corea, the case shall be heard and decided by the British judicial authorities.

3. If the British authorities or a British subject make any charge or complaint against a Corean subject in Corea, the case shall be heard and decided by the Corean authorities.

4. A British subject who commits any offence in Corea shall be tried and punished by the British judicial authorities according to the laws of Great Britain.

5. A Corean subject who commits in Corea any offence against a British subject shall be tried and punished by the Corean authorities according to the laws of Corea.

6. Any complaint against a British subject involving a penalty or confiscation by reason of any breach either of this Treaty or of any regulation annexed thereto, or of any regulation that may hereafter be made in virtue of its provisions, shall be brought before the British judicial authorities for decision, and any penalty imposed, and all property confiscated in such cases, shall belong to the Corean Government.

7. British goods, when seized by the Corean authorities at an open port, shall be put under the seals of the Corean and the British Consular

authorities, and shall be detained by the former until the British judicial authorities shall have given their decision. If this decision is in favour of the owner of the goods, they shall be immediately placed at the Consul's disposal. But the owner shall be allowed to receive them at once on depositing their value with the Corean authorities pending the decision of the British judicial authorities.

8. In all cases, whether civil or criminal, tried either in Corean or British Courts in Corea, a properly authorized official of the nationality of the plaintiff or prosecutor shall be allowed to attend the hearing, and shall be treated with the courtesy due to his position. He shall be allowed, whenever he thinks it necessary, to call, examine, and cross-examine witnesses, and to protest against the proceedings or decision.

9. If a Corean subject who is charged with an offence against the laws of his country takes refuge on premises occupied by a British subject, or on board a British merchant-vessel, the British Consular authorities, on receiving an application from the Corean authorities, shall take steps to have such person arrested and handed over to the latter for trial. But, without the consent of the proper British Consular authority, no Corean officer shall enter the premises of any British subject without his consent, or go on board any British ship without the consent of the officer in charge.

10. On the demand of any competent British Consular authority, the Corean authorities shall arrest and deliver to the former any British subject charged with a criminal offence, and any deserter from a British ship of war or merchant-vessel.

Art. IV. 1. The ports of Chemulpo (Jenchuan), Wŏnsan (Gensan) and Pusan (Fusan), or, if the latter port should not be approved, then such other port as may be selected in its neighbourhood, together with the city of Hanyang and of the town of Yanghwa Chin, or such other place in that neighbourhood, as may be deemed desirable, shall, from the day on which this Treaty comes into operation, be opened to British commerce.

2. At the above-named places British subjects shall have the right to rent or to purchase land or houses, and to erect dwellings, warehouses, and factories. They shall be allowed the free exercise of their religion. All arrangements for the selection, determination of the limits, and laying out of the sites of the foreign Settlements, and for the sale of land at the various ports and places in Corea open to foreign trade, shall be made by the Corean authorities in conjunction with the competent Foreign authorities.

3. These sites shall be purchased from the owners and prepared for occupation by the Corean Government, and the expense thus incurred shall be a first charge on the proceeds of the sale of the land. The yearly rental agreed upon by the Corean authorities in conjunction with the foreign authorities shall be paid to the former, who shall retain a fixed amount thereof as a fair equivalent for the land tax, and the remainder, together with any balance left from the proceeds of land sales, shall belong to a municipal fund to be administered by a Council, the constitution of which

shall be determined hereafter by the Corean authorities in conjunction with the competent foreign authorities.

4. British subjects may rent or purchase land or houses beyond the limits of the foreign Settlements, and within a distance of 10 Corean li from the same. But all land so occupied shall be subject to such conditions as to the observance of Corean local Regulations and payment of land tax as the Corean authorities may see fit to impose.

5. The Corean authorities will set apart, free of cost, at each of the places open to trade, a suitable piece of ground as a foreign cemetery, upon which no rent, land tax, or other charges shall be payable, and the management of which shall be left to the Municipal Council above mentioned.

6. British subjects shall be allowed to go where they please without passports within a distance of 100 Corean li from any of the ports and places open to trade, or within such limits as may be agreed upon between the competent authorities of both countries. British subjects are also authorized to travel in Corea for pleasure or for purposes of trade, to transport and sell goods of all kinds, except books and other printed matter disapproved of by the Corean Government, and to purchase native produce in all parts of the country under passports which will be issued by their Consuls and countersigned or sealed by the Corean local authorities. These passports, if demanded, must be produced for examination in the districts passed through. If the passport be not irregular, the bearer will be allowed to proceed, and he shall be at liberty to procure such means of transport as he may require. Any British subject travelling beyond the limits above named without a passport, or committing when in the interior any offence, shall be arrested and handed over to the nearest British Consul for punishment. Travelling without a passport beyond the said limits will render the offender liable to a fine not exceeding 100 Mexican dollars, with or without imprisonment for a term not exceeding one month.

7. British subjects in Corea shall be amenable to such municipal, police, and other regulations for the maintenance of peace, order, and good government as may be agreed upon by the competent authorities of the two countries.

Art. V. 1. At each of the ports or places open to foreign trade, British subjects shall be at full liberty to import from any foreign port, or from any Corean open port, to sell to or to buy from any Corean subjects or others, and to export to any foreign or Corean open port, all kinds of merchandize not prohibited by this Treaty, on paying the duties of the Tariff annexed thereto. They may freely transact their business with Corean subjects or others without the intervention of Corean officials or other persons, and they may freely engage in any industrial occupation.

2. The owners or consignees of all goods imported from any foreign port upon which the duty of the aforesaid Tariff shall have been paid shall be entitled, on reexporting the same to any foreign port at any time within thirteen Corean months from the date of importation, to receive a drawback certificate for the amount of such import duty, provided that

the original packages containing such goods remain intact. These drawback certificates shall either be redeemed by the Corean Customs on demand, or they shall be received in payment of duty at any Corean open port.

3. The duty paid on Corean goods, when carried from one Corean open port to another, shall be refunded at the port of shipment on production of a Customs certificate showing that the goods have arrived at the port of destination, or on satisfactory proof being produced of the loss of the goods by shipwreck.

4. All goods imported into Corea by British subjects, and on which the duty of the Tariff annexed to this Treaty shall have been paid, may be conveyed to any Corean open port free of duty, and, when transported into the interior, shall not be subject to any additional tax, excise or transit duty whatsoever in any part of the country. In like manner, full freedom shall be allowed for the transport to the open ports of all Corean commodities intended for exportation, and such commodities shall not, either at the place of production, or when being conveyed from any part of Corea to any of the open ports, be subject to the payment of any tax, excise or transit duty whatsoever.

5. The Corean Government may charter British merchant-vessels for the conveyance of goods or passengers to unopened ports in Corea, and Corean subjects shall have the same right, subject to the approval of their own authorities.

6. Whenever the Government of Corea shall have reason to apprehend a scarcity of food within the kingdom, His Majesty the King of Corea may, by Decree, temporarily prohibit the export of grain to foreign countries from any or all of the Corean open ports, and such prohibition shall become binding on British subjects in Corea on the expiration of one month from the date on which it shall have been officially communicated by the Corean authorities to the British Consul at the port concerned, but shall not remain longer in force than is absolutely necessary.

7. All British ships shall pay tonnage dues at the rate of 30 cents (Mexican) per register ton. One such payment will entitle a vessel to visit any or all of the open ports in Corea during a period of four months without further charge. All tonnage dues shall be appropriated for the purposes of erecting lighthouses and beacons, and placing buoys on the Corean coast, more especially at the approaches to the open ports, and in deepening or otherwise improving the anchorages. No tonnage dues shall be charged on boats employed at the open ports in leading or shipping cargo.

8. In order to carry into effect and secure the observance of the provisions of this Treaty, it is hereby agreed that the Tariff and Trade Regulations hereto annexed shall come into operation simultaneously with this Treaty. The competent authorities of the two countries may, from time to time, revise the said Regulations with a view to the insertion therein, by mutual consent, of such modification or additions as experience shall prove to be expedient.

Art. VI. Any British subject who smuggles, or attempts to smuggle, goods into any Corean port or place not open to foreign trade shall forfeit twice the value of such goods, and the goods shall be confiscated. The Corean local authorities may seize such goods, and may arrest any British subject concerned in such smuggling or attempt to smuggle. They shall immediately forward any person so arrested to the nearest British Consul for trial by the proper British judicial authority, and may detain such goods until the case shall have been finally adjudicated.

Art. VII. 1. If a British ship be wrecked or stranded on the coast of Corea, the local authorities shall immediately take such steps to protect the ship and her cargo from plunder, and all the persons belonging to her from ill-treatment, and to render such other assistance as may be required. They shall at once inform the nearest British Consul of the occurrence, and shall furnish the shipwrecked persons, if necessary, with means of conveyance to the nearest open port.

2. All expenses incurred by the Government of Corea for the rescue, clothing, maintenance, and travelling of shipwrecked British subjects, for the recovery of the bodies of the drowned, for the medical treatment of the sick and injured, and for the burial of the dead, shall be repaid by the British Government to that of Corea.

3. The British Government shall not be responsible for the repayment of the expenses incurred in the recovery or preservation of a wrecked vessel, or the property belonging to her. All such expenses shall be a charge upon the property saved, and shall be paid by the parties interested therein upon receiving delivery of the same.

4. No charge shall be made by the Government of Corea for the expenses of the Government officers, local functionaries, or police who shall proceed to the wreck, for the travelling expenses of officers escorting the shipwrecked men, nor for the expenses of official correspondence. Such expenses shall be borne by the Corean Government.

5. Any British merchant-ship compelled by stress of weather or by want of fuel or provisions to enter an unopened port in Corea shall be allowed to execute repairs, and to obtain necessary supplies. All such expenses shall be defrayed by the master of the vessel.

Art. VIII. 1. The ships of war of each country shall be at liberty to visit all the ports of the other. They shall enjoy every facility for procuring supplies of all kinds, or for making repairs, and shall not be subject to trade or harbour regulations, nor be liable to the payment of duties or port charges of any kind.

2. When British ships of war visit unopened ports in Corea, the officers and men may land, but shall not proceed into the interior unless they are provided with passports.

3. Supplies of all kinds for the use of the British navy may be landed at the open ports of Corea, and stored in the custody of a British officer, without the payment of any duty. But if any such supplies are sold, the purchaser shall pay the proper duty to the Corean authorities.

4. The Corean Government will afford all the facilities in their power

to ships belonging to the British Government which may be engaged in making surveys in Corean waters.

Art. IX. 1. The British authorities and British subjects in Corea shall be allowed to employ Corean subjects as teachers, interpreters, servants, or in any other lawful capacity, without any restriction on the part of the Corean authorities; and, in like manner, no restrictions shall be placed upon the employment of British subjects by Corean authorities and subjects in any lawful capacity.

2. Subjects of either nationality who may proceed to the country of the other to study its language, literature, laws, arts, or industries, or for the purpose of scientific research, shall be afforded every reasonable facility for doing so.

Art. X. It is hereby stipulated that the Government, public officers, and subjects of Her Britannic Majesty shall, from the day on which this Treaty comes into operation, participate in all privileges, immunities, and advantages, especially in relation to import or export duties on goods and manufactures, which shall then have been granted or may thereafter be granted by His Majesty the King of Corea to the Government, public officers, or subjects of any other Power.

Art. XI. Ten years from the date on which this Treaty shall come into operation, either of the High Contracting Parties may, on giving one year's previous notice to the other, demand a revision of the Treaty or of the Tariff annexed thereto, with a view to the insertion therein, by mutual consent, of such modifications as experience shall prove to be desirable.

Art. XII. 1. This Treaty is drawn up in the English and Chinese languages, both of which versions have the same meaning, but it is hereby agreed that any difference which may arise as to interpretation shall be determined by reference to the English text.

2. For the present all official communications addressed by the British authorities to those of Corea shall be accompanied by a translation into Chinese.

Art. XIII. The present Treaty shall be ratified by Her Majesty the Queen of the United Kingdom of Great Britain and Ireland, Empress of India, and by His Majesty the King of Corea, under their hands and seals; the ratifications shall be exchanged at Hanyang (Sŏul) as soon as possible, or at latest within one year from the date of signature, and the Treaty, which shall be published by both Governments, shall come into operation on the day on which the ratifications are exchanged.

In witness whereof the respective Plenipotentiaries above named have signed the present Treaty, and have thereto affixed their seals.

Done in triplicate at Hanyang, this twenty-sixth day of November, in the year eighteen hundred and eighty-three, corresponding to the twenty-seventh day of the tenth month of the four hundred and ninety-second year of the Corean era, being the ninth year of the Chinese reign Kuang Hsü.

Harry S. Parkes.   Signature in Chinese of *Min Yŏng-mok*, the Corean
                              Plenipotentiary.

Regulations under which British Trade is to be conducted in Corea.

I. — Entrance and Clearance of Vessels.

1. Within forty-eight hours (exclusive of Sundays and holidays) after the arrival of a British ship in a Corean port, the master shall deliver to the Corean Customs authorities the receipt of the British Consul showing that he has deposited the ships papers at the British Consulate, and he shall then make an entry of his ship by handing in a written paper stating the name of the ship, of the port from which she comes, of her master, the number, and, if required, the names of her passengers, her tonnage, and the number of her crew, which paper shall be certified by the master to be a true statement, and shall be signed by him. He shall, at the same time, deposit a written manifest of his cargo, setting forth the marks and numbers of the packages and their contents as they are described in the bills of lading, with the names of the persons to whom they are consigned. The master shall certify that this description is correct, and shall sign his name to the same. When a vessel has been duly entered, the Customs authorities will issue a permit to open hatches, which shall be exhibited to the Customs officer on board. Breaking bulk without having obtained such permission will render the master liable to a fine not exceeding 100 Mexican dollars.

2. If any error is discovered in the manifest, it may be corrected within twenty-four hours (exclusive of Sundays and holidays) of its being handed in, without the payment of any fee, but for any alteration or post entry to the manifest made after that time a fee of 5 Mexican dollars shall be paid.

3. Any master who shall neglect to enter his vessel at the Corean Custom-house within the time fixed by this Regulation shall pay a penalty not exceeding 50 Mexican dollars for every twenty-four hours that he shall so neglect to enter his ship.

4. Any British vessel which remains in port for less than forty-eight hours (exclusive of Sundays and holidays) and does not open her hatches, also any vessel driven into port by stress of weather, or only in want of supplies, shall not be required to enter or to pay tonnage dues so long as such vessel does not engage in trade.

5. When the master of a vessel wishes to clear, he shall hand in to the Customs authorities an export manifest containing similar particulars to those given in the import manifest. The Customs authorities will then issue a clearance certificate and return the Consul's receipt for the ship's papers. These documents must be handed into the Consulate before the ship's papers are returned to the master.

6. Should any ship leave the port without clearing outwards in the manner above prescribed, the master shall be liable to a penalty not exceeding 200 Mexican dollars.

7. British steamers may enter and clear on the same day, and they

shall not be required to hand in a manifest except for such goods as are to be landed or transhipped at the port of entry.

II. — Landing and Shipping of Cargo, and Payment of Duties.

1. The importer of any goods who desires to land them shall make and sign an application to that effect at the custom-house, stating his own name, the name of the ship in which the goods have been imported, the marks, numbers, and contents of the packages and their values, and declaring that this statement is correct. The Customs authorities may demand the production of the invoice of each consignment of merchandize. If it is not produced, or if its absence is not satisfactorily accounted for, the owner shall be allowed to land his goods on payment of double the Tariff duty, but the surplus duty so levied shall be refunded on the production of the invoice.

2. All goods so entered may be examined by the Customs officers at the places appointed for the purpose. Such examination shall be made without delay or injury to the merchandize, and the packages shall be at once restored by the Customs authorities to their original condition, in so far as may be practicable.

3. Should the Customs authorities consider the value of any goods paying an ad valorem duty as declared by the importer or exporter insufficient, they shall call upon him to pay duty on the value determined by an appraisement to be made by the Customs appraiser. But should the importer or exporter be dissatisfied with that appraisement, he shall within twenty-four hours (exclusive of Sundays and holidays) state his reasons for such dissatisfaction to the Commissioner of Customs, and shall appoint an appraiser of his own to make a re-appraisement. He shall then declare the value of the goods as determined by such re-appraisement. The Commissioner of Customs will thereupon, at his option, either assess the duty on the value determined by this re-appraisement, or will purchase the goods from the importer or exporter at the price thus determined, with the addition of 5 per cent. In the latter case the purchase-money shall be paid to the importer or exporter within five days from the date on which he has declared the value determined by his own appraiser.

4. Upon all goods damaged on the voyage of importation a fair reduction of duty shall be allowed, proportionate to their deterioration. If any disputes arise as to the amount of such reduction, they shall be settled in the manner pointed out in the preceding clause.

5. All goods intended to be exported shall be entered at the Corean Custom-house before they are shipped. The application to ship shall be made in writing, and shall state the name of the vessel by which the goods are to be exported, the marks and number of the packages, and the quantity, description, and value of the contents. The exporter shall certify in writing that the application gives a true account of all the goods contained therein, and shall sign his name thereto.

6. No goods shall be landed or shipped at other places than those

fixed by the Corean Customs authorities, or between the hours of sunset and sunrise, or on Sundays or holidays, without the special permission of the Customs authorities, who will be entitled to reasonable fees for the extra duty thus performed.

7. Claims by importers or exporters for duties paid in excess, or by the Customs authorities for duties which have not been fully paid, shall be entertained only when made within thirty days from the date of payment.

8. No entry will be required in the case of provision for the use of British ships, their crews and passengers, nor for the baggage of the latter which may be landed or shipped at any time after examination by the Customs officers.

9. Vessels needing repairs may land their cargo for that purpose without the payment of duty. All goods so landed shall remain in charge of the Corean authorities, and all just charges for storage, labour, and supervision shall be paid by the master. But if any portion of such cargo be sold, the duties of Tariff shall be paid on the portion so disposed of.

10. Any person desiring to tranship cargo shall obtain a permit from the Customs authorities before doing so.

III. — Protection of the Revenue.

1. The Customs authorities shall have the right to place Customs officers on board any British merchant-vessel in their ports. All such Customs officers shall have access to all parts of the ship in which cargo is stowed. They shall be treated with civility, and such reasonable accommodation shall be allotted to them as the ship affords.

2. The hatches and all other places of entrance into that part of the ship where cargo is stowed may be secured by the Corean Customs officers between the hours of sunset and sunrise, and on Sundays and holidays, by affixing seals, locks, or other fastenings, and if any person shall, without due permission, wilfully open any entrance that has been so secured, or break any seal, lock, or other fastening that has been affixed by the Corean Customs officers, not only the person so offending, but the master of the ship also, shall be liable to a penalty not exceeding 100 Mexikan dollars.

3. Any British subject who ships, or attempts to ship, or discharges, or attempts to discharge, goods which have not been duly entered at the custom-house in the manner above provided, or packages containing goods different from those described in the import or export permit application, or prohibited goods, shall forfeit twice the value of such goods, and the goods shall be confiscated.

4. Any person signing a false declaration or certificate with the intent to defraud the revenue of Corea shall be liable to a fine not exceeding 200 Mexican dollars.

5. Any violation of any provision of these Regulations, to which no

penalty is specially attached herein, may be punished by a fine not exceeding 100 Mexican dollars.

    Note. — All documents required by these Regulations, and all other communications addressed to the Corean Customs authorities, may be written in the English language.

Harry S. Parkes.　　Signature in Chinese of *Min Yŏng-Mok*, the Corean Plenipotentiary.

IMPORT TARIFF.

(Classified according to Rate of Duty.)

CLASS I.

Duty Free Goods.

Agricultural implements.
Books, maps, and charts.
Bullion, being gold and silver refined.
Coins, gold, and silver.
Fire engines.
Models of inventions.
Packing bags, packing matting, tea-lead, and ropes for packing goods.
Plants, trees, and shrubs, of all kinds.
Samples in reasonable quantities.
Scientific instruments, as physical, mathematical, meteorological, and surgical instruments and their appliances.
Travellers' baggage.
Types, new and old.

CLASS II.

Import Goods subject to an ad valorem *Duty of 5 per cent.*

Alum.
Anchors and chains.
Bark for tanning.
Bamboo, split or not.
Beans, peas, and pulse, all kinds.
Bones.
Bricks and tiles.
Camphor, crude.
Coal and coke.
Cotton, raw.
Drugs and medicines, all kinds.
Fish, fresh.
Flax, hemp, and jute.

Flints.
Flour and meal, all kinds.
Fruit, fresh, all kinds.
Glue.
Grain and corn, all kinds.
Guano and manures, all kinds.
Hides and skins, raw and undressed.
Horns and hoofs, all kinds not otherwise provided for.
Kerosene and petroleum and other mineral oils.
Lanterns, paper.
Lime.
Matches.
Matting, floor, Chinese and Japanese, coir, &c., common qualities.
Meat, fresh.
Metals, all kinds, in pig, block, ingot, slab, bar, rod, plate, sheet, hoop,
 strip, band, and flat, T and angle iron, old and scrap iron.
Oil cake.
Oil, wood (T'ung yu).
Paper, common qualities.
Pepper, unground.
Pitch and tar.
Rattans, split or not.
Scales and balances.
Seeds, all kinds.
Soap, common qualities.
Soy, Chinese and Japanese.
Twine and thread, all kinds excepting in silk.
Umbrellas, paper.
Vegetables, fresh, dried, and salted.
Woll, sheep's, raw.
Yarns, all kinds, in cotton, wool, hemp, &c.
All unenumerated articles, raw or unmanufactured.

CLASS III.

Import Goods subject to an ad valorem *Duty of* $7\frac{1}{2}$ *per cent.*

Beverages, such as lemonade, ginger beer, soda and mineral waters.
Blankets and rugs.
Buttons, buckles, hooks and eyes, &c.
Candles.
Canvas.
Carpets of jute, hemp, or felt, patent tapestry.
Charcoal.
Chemicals, all kinds.
Cocoons.
Cement, as Portland and other kinds.
Cordage and rope, all kinds and sizes.

Clothing and wearing apparel of all kinds, hats, boots, shoes, &c.
Cotton manufactures, all kinds.
Cotton and wollen mixtures, all kinds.
Cotton and silk mixtures, all kinds.
Dyes, colours, and paints, paint oils, and materials used for mixing paints.
Earthenware.
Fans.
Feathers.
Felt.
Fish, dried and salted.
Floor rugs, all kinds.
Foil, tin, copper, and all other kinds except gold and silver.
Fruits, dried, salted, or preserved.
Gamboge.
Glass, window, plain, and coloured, all qualities.
Grass cloth and all textiles in hemp, jute, &c.
Hair, all kinds except human.
Hides and skins, tanned and dressed.
Isinglas, all kinds.
Lamps, all kinds.
Leather, all ordinary kinds, plain.
Linen, linen and cotton, linen and woollen, linen and silk mixtures, grey,
    white, or printed.
Matting, superior quality, Japanese "tatamis," &c.
Meat, dried and salted.
Metals, all kinds in pipe and tube, corrugated or galvanised, wire, steel,
    tin plates, nickel, platina, quicksilver, German silver, tutenague, or white
    copper, yellow metal, unrefined gold and silver.
Metal manufactures, all kinds, as nails, screws, tools, machinery, railway
    plant, and hardware.
Musquito netting not made of silk.
Needles and pins.
Oils, vegetable, all kinds.
Oil and floor cloth, all kinds.
Paper, all kinds, not otherwise provided for.
Planks, soft wood.
Porcelain, common quality.
Rosin,
Salt.
Sapan wood.
Sea products, as seaweed, bêche de mer, &c.
Silk, raw, reeled, thrown floss or waste.
Silk manufactures not otherwise provided for.
Spectacles.
Spirits in jars.
Stationery and writing materials of all kinds, blank books, &c.
Stones and slate, cut and dressed.

Sugar (brown and white), all qualities, molasses, and syrups.
Sulphur.
Table stores, all kinds, and preserved provisions.
Tallow.
Tea.
Umbrellas, cotton.
Umbrella frames.
Varnish.
Vermicelli.
Wax, bees' or vegetable.
Wax cloth.
Woods and timber, soft.
Woollen manufactures, all kinds.
Woollen and silk mixtures, all kinds.
All unenumerated articles partly manufactured.

Class IV.

Import Goods subject to an ad valorem Duty of 10 per cent.

Beer, porter, and cider.
Camphor refined.
Carmine.
Carpets, superior qualities, as Brussels, Kidderminster, and other kinds not enumerated.
Clocks, and parts thereof.
Clothing made wholly of silk.
Confectionaries and sweetmeats, all kinds.
Explosives used for mining, &c. (imported under special permit).
Foil, gold and silver.
Furniture of all kinds.
Glass, plate, silvered or unsilvered framed or unframed.
Glassware, all kinds.
Hair, human.
India-rubber, manufactured or not.
Leather, superior kinds, or stamped, figured, or coloured.
Leather manufactures, all kinds.
Lacquered-ware, common.
Materials for seals, &c.
Musical boxes.
Musical instruments, all kinds.
Musquito netting made of silk.
Paper, coloured, fancy, wall and hanging.
Photographic apparatus.
Planks, hardwood.
Plated-ware, all kinds.
Pictures, prints, photographs, engravings, all kinds, framed or unframed.

Porcelain, superior quality.
Siddlery, and harness.
Silk thread, or floss silk in skein.
Silk manufactures, as gauze, crape, Japanese amber lustrings, satins, satin
    damasks, figured satins, Japanese white silk (»habutai«).
Soap, superior qualities.
Sugar candy.
Telescopes and binocular glasses.
Tooth powder.
Trunks and portmanteaux.
Umbrellas, silk.
Vermilion.
Watches and parts thereof in common metal, nickel, or silver.
Wines in wood or bottle, all kinds.
Wood or timber, hard.
All unenumerated articles completely manufactured.

CLASS V,

Import Goods subject to and ad valorem *Duty of 20 per cent.*

Amber.
Arms, fire-arms, fowling pieces, &c. imported under special permit.
Artificial flowers.
Birds' nests.
Carpets, velvet.
Carriages.
Cochineal.
Coral, manufactured or not.
Embroideries in gold, silver, or silk.
Enamel-ware.
Fireworks.
Furs, superior, as sable, sea otter, seal, otter, beaver, &c.
Ginseng, red, white, crude, and clarified.
Hair ornaments, gold and silver.
Incense, sticks.
Ivory, manufactured or not.
Jade-ware.
Jewellery, or imitation.
Lacquered-ware, superior.
Musk.
Pearls.
Perfumes and scents.
Plate, gold and silver.
Precious stones.
Rhinoceros horns.
Scented woods, all kinds.
Spices, all kinds.

Spirits and liqueurs in wood or bottle, all kinds.
Tobacco, all forms and kinds.
Tortoise shell, manufactured or not.
Velvet, silk.
Watches, and parts thereof, in gold and gilt.
Works of Art.

Class VI.

Prohibited Goods.

Adulterated drugs or medicines.

Arms, munitions, and implements of war, as ordnance or cannon, shot and shell, fire-arms of all kinds, cartridges, side-arms, spears, or pikes, salt-petre, gunpowder, guncotton, dynamite, and other explosive substances.

The Corean authorities will grant special permits for the importation of arms, fire-arms, and ammunition for purposes of sport or self defence, on satisfactory proof being furnished to them of the bonâ fide character of the application.

Counterfeit coins, all kinds.

Opium, except medicinal opium.

Foreign ships, when sold in Corea, will pay a duty of 25 cents per ton on sailing vessels, and 50 cents per ton on steamers.

> *Harry S. Parkes.*   Signature in Chinese of *Min Yŏng - Mok*, Corean Plenipotentiary.

IMPORT TARIFF.

(Arranged alphabetically.)

No.	Article.	Ad valorem Rate of Duty.
		Per cent
1	Agricultural implements	Free
2	Alum	5
3	Amber	20
4	Anchors and chains	5
5	Arms, ammunition, fire-arms, fowling-pieces, or side-arms, imported under special permit of the Corean Government for sporting purposes or for self defence	20
6	Artificial flowers	20
7	Bamboo, split or not	5
8	Bark for tanning	5
9	Beans, peas, and pulse, all kinds	5
10	Beer, porter, and cider	10

No.	Article.	Ad valorem Rate of Duty.
		Per cent.
11	Beverages, such as lemonade, ginger beer, soda and mineral waters	7½
12	Birds' nests	20
13	Blankets and rugs	7½
14	Bones	5
15	Books, mabs and charts	Free
16	Bricks and tiles	5
17	Bullion, being gold or silver, refined	Free
18	Buttons, buckles, hooks and eyes, &c.	7½
19	Camphor, crude	5
20	» refined	10
21	Candles	7½
22	Canvas	7½
23	Carmine	10
24	Carpets of jute, hemp, or felt, patent tapestry . . .	7½
25	» superior quality, as Brussels, Kidderminster, and other kinds not enumerated	10
26	» velvet	20
27	Carriages	20
28	Cement, as Portland and other kinds	7½
29	Charcoal	7½
30	Chemicals, all kinds	7½
31	Clocks and parts thereof	10
32	Clothing and wearing apparel, all kinds, hats, boots and shoes, &c..	7½
33	» made wholly of silk . .	10
34	Coal and coke	5
35	Cochineal . '	20
36	Cocoons	7½
37	Coins, gold and silver	Free
38	Confectionaries and sweetmeats, all kinds	10
39	Coral, manufactured or not	20
40	Cordage and robe, all kinds and sizes	7½
41	Cotton, raw	5
42	Cotton manufactures, all kinds	7½
43	Cotton and woollen mixtures, all kinds	7½
44	Cotton and silk mixtures, all kinds	7½
45	Cutlery, all kinds	7½
46	Drugs, all kinds	5
47	Dyes, colours, and paints, paint oils, and materials used for mixing paints	7½
48	Earthenware	7½
49	Embroideries in gold, silver, or silk	20

No.	Article.	Ad valorem Rate of Duty.
		Per cent.
50	Enamel ware	20
51	Explosives used for mining, &c., and imported under special permit	10
52	Fans, all kinds.	7½
53	Feathers, all kinds.	7½
54	Felt	7½
55	Fire engines.	Free
56	Fireworks.	20
57	Fish, fresh	5
58	» dried and salted	7½
59	Flax, hemp, and jute.	5
60	Flints	5
61	Floor rugs, all kinds.	7½
62	Flour and meal, all kinds	7½
63	Foil, gold and silver	10
64	» tin, copper, and all other kinds.	7½
65	Fruit, fresh, all kinds.	5
66	» dried, salted, or preserved	7½
67	Furniture of all kinds	10
68	Furs, superior, as sable, sea otter, seal, otter, beaver, &c..	20
69	Gamboge	7½
70	Ginseng, red, white, crude, and clarified.	20
71	Glass, window plain and coloured, all qualities . . .	7½
72	» plate, silvered or unsilvered, framed or unframed .	10
73	Glassware, all kinds	10
74	Glue	5
75	Grain and corn, all kinds	5
76	Grass cloth, and all textiles in hemp, jute, &c. . . .	7½
77	Guano and manures, all kinds	5
78	Hair, all kinds except human	7½
79	» human.	10
80	Hair ornaments, gold and silver	20
81	Hides and skins, raw and undressed	5
82	» tanned and dressed	7½
83	Horns and hoofs, all kinds not otherwise provided for. .	5
84	Incense sticks	20
85	India rubber, manufactured or not	10
86	Isinglass, all kinds	7½
87	Ivory, manufactured or not.	20
88	Jade-ware	20
89	Jewellery, real or imitation.	20
90	Kerosene, or petroleum, and other mineral oils . . .	5
91	Lacquered-ware, common.	10

No.	Article.	Ad valorem Rate of Duty.
		Per cent.
92	Lacquered-ware, superior	20
93	Lamps, all kinds	7½
94	Lanterns, paper	5
95	Leather, all ordinary kinds, plain	7½
96	» superior kinds, and stamped, figured, or coloured.	10
97	» manufactures, all kinds	10
98	Lime	5
99	Linen, linen and cotton, linen and woollen mixtures, linen and silk mixtures, all kinds	7½
100	Matches	5
101	Matting, floor, Chinese, Japanese, coir, &c., common qualities	5
102	» superior qualities, Japanese tatamis, &c..	7½
103	Meat, fresh	5
104	» dried and salted	7½
105	Medicines, all kinds not otherwise provided for	5
106	Metals, all kinds, in pig, block, ingot, slab, bar, rod, plate, sheet, hoop, strip, band and flat, T-and angle-iron, old and scrap iron	5
107	Metals, all kinds, in pipe or tube, corrugated or galvanized, wire, steel, tin-plates, quicksilver, nickel, platina, German silver, yellow metal, tutenagne, or white copper, unrefined gold and silver	7½
108	Metal manufactures, all kinds, as nails, screws, tools, machinery, railway plant, and hardware	7½
109	Models of inventions	Free
110	Musquito netting, not made of silk	7½
111	» made of silk	10
112	Musical boxes	10
113	Musical instruments, all kinds	10
114	Musk	20
115	Needles and pins	7½
116	Oil-cake	5
117	Oils, vegetable, all kinds	7½
118	Oil, wood (T'ung yu)	5
119	Oil- and floor-cloth, all kinds	7½
120	Packing bags, packing matting, tea-lead, and ropes for packing goods	Free
121	Paper, common qualities	5
122	» all kinds, not otherwise provided for	7½
123	» coloured, fancy, wall, and hanging	10
124	Pearls	20
125	Pepper, unground	5
126	Perfumes and scents	20

No.	Article.	Ad valorem Rate of Duty.
		Per cent.
127	Photographic apparatus	10
128	Pictures, prints, photographs, engravings, all kinds, framed or unframed	10
129	Pitch and tar	5
130	Planks, soft	7½
131	” hard	10
132	Plants, trees, and shrubs, all kinds	Free
133	Plate, gold and silver	20
134	Plated-ware, all kinds	10
135	Porcelain, common qualities	7½
136	” superior qualities	10
137	Precious stones, all kinds, set or unset	20
138	Rattans, split or not	5
139	Rhinoceros horns	20
140	Rosin	7½
141	Saddlery and harness	10
142	Salt	7½
143	Samples in reasonable quantities	Free
144	Sapan wood	7½
145	Scales and balances	5
146	Scented wood, all kinds	20
147	Scientific instruments, as physical, mathematical, meteorological, and surgical; and their appliances	Free
148	Seals, materials for	10
149	Sea products, as seaweed, bêche-de-mer, &c.	7½
150	Seeds, all kinds	5
151	Silk, raw, reeled, thrown, floss or waste	7½
152	Silk manufactures, as gauze, crape, Japanese amber lustrings, satin damasks, figured satins, Japanese white silk (”habutai“)	10
153	Silk manufactures not otherwise provided for	7½
154	Silk thread and floss silk in skein	10
155	Soap, common qualities	5
156	” superior qualities	10
157	Soy, Chinese and Japanese	5
158	Spectacles	7½
159	Spices, all kinds	20
160	Spirits, in jars	7½
161	Spirits and Liqueurs, in wood or bottle, all kinds . . .	20
162	Stationery and writing materials, all kinds, blank books, &c.	7½
163	Stones and slate, cut and dressed	7½
164	Sugar, brown and white, all qualities, molasses and syrups	7½
165	Sugar candy	10

No.	Article.	Ad valorem Rate of Duty.
		Per cent.
166	Sulphur	7½
167	Table stores, all kinds, and preserved provisions	7½
168	Tallow	7½
169	Tea	7½
170	Telescopes and binocular glasses	10
171	Tobacco, all kinds and forms	20
172	Tortoise shell, manufactured or not	20
173	Tooth powder	10
174	Travellers' baggage	Free
175	Trunks and portmanteaux	10
176	Twine and thread, all kinds, excepting in silk	5
177	Types, new and old	Free
178	Umbrellas, paper	5
179	" cotton	7½
180	" silk	10
181	Umbrella frames	7½
182	Varnish	7½
183	Vegetables, fresh, dried and salted	5
184	Velvet, silk	20
185	Vermicelli	7½
186	Vermilion	10
187	Watches, and parts thereof, in common metal, nickel, or silver	10
188	" in gold or gilt	20
189	Wax, bees' or vegetable	7½
190	" cloth	7½
191	Wines in wood or bottle, all kinds	10
192	Wood and timber, soft	7½
193	" " hard	10
194	Wool, sheep's, raw	5
195	Woollen manufactures, all kinds	7½
196	Woollen and silk mixtures, all kinds	7½
197	Works of Art	20
198	Yarns, all kinds, in cotton, wool, hemp, &c.	5
	All unenumerated articles, raw or unmanufactured	5
	" " partly manufactured	7½
	" " completely manufactured	10

Foreign ships, when sold in Corea, will pay a duty of 25 cents per ton on sailing vessels and 50 cents per ton on steamers.

Prohibited Goods.

Adulterated drugs or medicines.

Arms, munitions, and implements of war, as ordnance or cannon, shot and shell, fire-arms of all kinds, cartridges, side-arms, spears or pikes, saltpetre, gunpowder, guncotton, dynamite, and other explosive substances. The Corean authorities will grant special permits for the importation of arms, fire-arms, and ammunition for purposes of sport or self defence on satisfactory proof being furnished to them of the bona fide character of the application.

Counterfeit coins of all kinds.

Opium, except medicinal opium.

Export Tariff.

Class I. — Duty free export goods; —

Bullion, being gold and silver refined; coins, gold and silver all kinds; plants, trees and shrubs, all kinds; samples, in reasonable quantity; travellers' baggage.

Class II. — All other native goods or productions not enumerated in Class I will pay an ad valorem duty of 5 per cent.

The exportation of red ginseng is prohibited.

Rules.

1. In the case of imported articles the ad valorem duties of this Tariff will be calculated on the actual cost of the goods at the place of production or fabrication, with the addition of freight, insurance, &c. In the case of export articles the ad valorem duties will be calculated on market values in Corea.

2. Duties may be paid in Mexican dollars or Japanese silver yen.

3. The above Tariff of import and export duties shall be converted, as soon as possible, and as far as' may be deemed desirable, into specific rates by agreement between the competent authorities of the two countries.

Harry S. Parkes.   Signature in Chinese of *Min Yŏng - Mok*, Corean Plenipotentiary.

Protocol.

The above-named Plenipotentiaries hereby make and append to this Treaty the following three declarations: —

1. With reference to Article III of this Treaty, it is hereby declared that the right of extra-territorial jurisdiction over British subjects in Corea granted by this Treaty shall be relinquished when, in the judgment of the British Government, the laws and legal procedure of Corea shall have been so far modified and reformed as to remove the objections which now exist to British subjects being placed under Corean jurisdiction, and Corean

Judges shall have attained similar legal qualifications and a similar independent position to those of British Judges.

2. With reference to Article IV of this Treaty, it is hereby declared that if the Chinese Government shall hereafter surrender the right of opening commercial establishments in the city of Hanyang, which was granted last year to Chinese subjects, the same right shall not be claimed for British subjects, provided that it be not granted by the Corean Government to the subjects of any other Power.

3. It is hereby declared that the provisions of this Treaty shall apply to all British Colonies, unless any exception shall be notified by Her Majesty's Government to that of Corea within one year from the date in which the ratifications of this Treaty shall be exchanged.

And it is hereby further stipulated that this Protocol shall be laid before the High Contracting Parties simultaneously with this Treaty, and that the ratification of this Treaty shall include the confirmation of the above three declarations, for which, therefore, no separate act of ratification will be required.

In faith of which the above-named Plenipotentiaries have this day signed this Protocol, and have thereto affixed their seals.

Done at Hanyang this twenty-sixth day of November, in the year eighteen hundred and eighty-three, corresponding to the twenty-seventh day of the tenth month of the four hundred and ninety-second year of the Corean era, being, the ninth year of the Chinese reign Kuang Hsü.

Harry S. Parkes.   Signature in Chinese of *Min Yŏng-Mok*, Corean
Plenipotentiary.

50.

TUNIS.

Décret du Bey relatif à l'abolition de la juridiction consulaire; en date du 5 mai 1883.

Parl. Paper [3843] 1884.

Par notre Décret du 10 Djoumadi-El-Tani, 1300, nous avons promulgué dans la Régence la Loi Française du 27 mars, 1883*), établissant des Tribunaux Français en Tunisie. Nous avons entendu que plusieurs des Puissances amies dont les Consuls, en vertu des Capitulations et des Traités passés avec nos prédécesseurs ont été investis de certains pouvoirs judiciaires, sont disposées à renoncer à ce privilège si leurs nationaux deviennent justiciables des Tribunaux Français récemment installés.

---

*) V. *Bulletin des lois*, XII⁰ Série, No. 766.

L'Article 2 de la Loi du 27 mars, 1888, nous permet d'étendre la compétence de ces Tribunaux avec l'assentiment du Gouvernement Français. Nous étant assuré de cet assentiment, nous prenons le Décret suivant: — Article unique. — Les nationaux des Puissances amies dont les Tribunaux Consulaires seront supprimés deviendront justiciables des Tribunaux Français dans les mêmes conditions que les Français eux-mêmes.

51.

GRANDE-BRETAGNE.

Ordre du Conseil en date du 31 décembre 1883, portant abolition de la juridiction consulaire dans la Régence de Tunis.

Parl. Paper [3843] 1884.

At the Court at Osborne House, Isle of Wight, the 31st day of December, 1883.

Present:
The Queen's Most Excellent Majesty.
His Royal Highness *Prince Leopold*, Duke of Albany.
Lord President.
Sir Henry Ponsonby.

Whereas by Treaty, Capitulation, grant, usage, sufferance, and other lawful means, Her Majesty the Queen has power and jurisdiction in the Regency of Tunis; and whereas the exercise of the power and jurisdiction aforesaid is now regulated by an Order of Her Majesty in Council, made the 12th day of December, 1873, and several amending Orders in Council, and by the Ottoman (Tunis) Order in Council of 1881, establishing Her Britannic Majesty's Court for Tunis; and whereas, by virtue of certain Laws of the French Republic and of certain Decrees of His Highness the Bey of Tunis, French Tribunals have been established in the Regency; and whereas, by a Decree of His Highness the Bey of Tunis, dated the 5th March, 1883, it is declared that the subjects of foreign Powers whose Consular Courts in the Regency shall be abolished, shall be justiciable by the said French Tribunals under the same conditions as French subjects; and whereas Her Majesty the Queen has consented to abandon her Consular jurisdiction, with a view to British subjects in the Regency becoming justiciable by the said French Tribunals under the same conditions as French subjects, and to the extent of the jurisdiction vested by law in the said Tribunals.

Now, therefore, Her Majesty, by virtue and in exercise of the Powers in this behalf by the Foreign Jurisdiction Acts, 1843 to 1878, or otherwise, in Her Majesty vested, is pleased, by and with the advice of Her Privy Council, to order, and it is hereby ordered as follows: —

As regards all such matters and cases as come within the jurisdiction of the said French Tribunals, the operation of the Orders in Council regulating Her Majesty's Consular jurisdiction in Tunis shall cease to be in force and operation within the Regency on and after the 1st day of January, 1884, except as regards any judicial matters pending in Her Britannic Majesty's Court for Tunis on the day above mentioned.

And the Right Honourable the Earl Granville, one of Her Majesty's Principal Secretaries of State, and the Lords Commissioners of the Treasury and the Lords Commissioners of the Admiralty are to give the necessary directions herein as to them may respectively appertain.

C. L. Peel.

52.

FRANCE, ITALIE.

Protocole signé à Rome, le 25 janvier 1884, pour régler les rapports mutuels entre les deux pays en ce qui concerne l'exercice de la juridiction à Tunis.

Raccolta delle leggi, Serie IIIa No. 2483.

La négociation pour le règlement des différentes questions se rattachant à la réforme projetée du régime juridictionnel en Tunisie ayant abouti à une entente complète, le présent protocole a été dressé en vue de résumer et de mieux fixer, à l'égard de chacune de ces questions, la teneur et la portée des arrangements que les cabinets de Paris et de Rome ont réciproquement pris en cette matière par des notes et autres pièces échangées, auxquelles au besoin ils se réfèrent. Les points suivants vont donc former, entre les deux gouvernements, la base de leurs rapports mutuels en ce qui concerne l'exercice de la juridiction à Tunis:

I. — Le gouvernement du Roi consent, avec réserve, bien entendu, de l'approbation parlementaire, à suspendre en Tunisie l'exercice de la juridiction des tribunaux consulaires italiens. La juridiction exercée par ces tribunaux sera transférée aux tribunaux récemment institués en Tunisie, dont S. A. le Bey a, par un décret du 5 mai 1883, étendu la compétence aux nationaux des Etats qui consentiraient à faire cesser de fonctionner leurs propres tribunaux consulaires dans la Régence.

II. — Sauf cette dérogation au régime actuel, il est expressément convenu que toutes les autres immunités, avantages et garanties assurés par les capitulations, les usages et les traités restent en vigueur.

La maintien de ces immunités et garanties est intégral envers les personnes et résidences consulaires; il doit, envers les particuliers, n'être assujetti qu'aux restrictions absolument nécessaires pour l'exécution en Tunisie des sentences que les nouveaux tribunaux rendront d'après la loi. Il n'est pas dérogé, quant à leur exécution en Italie, aux règles en vigueur pour l'exécution des jugements étrangers.

III. — Le consentement du gouvernement italien à la réforme projetée est subordonné à la condition que tous les autres gouvernements donneront également leur adhésion.

Toute concession, facilité ou faveur, qui serait en cette matière accordée à une autre puissance quelconque, devra de plein droit être étendue à l'Italie.

Le nouveau régime juridictionnel ne pourra être ultérieurement modifié qu'avec l'approbation explicite du gouvernement du Roi.

IV. — Les nouveaux tribunaux prendront pour règle l'application de la loi italienne:

1° pour les rapports juridiques qui se sont formés sous l'empire, en Tunisie, de la loi italienne dans l'intérêt des nationaux italiens;

2° pour les matières énoncées dans l'art. 22 du traité italo-tunisien du 8 septembre 1868*), à savoir: statut personnel et rapports de famille, successions, donations, et en général toutes les matières réservées par le droit international privé à la législation nationale de chaque étranger.

V. — Les protégés italiens en Tunisie sont, en matière de juridiction, complètement assimilés aux nationaux italiens.

VI. — La juridiction du tribunal consulaire italien devant intégralement passer au nouveau magistrat, il est convenu que ce dernier aura compétence aussi dans les matières de contentieux administratif en conformité de la loi italienne du 20 novembre 1865. Cette compétence n'ira pas jusqu'à remettre en question les arrangements financiers garantis par la France, l'Italie et l'Angleterre, ou bien les actes antérieurs du gouvernement tunisien; il appartient cependant aux nouveaux magistrats de se prononcer aussi sur toute controverse d'interprétation ou d'exécution de ces arrangements et de ces actes.

VII. — Il n'y aura, en Tunisie, envers les nationaux italiens d'autre juridiction que celle qui va être exercée à leur égard par les nouveaux tribunaux. Les auteurs d'attentats contre l'armée d'occupation cesseront d'être déférés aux conseils de guerre, et seront soumis à la juridiction des magistrats de droit commun dans les mêmes conditions qu'en France même.

VIII. — Dans les causes pénales contre un étranger, les trois assesseurs étrangers seront choisis dans la liste de ses nationaux; dans le cas où ceux-ci ne seraient pas en nombre suffisant, le choix se fera dans la liste d'une autre nationalité désignée par le prévenu lui-même.

Le droit de récusation appartiendra également au prévenu comme au ministère public.

Le prévenu, s'il le veut, peut toujours préférer des assesseurs français.

IX. — Si la peine capitale était prononcée par le nouveau tribunal,

*) V. *Archives diplomatiques*, 1878, II. 475.

en Tunisie, contre un sujet italien, l'attention du président de la République sera appelée d'une manière toute spéciale, en vue de l'instance en grâce pour la commutation de cette peine, sur l'état actuel de la législation, en Italie, à l'égard de la peine de mort.

X. — Le droit de plaider devant le nouveau tribunal est reconnu à tous ceux qui font ou qui, ayant les qualités voulues, pourraient faire partie d'un barreau en Italie.

Les avocats exerçant près du tribunal consulaire italien sont également admis, devant les nouveaux tribunaux, à l'exercice des fonctions de défenseur ou avoué, d'après l'art. 10. § 2, de la loi française du 27 mars 1883.

Pour les nationaux italiens qui aspireraient plus tard à l'exercice de ces fonctions, la condition des deux ans de stage, établie par l'arrêté ministériel français du 26 novembre 1841, pourra être remplie par le stage auprès d'un avocat ou procureur en Italie.

XI. — Les emplois subalternes au greffe des nouveaux tribunaux seront accessibles aux sujets italiens.

La situation des employés actuellement attachés au greffe du tribunal italien sera prise par la nouvelle administration judiciaire en bienveillante considération.

XII. — Les procès en appel devant la Cour de Gênes suivront devant ce magistrat et éventuellement devant les Cours supérieures, leur cours régulier jusqu'à ce que la procédure soit intégralement épuisée.

Les procès qui se trouveront, au moment de l'inauguration du nouveau régime, en cours devant les tribunaux consulaires italiens en Tunisie, continueront également à leur être soumis jusqu'à épuisement de la procédure, sauf le cas où, une transaction immédiate n'étant pas réalisable, les parties préféreraient une décision par arbitres, ou bien une autre méthode de procédure, agréée par les parties, qui pourrait dans l'intervalle être convenue entre les deux gouvernements.

Les affaires pendantes en voie diplomatique continueront à être l'objet de négociations diplomatiques, avec réserve cependant, en faveur du gouvernement italien, de réclamer l'adoption de toute autre méthode qui serait à ce sujet accordée à un autre gouvernement quelconque.

Fait à Rome, en double expédition, le 25 janvier 1884.

P. S. Mancini, Ministre des affaires étrangères d'Italie.
Albert Decrais, Ambassadeur de la République française.

53.

ITALIE.

Décret Royal en date du 21 juillet 1884, concernant la juridiction consulaire en Tunisie.

Raccolta delle leggi, Serie III^a No. 2527.

UMBERTO I.

Per grazia di dio e per volontà della nazione
Re d'Italia

Vista la legge 7 luglio 1884, n. 2483, serie 3.^a;

Udito il consiglio dei ministri;

Sulla proposta del Nostro ministro segretario di Stato per gli affari esteri;

Abbiamo decretato e decretiamo:

Art. 1. A decorrere dal 1.⁰ agosto prossimo cesserà per le nuove cause in Tunisia la giurisdizione consolare italiana, ed entrerà in vigore quella sancita con la citata legge 7 luglio 1884, secondo le condizioni e norme stipulate nel protocollo 25 gennaio 1884, annesso alla legge medesima.

Art. 2. Il predetto Nostro ministro segretario di Stato per gli affari esteri è autorizzato ad emettere tutti i provvedimenti necessarii per il passagio dal presente al nuovo regime, ed in genere per la esecuzione della legge 7 luglio 1884 e del presente Nostro decreto.

Ordiniamo che il presente decreto, munito del sigillo dello Stato, sia inserto nella raccolta ufficiale delle leggi e dei decreti del Regno d'Italia, mandando a chiunque spetti di osservarlo e di farlo osservare.

Dato a Torino, addì 21 luglio 1884.

Umberto.
Mancini.

54.

ALLEMAGNE.

Décret Impérial portant abolition de la juridiction consulaire dans la Régene de Tunis; en date du 21 janvier 1884.

Deutsches Reichsgesetzblatt, 1884 No. 4.

Wir Wilhelm, von Gottes Gnaden Deutscher Kaiser, König von Preussen etc.

verordnen auf Grund des Gesetzes, betreffend die Konsulargerichtsbarkeit

in Tunis vom 27. Juli 1883 (Reichs-Gesetzbl. S. 263) im Namen des
Reichs, nach erfolgter Zustimmung des Bundesraths, was folgt:

§. 1. Die dem Konsul des Deutschen Reichs in Tunis für die Regentschaft Tunis zustehende Gerichtsbarkeit wird vom 1 Februar 1884 ab mit
der Massgabe ausser Uebung gesetzt, dass die deutschen Reichsangehörigen
und Schutzgenossen in der Regentschaft Tunis von diesem Tage ab der
Gerichtsbarkeit der von Frankreich in der Regentschaft eingesetzten Gerichte
unterworfen sind.

§. 2. Die am 1. Februar 1884 bei dem Konsulargerichte anhängigen
bürgerlichen Rechtsstreitigkeiten und Strafsachen werden von diesem nach
den bisherigen Vorschriften erledigt.

Anhängige bürgerliche Rechtsstreitigkeiten können jedoch auf den übereinstimmenden Antrag der Parteien an die von Frankreich eingesetzten
Gerichte abgegeben werden.

Urkundlich unter Unserer Höchsteigenhändigen Unterschrift und beige-
drucktem Kaiserlichen Insiegel.

Gegeben zu Berlin, den 21. Januar 1884.

Wilhelm.

von Boetticher.

55.

AUTRICHE - HONGRIE.

Décret Impérial portant abolition de la juridiction consulaire dans la Régence de Tunis; en date du 30 mai 1884.

Oesterr. Reichsgesetzblatt 1884, No. 83.

Kaiserliche Verordnung vom 30. mai 1884,

wodurch auf Grund des Gesetzes vom 22. April 1884 (R. G. Bl. Nr. 62)
und mit Wirksamkeit für die im Reichsrathe vertretenen Königreiche und
Länder die Ausübung der den Konsuln der österreichisch-ungarischen Monarchie in Tunis zustehenden Gerichtsbarkeit in Straf- und bürgerlichen
Rechtssachen eingestellt und den dort eingesetzten französischen Gerichten
überlassen wird.

§. 1. Die Konsuln der österreichisch-ungarischen Monarchie in Tunis
haben die Ausübung der ihnen in der Regentschaft Tunis zustehenden Gerichtsbarkeit in Strafsachen, dann in bürgerlichen und Handelsangelegenheiten, sowohl im Erkenntniss-, als im Vollstreckungsverfahren insoweit ein-
zustellen und den daselbst durch das französische Gesetz vom 27. März 1883
eingesetzten französischen Gerichten zu überlassen, als der Wirkungskreis
dieser Gerichte sich auf die Ausübung der erwähnten Gerichtsbarkeit erstreckt.

Strafsachen, welche mit dem Zeitpunkte der erwähnten Einstellung bei den bezeichneten Consulaten noch anhängig sind, sind bei denselben zu Ende zu führen; dasselbe gilt von anhängigen Streitsachen in bürgerlichen und Handelsangelegenheiten, sofern deren Beendigung nicht auf übereinstimmenden Antrag beider Parteien den französischen Gerichten überlassen wird.

§. 2. Im Uebrigen wird durch die gegenwärtige Verordnung an der amtlichen Stellung, den Privilegien, den Immunitäten und den Vertretungsrechten der erwähnten Consuln, sowie an den auf Verträgen und Gewohnheiten beruhenden Rechten der österreichischen und ungarischen Staatsangehörigen und Schutzbefohlenen in Tunis nichts geändert.

§. 3. Diese Verordnung tritt am 1. Juli 1884 in Wirksamkeit und ist mit dem Vollzuge derselben Mein Justizminister beauftragt.

Wien, den 30. Mai 1884.

Frans Joseph m. p.

Taaffe m. p. *Pražák m. p.*

56.

ALLEMAGNE, ÉTATS-UNIS D'AMÉRIQUE, GRANDE-BRETAGNE, SAMOA.

Convention concernant l'administration de la ville et du district d'Apia; signée à Apia, le 2 septembre 1879*).

Parl. Paper [2748] 1881.

Texte anglais.

Her Majesty the Queen of the United Kingdom of Great Britain and Ireland, and the King and Government of Samoa, being desirous to make better provision for the good government of the town and district of Apia, and the preservation of peace and good order therein, as well as for the maintenance of its neutrality, should internal disturbances unhappily take place in the Samoan State, have determined to conclude a Convention for that purpose, and have named as their Plenipotentiaries: —

Her Majesty the Queen of the United Kingdom of Great Britain and Ireland, &c.:

The Honourable Sir Arthur Hamilton Gordon, Knight Grand Cross of the Most Distinguished Order of St. Michael and St. George, Her Majesty's High Commissioner and Consul-General for the Western Pacific, Governor of Fiji; and

---

*) Ci-dessus le texte original de cette Convention, dont nous avons publié une traduction allemande N. R. G. 2e Série, VI. 409. Les ratifications ont été échangées à Malinuu, le 27 août 1880.

Alfred Percival Maudslay ,Esquire, one of Her Majesty's Deputy Commissioners for the Western Pacific;

And the King and Government of Samoa;

The High Chief Malietoa Laupepa; and

The High Chief Saga:

Who having met and conferred with the Representatives at Apia of other nations having entered into Treaty relations with Samoa: that is to say, Corvetten-Capitain F. Mensing, Imperial German Navy, commanding His Imperial German Majesty's gun-vessel »Albatross;« Theodor Weber, Esquire, Imperial German Consul for Samoa and Tonga; Captain R. Chandler, United States' Navy, commanding United States' ship »Lackawanna;« and Thomas M. Dawson, Esquire, Consul of the United States of America at Apia, have, in conjunction with them, agreed upon and concluded the following Articles:—

Art. I. The space comprised within the following limits, that is to say, commencing at Vailoa, passing thence along the coast to the mouth of the Fulnasa River, thence up the course of the River Fulnasa to the point at which the Alafuala road crosses such river, thence along the said road to the point where it reaches the River Vaisigo, and thence, in a straight line, to the point of commencement at Vailoa, shall constitute and be known as the town and district of Apia. The waters of the harbour of Apia are also comprehended within the district.

Art. II. Such town and district shall be placed under the government of a Municipal Board, consisting of those foreign Consuls resident in Apia whose nations have entered into Treaty relations with Samoa. Representatives of every such nation, having a Consul in Samoa, shall, at a future period, be added to the said Board, and shall be chosen in such manner, and exercise such functions, as may be provided by regulations to be hereafter agreed upon and published by the said Board.

Art. III. The Municipal Board shall have power to make and enforce Regulations and Byelaws with regard to police and good order, public works, sanitary regulations, the issue of licenses, the imposition of harbour regulations, the prevention of the sale and supply of spirituous liquors to Samoans and other islanders of the Pacific Ocean, and other similar matters, within the said district, and such regulations shall be binding upon all persons within the said district, and may be enforced by penalties not exceeding 200 dollars fine, or imprisonment with hard labour for a period not exceeding six months, or both fine and imprisonment not exceeding the before-mentioned penalties.

Art. IV. The Municipal Board of Apia may, for the purpose of defraying expenses incurred under the above Article, levy rates upon the occupiers of houses or lands within the district of Apia, not exceeding 5 per cent. annually, on the annual assessed value of such premises as calculated on the presumed rental valuation thereof, or 1 per cent. annually on the real value of such property.

Art. V. All offences against the regulations of the Municipal Board, by whomsoever committed, shall be tried by a magistrate to be appointed by the Board.

Art. VI. If a subject or citizen of any of the Contracting Parties in Apia be charged with an offence against the laws of his own country, he shall be tried according to the jurisdiction provided therefor by the legislation of the nation to which he belongs, or according to the stipulations of Treaty concluded between his nation and Samoa.

Art. VII. Every Samoan subject charged with a criminal offence within the limits of the district of Apia, other than an offence against the municipal regulations, shall be liable to trial by the magistrate appointed under the provisions of Article V, in conjunction with a Samoan magistrate.

Art. VIII. The foregoing Articles shall in no way prejudice the territorial integrity of Samoa, and the Samoan flag shall be hoisted at such place of meeting of the Municipal Board as may be permanently adopted.

Art. IX. In case of civil war, the town and district of Apia, and the adjacent districts comprised between the boundaries of the town and district of Apia and Letogo, Tiapepe Point, and Siusega shall be considered as neutral territory, and the Municipal Board may frame and issue such regulations as may be considered necessary for the support and maintenance of such neutrality.

Art. X. The present Convention shall be revised at the end of four years from its date, and if the internal state of Samoa at that time will happily admit thereof, without prejudice to the interests of foreign residents in Samoa, the powers conferred by the present Convention upon the Municipal Board of Apia shall cease and determine, and the district again pass under the control and authority of the Samoan Government, or such other authority as may be agreed upon between the Samoan Government and the High Contracting Parties.

Art. XI. The Representatives of the Imperial German Government, in virtue of the powers accorded to them by the VIIIth Article of the Treaty concluded between His Imperial Majesty the German Emperor and the Government of Samoa on the 24th day of January last past*), accede and agree to the present Convention, on behalf of the Imperial German Government, subject to the conditions of the said Article.

Art. XII. The Representatives of the United States' Government provisionally accede and assent to the present Convention, on behalf of the Government of the United States, subject to the approval of that Government.

Art. XIII. The present Convention shall be ratified, and the ratifications exchanged at Apia within one year from the date thereof.

In witness whereof we have signed the same and affixed thereto our seals.

Done at Apia this second day of September, in the year of our Lord one thousand eight hundred and seventy-nine.

Malietoa Laupepa. Saga le Auauua. Arthur Gordon. Alfred P. Maudslay.
F. *Mensing*, Corvetten-Capitain. 	T. *Weber*, Imperial German Consul.
R. *Chandler*, Captain, United States' Navy, Commanding United States'
ship »Lackawanna.« 	*Thomas M. Dawson.*

---

*) V. N. R. G. 2 Série, IV. 481.

Rr2

56bis.

ALLEMAGNE, ÉTATS-UNIS D'AMÉRIQUE, GRANDE-BRETAGNE, SAMOA.

Convention additionnelle à la Convention d'Apia du 2 sept. 1879*); signée à Samoa, le 29 septembre 1883.

Parl. Paper [4276] 1885.

Whereas the Convention concluded between the Representatives of the three Great Powers having Treaty relations with Samoa and the King and Government of Samoa, dated the 2nd September, 1879, provides in Article X as follows: —

»The present Convention shall be revised at the end of four years from its date, and (if the internal state of Samoa will happily admit thereof without prejudice to the interests of the foreign residents of Samoa), the powers conferred by the present Convention upon the Municipal Board of Apia shall then cease and determine, and the district again pass under the control and authority of the Samoan Government, or such other authority as may be agreed upon between the Samoan Government and the High Contracting Parties.«

Whereas the undersigned Representatives of the nations having entered into Treaty relations with Samoa are, of one accord, of opinion that the cessation of the powers conferred by the above-named Convention upon the Municipal Board of Apia would be prejudicial to the interests of the foreign residents of Samoa.

And whereas the Government of Samoa has expressed no wish for any revision in accordance with Article X.

It has been agreed between His Majesty Malietoa, King of Samoa, and the before-named Representatives, that the revision provided for in Article X shall be postponed, and that the Convention shall remain in force without change until such time as the internal state of Samoa will happily admit of the district again passing under the control of the Samoan Government, as conditioned in Article X.

In witness whereof we have hereunto set our signatures and seals this 29th day of September, 1883.

Malietoa Laupepa, Le Tupu (King), Selu.   *T. Canisius*, United States' Consul.   *Dr. Stuebel*, German Consul, pro tem.
W. B. Churchward, Acting British Consul.

---

*) V. ci-dessus, No. 56.

57.

AUTRICHE-HONGRIE, GRANDE-BRETAGNE. NICARAGUA.

Sentence arbitrale rendue, en date du 2 juillet 1881, par S. M. l'Empereur François-Joseph touchant l'interprétation du Traité conclu à Managua, le 28 janv. 1860 *), entre la Grande-Bretagne et la République de Nicaragua.

Parl. Paper [3057] 1881.

Wir, Franz Joseph der Erste, von Gottes Gnaden Kaiser von Oesterreich, König von Böhmen, &c., und Apostolischer König von Ungarn, &c.: Haben, nachdem die Regierungen Ihrer Britischen Majestät und der Republik Nicaragua übereingekommen sind, die unter ihnen streitige Frage der Auslegung einiger Artikel des am 28. Jänner, 1860, zu Managua zwischen ihnen geschlossenen Vertrages Unserer schiedsrichterlichen Entscheidung zu unterstellen, und Wir Uns bereit erklärt haben, das Amt eines Schiedsrichters in dieser Angelegenheit auszuüben, — auf Grund eines von drei durch Uns berufenen Rechtsverständigen Uns erstatteten Gutachtens den nachstehenden Schiedsspruch gefällt:

Art. I. Die in Artikel I und II des Vertrages von Managua ddo. 28. Jänner, 1860, anerkannte Souveränität der Republik Nicaragua ist in Ansehung des durch Artikel II dieses Vertrages den Mosquito-Indianern zugewiesenen Gebietes nicht eine volle und unbeschränkte, sondern eine durch die den Mosquito-Indianern im Artikel III dieses Vertrages zugestandene Autonomie (»self-government«) eingeschränkte.

Art. II. Die Republik Nicaragua ist berechtigt, zur Ersichtlichmachung ihrer Souveränität auf dem den Mosquito-Indianern zugewiesenen Gebiete die Fahne der Republik aufzupflanzen.

Art. III. Die Republik Nicaragua ist berechtigt, zur Wahrnehmung ihrer Souveränitätsrechte in dem den Mosquito-Indianern zugewiesenen Gebiete einen Commissär zu bestellen.

Art. IV. Den Mosquito-Indianern ist es gestattet, auch fernerhin ihre eigene Flagge zu führen, sie müssen jedoch mit derselben ein Emblem der Souveränität der Republik Nicaragua verbinden.

Art. V. Die Republik Nicaragua ist nicht berechtigt, Concessionen zur Gewinnung von Naturprodukten des den Mosquito-Indianern zugewiesenen Territoriums zu ertheilen. Dieses Recht steht der Mosquito-Regierung zu.

Art. VI. Die Republik Nicaragua ist nicht berechtigt, den Handel der Mosquito-Indianer zu regeln und von Waaren, welche in das den Mosquito-Indianern vorbehaltene Gebiet eingeführt, oder aus demselben ausgeführt werden, Einfuhr- oder Ausfuhrzölle zu erheben. Dieses Recht steht der Mosquito-Regierung zu.

---

*) V. N. R. G. XVI. 2ᵉ Partie, p. 374.

Art. VII. Die Republik Nicaragua ist schuldig, die Rückstände der im Artikel V des Vertrages von Managua den Mosquito-Indianern zugesicherten Jahresrente im Betrage von 30,859 dol. 3 c. denselben auszubezahlen. Zu diesem Ende ist die von der Republik Nicaragua in der Bank von England deponirte Summe von 30,859 dol. 3 c. sammt den mittlerweile daselbst aufgelaufenen Zinsen der Regierung Ihrer britischen Majestät auszufolgen.

Die Republik Nicaragua ist nicht schuldig, Verzugszinsen von der rückständigen Summe zu bezahlen.

Art. VIII. Die Republik Nicaragua ist nicht berechtigt, von Waaren, welche in das Gebiet des Freihafens San Juan del Norte (»Greytown«) eingeführt, oder aus demselben ausgeführt werden, Ein- oder Ausfuhrzölle zu erheben.

Die Republik Nicaragua ist jedoch berechtigt, von Waaren, bei ihrem Uebertritt aus dem Gebiete des Freihafens San Juan del Norte (»Greytown«) in das Gebiet der Republik Einfuhrzölle und bei ihrem Uebertritt aus dem Gebiete der Republik in das Gebiet des Freihafens San Juan del Norte (Greytown«) Ausfuhrzölle zu erheben.

Urkundlich dessen Unsere höchsteigenhändige Unterschrift und beigedrücktes Kaiserliches Insiegel.

Gegeben Wien, am 2. Juli, 1881.

Frans-Josef.

58.

BOLIVIE, CHILI.

Convention d'armistice signée à Valparaiso, le 4 avril 1884; suivie d'un Protocole additionnel signé le 8 avril, ainsi que d'un Procès-verbal d'échange des ratifications en date du 29 novembre 1884.

»Diario oficial de la República de Chile«, 4 déc. 1884.

1. Pacto de tregua entre Chile i Bolivia.

Miéntras llega la oportunidad de celebrar un tratado definitivo de paz entre las Repúblicas de Chile i Bolivia, ámbos Paises, debidamente representados, el primero por el señor Ministro de Relaciones Esteriores don Aniceto Vergara Albano, i el segundo por los señores don Belisario Salinas i don Belisario Boeto, han convenido en ajustar un Pacto de Tregua en conformidad a las bases siguientes:

Primera. Las Repúblicas de Chile i Bolivia celebran una tregua indefinida; i, en consecuencia, declaran terminado el estado de guerra, al cual no podrá volverse sin que una de las Partes Contratantes notifique a la otra, con anticipacion de un año a los ménos, su voluntad de renovar las hostilidades. La notificacion, en este caso, se hará directamente o por el conducto del representante diplomático de una nacion amiga.

Segunda. La República de Chile, durante la vijencia de esta tregua, continuará gobernando con sujecion al réjimen político i administrativo que establece la lei chilena, los territorios comprendidos desde el paralelo 23 hasta la desembocadura del rio Loa en el Pacífico, teniendo dichos territorios por límite oriental una línea recta que parta de Sapalegui, desde la interseccion con el deslinde que los separa de la República Arjentina, hasta el volcan Licancaur. Desde este punto seguirá una recta a la cumbre del volcan apagado Cabana. De aquí continuará otra recta hasta el ojo de agua que se halla mas al sur en el lago Ascotan; i de aquí otra recta que, cruzando a lo largo dicho lago, termine en el volcan Ollagua. Desde este punto otra recta al volcan Tua, continuando despues la divisoria existente entre el departamento de Tarapacá i Bolivia.

En caso de suscitarse dificultades, ámbas partes nombrarán una comision de injenieros que fije el límite que queda trazado con sujecion a los puntos aquí determinados.

Tercera. Los bienes secuestrados en Bolivia a nacionales chilenos por decretos del Gobierno o por medidas emanadas de autoridades civiles i militares, serán devueltos inmediatamente a sus dueños o a los representantes constituidos por ellos con poderes suficientes.

Les será igualmente devuelto el producto que el Gobierno de Bolivia haya recibido de dichos bienes, i que aparezca justificado con los documentos del caso.

Los perjuicios que por las causas espresadas o por la destruccion de sus propiedades hubieren recibido los ciudadanos chilenos, serán indemnizados en virtud de las jestiones que los interesados entablaren ante el Gobierno de Bolivia.

Cuarta. Si no se arribase a un acuerdo entre el Gobierno de Bolivia i los interesados, respecto del monto e indemnizacion de los perjuicios i de la forma del pago, se someterán los puntos en disidencia al arbitraje de una comision compuesta de un miembro nombrado por parte de Chile, otro por la de Bolivia i de un tercero que se nombrará en Chile, de comun acuerdo, de entre los representantes neutrales acreditados en este pais. Esta designacion se hará a la posible brevedad.

Quinta. Se restablecen las relaciones comerciales entre Chile i Bolivia. En adelante los productos naturales chilenos i los elaborados con ellos se internarán en Bolivia libres de todo derecho aduanero, i los productos bolivianos de la misma clase i los elaborados del mismo modo, gozarán en Chile de igual franquicia, sea que se importen o esporten por puertos chilenos.

Las franquicias comerciales de que respectivamente hayan de gozar los productos manufacturados chilenos i bolivianos, como la enumeracion de estos mismos productos, serán materia de un protocolo especial.

La mercadería nacionalizada que se introduzca por el puerto de Arica, será considerada como mercadería estranjera para los efectos de su internacion.

La mercadería estranjera que se introduzca a Bolivia por Antofagasta tendrá tránsito libre, sin perjuicio de las medidas que el Gobierno de Chile pueda tomar para evitar el contrabando.

Miéntras no haya convencion en contrario, Chile i Bolivia gozarán de las ventajas i franquicias comerciales que una u otra puedan acordar a la nacion mas favorecida.

Sesta. En el puerto de Arica se cobrará conforme al arancel chileno los derechos de internacion por las mercaderías estranjeras que se destinen al consumo de Bolivia, sin que ellas puedan ser en el interior gravadas con otro derecho. El rendimiento de esa aduana se dividirá en esta forma: Un veinticinco por ciento se aplicará al servicio aduanero i a la parte que corresponde a Chile por el despacho de mercaderías para el consumo de los territorios de Tacna i Arica, i un setenta i cinco por ciento para Bolivia. Este setenta i cinco por ciento se dividirá por ahora de la manera siguiente: Cuarentavas partes se retendrán por la administracion chilena para el pago de las cantidades que resulte adeudarse por Bolivia en las liquidaciones que se practiquen, segun la cláusula tercera de este pacto, i para satisfacer la parte insoluta del emprésito boliviano levantado en Chile en 1867; i el resto se entregará al Gobierno boliviano en moneda corriente o en letras a su órden. El empréstito será considerado en su liquidacion i pago en iguales condiciones que los damnificados en la guerra.

El Gobierno boliviano cuando lo crea conveniente, podrá tomar conocimiento de la contabilidad de la aduana de Arica por sus ajentes aduaneros.

Una vez pagadas las indemnizaciones a que se refiere el artículo 3.º, i habiendo cesado por este motivo la retencion de las cuarentavas partes antedichas, Bolivia podrá establecer sus aduanas interiores en la parte de su territorio que lo crea conveniente. En este caso, la mercadería estranjera tendrá tránsito libre por Arica.

Sétima. Los actos de las autoridades subalternas de uno i otro pais que tiendan a alterar la situacion creada por el presente Pacto de Tregua, especialmente en lo que se refiere a los límites de los territorios que Chile continúa ocupando, serán reprimidos o castigados por los Gobiernos respectivos, procediendo de oficio o a requisicion de parte.

Octava. Como el propósito de las partes contratantes, al celebrar este pacto de tregua, es preparar i facilitar el ajuste de una paz sólida i estable entre las dos Repúblicas, se comprometen recíprocamente a proseguir las jestiones conducentes a este fin.

Este pacto será ratificado por el Gobierno de Bolivia en el término de cuarenta dias, i las ratificaciones canjeadas en Santiago en todo el mes de junio próximo.

En testimonio de lo cual el señor Ministro de Relaciones Esteriores de Chile i los señores Plenipotenciarios de Bolivia, que exhibieron sus respectivos poderes, firman por duplicado el presente Tratado de Tregua en Valparaiso, a cuatro dias del mes de abril de mil ochocientos ochenta i cuatro.

A. Vergara Albano.   *Belisario Salinas.*   *Belisario Boeto.*

2. Protocolo Adicional al Pacto de Tregua entre Chile
i Bolivia.

En Valparaiso, a los ocho dias del mes de abril de mil ochocientos
ochenta i cuatro, reunidos en la Sala de Despacho de Relaciones Esteriores, el señor Ministro del ramo i los señores Enviados de Bolivia, espu-
sieron éstos: que despues de haber firmado el Pacto de Tregua, hacian
notar que el plazo designado para el canje de las ratificaciones era estrecho,
en razon a que el Congreso de Bolivia abria sus sesiones anuales en el
mes de agosto, i ántes de esa época seria mui difícil conseguir se reuniese.

Que solicitaban, por tanto, que el término para dicho canje se am-
pliase hasta el próximo mes de setiembre inclusive, sin perjuicio de que,
si por cualquiera circunstancia, funcionase ántes el Congreso boliviano, se
someteria a su conocimiento el Pacto de Tregua; i que, en cuanto a la
aprobacion de éste por parte del Gobierno, creian que se obtendria en el
término designado; hecho lo cual juzgaban que no habria inconveniente
para que dicho Pacto pudiera desde luego ejecutarse.

El señor Ministro de Relaciones Esteriores contestó: que, dadas las
esplicaciones i consideraciones espuestas, deferia gustoso a la indicacion de
los señores Ministros Plenipotenciarios de Bolivia.

En seguida, espuso el señor Ministro de Relaciones Esteriores que,
segun las versiones diversas que se atribuian a la cláusula seste, en la
parte que se refiere a la division que por ahora se hace del setenta i cinco
por ciento correspondiente a Bolivia, podia interpretársela en un sentido
contrario a la voluntad de las Partes Contratantes, i que para evitar toda
dificultad en adelante, creia necesario que se déclarase que del total de la
entrada aduanera de Arica, correspondia veinticinco por ciento al Gobierno
de Chile, cuarenta por ciento para las indemnizaciones de que habla la
cláusula tercera i pago del empréstito boliviano de 1867, i treinta i cinco
por ciento al Gobierno de Bolivia, resultando de este modo completa la
unidad de ciento que se tomaba como punto de partida.

Los señores Ministros de Bolivia espresaron que estaban conformes
con esta declaracion, pues é se era el espíritu de la cláusula sesta i lo con-
ferencias que precedieron al Pacto de Tregua.

Se acordó, por último, suscribir el presente Protocolo Complementario
del Pacto de Tregua, firmándose al efecto dos ejemplares del mismo tenor.

A. Vergara Albano.   *Belisario Salinas.*   *Belisario Boeta.*

3.

Reunidos en la Sala de Despacha del Departamento de Relaciones
Esteriores de Chile, el señor Aniceto Vergara Albano, Ministro de Relaciones Esteriores de la República, i el señor Filiberto Herrera, Plenipotenciario ad hoc del Gobierno de Bolivia, con el objeto de proceder al
canje de las ratificaciones del Tratado de Tregua i Protocolo Adicional,
concluidos entre ámbas Repúblicas en los dias cuatro i ocho de abril del

presente año, el señor Vergara Albano espuso: que, prorogado oportunamente por ámbos Gobiernos, con la autorizacion de los respectivos Congresos, por un período de sesenta dias, el plazo señalado en el Protocolo Adicional para verificar el canje, i estando dentro del término el dia de la fecha, se hallaba en aptitud de proceder a esa operacion, a cuyo efecto presentó el instrumento auténtico de ratificacion de Su Excelencia el Presidente de la República de Chile.

Por su parte, el señor Herrera, reproduciendo i confirmando lo espuesto por el señor Ministro de Relaciones Esteriores acerca de la habilitacion del plazo para el canje, exhibió, a su vez, el instrumento auténtico de la ratificacion de Su Excelencia el Presidente de la República de Bolivia i los plenos poderes que acreditan la representacion de que, para este caso, se encuentra investido.

Encontrados estos últimos en buena i debida forma, dióse lectura a todas i cada una de las estipulaciones del Tratado de Tregua i Protocolo Adicional que aparecen incorporados en el testo de las dos ratificaciones.

Demostrada su perfecta conformidad i exactitud, i encontrándose cumplidas en ámbos instrumentos las formalidades esternas requeridas, el Ministro de Relaciones Esteriores de Chile, señor Vergara Albano, puso en manos del Plenipotenciario ad hoc de Bolivia, señor Herrera, la ratificacion de Su Excelencia el Presidente de la República de Chile, i recibió, a su turno, de este último, la ratificacion de Su Excelencia el Presidente de la República de Bolivia.

En fé de lo cual el Ministro de Relaciones Esteriores de Chile i el Plenipotenciario ad hoc de Bolivia han firmado i sellado, en doble ejemplar, la presente acta, en Santiago, a veintinueve dias del mes de noviembre del año de mil ochocientos ochenta i cuatro.

   A. Vergara Albano.   *Filiberto Herrera.*

59.

ALLEMAGNE, AUTRICHE-HONGRIE, FRANCE, GRANDE-BRETAGNE, ITALIE ROUMANIE, RUSSIE, TURQUIE.

Règlement concernant la perception des taxes sanitaires par la Caisse de navigation de Soulina; arrêté par la Commission Européenne du Danube, à Galatz, le 16 novembre 1882.

Trattati e Convenzioni, IX. 62.

Art. 1er. La Caisse de navigation de Soulina est chargée de percevoir les taxes sanitaires, conformément aux règlements en vigueur et aux indications qui lui sont données, pour chaque bâtiment, par le directeur de l'office de santé de Soulina.

Cette perception s'effectue, en même temps que celle des droits de navigation prélevés, pour la Commission Européenne, lorsque les bâtiments sortent du port de Soulina, pour prendre la mer.

Le paiement des amendes encourues par les bâtiments, pour contravention aux règlements sanitaires, est également effectué à la Caisse de navigation.

Art. 2. Lorsqu'un bâtiment étant prêt à prendre la mer, les formalités sanitaires ont été remplies en ce qui le concerne, l'Office de santé transmet à la Caisse de navigation un bulletin, détaché d'un registre à souche et indiquant:

Le nom et la nationalité du bâtiment, et les noms du capitaine.

Ce bulletin indique en outre:

Le taux de la taxe à payer par tonneau de jauge, et le montant des amendes qui auraient été encourues par le bâtiment pour contravention sanitaire.

Le bulletin est pourvu d'un numéro d'ordre, il est daté et signé par le directeur de l'office de santé.

Art. 3. La Caisse de navigation liquide le montant de la taxe à payer par chaque bâtiment, suivant les indications du bulletin transmis par l'office de santé et sur la base du tonnage qui aura servi à liquider les droits de navigation dus par ce même bâtiment.

Elle délivre au capitaine, après le paiement, une quittance reproduisant toutes les indications du bulletin dont il est parlé à l'article 2 ci-dessus, et constatant, en outre, le montant de la somme payée, tant pour taxe sanitaire, que pour amendes.

Cette quittance porte, outre son numéro d'ordre, le numéro de l'estampille apposée à l'entrée sur le rôle d'équipage du bâtiment; elle est datée et signée par le directeur de la Caisse de navigation.

Art. 4. La quittance délivrée par la Caisse de navigation est détachée d'un registre dont la souche porte également un talon destiné à être remis à l'Office de santé, pour servir de contrôle des perceptions sanitaires effectuées par la Caisse.

Ce talon, portant le même numéro et la même date que la quittance, est signé par le directeur de la Caisse de navigation et contient les indications suivantes:

le numéro d'ordre du bulletin dressé en exécution de l'art. 2 ci-dessus,

le numéro de l'estampille de la Caisse de navigation,

le nom et la nationalité du bâtiment,

les noms du capitaine,

le chiffre du tonnage imposable,

le montant des sommes payées, tant pour taxes sanitaires que pour amendes.

Art. 5. La Caisse de navigation inscrit sur son registre de sortie, dans trois colonnes disposées à cet effet, et en regard du nom des bâtiments:

le chiffre de la taxe sanitaire de tonnage,

celui des amendes, s'il en a été payé,
et le numéro d'ordre du bulletin de l'Office de santé, dont il
est parlé à l'art. 2.

Art. 6. Les dépenses de l'office de santé de Soulina sont payées par
la Caisse de navigation, dans la limite des sommes portées au budget de
cet office, et sur les assignations émises par le directeur de l'office.

A cet effet, le budget de l'office de santé est communiqué, chaque
année, à la Caisse de navigation, par l'organe de la Commission Européenne du Danube.

Les assignations émises par le Directeur de l'office sanitaire portent
un numéro d'ordre; elles sont datées et signées par le directeur: elles
indiquent le nom de la partie prenante, l'article du budget sur lequel la
dépense est imputable et elles énoncent, en toutes lettres, le montant de
la somme à payer.

Elles sont acquittées par le titulaire au moment du paiement, et
restent déposées à la Caisse de navigation.

Fait à Galatz, le 16 novembre 1882.

N. Revest.   Camille Barrère.   Percy Sanderson.   Ch. de Boleslawski.
Pencovici.   A. Romanenko.   Const. St. Carathéodory.

60.

ALLEMAGNE, AUTRICHE-HONGRIE, FRANCE, GRANDE-BRETAGNE, ITALIE, RUSSIE, TURQUIE.

Déclaration concernant le maintien provisoire de la Commission
Européenne du Danube; signée à Londres, le 23 avril 1883.

Trattati e Convensioni, IX. 218.

Les Puissances signataires des Traités du 13 juillet 1878 et du 10
mars 1883*), désirant ne laisser subsister aucun doute sur le maintien
de la Commission Européenne du Danube entre le 24 avril 1883 et la
date de l'échange des ratifications du Traité du dix mars 1883;
les plénipotentiaires d'Italie, d'Allemagne, d'Autriche-Hongrie, de la
République française, de la Grande-Bretagne et d'Irlande, de la Russie
et de la Turquie se sont réunis aujourd'hui en conférence au Foreign Office
à Londres, et ont arrêté la Déclaration suivante:

Les Puissances signataires du Traité du 13 juillet 1878, s'étant mis
d'accord aux termes de l'article 54 dudit Traité, sur la prolongation des
pouvoirs de la Commission Européenne du Danube et sur les modifications

---

*) V. N. R. G. 2e Série, III. 449; IX. 392.

nécessaires à y introduire, il est entendu que la Commission Européenne du Danube est maintenue dans ses fonctions et dans l'exercice de tous ses pouvoirs tels qu'ils existaient à la date du Traité du 10 mars 1883, jusqu'à la date de l'échange des ratifications de ce dernier Traité.

En foi de quoi les dits plénipotentiaires ont signé la présente Déclaration et y ont apposé le sceau de leurs armes.

Fait à Londres, le 28 avril 1883.

Nigra.   *Münster.*   *Károlyi.*   *Tissot.*   *Granville.*
        Mohrenheim.   *Musurus.*

61.

SALVADOR, SUISSE.

Traité d'amitié, d'établissement et de commerce signé à Berne, le 30 octobre 1883 *).

Eidgenöss. Gesetzsammlung, N. F. VII. 745.

Le Conseil fédéral de la Confédération suisse et le Gouvernement de la République du Salvador, animés du désir d'établir et de resserrer les les liens d'amitié entre les · deux pays, ainsi que d'accroître par tous les moyens à leur disposition les relations commerciales entre leurs citoyens respectifs, ont résolu de conclure entre eux un traité d'amitié, d'établissement et de commerce et ont à cet effet nommé pour leurs plénipotentiaires, savoir:

Le Conseil fédéral suisse:

    Monsieur le conseiller fédéral Adolphe Deucher, Chef du département de justice et police,

et

Le Gouvernement de la République du Salvador,

    Monsieur Don Carlos Gutierrez,

lesquels, après s'être communiqué leurs pleins pouvoirs respectifs, trouvés en bonne et due forme, ont arrêté et signé les articles suivants:

Art. I. Il y aura entre la Suisse et la république du Salvador paix perpétuelle et liberté réciproque d'établissement et de commerce.

Les ressortissants de chacun des deux états seront reçus et traités dans l'autre, pour leurs personnes et leurs propriétés, de la même manière que le sont ou pourront l'être, à l'avenir, les nationaux eux-mêmes. Les citoyens de chacun des deux états contractants pourront librement, sur les territoires respectifs et en se conformant aux lois du pays, voyager ou

---

*) Les ratifications ont été échangées à Berne, le 30 oct. 1884.

séjourner, commercer tant en gros qu'en détail, exercer toute profession
ou industrie, louer et occuper les maisons, magasins, boutiques et établissements qui leur seront nécessaires, effectuer des transports de marchandises
et d'argent, recevoir des consignations tant de l'intérieur que des pays
étrangers, sans que pour toutes ou quelques-unes de ces opérations les dits
citoyens soient assujettis à d'autres obligations que celles qui pèsent sur
les nationaux.   Sont réservées toutefois les précautions de police, dans la
mesure où elles sont pratiquées vis-à-vis des ressortissants des nations les
plus favorisées.

Les ressortissants de chacun des deux états jouiront de cette liberté,
soit qu'ils fassent leurs affaires eux-mêmes et présentent en douane leurs
propres déclarations, soit qu'ils se fassent suppléer par des tiers, fondés
de pouvoirs, facteurs, agents, consignataires ou interprètes, dans l'achat ou
dans la vente de leurs biens, de leurs effets ou de marchandises; ils auront également le droit de remplir toutes les fonctions qui leur seront
confiées par leurs propres compatriotes, par des étrangers ou par des nationaux, en qualité de fondés de pouvoirs, facteurs, agents, consignataires
ou interprètes.

Enfin ils ne paieront point, à raison de leur commerce ou de leur
industrie, dans les villes ou lieux quelconques des deux états, soit qu'ils
s'y établissent, soit qu'ils y résident temporairement, des droits, taxes ou
impôts, sous quelque dénomination que ce soit, autres ou plus élevée que
ceux qui se percevront sur les nationaux ou sur les citoyens de la nation
la plus favorisée, et les privilèges, immunités et autres faveurs quelconques
dont jouissent, en matière de commerce et d'industrie, les citoyens de l'un
des deux états contractants seront communs à ceux de l'autre.

Art. II.   Les citoyens d'une des deux parties contractantes, résidant
ou établis dans les territoires de l'autre, qui voudront retourner dans leur
pays ou qui y seront renvoyés par sentence judiciaire, par mesure de
police légalement adoptée et exécutée, ou d'après les lois sur la mendicité
el les moeurs, seront reçus en tout temps et en toute circonstance, eux
et leurs familles, dans le pays dont ils sont originaires.

Art. III.   Les citoyens de chacune des deux parties contractantes
jouiront, sur le territoire de l'autre partie, de la plus constante et complète protection pour leurs personnes et leurs propriétés.   Ils auront, en
conséquence, un libre et facile accès auprès des tribunaux de justice pour
la poursuite et la défense de leurs droits, en toute instance et dans tous
les degrés de juridiction établis par les lois.   Ils seront libres d'employer,
dans toutes les circonstances, les avocats, avoués ou agents de toute classe
qu'ils jugeraient à propos de faire agir en leur nom, choisis parmi les
personnes admises à l'exercice de ces professions d'après les lois du pays.
Enfin ils jouiront, sous ce rapport, des mêmes droits et privilèges que
ceux qui sont accordés aux nationaux, et ils seront soumis aux mêmes
conditions.

Les sociétés anonymes, commerciales, industrielles ou financières, légalement autorisées dans l'un des deux pays, seront admises à ester en

justice dans l'autre et jouiront, sous ce rapport, des mêmes droits que les particuliers.

Art. IV. Les citoyens de chacune des deux parties contractantes auront, sur les territoires de l'autre, liberté pleine et entière d'acquérir, de posséder par suite d'achat, vente, donation, échange, mariage, testament, succession ab intestat ou de toute autre manière, toute espèce de propriété mobilière ou immobilière.

Leurs héritiers et représentants pourront leur succéder et prendre possession des successions par eux-mêmes ou par fondés de pouvoir agissant en leur nom, d'après les formes ordinaires de la loi, comme les citoyens du pays.

En l'absence des héritiers ou des représentants, la propriété sera traitée de la même manière que celle d'un citoyen du pays serait traitée dans des circonstances semblables.

Dans tous ces cas, il ne sera exigé sur la valeur d'une telle propriété aucun impôt, contribution ou charge autre ou plus fort que ceux auxquels sont soumis les citoyens du pays.

Dans toutes circonstances, il sera permis aux citoyens des deux pays contractants d'exporter leurs biens, savoir: les citoyens suisses du territoire du Salvador et les citoyens du Salvador du territoire suisse, librement et sans être assujettis lors de l'exportation à payer un droit quelconque en qualité d'étrangers et sans devoir acquitter des droits autres ou plus forts que ceux auxquels les citoyens du pays seront eux-mêmes tenus.

Art. V. Les citoyens de chacune des deux parties contractantes qui se trouvent dans les territoires de l'autre seront affranchis de tout service militaire obligatoire, tant dans l'armée et la flotte que dans la garde nationale ou civique ou les milices; ils seront également exempts de toute prestation pécuniaire ou matérielle imposée par compensation pour le service personnel, tout comme des réquisitions militaires, contributions de guerre extraordinaires et emprunts forcés, à l'exception toutefois de ce qui concerne les logements et les fournitures pour le militaire en passage, charges auxquelles les ressortissants de l'autre état pourront être tenus selon l'usage du pays, de la même manière que les nationaux ou ressortissants de la nation la plus favorisée.

Art. VI. En temps de paix comme en temps de guerre, il ne pourra dans aucune circonstance être imposé ou exigé, pour les biens d'un citoyen de l'une des deux parties contractantes dans les territoires de l'autre, des taxes, droits, contributions ou charges plus forts qu'il n'en serait imposé ou exigé pour la même propriété, si elle appartenait à un citoyen du pays ou à un ressortissant de la nation la plus favorisée.

Il est d'ailleurs entendu qu'il ne sera perçu ni demandé d'un citoyen de l'une des deux parties contractantes qui se trouve dans le territoire de l'autre partie aucun impôt quelconque autre ou plus fort que ceux qui sont ou qui pourront être exigés des citoyens du pays ou des ressortissants de la nation la plus favorisée.

Art. VII. Les ressortissants des deux états jouiront, sur le territoire

de l'autre, d'une liberté de conscience et de croyance pleine et entière.
Le gouvernement les protégera dans l'exercice de leur culte dans les églises,
chapelles ou autres lieux affectés au service divin, pourvu qu'ils se conforment aux lois, us et coutumes du pays. Ce même principe sera également mis en pratique lors de l'inhumation des ressortissants de l'un des
deux états décédés sur le territoire de l'autre.

Art. VIII. Il sera loisible aux deux parties contractantes de nommer
des consuls, vice-consuls ou agents consulaires pour résider dans les territoires de l'autre. Mais, avant qu'un de ces officiers puisse entrer en fonctions, il devra être reconnu et admis dans la forme ordinaire par le gouvernement auprès duquel il est délégué.

Les officiers consulaires de chacune des deux parties contractantes
jouiront, sur les territoires de l'autre, de tous les privilèges, exemptions
et immunités qui sont ou qui pourront être accordés aux officiers du même
rang de la nation la plus favorisée.

Les archives consulaires et les chancelleries consulaires sont inviolables.
Elles ne peuvent être visitées par qui que ce soit.

Art. IX. Les deux états contractants s'engagent à traiter les citoyens
de l'autre état, dans tout ce qui touche à l'importation, l'entrepôt, le transit et l'exportation de tout article d'un commerce légal, sur le même pied
que les citoyens du pays ou que les ressortissants de la nation la plus
favorisée.

Art. X. Aucune des deux parties contractantes ne pourra exiger
pour l'importation, l'entrepôt, le transit ou l'exportation des produits du sol
ou des manufactures de l'autre état des droits plus élevés que ceux qui
sont ou pourraient être imposés sur les mêmes articles provenant de tout
autre pays étranger.

Art. XI. Les deux parties contractantes s'engagent, pour le cas où
l'une d'elles accorderait dorénavant à une troisième puissance quelque faveur
en matière de commerce ou de douane, à étendre en même temps et de
plein droit cette faveur à l'autre partie contractante.

Art. XII. Les objets passibles d'un droit d'entrée qui servent d'échantillons et qui sont importés dans le Salvador par des commis voyageurs
de maison suisses ou importés en Suisse par des commis voyageurs de
maisons du Salvador seront, de part et d'autre, admis en franchise temporaire, moyennant les formalités de douane nécessaires pour en assurer la
réexportation ou la réintégration en entrepôt.

Art. XIII. Dans le cas où un différend s'élèverait entre les deux
pays contractants et ne pourrait être arrangé amicalement par correspondance diplomatique entre les deux gouvernements, ces derniers conviennent
de le soumettre au jugement d'un tribunal, dont ils s'engagent à respecter
et à exécuter loyalement la décision.

Le tribunal arbitral sera composé de trois membres. Chacun des
deux états en désignera un, choisi en dehors de ses nationaux et des habitants du pays. Les deux arbitres nommeront le troisième. S'ils ne peuvent s'entendre pour ce choix, le troisième arbitre sera nommé par un
gouvernement désigné par les deux arbitres ou, à défaut d'entente, par le sort.

Art. XIV. Les stipulations du présent traité seront exécutoires dans les deux états dès le centième jour après l'échange des ratifications. Le traité restera en vigueur pendant dix ans, à dater du jour de l'échange des ratifications. Dans le cas où aucune des deux parties contractantes n'aurait notifié, douze mois avant la fin de la dite période, son intention d'en faire cesser les effets, le traité demeurera obligatoire jusqu'à l'expiration d'une année, à partir du jour où l'une ou l'autre des parties contractantes l'aura dénoncé.

Les parties contractantes se réservent la faculté d'introduire d'un commun accord dans ce traité toutes modifications qui ne seraient pas en opposition avec son esprit ou ses principes et dont l'utilité serait démontrée par l'expérience.

Art. XV. Ce traité sera soumis, de part et d'autre, à l'approbation et à la ratification des autorités compétentes respectives de chacune des parties contractantes; les ratifications en seront échangées à Berne dans douze mois, à dater d'aujourd'hui, ou plus tôt si faire se peut.

En foi de quoi, les plénipotentiaires respectifs ont, sous réserve des ratifications qui viennent d'être mentionnées, signé les articles ci-dessus et y ont apposé leur sceau.

Ainsi fait à Berne, le trente octobre mil huit cent quatre-vingt-trois (30 octobre 1883).

A. Deucher.   *Carlos Gutierrez.*

62.

SALVADOR, SUISSE.

Convention d'extradition signée à Berne, le 30 octobre 1883 *).

Eidgenöss. Gesetzsammlung, N. F. VII. 695.

Le gouvernement de la Confédération suisse et celui de la République du Salvador, désirant, d'un commun accord, conclure une convention à l'effet de régler l'extradition réciproque des malfaiteurs, ont nommé dans ce but pour leurs plénipotentiaires, savoir:

Le Conseil fédéral suisse,

    Monsieur le Conseiller fédéral Adolphe Deucher, chef du département de justice et police,

et

le gouvernement de la République du Salvador,

    Monsieur Don Carlos Gutierrez,

lesquels, après s'être communiqué leurs pleins pouvoirs, trouvés en bonne et due forme, sont convenus des articles suivants:

Art. Ier. Le gouvernement de la Confédération suisse et le gouver-

---

*) Les ratifications ont été échangées à Berne, le 30 oct. 1884.

nement de la République du Salvador s'engagent à se livrer réciproquement, sur la demande que l'un des deux gouvernements adressera à l'autre, à la seule exception de leurs nationaux, les individus réfugiés de la république du Salvador en Suisse ou de Suisse dans la république du Salvador et poursuivis ou condamnés comme auteurs ou complices, par les tribunaux compétents, pour les crimes et délits énumérés ci-après:

1° Assassinat;
2° Parricide;
3° Infanticide;
4° Empoisonnement;
5° Meurtre;
6° Avortement;
7° Viol; attentat à la pudeur consommé ou tenté avec ou sans violence;
8° Enlèvement de mineurs;
9° Exposition d'enfants;
10° Coups et blessures volontaires ayant occasionné soit la mort, soit une maladie ou incapacité de travail personnel pendant plus de vingt jours, ou ayant été suivis de mutilation, amputation ou privation de l'usage de membres, cécité, perte d'un œil ou autres infirmités permanentes;
11° Extorsion;
12° Incendie volontaire;
13° Vol et soustraction frauduleuse;
14° Escroquerie et fraudes analogues;
15° Abus de confiance, concussion et corruption de fonctionnaires, d'experts ou d'arbitres;
16° Falsification, introduction et émission frauduleuse de fausse monnaie, de papiermonnaie, ayant cours légal; falsification des billets de banque et des effets publics; contrefaçon des sceaux de l'état et de tous timbres autorisés par les gouvernements respectifs et destinés à un service public; alors même que la fabrication ou contrefaçon aurait eu lieu en dehors de l'état qui réclamerait l'extradition;
17° Faux en écriture publique ou authentique ou de commerce, ou en écriture privée;
18° Usage frauduleux des divers faux;
19° Faux témoignage et fausse expertise;
20° Faux serment;
21° Subornation de témoins et d'experts;
22° Dénonciation calomnieuse;
23° Banqueroute frauduleuse;
24° Destruction ou dérangement, dans une intention coupable, d'une voie ferrée ou de communications télégraphiques.

Sont comprises dans les qualifications précédentes les tentatives de tous les faits punis comme crimes dans le pays réclamant et celles des délits de vol, d'escroquerie et d'extorsion.

Dans tous les cas, crimes ou délits, l'extradition ne pourra avoir lieu que lorsque le fait similaire sera punissable dans le pays à qui la demande est adressée.

Art. II. La demande d'extradition devra toujours être faite par la voie diplomatique.

Art. III. L'individu poursuivi pour l'un des faits prévus par l'article 1er de la présente convention devra être arrêté provisoirement sur l'exhibition d'un mandat d'arrêt ou autre acte ayant la même force, décerné par l'autorité compétente et produit par voie diplomatique.

L'arrestation provisoire devra également être effectuée sur avis, transmis par la poste ou par le télégraphe, de l'existence d'un mandat d'arrêt, à la condition toutefois que cet avis sera régulièrement donné par voie diplomatique au Ministre des Affaires étrangères, si l'inculpé est réfugié sur le territoire de la République du Salvador, ou au Président de la Confédération, si l'inculpé est réfugié en Suisse.

L'arrestation sera facultative, si la demande est directement parvenue à une autorité judiciaire ou administrative de l'un des deux Etats; mais cette autorité devra procéder sans délai à tous interrogatoires de nature à vérifier l'identité ou les preuves du fait incriminé, et, en cas de difficulté, rendre compte au Ministre des Affaires étrangères ou au Président de la Confédération suisse des motifs qui l'auraient porté à surseoir à l'arrestation réclamée.

L'arrestation provisoire aura lieu dans les formes et suivant les règles établies par la législation du gouvernement requis; elle cessera d'être maintenue si, dans les 90 jours à partir du moment où elle a été effectuée, ce gouvernement n'est pas saisi, conformément à l'article 2, de la demande de livrer le détenu.

Art. IV. L'extradition ne sera accordée que sur la production soit d'un arrêt ou jugement de condamnation, soit d'un mandat d'arrêt décerné contre l'accusé et expédié dans les formes prescrites par la législation du pays qui demande l'extradition, soit de tout autre acte ayant au moins la même force que ce mandat et indiquant également la nature et la gravité des faits poursuivis, ainsi que leur date.

Les pièces seront, autant que possible, accompagnées du signalement de l'individu réclamé et d'une copie du texte de la loi pénale applicable au fait incriminé.

Dans le cas où il y aurait doute sur la question de savoir si le crime ou le délit, objet de la poursuite, rentre dans les prévisions du traité, des explications seront demandées, et, après examen, le gouvernement à qui l'extradition est réclamée statuera sur la suite à donner à la requête.

Art. V. L'extradition sera accordée du chef de l'un des crimes ou délits communs énumérés à l'article 1er, même dans le cas où l'acte incriminé aurait été commis avant l'entrée en vigueur de la présente convention.

Art. VI. Les crimes et délits politiques sont exceptés de la présente convention.

Il est expressément stipulé qu'un individu dont l'extradition aura été accordée ne pourra, dans aucun cas, être poursuivi ou puni pour un délit politique antérieur à l'extradition, ni pour aucun fait connexe à un semblable délit.

Art. VII. L'extradition sera refusée si la prescription de la peine ou de l'action est acquise d'après les lois du pays où le prévenu s'est réfugié depuis les faits imputés ou depuis la poursuite ou la condamnation.

Art. VIII. Si l'individu réclamé est poursuivi ou condamné pour une infraction commise dans le pays où il s'est réfugié, son extradition pourra être différée jusqu'à ce qu'il ait été jugé et qu'il ait subi sa peine.

Dans le cas où il serait poursuivi ou détenu dans le même pays, à raison d'obligations par lui contractées envers des particuliers, son extradition aura lieu néanmoins, sauf à la partie lésée à poursuivre ses droits devant l'autorité compétente.

Dans le cas de réclamation du même individu de la part de deux Etats pour crimes distincts, le gouvernement requis statuera en prenant pour base la gravité du fait poursuivi ou les facilités accordées pour que l'inculpé soit restitué, s'il y a lieu, d'un pays à l'autre, pour purger successivement les accusations.

Art. IX. L'extradition ne pourra avoir lieu que pour la poursuite et la punition des crimes ou délits prévus à l'article 1er. Toutefois, elle autorisera l'examen et, par suite, la répression des délits poursuivis en même temps, comme connexes du fait incriminé et constituant soit une circonstance aggravante, soit une dégénérescence de l'accusation principale.

L'individu qui aura été livré ne pourra être poursuivi ou jugé contradictoirement pour aucune infraction autre que celle ayant motivé l'extradition, à moins du consentement exprès et volontaire donné par l'inculpé et communiqué au gouvernement qui l'a livré, ou à moins que l'infraction ne soit comprise dans la convention et qu'on n'ait obtenu préalablement l'assentiment du gouvernement qui aura accordé l'extradition.

Art. X. Chacun des Etats contractants s'engage à poursuivre, conformément à ses lois, les crimes ou délits commis par ses citoyens contre les lois de l'autre Etat, dès que la demande en est faite par ce dernier et dans le cas où ces crimes ou délits peuvent être classés dans une des catégories énumérées à l'article 1er du présent traité.

De son côté, l'Etat, à la demande duquel un citoyen de l'autre Etat aura été poursuivi et jugé s'engage à ne pas exercer une seconde poursuite contre le même individu et pour le même fait, à moins que l'individu n'ait pas subi la peine à laquelle il aurait été condamné dans son pays.

Art. XI. Quand il y aura lieu à l'extradition, tous les objets saisis qui peuvent servir à constater le crime ou le délit, ainsi que les objets provenant de vol, seront remis à l'Etat réclamant, soit que l'extradition puisse s'effectuer, l'accusé ayant été arrêté, soit qu'il ne puisse y être donné suite, l'accusé ou le coupable s'étant de nouveau évadé ou étant décédé.

Cette remise comprendra aussi tous les objets que le prévenu aurait cachés ou déposés dans le pays et qui seraient découverts ultérieurement. Sont réservés, toutefois, les droits que des tiers, non impliqués dans la poursuite, auraient pu acquérir sur les objets indiqués dans le présent article.

Art. XII. Les frais occasionnés sur le territoire de l'Etat requis par l'arrestation, la détention, la garde, la nourriture et le transport des extradés ou bien par le transport des objets mentionnés dans l'article 11 de la présente convention, seront supportés par le gouvernement de cet Etat.

Art. XIII. Le transit sur le territoire des Etats contractants ou par les bâtiments des services maritimes de la République du Salvador, d'un individu extradé, n'appartenant pas au pays de transit et livré par un autre gouvernement, sera autorisé sur simple demande, par voie diplomatique, appuyée des pièces nécessaires pour établir qu'il ne s'agit pas d'un délit politique ou purement militaire.

Le transport s'effectuera par les voies les plus rapides, sous la conduite d'agents du pays requis et aux frais du gouvernement réclamant.

Art. XIV. Lorsque, dans la poursuite d'une affaire pénale, un des deux gouvernements jugera nécessaire l'audition de témoins domiciliés dans l'autre Etat ou tous autres actes d'instruction, une commission rogatoire sera envoyée, à cet effet, par la voie diplomatique, et il y sera donné suite, d'urgence, conformément aux lois du pays.

Les gouvernements respectifs renoncent à toute réclamation ayant pour objet la restitution des frais résultant de l'exécution de la commission rogatoire, à moins qu'il ne s'agisse d'expertises criminelles, commerciales ou médico-légales.

Aucune réclamation ne pourra non plus avoir lieu pour les frais de tous actes judiciaires spontanément faits par les magistrats de chaque pays pour la poursuite ou la constatation de délits commis, sur leur territoire, par un étranger qui serait ensuite poursuivi dans sa patrie.

Art. XV. En matière pénale, lorsque la notification d'un acte de procédure ou d'un jugement à un Suisse ou à un ressortissant de la République du Salvador paraîtra nécessaire, la pièce, transmise par la voie diplomatique ou directement au magistrat compétent du lieu de la résidence, sera signifiée à personne, à sa requête, par les soins du fonctionnaire compétent, et il renverra au magistrat expéditeur, avec son visa, l'original constatant la notification, dont les effets seront les mêmes que si elle avait eu lieu dans le pays d'où émane l'acte ou le jugement.

Art. XVI. Si, dans une cause pénale, la comparution personnelle d'un témoin est nécessaire, le gouvernement du pays auquel appartient le témoin l'invitera à se rendre à la citation qui lui sera faite. En cas de consentement du témoin, des frais de voyage et de séjour lui seront accordés à partir de sa résidence, d'après les tarifs et règlements en vigueur dans le pays où l'audition devra avoir lieu. Il pourra lui être fait sur sa demande, par les magistrats de sa résidence, l'avance de tout ou partie des frais de voyage, qui seront ensuite remboursés par le gouvernement requérant.

Aucun témoin, quelle que soit sa nationalité, qui, cité dans l'un des deux pays, comparaîtra volontairement devant les juges de l'autre, ne pourra être poursuivi ni détenu pour des faits ou condamnations antérieurs, civils ou criminels, ni sous prétexte de complicité dans les faits, objets du procès où il figure comme témoin.

Art. XVII. Lorsque, dans une cause pénale instruite dans l'un des deux pays, la confrontation de criminels détenus dans l'autre, ou la production de pièces de conviction ou documents judiciaires, sera jugée utile, la demande en sera faite par la voie diplomatique, et l'on y donnera suite, à moins que des considérations particulières ne s'y opposent, et sous l'obligation de renvoyer les criminels et les pièces.

Les gouvernements contractants renoncent à toute réclamation de frais résultant du transport et du renvoi, dans les limites de leurs territoires respectifs, de criminels à confronter, et de l'envoi et de la restitution des pièces de conviction et documents.

Art. XVIII. La présente convention est conclue pour cinq années.

L'époque de sa mise en vigueur sera fixée dans le procès-verbal d'échange des ratifications.

Dans le cas où, six mois avant l'expiration des cinq années, aucun des deux gouvernements n'aurait déclaré y renoncer, elle sera valable pour cinq autres années et, ainsi de suite, de cinq ans en cinq ans.

Elle sera ratifiée, et les ratifications en seront échangées aussitôt que faire se pourra.

En foi de quoi, les pénipotentiaires respectifs ont signé la présente convention et y ont apposé le cachet de leurs armes.

Fait à Berne, le trente octobre mil huit cent quatre-vingt-trois (30 octobre 1883).

A. Deucher. *Carlos Gutierrez.*

63.

SAINT - SIÈGE, SUISSE.

Convention pour régler la situation religieuse des paroisses du canton du Tessin, suivie d'un Procès - verbal; signée à Berne, le 1er septembre 1884*).

Eidgenöss. Gesetzsammlung, N. F. VII. 799.

Le Conseil fédéral suisse, en son propre nom et au nom du canton du Tessin, et

le Saint - Siège,

ayant décidé de conclure une convention pour régler la situation religieuse des paroisses du canton du Tessin,

  ont nommé dans ce but pour leurs plénipotentiaires, savoir:

  le Conseil fédéral:

   Monsieur A. O. Aepli, de St. Gall, son envoyé extraordinaire et ministre plénipotentiaire à Vienne, et

   Monsieur R. Peterelli, de Savognino, canton des Grisons, membre du conseil des Etats suisse;

---

*) L'échange des ratifications a eu lieu à Berne, le 29 nov. 1884.

le Saint-Siège:

Monseigneur D. Ferrata, Prélat de la maison du St. Père, sous-secrétaire de la congrégation des affaires ecclésiastiques extraordinaires,

lesquels, après s'être communiqué leurs pleins pouvoirs, trouvés en bonne et due forme, sont convenus des articles suivants sous réserve de la ratification de leurs hauts commettants.

Art. 1. Les paroisses du canton du Tessin sont détachées canoniquement des diocèses de Milan et de Côme et placées sous l'administration spirituelle d'un Prélat qui prendra le titre d'Administrateur apostolique du canton du Tessin.

Art. 2. La nomination de l'administrateur apostolique sera faite par le Saint-Siège.

Art. 3. Pour le cas où le titulaire viendrait à mourir avant l'organisation définitive de la situation religieuse des paroisses du canton du Tessin, le Conseil fédéral, le canton du Tessin et le Saint-Siège s'entendront sur la prolongation de l'administration provisoire instituée par cette convention.

Art. 4. Le canton du Tessin s'oblige de prendre les mesures nécessaires pour l'exécution de cette convention, notamment en ce qui concerne le traitement de l'Administrateur apostolique, sa résidence, etc.

Art. 5. Les ratifications de cette convention seront échangées à Berne dans le délai de trois mois.

Fait à Berne, le premier septembre mil huit cent quatre-vingt-quatre (1. septembre 1884).

A. O. Aepli.   *R. Peterelli.*   *D. Ferrata.*

Procès-verbal.

Les délégués du Conseil fédéral suisse pour la conclusion d'une convention avec le Saint-Siège relative à l'organisation provisoire de la situation religieuse des paroisses du canton du Tessin ont jugé nécessaire de constater, par le présent procès-verbal, que le Conseil fédéral s'en réfère à la communication de Son Eminence le cardinal Jacobini du 20 octobre 1883, adressée à M. Regazzi, président du Conseil d'Etat du canton du Tessin, quant au choix de la personne qui sera appelée à revêtir les fonctions d'Administrateur apostolique du Tessin.

Berne, le 1er septembre 1884.

A. O. Aepli.   *R. Peterelli.*   *D. Ferrata.*

64.

SAINT-SIÈGE, SUISSE.

Convention relative à l'administration du diocèse de Bâle, suivie d'un Procès-verbal; signée à Berne, le 1er septembre 1884 *).

Eidgenöss. Gesetzsammlung, N. F. VII. 805.

La situation anormale dans laquelle se trouve le diocèse de Bâle ayant réclamé l'attention du Saint-Siège et des cantons diocésains,

le Conseil fédéral suisse, au nom des cantons de Lucerne, Zoug, Soleure, Bâle-campagne, Argovie et Thurgovie, et

le Saint-Siège

ont jugé nécessaire de pourvoir à l'administration régulière de ce diocèse.

Ils ont nommé dans ce but pour leurs plénipotentiaires, savoir:

le Conseil fédéral:

Monsieur A. O. Aepli, de St. Gall, son envoyé extraordinaire et ministre plénipotentiaire à Vienne, et

Monsieur R. Peterelli, de Savognino, canton des Grisons, membre du Conseil des Etats suisse;

le Saint-Siège:

Monseigneur D. Ferrata, Prélat de la maison de Sa Sainteté, sous-secrétaire de la congrégation des affaires ecclésiastiques extraordinaires,

lesquels, après s'être communiqué leurs pleins pouvoirs, trouvés en bonne et due forme, sont convenus, sauf la ratification de leurs hauts commettants, des articles suivants.

Art. 1. Aussitôt que Mgr. Eugène Lachat aura reçu du Saint-Siège une autre destination, on procédera à la nomination d'un successeur au siège episcopal de Bâle.

Art. 2. En dérogation aux dispositions de la convention du 26 mars 1828 *), qui règle les rapports entre les parties contractantes, la nomination du successeur de Mgr. Lachat est dévolue au Saint-Siège, qui choisira pour cette dignité un ecclésiastique du diocèse de Bâle agréé par le Conseil fédéral et possédant les qualités exigées par les canons de l'église.

Il est expressément entendu que cette dérogation ne créera pas un précédent contraire aux dispositions de la convention précitée.

Art. 3. Le nouvel évêque une fois installé, on procédera à la constitution du chapitre cathédral de Soleure et au règlement des questions financières qui pourraient surgir.

---

*) Les ratifications ont été échangées à Berne, le 29 nov. 1884.
**) V. N. R. IX. 17.

Art. 4. Les ratifications de la présente convention seront échangées à Berne dans le délai de trois mois.

Fait à Berne, le premier septembre mil huit cent quatre-vingt-quatre (1er septembre 1884).

A. O. Aepli.   *R. Peterelli.*   *D. Ferrata.*

Procès-verbal.

Les délégués du Conseil fédéral suisse et du St. Siège, ayant été appelés à conclure la convention de la date de ce procès-verbal, faite dans l'intention de pourvoir à l'administration régulière du diocèse de Bâle, ont jugé nécessaire de constater ce qui suit:

1. Pour ce qui concerne la situation du canton de Berne, il est à constater que ce canton ne prend pas part aux délibérations sur la convention précitée, mais que, toutefois, il ne s'est pas séparé de l'union des cantons suisses formant le diocèse de Bâle.
2. Les délégués du Conseil fédéral constatent que, comme Evêque de Bâle, la personne de Monseigneur Fiala, Prévôt du chapitre cathédral de Soleure, sera agréée par le Conseil fédéral.

Berne, le 1er septembre 1884.

A. O. Aepli.   *R. Peterelli.*   *D. Ferrata.*

65.

ITALIE, MONTÉNÉGRO.

Traité de commerce et de navigation suivi d'un Protocole; signé à Cettigné, le 28 (16) mars 1883 *).

Raccolta delle leggi, Serie 3ª, No. 1523.

Traité.

S. M. le Roi d'Italie et S. A. le Prince de Monténégro, désirant placer sur une base satisfaisante les relations commerciales entre les deux Etats, ont dans ce but résolu de conclure un traité d'amitié, de commerce et de navigation, et ont à cet effet nommé pour leurs plénipotentiaires respectifs savoir:

     S. M. le roi d'Italie

         M. César Durando, officier de Ses ordres des SS. Maurice et Lazare et de la Couronne d'Italie, son chargé d'affaires près la Cour de Monténégro; et

---

*) Les ratifications ont été échangées à Cettigné, le 2 août 1883.

S. A. le prince de Monténégro

Le Voyévode Stanko Radonitch, grand cordon de l'ordre du Prince
Danilo Premier, son ministre des affaires étrangères;

Lesquels, après s'être communiqué leurs pleins pouvoirs trouvés en bonne
et due forme, sont tombés d'accord et ont arrêté les articles suivants:

Art. 1. Les sujets de chacune des Hautes Parties contractantes jouiront, dans les territoires de l'autre, de la plénitude des droits civils comme
les nationaux.

Les sujets italiens au Monténégro, et les sujets monténégrins dans le
Royaume d'Italie, y jouiront par conséquence du même traitement que les
nationaux sous le rapport de l'acquisition, de la possession, de l'aliénation
d'immeubles et de toute charge sur les immeubles, sous le rapport de
l'accès aux tribunaux, de la poursuite et de la défense de leurs droits,
des visites domiciliaires à leurs domiciles, leurs fabriques, leurs magasins
ou leurs boutiques et en tout ce qui regarde l'exercice du commerce et
de l'industrie et les impôts, taxes et contributions de toute espèce, générales, municipales et locales.

En outre, ils seront dispensés de tout service militaire obligatoire
dans l'armée, la marine, la garde nationale ou la milice. Ils seront de
même exempts de toute contribution en argent ou en nature imposée
comme compensation pour le service personnel, et en dernier lieu de toute
prestation et réquisition militaire, ainsi que de toutes fonctions judiciaires
ou municipales quelconques.

Seront toutefois exceptées les charges qui sont attachées à la possession d'un bien-fonds ou d'un bail et les prestations et requisitions militaires auxquelles tous les sujets du pays peuvent être appelés à concourir
comme propriétaires fonciers ou comme fermiers.

Art. 2. Les produits et manufactures, ainsi que toutes les marchandises, provenant du royaume d'Italie, qui sont importés au Monténégro,
et les produits et manufactures, ainsi que toutes les marchandises, provenant du Monténégro, qui sont importés dans le Royaume d'Italie, destinés
à la consommation, l'entrepôt, la réexportatian ou le transit seront traités
de la même manière, et spécialement ne seront assujettis à aucunes taxes
ou droits additionnels généraux, municipaux et locaux, autres ou plus
élevés que les produits, les manufactures et les marchandises de toute
tierce puissance la plus favorisée sous ce rapport, excepté en ce qui concerne les facilités spéciales qui ont été ou qui pourront être concédées
par le Monténégro aux Etats voisins, par rapport au trafic en manufactures et produits locaux entre leurs districts frontiers limitrophes. Aucun
droit autre ou plus élevé ne sera prélevé dans le Royaume d'Italie, sur
l'exportation d'aucune marchandise du Monténégro, ni an Monténégro sur
l'exportation d'aucune marchandise du Royaume d'Italie, que ceux qui
pourront être perçus sur l'exportation des mêmes marchandises dans un
tiers pays le plus favorisé sous ce rapport.

Aucune des Parties contractantes n'établira à l'égard de l'autre une
prohibition contre l'importation, l'exportation, ou le transit, qui dans les

mêmes circonstances ne serait pas applicable à tout tiers pays le plus favorisé sous ce rapport.

De même, pour tout ce qui concerne les droits locaux, les formalités de douane, le courtage, les dessins de fabrique ou les échantillons introduits par les commis voyageurs, ainsi que toutes les autres affaires commerciales, les sujets italiens au Monténégro et les sujets monténégrins dans le Royaume d'Italie jouiront du traitement de la nation la plus favorisée.

Art. 3. Toutes les marchandises d'origine ou de manufacture italienne seront importées au Monténégro libres de tout droit ou taxe, à l'exception seulement des droits qui seront perçus pour le factage quand ce service est fait par les employés de la douane, ou pour le pesage public, ou pour le maintien et l'amélioration des quais ou des bâtiments de la douane; et toute réduction de ces taxes qui pourra être accordée aux produits ou manufactures de toute tierce puissance, sera étendue immédiatement et sans conditions aux mêmes articles d'origine ou de manufacture italienne.

Le Gouvernement Monténégrin se réserve cependant la faculté de prélever un droit d'entrée sur les produits du Royaume d'Italie, lorsqu'il jugera le moment opportun.

Toutefois le Gouvernement Monténégrin s'oblige à donner avis préalable au Gouvernement Italien de cette décision six mois avant son entrée en vigueur, et s'engage en outre à ce que le montant d'un tel droit n'excède pas 8 pour % ad valorem.

De même le Gouvernement Monténégrin s'engage de ne pas percevoir de pareils droits que quand ils sont applicables aux manufactures et produits similaires de toute autre pays étranger.

Les articles suivants sont exceptés du droit de libre entrée dans le Monténégro, savoir: les armes de toute espèce, poudre à canon et autres matériaux explosibles, munitions de guerre, le sel, le salpêtre, le soufre, le tabac.

Les produits susmentionnés seront assujettis au Monténégro aux mêmes conditions que les produits similaires de toute autre tierce puissance la plus favorisée sous ce rapport.

Art. 4. Les droits ad valorem, qui pourraient être prélevés au Monténégro sur les marchandises d'origine ou de manufacture du Royaume d'Italie, seront calculés sur la valeur de l'objet importé au lieu de production ou de fabrication, en y ajoutant les frais de transport, d'assurance et de commission nécessaires pour l'importation au Monténégro jusqu'au port de décharge ou lieu d'entrée.

Pour la perception de ces droits l'importateur remettra à la douane une déclaration écrite indiquant la valeur et la nature des marchandises importées. Si la Douane était d'avis que la valeur déclarée est insuffisante, elle pourra garder les marchandises en payant à l'importateur le prix déclaré, c'est-à dire la valeur de l'objet importé au lieu de production ou de fabrication augmentée des frais de transport, d'assurance et de commission nécessaires à l'importation au Monténégro, jusqu'au port de décharge ou lieu d'entrée, et de 5 % additionnels.

Ce paiement, ainsi que le remboursement de tout droit acquitté par les dites marchandises, auront lieu dans les quinze jours qui suivront la déclaration.

Les marchandises non accompagnées de la dite déclaration ne seront pas admises au bénéfice de payer les droits ad valorem stipulés par le présent traité, mais seront assujetties aux droits spécifiques ou autres décrétés par le Gouvernement Monténégrin.

Art. 5. Le Gouvernement Monténégrin se réserve le droit de limiter, d'accord avec la Légation de Sa Majesté le Roi d'Italie, à certaines localités les douanes par lesquelles les marchandises assujetties aux droits ad valorem pourront être introduits au Monténégro.

Le Gouvernement Monténégrin se réserve de même le droit d'exiger de l'importateur qu'il produise à l'introduction au Monténégro des marchandises, outre la déclaration de la valeur, un des documents suivants, laissé à son choix: 1.º une déclaration de valeur dressée par devant le magistrat du lieu de production de la marchandise; 2.º un certificat de valeur délivré par la chambre de commerce du lieu de production; 3.º une déclaration de valeur dressée par devant le Consul Monténégrin du lieu le plus proche. La taxe à percevoir par le dit Consul pour la délivrance de cette pièce ne pourra excéder lires italiennes 6,25 (2 florins 50 kr.).

Art. 6. Le Gouvernement Monténégrin ouvre aux produits et manufactures du Royaume d'Italie tous ses ports, ses havres et tous les débarcadères et quais de ses rivières et autres eaux où le débarquement de la marchandise est permis, et toutes ses douanes, en franchise de tout droit ou impôt de douane, mains sans porter atteinte aux stipulations des articles 3, 8 et 11 de ce Traité.

Art. 7. Si l'une des Parties contractantes établit un droit d'accise, c'est-à-dire un droit intérieur sur un produit quelconque du sol ou de l'industrie nationale, un droit compensateur équivalent pourra être perçu sur les produits similaires à leur importation de tout autre pays étranger.

Dans le cas de réduction ou suppression des droits d'accise, c'est-à-dire des droits intérieurs, une réduction équivalente ou suppression sera en même temps opérée sur le droit compensateur prélevé sur les produits d'origine italienne ou monténégrine selon le cas.

Art. 8. Toute faveur et immunité qui a été ou qui sera accordée par l'une des Parties contractantes aux sujets, ou au commerce d'une tierce Puissance, sera accordée simultanément et sans conditions à l'autre, excepté en ce qui concerne les facilités spéciales qui ont été ou qui pourront être accordées plus tard par le Monténégro aux Etats voisins par rapport au trafic local entre deux districts frontiers limitrophes d'après la définition de l'art. 2.

Art. 9. Les sujets italiens au Monténégro, et les sujets monténégrins dans le Royaume d'Italie, jouiront des mêmes droits que les nationaux ou de ceux qui sont présentement accordés ou qui pourront être accordés à l'avenir aux sujets de toute tierce Puissance la plus favorisée sous ce rapport, pour tout ce qui concerne la propriété, soit des marques de commerce ou autres marques particulières indiquant l'origine ou la qualité des marchandises, soit des modèles ou dessins de fabrique.

Il est entendu que toute personne qui veut obtenir la dite protection doit se conformer aux formalités requises par les lois des pays respectifs.

Art. 10. Il est convenu que, en ce qui regarde les frais de transport et toute autre facilité, les marchandises italiennes transportées sur les chemins de fer monténégrins ou sur les chaussées construites par l'Etat au Monténégro, et les marchandises monténégrines transportées sur les chemins de fer italiens seront transportées exactement de la même manière que les marchandises de toute autre Nation la plus favorisée sous ce rapport.

Art. 11. Les navires italiens et leurs cargaisons au Monténégro et les navires monténégrins et leurs cargaisons dans le Royaume d'Italie, à leur arrivée d'un port quelconque, et quel que soit le lieu d'origine ou de destination de leur cargaison, jouiront sous tous les rapports du même traitement et seront soumis aux mêmes lois et réglements maritimes et sanitaires que les navires nationaux et leurs cargaisons.

Toute faveur ou exemption, ou tout autre privilége en fait de navigation, que l'une des Parties contractantes accordera à une tierce Puissance sera immédiatement et sans conditions étendu à l'autre Partie.

Les dispositions qui précèdent ne s'appliquent pas, pour ce qui concerne l'Italie, au commerce de cabotage, à l'égard duquel le Gouvernement Italien s'engage seulement à faire jouir les navires monténégrins, à charge d'une parfaite réciprocité, du même traitement qui est accordé aux navires de la nation la plus favorisée.

Art. 12. Les bateaux de pêche italiens auront le droit d'exercer leur industrie le long des côtes du Monténégro sur le même pied que les bateaux du pays, en se soumettant aux réglements en vigueur sur la pêche.

Le Gouvernement Italien s'engage de son côté à admettre les bateaux de pêche monténégrins à l'excercice de la pêche dans ses eaux dans la même mesure et sous les mêmes conditions que les bateaux de la nation la plus favorisée sous ce rapport.

Art. 13. Tout navire qui en conformité des lois italiennes doit être considéré comme navire italien, et tout navire qui en conformité des lois du Monténégro doit être considéré comme navire monténégrin, sera pour l'application du présent Traité considéré réciproquement comme navire italien et monténégrin.

La méthode anglaise (système Moorsom) étant en vigueur tant en Italie qu'au Monténégro pour le jaugeage des bâtiments, les navires appartenant à l'un des deux pays ne seront assujettis dans les ports de l'autre, pour le paiement des droits de navigation, à aucune nouvelle opération de jaugeage, le tonnage net de registre inscrit sur les papiers de bord étant considéré comme équivalent au tonnage net de registre des navires nationaux.

Art. 14. Chacune des Parties contractantes pourra nommer des Consuls généraux, Consuls, Vice-Consuls, et Agents consulaires pour résider dans les villes et ports des Puissances contractantes, où les Agents consulaires de ces diverses dénominations de la nation la plus favorisée ont obtenu ou pourront obtenir l'autorisation de résider. Ces Agents consulaires n'entreront cependant pas en fonctions avant d'avoir été reconnus et admis dans la forme habituelle par le Gouvernement auprès duquel ils sont accrédités. Ils auront le droit, à charge de réciprocité, d'exercer les mêmes fonctions et de jouir des mêmes priviléges, exemptions et immunités que les Agents consulaires de la nation la plus favorisée.

Art. 15. Les Consuls généraux, Consuls, Vice-Consuls et Agents consulaires de chacune des Parties contractantes qui résideront dans le territoire de l'autre, recevront de la part des autorités locales toute l'assistance qui pourra leur être accordée d'après la loi pour la remise des déserteurs, non esclaves, des navires marchands de leurs pays respectifs.

Art. 16. Toutes les opérations relatives au sauvetage des navires de l'un des deux pays qui naufrageraient ou échoueraient dans les eaux territoriales de l'autre seront dirigées exclusivement par les Consuls généraux, Consuls, Vice-Consuls et Agents consulaires du pays respectif. Les Autorités locales seront obligées de leur donner immédiatement avis du sinistre, de prendre jusqu'à leur arrivée les mesures de protection et de conservation urgentes et de leur prêter, dans la suite, toute l'assistance nécessaire, et elles auront aussi le droit d'intervenir pour maintenir l'ordre, garantir les intérêts des sauveteurs étrangers à l'équipage, et assurer l'exécution des dispositions à observer pour l'entrée et la sortie des marchandises sauvées; sans que leur concours dans ces differents cas puisse toutefois donner lieu à la perception de frais autres que ceux auxquels seraient soumis en pareil cas les navires nationaux.

A moins de stipulations contraires entre les armateurs, chargeurs et assureurs, toutes avaries essuyées à la mer par les navires des deux pays, soit qu'ils abordent volontairement au port, soit qu'ils se trouvent en relâche forcée, seront réglées par les Consuls généraux, Consuls, Vice-Consuls, et Agents consulaires du pays respectif.

Si cependant des habitants du pays ou des citoyens d'une tierce nation se trouvaient intéressés dans les dites avaries, et que les Parties ne pussent s'entendre à l'amiable, le recours à l'Autorité locale compétente sera de droit.

Art. 17. En cas de désaccord sur l'interprétation ou sur l'exécution des dispositions stipulées dans le présent Traité, lorsqu'on aura épuisé les moyens d'arriver directement à une composition amiable, la question sera soumis à la décision d'une Commission d'arbitres et le résultat de cet arbitrage sera obligatoire pour les deux Gouvernements.

Cette Commission sera composée d'un nombre égal d'arbitres choisis par l'une et l'autre Partie, et les arbitres ainsi choisis nommeront, avant toute autre opération, un dernier arbitre. La procédure arbitrale, si les Parties ne la détermineront pas d'accord, sera préalablement arrêtée par la Commission même des arbitres.

Art. 18. Le présent Traité sera ratifié, et les ratifications en seront échangées à Cettigné le plus tôt que faire se pourra après sa signature. Il sera mis en exécution immédiatement après l'échange des ratifications et demeurera en vigueur pendant dix ans à partir de cette date. Dans le cas où aucune des deux Parties contractantes n'aura fait notifier douze mois avant l'expiration de la dite période de dix ans son intention d'en faire cesser les effets, il restera en vigueur jusqu'à l'expiration d'une année à compter du jour où l'une ou l'autre des Parties contractantes en fera la dénonciation.

En foi de quoi, les Plénipotentiaires respectifs l'ont signé, et y ont apposé le sceau de leurs Chancelleries.

Fait à Cettigné, le seize-vingt huit mars mil huit cent quatre vingt trois.

C. Durando.   *V. S. Radonitch.*

Protocole.

Les soussignés Plénipotentiaires de S. M. le Roi d'Italie et de S. A. le Prince de Monténégro, s'étant réunis en conférence pour mieux fixer le sens et la portée de quelques clauses contenues dans les articles, 2, 3 et 8 du Traité de commerce et de navigation entre l'Italie et le Monténégro, sont tombés d'accord sur les déclarations suivantes:

1.º Seront considérés comme districts frontiers, aux effets des dispositions contenues aux articles 2 et 8 du Traité, les territoires du Monténégro et des Etats limitrophes qui sont compris dans les limites d'une zone de cinq kilomètres le long de la frontière, et le traitement privilégié dont il est question ne pourra s'appliquer dans les dits articles qu'aux produits ci-après énumérés, originaires de ces territoires:

1.º Gros et petit bétail;
2.º Porcs;
3.º Peaux et cuirs tannés et non tannés;
4.º Viande sèche et fumée;
5.º Poisson fumé, salé et frais;
6.º Céréales et produits alimentaires;
7.º Foin;
8.º Laine;
9.º Laitage;
10.º Soumac;
11.º Pyrétrum;
12.º Miel et cire;
13.º Draps et tissus indigènes;
14.º Vins indigènes;
15.º Huile d'olives;
16.º Bois de construction et de chauffage et charbon de bois;
17.º Tuiles et briques;
18.º Goudron et poix;
19.º Feuilles de laurier;
20.º Sauge; et
21.º Vers à soie, cocons et fils de soie.

2.º La taxe intérieure de 4% maintenant en vigueur en Monténégro

sur la vente des produits et manufactures étrangères ne pourra être augmentée, et toute réduction de la même taxe qui pourra être accordée aux
produits et manufactures de toute tierce Puissance sera étendue immédiatement et sans conditions aux articles d'origine ou de manufacture italienne;
et elle cessera entièrement de leur être applicable aussitôt que le Gouvernement du Monténégro fera usage de la faculté qu'il s'est reservé dans
l'alinéa 3 de l'article 3 du Traité, savoir: de prélever sur les mêmes articles
un droit d'entrée qui n'excède pas 8 °/o ad valorem.

Les déclarations qui précèdent seront considérées et mises en vigueur
comme parties intégrales du susdit Traité et seront ratifiées en même temps.

En foi de quoi, les soussignés ont dressé le présent Protocole, qu'ils
ont revêtu du sceau de leurs Chancelleries.

Fait à Cettigné, le seize-vingt huit mars mil huit cent quatre vingt trois.

C. Durando.   *V. S. Randonitch.*

66.

ITALIE, SUÈDE ET NORVÉGE.

Déclaration concernant la protection réciproque des oeuvres
littéraires et artistiques; signée à Stockholm, le 9 octobre 1884.

Raccolta delle leggi, Serie IIIᵃ, No. 2802.

Le Gouvernement de Sa Majesté le Roi d'Italie et le Gouvernement
de Sa Majesté le Roi de Suède et de Norvège également animés du désir
de garantir réciproquement aux auteurs ou à leurs ayants cause la propriété des écrits et des oeuvres d'art ont autorisé les soussignés à déclarer ce qui suit:

Art. 1. Les stipulations des lois suédoises sur la propriété littéraire
du 10 août 1877 et du 10 janvier 1883 ainsi que sur la reproduction
des œuvres d'art du 3 mai 1867 et du 10 août 1877 et les lois norvégiennes sur la fondation d'un registre d'éditions du 20 juin 1882, sur la
propriété littéraire du 8 juin 1876 et sur la propriété artistique du 12
mai 1877, s'appliqueront également aux écrits et aux œuvres d'art des
sujets italiens et de leurs ayants cause en tant qu'ils sont protégés par la
législation italienne.

Art. 2. Réciproquement, les auteurs suédois et norvégiens ou leurs
ayants cause jouiront en Italie à l'égard de leurs écrits et œuvres d'art,
en tant qu'ils sont protégés par la législation suédoise ou norvégienne de
tous les droits et avantages que la loi italienne garantit aux auteurs
ou à leurs ayants cause à l'égard d'œuvres littéraires ou artistiques publiées
en Italie.

Art. 3. Il est expressément entendu que les avantages stipulés aux
articles 1ᵉʳ et 2ᵉ à l'égard des auteurs des trois Etats, ne leur seront

réciproquement assurés que pendant l'existence de leurs droits dans le pays d'origine, et la durée de leur jouissance dans l'autre pays ne pourra excéder celle fixée par la loi pour les auteurs nationaux.

Art. 4. Pour assurer aux écrits et aux oeuvres d'art des sujets suédois et norvégiens en Italie et des sujets italiens en Suède et en Norvége, la protection stipulée par les articles précédents et afin que les auteurs ou éditeurs ou leurs ayants cause soient admis, en conséquence, devant les tribunaux des pays respectifs à exercer des poursuites contre les contrefaçons ou les reproductions illicites, il suffira que les dits auteurs ou éditeurs ou leurs ayants cause justifient de leurs droits de propriété en établissant, par un certificat émanant de l'autorité publique compétente en chaque pays, que l'ouvrage en question est une œuvre originale qui dans le pays où elle a été publiée jouit de la protection légale contre la contrefaçon ou la reproduction illicite.

Pour les ouvrages des sujets suédois, ce certificat sera délivré par le greffier du Département de la justice et légalisé par la Légation d'Italie à Stockholm; pour les ouvrages des sujets norvégiens il sera délivré par le Bureau de l'enseignement au Departement du culte et de l'instruction publique et légalisé par le Consulat d'Italie à Christiania; et pour les ouvrages des sujets italiens il sera délivré par le Ministère de l'agriculture, de l'industrie et du commerce et légalisé par la Légation de Suède et Norvège à Rome.

Art. 5. La présente Déclaration demeurera obligatoire jusqu'à l'expiration d'une année à partir du jour où l'un des Gouvernements respectifs l'aura dénoncée.

En foi de quoi les soussignés ont signé la présente Déclaration et y ont apposé leurs cachets.

Fait en double expédition à Stockholm, le 9 octobre 1884.

L'envoyé extraordinaire et ministre plénipotentiaire de Sa Majesté le Roi d'Italie près Sa Majesté le Roi de Suède et de Norvége	Le ministre des affaires étrangères de Sa Majesté le Roi de Suède Norvége.
F. Spinola.	*Hochschild.*

67.

CHOA, DANAQUIL, ITALIE.

Traité d'amitié signé à Kadelé-Gubo, le 15 mars, et à Ankober le 22 mai 1883.

Trattati e Convenzioni, IX. 167.

Art. 1. La pace e l'amicizia saranno costanti e perpetue tra le Autorità italiane di Assab ed il sultano Mohamed Hanfari e fra tutti i loro dipendenti.

Art. 2. Ciascuna delle due parti nominerà un suo rappresentante pel disbrigo degli affari.

Art. 3. Il sultano Mohamed Hanfari garantisce al Governo italiano ed a S. M. il Re Menelik la sicurezza della via fra Assab, Aussa ed il regno di Scioa a tutte le carovane italiane da o per il mare.

Art. 4. Il sultan Mohamed Hanfari, di comune accordo cogli altri sultani, dichiara esenti da dazi o tributi tutte le carovane italiane proveniente o dirette per Assab.

Art. 5. Il sultano Mohamed Hanfari concede al Governo di S. M. il Re d'Italia l'uso della terra di Ablis (Aussa) sulla parte del territorio di Aussa atto alla coltivazione, per stabilire una stazione commerciale italiana.

Art. 6. Saranno rispettate tutte le religioni.

Art. 7. I sudditi di S. M. il Re d'Italia viaggeranno liberamente per tutto il paese dipendente dal Sultano Mohamed Hanfari ed i dipendenti di questi saranno assistiti dalle autorità consolari italiane.

Art. 8. Le navi da guerra di S. M. il Re d'Italia vigileranno dalla parte del mare alla sicurezza del litorale danakil.

Art. 9. Questa Convenzione sarà sottoposta all'approvazione di S. M. il Re dello Scioa e verrà ratificata allo Scioa dal rappresentante del Governo di S. M. il Re d'Italia.

Art. 10. Di detta Convenzione saranno fatte tre copie, in lingua amharica, araba ed italiana che concordino perfettamente nelle rispettive traduzioni.

Kadelé-Gubo (Sangherra), 15 marzo 1888.

    (Firma e sigillo del Sultano Mohamed-Hanfari)

Ankober, 22 maggio 1883.

    (Sigillo del Re dello Scioa.)

    Il rappresentante di S. M. il Re d'Italia:

      P. Antonelli.

68.

CHILI, ITALIE.

Convention d'arbitrage signée à Santiago, le 7 décembre 1882 *).

Trattati e Convenzioni, IX. 70.

Sua Maestà il Re d'Italia e Sua Eccellenza il Presidente della Repubblica del Chile, desiderando porre un termine ai reclami dedotti da sudditi italiani ed appoggiati dalla legazione d'Italia nel Chile, in dipendenza degli atti ed operazioni eseguite dalle forze della Repubblica nei territori e coste del Perù e della Bolivia durante la presente guerra, hanno deter-

---

*) Les ratifications ont été échangées à Santiago, le 30 avril 1888.

minato di stipulare una Convenzione d'arbitrato, e con questo scopo hanno nominato per loro rispettivi plenipotenziari:

Sua Maestà il Re d'Italia:

Il signor Roberto Magliano, suo incaricato d'affari presso il Governo del Chile; e

S. E. Il Presidente della Repubblica del Chile:

Il signor Luigi Aldunate, ministro delle relazioni esteriori della Repubblica;

I quali plenipotenziari, dopo avere esaminato e scambiato i loro poteri e questi trovati in buona e debita forma, hanno convenuto nei seguenti articoli:

Art. 1. — Un Tribunale arbitrale o Commissione mista internazionale deciderà nella forma e secondo i termini che si stabiliscono in questa Convenzione, tutti i reclami che, in dipendenza degli atti ed operazioni eseguiti dalle forze di mare e di terra della Repubblica nei territori e coste del Perù e della Bolivia durante la presente guerra, sono stati dedotti sinora od ulteriormente si deducessero da sudditi italiani col patrocinio della legazione d'Italia nel Chile, entro il periodo di tempo che s'indicherà più innanzi.

Art. 2. — La Commissione sarà composta di tre membri: uno nominato da Sua Maestà il Re d'Italia, l'altro da Sua Eccellenza il Presidente della Repubblica del Chile, ed il terzo da Sua Maestà l'Imperatore del Brasile, sia direttamente sia per mezzo dell'agente diplomatico che tenesse accreditato nel Chile.

Nei casi di morte, assenza od inabilitazione per qualunque altro motivo di alcuno od alcuni dei membri della Commissione, si procederà alla sua sostituzione nella forma e nelle condizioni rispettivamente indicate nell'inciso precedente.

Art. 3. — La Commissione mista esaminerà e risolverà i reclami che i sudditi italiani hanno dedotto sino ad oggi od ulteriormente deducessero per mezzo del corrispondente organo diplomatico, per causa degli atti ed operazioni eseguite dagli eserciti e dalle squadre della Repubblica a partire dal 14 febbrajo mille ottocento settantanove, data del principio delle ostilità, sino al giorno in cui si addivenga a trattati di pace o patti di tregua tra le nazioni belligeranti, o cessino di fatto le ostilità fra le tre nazioni in guerra.

Art. 4. — La Commissione mista adotterà quei mezzi di prova e d'investigazione che, secondo il criterio ed il retto discernimento dei suoi membri, fossero atti a chiarire nel miglior modo i fatti in controversia e specialmente a qualificare lo stato ed il carattere neutrale del reclamante.

La Commissione ammetterà altresì le allegazioni verbali e scritte d'entrambi i Governi o dei loro rispettivi agenti o difensori.

Art. 5. — Ogni Governo potrà costituire un agente che curi l'interesse della sua parte ed attenda alla sua difesa, presenti istanze, documenti ed interogatori, deferisca od accetti giuramenti, sostenga i propri argomenti e confuti gli argomenti contrari, presenti le sue prove, ed esponga dinanzi la Commissione direttamente o per mezzo d'uno avvocato, verbalmente o per iscritto in conformità delle norme di procedura e di tramitazione, che la stessa Commissione stabilirà all'iniziare le proprie funzioni, le dottrine, i principi legali ed i precedenti, che convengano al suo diritto.

Art. 6. — La Commissione mista risolvera i reclami in base alle prove presentate, attenendosi ai principi del diritto internazionale, non che alla pratica e giurisprudenza stabilite dai moderni analoghi tribunali di maggior autorità e prestigio, ed emettendo le sue risoluzioni interlecutorie o definitive a maggioranza di voti.

La Commissione mista esporrà brevemente in ogni giudizio definitivo i fatti e le cause del reclamo, i motivi allegati pro e contro, ed i fondamenti di diritto internazionale che giustifichino le sue risoluzioni.

Le risoluzioni ed i decreti della Commissione saranno scritti, firmati da tutti i membri, ed autenticati dal suo segretario, e si lasceranno in originale, coi relativi incartamenti, presso il ministero delle relazioni esteriori del Chile, rimettendosi alle parti gli estratti che venissero richiesti.

La Commissione terrà un libro o registro, nel quale si noteranno i suoi atti e le istanze dei reclamanti, ed i decreti o decisioni che emetterà.

La Commissione mista funzionerà in Santiago.

Art. 7. — La Commissione avrà la facoltà di provvedersi di segretari, relatori ed altri impiegati, che stimi necessari per il buon disimpegno di sue funzioni.

Spetterà alla Commissione di proporre le persone che abbiano a disimpegnare rispettivamente quelle funzioni, e di designare gli stipendi e le rimunerazioni che lor si debbano assegnare.

La nomina dei sovra indicati impiegati sarà fatta da Sua Eccellenza il Presidente della Repubblica del Chile,

I decreti della Commissione, che debbano eseguirsi nel Chile, avranno l'appoggio della forza pubblica come i decreti emanati dai tribunali ordinari del paese. A quelli che abbiano da eseguirsi all'estero si darà esecuzione conformemente alle norme ed agli usi del diritto internazionale privato.

Art. 8. — I reclami saranno presentati alla Commissione mista entro i sei mesi successivi alla data della sua prima sessione; e quelli, che si presentassero dopo trascorso questo termine, non saranno ammessi. Tuttavia, se alla scadenza del termine fissato in questo inciso sussiste lo stato di guerra, e si producessero nuovi reclami fondati sopra fatti ulteriormente verificatesi, la Commissione mista rimarrà abilitata a risolverli sempre che le fossero presentati sei mesi prima del termine indicato dall'articolo IX per l'esaurimento del suo incarico.

Per gli effetti della disposizione contenuta nel precedente inciso la Commissione mista pubblicherà nel Giornale ufficiale della Repubblica del Chile un avviso nel quale s'indichi la data della sua istallazione.

Art. 9. — La Commissione per esaurire il suo incarico in tutti i reclami sottoposti al suo esame e decisione avrà due anni di tempo a partire dal giorno in cui si dichiari installata. Trascorso questo termine, la Commissione avrà la facoltà di prorogare le proprie funzioni per un nuovo periodo che non potrà oltrepassare i sei mesi, nel caso che, per infermità o temporario impedimento di alcuno dei suoi membri o per altro motivo di accertata gravità, non fosse riuscita a compiere il suo incarico entro il termine fissato nel primo inciso.

Art. 10. — Ognuno dei Governi contraenti avrà rispettivamente a proprio carico le spese dei propri atti non che gli onorari dei rispettivi agenti e difensori.

Le spese dell'organizzazione della Commissione mista, gli onorari dei suoi membri, gli stipendi dei segretari, dei relatori e degli altri impiegati e le altre spese e sborsi di servizio comune, saranno pagati per metà fra i due Governi, ma se vi fossero delle somme aggiudicate a favore dei reclamanti, verranno da queste dedotte le suddette spese comuni in quanto non eccedano il sei per cento dei valori, che il tesoro del Chile avrà da pagare per la totalità dei reclami ammessi.

Le somme, che la Commissione mista aggiudicasse a favore dei reclamanti, saranno rimesse dal Governo del Chile al Governo d'Italia pel tramite della sua legazione in Santiago, o della persona dalla legazione medesima designata, nel termine di un anno a partire dalla data della rispettiva risoluzione, senza che durante questo termine abbia a decorrere alcun interesse a favore dei reclamanti.

Art. 11. — Le Alte Parti contraenti si obbligano a considerare le decisioni della commissione mista, che viene organizzata con questo Trattato, come una soluzione soddisfacente, perfetta ed irrevocabile delle difficoltà, il cui componimento si ha avuto in mira, e nella intelligenza che tutti i reclami dei sudditi italiani presentati od ommessi nelle condizioni indicate nei precedenti articoli si avranno per decisi e giudicati definitivamente e per modo che per niun motivo o pretesto possano essere materia di nuovo esame o discussione.

Art. 12. — La presente Convenzione verrà ratificata dalle Alte Parti contraenti, e lo scambio di queste ratifiche avrà luogo in Santiago il più presto che sia possibile.

In fede del che i plenipotenziari del Regno d'Italia e della Repubblica del Chile firmarono la presente Convenzione in doppio originale ed in lingua italiana e spagnuola e vi apposero i rispettivi suggelli.

Fatta in Santiago del Chile, addì sette del mese di dicembre dell'anno di N. S. mille ottocento ottantadue.

R. Magliano.   *Luis Aldunate.*

69.

ALLEMAGNE, ESPAGNE, GRANDE-BRETAGNE.

Protocole concernant la reconnaissance de la souveraineté de l'Espagne sur l'Archipel de Sulu; signé à Madrid, le 7 mars 1885.

Deutscher Reichsanzeiger, 1885, No. 143. — Parl. Paper [4390] 1885.

Les soussignés,

Son Excellence Monsieur le Comte Solms-Sonnewalde, Envoyé Extraordinaire et Ministre Plénipotentiaire de Sa Majesté l'Empereur d'Allemagne; Son Excellence Don José Elduayen, Marquis del Pazo de la Merced, Ministre d'Etat de Sa Majesté le Roi d'Espagne; et Son Excellence Sir Robert B. D. Morier, Envoyé Extraordinaire et Ministre Plénipotentiaire de Sa Majesté Britannique, dûment autorisés pour mener à terme les négociations poursuivies à Londres et à Berlin, pendant les années 1881 et 1882, par les Représentants de Sa Majesté le Roi d'Espagne près des Gouvernements de la Grande-Bretagne et de l'Allemagne, dans le but d'obtenir de ces deux Puissances la reconnaissance solennelle de la souveraineté de l'Espagne sur l'Archipel de Sulu (Joló), se sont mis d'accord sur les articles suivants:

I.

Les Gouvernements de l'Allemagne et de la Grande-Bretagne reconnaissent la souveraineté de l'Espagne sur les points occupés effectivement, ainsi que sur ceux qui ne le seraient pas encore, de l'Archipel de Sulu (Joló) dont les limites sont établies dans l'article II.

II.

L'Archipel de Sulu (Joló), conformément à la définition contenue dans l'article premier du Traité signé le 23 septembre 1836 entre le Gouvernement espagnol et le Sultan de Sulu (Joló)*), comprend toutes les îles qui se trouvent entre l'extrémité occidentale de l'île de Mindanao, d'une part, et le continent de Bornéo et l'île de Paragua, de l'autre, à l'exception de celles qui sont indiquées dans l'article III.

Il est entendu que les îles de Balabai et de Cagayan-Joló font partie de l'Archipel.

III.

Le Gouvernement espagnol renonce, vis-à-vis du Gouvernement Britannique, à toute prétention de souveraineté sur les territoires du continent de Bornéo qui appartiennent, ou qui ont appartenu dans le passé, au Sultan de Sulu (Joló) y comprises les îles voisines de Balambangan, Banguey et Malawali, ainsi que toutes celles comprises dans une zone de trois lieues maritimes le long des côtes et qui font partie des territoires administrés par la Compagnie dite »British North Borneo Company«.

---

*) V. *State papers* (british and foreign) XXIV. 807.

IV.

Le Gouvernement espagnol s'engage à exécuter, dans l'Árchipel de Sulu (Joló), les stipulations contenues dans les articles I, II et III du protocole signé à Madrid le 11 mars 1877 *), c'est à dire:

»I. Le commerce et le trafic direct des navires et des sujets de la Grande-Bretagne, de l'Allemagne et des autres Puissances sont déclarés et seront absolument libres avec l'Archipel de Sulu (Joló) et dans toutes ses parties, ainsi que le droit de pêche sans préjudice des droits reconnus à l'Espagne par le présent Protocole, conformément aux déclarations suivantes:

II. Les Autorités espagnoles ne pourront pas exiger à l'avenir que les navires et les sujets de la Grande-Bretagne et de l'Allemagne et des autres Puissances, se rendant en toute liberté à l'Archipel de Sulu, d'un point à un autre de celui-ci sans distinction, ou de là dans toute autre partie du monde, touchent avant ou après à un point désigné dans l'Archipel ou ailleurs, qu'ils payent des droits quelconques ou se procurent une permission de ces Autorités, qui de leur côté s'abstiendront de tout empêchement et de toute intervention dans le trafic susdit.

Il est bien entendu que les Autorités espagnoles n'empêcheront d'aucune manière et sous aucun prétexte, l'importation et l'exportation libre de tous les genres de marchandises sans exception, sauf dans les points occupés et conformément à la déclaration III, et que dans tous les points non occupés effectivement par l'Espagne, ni les navires ni les sujets précités, ni leurs marchandises ne seront soumis à aucun impôt ou droit ou payement quelconque, ni à aucun règlement sanitaire ou autre.

III. Dans les points occupés par l'Espagne dans l'Archipel de Sulu (Joló), le Gouvernement espagnol pourra introduire des impôts et des règlements sanitaires et autres pendant l'occupation effective des points indiqués. Mais de son côté l'Espagne s'engage à y entretenir les établissements et les employés nécessaires pour les besoins du commerce et pour l'application des dits règlements.

Il est néanmoins expressément entendu et le Gouvernement espagnol, étant résolu de son côté à ne pas appliquer aux points occupés des règlements restrictifs, prend volontiers l'engagement qu'il n'introduira pas dans ces points des impôts ni des droits supérieurs à ceux fixés par les tarifs de l'Espagne ou par les Traités ou Conventions entre l'Espagne et toute autre Puissance. Il n'y mettra pas non plus en vigueur des règlements exceptionnels applicables au commerce et aux sujets de la Grande-Bretagne, de l'Allemagne et des autres Puissances.

Dans les cas où l'Espagne occuperait effectivement d'autres points dans l'Archipel de Sulu en y entretenant les établissements et les employés nécessaires aux besoins du commerce, les Gouvernements de la Grande-Bretagne et de l'Allemagne ne feront pas d'objection à l'application des mêmes règles stipulées pour les points actuellement occupés. Mais afin de prévenir des nouveaux cas de réclamation qui pourraient résulter de

---

*) V. N. R. G. 2e Série, II. 280.

l'incertitude du commerce à l'égard des points occupés et régis par des règlements et tarifs, le Gouvernement espagnol communiquera dans chaque cas l'occupation effective d'un point dans l'Archipel de Sulu aux Gouvernements de la Grande-Bretagne et de l'Allemagne et en informera en même temps le commerce par une notification conforme publiée dans les journaux officiels de Madrid et de Manila. Quant aux tarifs et aux règlements de commerce stipulés pour les points actuellement occupés, il ne seront applicables aux points occupés ultérieurement par l'Espagne qu'après un délai de six mois à partir de cette publication dans le journal officiel de Madrid.

Il est toujours convenu qu'aucun navire ou sujet de la Grande-Bretagne, de l'Allemagne ou des autres Puissances, ne sera obligé de toucher à un des points occupés, ni en allant ni en revenant d'un point non occupé par l'Espagne et qu'aucun préjudice ne pourra lui être causé pour ce motif ni pour aucun genre de marchandises à destination pour un point non occupé de l'Archipel.‹

V.

Le Gouvernement de Sa Majesté Britannique s'engage de veiller à ce qu'il y ait pleine liberté de commerce et de navigation, sans distinction de pavillon, dans le territoire du Nord de Bornéo — administré par la Compagnie dite »British North Borneo Company«.

VI.

Si les Gouvernements de la Grande-Bretagne et de l'Allemagne n'ont pas refusé leur adhésion au présent Protocole dans un délai de quinze jours, à partir d'aujourd'hui, ou s'ils notifient leur adhésion avant ce terme par l'entremise de leurs Représentants soussignés, les présentes déclarations entreront immédiatement en vigueur.

Fait à Madrid le sept Mars mille huit cent quatre-vingt-cinq.

Gr. Solms.   *J. Elduayen.*   *R. B. D. Morier.*

Table par ordre chronologique des matières du Xᵉ Volume.

1884.

NOUVEAU

RECUEIL GÉNÉRAL

DE

TRAITÉS

ET

AUTRES ACTES RELATIFS AUX RAPPORTS

DE DROIT INTERNATIONAL.

CONTINUATION DU GRAND RECUEIL

DE

G. FR. DE MARTENS

PAR

Jules Hopf.

DEUXIÈME SÉRIE.

TOME X.

4ème LIVRAISON.

GÖTTINGUE,

LIBRAIRIE DE DIETERICH.

1885—86.

Table des matières.

NB. — Le titre et la préface du Xème Volume se trouvent joints à cette Livraison.

NOUVEAU
RECUEIL GÉNÉRAL
DE
TRAITÉS
ET
AUTRES ACTES RELATIFS AUX RAPPORTS
DE DROIT INTERNATIONAL.

CONTINUATION DU GRAND RECUEIL

DE

G. FR. DE MARTENS

PAR

Jules Hopf.

DEUXIÈME SÉRIE.

TOME X.
4ème LIVRAISON.

GOTTINGUE,
LIBRAIRIE DE DIETERICH.
1886.

TABLE GÉNÉRALE

DES

TRAITÉS ET AUTRES ACTES

PUBLIÉS DANS LA

DEUXIÈME SÉRIE DU NOUVEAU RECUEIL GÉNÉRAL
TOMES I À X.

PARTIE CHRONOLOGIQUE.

l'établissement de stations internationales; signée à Berne, suivie d'un Protocole en date du 12 février 1874.   II. 74

1874.

1875.

1876.

1879.

1881.

1882.

TABLE GÉNÉRALE

DES

TRAITÉS ET AUTRES ACTES

PUBLIÉS DANS LA

DEUXIÈME SÉRIE DU NOUVEAU RECUEIL GÉNÉRAL
TOMES I à X.

———

PARTIE ALPHABÉTIQUE.

Alsace-Lorraine.

Bade.

Birmanie.

Bolivie.

Borneo.

Brême.

Brésil.

Chili.

Chine.

Choa (Afrique Orientale).

Colombie.

Corée.

Costa-Rica.

Dahomey (Afrique Occidentale).

Danaquil (Afrique Orientale).

Danemark.

Égypte.

Fiji (Iles).

Firdou (Afrique Occidentale).

Founafouti (Iles des Lagunes).

France.

Grande-Bretagne.

Grèce.

Jalouit et Ralic (Polynésie).

Japon.

Madagascar.

Makada (I^a Duke of York).

Makoko (Afrique Centrale).

Maroc.

Mascate (Arabie).

Mecklembourg-Schwérin.

Mecklembourg-Strélitz.

Mexique.

Pérou.

Perse.

Portugal.

Prusse.

Roumanie.

Russie.

Saint-Siége.

Salvador.

Sherbro (Afrique Occidentale).

Shuhr (Arabie).

Siam.

Suède et Norvége.

Suisse.

Taïti.

Tonga.

Transvaal (République Sudafricaine).

Tunis.

Turquie.

Uruguay.

Lightning Source UK Ltd.
Milton Keynes UK
UKHW010323120219
337137UK00004B/355/P